Lexikon der Symbole und Attribute in der Kunst

Reclam Sachbuch premium

Lexikon der Symbole und Attribute in der Kunst

Von Hildegard Kretschmer

Mit 32 Abbildungen

Reclam

12. Auflage

RECLAMS UNIVERSAL-BIBLIOTHEK Nr. 19566
2008, 2019 Philipp Reclam jun. Verlag GmbH,
Siemensstraße 32, 71254 Ditzingen
info@reclam.de
Umschlagabbildung: Putto und Adler Johannes' des Evangelisten – Ausschnitt aus Agnolo Bronzinos *Die Dreifaltigkeit zwischen Heiligen*, Florenz, Palazzo Vecchio, 1560/64. © akg-images / Rabatti & Domingie
Druck und Bindung: Elanders Waiblingen GmbH,
Anton-Schmidt-Straße 15, 71332 Waiblingen
Printed in Germany 2026
RECLAM, UNIVERSAL-BIBLIOTHEK und RECLAMS UNIVERSAL-BIBLIOTHEK sind eingetragene Marken der Philipp Reclam jun. GmbH & Co. KG, Stuttgart
ISBN 978-3-15-019566-6
reclam.de

Inhalt

Einleitung
7

Symbole und Attribute von A bis Z
15

Register der biblischen Gestalten und Heiligen,
Götter und antiken Helden
sowie der personifizierten Begriffe
473

Einleitung

Motive und Sinn von Bildern oder Skulpturen früherer Epochen sind für uns heute oft schwer zu verstehen. Deshalb informiert dieses Nachschlagewerk über die Bedeutungen vieler in Kunstwerken vorkommender Zeichen und Gegenstände und möchte so den Zugang zur älteren Kunst vom frühen Christentum bis zum 19. Jahrhundert, soweit sich die Kunst in diesem Zeitraum noch an traditionelle ikonographische Schemata hält, erleichtern. Das Lexikon umfasst einzelne Symbole, Attribute und bildliche Zeichen sowohl der christlichen Ikonographie als auch jene der Profanikonographie, hierbei vor allem der antiken Mythologie.

Ein Symbol ist ein Sinnbild, das auf einen höheren, abstrakten Inhalt verweist, also für etwas anderes steht. Symbolträger können geometrische Zeichen, Tiere, Pflanzen, Farben usw. sein. Unter Attribut versteht man speziell einer Person oder einer Personifikation beigegebene und diese kennzeichnende Gegenstände. Der viel umfassendere Begriff Zeichen lässt sich dagegen auf alle Informationsträger in einem bestimmten Zusammenhang anwenden.

Die Stichworte sind alphabetisch geordnet. In manchen Fällen erscheinen sie zur leichteren Auffindbarkeit unter einem Oberbegriff (z. B. Barett, Judenhut oder Turban unter Kopfbedeckung). Die jeweils durch Attribute und Symbole bezeichneten Heiligen oder Götter sind über ein Register am Ende des Buches erschließbar. Die antiken Gottheiten werden mit ihrem griechischen und römischen Namen genannt. Zwischen diesen beiden Kulturkreisen wird jedoch nicht unterschieden, da die abendländische Kunst hier nur selten differenziert. In der Benennung von Bildern herrschten generell die römischen Götterbezeichnungen vor. Einzelne häufig vorkommende ikonographische Begriffe wie zum Beispiel Pietà wurden zur besseren Information ebenfalls aufgenommen, weil sie häufig in Bildtiteln erscheinen, auch wenn sie nicht als Symbol oder Attribut fungieren.

Symbole und Sinnbezüge haben meist keine eindeutige, ja oft genug ambivalente Bedeutungen. Das den Bildinhalten zugrunde liegende Denken war sowohl im Mittelalter als auch in der Neuzeit offener und assoziativer, als wir uns das heute vorstellen. Der Anker ist ein Hoffnungssymbol, aber auch Attribut des Gottes Poseidon/Neptun. Lorbeer kann auf Dichterruhm verweisen, aber auch einen Ort als Liebesgarten bezeichnen. Vor allem im Mittelalter sind viele Frühlingsblumen neben spezielleren Bedeutungen auch als Hinweis auf die in dieser Jahreszeit zu Ostern gefeierte Auferstehung Jesu eingesetzt. Hellfarbige oder gelbe Blüten konnten in Bezug zu Sonne und Licht ebenfalls als Auferstehungssymbol dienen. Heilpflanzen wurden allgemein auf Maria, auf Jesus Christus als Heil der Welt und auf Märtyrer bezogen. Der Löwe kann je nach Situation ein positives Christussymbol sein oder auch negativ den Teufel veranschaulichen. Wie Symbole und Sinnbilder im Einzelnen zu deuten sind, lässt sich also nur aus dem Kontext erschließen und oft nur anhand schriftlicher Quellen eindeutig beantworten.

Der Stellenwert der Symbolik ist einem geschichtlichen Wandel unterworfen. Besonders im 15. Jahrhundert und beginnenden 16. Jahrhundert war eine an einzelne Motive gebundene Symbolik verbreitet. Im frühen Mittelalter mit überwiegend religiöser Kunst dagegen waren viele symbolische Einzelmotive nicht erforderlich, da Logik und Ordnung des Bildaufbaus nicht von unseren menschlichen Sehgewohnheiten ausgingen, sondern bildimmanent waren. Somit konnte schon durch die Gestaltung an sich auf eine andere, überwirkliche Sphäre verwiesen werden. Im Barock traten die einzelnen Symbolmotive eher hinter den dargestellten Affekten, die den Betrachter unmittelbar überzeugen sollen, zurück.

Zu den Quellen

Quellenangaben, vor allem Bibelstellen, Verweise auf Ovid, Ripa usw. sind wie die Bildbeispiele in Klammern beigefügt. Detaillierte Nachweise in jedem Einzelfall hätten allerdings den Rahmen dieses Lexikons gesprengt. Zahlreiche symbolische Bedeutungen hatten darüber hinaus auch eine sehr allgemeine Tradition. So war es oft auch der Erfahrungsschatz und nicht eine konkrete Quelle, die einem Künstler als Anregung diente.

Neben vielen Ursymbolen, die schon seit den ältesten Kulturen in Gebrauch sind, wie zum Beispiel dem Sonnenrad, sind Symbole aus bestimmten Vorstellungszusammenhängen hervorgegangen.

Die wichtigste Quelle für die Genese der christlichen Bildsymbolik ist die Bibel. Dabei war besonders im Mittelalter die Typologie, der Bezug alttestamentlicher Ereignisse oder Weissagungen auf Geschehnisse des Neuen Testaments, sowohl für die Theologen als auch für die Künstler besonders wichtig. Ebenso dienten Zitate aus den Schriften der Kirchenväter oder späterer theologischer Autoren, Passagen aus Gebeten und Liedern usw. als Anregung. Weit verbreitet waren auch die Legenden der Apokryphen, der nicht in den Kanon der Heiligen Schrift aufgenommenen frühen Erzählungen über das Leben Jesu oder Mariens. Manches davon und zahlreiche Heiligenlegenden gingen später in die im Mittelalter gerne gelesene *Legenda aurea* des 1298 verstorbenen Jacobus de Voragine ein. Aber auch Natur-, Tier- und Pflanzenbücher lieferten Grundlagen für die Symbolik in Bildern, darunter der sogenannte *Physiologus*, eine spätantike zoologische Schrift mit christlicher Tiersymbolik, die in unterschiedlichen Versionen überliefert ist.

In der Renaissance kam den mythologischen Erzählungen antiker Schriftsteller, besonders von Homer, Ovid und Vergil, eine neue Bedeutung für die Inhalte der Bilder zu. Es entstanden Mythographien wie Vincenzo Cartaris *Le Imagini degli*

Dei von 1556. Außerdem wurden zahlreiche weitere Schriften verfasst, die den Künstlern als Anregung dienten oder sogar als Handbücher gedacht waren. Das bekannteste Lehrbuch zur Erstellung von Personifikationen ist Cesare Ripas *Iconologia*. Sie erschien 1593 erstmals in Rom. Ab der illustrierten Ausgabe von 1603 wurde sie in vielen weiteren Editionen und Übersetzungen, meist mit den gleichen Illustrationen, bis zum Ende des 18. Jahrhunderts über ganz Europa verbreitet und genutzt. Sie bildete häufig die Grundlage für die oft komplizierten Bildprogramme des Humanismus und vor allem der Barockzeit. Die Standardenzyklopädie der Renaissance für Symbolik war die *Hieroglyphica* des Pierio Valeriano von 1604, jene der Barockzeit der *Mondo simbolico* von Filippo Picinelli, 1653. Doch auch Lexika wie Johann Heinrich Zedlers *Grosses vollständiges Universal-Lexikon* von 1732 bis 1754 können für das Verständnis verbreiteter symbolischer Bezüge als Quelle genutzt werden.

Seit der Renaissance hatten sich aber auch spezielle Muster symbolischen Sprechens in Bildern ausgebildet, die oft sehr individuelle Bezüge aufweisen, aber auch eine Quelle allgemeiner Symbolik sind. Neben Hieroglyphen und Impresen waren besonders die aus drei Teilen – Motto (Lemma), Bild (Icon) und erläuterndes Epigramm (Subscriptio) – bestehenden Embleme beliebt. Sie wurden in Erbauungs- und Belehrungsbüchern veröffentlicht, schmückten Gegenstände und dienten in Randfeldern auch in größeren Ausstattungszusammenhängen zur inhaltlichen Ergänzung. Den Ausgangspunkt für diese Art von Sinnbildern stellt Andrea Alciatis *Emblematum Liber* dar, 1531 in Augsburg erschienen. Bis zum Ende des 18. Jahrhunderts erlangte es selbst und in zahlreichen Nachfolgewerken eine große Verbreitung. Als allgemeiner Überblick bietet sich hier die Zusammenstellung von Arthur Henkel und Albrecht Schöne an, *Emblemata. Handbuch zur Sinnbildkunst des XVI. und XVII. Jahrhunderts*, Stuttgart 1967. Erst im 19. Jahrhundert endete die Beliebtheit dieser Art von Sinnbildern, wie das 19. Jahrhundert überhaupt einen wichtigen

Einschnitt in der Anwendung von symbolischen Formen darstellte und individuellere Bedeutungen zuließ.

Die zeitliche und topographische Eingrenzung für dieses Lexikon bildet deshalb auch die abendländische Kunst vom frühen Christentum bis zum 19. Jahrhundert. Das entspricht jenem Bereich, für den die christliche und die klassische profane Ikonographie Gültigkeit haben. Zum Teil bereits die Kunst des 19. Jahrhunderts, vor allem aber die Kunst des 20. Jahrhunderts zeichnet sich dagegen durch eine Fülle neuer bildlicher Formen und durch ein völlig anderes Bildverständnis aus. Der vorher relativ große Konsens einer traditionellen Symbolik trifft hier oft nicht mehr zu. Der früher allgemein verbindliche Kanon wurde in der Moderne durch eine meist sehr subjektive Anwendung von sinnbildlichen Verschlüsselungen ersetzt, wenn nicht überhaupt auf Motive zugunsten der »Kunst an sich« verzichtet wird. Die religiösen Themen, die mythologischen Figuren, die herkömmliche Natur-, Tier- und Pflanzensymbolik sind zu Randerscheinungen der Kunst geworden. Tiefenpsychologische Archetypen, individuelle Sehweisen und die künstlerische Bildtradition mit herkömmlicher Ikonographie haben natürlich auch Gemeinsamkeiten. Dies lässt sich jedoch nur im Einzelfall untersuchen.

Zu weiterführenden Nachschlagewerken

Es war nicht immer einfach, die Grenze zwischen allgemeinen und vereinzelten Sonderbedeutungen zu ziehen oder auch einen entsprechenden Abbildungshinweis zu geben. Da dieses Lexikon nur eine erste Information bieten kann, sei noch auf einige weiterführende Nachschlagewerke verwiesen:

Baudry, Gérard-Henry: Handbuch der frühchristlichen Ikonographie. 1. bis 7. Jahrhundert. Freiburg i. Br. 2010.

Behling, Lottlisa: Die Pflanze in der mittelalterlichen Tafelmalerei. Weimar 1957.

Beuchert, Marianne: Symbolik der Pflanzen. Frankfurt a. M. 1995.
Biedermann, Hans: Knaurs Lexikon der Symbole. Augsburg 2000. (Zur allgemeinen Symbolik, umfangreiches Literaturverzeichnis.)
Büttner, Frank / Gottdang, Andrea: Einführung in die Ikonographie. Wege zur Deutung von Bildinhalten. München 2006. (Mit umfangreichem Literaturverzeichnis.)
Chapeaurouge, Donat de: Einführung in die Geschichte der christlichen Symbole. Darmstadt 1984.
Dittrich, Sigrid / Lothar Dittrich: Lexikon der Tiersymbolik: Tiere als Sinnbilder in der Malerei des 14.–17. Jahrhunderts. Petersberg 2004.
Eberlein, Johann Konrad / Jakobi-Mirwald, Christine: Grundlagen der mittelalterlichen Kunst. Eine Quellenkunde. Berlin [2]2004.
Keller, Hiltgart L.: Lexikon der Heiligen und biblischen Gestalten. Legende und Darstellung in der bildenden Kunst. Stuttgart [11]2010.
Klein, Ruth: Lexikon der Mode. Drei Jahrtausende europäischer Kostümkunde. Baden-Baden 1950.
Kopp-Schmidt, Gabriele: Ikonographie und Ikonologie. Eine Einführung. Köln 2004.
Ladner, Gerhard: Handbuch der frühchristlichen Symbolik. Gott – Kosmos – Mensch. Wiesbaden 1996.
Lexikon der christlichen Ikonographie. Hrsg. von Engelbert Kirschbaum und Wolfgang Braunfels. 8 Bde. Freiburg i. Br. 1968. (LCI.)
Lexikon Iconographicum Mythologiae Classicae. Red. von Jean-Charles Balty und John Boardman. 8 Bde. und 2 Supp.-Bde. Zürich/ Düsseldorf 1981–1997/2009. (LIMC.)
Loschek, Ingrid: Reclams Mode- und Kostümlexikon. Stuttgart [5]2005.
Lücke, Hans-K. / Susanne Lücke: Antike Mythologie. Ein Handbuch. Der Mythos und seine Überlieferung in Literatur und bildender Kunst. Reinbek bei Hamburg 1999.
Lurker, Manfred: Wörterbuch der Symbolik. Stuttgart 1991.
Marienlexikon. Hrsg. von Remigius Bäumer und Leo Scheffczyk. 6 Bde. St. Ottilien 1988–94.
Neutestamentliche Apokryphen. Hrsg. von Edgar Hennecke und Wilhelm Schneemelcher. 2 Bde. Tübingen 1959–64.
Poeschel, Sabine: Handbuch der Ikonographie. Sakrale und profane Themen der bildenden Kunst. Darmstadt 2005. (Mit umfangreichem Literaturverzeichnis.)
Preston, Percy: Metzler Lexikon antiker Bildmotive. Stuttgart 1997.
Reid, Jane Davidson: The Oxford Guide to Classical Mythology in the Arts, 1300 – 1990s. 2 Bde. New York 1993.

Riese, Brigitte: Seemanns Lexikon der Ikonographie. Religiöse und profane Bildmotive. Leipzig 2007.

Sachs, Hannelore / Badstübner, Ernst / Neumann, Helga: Wörterbuch der christlichen Ikonographie. Regensburg [9]2005.

Schiller, Gertrud: Ikonographie der christlichen Kunst. 3 Bde. Gütersloh 1966–71.

Straten, Roelof van: Einführung in die Ikonographie. Berlin [3]2004.

Warncke, Carsten-Peter: Symbol, Emblem, Allegorie. Die zweite Sprache der Bilder. Köln 2005.

Werness, Hope B.: The Continuum Encyclopedia of Animal Symbolism in Art. New York 2004.

Wilhelmi, Christoph: Handbuch der Symbole in der bildenden Kunst des 20. Jahrhunderts. Frankfurt a. M. 1980.

Wörterbuch der Symbolik. Unter Mitarb. zahlreicher Fachwissenschaftler hrsg. von Manfred Lurker. Stuttgart [5]1991.

Zuffi, Stefano (Hrsg.): Bildlexikon der Kunst. Berlin 2003 ff. (Zahlreiche der mittlerweile über 20 Bände umfassenden, ins Deutsche übersetzten und vom Berliner Parthas-Verlag herausgegebenen Reihe beschäftigen sich mit Symbolik und Ikonographie und bieten viele Abbildungen.)

Bei Quellenangaben verwendete Abkürzungen

Die biblischen Bücher folgen weitgehend dem *Ökumenischen Verzeichnis der biblischen Eigennamen nach den Loccumer Richtlinien* (Stuttgart [2]1981); die oft vorkommenden Schriften des Neuen Testaments stehen in der üblichen Abkürzung:

Mt.	Evangelium des Matthäus
Mk.	Evangelium des Markus
Lk.	Evangelium des Lukas
Joh.	Evangelium des Johannes
Apg.	Apostelgeschichte
Offb.	Offenbarung des Johannes
Ripa 1970	Cesare Ripa: Iconologia overo descrittione di diverse imagini cavate dall'antichità, e di propria inventione. With an introduction by Erna Mandowsky. Repr. Nachdr. Hildesheim / New York 1970.

Legenda Aurea	Die Legenda aurea des Jacobus de Voragine. Aus dem Lat. übers. von Richard Benz. Heidelberg 1979.
Physiologus 1981	Physiologus. Frühchristliche Tiersymbolik. Aus dem Griech. übers. und hrsg. von Ursula Treu. Berlin 1981.
Ovid, Metamorphosen	Ovid. Metamorphosen. In deutsche Prosa übertragen von Michael von Albrecht. München 1981.

Bei den Museumsangaben werden zum Teil anstelle der offiziellen Bezeichnungen Kurzformen verwendet, zum Teil aber auch Abkürzungen wie folgt:

AM	Alte Meister
AP	Alte Pinakothek
BNM	Bayerisches Nationalmuseum
GNM	Germanisches Nationalmuseum
KHM	Kunsthistorisches Museum
NM	Neue Meister
NP	Neue Pinakothek
WRM	Wallraf-Richartz-Museum

Symbole und Attribute
von A bis Z

A

Aaronstab. Dieser Stab ist nach dem älteren Bruder des Mose benannt, der der erste Hohepriester Israels war. Aaron besaß einen Stab, der sich auf Gottes Geheiß vor dem Pharao in eine Schlange verwandelte und später zu grünen begann (2. Mose 7,9 ff.; 4. Mose 17,17 ff.; UNBEKANNTE MEISTER, Relief auf der Holztür von S. Sabina, Rom; *Rabbula-Codex*, 586, Florenz, Biblioteca Laurenziana; Bronzetür, 11. Jh., Verona, S. Zeno; Taufbecken, Bronze, um 1225, Hildesheim, Dom). Typologisch wurde dieser Stab später auf den blühenden oder grünenden Stab des Josef beim Tempelwunder bezogen (Apokryphen und mittelalterliche Legenden) und auf die jungfräuliche Mutterschaft Mariens (UNBEKANNTER MEISTER, Marienportal, Kapitell über der Verkündigung an Maria, 13. Jh., Amiens, Kathedrale; JAN VAN EYCK, Triptychon, um 1440, Ypern, St-Martin).

Da der Stab ebenfalls auf Darstellungen der Bundeslade vorkommt, konnte er auch zum Attribut der Synagoge (Personifikation des Alten Bundes) werden.

Abendmahl ‣ Eucharistie

Achat. Dieser Halbedelstein erhielt seinen Namen nach dem antiken Fluss Acate (heute Dirillo) auf Sizilien. In der Antike verstand man den Achat als Abwender von Unwetter und Übertreten von Flüssen, darüber hinaus sollte er Wettkämpfern Glück bringen und Frauen erotisch stimulieren, aber auch gegen Schlangenbisse helfen.

Nach dem *Physiologus* soll ein Stück Achat an einer Schnur den Perlenfischern ermöglichen, Perlen aufzufinden, weil der Achat sich zur Perle bewege (Physiologus 1981, S. 84–86). Da die Perle als Christussymbol gedeutet wurde, konnte der Achat auch auf Johannes den Täufer, den Wegbereiter Jesu Christi, verweisen. Außerdem gehörte der Achat zu den zwölf Edelsteinen am Brustschild des jüdischen Hohenpriesters.

Im Mittelalter meinte man außerdem, Achatsteine in der

Nähe des Kopfes würden schöne Träume bewirken. Achat soll aber auch geistreich und redegewandt machen (nach John de Mandeville, 14. Jh.) oder beliebt und wohlgefällig (nach Pseudo-Albertus-Magnus, 1581). So war der Achat ein beliebtes Material für prunkvolle Trinkgefäße, wie sie sich heute noch in vielen Schatzkammern finden.

Ackerbau. In der szenischen Darstellung verweist der Ackerbau auf Adam nach der Vertreibung aus dem Paradies, auf Kain und Abel, wobei Kain der Ackerbauer war und Abel der Hirte, oder auf Jabal, einen Nachfahren Kains, der als Stammvater aller Viehzüchter gilt (1. Mose 3,17–4,2; 4,20; Lorenzo Ghiberti, *Der pflügende Kain*, Paradiestür, 1425–52, Florenz, Baptisterium S. Giovanni), ebenso aber auch auf Monatsdarstellungen, Jahreszeiten und die mechanischen Künste und Handwerke. Ackergerät gehört zudem im antiken Mythos zu den Kennzeichen der Göttin Demeter/Ceres.

Ackerwinde/Stechwinde. Diese Pflanze kann im entsprechenden Kontext auf den antiken Mythos eines unglücklichen Liebespaares bezogen sein, dem kühlen, abwehrenden Krokus und der liebenden Nymphe Smilax/Milax (Ovid, *Metamorphosen* 4,284), die von Aphrodite/Venus in Blumen verwandelt werden. Smilax wird dabei zur Ackerwinde (Nicolas Poussin, *Das Reich der Flora*, um 1640, Dresden, Gemäldegalerie AM). Als Attribut ist die Ackerwinde vereinzelt aber auch Polyhymnia, der Muse der hymnischen Dichtung, zugeordnet.

Adam und Eva. Attributiv kann das Urelternpaar zum Beispiel in typologischem Zusammenhang mit der Verkündigung an Maria erscheinen, Adam steht oft allein in Zusammenhang mit der Kreuzigung. Adam und Eva verkörpern dabei Sündenfall und Tod. So wie Eva sich durch die Schlange gegen das Gebot Gottes verleiten ließ und die Sünde und den Tod in die Welt brachte, bringt Maria durch ihren Gottgehorsam die Erlösung in die Welt (Fra Angelico, *Verkündigung an Maria*, um 1430, Madrid, Prado). Der Totenschädel Adams, des ersten Menschen, erscheint auch unter dem Kreuz Jesu Christi, des neuen Adam.

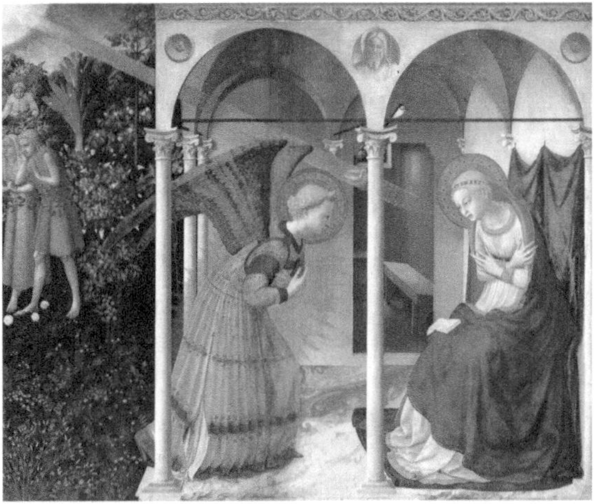

Fra Beato Angelico: Verkündigung an Maria. Madrid, Museo Nacional del Prado, um 1430. – Maria empfängt in demutsvoller Gebetshaltung den Engel. Das Gebetbuch auf ihren Knien verweist auf ihre Frömmigkeit. Als sichtbares Zeichen des Erlösungsbeschlusses dringt von links oben aus der Hand Gottes ein Lichtstrahl mit einer Taube, dem Symbol des Hl. Geistes, zu Maria. Die paradiesische Gartenlandschaft außerhalb der Loggia weist auf das Fest Mariä Verkündigung im Frühling am 25. März und die Stadt Nazareth, den Wohnort Mariens. Das hebräische Wort Nazareth bedeutet Blüte (*Legenda Aurea*). Im Hintergrund werden **Adam und Eva** nach dem Sündenfall aus dem Paradies vertrieben. Die typologische Zusammenstellung soll den Ungehorsam der Ureltern und den Gehorsam Mariens, der neuen Eva, zeigen. Die Schwalbe auf dem Zuganker ist wieder ein Frühlingsbote und als Lichtsymbol Hinweis auf Jesus Christus. Das Reliefmedaillon stellt vermutlich den Propheten Jesaja dar, der die Ankunft des Erlösers voraussagte.

Adler. Dieser Raubvogel gilt als König der Lüfte. Von alters her, zum Beispiel auch noch in antiken Tierbüchern, wurde dem Adler zugesprochen, die schärfsten Augen zu haben, von der Sonne nicht geblendet zu werden (nach Aristoteles), am höchsten fliegen zu können und der stärkste Vogel zu sein. So wurde der Adler bereits ab den frühen Hochkulturen des Zweistromlandes zum Symbol göttlicher Majestät und von Herrschern; auch wurde er für Siegeszeichen und Feldzeichen verwendet. Als Jäger von Schlangen und Drachen erschien der Adler allgemein als Sinnbild für den Sieg des Guten und des Lichtes über die Mächte der Finsternis.

In der antiken Mythologie ist Zeus/Jupiter als höchstem Gott ein Adler als Attribut und Zeichen der Majestät, Kraft, Stärke, Scharfsichtigkeit und Überlegenheit beigegeben (PETER PAUL RUBENS, *Jupiter und Amor*, um 1615, Zürich, Privatsammlung). Verwandelt in einen Adler, raubt Zeus den Knaben Ganymed (Ovid, *Metamorphosen* 10,155–161; CORREGGIO, *Ganymed*, um 1531/32, Wien, KHM; ANNIBALE CARRACCI, *Entführung des Ganymed*, Galleria Farnese, Fresko, um 1600, Rom, Palazzo Farnese; REMBRANDT, *Ganymed*, 1635, Dresden, Gemäldegalerie AM). Der Adler konnte aber auch als Seelenführer fungieren. Auch der Ganymed-Mythos wurde zuweilen in diesem Sinne interpretiert.

Im Prometheus-Mythos wird der Titanensohn für seinen Frevel gegen den Göttervater Zeus von einem Adler gequält, der ihm seine Leber herauspickt, die über Nacht immer wieder nachwächst (Hesiod, *Theogonie*; JACOB JORDAENS, *Prometheus*, um 1640, Köln, WRM; JACQUES LIPCHITZ, *Prometheus erwürgt den Adler des Zeus*, 1943, Slg. Lipchitz).

In der Bibel taucht der Adler als Sinnbild für Schnelligkeit, Jugend, Kraft und Erneuerung auf (z. B. Ps. 103,5; Jes. 40,31; Spr. 23,5; Hiob 9,26). Außerdem ist der Adler eines der vier Wesen, die den Thron des Allerhöchsten rahmen, und so zum Symbol des Evangelisten Johannes geworden (Hes. 1,1–28; Offb. 4,1–11). Durch die Gleichsetzung des Evangelienschreibers mit dem Lieblingsjünger Jesu und mit dem Seher Johannes auf Patmos taucht der Adler auch neben diesen auf (HANS BURGKMAIR D. Ä., *Johannes auf Patmos*, 1518, München, AP). Auch die sogenannten Adlerpulte auf Lettnern und Ambonen, bei denen ein Adler mit ausgebreiteten Flügeln die Pultfläche bildet, sind auf den Evangelisten Johannes zu beziehen.

Im *Physiologus* und in den mittelalterlichen Bestiarien wird der Adler, der in die Sonne blicken und seine Kräfte durch Eintauchen in einen Jungbrunnen erneuern könne, zu einem Sinnbild für die Auferstehung und für erwachsene Taufwillige. So ist ein Adler, der seine Jungen auf seinen Flügeln zum Himmel emporträgt, um sie in die Sonne blicken zu lassen, ein Auferstehungssymbol, das dem Opfertod oder der Himmelfahrt Jesu Christi gegenübergestellt wird (UNBEKANNTE MEISTER, Glasfenster, 13. Jh., Lyon, Kathedrale St-Jean; Fries am Nordturm, 15. Jh., Straßburg, Münster). Ergänzt durch ein Alpha und Omega, ist ein Adler unmittelbar auf den Auferstandenen selbst zu beziehen.

Ebenfalls als Symbol Jesu Christi, der den Gläubigen aus der Taufe hebt, gilt der Adler im entsprechenden Kontext, wenn er einen Fisch in seinen Fängen hält (UNBEKANNTE MEISTER, Fußbodenmosaik, 5./6. Jh., Capua, Baptisterium S. Maria di Capua vetere; Kapitell des Ciboriums, frühes 12. Jh., Mailand, S. Ambrogio). Ein gegen Schlangen kämpfender Adler, der bereits in den alten Kulturen den Kampf gegen das Böse veranschaulichte, versinnbildlicht auch in frühchristlichen Vorstellungen, zum Beispiel bei Maximus von Turin, Christus im Kampf gegen den Teufel (UNBEKANNTE MEISTER, Fußbodenmosaik, 5. Jh., St. Peter im Holz [Kärnten], Friedhofskapelle von Teurnia; Türrahmen, 12. Jh., Bari, S. Nicola).

Der Adler kann aber auch eine negative Bedeutung besitzen. So wird er zum Sinnbild des seelenraubenden Teufels, wenn er ein Kind in seinem Schnabel wegträgt und so den Menschen bedroht (UNBEKANNTE MEISTER, Kapitell, 12. Jh., Vezelay, Ste-Madeleine; Kapitell, 12. Jh., Pisa, Campanile). Er kann aber auch, meist auf einem dürren Baum sitzend, als Sinnbild des Bösen Christus- und Mariendarstellungen beigefügt sein (GIOVANNI BELLINI, *Auferstehung Jesu Christi*, 1475/79, Berlin, Staatliche Gemäldesammlungen; DERS., *Madonna del Prato*, 1500/05, London, National Gallery).

Als Zeichen des vierten Evangelisten ist der Adler auch zum Zeichen der vierten Kardinaltugend *temperantia* ›Besonnenheit und Mäßigung‹ geworden. Vereinzelt wird der Adler aber auch als Attribut der Kardinaltugend *iustitia* ›Gerechtigkeit‹ beigegeben.

Ein Adler kann auch Kennzeichen der Tugend *liberalitas* ›Freigebigkeit‹ sein, da er nach Albertus Magnus einen Teil seiner Beute anderen Vögeln überlässt, weiterhin der Personifikation von *nobilitas* ›Adel‹ und *intellectus* ›Verstand‹ und ebenso der Laster *superbia* ›Hochmut‹ und *gula* ›Gefräßigkeit‹. Nach Ripa ist er auch der Personifikation der Astrologie beizufügen (Ripa 1970, S. 28, 29).

Neben dem schon genannten Johannes dem Evangelisten, bei dem der Adler manchmal auch ein Tintenfass hält, kann der Greifvogel auch noch den hll. Adalbert, Augustinus von Hippo, Cuthbert, Abt Geslenus, Medardus von Noyon, Prisca, Stanislaus von Krakau und Vitus, den ein Adler mit Brot versorgte, als Kennzeichen hinzugesellt sein.

In profanen Bildern kann der Adler auch Attribut der Personifikation der Geometrie sein und des Weiteren wegen seines scharfen Auges den Gesichtssinn symbolisieren (FRANS FRANCKEN D. J. – Umkreis, *Das Gesicht* aus einer Serie mit der *Allegorie der fünf Sinne*, um 1615/20, Freiburg i. Br., Augustinermuseum).

Im römischen Kaiserkult wurde der Adler als Zeichen der Macht gebraucht. Bei der Verbrennung der Leiche eines Kaisers wurde ein Adler als Symbol der aufsteigenden Seele losgelassen. Adler schmückten außerdem Feld- und Siegeszeichen. So fand der Adler auch im Heiligen Römischen Reich und seinen Nachfolgestaaten Eingang als Staatsemblem (auch als Doppeladler mit zwei symmetrischen Köpfen). Er ist eines der häufigsten Wappentiere und Herrschaftszeichen, so z. B. bei den römisch-deutschen Kaisern, den deutschen Königen, den

Herzögen von Bayern, Schlesien und Österreich, den Markgrafen von Brandenburg, den Königen von Polen, Russland, Serbien u. a.

Admiralsstab, militärisches Rangzeichen eines Admirals, des Anführers einer Kriegsflotte. Auch der antike Meeresgott Poseidon/Neptun kann durch einen Admiralsstab gekennzeichnet sein.

Adonisröschen. Adonis war der sterbliche Geliebte der antiken Liebesgöttin Aphrodite/Venus. Er wurde durch einen Eber an der Hüfte tödlich verletzt. Aus seinem Blut entstand mit Hilfe von Zeus eine Blume namens Adonisröschen, durch die der schöne Jüngling im Frühling eine alljährliche Wiederkehr auf Erden erfährt (Ovid, *Metamorphosen* 10,708–739; Nicolas Poussin, *Das Reich der Flora*, um 1640, Dresden, Gemäldegalerie AM). Das Adonisröschen, ein im Frühling kurz blühendes Hahnenfußgewächs, gilt auch als Sinnbild der schnell vergehenden Jugend. ‣Anemone

Ähre. Zeichen der Fruchtbarkeit. In der christlichen Kunst sind Getreideähren ein Sinnbild für das Brot und damit für den Leib Jesu Christi. Neben dem Weinstock oder der Traube sind sie ein Symbol für die Eucharistie und damit für Erlösung und Auferstehung (Sandro Botticelli, *Madonna*, um 1470, Boston, Isabella Stewart Gardner Museum; Hugo van der Goes, *Portinari-Altar*, um 1475/76, Florenz, Uffizien; Caspar David Friedrich, Rahmenschnitzerei des *Tetschner Altares* / Das Kreuz im Gebirge, 1807/08, Dresden, Gemäldegalerie NM).

Ein mit Ähren verziertes Kleid bezeichnet Maria als »guten Acker« in Anlehnung an das Hohe Lied »Dein Leib ist ein Weizenhügel, mit Lilien umstellt« (Hld. 7,3; nach der *Vulgata* 7,2). Dieser mittelalterliche Typus einer Marien-Darstellung ging von einem Gnadenbild im Mailänder Dom aus und fand in Deutschland, ganz besonders im süddeutschen Raum, als Andachts- und Wallfahrtsbild große Verbreitung (Hinrik Funhof, *Maria im Ährenkleid*, um 1480, Hamburg, Kunsthalle). Vereinzelt kann Maria auch nur eine Ähre halten.

Als Sinnbild des Ackerbaus kann ein Ährenbündel auch Adam oder Kain beigegeben sein (1. Mose 3,17–19, 23; 4,1–3). Ährenlesend oder mit Ährenbündel wird weiterhin Ruth, eine der berühmten Frauen des Alten Testaments, wiedergegeben (Buch Ruth 2; Nicolas Poussin, *Der Sommer*, 1660/64, Paris, Louvre).

Die Abbildung von sieben vollen Ähren und sieben trockenen Ähren, die für sieben fruchtbare und sieben Hungerjahre stehen, stellt den Traum des Pharao dar, den Joseph im Alten Testament deutet (1. Mose 41,5–7, 22–32; Raffael und Schule, *Joseph deutet den Traum des Pharao*, 1516/19, Vatikan, Loggien).

Ein Getreidefeld mit vollen Ähren oder Garben im Zusammenhang mit der Flucht nach Ägypten verweist auf die mittelalterliche Legende vom Kornwunder. Als die Hl. Familie nach Ägypten floh, kam sie an einem Feld vorbei, auf dem gerade Getreide gesät wurde. Als die Häscher am nächsten Tag ebenfalls dort vorüberkamen, war das Getreide durch ein Wunder über Nacht so gewachsen, dass es nun geerntet wurde. Auf die Frage der Häscher, ob hier ein fliehendes Paar mit einem Kleinkind vorbeigekommen sei, antworteten die Bauern: Ja, als das Getreide gesät wurde. Daraufhin hielten die Häscher die Verfolgung für aussichtslos und kehrten um (Hans Memling, *Die sieben Freuden Mariä*, 1480, München, AP; Joachim Patinir, *Ruhe auf der Flucht*, 1. Viertel 16. Jh., Madrid, Prado; Baldassare Peruzzi, Fresko, Anf. 16. Jh., Rom, S. Onofrio; Joos van Cleve, *Die Kirschenmadonna*, Anf. 16. Jh., Aachen, Suermondt-Museum).

Heilige, die Ährenbündel als Attribute haben können – meist Wetter- und Ernteheilige – sind Apollinaris von Ravenna, Brictius von Tours, Brigida von Irland, Donatus, Gaudericus, Isidor von Madrid, Kajetan von Thiene, Notburga von Rattenberg, Oswald von Northumbrien und Walburga.

In der Profan-Ikonographie sind Ähren eines der Attribute der Demeter/Ceres, der Göttin der Erde und des Ackerbaus. Ein Ährenbündel oder die Getreideernte charakterisieren aber auch bei Jahreszeitendarstellungen ganz allgemein den Sommer oder bei Monatsdarstellungen die Monate Juli oder August (Antoine Watteau, *Ceres oder der Sommer*, um 1715, Washington, National Gallery). Bei den Personifikationen der vier Elemente ist der Erde meist ebenfalls ein Ährenbündel beigegeben.

Nach Ripa 1970 (S. 1) gehört ein Ährenbündel auch zu den Kennzeichen der *abundantia* ›Überfluss‹.

Äskulapstab. Dieser Stab mit einer um ihn gewundenen Schlange ist das Zeichen des griechischen Heilgottes Asklepios/Aeskulap. Durch ihre alljährliche Häutung ist die Schlange zum Sinnbild der Verjüngung geworden und wurde somit auf die Heilberufe bezogen. Der Äskulapstab ist bis heute Kennzeichen der Apotheken und des Arztberufs. ▸Caduceus, Schlangenstäbe unter ▸Stab

Affe. Im antiken Mythos gehören Affen zu den Begleittieren des Gottes Dionysos/Bacchus. Im alten Orient galt der Affe als heiliges Tier. Im Abendland wandelte sich jedoch seine Bedeutung. Er veranschaulicht nun meist die tierischen Triebe des Menschen (Hendrik Terbrugghen, *Bacchantin*, 1627, Los Angeles, Getty Museum) und steht so für *vanitas* ›Eitelkeit‹ und *luxuria* ›Wollust‹ (unbekannte Meister, *Jongleure mit einem Affen*, Relief, 13. Jh., Bayeux, Kathedrale; Deckenbild, Anf. 13. Jh., Peterborough, Kathedrale), für *acedia* ›Trägheit‹, *avaritia* ›Geiz‹, deren Reittier er sein kann, *astus* ›Arglist‹, *fraus* ›Betrug‹ und ganz allgemein für die Sünde.

Ein gefesselter Affe zeigt den in seinen Sünden gefangenen Menschen, er kann aber auch auf die Überwindung der Sünde und des Teufels deuten (unbekannter Meister, *Frankfurter Paradiesgärtlein*, um 1410, Frankfurt a. M., Städel; Albrecht Dürer, *Madonna mit der Meerkatze*, 1497–98, Kupferstich; Pieter Bruegel d. Ä., *Zwei angekettete Affen*, 1562, Berlin, Staatliche Gemäldesammlungen). Im *Physiologus* gilt der Affe dagegen als Sinnbild des Teufels, er ist bösartig und dämonisch (Physiologus 1981, S. 91–94; Meister Bertram, *Grabower Altar*, Engelsturz, 1379, Hamburg, Kunsthalle).

Der Affe wird aber auch als Nachäffer, auch unwürdiger Nachäffer Gottes, angesehen. Ihn fängt man, indem man vorgibt, sich die Augen mit Leim zu verkleben, oder indem man vor den Augen des Affen erst mit Blei beschwerte Schuhe anzieht und sie dann in die Nähe des Affen legt. Da der Affe alles nachmache, könne er so leicht gefangen werden. Die Eigenschaft des Nachäffens führte ab der Renaissance aber auch dazu, den Affen mit dem Grundprinzip der Nachahmung der Natur in den bildenden Künsten in Zusammenhang zu bringen. In diesem Sinn erscheint der Affe auch in Ateliers oder gemeinsam mit Malutensilien (JEAN-BAPTISTE-SIMEON CHARDIN, *Der Affe als Maler*, um 1739–40, Paris, Louvre).

Ein Affe, der einen Apfel verspeist, gilt als Hinweis auf den Sündenfall von Adam und Eva. Ein Affe mit einem Spiegel in der Hand ist dagegen ein Symbol der Eitelkeit und ein Affe mit einer Geige ist als Bild der unkeuschen Sinnlichkeit zu verstehen. Ein Affe im Zug der Hl. Drei Könige kann aber auch positiv den reuigen Sünder veranschaulichen.

Da Affen im Orient zu Hause sind, kennzeichnen sie in profanen Darstellungen auch gerne Menschen aus dem Orient oder Reisende wie Matrosen. Als Begleiter ist der Affe auch Spielleuten, Tänzern und Akrobaten beigegeben. Ebenso sind Affen als Tiergattung meist der Personifikation des Erdteils Afrika zugeordnet. Kleine Affenarten als Haustiere sind im 16. und 17. Jahrhundert aber auch in Bildnissen unter den fürstlichen und adeligen Statussymbolen zu finden, da die exotischen Tiere sehr schwer zu bekommen und sehr teuer waren.

Drei Affen, die sich Ohren, Augen und Mund zuhalten, stammen aus dem asiatischen Kulturkreis und bedeuten »nichts Böses hören, sehen und sprechen«.

Agave. Im Mittelalter galt die Agave als Symbol der jungfräulichen Mutterschaft Mariens, da die langlebige Pflanze nur ein einziges Mal einen Blütenschaft treibt und dann verdorrt.

Das Öl der Agave galt als Symbol für Buße und Enthaltsamkeit, da es im Totenkult zum Einbalsamieren Verwendung fand.

Ahle ▸ Pfriem

Ahorn. Das Spitzahornblatt ist seit dem 19. Jahrhundert nationales Symbol für Kanada und kommt auch in diversen Wappen vor (z. B. Kieler Stadtwappen).

Akanthus. Diese Distelart des Mittelmeerraumes ist seit der Mitte des 5. Jahrhunderts v. Chr. ein häufig verwendetes Blattornament, das in seiner Kelchform beim korinthischen Kapitell zu einem der wichtigsten Dekorationselemente geworden ist. Da Akanthusornamente häufig in der Grabmalsarchitektur vorkamen, entwickelte sich aus dieser Verbindung vor allem in der Romanik eine Verknüpfung zu Unsterblichkeit und Auferstehung. So wurden oft sehr stilisierte Akanthuskapitelle in dieser Epoche im Chorbereich oder in Zusammenhang mit Aufbewahrungsorten von Reliquien verwendet. Später setzte sich der Akanthus als häufig gebrauchte Ornamentform ohne spezifische Bedeutung während der ganzen Neuzeit durch. Er kommt aber auch verknüpft mit der Vanitassymbolik in mindestens einem Stillleben des Barock vor (Elias van den Broeck, *Blumenstillleben*, um 1700, Salzburg, Residenzgalerie).

Akazie. Durch ihr hartes und dauerhaftes Holz wurde die Akazie, die auch oft mit der Robinie und der Mimose gleichgesetzt wurde, zum Sinnbild der Überwindung des Todes und der Unsterblichkeit. In dieser Bedeutung gebrauchte man sie vor allem in der Freimaurerei. Darüber hinaus gilt sie aber auch als Symbol der Unveränderlichkeit.

Auch die Bretter der alttestamentlichen Stiftshütte, der Altar und die Bundeslade waren aus Akazienholz (z. B. 2. Mose 25,10; 26,15; 27,1; 5. Mose 10,3).

Akelei (Aquilegia vulgaris). Bei der Akelei handelt es sich um ein Hahnenfußgewächs, das bei den Germanen der Göttermutter Frigga/Freya zugeordnet war, und im christlichen Kontext als Heilpflanze auf Maria als Gottesmutter übertragen wurde (Hans Multscher, *Wurzacher Altar, Marientod*, 1437, Berlin, Staatliche Gemäldesammlungen; unbekannter Meister, *Frankfurter Paradiesgärtlein*, 1410, Frankfurt a. M., Städel).

Die Blütenform, die einem regelmäßigen Fünfeck gleicht, führte auch dazu, dass man in dieser ein »Pentagramm« sah und der Blüte so dämonenabwehrende Kräfte zusprach. In diesem Sinn wurde die Akelei ebenso als Abwehrzauber eingesetzt. Außerdem ist die volkstümlich auch Taubenblume genannte Pflanze ein Symbol des Hl. Geistes, da das Honigblatt der Blüte einer Taube ähnelt. Im Englischen heißt die Akelei deshalb auch *columbine flower*. Eine Akeleipflanze mit sieben Blüten kann dementsprechend Sinnbild für die sieben Gaben des Hl. Geistes (*sapientia* ›Weisheit‹, *intellectus* ›Verstand‹, *consilium* ›Rat‹, *fortitudo* ›Stärke‹, *scientia* ›Wissenschaft‹, *pietas* ›Frömmigkeit‹ und *timor* ›Furcht‹) sein, aber auch für die sieben Schmerzen Mariä stehen (Hugo van der Goes, *Portinarialtar*, um 1475/76, Florenz, Uffizien).

Die dreigeteilte Form des Blattes konnte aber auch als Dreifaltigkeitssymbol gedeutet werden. Vor allem in der Spätgotik und Renaissance war sie als Heilpflanze und wegen der Lautähnlichkeit mit der kabbalistischen Ligatur AGLA aus dem 88. Psalm (*Atha gibbor leolam adonai* ›Du Held in Ewigkeit, mein Herr‹) im Sinne einer Anrufung Gottes auch auf Christus als Zeichen der Erlösung, des kommenden Heils und des Sieges des Lebens über den Tod bezogen (Brüder van Eyck, *Genter Altar*, 1432, Gent, Sint Bavo).

Im Sinne einer Heilpflanze kann eine Akelei auch dem hl. Gereon als Attribut beigegeben sein (Stephan Lochner, *Kölner Dombild*, 1440/45, Köln, Dom). Als Heilpflanze gegen die scharfe »Galle der Geelsucht« ist die Akelei später auch noch zum Sinnbild für die Heilung von Geiz geworden.

Akrobat. Jongleur, Seiltänzer, Clown, fahrendes Volk. In der romanischen Plastik tauchen Akrobaten mit kunstvoll verrenkten Gliedern oft als Sinnbilder der Sinnlichkeit, der Verführung, der Sittenlosigkeit, also als außerhalb der etablierten Ordnung stehende Menschen mit negativer symbolischer Bedeutung auf (unbekannter Meister, Kapitellplastik, 12. Jh., Vezelay, Ste-Madeleine).

Alant (Inula helenium). Das früher sehr beliebte Heilkraut bekam der antiken Sage nach seinen lateinischen Beinamen von Helena, die diese Pflanze in Händen gehalten haben soll, als Paris sie entführte.

In der christlichen Symbolik gilt der Alant wegen seiner großen Heilkraft als Sinnbild der Erlösung von der Sünde.

Alchemist. Die für ihre Suche nach dem Stein der Weisen mit Hilfe von Geheimrezepten, Sterndeuterei usw. bekannten Alchemisten, die die Vorläufer der heutigen Chemiker waren und denen eine Reihe von Entdeckungen wie Porzellan oder Alkohol gelang, die aber auch oft vor Betrügereien nicht zurückschreckten, waren in Darstellungen der holländischen Genremalerei des 16. Jahrhunderts und der Barockzeit oft als Bild menschlicher Torheit gebräuchlich (ADRIAEN VAN OSTADE, *Der Alchemist*, 1661, London, National Gallery).

Aloe, ein häufig mit der Agave gleichgesetztes Symbol für Buße und Leid, da die Aloe als Balsamierungsmittel gebraucht wurde (HANS BURGKMAIR, *Johannes der Evangelist auf Patmos*, 1518, München, AP). Da die Aloe alten Vorstellungen gemäß – freilich in Verwechslung mit der Agave – nur einmal einen Blütenstamm treibe, wurde sie auch zum Sinnbild der einmaligen jungfräulichen Mutterschaft Mariens.

Alpha und Omega, erster und letzter Buchstabe im griechischen Alphabet. Auch das griechische Wort für Anfang (*arché*) beginnt mit einem Alpha. Da Alpha und Omega das gesamte Alphabet einschließen, stehen sie für eine umfassende Totalität.

In der Offenbarung des Johannes (Offb. 1,8; 21,6; 22,13) werden das Alpha und das Omega sowohl als Selbstaussage von Gott als auch von Christus wiedergegeben, in den Schriften der Kirchenväter jedoch vor allem auf Christus bezogen. So erscheinen in der frühchristlichen Kunst in Grabinschriften, auf liturgischen Geräten und auch Gegenständen des täglichen Gebrauchs das Alpha und das Omega zusammen mit dem Kreuz oder dem Christusmonogramm, geschrieben Alpha Chi Rho Omega und gelesen *archo* (›ich beginne, ich herrsche‹). Sie sollten in dieser Zeit der Auseinandersetzungen mit dem Arianismus die Wesensgleichheit vom Sohn mit dem Vater bezeugen (UNBEKANNTER MEISTER, Apsismosaik, 549, Ravenna, S. Apollinare in Classe). Im Mittelalter werden die apokalyptischen Buchstaben gerne auch Bildschöpfungen der Maiestas Domini oder des Weltgerichts beigefügt (UNBEKANNTER MEISTER, *Tassilokelch*, um 780, Stift Kremsmünster/Oberösterreich) oder im geöffneten Buch in den Händen Christi wiedergegeben. Eine neuerliche Verbreitung dieser Symbole findet sich in der Romantik und auch in der modernen religiösen Kunst.

Alraune. Wurzel der Mandragora (auch Mandragola, alkaloidhaltiges Nachtschattengewächs), deren Form oft an eine Menschengestalt erinnert. Schon in der Antike wurde sie deshalb als Heil- und Zaubermittel benützt und auch als Aphrodisiacum eingesetzt. Im Mittelalter sah man Alraunen als Glücksbringer an.

Altar. Der Kulttisch in christlichen Kirchen ist aus der ursprünglichen Opferstätte für Brand- oder Räucheropfer hervorgegangen (GIOVANNI ANTONIO DI FRANCESCO SOGLIANI, *Das Opfer Abels* und *Das Opfer Kains*, beide um 1533, Pisa, Dom, Tribuna).

In Darstellungen mit der Geburt Jesu Christi kann mit symbolischer Bedeutung hinterlegt die Krippe in Gestalt eines Opferaltares wiedergegeben sein. So verweist sie auf den tieferen Sinn der Inkarnation (NIKOLAUS VON VERDUN, *Klosterneuburger Altar*, 1181, Klosterneuburg bei Wien, Stiftsmuseum). Auf einem Altar erscheint auch Maria mit dem Kind in der Vision, die die Tiburtinische Sibylle dem Kaiser Augustus zeigte (*Legenda Aurea*; ROGIER VAN DER WEYDEN, *Bladelin-Altar*, linker Flügel, um 1452, Berlin, Staatliche Gemäldesammlungen).

Als Attribut ist die Darstellung eines Altares den hll. Andreas Avellinus, der vor dem Altar einen Schlaganfall erlitt, Papst Gregor dem Großen (Gregorsmesse), Thomas Beckett, der auf den Stufen des Hochaltares der Kathedrale von Canterbury ermordet wurde, und Alexander und Viktor, die heidnische

Altäre zerstörten, beigegeben. Ein umgestürzter heidnischer Altar kann auch den Apostel Paulus kennzeichnen.

Amboss. Das Schmiedewerkzeug gilt neben der Berufsbezeichnung als Sinnbild der Stärke. In der antiken Mythologie verweist ein Amboss auf Hephaistos/Vulkan, den Gott des Feuers und Gemahl von Aphrodite/Venus (Diego Velazquez, *Apoll in der Schmiede des Vulkan*, 1630, Madrid, Prado).

Ein Amboss gehört zu den Attributen des hl. Eligius, des Patrons der Hufschmiede, wie auch der hll. Galmier und Adrian von Nikomedien (als Marterinstrument). Als kleiner Goldschmiedeamboss ist er weiter Attribut der hll. Apelles von Genua, Bernward von Hildesheim, Dunstan von Canterbury und ebenfalls von Eligius von Noyon.

Ein Amboss kennzeichnet auch Tubalkain, den ersten Meister der Metallbearbeitung (1. Mose 4,22). Damit wurde der Amboss auch zum allgemeinen Attribut der Metallurgie, vor allem in Zyklen mit der Wiedergabe der mechanischen Künste (Andrea Pisano und Schule, *Tubalkain, der erste Schmied*, Relief, um 1340, Florenz, Campanile des Domes).

Als Sinnbild der Stärke kann der Kardinaltugend *fortitudo* ›Tapferkeit‹ ein Amboss beigegeben sein.

Ameise. Bereits im Alten Testament wird der sprichwörtliche Fleiß der Ameise im Buch der Sprüche (6,6–8) erwähnt. Auch nach dem *Physiologus* gilt dieses Tier als Sinnbild des Fleißes und der klugen Voraussicht (Physiologus 1981, S. 27–29; Albrecht Dürer, Illustrationen zum *Narrenschiff*; Karel van Mander, *Die Großmut des Scipio*, 1600, Amsterdam, Rijksmuseum).

Amethyst. Nach der griechischen Wortbedeutung bewahrte der Stein davor, betrunken zu werden. Nach traditionellen Steinbüchern von der Antike bis in die Neuzeit galt der Amethyst vor allem als Schutz vor Gift, Trunkenheit, Hagel und Zauber. In diesen Bedeutungen liegt im 16. und 17. Jahrhundert oft die Begründung für seine häufige Verwendung für Trinkgefäße oder Ringe. Wegen der violetten Farbe gilt der Amethyst aber auch seit Hrabanus Maurus als Sinnbild der

Demut und der Gottesliebe und verweist, ebenfalls auf Grund seiner Farbe, auf die Passion Christi. So war er ein beliebtes Material zur Herstellung von Rosenkränzen. Wegen seiner drei unterschiedlichen Farbrichtungen bezog man ihn aber auch auf die Dreifaltigkeit. Zudem gilt er als Sinnbild der Bescheidenheit und Frömmigkeit, eines kontemplativen Lebens und der geistigen Heilkraft. Der Stein soll darüber hinaus böse Gedanken vertreiben und Vernunft bringen (nach Conrad von Megenberg, 14. Jh.).

Außerdem ist der Amethyst einer der Grundsteine des himmlischen Jerusalem (Offb. 21,20) und gehört zu den zwölf Edelsteinen am Brustschild des jüdischen Hohepriesters.

Amor/Amoretten ▸Eros

Ampulle. Eine oder mehrere Ampullen mit Blut sind das Attribut des hl. Januarius von Benevent, dessen Blutreliquie sich in Neapel befindet und dort besonders verehrt wird.

Amsel. Auf Grund seines schönen Gesanges wird dieser Vogel manchmal der personifizierten Rhetorik beigegeben.

Amulett. Amulette dienten dem Abwehrzauber gegen den bösen Blick, böse Geister, Unglück und Krankheiten. Es sind dies am Körper getragene kleine Gegenstände wie eingefasste Anhänger (Neidfeigen), Pfoten, bestimmte Steine, Tiere usw. (Diego Velazquez, *Infant Philipp Prosper*, um 1659, Wien, KHM).

Andreaskreuz ▸Kreuz

Anemone. Nach dem antiken Mythos ist diese Pflanze auf die Erzählung über den Jäger Adonis zu beziehen, der der Geliebte der Aphrodite/Venus war. Als ihn ein Eber tötete, sollen aus den Tränen der Aphrodite Anemonen entstanden sein. Da die Tränen der Göttin jedoch bald versiegten, wurden Anemonen Sinnbild einer rasch vergehenden Liebe und allgemein ein Hinweis auf schnell trocknende Frauentränen. So war die Pflanze schon in der Antike ein Sinnbild für Vergänglichkeit. Freilich stand hinter dieser Bedeutung auch die Tatsache der kurzen Dauer ihrer Blüte. In der Renaissance gehörte sie zu den Blüten der Liebes- oder Venusgärten.

Im Christlichen verweist diese Pflanze auf den Opfertod Christi und das vergossene Blut von Märtyrern, aber auch allgemein auf Abschied und Tod.

In der Barockzeit waren Anemonen wegen der kurzen Blütendauer auch beliebte weltliche Vanitassymbole (Rachel Ruysch, *Vanitas-Stillleben*, um 1690, La Fère, Musée Jeanne d'Aboville).

Angel. Attribut des Berufsstandes der Fischer. In den Evangelien verwendeten die Fischer nur Netze, dennoch wurden auch Angeln in der frühchristlichen Kunst in Katakombenfresken zum Symbol für die Taufe und die Nachfolge Christi gemäß dem Auftrag, Menschenfischer zu werden (Lk. 5,10).

Angeln können aber auch als Fanginstrument wiedergegeben sein – nach Hab. 1,15 in den Händen des Bösen, nach Hiob 40,25 zum Fangen des Bösen durch Gott und Christus eingesetzt.

Eine Angelrute als Attribut hat der hl. Zeno von Verona.

Anker. Da der Anker ein Schiff im Hafen und bei Sturm sichert, wurde er zum Zeichen der Hoffnung, der Zuversicht und des Heils, aber auch der Beständigkeit und Treue, des Weiteren allgemein zum Sinnbild von Vertrauen, Halt und Sicherheit.

In der antiken Mythologie ist der Anker Meeresgottheiten beigegeben und gehört so zu den Attributen Poseidons/Neptuns. Er war auch Wappenzeichen von Seestädten wie Alexandria und Antiochien und natürlich Kennzeichen der Berufe Seemann und Fischer.

Im Christentum steht der Anker als Zeichen der Hoffnung des Glaubenden auf Errettung und Auferstehung (Hebr. 6,18). Durch seine an ein Kreuz erinnernde Form gehörte er auch früh zu den versteckten Hinweisen auf das Christentum. In diesem doppelten Sinn sind Anker in der frühchristlichen Kunst und Grabsymbolik sehr verbreitet. Später sollen kreuzförmige Anker an die Passion Christi erinnern. Manchmal werden sie dabei auch durch die Darstellung eines Delfins ergänzt. Des Weiteren gehört der Anker zu den Kennzeichen

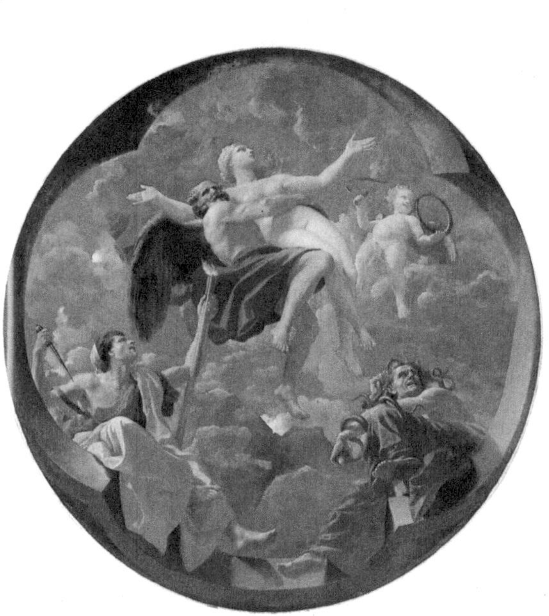

Nicolas Poussin: Die Zeit entzieht die Wahrheit den Angriffen des Neides und der Zwietracht. Paris, Musée National du Louvre, 1641. – Auf einer Brüstung sitzen die Personifikationen von *invidia* ›Neid‹ und *discordia* ›Zwietracht‹. Über ihnen trägt Chronos, der Gott der Zeit, die Personifikation der *veritas* ›Wahrheit‹ weg. Invidia ist an ihrem gegen sich selbst gerichteten Dolch und einem brennenden Holzstab zu erkennen. Discordia, alt und hässlich, hält einen **Apfel** in ihrer Hand. Schlangen winden sich um ihren Kopf und Arm. Der Apfel erinnert an den Mythos von Eris, der Göttin der Zwietracht, die einst einen goldenen Apfel für die Schönste von allen unter die beim Mahl versammelten Götter warf. Dies löste den mit dem Parisurteil und dem Kampf um Troja endenden Streit unter den Göttinnen Hera, Athena und Aphrodite aus. Chronos ist als alter Mann mit Flügeln wiedergegeben. Ein Putto hält seine Attribute, eine Sichel und das Ewigkeitssymbol der sich in ihren Schwanz beißenden Schlange. Veritas, die nichts zu verbergen hat, erscheint als nackte junge Frau mit weit geöffneten Armen.

der Personifikation der theologischen Tugend *spes* ›Hoffnung‹.

Ein dreizackförmiger Anker ist das Attribut des hl. Klemens von Rom, der mit einem um den Hals gehängten Anker ins Meer geworfen wurde (Bernardino Fungai, *Das Martyrium des hl. Klemens*, um 1500, York, City Art Gallery). Auch Johannes Nepomuk, der in der Moldau ertränkt wurde, Placidus, der Schutzpatron der Ertrinkenden, Nikolaus von Myra, der Schutzheilige der Seeleute, Philomena, Rosa von Lima, die Schutzpatronin der Hafenstadt Lima, und Petrus Gonzales können einen Anker als Kennzeichen haben, ebenso die Stadt Solingen, deren Schutzpatron der genannte hl. Klemens ist.

Anna selbdritt. Dieser ikonographische Terminus bezeichnet eine Darstellung der hl. Anna mit ihrer Tochter Maria und dem Jesuskind (Leonardo da Vinci, *Anna Selbdritt*, 1501–07, Paris, Louvre).

Antilope. Nach dem *Physiologus* verheddert sich die Antilope beim Trinken in einem Gebüsch und wird so Beute wilder Tiere (Physiologus 1981, S. 72/73). Deshalb gilt die Antilope in der Symbolik als Warnung an einen Christen, dass er sich nicht wie sie verstricken soll.

Apfel. Er ist ein altes Symbol der Fruchtbarkeit und Liebe. Das Zuwerfen von Äpfeln galt zum Beispiel in der Antike als Liebeswerben. Durch seine fast vollkommene Kugelform konnte der Apfel auch als kosmisches Symbol und Abbild der Erde, aber auch der Ewigkeit Verwendung finden.

Schon im Altertum war der Apfel Attribut verschiedener Gottheiten. Die Siegesgöttin Nike/Victoria trägt einen Apfel als Zeichen der Weltherrschaft. Vor dem Parisurteil hatte die Göttin der Zwietracht, Eris, einen goldenen Apfel für die Schönste unter die beim Mahl versammelten Götter geworfen. Die in Streit geratenen Göttinnen Hera/Juno, Athena/Minerva und Aphrodite/Venus machten Paris zum Schiedsrichter, der Aphrodite/Venus zur Empfängerin des Apfels machte (Homer, *Ilias* 24,25 ff.; Peter Paul Rubens, *Parisurteil*, 1632/35, London, National Gallery; Anton Raphael Mengs, *Parisurteil*, um 1757, St. Petersburg, Eremitage). Atalante unterliegt im Wettlauf Hippomenes, der mit Hilfe Aphrodites drei goldene Äpfel fallen ließ, nach denen sich die schnellere Atalante bückte und so Zeit verlor (Ovid, *Metamorphosen* 10,560–707; GUIDO RENI, *Hippomenes und Atalante*, um 1618, Madrid, Prado).

Die Äpfel der Hesperiden waren Sinnbilder der Unsterblichkeit und spielen im Herakles-Mythos eine Rolle. Die Erdgöttin Gaia schenkte sie einst Hera/Juno als Symbol der Fruchtbarkeit zu ihrer Vermählung mit Zeus (Hesiod, *Theogonie*). Auch die drei Grazien und die Schicksalsgöttin Nemesis können einen Apfel zum Attribut haben.

Als verbotene Frucht im Paradies wird der Apfel im Christentum vor allem Sinnbild der Sünde und des Todes. Durch die Wortgleichheit von Apfel und dem Bösen im Lateinischen (*malum*) wurde im Westen meist der Apfel mit der Frucht des Baumes der Erkenntnis gleichgesetzt (1. Mose 3). Im Orient war dafür eher die Feige gebräuchlich. Sowohl als Sinnbild der Sünde als auch als Abbild der Erde diente der Apfel später auch als Attribut des Fürsten der Welt (UNBEKANNTER MEISTER, *Der Fürst der Welt und die Törichten Jungfrauen*, rechtes Westportal, um 1275, Straßburg, Münster).

Wenn das Jesuskind nach einem Apfel greift, verbindet sich damit meist die Vorstellung vom Aufsichnehmen der Sünden der Welt (HANS MEMLING, *Das Diptychon des Maarten van Nieuwenhove*, 1487, Brügge, Museum van het Sint Janshospitaal). Auch der erwachsene Christus, der einen Apfel in der Hand hält, bedeutet die Erlösung von der Erbsünde. In diesem Sinn können Erlöste in Darstellungen der himmlischen Freuden Äpfel in ihren Händen halten. Auch Maria wird mit dieser Bedeutung manchmal ein Apfel beigegeben. Und vermutlich entstand vor diesem Hintergrund auch der Brauch, den Weihnachtsbaum mit Äpfeln zu schmücken. Doch kann der Apfel bei Maria mit dem Kind auch als Liebessymbol im Sinne des Hohen Liedes gedeutet werden (STEPHAN LOCHNER, *Maria im Rosenhag*, um 1448, Köln, WRM). Ein Apfel in den

Händen des personifizierten Todes stellt vor allem in der Barockzeit wiederum einen Verweis auf den Sündenfall dar, denn die Ursünde brachte den Tod in die Welt.

Als Heiligenattribut dient der Apfel der hl. Dorothea von Cäsarea. Drei Goldklumpen, die oft in der Form von Äpfeln wiedergegeben werden, finden sich bei Nikolaus von Myra, der diese an drei arme Mädchen als Heiratsgut verschenkte (*Legenda Aurea*). Ein Apfel, aus dem ein Palmzweig wächst, kommt bei Johannes dem Täufer vor.

Die Personifikation der *discordia* ›Zwietracht‹ hat ebenfalls einen Apfel als Attribut (Nicolas Poussin, *Die Zeit entzieht die Wahrheit den Angriffen von Neid und Zwietracht*, 1641, Paris, Louvre).

In der Sexualsymbolik werden Äpfel mit Brüsten verglichen und das Kerngehäuse des aufgeschnittenen Apfels mit der Vulva. ▸Granatapfel, ▸Kugel

Apfelsine ▸Orange

Apostel. Das sind die von Jesus zur Verbreitung des Evangeliums beauftragten Zeugen seiner Auferstehung. Entsprechend der griechischen Wortbedeutung gelten sie als bevollmächtigte Boten oder Gesandte Gottes. Zu den ursprünglichen zwölf gehören: Simon Petrus, Jakobus Zebedäus (Jakobus d. Ä.), Johannes, Andreas, Philippus, Bartholomäus, Matthäus-Levi, Thomas, Judas Ischariot, Jakobus Alphaei (Jakobus d. J.), Judas Thaddäus und Simon Zelotes, doch gibt es Schwankungen der Namensliste, da die Evangelien zum Teil unterschiedliche Namen verwenden. Nach Christi Himmelfahrt wurde Matthias an Stelle des Verräters Judas Ischariot zum Apostel gewählt. Ebenfalls unter die Apostel aufgenommen wurde der vom Christenverfolger Saulus zum Jünger bekehrte Apostel Paulus. Die Symbolik der Zwölfzahl bezieht sich dabei sowohl auf die zwölf Stämme Israels als auch auf die Ganzheitssymbolik der Zahl.

Apostelattribute. Neben den allgemeinen Attributen wie Buch, Schriftrolle oder -band und Kreuz sind bei den Aposteln nachfolgende Kennzeichen besonders charakteristisch:

- *Andreas:* Andreaskreuz, Fischernetz, Kreuzstab; mit kräftigem grauem Bart
- *Bartholomäus:* Messer, abgezogene Haut; meist barfüßig
- *Jakobus der Ältere:* Pilgertracht mit Muschel, Wanderstab oder Keule
- *Jakobus der Jüngere:* Schwert, Walkerstange, Fahne
- *Johannes:* Kelch mit Schlange, Adler; jugendlich bartlos
- *Judas Ischariot:* Geldbeutel, Münzen, Galgen, gelber Mantel
- *[Judas] Thaddäus:* Keule, Steine
- *Matthäus:* Schreibgerät, Schwert, Beutel, Beil, Engel
- *Matthias* (wahlweise für den Verräter *Judas Ischariot*): Beil, Steine
- *Paulus* (wahlweise für *Judas Thaddäus*): Schwert; mit Stirnglatze und spitzem Bart
- *Petrus:* Schlüssel, Fischernetz, Ketten, Hahn, Mosesstab; mit Stirnlocke und Kastenbart
- *Philippus:* Kreuzstab, Antoniuskreuz
- *Simon:* Schwert, Säge
- *Thomas:* Lanze, Winkelmaß

Apothekergeräte, Arztbesteck, Arzttasche. Arzttasche, Arzneibehälter, Salbgefäß, bauchige Flaschen, Löffel, Salbenspatel und Pinzetten sind im Allgemeinen Hinweise auf den Beruf eines Arztes, Baders oder auch Barbiers (Gerard Dou, *Der Arzt*, 1653, Wien, KHM). Diese Attribute sind aber auch für heiliggesprochene Ärzte geläufig, vor allem für Kosmas und Damian (Rogier van der Weyden, *Medici-Madonna*, um 1450, Frankfurt a. M., Städel; Magnus Remy, *Kapellenaltar*, um 1704, Klosterkirche Irsee), aber auch für den Evangelisten Lukas, der der Legende nach Arzt gewesen sein soll.

Apotheose. Die ursprünglich aus dem alten Orient stammende und in die griechische und römische Antike eingedrungene Vorstellung von der Vergöttlichung eines Herrschers, bei der dieser bildlich meist von Genien oder Adlern in den Himmel getragen wird, wurde in Anlehnung an antike Bildformeln vor allem im Barock auch ein abendländisches

Bildthema für Herrscher, bedeutende Persönlichkeiten und Heilige (Peter Paul Rubens, *Apotheose König Heinrichs IV. von Frankreich*, 1621–25, Paris, Louvre).

Arche ‣Schiff

Architekturmodell ‣Kirchenmodell, ‣Spitalmodell, ‣Stadtmodell

Arm. Zeichen der Macht und Kraft. Da Gott dem zweiten Gebot entsprechend nicht dargestellt werden durfte – und daran hielten sich auch die Christen bis ins hohe Mittelalter –, wurde ein Arm oder auch nur eine Hand, die mit einem Segens- oder Redegestus im Himmel erscheint, zum am weitesten verbreiteten Symbol Gottvaters, besonders bei der bildlichen Wiedergabe der Taufe oder der Himmelfahrt Christi (unbekannter Meister, *Reidersche Tafel*, um 400, München, BNM).

Ein abgerissener Arm ist das Attribut der hl. Helene (Alena) von Forêt (Brüssel), die 641 ihr Martyrium erlitt, ebenso der hl. Notburga von Hochhausen (am Ellbogen abgerissen).

Der Arm gilt auch als ein Symbol richterlicher Gewalt.

Erhobene Arme können einen Gebetsgestus (‣Gebärden) darstellen, andererseits eine Drohgebärde sein, aber auch ein Zeichen von Schrecken oder des Sich-Ergebens (Francisco de Goya, *Die Erschießung der Aufständischen*, 1814, Madrid, Prado) und der Trauer.

Arma Christi / Passionswerkzeuge. Leidenswerkzeuge Jesu Christi, die Werkzeuge seiner Passion: Kreuz mit Kreuztragung, Augenbinde, Nägel, Kreuzesinschrift, Schwerter und Stangen, Dornenkrone, Rohrstab (Christus wurde damit geschlagen, dann Spottzepter), Purpurmantel, Rute und Geißel, Geißelsäule mit Stricken, Essigschwamm, Essiggefäß, Lanze, dreißig Silberlinge des Judas, Laterne der Häscher am Ölberg, Ohr des Malchus, Hahn von der Verleugnung Petri, spuckender Kopf von der Verspottung, schlagende Hand, Wasserbecken oder Schüssel und Kanne für die Handwaschung des Pilatus, Schweißtuch der Veronika, Würfel mit dem Leibrock Jesu ohne Naht, Hammer, Bohrer zum Eintreiben der Nägel,

Zange zum Entfernen der Nägel, Strick, Kreuztitulus, Leiter und Haltetücher von der Kreuzabnahme, Leichentuch, Grab, vereinzelt findet sich darunter auch noch ein Beschneidungsmesser (ROBERTO ODERISI, *Schmerzensmann*, 14. Jh., Cambridge [Mass.], Fogg Art Museum; FRA ANGELICO, *Verspottung Christi*, 1436–43, Florenz, Museo di S. Marco; GEERTGEN TOT SINT JANS, *Christus als Schmerzensmann*, Ende 15. Jh., Utrecht, Erzbischöfliches Museum; GIANLORENZO BERNINI mit Werkstatt, *Engel mit den Arma Christi*, 1660–67, Rom, Engelsbrücke und S. Andrea delle Fratte). Die Arma Christi gelten als Reliquien Christi, werden aber auch als Majestätssymbole des wiederkehrenden Christus verstanden (PIETRO CAVALLINI, *Jüngstes Gericht*, um 1293, Rom, S. Cecilia in Trastevere). In Andachtsbildern werden sie bei kontemplativer Betrachtung als Waffen gegen die Sünde eingesetzt und als Symbole der Erlösungstat Jesu Christi gesehen.

Arnika. Als Heilpflanze ist sie Maria zugeordnet. Arnika galt aber auch als Schutz gegen Zauberer und Hexen oder gegen Blitzschlag.

Aronstab (Arum maculatum). Dieses Aracäengewächs war früher ein wichtiges Heilmittel gegen Magenleiden und Verschleimung, in diesem Sinn wurde die Pflanze wie viele Heilmittel im Mittelalter zum Mariensymbol, aber auch zum Auferstehungssinnbild.

Asche. Als Sinnbild der Vergänglichkeit und des Todes ist Asche ein Symbol von Demut, Reue, Buße und Trauer. Auf das Wiederauferstehen des Vogels Phönix aus seiner eigenen Asche bezogen, kann Asche auch Symbol der Hoffnung sein.

Ast. Zwei aus ihrer Brust wachsende Äste sind vereinzelt Kennzeichen der hl. Theresa von Avila.

Astkreuz ‣ Kreuz

Astrolabium. Es handelt sich dabei um ein von den Arabern erfundenes, scheibenförmiges astronomisches Beobachtungs- und Messgerät. Meist wird die Personifikation der Astronomie, die seit der Antike zu den Sieben freien Künsten zählte, als weibliche Gestalt mit einem Astrolabium dargestellt. Bei Männern verweist ein Astrolabium auf ihren Beruf als Astronom (Jan Vermeer, *Der Astronom*, 1668, Paris, Louvre). Auch die Personifikation der Astrologie hat ein Astrolabium unter ihren Kennzeichen (vgl. Ripa 1970, S. 29).

Atlant. Männliche Tragefigur in der Architektur oder Plastik. Ursprünglich ist die Bezeichnung vom Titanen Atlas abzuleiten, der der Träger des Himmelsgewölbes war. Später wurden Atlanten jedoch in verschiedenen Zusammenhängen übernommen. So tauchen Atlanten als Himmelsträger auch in der romanischen Plastik auf (unbekannter Meister, Fassadenskulptur, 12. Jh., Assisi, *S. Rufino*). Auch die Evangelisten können symbolisch zu Trägern von Himmel und Kosmos werden (*Evangeliar Ottos III.*, gegen 1000, München, Staatsbibliothek). Als schwer tragende Büßer oder besiegte Dämonen kommen Atlanten in der mittelalterlichen Kunst ebenfalls vor (Lukas Moser, *Tiefenbronner Altar*, 1431, Tiefenbronn, St. Maria Magdalena). Selten kann auch der auferstehende Adam als Atlas unter dem Gekreuzigten erscheinen (unbekannter Meister, *Holzkruzifix aus Seckau*, um 1160, Innsbruck, Ferdinandeum).

Auch Baumeister und Bildhauer zeigten sich in ihren Selbstbildnissen gerne als Trägerfiguren (Giovanni Pisano, *Selbstbildnis* an der Kanzel, 1302–10, Pisa, Dom; Adam Kraft, *Selbstbildnis* am Sakramentshaus, 1493–95, Nürnberg, St. Lorenz).

Auge. Das Wahrnehmungsorgan ist Zeichen sowohl der sinnlichen als auch der geistigen Wahrnehmung. Es kann aber auch negativ als böses Auge der Begierde verstanden werden.

Aus der antiken Mythologie stammt die Erzählung vom versteinernden Blick der Gorgo Medusa (Hesiod; Benvenuto Cellini, *Perseus*, 1545–54, Florenz, Loggia dei Lanzi; Caravaggio, *Medusenhaupt*, nach 1590, Florenz, Uffizien). Einäugigkeit kennzeichnet das mythologische Geschlecht der Kyklopen (Odilon Redon, *Der Kyklop*, um 1898/1900, Otterlo, Rijksmuseum Kröller-Müller). Der Riese Polyphem in Homers *Odyssee* ist der bekannteste. Besiegt durch die List des Odysseus wurde er oft zum Zeichen von Wahrnehmungsschwäche. Als Ausdruck besonderer Kraft und Weisheit galt dagegen die Einäugigkeit des germanischen Gottes Odin, dem eine Krähe das zweite Auge ausgehackt hatte.

Die Augenzeichnung auf den Schwanzfedern des Pfaus geht dagegen der antiken Mythologie nach auf die hundert Augen des getöteten Argus zurück, mit denen Hera/Juno den ihr zugeordneten Pfau schmückte (Ovid, *Metamorphosen* 1,715–723; Peter Paul Rubens, *Juno schmückt den Pfau mit den Augen des Argus*, vor 1611, Köln, WRM).

Schon in den frühen Hochkulturen wurde das Auge als Zeichen des Sehens und des Lichtes, auch in einem übertragenen Sinn, zum Symbol des Sonnengottes.

Im biblischen Kontext verweist ein Auge auf Gott und seine Allgegenwart und Allwissenheit (Hiob 34,21 f.; 36,7; Ps. 11,4; Jer. 32,19; Sach. 3,9; 4,10; Hebr. 4,13). Vor allem ab der Renaissance und dem Humanismus ist deshalb ein Auge im Strahlenkranz – mit oder ohne Dreieck – ein bildliches Symbol für Gott; ein Auge in der Hand Gottes bezeugt seine Weisheit. Des Weiteren steht ein Auge im Dreieck mit Vorliebe vom 17. bis zum 19. Jahrhundert als Sinnbild für die Hl. Dreifaltigkeit, aber auch für Gottvater und seine Allgegenwart. So erscheint das Auge Gottes in zahlreichen Altarbekrönungen, Kanzeln und Orgeln (Caspar David Friedrich, Rahmenschnitzerei des *Tetschener Altares* / Das Kreuz im Gebirge, 1807/08, Dresden, Gemäldegalerie NM).

Ein Zepter mit Strahlenauge als Bekrönung ist vor allem wieder im 18. Jahrhundert das Attribut der *providentia* oder *sapientia dei*, der göttlichen Vorsehung und Weisheit (Cosmas Damian Asam, *Sapientia als Gabe des Heiligen Geistes*, 1716–18, Kuppelfresko, Michelfeld, Klosterkirche). Außerdem kann ein Dreieck mit einem strahlenden Auge auch Attribut der Tugend *vigilantia* ›Wachsamkeit‹ sein. Cherubim werden nach der Vision des Ezechiel (Hes. 1,18; 10,12 und Offb. 4,6) oft ganz mit Augen bedeckt wiedergegeben. Auch hier weisen die Augen auf die Gabe hin, alles erkennen zu können (*Wiener Genesis*, 6. Jh., Wien, Nationalbibliothek).

Die bekannteste Erzählung des Alten Testaments, die von der Heilung vom Blindsein handelt, ist das Buch Tobit. Indem Tobias unter Anleitung des Engels Raphael seinen blinden Vater heilt, gilt er als Vorläufer Jesu Christi (Tob. 11,1–15 u. ö.; Bernardo Strozzi, *Heilung des Tobias*, 1625, Venedig, S. Zaccharia; Domenico Fetti, *Heilung des Tobias*, um 1620, St. Petersburg, Eremitage).

Augen auf einer Schale oder in der Hand gelten als Kennzeichen der hl. Ottilie, Äbtissin von Hohenburg, und der hl. Lucia von Syrakus (Francisco de Zurbarán, *Die hl. Lucia*, 1625/30, Washington, National Gallery). Bei Letzterer werden sie manchmal auch auf einer Dolchspitze aufgespießt. Augen auf einem von einem Engel gehaltenen Tuch verweisen auf den hl. Abbo von Metz.

Der gerade Blick als Zeichen von geistiger Sehkraft ist das Kennzeichen der Personifikation der Ecclesia, während die Synagoge mit verbundenen Augen erscheint. Auch die Klugen Jungfrauen sind oft durch einen offenen Blick im Gegensatz zum gesenkten Blick der Törichten Jungfrauen gekennzeichnet. Ein himmelwärts gerichteter, verzückter Blick bei Heiligen ist typisch für das barocke, insbesondere spanische Pathos, vor allem aber bei Guido Reni.

Eine Figur, die sich die Hände vor die Augen hält, steht dagegen für Nicht-sehen-wollen. In einer Reihe von Lasterdarstellungen ist eine Frau, die sich die Hände vor die Augen hält und auf einem Hund reitet, als Personifikation der *invidia* ›Neid‹ zu verstehen.

Gegen den gefürchteten Bösen Blick wurden zahllose Schutzamulette (vor allem ▸fica) eingesetzt.

Augenbinde, Zeichen des Nichtsehens. Blindheit oder Nicht-sehen-wollen werden bildlich oft mit einer Augenbinde ausgedrückt. Die Personifikation des Alten Bundes und des Judentums, die Synagoge, wird in mittelalterlichen Darstellungen als Zeichen ihres Nicht-Erkennens, ihrer geistigen Blindheit, häufig mit verbundenen Augen wiedergegeben (*Ecclesia* und *Synagoge*, um 1225/30, Straßburg, Münster, südliches Querschiffsportal). Die Personifikation der *iustitia* ›Gerechtigkeit‹ kann eine Augenbinde als Zeichen ihrer Objektivität tragen. Jene der Fortuna trägt sie dagegen als Zeichen der Unberechenbarkeit des Glücks, das seine Gaben wahllos verteilt. Ähnlich zu verstehen sind auch vereinzelt auftretende Darstellungen des Todes mit Augenbinde.

Ein Amor mit Augenbinde kennzeichnet ihn als Amor carnalis und verweist auf die Blindheit der begehrlichen irdischen Liebe (Guido Reni, *Amor sacro und Amor profano*, um 1622, Genua, Galleria Nazionale di Palazzo Spinola).

Aureole, ein die ganze Gestalt umgebender Schein oder Strahlenkranz, wie er vor allem bei Christus und Maria vorkommt. ‣Mandorla

Aurikel ‣Primel

Aussätziger. Diese Kranken werden meist mit fleckenübersätem Körper, manchmal auch mit Verstümmelungen an den Gliedmaßen und mit Horn oder Klapper zur Warnung der Gesunden bildlich wiedergegeben (Johann Evangelist Holzer, *Der hl. Antonius und seine fürbittende Hilfe*, Fresko, 1736, Garmisch-Partenkirchen, St. Anton).

Der vom Aussatz geplagte Hiob aus dem Alten Testament wurde zum Schutzpatron der Hospitäler, vor allem der Leprosenhäuser. Im typologischen Denken des Mittelalters galt er als Vorläufer für die Passion Jesu Christi. Der aussätzige Naaman ist ein weiteres Beispiel aus dem Alten Testament (2. Kön. 5,1–14). Im Neuen Testament liefern die Wunderheilungen Jesu die Vorlage zur Wiedergabe von Aussätzigen (Mt. 8,1–4, Mk. 1,40–45, Lk. 5,12–14 und 17,11–19; *Evangeliar Ottos III.*, um 1000, München, Staatsbibliothek; Mosaik, 1182–90, Monreale, *Dom*; Cosimo Rosselli, *Die Bergpredigt*, um 1482, Vatikan, Sixtinische Kapelle).

Aussätzige als Begleiter von Heiligen kommen bei Antonius dem Einsiedler, Elisabeth von Thüringen, Franz von Assisi und Martin von Tours vor.

Auster ‣Muschel

Axt ‣Beil

B

Babylonischer Turm. Der biblische Bericht vom Bau des Babylonischen Turmes ist architektonisch von den Zikkurat-Tempeln des Zweistromlandes abzuleiten. Symbolisch gilt die Erzählung schon im Alten Testament als Sinnbild der größenwahnsinnigen Überheblichkeit und Maßlosigkeit des Menschen (1. Mose 11,1–9; PIETER BRUEGEL, *Der Turm zu Babel*, 1563, Wien, KHM; LUCAS VAN VALCKENBORCH, 1568, *Der Babylonische Turmbau*, München, AP).

Bad. In allen Kulturen wird das Bad und das Sich-Waschen als Sinnbild der Reinigung und Reinheit in körperlichem und geistigem Sinn verstanden. Im mythologischen Bereich sind vor allem das Bad der Venus und das Bad der Diana (Ovid, *Metamorphosen* 3,138–252) zu nennen (MELCHIOR DINGLINGER, *Bad der Diana*, 1705, Dresden, Grünes Gewölbe).

Es finden sich aber auch schon im Alten Testament Badeszenen mit erotischem Hintergrund. Sie sind mit den Erzählungen von Bathseba im Bad und König David (2. Sam. 11,2–5; SEBASTIANO RICCI, *Bathseba*, 1720, Budapest, Szépmüvészeti Muzeum) sowie von der keuschen Susanna verknüpft (Dan. 13; JACOPO TINTORETTO, *Susanna und die beiden Alten*, um 1560, Wien, KHM) und in der abendländischen Kunst häufig dargestellt worden.

Im Christentum wird das Bad unmittelbar mit der Taufe, die ja ursprünglich liturgisch in der Form eines Tauchbades vollzogen wurde, verbunden.

Waschszenen wie das Bereiten eines Bades für das neugeborene Jesuskind oder das Waschen der kleinen Maria kommen dagegen im späten Mittelalter und der frühen Neuzeit bei deren Geburtsszenen vor, ohne dass es dafür eine biblische Grundlage gäbe (UNBEKANNTER MEISTER, *Geburt Christi*, Mosaik, 12. Jh., Palermo, Chiesa della Martorana; PIETRO LORENZETTI, *Geburt Mariens*, Triptychon, 1342, Siena, Museo dell'Opera del Duomo; UNBEKANNTER MEISTER, *Geburt Christi, Klaren-Altar,* um 1400, Köln, Dom; LORENZO LOTTO, *Geburt Christi,* 1527, Siena, Pinacoteca Nazionale).

Im profanen Bereich stellt das Bad im Jungbrunnen ein Symbol der Neugeburt und der ewigen Jugend dar (LUCAS CRANACH, *Das Goldene Zeitalter,* um 1530, München, AP). Ein Bad kann aber auch als Zeichen der Verweichlichung oder der Unkeuschheit verstanden werden. Im Mittelalter beziehen sich weltliche Badeszenen auf öffentliche Badehäuser. Ab der Renaissance tauchen ebenfalls weltliche, meist aber mythologisch oder allegorisch eingekleidete Szenen badender Frauen im Privatbereich auf (FRANÇOIS CLOUET, *Badende Dame,* 1550/60, Washington, National Gallery). Im 19. Jahrhundert werden private Badeszenen in der Wanne, aber auch das öffentliche Baden an Seen, im Meer usw. und generell badende Frauen ein beliebtes, von symbolischen Bezügen befreites Bildthema.

Bader. Szenen beim Dorfbader, besonders beliebt in der niederländischen und flämischen Malerei des 16. und 17. Jahrhunderts, gehören in den Kontext von Sinnesdarstellungen und repräsentieren das Gefühl (ADRIAEN BROUWER, *Das Gefühl,* um 1635, München, AP).

Bäcker. Die Darstellung eines Bäckers kann im Hinblick auf Mangel und Überfluss als Attribut der Dialektik stehen.

Bär. Im antiken Mythos wird die Nymphe Kallisto von Zeus in eine Bärin verwandelt (Ovid, *Metamorphosen* 2,401–532; ANNIBALE CARRACCI, *Juno, Diana und Kallisto,* Galleria Farnese, um 1600, Rom, Palazzo Farnese).

Nach mittelalterlichen Vorstellungen gibt die Bärenmutter ihrem Neugeborenen erst durch Belecken seine richtige Gestalt. So kann eine Bärin als marianisches Symbol für die Jungfrauengeburt auftreten (MEISTER DES ROHRDORFER ALTARES, *Johannes auf Patmos,* um 1480, Stuttgart, Staatsgalerie). Da der Bär einen Winterschlaf hält, wurde er manchmal aber auch als Symbol für Alter und Tod angeführt.

Der alttestamentliche Kampf des jugendlichen David mit

einem Bären (1. Sam. 17,34–36) diente im Mittelalter als Prototyp für den Sieg Christi über das Böse.

Heiligen wie Aventin von Troyes, Elisa, Florens, Gallus, der einen Bären von einem Dorn in seiner Tatze befreite, Kolumba von Sens (mit einer Bärin), Gerold, Kolumban, Lambert von Maastricht mit einem gezähmten Bären, der ihm ein Brot reicht, Magnus von Füssen, Sergej von Radonetz, Thekla und Ursinus (vom Namen abgeleitet) ist ein Bär als Attribut beigegeben. Den hll. Korbinian von Freising und Maximin von Trier diente ein Bär als Lastenträger (Jan Polack, *Das Bärenwunder des hl. Korbinian*, 1489, Freising, Diözesanmuseum), dem hl. Remedius (Romedius) als Reittier. Vedastus von Arras hatte einen Bären als Wachhund. Der hl. Richardis wurde der Platz zur Gründung der Abtei Andlau von einer Bärin gezeigt.

Negativ besetzt kann ein Bär auch den Teufel versinnbildlichen (Bellini-Umkreis, *Der hl. Hieronymus in der Wüste*, Ende 15. Jh., Toledo [Ohio], Toledo Museum of Art) oder wegen seiner Gier nach Honig als Attribut der *gula* ›Völlerei‹ auftreten.

Der Bär ist auch ein verbreitetes Wappentier, vor allem in der Schweiz und in Deutschland.

Baldachin. Der ursprünglich aus dem orientalischen Herrscherzeremoniell stammende Traghimmel an Stangen oder Prunkhimmel über einem Thron wurde auch im Westen gebräuchlich. Er wird bei kirchlichen Prozessionen als Schutz und Ehrenzeichen für das Allerheiligste verwendet. Baldachin ist aber auch die Bezeichnung für einen dachartigen Aufbau über Altar, Kanzeln, Bischofssitzen, einer geweihten Stätte oder über Grabmälern oder Statuen. In diesem Sinn ist ein Baldachin in allen Darstellungen als Zeichen der Würde zu deuten. Praktischer Nutzen liegt dagegen den zuweilen ebenfalls sehr prunkvollen Bettbaldachinen zu Grunde.

Ein Baldachin kann aber auch als abgekürztes Zeichen einer Kuppelkirche auf das Himmlische Jerusalem verweisen.

Baldrian. Aus Baldrian wurde in der Antike vor allem in der Stadt Tarsus Nardenöl hergestellt, mit dem Jesus von der

Sünderin gesalbt wurde (Lk. 7,36–38). Auf mittelalterlichen Bildern sind manchmal Baldrianpflanzen als Hinweis auf das Öl zu verstehen; daneben kann Baldrian auch in Beziehung zur Liebessymbolik vorkommen (UNBEKANNTER MEISTER, *Ulmer Verlöbnisbild*, um 1460, Cleveland, Ohio, Cleveland Museum of Art). Außerdem wurde Baldrian im Mittelalter auch zum Vertreiben von Hexen und Teufeln eingesetzt.

Ball, gilt meist als Hinweis auf Spiele und Sport.

Band. Bänder können als Sinnbilder für Bindung, aber auch für herrscherliche oder richterliche Macht eingesetzt werden (AMBROGIO LORENZETTI, *Die Gute Regierung*, 1338–39, Siena, Palazzo Pubblico). ▸Schriftband

Bankett ▸Mahl

Banner ▸Fahne

Barett ▸Kopfbedeckung

Bart. In erster Linie Zierde der Männlichkeit, gilt ein Bart auch als Zeichen von Kraft, Mut und Würde. Vor diesem Hintergrund stellte man sich in vielen Kulturen die meisten Gottheiten und Herrscher bärtig vor. In diesem Sinne wird auch Gottvater seit seiner bildlichen Wiedergabe ab dem 13. Jahrhundert bärtig dargestellt. Christus erschien im frühen Christentum dagegen bis etwa zum 6. Jahrhundert in Anlehnung an die Darstellung des Lichtgottes Apollon überwiegend jugendlich bartlos (UNBEKANNTER MEISTER, *Der gute Hirte*, um 450, Ravenna, Mausoleum der Galla Placidia). Nur als Lehrender und Gesetzesgeber wurde er in seinem Aussehen dem Typus eines antiken Philosophen angeglichen und somit bärtig dargestellt. Diese Form hat sich später durchgesetzt. Propheten werden häufig bärtig dargestellt, wie generell ein langer Bart als Zeichen von Weisheit verstanden werden kann. Im Mittelalter konnte ein betont gepflegter Bart aber auch negativ als Zeichen von Hochmut und Wohlleben erscheinen. Zudem war ein Bart als Zeichen von Weisheit, Würde und Gesetzesnachfolge für Juden im Abendland seit dem 11. Jahrhundert charakteristisch.

Als bärtige Frau am Kreuz wird die hl. Wilgefortis (Liborada, Kummernis) dargestellt, der auf ihre Bitte hin zum Schutz ihrer Jungfräulichkeit ein Bart wuchs. Ihr Vater habe sie daraufhin kreuzigen lassen.

Basilisk. Hierbei handelt es sich um ein schlangenartiges Fabeltier, dessen Blick oder Atem Menschen töten kann. Nach Ps. 91,13 erscheint der Basilisk zusammen mit Löwe und Drache. Als Überwinder des Bösen kann so Christus genau diese drei Tiere beigeordnet haben (UNBEKANNTER MEISTER, Mosaik, Anf. 6. Jh., Ravenna, Erzbischöfliche Kapelle, Erzbischöfliches Museum). Außerdem ist ein Basilisk mit Krone als Schlangenkönig ein Symbol des Teufels. In Zyklen mit den sieben Todsünden ist der Basilisk der Personifikation der *luxuria* ›Wollust‹ zugeordnet (MATTHIAS GRÜNEWALD, *Versuchung des hl. Antonius, Isenheimer Altar,* 1512–16, Colmar, Musée d'Unterlinden). Als Attribut erscheint ein Basilisk beim hl. Bartholomäus. In barocken Emblembüchern wird darauf verwiesen, dass ein Basilisk nur mit einem Spiegel besiegt werden könne, der seinen giftigen Blick auf ihn selber zurücklenke.

Ferner führte man am Ende des Mittelalters das Ausbrechen der Syphilis auf die Wirkungen des Giftes der Basilisken zurück.

Baum. Ohne individuelle Charakterisierung sind Bäume oft Sinnbilder für Werden und Vergehen, für Leben und Sterben und Wiedergeburt (v. a. Laubbäume), für Unsterblichkeit (v. a. Nadelbäume), aber auch für kosmische Zusammenhänge, da ein Baum in der Erde wurzelt, seine Krone aber scheinbar den Himmel berührt.

Im Paradies besonders herausgehoben waren der Baum des Lebens und der Baum der Erkenntnis. Der Baum der Erkenntnis von Gut und Böse ist oft als Apfelbaum dargestellt worden, da sich das lateinische Wort für Apfel und für das Böse gleichen (*malum*). Aus dem Holz des Baumes der Erkenntnis im Paradies sei der Legende nach später das Kreuz Christi gefertigt worden.

Als Stammbaum mit der Wurzel Jesse zeigt ein Baum die Reihe der Vorfahren von Jesus Christus. Ein Baum mit Vögeln kann Sinnbild für die theologische Tugend *caritas* ›Liebe‹ sein.

Ein unfruchtbarer, verdorrter Baum gilt dagegen als Sinnbild des Sünders oder als ein Hinweis auf Sterben und Tod (Piero della Francesca, *Auferstehung*, um 1465, Sansepolcro, Pinacoteca Comunale; Piero di Cosimo, *Simonetta Vespucci*, vor 1520, Chantilly, Musée Condé).

Ein hohler Baum ist Attribut des hl. Bavo von Gent und der hl. Edigna von Puch. An einen Baumstamm gebunden erscheinen die hll. Alena von Forest, Ernst, Kastulus, Sebastian und Afra von Augsburg. Einen ganzen Baumstamm, manchmal eine Palme, als Stock verwendet der hl. Christophorus. Mit seinen Haaren an einem Baum hängend wird dagegen Absalom, der Sohn von König David, dargestellt (2. Sam. 18,9–15). ‣Christbaum

Bauplan. Bisweilen wird einer dargestellten Person als Hinweis auf den Beruf des Architekten oder auf eine Stiftung ein Bauplan beigegeben (Giambattista Tiepolo, *Porträt von Balthasar Neumann*, Fresko, 1753, Treppenhaus, Würzburg, Residenz). Ebenso gehört ein Bauplan zu den Kennzeichen der Personifikation der Architektur (Ripa 1970, S. 23).

Becher. In mythologischen Darstellungen gehört ein Trinkbecher zu den Attributen des Weingottes Dionysos/Bacchus und von Hephaistos/Vulkan, dem Gott der Schmiede.

Einen Silberbecher ließ Joseph von Ägypten im Getreidesack seines jüngsten Bruders Benjamin verstecken (1. Mose 44). Ein Becher gehört auch zu den Attributen der hl. Gertrud von Nivelles, des hl. Eduard des Märtyrers und – mit Schlange – des hl. Benedikt von Nursia.

Ein von Hand zu Hand gereichter Becher gilt als Sinnbild der Freundschaft. Bei höfischen Begrüßungszeremonien dienten spezielle, meist recht aufwendig gestaltete Becher als sogenannter Willkomm. Noch heute finden sich entsprechende Beispiele in fürstlichen Kunst- und Schatzkammern. Als Zornesbecher oder Zornesschale wird er jedoch auch zum Sinnbild des Strafgerichts (Offb. 15,5–16,21). ‣Kelch

Beifuß, als Brautpflanze mit Maria als himmlischer Braut symbolisch verbunden.

Beil/Axt/Streitaxt. Es handelt sich dabei um ein Kampf- und Arbeitswerkzeug, ein Instrument zum Schlachten von Opfertieren oder um ein Henkersbeil. So ist das Beil als Sinnbild für Zerstörung, Krieg und Kampf, aber auch für Arbeit gebräuchlich. In dieser vielschichtigen Bedeutung ist das Beil früh zum Kultsymbol und Machtemblem geworden, ein bis auf prähistorische Zeiten zurückgehendes göttliches Symbol als Sinnbild des vom Himmelsgott geschleuderten Blitzes. Auf Kreta findet sich die Doppelaxt (Labrys) als Zeichen der weltlichen und priesterlichen Gewalt.

In der antiken Mythologie spielt die Axt bei Hephaistos/Vulkan eine Rolle, der als Geburtshelfer für Athena/Minerva das Haupt des Zeus/Jupiter spaltet, gleichzeitig ist die Axt eine Waffe des Kriegsgottes Ares/Mars. In den altrömischen Liktorenbündeln erscheint die Axt als Symbol der Gerichtsbarkeit.

Im Neuen Testament taucht die Axt auch als Symbol für das Jüngste Gericht auf, indem sie an die Wurzeln der Bäume gelegt wird (Mt. 3,7 und 10; Lk. 3,7 ff.). Darstellungen von Johannes dem Täufer zeigen, vor allem in der byzantinischen Kunst, öfter als Hinweis auf das Endgericht in seinen Predigten einen Baum mit einer eingehauenen Axt (UNBEKANNTE MEISTER, Mosaik, 13. Jh., Parma, Baptisterium; *Johannes d. T.*, Steinskulptur, 14. Jh., Reims, Kathedrale, Innenseite der Westfassade).

In der Heiligenikonographie ist vor allem der hl. Joseph zu nennen, der als Zimmermann mit Beil dargestellt wird. In Szenen aus dem Leben des hl. Bonifatius taucht die Axt dagegen als Werkzeug zum Fällen der Donar-Eiche in Geismar im Jahre 723 auf. In den Legenden um den hl. Wolfgang kommt der altdeutsche Brauch des Beilwurfs zur Festsetzung von Grenzen und Bauplätzen vor (Wolfgangihackl; auch Beil im Dach eines Kirchenmodells; MICHAEL PACHER, *Hochaltar*, 1471–81, St. Wolfgang am Abersee [Oberösterreich]). Beim hl. Erhard erscheint ein Rodungsbeil als Attribut, beim hl. Amicus von Rambona zeigt die Axt, dass er Schutzpatron der Holzfäller ist. Außerdem ist eine Axt Attribut der mit diesem Werkzeug hingerichteten Märtyrer Adrian von Nikomedien, Anastasius von Salona, Baudilius von Nîmes, Benedikta, Botvid, Englmar, Hermenegild von Sevilla, Matthias (mit dem Beil enthauptet) und Trudbert, vereinzelt auch bei Lambert von Maastricht, Matthäus (anstelle eines Schwertes oder einer Hellebarde, auch Beil auf dem Stiel einer Hellebarde), Simon Zelotes, Judas Thaddäus und Thomas Beckett. Ein an einem Sonnenstrahl hängendes Beil verweist auf den hl. Utto.

Beinschienen ‣ Rüstung

Beißzange ‣ Zange

Berg. Als Sinnbild der Verbindung von Himmel und Erde und der Gottesnähe gilt ein Berg allgemein auch als Bild für geistigen Aufstieg und Unerschütterlichkeit. Im antiken Griechenland galt der Olymp als Götterwohnsitz. Heilige Berge und Orte göttlicher Offenbarung im Alten Testament sind zum Beispiel der Gottesberg Horeb und der Sinai sowie im Neuen Testament der Berg Tabor als Berg der Verklärung Jesu Christi (Mt. 17; Mk. 9,2–8; Lk. 9,28–36). Auch die Himmelfahrt Jesu Christi wird meist von einem Berg aus wiedergegeben (Jan Joest van Kalkar, *Christi Himmelfahrt*, um 1508, Kalkar, St. Nikolai). Als Attribut ist dem hl. Abt Nonnosus von S. Silvestro auf dem Berg Soracte in Italien als Zeichen unerschütterlichen Glaubens ein Berg zugeordnet.

Bergknappe. Als Attribut des hl. Rupert von Salzburg dient der Knappe als Hinweis auf die Salzgewinnung im dortigen Umland.

Bergkristall ‣ Kristall

Bernstein. Als fossiles Harz von Kiefern ehemals subtropischer Wälder kommt Bernstein vor allem im Ostseeraum vor und enthält zum Teil Einschlüsse von Insekten, Samen und Ähnlichem. Brennbar, schwimmend, duftend und elektrisch aufladbar, galt Bernstein als Wunder der Natur. Der antiken Überlieferung nach soll er aus den Tränen der zu Bäumen verwandelten Heliaden stammen, die um ihren Bruder Phaeton weinten, nachdem dieser von Zeus mit einem Blitz aus dem

Sonnenwagen geschleudert worden war (Ovid, *Metamorphosen* 2,340–368).

Bernstein war früher sowohl Schmuckmaterial als auch Zahlungsmittel und ab der Neuzeit bevorzugtes Material für Rosenkränze und in den verschiedensten Bearbeitungen wichtiges Sammlungsobjekt für Kunstkammern. Außerdem sprach man ihm Heilwirkungen bei Nasenbluten, Kopfschmerzen, Augen- und Ohrenentzündungen, Rheuma und Gicht und bösen Träumen zu. Am häufigsten fand er aber Anwendung als Amulett in Form von Brautketten für reichen Kindersegen und als Kleinkinderketten gegen Beschwerden beim Zahnen.

Beschneiden von Weinstöcken und Sträuchern, häufig dargestellte Tätigkeit bei Monatsbildern für die Monate Februar, März oder April und bei Jahreszeitenbildern, die den Frühling veranschaulichen (‣Monatsdarstellungen; Cosme Tura, *Der Monat März*, 1470, Ferrara, Palazzo Schifanoia).

Besen. Das Reinigungsgerät findet sich als Attribut bei der hl. Petronilla von Rom, der hl. Raingarde von Marcigny und bei der hl. Martha, der Schutzpatronin der Hausangestellten und Hausfrauen. Der Besen in Marthas Hand betont ihr weltliches Handeln und gilt als negatives Gegenbeispiel zum geistigen Hören des Wortes bei Maria von Bethanien (Lk. 10,40; Pieter Aertsen, *Christus bei Maria und Martha*, 1559, Brüssel, Musées royaux des Beaux-Arts de Belgique).

Der Besen ist zudem ein wichtiges Attribut von Hexen, auf dem sie auch reiten. Als Hexenbesen kann er auch auf Dächern als Schutzzeichen gegen Unwetter erscheinen.

Beten. Es gibt unterschiedliche Gebetshaltungen: Die sogenannte Orantenhaltung zeigt den Betenden stehend mit seitlich gehobenen und nach vorne oder oben geöffneten Händen. Sie gilt als älteste Gebetshaltung überhaupt. Die bei Juden und Heiden gebräuchlichste Haltung des Betens war stehend mit ausgebreiteten Armen und nach oben gerichteten Handflächen. Diese Haltung wurde auch von den frühen Christen übernommen (häufig in der Katakombenmalerei dargestellt) und ist in die Liturgie eingegangen.

Andere Gebetshaltungen sind: Falten der Hände, Aneinanderlegen der Hände (Albrecht Dürer, *Betende Hände*, 1508, Wien, Albertina). Das Gebet im Knien wurde aus dem alten Orient übernommen. Die sogenannte Proskynesis, der Fußfall, ist ein Zeichen besonderer Ehrerbietung und ging aus dem Herrscherzeremoniell in den kultischen Bereich über.

Betende Gestalten vor dem Kreuz Christi sind auch Attribute der Tugenden *concordia* ›Eintracht‹ und *pax* ›Friede‹.

Betnuss. Die um 1500 sehr beliebten kleinen aufklappbaren Kapseln aus Buchsbaumholz (Buchs), Elfenbein oder Metall mit winzigen geschnitzten religiösen Szenen in ihrem Inneren dienten der Andacht und wurden an Rosenkränzen, Gürteln und Schmuckketten getragen. Wegen ihrer aufwendigen Herstellung konnten sich nur sehr Begüterte solche Betnüsse leisten, dementsprechend dienten sie auch als Statussymbol (Lucas Cranach d. Ä., *Männliches Bildnis*, 1543, Stuttgart, Staatsgalerie).

Bett. Die Darstellung eines Bettes deutet auf den häuslichen Bereich hin. Als Einzelgegenstand in Zusammenhang mit Wundern Jesu Christi kann es auf die Heilung des gelähmten Gichtbrüchigen verweisen (Mt. 9,1–8; Mk. 2,1–12; Lk. 5,17–26; Joh. 5,1–9). In der Darstellung der sieben Lebensalter kann ein Bett die letzte Lebensphase bedeuten.

Bettelsack. Ein Sack für die erbettelten Gaben ist Kennzeichen für Bettler, aber auch für die Angehörigen der Bettelorden, im Besonderen für die hll. Alexis, Crispinus von Viterbo, Felix von Cantalice (Bruder Deogratias), Felix von Nicosia und Makarius von Alexandria.

Bettler. Die Angehörigen der untersten Stufe der traditionellen Gesellschaftspyramide konnten als von allen Verachtete wiedergegeben sein, oder sie drückten ihrerseits aktiv ihre Verachtung der Welt aus (Asketen, Bettelorden). Die Kennzeichen der Bettler sind Lumpen, Sack (Bettelsack) und Bettelstab. Dieser war ursprünglich ein weißer Stab als Kennzeichen jener, die ihr Land räumen mussten oder Kriegsgefangene waren.

Als Attributfiguren sind die Bettler Empfänger von Wohltaten, so bei den hll. Diego von Alcalá, Martin von Tours, Thomas von Villanova, Elisabeth von Thüringen und Homobonus von Cremona. Der hl. Johannes von Gott trägt einen Bettler auf dem Rücken. Selbst als Bettler dargestellt, unter einer Treppe schlafend, wird dagegen der hl. Alexius.

Beule. Beulen und blutige Wunden gelten als Hinweis auf Aussatz und Pest. Eine Pestbeule am Oberschenkel oder in der Leistengegend kennzeichnet den Pestheiligen Rochus (QUENTIN MASSYS, *Der hl. Rochus mit Engel und Hund*, Ende 15. Jh., München, AP).

Beutel/Geldbeutel. In der Antike ist ein abgeschnittener Geldbeutel Kennzeichen des Gottes Hermes/Merkur als Schutzherr der Diebe.

Ein um den Hals gehängter Geldbeutel dient als Kennzeichen des Geizigen im Jüngsten Gericht oder bei der Darstellung der Laster, ferner der Synagoge (Judentum) und des Simon Magus, der den Aposteln Petrus und Johannes die Gabe, durch Auflegen der Hände die Menschen mit dem Heiligen Geist zu erfüllen, mit Geld abkaufen wollte (Apg. 8,10). Er ist das wichtigste Attribut von Judas Ischariot, der der Schatzmeister der Jünger war und später Jesus für 30 Silberlinge verriet.

Ein ans Herz gepresster oder am Hals oder am Gürtel getragener Beutel kennzeichnet ebenfalls die Lasterpersonifikationen *avaritia* ›Geiz‹ und *invidia* ›Neid‹. Ein offener Geldbeutel, aus dem Münzen fallen, symbolisiert dagegen die Kardinaltugend *prudentia* ›Klugheit‹, die theologische Tugend *caritas* ›Liebe‹ und die Tugend *clementia* ›Mildtätigkeit‹.

Als Heiligenattribut sind Geldbeutel oft als Hinweis auf deren Mildtätigkeit zu verstehen, aber auch als Berufsbezeichnung, so u. a. bei Antonin von Florenz, Bavo von Gent, Briocus (Schutzpatron der Geldbörsenhersteller), Johann der Almosengeber, Diakon Laurentius von Rom (er verwaltete den Kirchenschatz und verteilte ihn an die Armen), Hemma von Gurk, Judith und Salome von Niederalteich, Mathilde von

Quedlinburg, Papst Sixtus II. und Thomas von Villanova, der auch den Beinamen Almosengeber trägt. Drei Beutel, in denen sich goldene Kugeln befinden, kennzeichnen den hl. Nikolaus, der mit deren Hilfe drei arme Mädchen unterstützte. Als Attribut beim Apostel und Evangelisten Matthäus verweist er auf dessen Beruf als Zöllner. ‣Bettelsack

Biber. Nach dem *Physiologus* soll sich der Biber bei Gefahr selbst die früher von Jägern sehr begehrten Hoden abbeißen, zu denen man auch jene Drüsen rechnete, die das als Aphrodisiakum eingesetzte Bibergeil (Castoreum) produzieren (Physiologus 1981, S. 45–47). So wurde der Biber zum Sinnbild für Keuschheit und Verzicht auf Fleischeslust (Lucas Cranach d. Ä., *Der hl. Hieronymus als Büßer*, 1525, Innsbruck, Ferdinandeum).

Biene, Hummel. Im alten Ägypten war die Hieroglyphe für die Biene mit sechs Beinen zugleich auch Zeichen für das Rad und ein Sonnensymbol. Aus dem antiken Mythos ist vor allem Amor als Honigdieb bekannt, von Bienen umgeben (Albrecht Dürer, *Venus und Cupido als Honigdieb*, kolorierte Federzeichnung, 1514, Wien, Albertina; Lucas Cranach d. Ä., *Venus und Amor als Honigdieb*, 1530, London, National Gallery). Seit dem antiken Griechenland gilt die Biene als Sinnbild der Reinheit, da sie z. B. im Gegensatz zu Fliegen nur Blumen aufsucht. Aus diesem Grund wurde sie später bei Bernhard von Clairvaux zu einem Sinnbild für den Heiligen Geist.

Im Christentum ist die Biene, die bildlich oft nicht klar von der Hummel zu unterscheiden ist, zum Sinnbild der unermüdlichen Arbeit für die Gemeinschaft, auch für Ordensgemeinschaften, geworden. Der gut organisierte Bienenstaat gilt als mustergültiges Vorbild für Ordnung und Gerechtigkeit. Aber auch die Tugenden Reinheit und Enthaltsamkeit werden mit diesen Insekten verknüpft, da Bienen angeblich nur vom Duft der Blumen leben.

Als Christussymbol verweist der Honig auf die Güte Jesu Christi, der scharfe Stachel aber auf das Weltgericht. Nach

Ambrosius ist ein Bienenkorb Bild für die Kirche und eine Biene Bild für den einzelnen Christen. Weiterhin konnte die Biene im Abendland auch Seelensymbol und Hinweis auf die Auferstehung werden. Zum Symboltier der theologischen Tugend *spes* ›Hoffnung‹ wurde die Biene wegen ihres unermüdlichen Arbeitens.

Die Biene als Mariensymbol, vor allem der jungfräulichen Geburt, geht auf die Vorstellung zurück, dass Bienen ihre Brut nicht selbst hervorbringen, sondern aus den Blüten aufsammeln (Hans Baldung Grien, *Flucht nach Ägypten*, 1512–16, Freiburg, Münster, Hochaltar).

Heilige wie Ambrosius, Johannes Chrysostomus und Bernhard von Clairvaux haben die Biene oder einen Bienenkorb zum Attribut als Hinweis auf ihre honigsüße Beredsamkeit oder theoretischen Äußerungen über die Bedeutung von Bienen. So umkreisen bei Ambrosius Bienen seine Kinderwiege (Legenda Aurea 1979, S. 290f.). Auch Rita von Cascia umschwärmen zuweilen Bienen. Johannes dem Täufer können Bienen oder ein Bienenstock beigegeben sein, da er sich in der Wüste von wildem Honig ernährte (Mt. 3,4; Mk. 1,6).

In negativer Bewertung sind Biene oder Hummel wegen ihres Stachels auch zu Sinnbildern des Bösen geworden.

In der Profanikonographie erlangten Bienen als königliches Symbol Bedeutung, denn die Bienenkönigin wurde lange Zeit als ein König aufgefasst. Als Wappentier erscheint die Biene im Altertum in Unterägypten und in Chaldäa, in der Barockzeit bei der römischen Papstfamilie der Barberini und im kaiserlichen Frankreich bei Napoleon Buonaparte (Pietro da Cortona, Deckenfresko, 1632–39, Rom, Palazzo Barberini; Francesco Borromini, *Grundriss von S. Ivo della Sapienza in Gestalt einer Biene*, 1642–50, Rom).

Bienenkorb, Bienenstock. Nach dem Kirchenvater Ambrosius kann ein Bienenkorb Sinnbild der Kirche sein. Die einzelnen Christen, aber auch Christus selbst oder Maria werden dabei als Bienen vorgestellt. Wie auch die Biene ist der Bienenkorb Kennzeichen der theologischen Tugend *spes* ›Hoffnung‹ und Attribut der hll. Ambrosius (Egid Quirin Asam, *Der hl. Ambrosius*, 1721/22, Rohr, Klosterkirche, Josephsaltar im rechten Querschiff), Johannes Chrysostomus und Bernhard von Clairvaux (*doctor melifluus*). Ein Bienenstock im Löwenrachen aus der alttestamentlichen Geschichte Simsons (Ri. 14,8) wurde später typologisch als eucharistisches Symbol verwendet.

Binde. Eine über den Mund gelegte Binde kann auf Schweigsamkeit, aber auch auf gewaltsames Verhindern des Sprechens verweisen. Vereinzelt erscheint sie auch als Attribut des Todes. ‣Augenbinde

Binse. Im alten Ägypten waren Binsen ein Symbol des Königs von Oberägypten. Später gelten sie als Sinnbild der geduldigen Ausdauer im Streben nach Gott. Der Einsiedler Paulus trägt in diesem Sinn vereinzelt ein Binsenkleid (Matthias Grünewald, *Isenheimer Altar*, 1512–16, Colmar, Musée d'Unterlinden). In Dantes *Göttlicher Komödie* werden Gürtel aus Binsen im Purgatorium getragen. ‣Schilfrohr

Birke. In Russland und auch in Skandinavien ist die Birke Symbol des Frühlings und auch des jungen Mädchens.

Birnbaum. Wegen seiner weißen Blüten konnte der Birnbaum im Mittelalter als Mariensymbol eingesetzt werden.

Birne. In der Antike war die Birne eine den Göttinnen Hera/Juno, Aphrodite/Venus und Pomona geweihte Frucht. In der christlichen Kunst wird sie vor allem als paradiesische Frucht auf Jesus und Maria bezogen (Albrecht Dürer, *Madonna mit der Birne*, 1526, Florenz, Uffizien).

Bischofsstab ‣Stab

Bischofsstuhl/Kathedra. Der meist erhöhte Sitz eines Bischofs in seiner Kirche ist oft prächtig ausgestaltet. In Darstellungen können Bischöfe zur Kennzeichnung auf ihm sitzend wiedergegeben sein. ‣Thron

Blätterkleid. Adam und Eva tragen nach dem Sündenfall ein Blätterkleid, das oft aus Feigenblättern gefertigt ist (1. Mose 3,7). Dies führte dazu, dass der Feigenbaum im Osten

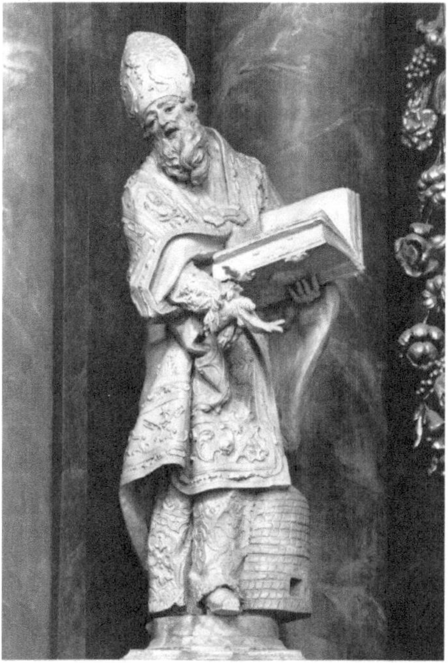

Egid Quirin Asam: Der hl. Ambrosius. Rohr, Klosterkirche, Josephsaltar im rechten Querschiff, 1721/22. – Ambrosius (um 340 – 397) gehört zu den vier lateinischen Kirchenvätern, den großen lateinischsprachigen Lehrern des christlichen Altertums. Als Bischof von Mailand trägt er Pluviale und Mitra. Das mächtige Buch in seiner Linken weist auf seine Leistung als Autor theologischer Schriften, aber auch wie der geöffnete Mund und der Redegestus der Rechten auf seine Tätigkeit als Prediger. Der Legende nach wurde Ambrosius als Säugling nicht von einem Bienenschwarm gestochen, vielmehr legten ihm die Bienen Honig in den Mund als Hinweis auf den späteren begnadeten Prediger. Da Ambrosius darüber hinaus über die Bienensymbolik in Bezug zur jungfräulichen Geburt schrieb, findet sich unter den Hauptattributen neben der Wiege auch ein **Bienenkorb**, den Asam zu Füßen der Statue platzierte.

meist als Baum der Erkenntnis gesehen worden ist. Als Bußgewand ist ein Blätterkleid Attribut von Anachoreten wie z. B. dem hl. Onuphrius und dem hl. Paulus Eremita.

Blasebalg. In der antiken Mythologie ist er dem Hephaistos/Vulkan, dem Gott der Schmiede, zugeordnet, in der christlichen Ikonographie gehört er zu den Attributen der hl. Gudula von Brüssel.

Blashorn. Vom Klang seines Namens abgeleitet, gehört das Horn zu den Attributen des hl. Blasius und zu jenen der antiken Windgötter.

Blatt. Ein Dreiblatt kann Symbol der Dreifaltigkeit sein, aber auch der Kirche, ein Vierblatt versinnbildlicht je nach Kontext das Kreuz, die vier Evangelien oder die vier Kardinaltugenden, ein Siebenblatt kann auf die Gaben des Heiligen Geistes verweisen. Als Feigenblatt waren Blätter die erste Bekleidung von Adam und Eva nach dem Sündenfall. ‣Klee, ‣Zahlensymbolik

Blaumeise ‣Meise

Blesshuhn, gilt als Symbol der Frömmigkeit und des Gläubigen, der den Willen Gottes tut (Süddeutscher Meister, *Der hl. Christophorus,* um 1580, Basel, Kunstmuseum).

Blindheit. Sie kann Sinnbild für den mit Blindheit geschlagenen Sünder und für Unwissenheit, aber auch für Unparteilichkeit sein, gilt aber auch als Zeichen innerer, geistiger Erleuchtung. Der Dichter Homer und der Seher Teiresias werden blind dargestellt. In diesem letzteren Sinn sind auch des Öfteren Szenen mit den Blindenheilungen durch Jesus Christus zu deuten (Mt. 9,27–31; 20,29–34; Mk. 8,22–26; 10,46–52; Lk. 18,35–43; Joh. 9,1–41).

Im Alten Testament heilt Tobias mit Hilfe des Erzengels Raphael seinen blinden Vater (Tob. 11) und wird damit zu einem typologischen Vorläufer Jesu Christi. Bei seiner Bekehrung vom Christenverfolger Saulus zum Apostel Paulus erblindet Paulus durch die himmlische Erleuchtung für einige Zeit (Caravaggio, *Bekehrung Pauli,* 1600/01, Rom, S. Maria del Popolo, Cappella Cerasi).

Eine Amorgestalt mit Augenbinde verweist auf die blinde unvernünftige irdische Liebe. ‣Augenbinde

Blitz. In der antiken Mythologie ist der Blitz oder ein Blitzbündel eines der Hauptattribute und Hoheitszeichen von Zeus/Jupiter (Jacopo Zucchi, *Jupiter*, 1586–92, Rom, Palazzo Rucellai, Galleria). In vielen Religionen gilt der Blitz als göttliches Zeichen bzw. als übernatürliche Macht. So kann er auf Gottes Gegenwärtigkeit am Sinai verweisen, aber auch als Zeichen des Strafgerichts erscheinen.

Als Heiligenattribut taucht der Blitz bei Donatus von Münstereifel sowie Johannes und Paulus auf, und am Himmel erscheinend bei Petrus Canisius.

Blume/Blüte. Blüten können je nach Kontext einen allgemeinen Hinweis auf das Paradies darstellen. In diesem Sinn erscheinen sie oft in frühchristlichen Katakombenfresken (Darstellungen z. B. in S. Domitilla, S. Callisto und S. Pretestato in Rom). Blumen können aber auch auf die Namen Nazareth, das Blüte heißt, und Florenz, die Blühende, anspielen. Auch können sie ein Zeichen von Tugend sein, in diesem Zusammenhang verweisen Blumen in den Händen speziell auf die Tugend *fides* ›Glaube‹. Wegen ihrer an einen Kelch erinnernden Blütenform werden entsprechende Blumen als Zeichen für passives Empfangen und für Demut eingesetzt. Auch ein nach oben offener Blütenkelch kann in der christlichen Symbolik als Hinweis auf das Empfangen der Gaben Gottes gedeutet werden.

Blumen als Attribut von Heiligen kommen bei der Äbtissin Frideswinde von Oxford, bei Fiacrius von Meaux, Katharina von Alexandria, Marciana von Albi und Lucia von Syrakus (in einer Vase) vor. Ein dürrer Stock (‣Stab), der Blüten treibt, ist in Erinnerung an das Stabwunder Josephs (Protoevangelium des Jakobus) ein Zeichen für Gottgefälligkeit.

Blumen sind aber auch allgemein Kennzeichen des ursprünglich in der Antike literarisch tradierten, dann aber als Topos auch in die Malerei eingegangenen »locus amoenus«, eines säkularen irdischen Paradieses, auf das auch in der Vorstellung vom Goldenen Zeitalter angespielt wird. Als Frühlingsboten sind Blumen Zeichen der Lebenskraft. In diesem Sinn tauchen sie öfter in der Profanikonographie auf, z.B. bei der Göttin Flora. Außerdem kann eine gelbe Blume auf die Sonne verweisen, eine rote Blume auf Blut, eine weiße Blume dagegen auf Unschuld oder Tod. Eine oder die Blaue Blume, die auf Geheimnisvolles weist, ist zum Symbol der Romantik und ihrer Sehnsucht nach der Unendlichkeit geworden.

Wegen ihrer Kurzlebigkeit sind Blumen darüber hinaus eines der gebräuchlichsten Vanitassymbole und Zeichen des flüchtigen Charakters der Schönheit, wofür auch entblätterte Blumen stehen. Vgl. auch unter den einzelnen Blütennamen.

Blumengirlande. Nach Ripa (1970, S. 77) kann eine Blumengirlande auf ein sanguinisches Temperament verweisen.

Blumenkorb, Blumenvase. Ein Korb oder eine Vase mit Blumen kann auf den Geruchssinn verweisen, ist aber auch häufig Vergänglichkeitsdarstellungen wie zum Beispiel Vanitas-Stillleben zugeordnet. Außerdem ist ein Blumenkorb nach Ripa (1970, S. 34) ein Kennzeichen der Göttin Eos/Aurora. Er gehört aber auch zu den Attributen von Eros/Amor und dem Frühling.

Blumenkranz ▸Kranz

Blumensprache. Nach den allegorisch-moralischen Anspielungen, die von der Renaissance bis zum Barock mit Hilfe von Blumen ausgedrückt wurden, entstand vor allem vom Ende des 18. bis zum Ende des 19. Jahrhunderts, dabei besonders im Biedermeier, eine von privaten Gefühlsangelegenheiten geprägte Geheimsprache mit Hilfe von Blumen. Vorbild war die Selam genannte Blumensprache am osmanischen Hof. Liebes- oder Freundschaftsbotschaften wurden durch Blumengestecke übermittelt. Blumen konnten aber auch Zeichen einer verschmähten Liebe sein (der sogenannte Schabab-Korb). Dementsprechend gab es auch eine Reihe zeitgenössischer lexikalischer Publikationen, in denen die Bedeutungen der Blumen nachzuschlagen waren.

Blumenstrauß. Als Attribut ist ein Blumenstrauß den hll. Fina von S. Gimignano, Bona von Poggibonsi und Friedrich von Hallum zugeordnet.

Blumenzepter, Attribut der hl. Äbtissin Walburga.

Blütenzweig. Dem Propheten Jesaja kann als Verweis auf seine Weissagung »es wird ein Reis aufgehen« (Jes. 11,1) ein Blütenzweig beigegeben sein. Außerdem findet sich ein Blütenzweig als Attribut bei den hll. Dorothea, Maria Magdalena, Äbtissin Walburga, Vinzenz von Zaragoza, Felicissimus von Nocera, Brocardus und Felix Presbyter Romanus. Auch kann die hellespontische Sibylle durch einen Blütenzweig gekennzeichnet sein.

Blut. Blut hat ganz allgemein als Sitz der Lebenskraft eine hohe Symbolkraft. Im christlichen Kontext ist Blut auf die Eucharistie (Brüder van Eyck, *Genter Altar,* um 1432, Gent, Sint Bavo; Giovanni Bellini, *Das Blut des Erlösers*, 1460, London, National Gallery) und damit auf die Erlösung zu beziehen oder auf den Märtyrertod der »Blutzeugen«. Eine Blutschale als Attribut ist dem hl. Simon von Trient beigegeben, Blutampullen Januarius von Benevent.

Bock. In der antiken Mythologie waren Böcke als Sinnbilder der Fruchtbarkeit Reittiere des Dionysos/Bacchus, des Pan und der Aphrodite/Venus. Sie galten als Verkörperung der natürlichen Zeugungskraft, später wurde der Bock zum Symbol ungezügelter Triebhaftigkeit und in diesem Sinn auch zum Symbol der Verdammten beim Jüngsten Gericht (Mt. 25,31 ff.). Außerdem waren Böcke dem Dionysos als Opfertier zugeordnet. Darüber hinaus wurde der Bock auch zum Symboltier Alexanders des Großen.

Im Alten Testament war der Bock ein oft dargebrachtes Opfertier, auch verbunden mit der Vorstellung vom Sündenbock, der die Sünden des ganzen Volkes auf sich nimmt und so geopfert werden muss oder aber auch beladen mit allen Vergehen des Volkes in die Wüste geschickt wird (Lev. 16,7–22; William Holman Hunt, *Der Sündenbock*, 1854, Port Sunlight, Lady Lever Art Gallery). Auch in einer der Danielvisionen kommt ein Bock mit prophetischer Bedeutung vor (Dan. 8,1 ff.; Rembrandt oder Willem Drost, *Vision Daniels*, um 1650, Berlin, Staatliche Gemäldesammlungen).

Im Mittelalter wird der Teufel häufig in Gestalt eines Bockes dargestellt. Außerdem ist der Bock das Reittier von Hexen. Im Antisemitismus dieses Zeitalters wird der Bock auch zum Reittier der Personifikation der Synagoge. In Lasterdarstellungen ist er das Reittier der *luxuria* ›Wollust‹ (UNBEKANNTER MEISTER, Konsole, 13. Jh., Auxerre, Kathedrale St. Etienne).

Ziegenböcke als Spielgefährten von Putten usw. in der Zeit der Renaissance und des Barock sind meist ein Hinweis auf Ausschweifung und Wollust, aber auch auf Sinnenfreude.

Bocksbeine, Bockshörner. Sie gelten als Kennzeichen des Teufels, aber auch des Todes (HANS BALDUNG GRIEN, *Der Tod und das Mädchen*, 1517, Basel, Kunstmuseum).

Weiterhin sind sie Kennzeichen antiker Mischwesen wie des Hirtengottes Pan, der Satyrn und Silene, der Begleiter des Dionysos/Bacchus, die ursprünglich halb Mensch, halb Pferd waren, aber spätestens seit dem Hellenismus auch zu Bockswesen wurden (CORREGGIO, *Jupiter und Antiope*, um 1524/25, Paris, Louvre; JACOB JORDAENS, *Der Satyr beim Bauern*, nach 1620, München, AP; EDWARD BURNE-JONES, *Pan und Psyche*, 1869–74, Cambridge [Mass.], Fogg Art Museum). ‣Horn

Bogen, gilt als Sinnbild des Krieges, der weltlichen Macht und des Todes. Im Alten Testament ist besonders Ismael hervorzuheben, der Bogenschütze war (1. Mose 21,20). Als Attribut von Heiligen kommt der Bogen als Hinweis auf den Märtyrertod durch Pfeile bei Sebastian und Ursula vor. ‣Pfeil und Bogen

Bohne. Nach einem niederländischen Dreikönigsbrauch gilt eine in einen Kuchen eingebackene Bohne als Glückssymbol für ihren Finder, den sogenannten Bohnenkönig. ‣Erbsen-/Bohnenblüte

Bohrer. Entweder als Marterwerkzeug oder als Berufskennzeichen ist ein Bohrer Attribut der hll. Achatius von Armenien, der ein Soldat war, Apollonia von Rom, Joseph von Nazareth (ROBERT CAMPIN, Rechter Flügel des *Merode-Altares*, um 1430/35, New York, Metropolitan Museum), Leodegar von Autun und Licerius von Rom.

Boot ‣Schiff

Borretsch. Ist diese Pflanze Maria zugeordnet, gilt sie als Symbol der Schlichtheit. In der Renaissance- und Barocksymbolik kann sie aber auch auf Glück in der Liebe deuten.

Bottich. Ein Bottich, Scheffel oder Eimer ist das Attribut des hl. Florian von Lorch, der in der Enns ertränkt und zum Schutzheiligen gegen Brände wurde, weil er als Jugendlicher ein brennendes Haus durch sein Gebet gerettet hatte. Ein Bottich mit drei Knaben ist dem hl. Nikolaus von Myra zugeordnet, der diese von einem Wirt umgebrachten und ins Pökelfass gelegten Jünglinge wieder zum Leben erweckte. In Analogie zu Nikolaus erscheint diese Szene auch beim heiliggesprochenen schwedischen Bischof Siegfried von Växsjö.

Bratspieß. Vereinzelt kann ein Bratspieß Attribut des hl. Vinzenz Ferrer sein, der das von einer Wahnsinnigen zerstückelte Kind, das sie dem Heiligen zum Mahl vorsetzen wollte, wieder zum Leben erweckte.

Brautring Christi. Da die Kirche oft als symbolische Braut Christi verstanden wird, tauchen entsprechende Vermählungsszenen auch in der Kunst auf. Meist ist dabei Maria als Personifikation und Sinnbild der Kirche die Braut Christi. Aber auch von heiligen Jungfrauen wird deren Verlöbnis mit Christus berichtet, so von Katharina von Alexandria (LORENZO LOTTO, *Die mystische Vermählung der hl. Katharina*, 1505/08, München, AP), Agnes und seltener von Katharina von Siena und Rosa von Lima. Auch die Vereinigung der Seele mit Gott wird manchmal im Bild der Vermählung wiedergegeben (HANS GEORG ASAM, Fresko, um 1684, Benediktbeuern, Klosterkirche). ‣Ring

Brief, Schriftstück, Zettel. Der Brief Davids, den er mit einem Liebesangebot an Bathseba schickt, ist die bekannteste in Bildern wiedergegebene Briefszene aus dem Alten Testament (2. Sam. 11,2–12,25; REMBRANDT, *Bathseba mit dem Brief Davids*, 1654, Paris, Louvre). Auf römische Quellen geht dagegen der Bericht über die mittels eines Briefes erfolgte Benachrichtigung der assyrischen Königin Semiramis vom babylonischen

Aufstand und ihre Reaktion zurück, ein im 18. Jahrhundert besonders beliebtes Sujet (Valerius Maximus IX,3; Anton Raphael Mengs, *Semiramis erhält die Nachricht vom babylonischen Aufstand*, um 1755, Bayreuth, Neues Schloss).

Briefe gehören auch zu den Attributen der hll. Ägidius als Botschaft eines Engels, Alexius – der als Bettler unerkannt unter der Treppe des Vaterhauses lebte und bei seinem Tod dem Vater einen Brief hinterließ, in dem er sich zu erkennen gab –, Papst Gregor d. Gr. (Carlo Saraceni, *Papst Gregor d. Gr.*, um 1600, Rom, Galleria Nazionale Palazzo Barberini), Hermes, Hildegard von Bingen, die dem Papst schrieb, Oswald, dem ein Rabe einen Brief brachte, Primus, Sabina, Sophia, Theophilus, der dem Teufel seine Seele verschrieb und von der Muttergottes gerettet wurde, und Zacharias, der verstummt den Namen seines Sohnes Johannes nur niederschreiben kann, bevor er die Sprache zurückerhält (Lk. 1,59–66; Lorenzo und Jacopo Salimbeni, *Zacharias schreibt den Namen seines Sohnes auf*, Aus dem *Johannesleben*, 1416, Urbino, San Giovanni Battista).

In der holländischen Malerei der Barockzeit waren Briefeschreiben und Briefelesen ein beliebtes Thema der Genremalerei, das so gut wie immer mit der Liebesthematik verbunden war (Gabriel Metsu, *Der Briefschreiber* und *Die Briefschreiberin*, um 1665/70, beide Russborough bei Dublin, Beit Foundation; Jan Vermeer, *Brieflesendes Mädchen am offenen Fenster*, um 1657, Dresden, Gemäldegalerie AM).

Brille. Die 1280 von Roger Bacon erfundene Sehhilfe wird in Bildern als Brille oder Kneifer dargestellt. Gelehrte und Lehrer werden so öfter damit gekennzeichnet.

Die Brille gilt als Attribut des Propheten Jeremia (Klaus Sluter, *Mosesbrunnen*, 1395–1405, Dijon, Kartause von Champmol), des hl. Hieronymus als Schutzpatrons der kurzsichtigen Gelehrten (Georges de la Tour, *Der hl. Hieronymus lesend*, um 1622, London, Hampton Court Palace, Königliche Sammlungen) und des hl. Servatius von Maastricht (Bernhard Strigel, 1528, München, AP). Bei spätmittelalterlichen Aposteldarstellungen wird beim Marientod oder bei Pfingsten häufig einer der Jünger mit Kneifer oder Brille wiedergegeben (CONRAD VON SOEST, *Pfingsten*, 1403, Passionsaltar, Niederwildungen, Pfarrkirche).

Eine Brille gehört außerdem zu den Attributen der Kardinaltugend *temperantia* ›Mäßigung‹, und in der Profanikonographie kann sie bei Darstellungen der fünf Sinne auf das Sehen verweisen. Ein Brillenverkäufer ist darüber hinaus auch ein alter volkstümlicher Ausdruck für einen Scharlatan.

Brokat. Diese schweren mit Gold und Silber durchwirkten Seidenstoffe stammten aus dem Orient und gelangten über das Byzantinische Reich in den Westen. Verwendet wurden sie vor allem für Prachtgewänder und Messornate, sie sind also Ausdruck höchsten Anspruchs.

Brot. Als wichtigstes Nahrungsmittel fast aller Kulturvölker wurde das Brot zum Symbol für lebenserhaltende, aber auch für spirituelle Nahrung.

Im Alten Testament erscheint es als auf überirdischem Weg erhaltene Nahrung in den Szenen von Elias in der Wüste (1. Kön. 19,4–8; DIERIC BOUTS, Flügel des *Abendmahlsaltares*, 1464–67, Löwen, St. Pieter; PHILIPPE DE CHAMPAIGNE, *Elias in der Wüste*, 1656–62, Le Mans, Musée de Tessé) und der Speisung Daniels durch den Propheten Habakuk (Dan. 14,31–39), ferner bei der Begegnung des Priesterkönigs Melchisedek mit Abraham, dem er Brot und Wein bringt (1. Mose 14,18–20; DIERIC BOUTS, Flügel des *Abendmahlsaltars*, 1464/67, Löwen, St. Pieter) und im Auftrag zum Essen ungesäuerter Brote vor der zehnten ägyptischen Plage (2. Mose 12; DIERIC BOUTS, *Das Passahmahl*, Flügel des *Abendmahlsaltares*, 1464/67, Löwen, St. Pieter; BERNARDINO LUINI, um 1510/20, Mailand, Brera) besonders hervorgehoben. Als Engelsbrot erweist es sich im Mannawunder (2. Mose 16; UNBEKANNTER MEISTER, Glasfenster, um 1400, Rothenburg, Jakobskirche). Wichtig werden die letztgenannten Themen vor allem in Verbindung mit der Eucharistie und mit Christus als Brot des Lebens, weshalb es früher oft als Hinweis darauf mit eingeschnittenem Kreuz gekennzeichnet oder gesegnet wurde.

In typologischen Szenenfolgen sind die Mannalese, die Opfergaben Melchisedeks und das Passahmahl unmittelbar dem Letzten Abendmahl zugeordnet mit dem Brotsegen oder Brotbrechen – im alten Israel wurde das Brot nicht geschnitten, sondern gebrochen – und der Einsetzung der Eucharistie (DIERIC BOUTS, Mittelbild des *Abendmahlsaltars*, 1464/67, Löwen, St. Pieter; CONRAD VON SOEST, *Abendmahl*, 1403, Wildungener Altar, Bad Wildungen, Stadtkirche; FRANZ ANTON MAULBERTSCH, *Abendmahl*, 1773, Fresko, Korneuburg, Augustinerkirche). Eine weitere neutestamentliche Szene ist das Wunder der Brotvermehrung (Mt. 14,13–21; Mk. 6,31–44; Lk. 9,10–17; Joh. 6,1–5), auf das Körbe voller Brot verweisen (UNBEKANNTE MEISTER, Holztür, um 432, Rom, S. Sabina; Mosaik, 6. Jh., Ravenna, S. Apollinare nuovo; *Maximinianskathedra*, um 540, Ravenna, Erzbischöfliches Museum; MICHAEL PACHER, Flügelaltar, 1471–81, *St. Wolfgang* am Abersee; JACOPO TINTORETTO, *Die Brotvermehrung*, 1577–81, Venedig, Scuola Grande di S. Rocco, Sala Grande; ESTEBAN MURILLO, *Werke der Barmherzigkeit*, um 1667/70, Sevilla, Hospital della Caridad). Auch in Stillleben der Barockzeit kann die Darstellung von Brot einen Hinweis auf die Eucharistie bedeuten.

Brot gehört auch zu den Kennzeichen der theologischen Tugend *caritas* ›Liebe‹. Außerdem ist es meist als Hinweis auf Freigebigkeit Attribut der hll. Albert von Lüttich, Honorius von Amiens, Syrus von Pavia, Adelaide von Köln, Nikolaus von Tolentino, Eugenia, Elisabeth von Thüringen (Brot verwandelt sich in Rosen), Hedwig von Schlesien, Elisabeth von Portugal und von Antonius Abbas, dem Einsiedler, den ein Rabe in der Wüste mit Brot speist (MATTHIAS GRÜNEWALD, *Die Einsiedler Antonius und Paulus bei ihrer Begegnung in der Wüste, Isenheimer Altar*, 1512–16, Colmar, Musée d'Unterlinden; DIEGO VELAZQUEZ, *Antonius besucht Paulus*, um 1650, Madrid, Prado) und vom hl. Vitus, den ein Adler mit Brot versorgt.

Drei Brote auf einem Buch finden sich auch unter den Attributen des hl. Nikolaus von Myra, drei von Engeln gebrachte Brote bei der hl. Avia von Paris, die so im Gefängnis gespeist wurde. Ein Brotkorb voller Mäuse kennzeichnet dagegen den peruanischen Heiligen und Schutzpatron erkrankter Haustiere, Martin von Porres.

Brotschrank. Er konnte im Mittelalter Sinnbild Mariens sein, da sie das Brot des Lebens in sich trug.

Brücke, Symbol des Übergangs, der Verbindung und Überbrückung. Auch der Regenbogen und die Milchstraße werden öfter als Brücken zwischen Himmel und Erde gesehen. Die Vorstellung einer Brücke als Verbindung zwischen der diesseitigen Welt und der göttlichen liegt auch dem Namen Pontifex = Priester = Brückenbauer zu Grunde.

Als Attribut hat der hl. Johannes Nepomuk eine Brücke, da er von der Karlsbrücke in Prag in die Moldau gestürzt wurde. Er gilt so als Brückenheiliger.

Im Wappen von Innsbruck erscheint dem Namen gemäß eine Brücke.

Brunnen. Als lebensnotwendiger Wasserspender ist der Brunnen in seiner symbolischen Bedeutung in engem Zusammenhang mit der Quelle als Symbol von Leben und Unsterblichkeit zu sehen. Bildlich werden darüber hinaus viele in den biblischen Texten als Quellen bezeichnete Wasserstellen meist in der gefassten Form eines Brunnens wiedergegeben (MEISTER DES SCHOTTENALTARES, *Flucht nach Ägypten*, nach 1469, Wien, Museum im Schottenstift).

Im Paradies entspringen aus dem Brunnen unter dem Lebensbaum die vier Paradiesflüsse Pischon, Gichon, Tigris und Euphrat. Einige Begegnungsszenen im Alten Testament finden an einem Brunnen statt: Eliezer bittet Rebekka um Wasser (1. Mose 24,43–46; FRANCESCO SOLIMENA, *Die Begegnung von Eliezer und Rebekka*, um 1700, Rouen, Musée des Beaux-Arts; GIOVANNI BATTISTA PIAZZETTA, *Rebekka und Eliezer am Brunnen*, 1740, Mailand, Brera; NICOLAS POUSSIN, *Eliezer und Rebekka*, 1648, Paris, Louvre) und Jakob und Rachel am Brun-

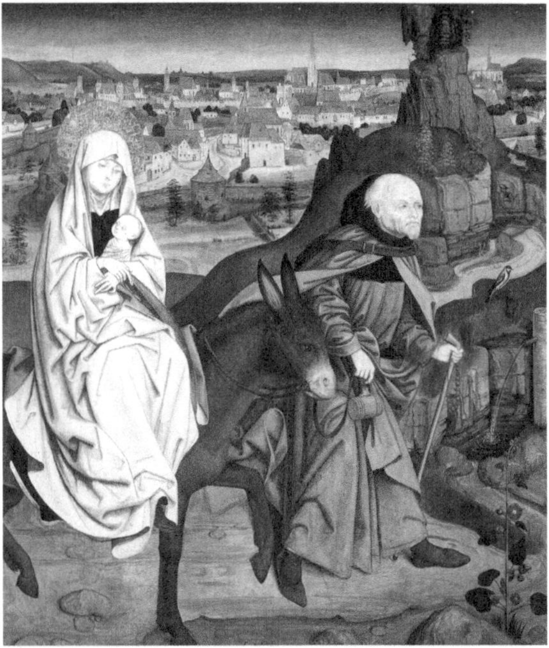

Meister des Schottenaltares, Flucht nach Ägypten. Wien, Museum im Schottenstift, nach 1469. – Die Hl. Familie ist auf dem Weg nach Ägypten. Joseph ist mit Wanderstock, Trinkflasche, Reisetasche und Rosenkranz ausgerüstet. Im Hintergrund ist die mittelalterliche Stadt Wien in porträthafter Genauigkeit zu erkennen. Vorne blüht mitten in der steinigen Landschaft eine Malve. Als alte Heilpflanze verweist sie auf Maria und den Heiland. Der weiße Hase, der rechts zu einem schützenden Felsen hoch läuft, kann nach dem *Physiologus* als jemand, der im Glauben Schutz sucht und damit als Aufforderung zur Christusnachfolge gedeutet werden. Er lässt sich aber auch als Bild für die Verfolgung des Jesuskindes sehen, denn weiße Hasen sind Symbole für Reinheit und Unschuld. Die Kohlmeise auf dem Baumstumpf gilt wie alle Singvögel als Sinnbild der Seele und des Gehorsams im Glauben. Der **Brunnen** ist ein Hinweis auf Christus als Quelle des ewigen Lebens.

nen (1. Mose 29,10; WILLIAM DYCE, *Rahel und Jakob am Brunnen*, um 1850/53, Leicester, City Museum).

Ebenso ereignet sich im Neuen Testament die Begegnung von Christus und der Samariterin am Jakobsbrunnen (Joh. 4,1–38; UNBEKANNTE MEISTER, *Maximianskathedra*, um 540, Ravenna, Erzbischöfliches Museum; Fresko, um 1080, S. Angelo in Formis; ANNIBALE CARRACCI, *Christus und die Samariterin*, um 1593/94, Mailand, Brera; DOMENICHINO, *Christus und die Samariterin*, um 1600/05, Wien, KHM).

Einen Brunnen des Abgrunds, dem Bestien entspringen, beschreibt die Offenbarung des Johannes (Offb. 9,2).

Als Attribut dient ein Brunnen den hll. Bonifatius, Papst Calixtus I., Papst Klemens I., Quirin von Tegernsee, Sebastian, Sigismund und Willibrord.

In der Profanikonographie ist der Jungbrunnen besonders in der Renaissance ein beliebtes Sujet gewesen, der Alten zu neuer Jugendlichkeit verhelfen soll und vor allem in Darstellungen des Goldenen Zeitalters auftaucht (Hesiod; Ovid, *Metamorphosen* 1,89–112; Vergil; LUCAS CRANACH D. J., *Der Jungbrunnen*, 1546, Berlin, Staatliche Gemäldesammlungen).

Brust. In der antiken Mythologie bietet Hera/Juno als Zeichen der Adoption Herakles ihre Brust dar, und Artemis/Diana von Ephesos wird als vielbrüstige Mutter der Menschheit verehrt. Die Amazonen verstümmelten sich eine Brust, um den Köcher für Pfeil und Bogen besser tragen zu können – die bekanntesten sind Penthesilea, Hippolyte und Antiope.

Eine das Jesuskind stillende Maria wird Maria lactans genannt. Eine Maria, die auf ihre Brüste weist, die einst das Jesuskind stillten, erscheint vom 15. bis zum 17. Jahrhundert als fürbittende Mutter in Darstellungen des Jüngsten Gerichts.

Zwei abgeschnittene Brüste sind Attribut der hll. Agatha von Catania, Anastasia von Sirmium, Barbara, Casilda und Macra. Auch der Märtyrerin Christina von Bolsena wurden die Brüste abgeschnitten (*Legenda Aurea*).

Der hl. Bernhard von Clairvaux wird in einer Vision durch die spirituelle Milch Mariens genährt (JEAN BELLEGAMBE,

Lactatio des hl. Bernhard, Außenflügel des Altars von Le Cellier, um 1510, New York, Metropolitan Museum). In Anlehnung an die Bernhard-Ikonographie kann diese Szene auch beim hl. Kajetan, dem Gründer des Reformordens der Theatiner, erscheinen. Als stillende Mutter kann auch die theologische Tugend *caritas* ›Liebe‹ erscheinen. Als Caritas Romana wird die Szene bezeichnet, in der Pero ihren im Gefängnis sitzenden Vater Cimon stillt, um ihn vor dem Verschmachten zu retten (Valerius Maximus; CARAVAGGIO, *Sieben Werke der Barmherzigkeit*, 1606/07, Neapel, Pio Monte della Misericordia; PETER PAUL RUBENS, *Caritas Romana*, 1612, Amsterdam, Rijksmuseum).

Buch, Buchrolle, Sinnbild der Weisheit, des Wissens und der Gelehrsamkeit – auch in profanen Darstellungen und Porträts. Antike Götter, die mit Büchern wiedergegeben werden können, sind Apoll, der Gott der Künste, und Athena/Minerva, die Göttin der Wissenschaften. Mit einem Buch wird auch Klio, die Muse der Geschichtsschreibung, gekennzeichnet (EUSTACHE LE SUEUR, *Die Musen Klio, Euterpe und Thalia*, 1652–55, Paris, Louvre). Eine Buchrolle ist dagegen Attribut der Muse der Redekunst, der Polyhymnia.

In christlichem Zusammenhang ist das Buch auch allgemeines Zeichen von Frömmigkeit. In verschiedenen Kulturen gibt es ein Heiliges Buch der Offenbarung. Ausgesprochene Buchreligionen sind das Christentum, das Judentum und der Islam. In frühen Darstellungen sind Codices (Blätter in Leinenbindung) von Buchrollen (volumina) zu unterscheiden.

Eine aus dem Alten Testament stammende Vorstellung ist das Verschlingen des Buches der Geheimnisse Gottes, um so am göttlichen Wissen teilzuhaben, so bei der Berufung des Propheten Ezechiel (3,1). Auch im Neuen Testament in der Geheimen Offenbarung des Johannes wird das aufgeschlagene Buch des Engels verschlungen (Offb. 10,8–11).

Im frühchristlichen Bereich erscheinen Buch und Buchrolle als Symbol des göttlichen Gesetzes und der Glaubenslehre. Christus mit einem Buch oder einer Rolle in der Hand wird so vor allem als Lehrer und Übermittler der Gesetze gesehen. Diese Vorstellung der *traditio legis* ist dem antiken kaiserlichen Hofzeremoniell nachgebildet.

Als Buch des Lebens, in dem alle Taten der Menschen verzeichnet sind, ist dagegen ein Buch bei Darstellungen von Christus Pantokrator und beim Jüngsten Gericht zu sehen. Ein Buch mit sieben Siegeln verweist direkt auf den Text der Apokalypse (Offb. 5).

Wenn Maria vor allem bei Verkündigungsdarstellungen ein Buch vor sich hat, spielt es in geschlossener Form meist auf die Jungfräulichkeit an, aufgeschlagen dagegen auf die Erfüllung der Verheißungen des Alten Testaments. Außerdem soll Maria einer Legende nach bei der Verkündigung in der Bibel gelesen haben.

Weiterhin ist ein Buch oder eine Schriftrolle Attribut für Propheten, Evangelisten und jene Apostel, denen Briefe zugeschrieben werden, für Kirchenlehrer (Carlo Saraceni, *Papst Gregor d. Gr.*, um 1600, Rom, Galleria Nazionale im Palazzo Barberini) und die hll. Diakone Stephanus, Laurentius und Vinzenz. Ebenso taucht ein Buch bei Predigern und Gelehrten wie den hll. Antonius von Padua, Bernhard von Clairvaux, Dominikus und Thomas von Aquin als Attribut auf. Der hl. Anna kann ein Buch beigegeben sein, weil sie ihre Tochter Maria lesen lehrte. Birgitta von Schweden erscheint als Ordensgründerin mit dem Buch der Ordensregeln, Katharina von Alexandria, weil sie mit Philosophen disputierte, und Bonifatius mit einem zerfetzten Buch, mit dem er sich gegen Schwerthiebe zu schützen versuchte. Dieses kann auch als von einem Dolch durchbohrtes Buch dargestellt sein. Wenn Bücher zu Füßen Bonifatius' als Germanenbekehrer liegen, handelt es sich um heidnische Zauberbücher. Bei der hl. Elisabeth von Thüringen liegen manchmal drei Kronen auf einem Buch, da sie fürstlichen Standes und fürstlicher Herkunft war, aber als Witwe die Wiederverheiratung mit Kaiser Friedrich II. und damit die Kaiserkrone ablehnte. Stephanus wird als Diakon und wegen seines Martyriums auch mit einem Buch mit Steinen darauf dargestellt. Der Nothelfer bei Nieren- und Blasenleiden, Diborius von Mans, hat drei Blasensteine auf einem Buch. Ein Buch, auf dem zwei Augen liegen, verweist auf die hl. Ottilie. Generell deuten beigegebene Bücher auf Gelehrsamkeit und Autorentätigkeit hin, aber auch ganz allgemein auf Frömmigkeit (Lesen in der Bibel).

Bücher finden sich auch bei den Personifikationen der Astronomie aus den Sieben freien Künsten, des Glaubens aus den theologischen Tugenden und des Himmels, der nach der Geheimen Offenbarung (Offb. 6,14) wie eine Buchrolle aufgerollt wird, aber auch der *ecclesia* ›Kirche‹, der Sibyllen – diese meist mit Buchrollen –, und der Kardinaltugend *prudentia* ›Klugheit‹. Als Gesetzesbuch ist es Kennzeichen der Kardinaltugend *iustitia* ›Gerechtigkeit‹.

Nach Cesare Ripa gehören Bücher auch zu den Attributen der Häresie, der *veritas* ›Wahrheit‹ (Ripa 1970, S. 499), der *sapientia* ›Weisheit‹ (Ripa 1970, S. 440–442), der Philosophie (Ripa 1970, S. 164) und der *potestas* ›Macht‹ (Ripa 1970, S. 34–35). In der Temperamentenlehre wird das Buch dem Melancholiker beigegeben.

Buchfink. Wie die meisten Singvögel gilt auch der Buchfink als Sinnbild für die Seele und die wünschenswerte Hinwendung zur Tugend (NICOLAES MAES, *Junge mit Vogel und Hund*, 1671, Niederlande, Privatsammlung), aber auch für die Passion Jesu Christi.

Buchs. Das immergrüne Gewächs war in der Antike vor allem Friedhofsgewächs und Totenpflanze. Als immergrün wurde der Buchs zum Sinnbild der Unsterblichkeit. Er gilt aber auch als Sinnbild der Ausdauer und Standhaftigkeit.

Buckel. Die körperliche Deformierung kennzeichnet Versehrte und Hexen.

Büchse. In der antiken Mythologie spielt vor allem die Büchse der Pandora eine Rolle, die zahlreiche Übel enthielt, die sich nach der Öffnung über die ganze Erde verbreiteten. Nur die Hoffnung blieb in der Büchse (Hesiod, *Theogonie*).

Als Salbenbehälter ist eine Büchse Attribut von heiligen

Ärzten wie Kosmas und Damian und Pantaleon und der hl. Irene von Rom, die den hl. Sebastian pflegte. Als Parfumbehälter ist sie Attribut von Heiligen wie Maria Magdalena, Maria Salome, Maria Kleophas (Myrrhenträgerinnen des Ostermorgens) und des Nikodemus.

Büffel. Im Allgemeinen gilt der schwarze Büffel wegen seiner Farbe und da er ein beliebtes Zugtier von Leichenwagen war, als Todessymbol (Bacchiacca, [Postumes] *Porträt von Papst Hadrian VI. als Priester*, um 1525, Kassel, Schloss Wilhelmshöhe, Gemäldegalerie).

Bürste, Attribut der hl. Radegundis, einer von Wölfen getöteten Dienstmagd, die sich der Krankenpflege gewidmet hatte.

Büßer, Büßerin. Heilige Büßer werden oft mit entblößten Oberkörpern und Geißeln dargestellt, Büßer wie Hieronymus und Maria Magdalena auch mit einem Kruzifix und Totenkopf (Bartolomé Esteban Murillo, *Büßende Magdalena*, 1665/75, Köln, WRM).

Buntspecht ‣Specht

Burg. Das Bauwerk gilt als Sinnbild des Schützenden, der Zuflucht, aber auch des Glaubens. Sie steht als Symbol für die Transzendenz (Himmelsburg, Himmlisches Jerusalem), kann aber auch als Bild der Hölle vorkommen.

Busch. Der brennende Dornbusch am Gottesberg Horeb, in dem Mose die Stimme des Höchsten vernimmt (2. Mose 3,1–4,17), ist zu einem Symbol seiner Berufung geworden. Im Mittelalter ist dieser brennende, aber nicht verbrennende Dornbusch auch ein Bild für die Jungfräulichkeit Mariens (Nicolas Froment, *Triptychon mit brennendem Dornbusch*, 1475/76, Aix-en-Provence, Kathedrale St-Sauveur). ‣Dornbusch

C

Caduceus/Kerykeion. Der Botenstab wird auch Merkurstab genannt, da er das Attribut des Gottes Hermes/Merkur ist. Zwei Schlangen ringeln sich symmetrisch und mit einander zugewandten Köpfen um einen Heroldstab. Manchmal befindet sich zusätzlich noch ein Flügelpaar an der Spitze (GIOVANNI DA BOLOGNA, *Merkur*, 1564/65, Florenz, Bargello). Auch die Göttin Iris (Morgenröte) kann gelegentlich als Botin der Sonne mit einem Caduceus gekennzeichnet sein. Da Hermes der Gott des Handels war, wurde in späterer Zeit der Caduceus öfter zum Sinnbild für »Handel und Verkehr«.

Cathedra ‣Thron

Cello. Dieses Instrument findet sich unter den Attributen von Polyhymnia, der Muse des Tanzes.

Cerberus/Kerberos. Das dreiköpfige und mit Schlangen bedeckte Hunde-Mischwesen war in der antiken Mythologie der unerbittliche Wächter am Eingang zur Unterwelt. Nur Orpheus konnte ihn besänftigen, und Herakles schleppte ihn in seiner 12. Tat gefesselt an die Oberwelt. Im christlichen Abendland konnte sich sein Bild mit dem Höllenrachen verbinden.

Chamäleon, Sinnbild der Unbeständigkeit und Falschheit, da dieses Tier seine Farbe wechseln kann (FRANS FRANCKEN D. J., *Vanitas*, um 1630, Den Haag, Galerie Hoogsteder). Wegen dieser Verwandlungsfähigkeit kommt das Chamäleon aber auch positiv als Sinnbild der Auferstehung vor.

Cherub. Als Paradieswächter mit dem Flammenschwert ist der Cherub der Vertreibung von Adam und Eva zugeordnet. ‣Engel

Chimäre. Das feuerspeiende Fabeltier ist nach den Beschreibungen Homers mit Löwenkopf, Ziegenleib und Schlangenschwanz versehen (UNBEKANNTE MEISTER, Fußbodenmosaik, um 1100, Kathedrale von Aosta, Piemont; Fußbodenmosaik, 12. Jh., Köln, St. Gereon; Kapitell, 3. Viertel 12. Jh., Genf, St. Pierre). Manchmal wird eine Chimäre auch als mischgestaltiges Sinnbild für die im Süden typischen drei Jahreszeiten eingesetzt (Löwe – Frühling, Ziege – Sommer, Schlange – Winter). Im Mittelalter wird sie jedoch vor allem dämonisch als Verkörperung teuflischer Mächte gesehen, in der Renaissance taucht sie dagegen auch als harpyienartiges Vogelweib auf (▸Harpyie).

Christbaum. Der mit Lichtern und Schmuck versehene Nadelbaum basiert auf alten heidnischen Wurzeln von Winterbräuchen mit immergrünen Gewächsen als Lebenssymbol. Wohl im Elsass und im protestantischen Norden Deutschlands im 16. Jahrhundert aufgekommen, wurde er ab dem 19. Jahrhundert von Deutschland aus verbreitet und allgemein üblich. Der oft übliche Apfelschmuck ist wohl als Hinweis auf das Paradies, die Erbsünde und die Erlösung durch Jesus Christus zu beziehen. Bildliche Wiedergaben sind vor allem seit der Romantik üblich (Adrian Ludwig Richter, *Die Christnacht*, 1854, Radierung; Franz Skarbina, *Berliner Weihnachtszimmer*, 1892, Berlin, Berlin Museum).

Christrose. Als Blüte mitten im Winter unter Eis und Schnee ist die Christrose, eine Gift- und Heilpflanze, zum Symbol für die Erlösung geworden. Wurzelstücke und getrocknete Blüten galten aber auch als magischer Abwehrzauber.

Christuskind. Auf der Schulter getragen ist das Christuskind das Attribut des hl. Christophorus (Dieric Bouts, rechter Flügel der sog. *Perle von Brabant*, um 1455, München, AP). Als Zeichen besonderer Christusnähe oder visionärer Begegnungen gehört es u. a. zu den Attributen der hll. Agnes von Montepulciano, Antonius von Padua (Giambattista Tiepolo, *Der hl. Antonius*, 1767–69, Madrid, Prado), Diego von Alcalá, Felix von Cantalice, Gertrud von Helfta, Ida von Löwen, Johannes von Gott (mit Granatapfel), Johannes vom Kreuz, Joseph von Nazaret, Kajetan von Thiene, Rosa von Lima und Stanislaus Kostka.

Christusmonogramm/Chrismon. Ähnlich wie die alttestamentliche Verehrung des Jahwenamens entspricht die Verwendung des Namenszeichens Jesu Christi einer Anrufung und ersetzt das Bild Christi. Entstanden ist es vor allem aus den ligierten ersten beiden Buchstaben der griechischen Übersetzung von Messias/Christos: XP. Manchmal wird das alleinstehende Chi (X) durch Hinzufügung eines Querbalkens mit dem Kreuz verbunden, häufiger erscheint jedoch das P allein mit dem Querbalken des Kreuzes. Zum Teil wurde das griechische P auch durch ein lateinisches R ersetzt. Es gibt aber auch die aus I/J + X (Jesus Christus) bestehende Form. Oft wird das Christusmonogramm von einem Kreis oder Kranz gerahmt (Kuppel, 2. Hälfte 5. Jh., Albenga, Baptisterium).

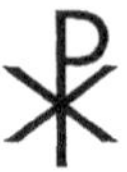

Das Christusmonogramm ist seit dem 3. Jahrhundert nachweisbar und seit Konstantin als abgekürztes Zeichen häufig und auch in monumentaler Form gebräuchlich, zum Beispiel auf Münzen, Standarten oder Grabinschriften. In den Auseinandersetzungen mit dem Arianismus werden zur Bekräftigung des orthodoxen Glaubens an die zwei Naturen Jesu Christi, die menschliche und die göttliche, oft Alpha und Omega beigefügt. Mit Sonne und Mond verweist das Zeichen auf die Kreuzigung. Im Mittelalter blieb es weiter gebräuchlich. Gelegentlich wurde es auch aus der Kreuzform oder dem lateinischen C von Christus entwickelt.

Im späten Mittelalter wird im Westen das griechische Monogramm durch das lateinische Trigramm IHS ersetzt, dessen Wurzel jedoch ebenfalls die griechische Form Jesous ist (Jesou Hieros Soter bzw. die griechischen Großbuchstaben für JES[US]). Die späteren Deutungen verbinden die abgekürzte Namensform jedoch mit Iesus Hominum Salvator (Jesus Erlöser der Menschen) oder auch »In Hoc Signo« (In diesem Zeichen), das auf den Traum von Kaiser Konstantin zurückgeht, dem geweissagt worden war, dass er im Zeichen Christi siegen werde.

Als Attribut findet sich das Christusmonogramm bei den hll. Bernhardin von Siena (in einer Scheibe), Birgitta von

Schweden (in einem Herzen), von Vinzenz Ferrer (in der Sonne), Ignatius von Loyola und der Jesuitenorden, dort auch als »Iesum Habemus Socium« oder »Iesu Humilis Societatis« gedeutet (BACICCIA, *Der Triumph des Namen Jesu*, Fresko, um 1680, Rom, Il Gesù, Langhauswölbung), Jakobus von der Mark und Johannes von Capestrano.

So wie auf dem ‣Labarum Konstantins kommt das Christusmonogramm auch auf Kirchenfahnen vor.

Chrysantheme. In Japan gilt diese Blume als kaiserliches Emblem, in China als Symbol des Herbstes. Ab der Mitte des 19. Jahrhunderts fand die Chrysantheme auch in Europa als Symbol des fernen Ostasiens weite Verbreitung; außerdem erhielt sie Bedeutung als Totenblume zu Allerheiligen, da sie Herbstblüherin ist.

Cupido/Amor ‣Eros

D

Dach. Ein Dach, meist in der Form eines Satteldaches, ist allgemein ein Zeichen des Schutzes und der Geborgenheit. Ein auffallendes hölzernes Schutzdach über einem Durchgang zwischen zwei Häusern bei der Darstellung der Geburt Christi geht dagegen konkret auf die Beschreibung dieser Szene in der *Legenda Aurea* des Jacobus de Voragine als Vorlage zurück (ALBRECHT DÜRER, *Paumgärtner Altar*, 1504, München, AP).

Dachs. Da der Dachs als lichtscheu gilt und angeblich von seinem eigenen Speck zehrt, wurde er zum Symbol des Lasters (GIOVANNI BENEDETTO CASTIGLIONE, GEN. IL GRECHETTO, *Circe*, 1650/60, Rom, Galleria Pallavicini). Er kann vereinzelt auch als Reittier der Personifikation von *avaritia* ›Geiz‹ auftreten.

Dämon. Göttliche Kräfte, die keinem bestimmten Gott zuzuordnen sind, wurden im Griechischen ursprünglich als Dämonen bezeichnet. Etwa ab Hesiod werden diese Dämonen als Wesen gesehen, die zwischen Göttern und Menschen anzusiedeln sind, und die gut oder böse sein können. Die Vorstellung von Dämonen existierte und existiert jedoch auch in anderen Kulturen, zum Beispiel der hethitischen, der persischen, der keltischen usw.

Im biblischen Sinn sind Dämonen böse geistige Mächte. Sie werden mit den Engeln des Teufels, die dessen ebenfalls gefallenes Gefolge sind, gleichgesetzt und gelten als Widersacher Gottes. Sie verfolgen und quälen die Menschen, rufen Besessenheit hervor, führen die Menschen in Versuchung und werden später wie Luzifer dem Gericht verfallen.

Bildlich werden Dämonen gerne mit Raubtiertatzen, Schlangenschwanz oder Vogelflügeln wiedergegeben. Sie sind sozusagen Gegenbild zum ‣Tetramorph. In den Weltgerichtsdarstellungen des Mittelalters haben die Dämonen einen festen Platz (UNBEKANNTER MEISTER, *Jüngstes Gericht*, 12. Jh.,

Autun, Kathedrale, Westportal), ebenso in den Szenen von der Heilung von Besessenen und bei den Versuchungen Jesu Christi in der Wüste (Mt. 4,1–11; Mk. 1,12–13; Lk. 4,1–13) oder jener von Heiligen (MATTHIAS GRÜNEWALD, *Versuchung des hl. Antonius, Isenheimer Altar,* 1512–16, Colmar, Musée d'Unterlinden). Gefesselte Dämonen tauchen vor allem als Attribute der hll. Bartholomäus (im spanischen Kunstkreis), Bernhard von Aosta, Bernhard von Clairvaux, Juliana von Nikomedien und Angela von Foligno auf.

Davidstern ‣Hexagramm, ‣Stern

Deesis, Darstellung des thronenden Christus mit Maria und Johannes dem Täufer zu seinen Seiten als Fürbittern beim Endgericht. Aus der byzantinischen Kunst stammend wurde das Motiv im Mittelalter selbständig oder in Zusammenhang mit dem Jüngsten Gericht auch im Abendland häufig verwendet.

Delfin. Dieses säugende Meerestier gilt als schnell, klug und menschenfreundlich. So soll der Delfin zum Beispiel Ertrinkende auf seinen Rücken nehmen und an Land tragen, wie es in der Geschichte von Arion und dem Delfin erzählt wird (Herodot). In der Antike galten Delfine aber nicht nur als Sinnbild der Schnelligkeit, sondern auch als hilfreiche Führer ins Reich der Toten. In der antiken Mythologie sind Delfine Attribut aller Meerwesen, besonders von Poseidon/Neptun und Aphrodite/Venus, der Wassergeborenen, aber auch ihres Sohnes Eros/Amor (RAFFAEL, *Triumph der Galatea,* Fresko, 1512/14, Rom, Palazzo Farnesina).

Ab dem frühen Christentum wurden Delfine als Fisch oder als Retter zum Christussymbol (mit Anker oder Dreizack als Kreuzessymbol). Als Geleittier in die Ewigkeit konnten sie Schiffen, Sinnbildern der Lebensfahrt, beigegeben sein.

Als Attribute von Heiligen fungieren Delfine bei Kallistratos, der von ihnen aus dem Wasser gerettet wurde, bei Lukian von Antiochia, dessen Leichnam von einem Delfin transportiert wurde, und bei Martinian, der auf einem Delfin den Versuchungen der Wollust entkam.

Von der Renaissance bis zum Barock verstand man die Delfine aber auch als Symbol der Liebe. In erotischen Genreszenen kann der Delfin als Brunnenfigur auch ein Sinnbild der lasterhaften Sinnenlust sein.

Die Thronfolger von Frankreich hatten Delfine in ihrem Wappen und wurden deshalb Dauphin genannt.

Diadem. Der ursprünglich altorientalische und später vor allem für Herrscher und Herrscherinnen übliche Kopfschmuck in Form einer Stirnbinde aus Stoff oder Metall mit Schmucksteinen, aus der sich später die Krone entwickelte, ist auch bei Engelsdarstellungen des frühen Christentums und in der byzantinischen Kunst verbreitet.

Im antiken Mythos werden vor allem die Göttinnen Hera/Juno, Aphrodite/Venus, Demeter/Ceres, Artemis/Diana und Vesta mit einem Diadem geschmückt.

Diamant. Dieser überaus harte Stein gilt als König der Edelsteine und als Lichtsymbol, als Sinnbild für Beständigkeit, Standhaftigkeit, Aufrichtigkeit, Reinheit, Vollkommenheit und Kühnheit.

Nach dem *Physiologus* kann der Diamant nur in der Nacht im Orient gefunden und nicht bezwungen werden (Physiologus 1981, S. 61–64). In diesem Sinn wurde er auch zum Christussymbol (s. a. Am. 7,8–9). Wegen seiner Lichtdurchlässigkeit gilt er als Zeichen für die jungfräuliche Geburt Jesu Christi. Daneben ist der Diamant Attribut des hl. Papstes Damasus I.

Negativ kann der Diamant wegen seiner Härte auch der Unbußfertigkeit zugeordnet sein, während er in der Renaissance als Sinnbild des Mutes und der Charakterstärke gesehen wurde. Im Steinglauben sprach man dem Diamanten sogar Wirksamkeit gegen Krieg, Streit, Gift und böse Geister zu und verwendete ihn als Amulett. Als König der Edelsteine und Sinnbild von Kühnheit und Mut war der Diamant darüber hinaus auch besonders für Kronjuwelen beliebt (z. B. der »Blaue Wittelsbacher«, ein farbiger Diamant, ehemals bei feierlichen Anlässen in der Krone des Bayerischen Königreiches).

Diskus. Die Scheibe ist das Attribut des von Apoll versehentlich mit einem Diskus getöteten Hyazinth (Ovid, *Metamorphosen* 10,162–219).

Distel. Wie der Dornbusch ist auch die stachelige Distel Symbol des irdischen Schmerzes (1. Mose 3,18; Hans Burgkmair, *Johannes der Evangelist auf Patmos*, 1518, München, AP). In diesem Sinn verweisen Disteln auf die Erbsünde und Schuld, aber auch auf die Leiden Christi und jene von Märtyrern. Da diese Leiden freiwillig auf sich genommen wurden und zur Erlösung führten, kann die Distel im übertragenen Sinn aber auch Erlösungssymbol sein (unbekannter Meister, *Heimsuchung, Lauterbacher Altar*, um 1480, Lauterbach [Hessen], Museum). Auch Schmetterlinge auf einer Distel gelten als Sinnbild der Auferstehung. Die weißgefleckte Mariendistel ist eine Heilpflanze, erinnert an Muttermilch und wurde so zum Mariensymbol.

Die Distel ist außerdem die Wappenpflanze von Schottland.

Distelfink ▸Stieglitz

Dolch. Als Marterinstrument ist der Dolch Attribut der hll. Angelus der Karmeliter (in der Brust), Bonifatius, Eduard, Kilian, Lambert von Maastricht, Marcellinus, Olaf, Prokopius von Cäsarea, Wenzeslaus und Bibiana. Mit im Schädel oder in der Brust steckendem Dolch werden Petrus Martyr, Irene von Portugal und Justina von Padua, mit einem Dolch in der Kehle Aquilinus von Mailand und Lucia von Syrakus dargestellt. Bei Letzterer kommt auch ein Dolch mit aufgespießten Augen als Attribut vor. Unter den Lasterpersonifikationen taucht der Dolch als Attribut der *invidia* ›Neid‹ auf. ▸Messer

Dompfaff/Gimpel. Wie die meisten Singvögel ist auch der Dompfaff ein Seelensymbol und wegen der roten Farbe ein Verweis auf die Passion Jesu Christi (Meister des Hohenfurther Altares, *Christus am Ölberg*, um 1350, Prag, Nationalgalerie).

In amourösen Szenen der Barockzeit kann ein Dompfaff je nach Kontext sowohl als Tugendsymbol wie auch als Bild für ungezügelte Sinnenlust vorkommen.

Doppelaxt/Labrys. Die mit zwei symmetrisch angeordneten Schneiden versehene Axt war Werkzeug, Waffe, Herrschaftssymbol und Kultgegenstand und somit Zeichen der weltlichen und priesterlichen Macht vor allem im minoischen Kreta. So wurde sie zum Attribut herrscherlicher Götter und Göttinnen. Besonders hielt sich die Zuordnung bei den Göttern Zeus/Jupiter und Hephaistos/Vulkan und bei den mythischen Helden Herakles und Theseus.

Doppelkopf. Meist wird mit dieser Form auf den römischen Gott Janus verwiesen, dem der Jahresbeginn zugeordnet und der Neujahrstag geweiht war. Janus schaute so gleichsam in die Vergangenheit und in die Zukunft. Ein Januskopf kann in Bezug zum Monat Januar auch als Attribut des Winters erscheinen. ‣Jahreszeiten

Dorn, Dornenzweig. Wie die Distel gelten auch Dornen als Sinnbild von Mühsal und Leiden (1. Mose 3,18). Sie sind Attribut der hl. Rita von Cascia, die auf ihr Gebet hin eine Stirnwunde von der Dornenkrone Christi empfing. Ein Dornenzweig ist Kennzeichen des hl. Achatius. Rosen und Dornen sind Attribut der samischen Sibylle. Ein Dornenzweig um einen Totenschädel (Schädel) gilt als Sinnbild endgültiger Verdammnis.

Dornbusch. Bei der Opferung Isaaks kann der Dornbusch, in dem sich der Widder verfing, der später an Isaaks Stelle geopfert wurde, als Hinweis auf die Passion Christi zu verstehen sein (1. Mose 22). Der brennende Dornbusch bei der Berufung des Mose gilt dagegen als Bild für die Selbstoffenbarung des Allerhöchsten (2. Mose 3,2; Dieric Bouts, *Moses vor dem brennenden Busch*, um 1465, Philadelphia, Johnson Collection; Raffael, *Moses vor dem brennenden Dornbusch*, 1516, Vatikan, Loggien). Auch als Hinweis auf die immerwährende Jungfräulichkeit Mariens war die Wiedergabe des brennenden und doch nicht verbrennenden Dornbusches im späten Mittelalter verbreitet (Nicolas Froment, *Moses vor dem brennenden Dornbusch*, 1475/76, Aix-en-Provence, Kathedrale St. Sauveur; Moretto da Brescia, 1529, Brescia, Pinacoteca).

Dornenkrone, Dornenkranz. Dieses Motiv entstammt der Passion Jesu Christi (Mt. 27,27ff., Mk. 15,17ff., Joh. 19,2) und wurde als mindere Krone eines Königs und zugleich Instrument des Schmerzes zum Sinnbild der Verspottung (Giotto, *Verspottung Jesu Christi*, um 1305, Padua, Arenakapelle; Hieronymus Bosch, *Die Verspottung Jesu*, um 1495, London, National Gallery; Albrecht Altdorfer, *Verspottung Christi*, 1518, Stift St. Florian; Tizian, *Die Verspottung Christi*, 1560, Paris, Louvre, und 1570, München, AP; Giambattista Tiepolo, *Verspottung Christi*, um 1745/50, Hamburg, Kunsthalle). Auf dem sogenannten Schweißtuch der Veronika erscheint das Gesicht Christi teilweise auch mit Dornenkrone.

In der mittelalterlichen Typologie wird der Krönung Jesu Christi mit Dornen der in einem Dornbusch verfangene Widder von der Opferung Isaaks (1. Mose 22) gegenübergestellt. Eine aus drei Ranken geflochtene Dornenkrone versinnbildlicht nach Wilhelm von Durandus die drei Stufen der christlichen Buße (Zerknirschung, Beichte, Wiedergutmachung).

Als Attribut ist eine Dornenkrone den hll. Achatius, der als Anführer der Zehntausend Märtyrer unter Kaiser Hadrian in Dornen gestürzt wurde, Elisabeth von Reute, eine mystische Verehrerin des Leidens Jesu Christi, Johannes von Gott, dem Gründer des Ordens der Barmherzigen Brüder, der durch Christus und Maria mit einer Dornenkrone als Glorie gekrönt wird (Corrado Giaquinto, *Johannes von Gott in der Glorie*, um 1755, Madrid, Prado), Katharina von Siena, die bei ihrer mystischen Vermählung mit Christus die Dornenkrone statt des Brautrings wählte (Pier Francesco Bissolo, *Hl. Katharina*, 16. Jh., Venedig, Accademia; Giambattista Tiepolo, *Maria mit den hll. Katharina von Siena, Rosa mit dem Jesuskind und Agnes*, 1740, Venedig, S. Maria dei Gesuati; ders., *Hl. Katharina*, 1746, Wien, KHM) und Gottfried von Bouillon, der sie über dem Helm trägt, beigegeben, weiterhin den hll. Maria Maddalena dei Pazzi, einer Verehrerin der Leiden Jesu, Rosa von Lima in Anlehnung an ihr Vorbild Katharina von Siena

(Melchior Cafà, *Die hl. Rosa*, vor 1667, Lima, S. Domingo), vereinzelt auch Helena und Roland.

Joseph von Arimathia und König Ludwig der Heilige von Frankreich halten die Dornenkrone Jesu Christi in ihren Händen. Der delphischen Sibylle kann ebenfalls die Dornenkrone Jesu beigefügt sein, da sie die Dornenkrönung Christi vorausgesagt haben soll.

Auch die Tonsur der Mönche konnte in Nachempfindung der Leiden Christi auf die Dornenkrone bezogen und verstanden werden.

Drache. Das fabelhafte Ungeheuer, das nach alten Vorstellungen häufig als mythischer Schatzhüter auftaucht, kann auch feuerspeiend dargestellt sein. Drachen gelten allgemein zudem als echsen- oder schlangenartige Verkörperung des Bösen.

In der antiken Mythologie befreit Perseus die einem Drachen zum Fraße ausgesetzte Königstochter Andromeda (Ovid, *Metamorphosen* 4,663–771; Piero di Cosimo, *Die Befreiung der Andromeda*, um 1500/20, Florenz, Uffizien; Peter Paul Rubens, *Perseus und Andromeda*, 1620/21, St. Petersburg, Eremitage; Anton Raphael Mengs, *Perseus und Andromeda*, 1773–78, St. Petersburg, Eremitage). Der Drache gehört aber auch zu den Attributen der Gottheiten Demeter/Ceres, Kronos und Poseidon/Neptun.

Im Alten Testament wird in einem apokryphen Anhang zum Buch Daniel von der Vernichtung des Drachens zu Babel durch Daniel berichtet.

Im Neuen Testament kommt der Drache als Verkörperung des Bösen und Repräsentant des Teufels in der Offenbarung des Johannes vor (Offb. 12). Erst führt der Drache einen Angriff auf das sonnenumkleidete apokalyptische Weib, das als Sinnbild Mariens und der Kirche gilt (Jean Hey, *Apokalyptisches Weib*, 1498, Moulins, Kathedrale Notre-Dame; Peter Paul Rubens, *Das apokalyptische Weib*, 1624/25, München, AP), dann besiegt der Erzengel Michael den schlangenartigen Drachen im Kampf, der auf die Erde gestürzt wird (Offb.

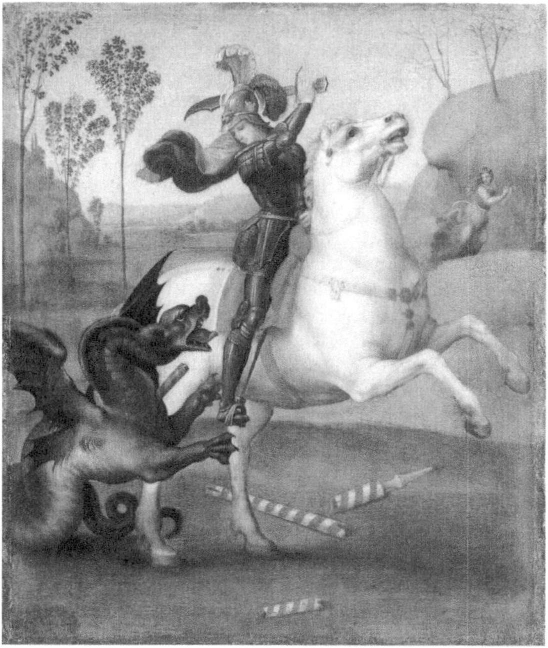

Raffael: Der hl. Georg. Paris, Musée National du Louvre, um 1504. – Hoch zu Ross erscheint der hl. Georg, ein christlicher Märtyrer unter Kaiser Diokletian, als ritterlicher Held. Dem entsprechend ist er mit Schwert und einer prächtigen Rüstung ausgestattet. Ein mächtiger Federbusch ziert seinen Helm. Das Pferd, ein Schimmel, bäumt sich auf und wiehert vor Angst. Unmittelbar bedroht vom **Drachen** schwingt Georg nun sein Schwert, um das Ungeheuer zu besiegen. Seine Lanze ist bereits zerbrochen, ein Stück steckt im Hals des Drachen. Im Hintergrund ist die Prinzessin zu erkennen, die der Heilige vom Drachen befreite. Ihr Gürtel, mit dem sie den bezwungenen Drachen in die Stadt führen wird, flattert im Wind. So verkörpert Georg als Kämpfer gegen das Böse die Tugenden des Rittertums und christlicher Helden.

12,7–9; UNBEKANNTER MEISTER, Fresko mit dem *Kampf des Erzengels Michael mit dem Drachen*, 12. Jh., Civate bei Como, S. Pietro al Monte; RAFFAEL, *Der hl. Michael*, um 1503/04, Paris, Louvre). Auch Christus selbst kann als Überwinder des Bösen in der Form des Drachenbezwingers wiedergegeben werden. Ebenso ließ sich Kaiser Konstantin im kaiserlichen Palast in Rom als Drachentöter darstellen. Auf apokryphe Quellen geht die Darstellung eines Drachens bei der Flucht nach Ägypten zurück (LORENZO MAITANI, Relief, zwischen 1310 und 1330, Orvieto, Dom, Fassade).

Als Drachenbesieger oder von Drachen Bedrohte gelten die hll. Beatus, Georg (PAOLO UCCELLO, *Der hl. Georg tötet den Drachen*, um 1456, London, National Gallery; RAFFAEL, *Der hl. Georg*, um 1504, Paris, Louvre; TINTORETTO, *Georg und der Drache*, um 1550/60, London, National Gallery), Hilarion, Lupus von Sens, Clemens von Metz, Mangold, Adelphus von Neuweiler/Lothringen, Margareta von Antiochien (MEISTER DES BARTHOLOMÄUSALTARES, *Die hl. Margareta*, um 1505, München, AP), Papst Silvester, Magnus von Füssen, Ignatius von Loyola, Antonius Abbas und Petrus Damiani. Einen Drachen als Attribut haben auch die hll. Barlaam, Cyriacus, Eleutherius, Eucharius, Martha, die Tarascon von einem Drachen befreit haben soll, Narzissus, Olaf, dem ein Drache mit Menschenkopf beigegeben ist, der das von Olaf besiegte Heidentum verkörpert, Servatius, Theodor, ebenfalls ein Kämpfer gegen das Heidentum, und Papst Silvester (MASO DI BANCO, *Der hl. Papst Silvester zähmt den Drachen*, um 1340/50, Florenz, S. Croce, Cappella Bardi di Vernio).

Dreieck. Dieses wichtige geometrische Symbolzeichen kann mit der Spitze nach oben für Licht und Feuer stehen oder Sinnbild des männlichen Geschlechts sein, oder es weist mit der Spitze nach unten auf Wasser oder auf das weibliche Geschlecht hin.

Ein auf der Grundfläche stehendes gleichseitiges Dreieck vermittelt den Eindruck der Harmonie. Als gleichseitiges Dreieck ist es eines der wichtigsten Gottessymbole, das auf die

Dreifaltigkeit verweist (Francisco de Goya, *Engel beten die Trinität an*, 1798, Madrid, S. Antonio della Florida). Es kann dabei im Inneren das Auge Gottes oder auch den hebräischen Jahwe-Namen tragen, das Tetragramm JHWH. In dieser Form war das Dreieck eines der beliebtesten Symbole des 17. und 18. Jahrhunderts. Als Dreifaltigkeitssymbol kann ein gleichseitiges Dreieck manchmal auch der Tugend *fides* ›Glaube‹ als Attribut beigegeben sein. Zwei ineinandergeschobene gleichseitige Dreiecke ergeben einen sechszackigen Stern, den Davidstern und das Freimaurerzeichen. Das Pythagoräische Dreieck, dessen Seitenlängen sich wie 3 zu 4 zu 5 verhalten, war dagegen im Mittelalter ein wichtiges Maß- und Bauinstrument, da der Winkel gegenüber der längsten Seite immer ein rechter ist. Generell bildeten Dreiecke im Mittelalter eine wichtige Grundlage für das Erstellen von Bauplänen. Sie dienten als Proportionsfigur.

Dreifaltigkeitssymbole. Dreieck, drei sich überschneidende oder verschlungene Kreise, Dreipass im Kreis, dreiblättriges Kleeblatt, Zusammenstellung von Thron, Buch und Taube, die Darstellung des sogenannten Gnadenstuhls, drei Engel oder der Besuch der drei Männer bei Abraham (1. Mose 18,1–15), das Antoniuskreuz und das Gabelkreuz, ein Dreigesicht, eine Waage mit drei Steinen, ein Turm mit drei Fenstern (vor allem bei Darstellungen der hl. Barbara), drei Fische, drei Adler, drei Löwen mit einem Kopf, drei Hasen mit nur drei Ohren, drei Reben an einem Weinstock (1. Mose 40,9 f.).

Dreifuß. Im antiken Mythos ist er dem Gott Apoll zugeordnet. Als Hinweis auf die Dreifaltigkeit kann ein Dreifuß Attribut der Tugend *fides* ›Glaube‹ sein.

Dreizack. In der antiken Mythologie ist er Symbol für den Meeresgott Poseidon/Neptun (Agnolo Bronzino, *Andrea Doria als Neptun*, um 1540/50, Mailand, Brera; Giovanni da Bologna, *Neptunbrunnen*, 1563–67, Bologna, Piazza Maggiore). Der Fischspeer mit drei Spitzen mit Widerhaken gehört zu den Kennzeichen des Teufels, vereinzelt ist er aber auch als Marterinstrument dem hl. Mammas (Mamertus) beigegeben.

Dreschflegel. In der antiken Mythologie kann der Dreschflegel dem Kriegsgott Ares/Mars zugeordnet sein. Attribut des hl. Isidor von Madrid, dessen Tätigkeit als Bauer damit angezeigt wird.

Dromedar ▸ Kamel

Drossel. Wie fast alle Singvögel gilt auch die Drossel als Seelensymbol und Tugend- und Liebessymbol, darüber hinaus ist sie auch ein Kündervogel.

Drudenfuß ▸ Pentagramm

Dunkelheit/Finsternis. Als Gegensymbol zum Licht verweist die Finsternis auf die Nacht, aber auch auf das Böse. Der Teufel gilt als Fürst der Finsternis. Beim Tode Jesu brach eine dreistündige Finsternis über das Land herein (Mk. 15,33; Lk. 23,44–45).

E

Ebenholz. Das seit der Antike geschätzte Edelholz, das dunkelbraune bis tiefschwarze Kernholz tropischer Bäume (Dattelpflaumenbaum, Gattung Diospyros), fand für Intarsien, Musikinstrumente, Griffe usw. Verwendung und gab dem Ebenisten, dem Kunstschreiner des 17. und 18. Jahrhunderts, den Namen. Gegenstände aus Ebenholz verweisen so auf einen hohen gesellschaftlichen Anspruch. Der Thron Salomos hat nach dem *Hohen Lied* eine Sitzfläche aus Ebenholz (Hld. 3,10), und auch Hades/Pluto soll dem antiken Mythos nach einen Thron aus Ebenholz haben.

Eber. Das männliche Wildschwein gilt in vielen Kulturen als Sinnbild von Stärke und Kampfesmut, aber auch von Wildheit und grausamen Herrschern. Selten kommt es auch als Christussymbol vor. Ikonographisch sind Eber und Schwein öfter auch austauschbar.

In der antiken Mythologie ist der Eber besonders den Gottheiten Demeter/Ceres und Ares/Mars zugeordnet. Herakles/Herkules muss unter seinen zwölf Taten auch den Erymanthischen Eber fangen, den er auf seinen Schultern bis Mykene trägt. Adonis, der sterbliche Geliebte von Aphrodite/Venus, wird von einem Eber getötet (Ovid, *Metamorphosen* 10,708–739). Meleagros/Meleager nimmt mit vielen anderen griechischen Helden an der Jagd auf den Kalydonischen Eber teil, den Artemis/Diana zur Strafe ins Land geschickt hatte, da der König ihr zu opfern vergaß. Meleager kann den Eber töten, stirbt aber nach einem Streit um den Siegespreis, den er Atalante geschenkt hatte (Ovid, *Metamorphosen* 8,260–546; Peter Paul Rubens, *Meleager und Atalante*, um 1635, München, AP; Nicolas Poussin, *Die kalydonische Jagd*, um 1650, Madrid, Prado).

Neuzeitlich ist der Eber vor allem als Wappentier, Helmzier und Schildschmuck beliebt. ‣Wildschwein, ‣Schwein

Ecce homo. Dieser Terminus, dessen Übersetzung »Welch ein Mensch« bedeutet, bezeichnet die Zurschaustellung von Jesus Christus mit Dornenkrone, Rohrstab, Purpurmantel und gefesselten Händen und bezieht sich auf den Ausspruch des Pilatus während der Verurteilung Jesu (Joh. 19,5).

Echse ▸Schlange

Edelsteine ▸Steine

Efeu. Diese immergrüne rankende Pflanze, die sowohl Gift- als auch Heilpflanze ist, gilt seit dem Altertum als Sinnbild der Treue, der Freundschaft, des ewigen Lebens und der Unsterblichkeit. Ein Brautpaar erhielt im alten Griechenland einen Efeuzweig als Symbol ewiger Treue. Als Unsterblichkeitssymbol ist Efeu auch bei Christus- und Mariendarstellungen zu finden. Nach Wilhelmus Durandus (13. Jh.) gilt Efeu auch als ein Zeichen des Lebens der Seele nach dem Tod, da grüne Efeuranken an toten Bäumen emporwachsen können.

Da der Efeu im antiken Griechenland dem Dionysos/Bacchus geweiht war, wurden dessen Begleiter wie Mänaden (Bakchen), Satyrn und Silene mit Efeu bekränzt und ihre Thyrsosstäbe mit Efeu umwunden. Efeukränze sollten bei Gelagen den Gästen die Stirn kühlen. Außerdem galt Efeu als Nahrungsmittel der ekstatischen Mänaden. Auch der Hirtengott Pan kann von Efeu umkränzt erscheinen, ebenso Thalia, die Muse der heiteren Dichtkunst, und die Personifikation des Herbstes bei Jahreszeitendarstellungen.

Ehrenpreis (Veronica). Von seinem botanischen Namen Veronica wurde im Mittelalter »Vera unica medicina« abgeleitet und auf Christus bezogen, da er die wahre und einzige Medizin sei (Hugo van der Goes-Werkstatt, *Maria mit Kind und einem Franziskanerheiligen*, um 1475, Brüssel, Musées royaux des Beaux-Arts de Belgique).

Ei. Als Keimzelle neuen Lebens ist das Ei ein allgemein verbreitetes Fruchtbarkeitssymbol. Es gilt aber auch als Sinnbild für Reinheit und Vollkommenheit. In Indien ist es auch Sinnbild des Weltganzen (Weltei).

Die antiken Dioskuren, die mythischen Helden Kastor und

Polydeukes/Pollux sind zumindest in einer der widersprüchlichen Überlieferungsformen aus einem Ei hervorgegangen, nachdem sich der Göttervater in Gestalt eines Schwans mit seiner Geliebten Leda vereinigt hatte (Lukian).

Da die Schale, die vom Küken durchbrochen wird, im mittelalterlichen Denken mit dem Grab verglichen wurde, aus dem Christus auferstand, konnte das Ei als Sinnbild neuen Lebens auch zum Auferstehungssymbol werden. So ging das alten Frühlingsbräuchen zugehörige Ei als Osterei auch in die christliche Symbolik ein. ‣Straußenei

Eibe. Dieser immergrüne, sehr alt werdende Baum, der schon in der Antike als Symbol der Unsterblichkeit galt, fand vor diesem Hintergrund im Abendland als Friedhofspflanze weite Verbreitung. Wegen ihrer giftigen Nadeln und Samen wird die Eibe aber auch mit dem Tod in Verbindung gebracht. Im Mittelalter wurde sie außerdem gerne als Gegenzauber gebraucht.

Eiche. Das Holz der Eiche galt sowohl in der Antike als auch im Mittelalter als unverweslich, so wurde der Baum zum Symbol der Unsterblichkeit. Im antiken Mythos werden Eichen Zeus/Jupiter und Artemis/Diana zugeordnet und geweiht. Bei den Germanen war die Eiche ein heiliger Baum. Eine gefällte Eiche ist das Attribut des hl. Bonifatius, der als Germanenmissionar die dem Gott Donar geweihte Eiche von Geismar fällte, um daraus eine Kapelle zu bauen. Im 18. Jahrhundert wurde die Eiche in Deutschland zum Symbol des Heldentums. So wurde ab Anfang des 19. Jahrhunderts in der Zeit der Befreiungskriege Eichenlaub als Siegeslorbeer und auch bei militärischen Orden verwendet.

Die Eichel gilt als männliches Sexualsymbol und ist so oft an Amuletten zu finden.

Eichelhäher. Als warnender Vogel im Tierreich gilt er auch in der Symbolik als Kündervogel, vor allem für die Erlösung, seltener für das Böse (Meister von Hohenfurth, *Christus am Ölberg, Hohenfurther Altar,* um 1350, Prag, Nationalgalerie; Jörg Ratgeb, *Kreuzigung Jesu Christi, Herrenberger Altar,* 1519, Stuttgart, Staatsgalerie).

Eichhörnchen. In der germanischen Mythologie war das Eichhörnchen Loki, dem Gott des zerstörenden Feuers, zugeordnet. Im vielleicht unbewussten Weiterleben dieser Zuordnung wurde es im Mittelalter wegen seiner Feuerfarbe und der Gewandtheit als Sinnbild des Teufels gesehen. Positiv erscheint das Eichhörnchen dagegen als Sucher nach der göttlichen Wahrheit (Giovanni Bellini, *Der lesende Hieronymus in der Wüste*, 1505, Washington, National Gallery, Kress Foundation) und als allgemeines Symbol der Tugend. Seit der Renaissance taucht es aber auch in Porträts als Schoßtier auf (Lorenzo Lotto, *Ehebildnis Niccolò Bonghi und seine Frau*, 1525, St. Petersburg, Eremitage).

Eidechse. Wegen ihrer Vorliebe für das Sonnenlicht steht die Eidechse mit der Sonnen- und Auferstehungssymbolik in Verbindung. Schon im antiken Grabkult wurden Eidechsen vor diesem Hintergund sinnbildlich eingesetzt. In der antiken Mythologie ist vor allem Apoll als Eidechsentöter bekannt, der sie so zum jenseitigen Licht bringt. Nach dem *Physiologus* werden erblindete alte Eidechsen wieder sehend, wenn sie ihren Kopf aus der Erde oder einer Mauerritze gegen Osten strecken und in die aufgehende Sonne blicken (Physiologus 1981, S. 9). Diese Vorstellung wird mit der Sehnsucht nach und Hinwendung zu Christus verbunden. Eine Eidechse versinnbildlicht so das Verlangen nach dem Eingehen in das jenseitige Licht. In diesem Sinn ist sie ein Bild der Seele, die Gott sucht. »Also soll der Mensch, der die alte Sünde an ihm hat, sich zu Christo bekennen, der die rechte Sonne ist.« (Physiologus 1981, 9; Hans Pleydenwurf, *Kalvarienberg*, um 1460/70, München, AP; Giovanni Bellini, *Der hl. Hieronymus lesend in der Wüste*, 1506, Washington, National Gallery, Kress Foundation). Vor diesem Hintergrund wird auch verständlich, dass die Eidechse speziell Johannes dem Täufer zugeordnet ist, dem Wegbereiter Jesu Christi. Da die Eidechse Winterschlaf hält und sich häutet, konnte sie in die Auferstehungssymbolik Eingang finden.

Im Humanismus wird dagegen die Eidechse zu einem allgemeinen Symbol der Liebe. Beliebt waren Eidechsen als Lichtsucher auch als Dekoration für Leuchter, auf Weihrauchgefäßen, an Treppengeländern und als Wandschmuck (*Bernward-Leuchter*, um 1000, Hildesheim, Domschatz). In der Profan-Ikonographie findet sie sich unter den Attributen der Personifikation der Logik und vereinzelt auch als Hinweis auf Erneuerung bei der Jahreszeit des Frühlings. Die Eidechse steht aber auch für Gefühlsempfindungen und nach dem italienischen Humanisten Andrea Alciati für *invidia* ›Neid‹. Vereinzelt kann die Eidechse zudem, weil sie ein Kriechtier ist und für giftig gehalten wurde, negativ dem Bösen und der Sündhaftigkeit zugeordnet sein (Vittore Carpaccio, *Drachenkampf des hl. Georg*, 1502–07, Venedig, Scuola di S. Giorgio degli Schiavoni).

Eimer. Als Eimer für das Löschwasser ist er das wichtigste Attribut des hl. Florian, zur Krankenpflege benützte ihn die hl. Radegundis. Auch Stephaton unter dem Kreuz Christi wird mit Eimer und Stange mit Essigschwamm dargestellt.

Eingeweide. Die Eingeweideschau von Tieren bei den Etruskern und Römern diente der Zukunftsvorhersage und Entscheidungsfindung.

Eingeweide in der Hand kennzeichnen dagegen den hl. Mamertus, der für Krankheiten der inneren Organe zuständig ist. Eingeweide auf einer Winde (Haspel) sind das Attribut des hl. Erasmus. Ursprünglich stand dabei wohl eine Schiffswinde hinter diesem Attribut, denn Erasmus ist Patron der Seeleute. Der hl. Thiemo von Salzburg soll dagegen auf einem Kreuzzug das Martyrium durch Herauswinden der Gedärme erlitten haben. Aus dem Leib quellende Eingeweide kennzeichnen den erhängten Judas (Giotto, *Der erhängte Judas*, um 1305, Padua, Arenakapelle), sind aber auch Attribut des hl. Ernst von Zwiefalten.

Einhorn. Hierbei handelt es sich um ein seit Ktesias (4. Jh. v. Chr.) literarisch nachweisbares Fabeltier. Allgemein wird es als weißes, etwas eselähnliches Pferd mit einem heilkräftigen Horn vorgestellt. Bei Plinius wurde es dagegen als Tier mit dem Leib eines Pferdes, dem Kopf eines Hirsches, dem Fuß eines Elefanten und Rüssel eines Wildschweins beschrieben.Unter seinem Stirnhorn wachse ein Karfunkelstein, der alle Wunden heile, die mit ihm bestrichen werden.

Populär wurde das Einhorn vor allem durch den *Physiologus* (1981, S. 42–45). Ein Einhorn sei nur im Schoß einer Jungfrau zu fangen und wegen seiner Stärke nur durch eine List zu überwinden. Als Sinnbild der Reinheit wird das Einhorn im Mittelalter zum Mariensymbol. Die Darstellung einer Einhornjagd durch den Erzengel Gabriel ist als Hinweis auf die Verkündigung an Maria und die Jungfrauengeburt zu verstehen (Nicolas Froment, *Der brennende Dornbusch*, Flügel, 1475/76, Aix-en-Provence, Kathedrale St-Sauveur). Vereinzelt kommt das Einhorn auch als Christussymbol vor oder verweist durch seine Anwesenheit auf das Paradies. Außerdem ist es eines der Attribute der Tugend *castitas* ›Keuschheit‹.

Heilige, denen ein Einhorn als Kennzeichen beigefügt sein kann, sind Agatha von Catania, weil die Kerze in ihrer Hand mit einem Horn verwechselt wurde, Barlaam, Cyprian und Justina von Padua.

Das Einhorn war auch Symbol der königlichen Rechtsprechung und beliebtes Wappentier, vor allem als Schildhalter (z. B. England). Da dem sagenhaften Horn Kräfte zur Potenzsteigerung, zum Vernichten von Gift und zum Heilen von Wunden nachgesagt wurden, so wie auch das Herz des Einhorns als Heilmittel galt, war es ein teuer bezahltes Arzneimittel (Nashorn, Narwalzahn) und beliebtes Symbol für Apotheken.

Einsiedler. Als Einsiedler allein in der Natur lebten zumindest zeitweilig die hll. Antonius der Eremit, Arbogast, Archus, Benedikt von Anniane, Deodatus, Fiacrius, Florentinus von Straßburg, Gallus, Hermann, Hieronymus, Himerius, Johannes Chrysostomus, Ivo, Meinrad, Nikolaus von Flüe, Onuphrius, Prokopius, Sebaldus, Sola und Trudbert. Als Einsiedlerinnen erscheinen die hll. Edigna, Lüfthildis, Maria Ägyptiaca, Rosalia von Palermo und Wiborada.

Eisenhut. Dem antiken Mythos zufolge entstand der giftige Eisenhut aus dem Schaum des Höllenhundes Cerberus.

Eisläufer, Eisstockschießer. Diese winterlichen Vergnügungen sind typisch für Bilder des Winters in Jahreszeiten- und Monatsfolgen vor allem in der niederländischen Malerei des 16. bis 18. Jahrhunderts (Hendrik Avercamp, *Winterlandschaft mit Eisläufern*, 1605, Köln, WRM; Nicolas Lancret, *Das Befestigen des Schlittschuhs*, 1741, Stockholm, Nationalmuseum).

Eisvogel. Dieser Vogel wurde zu einem Symbol der Auferstehung, weil man im Mittelalter meinte, dass er jedes Jahr zur Gänze sein Federkleid erneuere (*Frankfurter Paradiesgärtlein*, um 1400, Frankfurt a.M., Städel). Da der Vogel paarweise lebt, galt er aber auch als Sinnbild ehelicher Liebe (Palma il Vecchio, *Jacob und Rahel*, um 1520/25, Dresden, Gemäldegalerie AM). Der Eisvogel kann aber auch für Frieden und Muße zur Kunst stehen. Negativ gedeutet erscheint er bisweilen als Symbol von Wollust in niederländischen Bordellszenen des Barock.

Elefant. Als königliches Reittier im asiatischen Raum wurde der Elefant auch im Abendland zum Symbol von Herrschaft und Macht (Andrea Mantegna, *Der Triumph Caesars*, 1486–94, London, Hampton Court, Königliche Sammlungen). Der Elefant gilt aber auch als Sinnbild von Kraft, Festigkeit, Klugheit und auch Frieden. Als Kampftier Alexanders des Großen wurde der Elefant später ähnlich wie auch Alexander selbst zum Sinnbild von Hochmut. In der antiken Mythologie gehört der Elefant zu den Attributen von Hermes/Merkur, er kann aber auch Zugtier für Athena/Minerva und Dionysos/Bacchus sein.

Den Europäern waren lebende Elefanten freilich kaum bekannt. Doch wurde ihr Aussehen zum Beispiel durch ein Schachspiel mit Schachfiguren in Elefantengestalt, das Kalif Harun al Raschid 797 Kaiser Karl dem Großen schenkte, und vor allem über orientalische Stoffe mit Elefantendarstellungen vermittelt.

Da Elefanten als weise galten, sind sie als Führer in eine gute Richtung oft im Paradies mit dargestellt. Weiterhin glaubte man, dass Elefanten nur nach dem Genuss der Mandragora-Wurzel Zeugungskraft erlangen könnten und dass sich nach Aristoteles der Elefantenbulle während der zweijährigen Tragzeit des Weibchens nicht paare. So wurde der Elefant zum Attribut der Kardinaltugend *temperantia* ›Mäßigung, Besonnenheit‹ (Ripa 1970, S. 480, 481; Luca Giordano, *Allegorie der Mäßigkeit*, um 1685, London, National Gallery) oder auch zu ihrem Reittier. Der Tugend *castitas* ›Keuschheit‹ und der Personifikation der *religio* ›Gottesfurcht‹ kann ebenfalls ein Elefant zugeordnet sein (Ripa 1970, S. 430, 431). Elefanten sind auch ein Symbol für die Taufe, da nach den Vorstellungen der Spätantike und des Mittelalters das Elefantenweibchen im Wasser eines Sumpfes gebiert.

In der marianischen Symbolik kommt der Elefant ebenfalls als Sinnbild der Keuschheit vor. Möglicherweise ist auch der Bildvergleich von Maria als Elfenbeinernem Turm neben der eigentlichen Quelle des *Hohen Liedes* (7,5) von Elefanten mit ihren oft turmartigen Aufbauten in Kriegszügen abzuleiten. Wegen seiner Langlebigkeit kann ein Elefant auch Sinnbild der Überwindung des Todes sein.

Ganz anders sieht dagegen der *Physiologus* den Elefanten. Bei ihm ist er im Gegensatz zu den sonst verbreiteten positiven symbolischen Beziehungen ein Sinnbild der Dummheit, da sich ein Elefant, der sich an einen Baum lehne, nicht mehr selbst aufrichten könne und mit dem Baum stürze, wenn dieser abgesägt wird (Physiologus 1981, S. 80–84).

Bei Darstellungen der Vier Elemente ist der Elefant der Erde zugeordnet, bei den Vier Erdteilen kennzeichnet er meist Afrika, kommt aber auch bei Asien und vereinzelt sogar bei Amerika vor (Giambattista Tiepolo, *Asien*, Fresko, 1752/53, Würzburg, Residenz, Treppenhaus). Seit der Zeit der Kreuzzüge ist der Elefant auch als Wappentier gebräuchlich.

Elemente. Die Darstellung der vier Elemente, die im Mittelalter vor allem durch Feuerzungen, Windgötter oder Äolus, eine säugende Frau und den Meeresgott Okeanos charakterisiert wurden, wandelt sich in der Renaissance zu einer strengeren Zuordnung. So können folgende Götterdarstellungen einen Hinweis auf die seit der Antike tradierte Elementenlehre bedeuten: Kybele – Erde, Neptun – Wasser, Juno – Luft und Vulkan – Feuer (GIOVANNI BATTISTA CASTIGLIONE, GEN. IL GRECHETTO, *Die vier Elemente*, um 1645, Genua, Collezione Palazzo Doria).

Elfenbein. Wegen seiner Farbe, Glätte und Besonderheit ist das Elfenbein, das von alters her ein überaus kostbares Schnitzmaterial war, zum Sinnbild der Reinheit und Beständigkeit geworden. Der Thron von König Salomo war vor allem aus Elfenbein gefertigt (1. Kön. 10,18–20) und der vom Turm Davids abgeleitete elfenbeinerne Turm ist über das *Hohe Lied* (7,5) als Bild eines reinen Gefäßes in die Mariensymbolik eingegangen. Negativ ist dieser Turm dagegen Sinnbild einer weltfremden hochmütigen Absonderung.

Elster. Dieser Vogel ist ein Kündervogel (PIERO DELLA FRANCESCA, *Geburt Jesu Christi*, um 1470, London, National Gallery). Die Elster gilt aber auch als Sinnbild von Geschwätzigkeit und Dieberei (FRANCISCO DE GOYA, *Bildnis des Manuel Osorio Manrique de Zuniga*, 1788, New York, Metropolitan Museum), des Bösen (JÖRG RATGEB, *Kreuzigung Christi*, 1519, Stuttgart, Staatsgalerie) und eines frühen Todes, Letzteres vor allem im Mittelalter. Als Attribut kann die Elster der Personifikation der Arithmetik beigegeben sein. In der Antike war die Elster Orpheus zugeordnet.

Engel, Wesen, die über dem Menschen und nahe bei Gott stehen. Ihrer Natur nach sind sie Geister oder Mächte, ihrer Funktion nach huldigender Hofstaat (z. B. 1. Kön. 22,19 und Hiob 1,6–12) und Boten Gottes, wie sie zum Beispiel in den nachfolgenden alttestamentlichen Szenen vorkommen: Vertreibung aus dem Paradies (1. Mose 3,24; FRANZ VON STUCK, *Der Paradieswächter*, 1889, München, Villa Stuck), Abraham und der Besuch der drei Männer (1. Mose 18,1–15; UNBEKANNTER MEISTER, *Abraham bewirtet die drei Engel*, Mosaik,

6. Jh., Ravenna, S. Vitale), Hagar in der Wüste (1. Mose 21,14–19; ANDREA SACCHI, *Hagar und Ismael*, um 1630, Cardiff, National Museum and Galleries of Wales), Isaaks Opferung (1. Mose 22,1–19; REMBRANDT und Werkstatt, *Das Opfer Abrahams*, 1636, München, AP), Jakobs Traum (1. Mose 28,10–19; FRANZÖSISCHER MEISTER, *Die Jakobsleiter*, um 1490, Avignon, Musée du Petit Palais), Jakobs Kampf mit dem Engel (1. Mose 32,23–33; EUGÈNE DELACROIX, *Jakob ringt mit dem Engel*, 1856–61, Paris, St. Sulpice; PAUL GAUGUIN, *Jakobs Kampf mit dem Engel*, 1888, Edinburgh, National Gallery of Scotland), Bileam und seine Eselin (4. Mose 22,22–35; REMBRANDT, *Bileam*, 1626, Paris, Musée Cognacq-Jay), Elia (1. Kön. 19,2–8; DIERIC BOUTS, *Elia wird von einem Engel besucht, Abendmahlsaltar*, 1464–68, Löwen, St. Pieter), die Vertreibung des Heliodor (2. Makk. 3,1–40; RAFFAEL, *Die Vertreibung des Heliodor*, 1511–14, Vatikan, Stanza di Eliodoro), die drei Jünglinge im Feuerofen (Dan. 3,8–30; SIMEON SOLOMON, *Sadrach, Mesach und Abed-Nego im Feuerofen*, 1863, England, Privatsammlung), die Daniel-Vision (Dan. 7–8) sowie Daniel und der Prophet Habakuk (Dan. 14,31–39; GIANLORENZO BERNINI, *Daniel in der Löwengrube und der Prophet Habakuk*, 1655–61, Rom, S. Maria del Popolo, Cappella Chigi).

Die bekanntesten Engeldarstellungen im Neuen Testament sind: Verkündigung an Maria und an Joseph (Lk. 1,26–38; Mt. 1,18–25; *Verkündigung an Maria, Perikopenbuch Kaiser Heinrichs II.*, um 1007, München, Staatsbibliothek; BERNARDO LUINI, *Josephs Traum*, um 1518/20, Mailand, Brera; ANTON RAPHAEL MENGS, *Traum des hl. Joseph*, um 1751, Dresden, Hofkirche, südlicher Choraltar), an die Hirten (Lk. 2,8–14; TADDEO GADDI, *Verkündigung an die Hirten*, um 1330, Florenz, S. Croce, Cappella Baroncelli), der Traum der Könige (Mt. 2,12; UNBEKANNTER MEISTER, Kapitell, 1120–30, Autun, Kathedralmuseum) und der Traum Josephs vor der Flucht nach Ägypten (Mt. 2,13–15; UNBEKANNTER MEISTER, Fresko, um 1080, Lambach [Oberösterreich], Stiftskirche Mariä Himmelfahrt), Christus am Ölberg (Lk. 22,43; EL GRECO, um

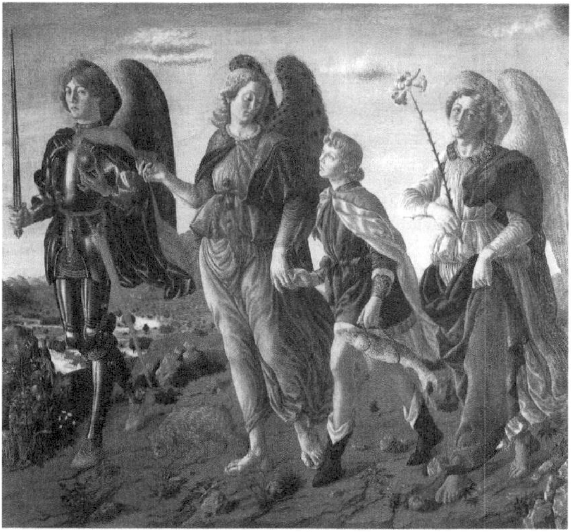

Francesco Botticini: Die drei Erzengel. Florenz, Galleria degli Uffizi, um 1470. – Vor einer weiten Landschaft erscheinen die drei aus der Bibel namentlich bekannten Erzengel Michael, Raphael und Gabriel. Links schreitet der Erzengel Michael in prächtiger Rüstung. Der auch als Seelenwäger in Gerichtsdarstellungen und Bezwinger des Satans auftretende Engelsfürst wird hier als Anführer der himmlischen Heerscharen mit einer Kugel als Herrschaftszeichen und gezücktem Schwert gezeigt. Der aus dem Buch Tobit bekannte und zum Urbild des Schutzengels gewordene Raphael ist in Begleitung von Tobias und dessen kleinem Hund wiedergegeben. In der Hand hält er das Gefäß mit einer Heilsalbe aus Leber und Galle des Fisches, den Tobias auf Geheiß des **Engels** gefangen hatte. Das entspricht auch seinem Namen, der »Gott heilt« bedeutet. Als Wanderer ist er mit Sandalen bekleidet. Rechts folgt Gabriel, der Bote Gottes und Engel der Verkündigung. Gabriel ist barfuß und trägt einen Lilienstängel in seiner Hand.

1590/98, London, National Gallery), Auferstehung (Mt. 28,1–8; Mk. 16,5–7; Rembrandt, 1636, München, AP) und Himmelfahrt (Lk. 24,4–8; Joh. 20,11–13), Befreiung Petri aus dem Kerker (Apg. 12,6–11; Raffael, 1511–14, Vatikan, Stanza di Eliodoro).

Vom griechischen Wort *angelos* ›Bote‹ leitet sich auch das deutsche Wort »Engel« ab. Nach ihrem Aussehen werden sie in der Bibel als Männer und meist ohne Flügel beschrieben, nach ihrer Beziehung zu Gott auch als Heer Jahwes, Heerscharen Gottes usw. Aus den Hinweisen auf den göttlichen Hofstaat im Alten und Neuen Testament bildete sich zur Zeit der Kirchenväter unter Einflüssen des spätantiken Hofzeremoniells eine regelrechte Engellehre mit einer genau festgelegten Hierarchie der Engel heraus (Apostel Paulus, Eph. 1,21; Augustinus; Pseudo-Dionysius Areopagita; Papst Gregor der Große). So werden neun Chöre der Engel in drei Stufen unterschieden. Die Kirchenväter schreiben den Engeln auch Assistenz in der Feier der Eucharistie zu. Nach der Anerkennung Mariens als Gottesmutter gehören auch Engel zu ihrem himmlischen Hofstaat. Außerdem gilt Maria auch als Königin der Engel.

Die *Legenda Aurea* des Jacobus de Voragine, um 1270, vermittelt diese Engellehre breiteren Bevölkerungsschichten und war oft Quelle für die Maler. Die drei triadischen Rangstufen der Engel nach Pseudo-Dionysius sind:

1. a) Seraphim (anthropomorphe Mischwesen mit mehreren Flügelpaaren, nach der Vision des Jesaja [Jes. 6,1–5], nach 4. Mose 21,6 mit Schlangenleib)
   b) Cherubim (anthropomorphe Mischwesen um den Thron des Höchsten, auch Thronwagen Gottes, nach der Vision des Ezechiel [Hes. 1,4 ff.]), wurden später mit den Evangelistensymbolen gleichgesetzt)
   c) Ophanim/Throne (oft mit geflügelten Feuerrädern dargestellt – stehen in unmittelbarer Nähe zu Gott)
2. a) Herrschaften (gekrönt vorgestellt)
   b) Kräfte (als Nothelfer gedacht)

c) Mächte/Gewalten (als Krieger gedacht, himmlisches Heer).
Diese Gruppe ist der Erkenntnis Gottes gewidmet.

3. a) Fürsten/Fürstentümer (als Herrscher vorgestellt)
b) Erzengel (ihnen werden Namen zugeschrieben: Michael – Heerführer, Liturg, Seelengeleiter, Seelenwäger, Überwinder des Teufels; Gabriel – Bote, Verkündigungsengel; Raphael – Schutzengel, Heiler; Uriel – nach apokrypher Tradition der Engel am Grab Christi; IGNAZ GÜNTHER, *Raphael und Tobias*, 1763, München, Bürgersaal; FRANCESCO BOTTICINI, *Die drei Erzengel*, um 1470, Florenz, Uffizien)
c) Engel (Erzengel und Engel treten auch als Boten, als Deuter, als Vollstrecker und Protagonisten der Heilsgeschichte mit Menschen in Verbindung).

Darstellungen von Engelhierarchien finden sich zum Beispiel im Kuppelmosaik, 13. Jh., Venedig, San Marco, Baptisterium; *Jüngstes Gericht*, Fresko, 1072–87, S. Angelo in Formis; FRANZ ANTON ZEILLER / JOHANN JAKOB ZEILLER, Fresko, ab 1763, Benediktinerstift Ottobeuren, Klosterkirche, Chorgewölbe.

Wohl erst im nachexilischen Judentum und unter persischem Einfluss entstand die Vorstellung von gefallenen Engeln und vom Endkampf zwischen Engeln des Lichts und Engeln der Finsternis (vor allem außerbiblisches Buch Henoch, 3. Jh. v. Chr.; Offb. 12,7; BRÜDER LIMBURG, *Engelsturz, Stundenbuch Très Riches Heures des Duc du Berry*, um 1414, Chantilly, Musée Condé; GIAMBATTISTA TIEPOLO, *Engelsturz*, 1726/28, Udine, Erzbischöflicher Palast), die auch im Neuen Testament das Engelbild prägen. Allerdings gibt es auch schon in der Genesis einen Hinweis auf Engel, die sich mit irdischen Frauen verbanden, die Riesen zeugten und dafür als Strafe in den Tiefen der Erde gebunden wurden (1. Mose 6,1–4; Dan. 3,4; äthiopisches Henochbuch 6f.).

Im außerbiblischen Schrifttum der Juden des 1. Jh. v. Chr. entstand auch die Vorstellung, dass jeder Mensch einen

Schutzengel habe. Außerdem wurde erst in dieser Zeit der alte Begriff Satan, der ursprünglich nur Hinderer und nicht Teufel bedeutete, mit dem Tod verknüpft, der die Seelen ins Jenseits begleitet. Dies führte zur negativen, bis heute üblichen Aufladung dieses Begriffes (PIETRO DA CORTONA, *Schutzengel*, um 1650, Rom, Galleria Nazionale, Palazzo Barberini; IGNAZ GÜNTHER, *Raphael und Tobias*, 1763, München, Bürgersaal; EL GRECO, *Begräbnis des Grafen Orgaz*, 1586, Toledo, S. Tomé).

Auch im Jüngsten Gericht ist Engeln eine wichtige Rolle zugewiesen (UNBEKANNTER MEISTER, *Engelpfeiler*, um 1235, Straßburg, Münster; PIETRO DA CORTONA, *Die Engel bezeichnen jene, die vom Gericht verschont werden*, Entwurf für St. Peter, 1668, Rom, Privatsammlung).

Im frühen Christentum tauchen Engel meist als Männer ohne Flügel auf, ab dem Ende des 4. Jahrhunderts sind erstmals Engel mit Flügeln und Nimbus nachweisbar. Formales Vorbild waren die antiken Viktorien (*Nike von Samothrake*, 2. Jh. v.Chr., Paris, Louvre). Die christlichen Engel sind jedoch männlich und mit meist weißer Tunika und Pallium bekleidet (*Verkündigung an Maria*, Mosaik, Triumphbogen, 1. Hälfte 5. Jh., Rom, S. Maria Maggiore). Später werden vor allem Erzengel mit Herrschaftszeichen ausgestattet, im byzantinischen Bereich treten sie oft in Hofkleidung, auch purpurfarben, auf. In der vorromanischen Zeit gibt es aber auch immer noch oder wieder Engel ohne Flügel. Ab dem 12. Jahrhundert werden Engel in modischen, höfischen Kleidern, in liturgischen Gewändern oder wie Michael in Ritterrüstung dargestellt. Ab der Spätgotik gibt es die ersten Kinderengel, wohl weil die Vorstellung aufkam, verstorbene Kinder würden zu Engeln, und die ersten weiblichen Engel. Auch geflügelte Engelsköpfe kommen vereinzelt vor (STEPHAN LOCHNER, *Maria im Rosenhag*, um 1450, Köln, WRM). Ab dem 13. Jahrhundert sind als Verbildlichung der Vorstellung von der Sphärenmusik musizierende Engel – vor allem mit Harfen (▸Lyra), Lauten und Posaunen – und Engelschöre nachweisbar. In dieser Zeit zeigen auch die ersten Engel Gefühle und innerliche Teilnahme am Geschehen (Giotto, *Beweinung Christi*, 1305, Padua, Arenakapelle). Auch profane Engel als Wappenhalter treten ab dem 14. Jahrhundert auf. Ab der Frührenaissance findet der Siegeszug des Mädchenengels, vor allem bei Fra Angelico, und der musizierenden Engel statt (Melozzo da Forli, *Musizierende Engel*, Reste der Ausfreskierung von SS. Apostoli in Rom, 1472, Vatikan, Pinacoteca Vaticana; Hans Memling, *Christus mit den singenden und musizierenden Engeln*, um 1490, Antwerpen, Koninklijk Museum voor Schone Kunsten). Der Kinderengel wird in Anlehnung an den antiken Amor/Eros zum Putto, also zum männlichen Kleinkind mit kleinen geöffneten Flügeln, oft auch nur als Kopf mit Flügeln. Dieses vermenschlichte und verniedlichte Engelsbild bleibt vorherrschend bis zum Ende des Rokoko. Nach dem weitgehenden Verschwinden der Engel in der Zeit der Aufklärung und des Klassizismus kehren die Engel dann als bildhafter Widerstand gegen Rationalität und Nützlichkeitsorientierung in der Romantik wieder, um im weiteren Verlauf des 19. Jahrhunderts einer Sentimentalisierung vor allem als Friedens-, Schutz- und Todesengel anheimzufallen. Vollends trivialisiert wird der Engel im 20. Jahrhundert – von beeindruckenden Ausnahmen abgesehen wie zum Beispiel bei Paul Klee oder Arnulf Rainer – vor allem als verkitschtes Objekt der Werbung und der Esoterik.

Je nach Funktion sind die gängigen Attribute der Engel Botenstab, Stirnband, Lilienstängel (bei der Verkündigung an Maria), Wanderstab (Raphael als Begleiter von Tobias), Palmzweige als Siegeszeichen für Märtyrer, Musikinstrumente und Rauchgefäße zum Lobe Gottes, flammende Schwerter im Kampf gegen das Böse (Paradieswächter, Michael), Leidenswerkzeuge als Hinweis auf die Passion und Posaunen zum Beginn des Endgerichts.

Neben Maria in der Verkündigungsszene (Lk. 1,26–38) haben einen Engel als Attribut u.a. die hll. Adelgundis, Ambrosius, Augustinus von Hippo, Bonaventura, Bruno, der von

Engeln in den Himmel erhoben wurde, Elisabeth von Reute, Francesca Romana (als Schutzengel), Franz von Assisi mit einem Engel, der Violine spielt (Carlo Saraceni, *Der hl. Franziskus wird getröstet durch einen Engel*, um 1615, München, AP), Franz von Paula mit einem Engel mit der Inschrift »Charitas«, Genovefa von Paris, der ein Engel die Kerze in ihrer Hand wieder entzündet, die von einem Dämon ausgeblasen worden war, Gregor der Große mit einem Engel, der sein Schwert in die Scheide zurücksteckt, denn Gregor erschien der hl. Michael über der Engelsburg und kündigte so das Ende der Pest an, Gudula von Brüssel, Hieronymus mit einem Engel mit der Posaune des Endgerichts oder als züchtigender Engel für den Büßenden, Hyazinth mit einem Engel mit Lilienzweig zu seinen Füßen, Isidor von Madrid, bei dem zwei Engel seine Zugstiere betreuen, während er betet, Johannes Nepomuk mit einem Engel mit Schweigegestus in Bezug zum Beichtgeheimnis, Katharina von Alexandria, Maria Magdalena, Onuphrius mit einem Engel mit Hostie, Petrus Damiani, bei dem ein Engel eine Fackel in den Rachen eines Drachens stößt, Rochus von Montpellier mit einem Engel mit Salbgefäß und Salblöffel, der ihn von der Pest heilte, Stanislaus, Theresa von Avila, bei der ein Engel mit einem Pfeil auf ihr Herz zielt, da sie von göttlicher Liebe durchdrungen ist (Darstellung z. B. Gianlorenzo Bernini, *Die Verzückung der hl. Theresa*, 1645–52, Rom, S. Maria della Vittoria) und Thomas von Aquin.

Ein Engel ist auch das Evangelistensymbol von Matthäus (Caravaggio, *Die Inspiration des Evangelisten Matthäus*, 1602, Rom, S. Luigi dei Francesi, Cappella Contarelli), manchmal hält er dabei ein Tintenfass in Händen.

Engelwurz (Angelica). Dieses Heilkraut galt im Mittelalter als Heilmittel gegen die Pest. Der Legende nach soll die Pflanze durch einen Engel einem Mönch übergeben worden sein. Da der Stängel zwischen zwei einander umschließenden Häuten hervorwächst, setzte man die Pflanze im Mittelalter auch in Bezug zur Hl. Dreifaltigkeit und zum Hl. Geist.

Ente. Im fernen Osten gilt das Bild eines Entenpaares als Symbol der ehelichen Vereinigung und Treue. Im alten Ägypten war die Ente ein beliebtes Opfertier. In der abendländischen Kunst spielt sie dagegen als Symboltier eine geringere Rolle. Positiv gedeutet erscheint die Ente als Sinnbild der Seele, der Gottesliebe und der Liebe zu Christus, negativ gilt sie als Sinnbild der Wollust, wie sie überhaupt als erotisches Symbol seit der Antike bekannt ist. In holländischen Markt- und Genreszenen der Barockzeit taucht die Ente auch als Sinnbild der Torheit auf (JAN STEHEN, *Verkehrte Welt*, 1663, Wien, KHM).

Erbsen-/Bohnenblüte. Da Erbsen- und Bohnenmehl in alttestamentarischen Zeiten beim Brotbacken beigemengt wurde, gingen diese Pflanzen auch in die Eucharistiesymbolik ein (Ez. 4,9). Bei Filippo Piccinelli dient die Erbsenblüte als Zeichen für Demut, Bescheidenheit und Tugend.

Erdbeere. Nach antiker Vorstellung gehörten die Erdbeeren zu den Früchten des Goldenen Zeitalters (Ovid, *Metamorphosen* 1,105) und waren der Liebesgöttin Aphrodite/Venus zugeordnet. Im Christentum wurde die Erdbeere zur Paradies- und Himmelspflanze (UNBEKANNTER MEISTER, *Frankfurter Paradiesgärtlein*, um 1410, Frankfurt a. M., Städel). Ihr dreifaches Blatt ließ die Erdbeerpflanze darüber hinaus zum Sinnbild der Dreifaltigkeit werden. Als niedrig am Boden wachsende Pflanze mit wohlschmeckenden Früchten galt sie aber auch als Symbol für Bescheidenheit und Demut, wegen ihrer weißen Blüten als Sinnbild von Keuschheit und Reinheit (HANS MEMLING, *Moreel-Triptychon mit den hll. Maurus, Christophorus und Ägidius*, 1484, Brügge, Groeningemuseum; RAFFAEL, *Madonna im Grünen*, 1506, Wien, KHM). Auf Grund der Form und der roten Farbe der Früchte konnte sie aber auch Symbol des Blutes Christi oder der Märtyrer werden. Ebenso wurde die Fünfblättrigkeit der Blüte zum Symbol für die fünf Wunden Christi. Doch die köstlichen Früchte konnten auch als Verlockung zur Lust der Welt und Objekt triebhafter Begierden gesehen werden (HIERONYMUS BOSCH, *Der Garten der Lüste*, 1480–90, Madrid, Prado).

Als Heiligenattribut ist die Erdbeere Robert von Molesme und Dorothea von Cäsarea (als Hinweis auf das Paradies) zugeordnet.

Erdkugel. Als Symbol der Schöpfung und der Erde ist die Erdkugel meist grün dargestellt im Gegensatz zu blauen Himmels- und Sternenkugeln. Als Fußschemel Jesu Christi kommt die Erdkugel bei Maiestas-Domini- und Endgerichtsdarstellungen vor. Als Reichsapfel ist sie Sinnbild weltlicher Macht und Herrschaft. Als Attribut der Macht ist sie auch der Personifikation der *iustitia* ›Gerechtigkeit‹ beigegeben.

Erdteile. Die bereits aus der Antike stammende Vorstellung von den vier Erdteilen wurde vor allem im Barock ein beliebtes Bildthema, das zum Standardprogramm für Schlösser in Treppenhäusern, Sälen und Gärten gehörte, aber auch in der kirchlichen Ausstattung keine unbedeutende Rolle spielte: Europa, Afrika, Asien und Amerika. Australien wurde erst ab 1788 von Europäern besiedelt und spielt daher in der Erdteilikonographie keine Rolle. Es gibt für die einzelnen Erdteile charakteristische Attribute, eine Reihe von ihnen sind aber auch auswechselbar (Peter Paul Rubens, *Die vier Weltteile*, um 1612/14, Wien, KHM; Andrea Pozzo, *Die Aufnahme des hl. Ignatius in den Himmel*, Fresko, 1680–94, Rom, S. Ignazio, Mittelschiffgewölbe; Johann Byss, *Die vier Erdteile*, Fresko, 1717, Schloss Pommersfelden, Treppenhaus; Johann Baptist Zimmermann, *Triumph Mariens und die vier Erdteile*, 1731, Steinhausen, St. Peter und Paul, Deckenfresko; Cosmas Damian Asam, *Maria als Gnadenspenderin und die vier Erdteile*, 1734, Ingolstadt, St. Maria Victoria, Deckenfresko; Giambattista Tiepolo, *Die olympischen Götter und die vier Erdteile*, Fresko, 1750, Würzburg, Residenz, Treppenhaus).

- Europa: u.a. Adler, Bär, Bücher, Helm, Hirsch, Hund, Kanone, Krone, Malerwerkzeug, Musikinstrumente, Pferd, Stier, Reichsapfel, Tempel, Tiara, Weltkugel; reich gekleidet
- Asien: u.a. Bogen, Einhorn, Elefant, Kamel, Köcher, Kreuz (Golgota), Krummschwert, Löwe, Marschallstab, Mauer-

krone, Obelisk, Rauchgefäß, Strauß, Tiger, Turban; reich gekleidet
- Afrika: u.a. Affe, Drache, Elefant, Hängematte, Himmelsglobus, Kamel, Korallen, Köcher, Krokodil, Lanze, Löwe, Nashorn, Papagei, Pelikan, Pyramide, Rauchgefäß, Schlange, Skorpion, Sonnenschutz, Strauß; spärliche Kleidung, dunkle Hautfarbe
- Amerika: u.a. Affe, Ananas, Bär, Drache, Gürteltier, Hängematte, Indianerkopfputz, Hirsch, Köcher, Korallen, Korb, Krokodil, Lanze, Nashorn, Papagei, Pfeil und Bogen, Rauchgefäß, Schlange, Tabakspfeife; spärlich gekleidet

Ernte. Erntedarstellungen (Getreide, Heu) können als Sinnbild des Jüngsten Gerichts fungieren, meist sind sie jedoch Kennzeichen der Jahreszeit Sommer oder der entsprechenden Monate (Pieter Bruegel d. Ä., *Heuernte*, 1565, Privatbesitz; ders., *Kornernte*, 1565, New York, Metropolitan Museum).

Eros/Amor/Cupido. Eros/Amor ist der Sohn von Ares/Mars und Aphrodite/Venus. Er ist der Liebesgott der Antike und wurde vor allem ab dem Hellenismus nicht mehr als kosmische Urgewalt, sondern verniedlicht als nackter Knabe mit oder ohne Flügel (oft Schmetterlingsflügel), mit Pfeil und Bogen oder Fackel dargestellt. Ab der Renaissance erlebt er eine umfassende Wiederbelebung, die manchmal Engel und Amoretten kaum mehr unterscheidbar macht.

Im Gegensatzpaar von Amor Dei und Amor carnalis – der Letztere ist oft mit Augenbinde und selten auch mit Klauen statt Füßen dargestellt – und himmlischer und irdischer Liebe (Amor caelestis und Amor profano; Giotto, *Gelübde der Keuschheit*, 1320/25, Assisi, S. Francesco, Unterkirche; Caravaggio, *Omnia vincit Amor*, 1602/03, Berlin, Staatliche Gemäldesammlungen) ist er genauso ein beliebter Bildvorwurf wie als Begleitfigur und wichtigstes Attribut der Liebesgöttin Aphrodite/Venus (Peter Paul Rubens, *Das Urteil des Paris*, um 1632/35, London, National Gallery) oder als alle möglichen Bereiche erfassender Putto. Mit seinen Pfeilen ruft Amor

Liebe oder Ablehnung hervor (RAFFAEL, *Triumph der Galatea*, Fresko, 1514, Rom, Villa Farnesina; NICOLAS POUSSIN, *Apoll und Daphne*, 1665, Paris, Louvre), er spielt mit den Waffen des Kriegsgottes (PIERO DI COSIMO, *Venus und Mars*, um 1498, Berlin, Staatliche Gemäldesammlungen), tanzt um den Liebesbrunnen, schnitzt aus der Keule des Herkules einen Bogen (PARMIGGIANINO, *Amor schnitzt den Bogen*, um 1532–34, Wien, KHM; PETER PAUL RUBENS, *Amor schnitzt den Bogen*, 1614, München, AP), erscheint als Honigdieb und wird von Venus gezüchtigt oder gefesselt. Als Erwachsener vermählt er sich mit Psyche (nach L. Apuleius, *Metamorphosen*; ANTONIO CANOVA, *Amor und Psyche*, 1793, Paris, Louvre). Oft genug ist Eros aber auch Dekorationsfigur ohne weitergehenden symbolischen Gehalt. Mit gesenkter, verlöschender Lebensfackel wird er dagegen zum Todesgenius und findet sich so vor allem in der Grabarchitektur des Klassizismus.

Esel. Vor der Einführung des Pferdes im Mittelmeerraum im 6. Jahrhundert v. Chr. war der Esel das wichtigste Reittier, er galt als edel, geschickt, klug und geduldig. Danach wurde er vor allem zum Lasttier und dementsprechend auch symbolisch abgewertet. In der antiken Mythologie tauchen Esel als Gefolgstiere von Dionysos/Bacchus und Demeter/Ceres auf. Er ist das Reittier des Silen. Eselsohren wachsen dagegen König Midas zur Strafe (Ovid, *Metamorphosen* 11,149–193).

Im Alten Testament kommt der Wildesel als Sinnbild für einen unvernünftigen, widerstrebenden Menschen vor, aber auch als widerspenstiges und sprechendes Reittier von Bileam, das den Willen Gottes schneller begreift als Bileam selbst (4. Mose 22; UNBEKANNTER MEISTER, *Der Prophet Bileam*, Bronzetür, um 1200, Verona, S. Zeno; REMBRANDT, *Der Prophet Bileam und die Eselin*, 1626, Paris, Musée Cognacq-Jay). Auf einem Esel reitet auch Abigail oder führt ihn mit sich bei ihrer Begegnung mit David (1. Sam. 25; GUIDO RENI, *David und Abigail*, um 1622, Budapest, Szépmüvészeti Muzeum; PETER PAUL RUBENS mit Werkstatt, *David und Abigail*, um 1620, Los Angeles, Getty Museum).

Zusammen mit einem Ochsen erscheint ein Esel auch bei der Geburt Jesu im Stall von Bethlehem. Dies geht nicht auf den Geburtsbericht der Evangelien zurück, sondern auf zwei alttestamentliche Stellen, die spätestens seit Origenes (3. Jh.) zur Geburt Christi in Bezug gesetzt wurden: »… der Herr redet: Ich habe Kinder auferzogen und erhöht, und sie sind von mir abgefallen. Ein Ochse kennt seinen Herrn und ein Esel die Krippe seines Herrn; aber Israel kennt's nicht, und mein Volk vernimmt's nicht.« (Jes. 1,2 f.) Der zweite Spruch stammt von Habakuk, überliefert in der hebräischen Urversion und in der *Septuaginta*: »Inmitten der beiden Tiere wirst du erkannt« oder »Inmitten der beiden Tiere lässt du dein Werk lebendig werden.« (Hab. 2,3) Der Kirchenvater Hieronymus übersetzte diese Stelle freilich mit »In der Mitte der Jahre …«. Diese Variante bildete dann die Grundlage aller weiteren Bibelübersetzungen. Doch die ursprüngliche Version ging zusammen mit dem Jesajaspruch in die erst später entstandene, vielleicht auch auf einer älteren Quelle basierende apokryphe Schrift des sogenannten Pseudo-Matthäus ein. Dieser Text blieb über das ganze Mittelalter hinweg bekannt, da er zu den Grundlagen der *Legenda Aurea* des Jacobus de Voragine gehörte. Auf die Kirchenväter und Isidor von Sevilla ist dagegen zurückzuführen, dass der Ochse sinnbildlich auf die Juden und der Esel auf die Heiden bezogen wird. Der Ochse war als altes Opfertier positiv besetzt, der Esel als Lasttier negativ. Eine negative Bedeutung wird dem Esel auch beigemessen, wenn er dem Apostel Thomas beigefügt ist. Der Esel soll ihn als dummen Zweifler charakterisieren.

Beim Gang nach Bethlehem und bei der Flucht nach Ägypten diente ein Esel als Reittier, das öfter zur Heraushebung weiß dargestellt wurde. Auch beim Einzug Jesu in Jerusalem, dem Augenblick der größten Zustimmung durch das huldigende Volk kurz vor seiner Passion, diente ihm ein Esel als Reittier, das symbolisch auf die friedlichen Absichten Jesu verweist (Giotto, *Einzug in Jerusalem*, um 1305, Padua, Arenakapelle). Ein weißer Esel war im alten Orient das königliche Reittier in Friedenszeiten im Gegensatz zum Pferd im Krieg.

Heilige, die einen Esel zum Attribut haben, sind Florentius von Straßburg, der den Esel als Reittier einem Pferd vorzog, Germanus von Auxerre, der sein totes Reittier wieder ins Leben zurückrief, und Hilarion, der auf einem Esel reitet. In der Heiligenlegende von Antonius von Padua wird vom Eselswunder berichtet, bei dem ein hungernder Esel vor einer Hostie niederkniete, um seinem ungläubigen Herrn die Verwandlung in der Eucharistie bewusst zu machen. Aubertus von Cambrai kann von einem mit zwei Brotkörben beladenen Esel begleitet sein.

Negativ besetzt ist der Esel im Mittelalter auch als Sinnbild der *acedia* ›Trägheit‹, der *stultitia* ›Torheit‹ und der *luxuria* ›Unzucht‹ (Darstellungen z. B. auf romanischen Kapitellen). Ein Esel mit einer Leier steht im Mittelalter in Rückgriff auf die Schrift *Trost der Philosophie* von Boetius für die geistige Trägheit. Auch als Reittier der Synagoge, der Verkörperung des Judentums, soll der Esel negativ auf dessen störrisches Widerstreben verweisen. Der öffentliche Ritt auf einem Esel war aber auch eine bis in die Antike zurückreichende Strafe für Ehebruch.

Etimasie ▸Thron

Eucharistie. Im frühen Christentum verweisen Symbole wie Fisch, Brot und Trauben auf die Eucharistie, im Mittelalter vor allem die mystische Mühle und die mystische Kelter. Neuzeitlich kann vor allem die Verbindung von Weintrauben und Getreidegarben ein Hinweis auf die Eucharistie sein (Caspar David Friedrich, geschnitzter Rahmen des *Tetschener Altares*, 1807/08, Dresden, Gemäldegalerie NM). In szenischem Zusammenhang mit der Eucharistie steht natürlich die Darstellung des Letzten Abendmahles, bei dem Christus die Eucharistie einsetzte (Dieric Bouts, *Abendmahlsaltar*, Mittelbild, 1464–67, Löwen, St. Pieter; Justus van Gent, *Die Einsetzung des Abendmahls*, 1473–75, Urbino, Galleria Nazionale delle Marche). Auch die Wiedergabe der Gregoriusmesse, bei der Christus Papst Gregorius beim Messopfer als Schmerzensmann erschien, die Messe von Bolsena, bei der einem an der Transsubstantiation zweifelnden Priester im 13. Jahrhundert eine Hostie mit Blutstropfen erschien, und das Eselswunder des hl. Antonius sind in ihrer Aussage vor allem auf die Eucharistie zu beziehen (DONATELLO, *Das Eselswunder des hl. Antonius*, Relief, 1446–50, Padua, S. Antonio; RAFFAEL, *Messe von Bolsena*, 1509–11, Vatikan, Stanza d'Eliodoro). Häufig gehören auch Messdarstellungen mit der Eucharistie zur Ikonographie zahlreicher Heiliger.

Eule. In bildlichen Darstellungen wird die Eule oft nicht von Käuzchen und Uhu unterschieden, mit denen sie als Nachttier auch die Symbolik teilt.

Auf die Antike geht die Vorstellung zurück, dass die Eule ein ernstes, nachdenkliches und weises Tier sei, das mit seinem Blick die Dunkelheit durchdringt. So wurde sie zum Attribut der Pallas Athene, der Göttin der Weisheit und der Wissenschaften. Im alten Ägypten stand ihr Bild, das auch eine Hieroglyphe bildete, für Tod, Nacht und Passivität. Sie war der Totenvogel. Diese Bedeutung entspricht auch abendländischen volkstümlichen Vorstellungen. Die lichtscheue, ungesellige Eule und noch mehr das Käuzchen gelten mit ihren klagenden Schreien als Vorboten des Todes.

Im christlichen Bild- und Textgebrauch ist die Eule als Nachttier, das das Licht nicht ertragen kann, oft zum Bild für geistige Finsternis und Abkehr von Licht und Wahrheit und damit auch zum Symbol für das Judentum geworden. Eine positive Bedeutung erhält sie allerdings als Sinnbild kontemplativer Weisheit (LUCAS CRANACH D. Ä., *Doctor Johannes Cuspinian*, 1502/03, Winterthur, Sammlung Oskar Reinhart) und kann so auch als Abbild Christi in der dunklen Nacht des Leidens verstanden werden.

In der Profanikonographie ist sie vor allem der Personifikation der Nacht zugeordnet (MICHELANGELO, *Grabmal von Giuliano de'Medici*, 1524–33, Florenz, S. Lorenzo, Sacrestia Nuova; GIOVANNI MANNOZZI, *Nacht und Morgen*, 1635, Florenz, Museo Bardini). Sie kann als lichtscheues Nachttier aber auch, vor allem in der holländischen Genremalerei der Barockzeit, Dummheit und Unwissenheit symbolisieren. Vereinzelt kann sie dabei auch mit Brille ausgestattet sein, die ihr aber nicht zu mehr Durchblick verhilft (Jan Steen, *Die Knaben- und Mädchenschule*, um 1670, Edinburgh, National Gallery of Scotland).

Evangelistensymbole. Schon früh wurden die vier Evangelienschreiber mit den vier vom Paradies ausgehenden Flüssen in Beziehung gesetzt, die aus einem Fels fließen (1. Mose 2,10–14). Wie Flüsse verbreiteten sie die Botschaft Jesu Christi (unbekannter Meister, Mosaik, Zwickel der Vierungskuppel, um 1200, Venedig, S. Marco). Spätestens ab dem 5. Jahrhundert kam auch die Verknüpfung mit den Cherubim und den vier Mischwesen des ‣Tetramorph auf, die nach der Gottesvision des Ezechiel (Hes. 1 und Offb. 4,6) den Thron des Allerhöchsten umgeben (unbekannte Meister, Apsismosaik, 5. Jh., Thessaloniki, Hosios David; *Maiestas Domini*-Darstellungen wie z. B. das Tympanon des Westportals, 12. Jh., Chartres, Kathedrale). So wurde Matthäus der geflügelte Mensch, Markus der geflügelte Löwe, Lukas der geflügelte Stier und Johannes der Adler zugeordnet. Für diese Zuordnung lieferte der hl. Hieronymus eine Deutung, der zufolge Matthäus den Menschen erhielt, weil er mit der Geburt Jesu als Mensch sein Evangelium beginnt, Markus den geflügelten Löwen, weil er mit Johannes dem Täufer als Prediger in der Wüste beginnt, Lukas den geflügelten Stier, weil er mit dem Opferdienst des Priesters Zacharias beginnt, und Johannes den Adler, weil er sich in seiner Schrift des Evangeliums in die höchsten geistigen Regionen aufschwinge. Oft sind die vier Evangelisten und ihre Symbole mit den vier großen Propheten (Jesaja, Jeremia, Ezechiel, Daniel), den vier Kirchenvätern (Ambrosius, Augustinus, Gregor I., Hieronymus) und/oder den vier Kardinaltugenden verbunden. ‣Tugenden

Ewigkeitssymbole. Auf die himmlische Seligkeit verweisen bildliche Darstellungen wie die Maiestas Domini und die Etimasie, die Thronbereitung (leerer Thron), aber auch das Jüngste Gericht, später auch die seit der Renaissance aufkommende und im Barock besonders beliebte himmlische Glorie. Als weitere Szenen erscheinen die Schau von Abrahams Schoß (auch Isaak und Jakob), ferner das Himmlische Jerusalem und der Paradiesgarten. Im messianischen Friedensreich reiten Kinder auf Löwen oder stecken ihre Finger in das Maul von Löwen oder Schlangen, feindliche Tiere vertragen sich (Jes. 11,6–8). Als Symbol ist vor allem die Schlange, die sich in den Schwanz beißt, gebräuchlich.

F

Fackel. Sie gehört der Licht- und Feuersymbolik an und verweist auf Sieg, Freude, Freiheit, Erlösung und Hoffnung mitten in der Nacht. In der Antike war eine Fackel verschiedenen Göttern wie Demeter/Ceres, Artemis/Diana, den Erinnyen/Rachegöttinnen, Hephaistos/Vulkan, Phoebus Apoll und Eros/Amor, Eos/Aurora, Lucifer, der Nacht, dem Schlaf und dem Genius des Todes beigegeben.

In der christlichen Kunst wurde die Fackel, die im Gegensatz zur Kerze als heidnisch empfunden wurde und so erst spät in die Bildsymbolik Eingang fand, das Attribut von Märtyrern, die mit brennenden Fackeln gequält wurden wie die hll. Chrysanthus, Theodor von Tyra, Theodotus und Eutropia. Darüber hinaus haben die hll. Wilhelm von Eskill, Petrus Gonzales, Agatha von Catania und Margareta von Antiochien eine Fackel unter ihren Kennzeichen. Eine brennende Fackel im Maul eines Hundes verweist auf den hl. Dominikus in Ableitung von *domini canes* ›Hunde des Herrn‹ und in Bezug auf einen Traum seiner Mutter während ihrer Schwangerschaft.

Die Fackel kann Attribut der Kardinaltugenden *prudentia* ›Klugheit‹ und *temperantia* ›Mäßigung‹ sein. Seltener ist sie Lastern wie *ira* ›Zorn‹ (Ripa 1970, S. 244) oder *invidia* ›Neid‹ als brennender Holzstab beigefügt (Nicolas Poussin, *Die Zeit entzieht die Wahrheit den Angriffen von Neid und Zwietracht*, 1641, Paris, Louvre).

Die neuzeitliche Ikonographie übernahm in mythologischen Darstellungen die antiken Zuordnungen zu bestimmten Göttern (s. oben), wobei die Nacht und der Todesgenius eine gesenkte Fackel tragen – in der klassizistischen Grabsymbolik des ausgehenden 18. und des 19. Jahrhunderts ein weitverbreitetes Motiv. Auch die Personifikation des Schlafes kann mit Fackel dargestellt sein. Eine erhobene brennende Fackel tragen dagegen Eos/Aurora, die Göttin der Morgenröte, und der Morgenstern Lucifer. Als Attribut der Demeter/Ceres konnte die Fackel auch zum Kennzeichen der Jahreszeit des Sommers werden. Auch Apoll, Artemis/Diana und Flora, die Göttin der Blumen und des Frühlings, sind bisweilen mit einer Fackel ausgerüstet (CLAUDE VIGNON, *Flora*, Mitte 17. Jh., Salzburg, Residenzgalerie). Des Weiteren ist eine Fackel Attribut der libyschen und der agrippinischen Sibylle. ‣Kerze und ‣Leuchter

Faden. Eine Schnur steht als Sinnbild für Verbindung. Als Faden der Ariadne – das war ein Garnknäuel, das sie Theseus gab, damit er aus dem Labyrinth im minoischen Palast wieder herausfinden konnte (Ovid, *Metamorphosen* 8,170–182) – wurde eine Schnur Sinnbild für ein zum Ziel oder zur Erkenntnis führendes Prinzip. Als Schicksalsfaden ist er den Schicksalsgöttinnen, den Moiren/Parzen zugeordnet.

Fächer, Wedel. Vor allem als Wedel aus Palmblättern, Straußen- oder Pfauenfedern ist der Fächer ein wichtiges Herrschaftssymbol in den orientalischen Kulturen gewesen, aber auch in der Antike. In der abendländischen Kunst wurde er als Kennzeichen orientalischer Würdenträger oder der Erdteile Asien und Afrika eingesetzt. Ab dem 17. Jahrhundert und vor allem im 18. Jahrhundert verbreitete sich der Handfächer, ursprünglich ostasiatischer Herkunft, in reich verzierten Formen und Materialien im höfischen Leben. Es wurde dabei sogar eine eigene Fächersprache ausgebildet. Im 19. Jahrhundert gehörte der Fächer auch im Bürgertum zu den üblichen Ausstattungsaccessoires einer feinen Dame (FRANZ SKARBINA, *Auf der Digue, Ostende*, 1883, Berlin, Berlinische Galerie).

Fahne. Als Banner und Feldzeichen ist die Fahne ein zentrales Symbol einer Nation oder einer Gruppe und von Herrschaft überhaupt. Im antiken Mythos gehört eine Fahne zu den Kennzeichen des Kriegsgottes Ares/Mars. Im Krieg selbst musste die Fahne bis zum Tod verteidigt werden. Eine Fahne ist aber auch Siegeszeichen und Sinnbild des Sieges.

Christus erscheint als Auferstandener mit Kreuzfahne (‣Labarum). Auch das Lamm Gottes wird mit Fahne dargestellt,

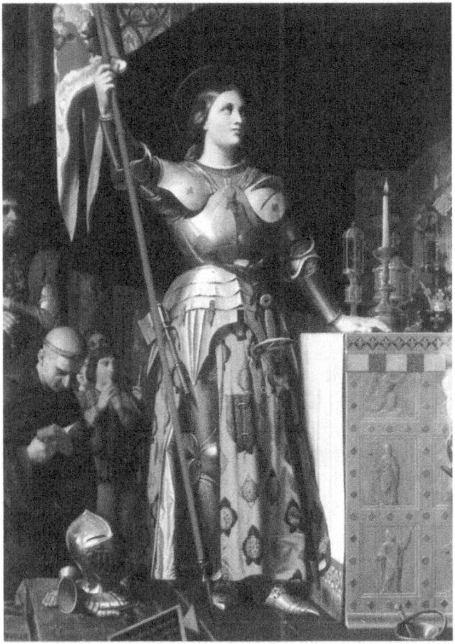

Jean-Auguste-Dominique Ingres: Die hl. Johanna bei der Krönung von Karl VII. Paris, Musée National du Louvre, 1854. – In Kettenhemd, Rüstung und Rock, steht Johanna von Orléans, die Nationalheilige Frankreichs, aufrecht neben dem Altar der Kathedrale von Reims, wo die ihr zu verdankende Krönungszeremonie des französischen Königs stattfand. Helm und Handschuhe hat Johanna an den Stufen zum Altar abgelegt, doch das Heeresbanner, die **Fahne**, hält sie fest in ihrer Rechten. Diese Attribute veranschaulichen Ihren Kampfgeist und Heldenmut. Ihr Glaube und ihr Gottvertrauen werden dagegen durch ihren nach oben zum Himmel gerichteten Blick und ihre auf den Altar gelegte Linke ausgedrückt. Auch die Kerze neben den liturgischen Geräten auf dem Altar kann als Sinnbild ihres festen Glaubens verstanden werden. Die Krone ist dagegen auf den König zu beziehen, dem sie als Heerführerin zu Hilfe eilte. Hinter Jeanne d'Arc ergänzen Betende – ein Mönch, drei Pagen und ein Beamter mit den Zügen des Künstlers – die Darstellung.

so werden zugleich Opfer und Sieg veranschaulicht. Engel können ebenfalls mit Fahnen als Siegeszeichen ausgestattet sein. Die Kreuzfahne ist auch Attribut der theologischen Tugend *spes* ›Hoffnung‹, der Kardinaltugend *fortitudo* ›Tapferkeit‹ und der Personifikation der *ecclesia* ›Kirche‹. Als geknickte Fahne kennzeichnet sie dagegen die Personifikation der Synagoge.

Eine Fahne gehört auch zu den Attributen des Erzengels Michael und von Ritterheiligen oder kämpferischen Heiligen wie Eustachius, Eutherius, Florian, Georg, Gereon von Köln (mit Kreuz), Gregorius Maurus (mit keltischem Doppelkreuz), Johannes von Capestrano, Konstantin (mit Christus-Monogramm), Leopold (mit Adler), Mauritius, Patroklus, Quirinus von Neuß (mit neun Kugeln), Ursus, Venantius, Wenzeslaus (mit Adler) und Jeanne d'Arc (JEAN-AUGUSTE-DOMINIQUE INGRES, *Jeanne d'Arc bei der Krönung von König Karl VII. in der Kathedrale von Reims*, 1854, Paris, Louvre). Als Siegesfahne ist sie auch der phrygischen Sibylle beigegeben.

Falke. In bildlichen Darstellungen ist der Falke oft nicht von dem symbolisch weniger wichtigen Habicht zu unterscheiden. Bei Ägyptern war der Falke ein Symbol der Sonne, des Sonnengottes, des Gottes Horus und des Pharao. In der antiken Mythologie kann der Kriegsgott Ares/Mars durch einen Falken gekennzeichnet sein. Im Christentum wurde er dagegen als Schlangenvertilger zu einem gegen den Teufel und das Böse gerichteten Christussymbol. Wenn ein Falke einen Hasen jagt, gilt er als Sinnbild für die Überwindung der Sinnlichkeit.

Als mittelalterliches Standessymbol des Adels kennzeichnet der Falke als Heiligenattribut vor allem Adelige, vornehme Damen, Ritter und Jäger. So trägt Agilolf, der Erzbischof von Köln, einen Falken auf der Faust. Ebenso mit einem Falken können Bavo von Gent (adeliger Herkunft), Eduard der Märtyrer, der als König von England auf der Jagd ermordet wurde, Hieron von Schottland (adeliger Herkunft), Hubertus von Lüttich (Jäger), Julianus Hospitator (als Adliger und Jäger), Julianus von Brioude (heiliger Ritter), Cäcilia, Maria Magdalena (vor ihrer Bekehrung) und Theobald von Provins (Edelmann) ausgestattet sein. In mittelalterlichen Tierbüchern konnte der Falke als Raubtier aber auch negativ als Sinnbild für einen Menschen erscheinen, der sich nur um seinen Bauch sorgt.

Die Beizjagd mit Falken war im Mittelalter ein wichtiges höfisches Vergnügen des Ritterstandes. Daraus resultiert vermutlich auch die Beliebtheit des Falken in der Heraldik. Ferner war in der höfischen Dichtung der Falke auch ein Sinnbild für den Geliebten (z. B. *Manessische Liederhandschrift*). In Monatsdarstellungen, in denen höfisches und bäuerliches Leben einander gegenübergestellt sein konnten, tauchen ebenfalls regelmäßig Bilder der Falkenjagd auf (Brüder Limburg, *Monat August, Stundenbuch Très Riches Heures des Jean Duc du Berry*, 1413–16, Chantilly, Musée Condé).

Ein mit einer Haube verhüllter Falke wird in der Renaissance-Emblematik zum Sinnbild für die Hoffnung auf Licht in der Dunkelheit. Außerdem kann nach Ripa (1970, S. 133–134) die Personifikation des *exilium* ›Verbannung‹ mit einem Falken wiedergegeben werden. ▸Habicht

Fanfare ▸Trompete

Farben. Schon von alters her ist in vielen Kulturen eine ausgeprägte Farbsymbolik nachweisbar, die stark wechseln konnte. Wichtig ist dabei häufig der Zusammenhang mit den verschiedenen Edelsteinen und deren Farben, aber auch mit den natürlichen Farben bestimmter Substanzen, zum Beispiel Blut und Rot. Für den christlichen Bereich bedeutsam wurden auch Farbbeschreibungen in der Bibel, die später symbolisch aufgeladen wurden. Gold und Weiß gelten als die ranghöchsten Farben, da sie dem Licht am ähnlichsten sind. In der nachmittelalterlichen Kunst entsprechen Farben allerdings zwar häufig Konventionen, sie sind aber nicht mehr von der gleichen allgemeinen Symbolintention geprägt wie im Mittelalter, sondern stärker individualisiert.

Weiß: Als nicht-bunt und als Ergebnis der Mischung aller übrigen bunten Farben nimmt Weiß eine Sonderstellung ein.

Ursprünglich galt es als Farbe des Todes und der Trauer: als Hinweis auf das ewige Leben und als Auslöschung aller Buntheit des Lebens. In diesem letzteren Sinn wird es auch heute noch zum Beispiel als Witwenkleidung in Indien verwendet. Aber auch in den slawischen Ländern und zeitweilig auch am französischen Königshof war Weiß als Trauerfarbe gebräuchlich. Im antiken Mythos gilt das ambivalente Weiß vor allem als Farbe der Mondgöttin Diana/Luna.

In Bezug zum ewigen Leben konnte es zur messianischen, hoffnungsvollen Farbe werden. Und von alters her war es, wohl auch als Zeichen der Reinheit, die bevorzugte Farbe von Opfertieren und der Priesterkleidung. So sind auch die Gewänder Jesu als Anspielung auf seine hohepriesterliche Funktion oft weiß. Zudem gilt Weiß als Farbe der Unschuld, des ungebrochenen Lichts, der Wahrheit und der Vollkommenheit. Als Reinheits-, Keuschheits- und Jungfräulichkeitssymbol dient dabei oft eine weiße Königslilie. Maria in einem weißen Mantel oder Kleid bei der Geburt Jesu Christi geht auf die Vision der hl. Birgitta von Schweden als Textquelle zurück (um 1360/70). Auch das Gewand des Apostels Petrus wird häufig weiß und blau dargestellt. Ebenso trugen neugetaufte Christen weiße Kleider. Noch heute sind die weißen Festkleider für Täuflinge, Erstkommunikanten, Bräute und Klosterkandidatinnen vor diesem Hintergrund zu sehen.

Weiß ist auch die Farbe des Messgewandes an hohen Festtagen und die Farbe der Kleidung des Papstes, wie es überhaupt bis heute in vielen Religionen für Priester gebräuchlich ist. Besonders aber ist Weiß als lichthaltigste Farbe die Farbe der Verklärung und der ewigen Herrlichkeit. Gottvater wird in der Danielvision weißgekleidet beschrieben (Dan. 7,9), Christus erscheint bei der Verklärung auf dem Berge Tabor in strahlendem Weiß (Mt. 17,2; Mk. 9,3; Lk. 9,29; Raffael, *Transfiguration*, 1518–20, Vatikan, Pinacoteca Vaticana), ebenso meist bei seiner Auferstehung. Leuchtend weiß erscheinen auch Engel, Heilige und Verstorbene. Vor allem die Gerechten beim Jüngsten Gericht sind so gekleidet (Offb. 3,4–5). Ein weißes Gewand kann aber auch die Personifikation der Tugend *humilitas* ›Demut‹ kennzeichnen (Ripa 1970, S. 214).

Rot: Als Farbe des Blutes und des Feuers ist Rot zur Farbe des Lebens, der Liebe und der Leidenschaft geworden, aber auch des Machtbesitzes und der Eroberung, des Krieges und des Hasses. Vereinzelt gilt speziell Zinnoberrot als Sinnbild des Lebens, seltener auch der Unsterblichkeit. Oft ist auch die herrscherliche Purpursymbolik auf Rot als Ersatz übertragen worden. Rotgewandet erscheinen traditionell vor allem in der Barockkunst Jesus Christus, bei dem es als Farbe der Inkarnation und des Opfertodes zu verstehen ist. Rot blühende Blumen können einen Hinweis auf die Passion darstellen, vor allem Nelken und Feuerlilien. Einen roten Mantel trägt Christus als königliches Zeichen bei seiner Verspottung und in der anschließenden Ecce-Homo-Darstellung. Auch Maria trägt unter ihrem blauen Mantel entweder ein rotes oder ein weißes Untergewand. Der Lieblingsjünger Johannes, der lange mit dem Evangelisten Johannes und dem Empfänger der geheimen Offenbarung auf Patmos gleichgesetzt wurde, ist traditionell ebenfalls in Rot, oft mit blauem Untergewand, gekleidet. In Rot erscheinen zeitweilig auch die Seraphim um den Thron des Höchsten (▸Engel). Rot ist als Zeichen des Feuers die Farbe für Pfingsten und für die Märtyrer, die ihr Blut für Christus vergossen haben. Dementsprechend ist Rot die Farbe der Messkleidung an Märtyrerfesten.

Auch zur Charakterisierung von Hochmut und Hass, von lasterhaften Frauen, vom Höllenfürsten und von der Hure Babylon wird Rot eingesetzt. Das rötliche Fell hat auch Tiere wie den Fuchs und das Eichhörnchen in Verruf gebracht und in Beziehung zum Teufel gesetzt. Der rote Reiter der Apokalypse (Offb. 6,3–4) wird ebenfalls mit dem Teufel gleichgesetzt.

Im weltlichen Bereich ist Rot als Ersatz für Purpur königliche Farbe der Herrscher. Auch im alten Israel war Rot die Farbe des Königs (Guido Reni, *David und Abigail*, um 1622, Budapest, Szépmüvészeti Muzeum). Ferner war Rot im alten Rom Farbe der Generäle, des Adels und der Patrizier. Aber auch Bräute trugen feuerrote Schleier. In der Kirchenhierarchie tragen Kardinäle als Fürsten der Kirche Rot. Im Mittelalter war es auch die Farbe des Gewandes der Scharfrichter und der hohen Gerichtsbarkeit überhaupt. Später wurde Rot zur Farbe der Revolution und des Kampfes (Sozialismus).

Purpur: Er wird aus dem Farbstoff der Purpurschnecke gewonnen und ist die wohl am frühesten mit symbolischer Bedeutung besetzte Farbe. Als Ersatz konnten Violett, Rot und Dunkelblau fungieren, auf die dann auch die Purpursymbolik übertragen wurde. Purpur war die Farbe der antiken Kaisermäntel und der Feldherrnmäntel. Es war Privilegium, Status- und Herrschaftssymbol, Zeichen von Macht, Würde und Wohlhabenheit. Purpurfarbene Streifen an der Toga kennzeichneten im alten Rom Ritter und Senatoren.

Ab der Zeit der Kirchenväter wurde die Imperialfarbe Purpur als Zeichen ihrer königlichen Würde auch für die Gewänder Mariens und für das Prachtgewand Jesu Christi als Weltenherrscher, aber auch für die Personifikation der *ecclesia* ›Kirche‹ verwendet (Christus als Weltenherrscher, Apsismosaik, 6. Jh., Ravenna, S. Vitale). Auch als Zeichen der päpstlichen Macht und für Priestergewänder konnte Purpur eingesetzt werden. Nach apokryphen Quellen webte Maria einen neuen Tempelvorhang in Purpurblau und Scharlachrot (UNBEKANNTER MEISTER, *Verkündigung an Maria*, Triumphbogenmosaik, 5. Jh., Rom, S. Maria Maggiore).

Rosa: Messgewandfarbe am 3. Adventssonntag (*Gaudete*) und am 4. Fastensonntag vor Ostern (Laetare); Ausdruck der Freude.

Blau: In seinem kühlen Charakter Farbe des Wassers, des Firmaments, des Himmels, des Spirituellen, des Immateriellen, der Wahrheit und des Geheimnisvollen, aber auch traditionell die Farbe der Treue. Der Mantel Mariens ist als Sinnbild ihrer Reinheit und Treue meist blau dargestellt. Auch die Cherubim um den Thron des Höchsten werden zeitweilig durch Blau charakterisiert.

Gelb: Es ist die warme, intensive Farbe der Sonne, des Lichts und des Goldes, aber auch die Farbe der Ewigkeit (Gold gilt als Metall der Ewigkeit) und der Verklärung. Viele Frühlingsblumen sind gelb und werden damit symbolisch auch auf Ostern und die Auferstehung Jesu Christi bezogen. Auch als Blond wird Gelb mit Gold in Verbindung gebracht. So ist Maria öfter, vor allem auch in Zusammenhang mit der Vision der hl. Birgitta von Schweden (um 1360/70), blond dargestellt; dies trifft überwiegend ebenso auf die Engel zu. Und auch die alten Griechen dachten sich ihre Götter vor allem blond.

Als Herbstfarbe kennzeichnet Gelb reife Früchte und abfallende Blätter. Schwefelgelb, Grüngelb und alle stechenden Gelbtöne gelten dagegen als Farbe der Galle und damit des Neides und der Eifersucht, des Verrates des Judas (Giotto, *Der Verrat des Judas*, um 1305, Padua, Arenakapelle), verunglimpfend der Synagoge und der Juden. Im Mittelalter mussten diese deshalb gelbe Kennzeichen oder gelbe Kleider tragen (z. B. gelber Judenhut; gelber Judenstern im Nationalsozialismus). Auch finden sich gelbe Kleider mit Vorliebe bei Darstellungen von Ketzern, Verbrechern und Dirnen.

Grün: Als Farbe der pflanzlichen Natur, des Frühlings und der Jagd und zum Teil des Wassers gilt Grün als Farbe des Lebens. Es wirkt beruhigend, erfrischend, irdisch. Als Pflanzenfarbe ist es auch die Farbe des Paradieses und damit der Auferstehungserwartung und der Hoffnung auf Unsterblichkeit. Im Mittelalter konnte manchmal das Kreuz Christi als Werkzeug der Erlösung und Erneuerung der Menschen grün bemalt sein. Der Lichtbogen um den Thron Gottes ist nach der Geheimen Offenbarung smaragdfarben (Offb. 4,3). Der Apostel Paulus ist traditionell meist grün und rot gewandet dargestellt. Das normale Messgewand an gewöhnlichen Tagen und Sonntagen ist ebenfalls grün. Negativ dagegen wird Grün wegen der Vorstellung, dass es die Farbe des Giftes ist, mit der Hautfarbe des Teufels und mit dessen grünen Augen verbunden (Glasfenster, 13. Jh., Chartres, Kathedrale).

Violett: Im Altertum wurde Violett in Analogie zu Purpur ebenfalls als schönste und vornehmste Farbe bezeichnet. Sie gilt als Farbe der Besonnenheit, des Maßes, des bedachten Tuns und des Gleichgewichts, aber auch der Buße. Im Mittelalter kann auf Passionsbildern Jesus Christus öfter violett gekleidet erscheinen. Dies wird als Hinweis auf die Zeit seiner Vollendung, seines Seins als wahrhafter Mensch und wahrhafter Gott zugleich, gedeutet. Violett ist die liturgische Farbe der Adventszeit und der Passionszeit, der Bußzeiten im katholischen Ritus.

Braun: Schon bei den Römern war Braun als Farbe des Erdbodens die Farbe der Demut, aber auch die Farbe der Armut, an die z. B. auch später die braunen Kutten mancher Bettelorden erinnern. Wohl als Herbstfarbe galt Braun in der Antike und auch noch teilweise im Mittelalter als Trauerfarbe. Ein braunes rauchendes Feuer wird negativ als Sinnbild der Vernichtung gesehen, ebenso ist die Hautfarbe des Teufels als Zeichen der Finsternis in Braun gehalten.

Grau: Da diese Farbe auf die Auferstehung der Toten verweisen soll, kann Christus als Weltenrichter im Mittelalter öfter grau gekleidet sein.

Schwarz: Diese – wie das Weiß – nicht-bunte Farbe, die aber mit Finsternis verbunden ist, symbolisiert Nacht, Vernichtung und Sünde, Tod und Teufel. Im Abendland ist Schwarz als Ausdruck der Trennung die übliche Trauerfarbe und Symbolfarbe des Todes. Dementsprechend sind die liturgischen Gewänder bei Trauergottesdiensten und Begräbnissen schwarz. Als Farbe des Verzichts auf die Eitelkeiten der Welt kann Schwarz auch Sinnbild von Weltverachtung, Demut und Askese sein (Priesterkleidung, Mönchsgewand). Schwarz war allerdings auch die Farbe der spanischen Hoftracht als Zeichen ernster Würde und wurde später von den Holländern in ihre bürgerliche Kleidung übernommen.

Regenbogenfarben: Sie sind oft mit der Erscheinung Gottes verbunden und deshalb für die Mandorla oder Sphaira in *Maiestas*-Darstellungen üblich (Offb. 4,3).

Fasan. Vor allem der Goldfasan ist in Malerei und Plastik oft als Bild des sagenhaften Vogels Phönix, aber auch des

Pfaus eingesetzt worden. Er kann auf Auferstehung, die Seele und Liebe verweisen, da er nach dem *Physiologus* sich zum Schutz für seine Jungen selbst als Jagdbeute anbietet (Physiologus 1981, S. 102/103). Eine Fasanenpastete wird dagegen sinnbildlich mit Wollust und Hochmut verbunden. ‣Pfau, ‣Phönix

Fasces ‣Liktorenbündel

Fass. In der antiken Mythologie ist ein Weinfass Dionysos/Bacchus und dem Herbst zugeordnet.

Der alttestamentliche Führer Gideon sammelte Tau in einem Fass, das ihm so zum Attribut wurde (Ri. 6,36–40). Ein kleines Weinfass kann Joseph bei der Flucht nach Ägypten bei sich tragen. Als Heiligenattribut ist es als leeres Fass, das sich wunderbarerweise mit Wein füllt, den hll. Bertin, Remigius von Reims und Willibrord von Utrecht beigegeben. Auch die hll. Gunthildis, eine wohltätige Dienstmagd, Ludwig von Toulouse und Otmar von St. Gallen, bei dem sich das Fass beim Ausschenken an Arme immer wieder neu füllte, können ein tragbares Weinfass als Kennzeichen haben. Als Bierfass ist es Attribut des hl. Arnold von Soissons, der der Schutzpatron der Bierbrauer ist. In einem Ölfass gesotten wurde dagegen Johannes Evangelist. ‣Salzfass, ‣Bottich, ‣Kessel

Feder. Die Feder gilt als Sinnbild des Leichten, vor allem aber ist sie Schreibgerät, das Kirchenväter, Evangelisten, Schriftsteller und Gelehrte, aber auch Briefschreiber charakterisiert. Der Federbusch als Helmzier von Rittern diente dagegen im Mittelalter zur Kennzeichnung der sozialen Stellung. ‣Schreibgerät

Feige, Feigenbaum, Feigenblatt. Die Feige gilt als Bild für Fruchtbarkeit. In der antiken Mythologie ist der Feigenbaum als Fruchtbarkeitssymbol Dionysos/Bacchus zugeordnet. Im westlichen Mittelalter konnte ein Feigenbaum bei Paradiesdarstellungen als Baum der Erkenntnis wiedergegeben werden, im Orient wurde die Feige bevorzugt als verbotene Frucht des Baumes der Erkenntnis dargestellt. Auch der Feigenblattschurz von Adam und Eva verweist auf die Ursünde (1. Mose 3,7). In diesem Zusammenhang kann eine Feige aber auch noch in barocken Stillleben als Hinweis auf Sündhaftigkeit zu deuten sein. Auch bei der Berufung des Zachäus wurde öfter der Baum, auf den er kletterte, als Hinweis auf die Sündhaftigkeit des Zöllners als Feigenbaum wiedergegeben (Lk. 19,2–4).

Die Verfluchung des unfruchtbaren Feigenbaums durch Jesus gilt dagegen als Hinweis auf das Jüngste Gericht (Mt. 21,18; Mk. 11, 12 ff.; Lk. 13,6 ff.; UNBEKANNTER MEISTER, Innere Westwand, Kathedrale von Reims, um 1260; GIOVANNI BELLINI, *Schmerzensmann*, um 1480, Stockholm, Nationalmuseum), wurde manchmal aber auch als Verurteilung des jüdischen Volkes ausgelegt. So konnte ein vertrockneter Feigenbaum Sinnbild für die Synagoge sein, die keine Früchte mehr bringt, aber auch allgemein auf Ketzer und Irrlehrer angewendet werden.

Vereinzelt sind Feigen auch das Attribut des hl. Ansanus von Siena. Die Feige (*fica*) als Spottgebärde taucht unter anderem bei der Verspottung Jesu, bei den Arma Christi und bei Hiob-Szenen auf. ‣Fica-Geste

Feldflasche. Als Attribut des hl. Willibrord soll eine Feldflasche an die zwölf Bettler erinnern, denen Willibrord aus seiner Reiseflasche zu trinken gab. ‣Flasche, ‣Pilger

Fell/Vlies. In der antiken Mythologie ist das Goldene Vlies Bestandteil der Argonautensage, in der Jason ausgeschickt wird, das Erbe seines Vaters, ein goldenes Widderfell, aus Kolchis zu holen (ANNIBALE FONTANA, *Iason-Vase*, Kristallschnitt, um 1570–75, München, Residenzmuseum, Schatzkammer). Das Emblem des 1429 von Herzog Philipp dem Guten von Burgund zu Ehren der Jungfrau Maria und des Apostels Andreas gestifteten Ritterordens vom Goldenen Vlies, ein Widderfell, ist ebenfalls von der Argonautensage abzuleiten. Jason und die Helden der Argonauten sollten wohl ein Vorbild für die Ritter sein. Der Hirten- und Vegetationsgott Pan soll mit einem weißen Vlies die keusche Göttin Diana/Luna verführt haben (Vergil, *Georgica*; ANNIBALE CARRACCI, Fresko, Galleria Farnese, 1597–1601, Rom, Palazzo Farnese).

Gideons Fell, das er Gott zur Probe auslegte, um Sicherheit über seinen Auftrag zur Errettung Israels zu erhalten, wurde in der einen Nacht mit Tau befeuchtet, während alles andere trocken blieb, und blieb umgekehrt in der zweiten Nacht trocken, während alles andere vom Tau befeuchtet war (Ri. 6,36–40). So wurde das Fell Sinnbild für das auserwählte Volk. Im Mittelalter war es wegen des Wunders jedoch besonders beliebt als Symbol für die Jungfräulichkeit Mariens und deshalb häufig typologisch mit der Verkündigung an Maria verknüpft, so zum Beispiel in Armenbibeln und Kathedralprogrammen.

Fellkleidung. Als Attribut von Adam und Eva verweist die Fellkleidung auf ihr Dasein nach der Vertreibung aus dem Paradies (1. Mose 3,21; JOHANN MICHAEL ROTTMAYR, *Adam und Eva klagen um den toten Abel*, 1692, Wien, Unteres Belvedere, Österreichische Galerie). Auch der behaarte Esau wird im Gegensatz zum weichlicheren Jakob gerne mit Fellkleidung wiedergegeben. Jakob bekleidet sich dagegen beim erschlichenen Segen für den Erstgeborenen selbst mit einem Fell, um den blinden Vater zu täuschen (1. Mose 27,1–40; JUSEPE DE RIBERA, *Der Jakobssegen*, 1637, Madrid, Prado; LUCA GIORDANO, *Isaak segnet Jakob*, um 1650, Rohrau, Graf Harrachsche Familiensammlung).

Als Sinnbild für sein asketisches Leben in der Wüste trägt auch Johannes der Täufer meist ein Fellgewand, vereinzelt ist auch Maria Magdalena als Büßerin damit bekleidet (DONATELLO, *Büßende Maria Magdalena*, um 1455, Florenz, Museo dell'Opera del Duomo).

Fels. In der Emblematik bedeutet, auf dem antiken Mythos von Herkules am Scheideweg fußend, ein steiler Felsenpfad den Weg zur Tugend, ein breiter ebener Weg jenen des Lasters (ANNIBALE CARRACCI, *Herkules am Scheideweg*, 1595–97, Neapel, Galleria Nazionale di Capodimonte; POMPEO BATONI, *Herkules am Scheideweg*, 1765, St. Petersburg, Eremitage). Als Bild vergeblichen Mühens muss der mythische Held Sisyphos als Strafe immer wieder einen Felsblock auf einen Berg schleppen, da der Block vom höchsten Punkt jedes Mal von selbst wieder hinunterrollt (TIZIAN, *Sisyphos*, 1549/50, Madrid, Prado).

Als Sinnbild von Festigkeit, Dauerhaftigkeit und Beständigkeit wird im Alten Testament Gott als Fels und damit als sicherer Zufluchtsort Israels (5. Mose 32,4; Ps. 31,3; Ps. 40,3; REMBRANDT, *Paulus im Gefängnis*, 1627, Stuttgart, Staatsgalerie) oder als wasserspendender und damit lebensspendender Fels (2. Mose 17,6; 4. Mose 20,1–13) bezeichnet. Im Neuen Testament wird Christus als Spender lebendigen Wassers zum geistigen Fels (1. Kor. 10,4). So können Felsdarstellungen in Zusammenhang mit Christus auf diesen Bedeutungsgehalt verweisen (*Traditio legis*, Mosaik, 5. Jh., Rom, S. Costanza; JOACHIM PATINIR, *Taufe Jesu*, um 1515, Wien, KHM). Auch die Szene mit Mose, der Wasser aus einem Felsen schlägt, kann typologisch auf Christus als Spender von Lebenswasser, aber auch auf dessen Seitenwunde vorausdeuten. Felsen dienen auch zur Kennzeichnung der Geburtsgrotte im Weihnachtsbild. Unter dem Kreuz Christi verweist ein Fels auf Golgota, auch das Grab Christi war in einem Felsen. Der Himmelfahrtsberg ist eine weitere Verbindung eines Felsens mit Christus. In der Renaissance und im Barock konnte die Felssymbolik auch auf Maria übertragen werden. So erscheinen im Hintergrund vieler Marienbilder dieser Epochen Felsen.

Simon Petrus trägt das Wort Fels in seinem Namen. Damit verbunden wird die Vorstellung von Petrus als Grundstein der Kirche (Mt. 6,18). Auf apokryphe Legenden geht dagegen die Erzählung von Elisabeth und dem Johannesknaben zurück, die ein sich öffnender Fels vor den Häschern des Herodes beim Bethlehemitischen Kindermord verbarg (Protoevangelium des Jakobus). Ebenfalls sich öffnende Felsen können auch den hll. Barbara, Odilia und Thekla beigegeben sein.

Fenchel. Die duftende Heil-, Gewürz- und Nutzpflanze, die ein wertvolles Öl enthält, kommt im Mittelalter gerne als Marienpflanze vor. Da Fenchel die Augen stärken soll, kann er auch als Hinweis auf geistige Klarsicht eingesetzt sein. Fenchel als Bild der Verjüngung hat seine Wurzeln im ebenfalls mittelalterlichen Glauben, dass Schlangen sich nach dem Genuss von Fenchel häuten sollen. Auch apotropäisch wurde Fenchel im Mittelalter eingesetzt.

Fenster, Sinnbild des Lichteinlasses, des Öffnens und der Verbindung von Innen und Außen. Da ein Fenster nicht aus sich selbst leuchtet, sondern nur durch das von außen kommende Licht, gehörte es im Mittelalter zu den Mariensymbolen. Drei Fenster im Turm der hl. Barbara verweisen dagegen auf die Hl. Dreifaltigkeit.

Fernrohr, Kennzeichen des Berufs des Astronomen und allgemein des Gelehrten und Wissenschaftlers, aber auch Hinweis auf den Gesichtssinn in Darstellungen der fünf Sinne.

Festtafel ‣Gastmahl

Festung, Sinnbild für Schutz und Geborgenheit, aber auch als Zeichen der Zurückgezogenheit.

Feuer. Im antiken Mythos ist Prometheus wichtig, der den Menschen das Feuer brachte. Der Gott des Feuers war Hephaistos/Vulkan (Diego Velazquez, *Apoll in der Schmiede des Vulkan,* 1630, Madrid, Prado), die Göttin des Herdfeuers Hestia/Vesta. Auch Apoll, Eros/Amor, Zeus/Jupiter und Ares/Mars wurden mit dem Feuer in Verbindung gebracht. Und der sagenhafte Vogel Phönix erneuert sich durch Selbstverbrennung (‣Phönix).

Erleuchtend, reinigend, erneuernd und wärmend erscheint das Feuer einerseits, verzehrend und vernichtend andererseits. Feuerflammen kennzeichnen so die Augen oder auch das Wesen Gottes. Als Feuersäule zieht er des Nachts vor seinem auserwählten Volk beim Auszug aus Ägypten her (1. Mose 13,21–22). Aus dem Alten Testament ist die Szene von der Vernichtung von Sodom und Gomorrha in einer Feuersbrunst zum Bildthema geworden (1. Mose 19; Lucas van Leyden, *Lot und seine Töchter,* um 1509, Paris, Louvre). Brennend, aber nicht verbrennend ist dagegen der Dornbusch bei der Begegnung von Mose mit dem Allerhöchsten (‣Dornbusch). Das feurige Strahlen, das weiterhin von Mose nach der Gottesschau ausging, wurde durch eine missverständliche Übersetzung der *Vulgata* aus dem Urtext zu Hörnern, die vom 12. bis wenigstens zur Mitte des 16. Jahrhunderts oft ein bildliches Kennzeichen von Mose waren (MICHELANGELO, *Moses*, Juliusgrab, 1513–16, Rom, S. Pietro in Vincoli). Die drei Jünglinge im Feuerofen, die von Nebukadnezar dort hineingeworfen worden waren, wandeln in Begleitung eines Engels unversehrt darin (Dan. 3; GUARIENTO, *Drei Jünglinge im Feuerofen*, um 1360, Padua, Akademie der Wissenschaften). Flammen in Zungenform zeigen die Herabkunft des Hl. Geistes beim Pfingstfest (▸Feuerzunge). Feuer kennzeichnet auch die Hölle (Mt. 3,12; Hebr. 10,26–27; Offb. 14,10) und steht als Zeichen böser Gier in den Augen und Rachen von Teufeln und teuflischen Tieren. Als Reinigungssymbol prägt Feuer auch die Vorstellung vom läuternden Fegefeuer.

Rost und Feuer kennzeichnen den hl. Laurentius, der auf diese Weise gemartert wurde (PETER PAUL RUBENS, *Martyrium des hl. Laurentius*, um 1615, München, AP). Ein brennendes Haus ist das Attribut der hll. Andreas, Antonius, Amabilis von Rom und des Nothelfers Florian. Ein lodernder Scheiterhaufen verweist auf die hll. Aristeus, Fruktuosus, Petrus Igneus, Polykarp, Afra von Augsburg, Agnes (Flammen wenden sich von ihr ab), Anastasia von Sirmium, Jeanne d'Arc und Thekla.

In der Profanikonographie gehört Feuer zur Darstellung der Vier Elemente und in der Temperamentenlehre kennzeichnet es den Choleriker. In der Genremalerei kennzeichnet das sich Wärmen am Feuer bei Jahreszeiten- und Monatsdarstellungen den Winter oder die Monate Januar oder Februar. ▸Flamme, ▸Licht

Feuerlilie ▸Lilie

Feuerzunge. Als Zeichen der Herabkunft des Hl. Geistes erscheinen bei Pfingstdarstellungen neben Strahlen auch Zungen von Feuer (EL GRECO, *Die Ausgießung des Hl. Geistes*, 1604–14, Madrid, Prado; PETER PAUL RUBENS, *Pfingsten*, 1619, Bayerische Staatsgemäldesammlungen; JAN JOEST VAN

Kalkar, *Pfingsten*, Anf. 16. Jh., Kalkar, St. Nikolai). Sieben Feuerzungen sind ein Hinweis auf die Sieben Gaben des Hl. Geistes.

Fica-Geste/Neidfeige/Verschreifeige. Diese Geste, bei der bei geballter Hand der Daumen zwischen Zeige- und Mittelfinger durchgestreckt wird, ist eine vor allem in den Mittelmeerländern verbreitete Schutzgebärde gegen den bösen Blick, bedeutet aber auch als obszöne Geste eine grobe Beschimpfung und als sexuelles Symbol den Sexualakt. Als Amulett, vor allem aus Korallen, waren Neidfeigen sehr verbreitet. Im Mittelalter kommt diese Geste des Verspottens in Darstellungen der Passion Christi, bei den Arma Christi und bei Hiob-Szenen vor.

Fichtenzapfen. Sie werden öfter mit Pinienzapfen und der Zirbelnuss gleichgesetzt und können, dem Wappen von Augsburg entstammend, Attribut der Märtyrerin Afra von Augsburg sein.

Finger. Das Christuskind mit an den Mund gelegtem Finger verweist auf sich als den Logos, das Wort Gottes. Sonst versinnbildlicht ein auf den Mund gelegter Finger allgemein Schweigen und gehört unter anderem zu den Attributen der hll. Benedikt, Bruno der Karthäuser, Dominikus, Hugo, Johannes d. Jünger und Evangelist, Johannes Nepomuk als Wahrer des Beichtgeheimnisses, der deshalb das Martyrium erlitt, Petrus Martyr, Petrus Pectinarius und Romuald.

Ein ausgestreckter Zeigefinger ist ein Zeigegestus, der Johannes den Täufer als Wegbereiter und Hinweiser auf Jesus Christus kennzeichnet (Matthias Grünewald, *Isenheimer Altar*, Werktagsseite, 1512–16, Colmar, Musée d'Unterlinden). Auch der Erzengel Gabriel erscheint bei der Verkündigung an Maria gerne mit erhobenem, nach oben zu Gott deutendem Zeigefinger (Ignaz Günther, *Verkündigung an Maria*, 1764, Weyarn, ehem. Augustinerchorherrnstiftskirche St. Peter und Paul). Frei erhobene Finger können je nach Kontext auch zu dreien zusammengelegt auf die Hl. Dreifaltigkeit und zu zweien zusammengelegt auf die zwei Naturen Jesu Christi verweisen. Ein auf den Mund gelegter Zeigefinger gehört auch zu den Kennzeichen der Tugend *oboedientia* ›Gehorsam‹ (Giotto, *Allegorie des Gehorsams*, um 1305, Padua, Arenakapelle). Auch ein Schwur wurde im frühen Mittelalter mit zwei Fingern, später mit drei Fingern und danach oft durch Ausstrecken aller Finger der rechten Hand abgelegt. Früher wurde der Ringfinger auch Herzfinger genannt. Man hielt ihn für durch eine besondere Ader direkt mit dem Herzen verbunden. Ringe als Sinnbild von Liebe und Treue wurden so am linken Herzfinger (Herzseite) getragen.

Schon in der Antike galt das Vorstrecken des Mittelfingers als Beschimpfung, das Verschränken der Finger wurde als Abwehrgestus verstanden. ▸Fica-Geste, ▸Gesten, ▸Hand

Fisch. Schon von alters her ist der Fisch Sinnbild des Wassers und damit auch Symbol des Lebens und der Fruchtbarkeit und auch ein Glückssymbol. So bringt in zahlreichen Märchen der verschiedensten Kulturen ein Fisch einen verlorenen Ring zurück. In diesem Sinn wurden Fische auch immer wieder als Talisman verwendet. Unter den antiken Göttern wird der Meeresgott Poseidon/Neptun auch durch Fische gekennzeichnet.

Im Alten Testament erscheinen Tobias oder der Erzengel Raphael, sein Begleiter, mit einem Fisch in der Hand. Dessen Galle heilte später die Erblindung von Tobias' Vater (Buch Tobit; Giovanni Girolamo Savoldo, *Raffael und Tobias*, 1. Hälfte 16. Jh., Rom, Galleria Borghese). Der Prophet Jona, der von einem großen Fisch (Wal) verschlungen wird und ihm nach drei Tagen heil entsteigt, wird später typologisch auf die Auferstehung Jesu Christi bezogen (Jona 2; Nikolaus von Verdun, *Klosterneuburger Altar*, 1181, Klosterneuburg bei Wien, Stiftsmuseum; Jan Brueghel d. Ä., *Jona und der Wal*, 1595/96, München, AP).

Im christlichen Bereich war der Fisch bis zum Ende des 4. Jahrhunderts eines der wichtigsten christlichen Symbole. Wahrscheinlich wurde das Fischsymbol zuerst in Bezug zu den Evangelien (Menschenfischer, wunderbarer Fischzug, die Sintflut traf die im Wasser lebenden Tiere nicht) zur Bezeichnung der getauften Christen verwendet und ist somit von der Wassertaufe herzuleiten. Ab dem 2. Jahrhundert wurde die Taufe auch unter dem Bild des Fischzugs dargestellt. Der im Taufwasser gegenwärtige Christus wird so zum Fisch und die Getauften zu Fischlein (»Aber wir Fischlein werden gemäß unserem Fisch Jesus Christus im Wasser geboren«, Tertullian). Vor allem in der Grabkunst und auf Gemmen waren Fischdarstellungen dieser Art sehr verbreitet (*Grabplatte der Domitia*, Rom, S. Lorenzo). Der Fisch konnte später auch Symbol des eucharistischen Mahles sein. Bis ins Mittelalter wurde er so in Bildern des Letzten Abendmahles als Speise wiedergegeben (UNBEKANNTER MEISTER, *Das Letzte Abendmahl*, Fresko, 1072–87, S. Angelo in Formis). Auch zusammen mit Brot wurde er in diesem Sinne abgebildet. Im *Klosterneuburger Altar* des NIKOLAUS VON VERDUN (1181, Klosterneuburg bei Wien, Stiftsmuseum) versteckt dagegen Judas als Verräter einen Fisch hinter seinem Rücken.

Des Weiteren wurde das griechische Wort für Fisch – Ichthys – als Akrostichon für den Namen Jesu benützt, das den christologischen Aussagen des Glaubensbekenntnisses von Nizäa entspricht (**I**esous **CH**ristos **T**heou **HY**ios **S**oter – Jesus Christus, Gottes Sohn, Heiland/Erlöser) und im frühen Christentum als Christuszeichen diente. Im Mittelalter eher selten gebraucht, wird ab dem 17. Jahrhundert aus Ichthys IXOYS. Ein der erythräischen Sibylle zugeschriebenes Gedicht hat als Anfangsbuchstaben ebenfalls Jesous Christos Theou Hyios Soter. Drei Fische mit einem gemeinsamen Kopf gelten vor diesem Hintergrund als Trinitätssymbol.

Als Attribut von Heiligen kommen Fische beim hl. Makluvius vor, der einen Walfisch für eine Insel hielt und auf dessen Rücken eine Messe zelebrierte, bei den Aposteln Andreas und Petrus, die Fischer waren, aber auch als Hinweis auf die Menschenfischer, bei den hll. Arnulf von Metz (Fisch mit Ring im Maul), Berthold, Brendan von Irland, Gregor von Tours, Honorius, Ulrich von Augsburg, Elisabeth von Thüringen, Johannes Nepomuk, Verena (Fisch mit Ring im Maul), Zeno von Verona und Benno von Meißen (Fisch mit zwei Schlüsseln im Maul). Fische mit aus dem Wasser gehobenen Köpfen lauschen der Predigt des hl. Antonius von Padua (ARNOLD BÖCKLIN, *Die Predigt des hl. Antonius*, 1892, Zürich, Kunsthaus). Weiterhin kann ein Fisch Attribut der Kardinaltugend *temperantia* ›Mäßigung‹ sein. Ein Fisch in der Hand ist aber auch Kennzeichen der Laster *acedia* ›Trägheit‹ (Ripa 1970, S. 2–4), *avaritia* ›Geiz‹ und *stultitia* ›Torheit‹, während in der Zeit der Romanik oder in barocken Marktszenen ein Fisch auch Sinnbild der *luxuria* ›Wollust‹ sein konnte.

Ein Fisch kann vor allem als Mahlzeit auch Sinnbild von Armut, Bescheidenheit und Fasten sein (FRANS FRANCKEN D. J., *Die Mahlzeit des armen Mannes*, 1597, Privatsammlung).

Fischer. Sowohl mit Netz als auch mit Angel können Fischer im christlichen, vor allem frühchristlichen Kontext der Tauf- und Heilssymbolik zugeordnet werden oder szenisch auf den wunderbaren Fischfang verweisen (Lk. 5,1–11). Christus oder die Apostel als Menschenfischer deuten auf die bekehrende Kirche hin (UNBEKANNTE MEISTER, Decke, 12. Jh., Zillis; Kanzel, 1753, Traunkirchen, Oberösterreich). Gottvater oder Christus werden auch dargestellt, wie sie den Leviathan mit einer Angel fangen. Auch die Personifikation der Liebe, sowohl der himmlischen als auch der irdischen, kann als Angler erscheinen. In der niederländischen Malerei des 16. und 17. Jahrhunderts kann ein Fischer vereinzelt auch als Verkörperung des Elements Wasser auftreten.

Flachsbüschel. Es findet sich unter den Attributen der hl. Afra von Augsburg, die unter einem Bündel Flachs den hl. Narzissus vor seinen Verfolgern versteckt haben soll (MEISTER DES BARTHOLOMÄUS-ALTARS, Flügel des *Thomasretabels*, nach 1495, Köln, WRM).

Flamme. Als Zeichen außerordentlicher Kraft ist die Flamme Attribut der theologischen Tugend *fides* ›Glaube‹, als Flamme auf dem Kopf (nach Ripa 1970, S. 64) auch Kennzeichen der Tugend *caritas* ›Liebe‹, während der *heresia* ›Irrglaube‹ Flammen aus dem Mund schlagen (Ripa 1970, S. 216/217).

Weiterhin sind Flammen Kennzeichen von Heiligen, die, wenn sie in Flammen stehen, auf einem Scheiterhaufen ihr Martyrium erlitten, als flammende Redner oder als besonders erleuchtet galten, wie u.a. Afra und Anastasia, Antonius der Eremit, Antonius von Padua (begnadeter Prediger), Apollonia, Ignatius von Loyola (nach seinem Programm, »Ite, accendite omnia« nach Lukas), Christina von Bolsena, Irene, Thekla von Ikonium, Franz Xaver (aus der Brust schlagend), Konrad von Urach (aus den Fingern schlagend), Vinzenz Ferrer (in den Händen oder über dem Kopf; Giovanni Bellini, *Vinzenz-Polyptychon*, um 1464, Venedig, San Giovanni e Paolo), Lucia von Syrakus (zu Füßen), Hildegard von Bingen (aus dem Kopf schlagend) und Dominikus von Spanien (von Flammen umgeben). ‣Feuer, ‣Feuerzunge

Flasche. Eine bauchige Apothekerflasche oder kleine Phiole gehört zu den Attributen der hll. Kosmas und Damian, die die Schutzpatrone der Ärzte und Apotheker sind, und des Pantaleon von Nikomedien, der in der Ostkirche zu den heiligen Ärzten gezählt wird, die unentgeltlich heilen, und im Westen zu den vierzehn Nothelfern gehört. Zwei Flaschen/Ampullen mit seinem Blut kennzeichnen den hl. Januarius von Benevent, den Schutzpatron von Neapel. Als Uringlas zu verstehen sind Flaschen in Zusammenhang mit Arztdarstellungen, da die Urinbeschau zu den wichtigsten Diagnoseverfahren der alten Medizin gehörte (Jan Steen, *Der Arztbesuch*, Mitte 17. Jh., London, Wellington Museum, Apsley House). ‣Feldflasche, Pilgerflasche

Fledermaus. Im alten China waren Fledermäuse ein Symbol für Glück und ein langes Leben. Im Alten Testament gelten sie jedoch als unrein. So waren Fledermäuse im Mittelalter als teuflisch verrufen, da man meinte, dass sie sich in den Haaren festkrallen und Blut saugen. Sie galten als Inkarnation des Teufels, der oft mit ‣Fledermausflügeln und als Begleiter von Hexen wiedergegeben wird. Außerdem wurden sie als Hybriden zwischen Vogel und Ratte als heuchlerisch bewertet und so im mittelalterlichen Antisemitismus Symbol des Judentums oder der Häresie. Ferner gehören die Fledermäuse zu den Begleittieren der Laster *invidia* ›Neid‹ und *fraus* ›Betrug‹. Zum Sinnbild der Melancholie und der Nacht wurde die Fledermaus ab der Renaissance (ALBRECHT DÜRER, *Melencolia I*, Kupferstich, 1514).

Fledermausflügel. Fledermausflügel verweisen auf den Teufel, auf Dämonen oder auf den Tod (LORENZO GHIBERTI, *Versuchung Christi*, 1405–25, Bronzetür, Florenz, Baptisterium S. Giovanni; LUCA GIORDANO, *Der Erzengel Michael stürzt die abtrünnigen Engel in den Abgrund*, 1666, Wien, KHM).

Flieder. Der im Mai blühende Strauch gilt als Frühlingssymbol.

Fliege. Schon im alten Orient galten Fliegen als Verkörperung des bösen Prinzips. Im Alten Testament als Name des Gottes von Ekron negativ konnotiert, wird im Neuen Testament der Fürst der Dämonen, der bösen Geister, Beelzebub – Herr der Fliegen – genannt (2. Kön. 1,2; Mt. 12,24). So behielten die Fliegen auch in der abendländischen Kunst eine negative Bedeutung als Symbol des Bösen und der Sündhaftigkeit. Als Attribut des Wüstenvaters Makarios verweist eine Fliege darauf, dass der Heilige von Fliegen gequält wurde, ferner können auch die hll. Narzissus von Gerona und Tugdual von Treguier eine Fliege als Kennzeichen haben. Seit der Renaissance und besonders in der Barockemblematik sind Fliegen wie auch andere Insekten Symbole von Vanitas, der Vergänglichkeit alles Irdischen.

Flöte. Als einfaches Blasinstrument ist die Flöte allgemein Attribut von Hirten. Im antiken Mythos wurde die vom Hirten- und Naturgott Pan verfolgte Nymphe Syrinx von ihren Schwestern zum Schutz in Schilfrohr verwandelt. Pan erfand daraus die aus sieben oder neun Rohrpfeifen bestehende Pan- oder Hirtenflöte, auch Syrinx genannt (Homer, *Hymnen*; ARNOLD BÖCKLIN, *Pan im Schilf*, 1859 und *Idylle*, 1875, beide München, NP). Da Pan ein geschickter Flötenspieler war, forderte er Apoll mit dessen Kithara zum musikalischen Wettstreit heraus, den Pan natürlich verlor (Ovid, *Metamorphosen*

11,153–172). Auch der Silen Marsyas, der die von Athena/Minerva weggeworfene Flöte findet, forderte Apoll zu einem musikalischen Wettstreit auf, der den Besiegten dem Sieger vollkommen ausliefern sollte. Die Musen entscheiden zu Gunsten Apolls, des Spielers der Kithara, dem Instrument der hohen Kunst. Apoll lässt daraufhin Marsyas zur Strafe für seine Hybris an einem Baum aufhängen und ihm die Haut abziehen (Ovid, *Fasten* 6 und *Metamorphosen* 6,382–400; Guido Reni, *Apoll schindet Marsyas*, um 1633, München, AP; Luca Giordano, *Apoll und Marsyas*, um 1695, El Escorial, Palacio, Patrimonio Nacional).

Auch der römische Hirtengott Faunus ist mit einer Flöte ausgestattet. Als Kennzeichen eines Hirten gehört die Flöte auch zu den Attributen von Paris und von Daphnis, der als der mythische Erfinder der bukolischen Dichtung gilt und mit seiner Panflöte die Nymphen bezauberte und besonders seine Liebe zu Amaryllis ausdrückte (Theokrit, 3. *Idylle*; Arnold Böcklin, *Amaryllis*, 1866, München, Schack-Galerie).

Auch der Kyklop Polyphem wird als Hirte gerne mit Panflöte dargestellt, die er für die von ihm angebetete Nymphe Galatea spielt (u.a. Homer, *Odyssee*; Ovid, *Metamorphosen* 13,740–897; Annibale Carracci, *Polyphem und Galatea* und *Polyphem erschlägt Acis*, beide Galleria Farnese, 1597–1601, Rom, Palazzo Farnese).

Jubal, einer der Nachkommen Kains, gilt im Alten Testament als Stammvater aller Flöten- und Zitherspieler und kommt so als Vertreter der Musik in Darstellungen der Sieben freien Künste vor (1. Mose 4,19–21). Weiterhin ist eine Flöte oder Doppelflöte Attribut von Euterpe, der Muse der lyrischen Dichtung (Eustache Le Sueur, *Die Musen Klio, Euterpe und Thalia*, 1652–55, Paris, Louvre).

Als Flöte wird profan auch ein hohes Spitzglas bezeichnet, das als Champagnerglas gebräuchlich ist (Sektflöte).

Flügel, ermöglichen das Verlassen der Erde und den Aufstieg zum Himmel (z. B. geflügeltes Herz). Geflügelte Götter oder Dämonen sind in vielen Kulturen verbreitet. So hatten in der Vorstellung der alten Griechen und Römer die Rachegöttinnen, Nike/Victoria und Hermes/Merkur Flügel oder wenigstens Flügel am Helm oder an den Schuhen. Die wichtigsten mit Flügeln wiedergegebenen Gestalten der antiken Mythologie sind Chronos/Tempus als Gott der Zeit, und in schon früh stattgefundener Vermengung mit diesem auch bisweilen Kronos/Saturn. Deren Flügel sind dabei als Hinweis auf die Flüchtigkeit der Zeit zu verstehen (Nicolas Poussin, *Allegorie vom Tanz des Lebens*, um 1640, London, Wallace Collection; Simon Vouet, *Saturn besiegt durch Amor, Venus und Hoffnung*, um 1645/46, Bourges, Musée du Berry). Eros/Amor, der Gott der Liebe, wird sowohl als Kind als auch als erwachsener Freier der Psyche mit Flügeln wiedergegeben (Caravaggio, *Amor als Sieger*, 1602/03, Berlin, Staatliche Gemäldesammlungen; Antonio Canova, *Amor und Psyche*, 1787–93, Paris, Louvre; François Gérard, *Amor und Psyche*, 1798, Paris, Louvre). Die Götterbotin Iris, die Rachegöttin Nemesis, die Erinnyen/Furien, die Rächerinnen und die Windgötter tragen ebenfalls häufig Flügel und ebenso das Musenross Pegasos (Peter Paul Rubens, *Bellerophon auf dem Ross Pegasos tötet die Chimäre*, 1635, Bayonne, Musée Bonnat; ders., *Perseus und Andromeda*, 1620/21, St. Petersburg, Eremitage). Nach Ripa soll auch Eos/Aurora, die Göttin der Morgenröte, mit Flügeln dargestellt werden (Ripa 1970, S. 34).

Daidalos und sein Sohn Ikaros tragen nicht von Natur aus Flügel, sondern bauen sich welche, um ihrer Gefangenschaft auf Kreta zu entrinnen. Ikarus stürzt dabei aber ins Meer, da er der Sonne zu nahe kommt (Ovid, *Metamorphosen* 8,183–235; Carlo Saraceni, *Daidalos setzt Ikaros Flügel an*, vor 1608, Neapel, Museo Nazionale di Capodimonte; Domenico Feti, *Ikarus*, 1. Viertel 16. Jh., St. Petersburg, Eremitage).

In der Bibel werden nur die Engel um den Thron des Allerhöchsten als geflügelte Wesen beschrieben, alle anderen erscheinen wie gewöhnliche Menschen. Nach diesen Beschreibungen haben die Mischwesen um den Thron des Allerhöchsten, die Cherubim, vier oder sechs Flügel, die mit Augen

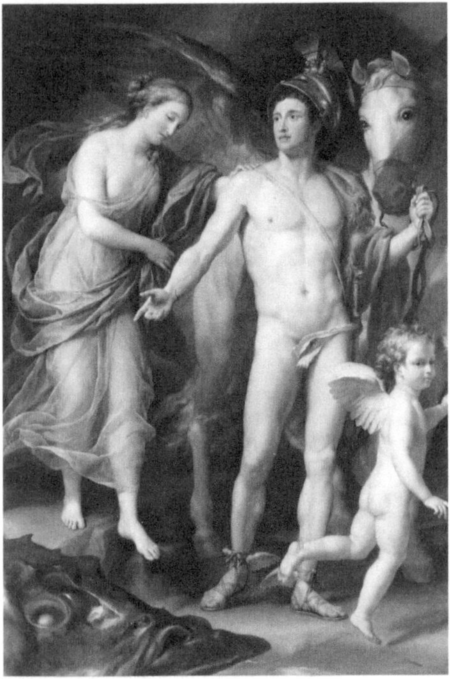

Anton Raphael Mengs: Perseus und Andromeda. St. Petersburg, Staatliche Eremitage, 1778. – Das Ovids *Metamorphosen* entnommene Motiv zeigt vorne links das getötete Ungeheuer, während die von Perseus gerettete äthiopische Königstochter Andromeda vom Felsen herabsteigt, an den sie gekettet war. Sie stützt sich auf die Schulter des mutigen Helden, ihres zukünftigen Gemahls. Perseus steht leicht aus dem Zentrum gerückt in Siegerpose vor uns. Angetan ist er mit Helm, über die Schulter geworfenem Mantel, Schwert und **Flügelschuhen**. Er führt das geflügelte Pferd Pegasus am Zügel, das der von Perseus getöteten Medusa entsprang und damit im Bild auch auf diese Heldentat anspielt. Vor Perseus weist der kleine Hymenäusknabe, der Gott der Hochzeit, mit einer brennenden Fackel den Liebenden den Weg.

bedeckt sind (Jes. 6,2; Hes. 1,5–12; 10; Offb. 4,6–8) und die Seraphim sechs Flügel (Jes. 6,2). Doch ab dem Ende des 4. Jahrhunderts übernehmen alle christlichen ‣Engel die Flügel der römischen Siegesgöttin Victoria, die fortan zu ihrem wichtigsten Attribut werden, auch wenn später immer wieder einmal Engel ohne Flügel auftauchen.

In der Ostkirche wird manchmal auch Johannes der Täufer mit Flügeln dargestellt, weil er wie der Erzengel Gabriel den Messias ankündigte. Heilige, die vereinzelt mit dem Attribut der Flügel erscheinen können, sind Thomas von Aquin, abgeleitet vom Beinamen Doctor angelicus, und Vinzenz Ferrer, der vom Papst mit einem Engel verglichen wurde. ‣Fledermausflügel verweisen dagegen auf den Teufel, auf Dämonen oder auf den Tod.

Auch Personifikationen treten zuweilen geflügelt auf. So sollen nach Ripa die Tugend der *pietas* ›Frömmigkeit‹ (Ripa 1970, S. 401) und die Personifikation des *desiderium* ›Sehnsucht‹ (Ripa 1970, S. 101–102) mit Flügeln dargestellt werden. Bei der wie im Wind hin und her getriebenen Fortuna kann dies bildlich ebenfalls mit Flügeln ausgedrückt werden. Auch die Personifikation der *fama* ›Ruhm‹ erscheint zuweilen mit Flügeln (Bernardo Strozzi, *Allegorie der Fama*, 1. Hälfte 17. Jh., London, National Gallery), und ebenso jene der Astrologie (nach Ripa 1970, S. 28–29). Ein bärtiger Alter oder auch ein Jüngling mit Flügeln und Fackel kann den Schlaf personifizieren.

Flügelhelm, Flügelschuhe. Der antike Götterbote Hermes/Merkur ist mit Flügelhelm oder mit Flügelschuhen als Zeichen seiner Schnelligkeit ausgestattet (Correggio, *Merkur mit Venus und Amor*, um 1525, London, National Gallery; Giovanni da Bologna, *Merkur*, 1564–65, Florenz, Bargello). Weiterhin fliegt der Göttersohn Perseus mit Flügelhelm oder Flügelhaube und Flügelschuhen durch die Lüfte (Ovid, *Metamorphosen* 4,604–771; Anton Raphael Mengs, *Perseus und Andromeda*, 1778, St. Petersburg, Eremitage), und auch die Personifikationen der Jahreszeiten Frühling und Herbst können Flügel an den Füßen haben.

Fluss. Die Vorstellung von heiligen Flüssen oder Göttern, die bestimmten Flüssen zugeordnet sind, gibt es in vielen Kulturen.

Im Alten Testament werden die vier Paradiesflüsse Pischon (Indus), Gichon (Ganges), Hiddekel/Tigris und Euphrat aufgeführt, die von einer gemeinsamen Quelle ausgehen (1. Mose 2,11–15). In christlichen Bildschöpfungen entspringen sie meist einem Hügel, auf dem Christus oder das Gotteslamm steht. Durch die Vierzahl und den gemeinsamen Ursprung symbolisieren sie oft auch die vier Evangelien oder Evangelisten. In diesem Sinnzusammenhang werden sie bei Taufbecken dargestellt, wobei auch das Taufwasser manchmal symbolisch zu den Paradiesflüssen in Bezug gesetzt werden konnte (Taufbecken, Mitte 13. Jh., Hildesheim, Dom). Personifiziert werden sie durch hockende oder stehende Männer mit großen Krügen (Nordportal, ab 1230, Chartres, Kathedrale). In Analogie zu den Paradiesflüssen und in Übertragung von antiken mythologischen Vorstellungen entstand im Christentum auch das Bild von den vier Höllenflüssen, dem Styx, dem Fluss des Schreckens, dem Acheron, dem Fluss des Schmerzes, dem Cocytus, dem Fluss der Wehklagen, und dem Phlegeton, dem Feuerstrom, die bei Darstellungen des Jüngsten Gerichts wiedergegeben sein können.

Antike Flussgötter werden als nackte bärtige Männer dargestellt, die auf eine Urne gestützt auf dem Boden liegen oder sitzen und von Wasserbächen umgeben sind. Vom frühen Christentum bis ins frühe Mittelalter wird der Fluss Jordan bei der Taufe Jesu häufig durch solch eine Personifikation ergänzt (Mosaik, um 500, Ravenna, Baptisterium der Arianer, und Baptisterium der Orthodoxen, um 458; *Taufe Jesu, Hita-Codex*, um 1000, Darmstadt, Landesbibliothek).

Forke. Eine zweizinkige Forke ist das Attribut Plutos, des römischen Gottes der Unterwelt.

Fratzen. Sie gelten als Sinnbilder des Bösen, haben aber oft apotropäischen Charakter, sollen also Unheil und das Böse zurückweisen.

Frauenmantel (Sinau). Wegen der Form ihrer Blätter wird diese Heilpflanze auch als Mantel Mariens bezeichnet.

Frettchen ▸ Iltis

Freuden Mariä. Als die seit dem Mittelalter in Gebeten angesprochenen und bisweilen auch dargestellten Sieben Freuden Mariens gelten: Verkündigung, Heimsuchung, Geburt Christi, Anbetung der Könige, Darstellungsfest mit der Begegnung mit Simeon, Wiederfinden des zwölfjährigen Jesu im Tempel, Krönung Mariens (Hans Memling, *Die Sieben Freuden Mariä*, um 1480, München, AP).

Frisur ▸ Haartracht

Frosch. Bildlich sind Frosch und Kröte oft nicht voneinander zu unterscheiden. Im alten Ägypten war der Frosch ein positives Symbol der Fruchtbarkeit und der Auferstehung. In dieser Form wurde er auch von den koptischen Christen übernommen. In der Kunst ist dies noch nachweisbar in Form von Öllampen oder Darstellungen auf Lampen (Froschlampe, 5./6. Jh., Berlin, Staatliche Museen).

In der antiken Mythologie wurden die lykischen Bauern von Leto/Latona, der Mutter der Zwillingsgottheiten Apoll und Artemis/Diana in Frösche verwandelt, da sie der dürstenden Göttin und ihren Kindern Wasser zum Trinken verweigerten (Ovid, *Metamorphosen* 6,313–381; Giulio Carpioni, *Latona verwandelt die Bauern in Frösche*, um 1665/70, Dresden, Gemäldegalerie AM).

Im Christentum gilt der Frosch dagegen als Sinnbild der Sündhaftigkeit und des Teufels (Michiel Coxie, *Der Sündenfall*, um 1550, Wien, KHM). Möglicherweise entstand diese Verbindung aus der Erinnerung an eine der ägyptischen Plagen (2. Mose 8,2–14). Aber auch in der Geheimen Offenbarung werden Frösche mit bösen Dämonen gleichgesetzt (Offb. 16,13). Wegen des Lärms, den quakende Frösche verursachen, wurden sie auch Häretikern zugeordnet.

Als Attribut von Heiligen sind Frösche Herväus und Pirmin von Reichenau zugeordnet, die quakende Frösche zum Schweigen bringen konnten, und Regulus von Senlis und Ulphia (Wulfia) von Amiens. Im Mittelalter gehörten Frösche auch zu den Begleittieren von Hexen, Froschknöchelchen wurden beim Liebeszauber eingesetzt.

Früchte, Früchtekorb. Sie gelten als Sinnbild der Reife und allgemein von Fülle und Wohlstand. Bei Darstellungen der fünf Sinne verweisen Früchte auf den Geschmack, bei Jahreszeitendarstellungen werden sie dem Sommer und dem Herbst zugeordnet. Angebissene, abgeschälte oder aufgebrochen Früchte tauchen vor allem in Stillleben der Barockzeit als Vanitas-Symbol auf.

Frühlingsknotenblume ▸Schneeglöckchen

Fuchs, Fuchsschwanz. Als rothaariges Tier gilt der Fuchs meist als Symbol des bösartigen Betrugs, der Hinterlist und der Bosheit allgemein. In der antiken Mythologie ist er unter den Begleittieren des Kriegsgottes Ares/Mars zu finden.

In der Bibel wird der Fuchs als für den Menschen gefährlich eingestuft, und listige Menschen bedienten sich seiner. So fängt Simson dreihundert Füchse, bindet sie zu zweit mit ihren Schwänzen aneinander, versieht sie mit Fackeln und jagt sie so in die Getreidefelder der Philister (Ri. 15,4; UNBEKANNTE MEISTER, Glasfenster, 13. Jh., Auxerre, Kathedrale; Chorgestühl, 16. Jh., Amiens, Kathedrale; LUCA GIORDANO, *Simson bindet Fackeln an die Füchse*, um 1695/96, Palma de Mallorca, Palacio Real de la Almudaina, Patrimonio Nacional). Als Attribut kommt ein Fuchs bei den Heiligen Bonifatius, Genulph und Junian vor.

Die Fabeln von Äsop waren in Nachdichtungen dem Mittelalter bekannt und sind so zum Teil ebenfalls in symbolische Auslegungen eingegangen. Die wichtigsten Quellen sind dabei der *Physiologus* und Isidor von Sevilla. Auf die Fabel vom Fuchs und den Trauben, die ihm zu sauer sind, spielt zum Beispiel auch GIULIO ROMANOS *Madonna della Gatta* (um 1520, Neapel, Galleria Nazionale di Capodimonte) an. Der Fuchs predigt im Mönchsgewand Hühnern, Gänsen, Vögeln und Hasen oder liest ihnen die Messe. Bisweilen verschlingt er auch, mit einer Kapuze bekleidet, eine Gans (Kapitell, 12. Jh., Brauweiler, Abteikirche).

Ab dem 12. Jahrhundert tauchen Darstellungen von Füchsen als Sinnbild von *luxuria* ›Wollust‹, *avaritia* ›Geiz‹ und *fraus* ›Betrug‹, aber auch als Verkörperung des Sünders überhaupt auf. Als Reittier ist er dem Laster *gula* ›Völlerei‹ zugeordnet. Im Mittelalter wird der Fuchs als Verkörperung des Teufels und teuflischer Versuchungen, aber auch der Häretiker, Heuchler und Betrüger gesehen. Als Warnung vor dem Teufel und seinen Listen erscheint er so häufig in der Kapitellskulptur und in der Buchmalerei. Ein gefesselter Fuchs kann auf den gefesselten Teufel verweisen (ALBRECHT DÜRER, *Madonna mit den vielen Tieren*, aquarellierte Federzeichnung, 1503, Wien, Albertina). Fuchsschwänze an der Kleidung dienten in der Bildsprache auch als Hinweis auf Heuchelei (PIETER BRUEGHEL D. Ä., *Die Krüppel*, 1568, Paris, Louvre).

Füllhorn. Als Symbol für Reichtum und Fruchtbarkeit kommt das Füllhorn aus der griechischen Mythologie, wurde später jedoch auch in die christliche Kunst übernommen. Antike Götter, die mit einem Füllhorn ausgestattet sein können, sind Demeter/Ceres, Pomona, Hades/Pluto und Dionysos/Bacchus. Auch die delphische Sibylle wird durch ein Füllhorn gekennzeichnet.

Als Heiligenattribut ist es Kajetan von Thiene und Joel (Altes Testament) beigegeben. Den Personifikationen der theologischen Tugend *spes* ›Hoffnung‹, der Tugenden *liberalitas* ›Freigebigkeit‹ mit herausfallenden Gegenständen und *pietas* ›Frömmigkeit‹ (nach Ripa 1970, S. 290–291, 401) ist es ebenso zugeordnet wie den Personifikationen der *fortuna* ›Schicksal‹ und *felicitas* ›Glück‹ (nach Ripa 1970, S. 154, 155). Auch *abundantia* ›Überfluss‹ wird mit Füllhorn dargestellt (nach Ripa 1970, S. 1). Ein Füllhorn mit Blumen und Früchten kann auch Zeichen der *providentia divina* ›der Göttlichen Vorsehung‹ sein (nach Ripa 1970, S. 414).

In der Profanikonographie ist das Füllhorn Attribut der Personifikation *tellus* ›Erde‹ und ihrer Fruchtbarkeit, aber auch der Personifikationen von Flüssen und des Meeres. In Erdteildarstellungen ist es Europa oder Afrika beigefügt. Flora, die Göttin der Blumen und des Frühlings, der Sommer und der Herbst können ebenso mit einem Füllhorn gekennzeichnet werden.

Fünf Sinne ▸Sinne

Fuß, Fußbekleidung. Als Zeichen der besonderen Verbindung des Menschen mit dem Himmel und der Erde und als Bekundung von Offenheit, Empfänglichkeit, Ehrfurcht und Demut mussten in alten Kulturen Opfernde oft ihre Füße entblößen. So wurde Mose vor dem brennenden Dornbusch aufgefordert, seine Sandalen zu lösen (2. Mose 3,5; UNBEKANNTER MEISTER, Mosaik, Mitte 6. Jh., Ravenna, S. Vitale).

In diesem Sinn als Bekundung von Demut und Empfänglichkeit für Gott ist auch die Fußwaschung der Muslime zu verstehen. Aber auch jene an den Jüngern durch Jesus kann über den Liebesdienst und die Selbsterniedrigung hinaus in diesem Sinn gedeutet werden (Joh. 13,2–17; ▸Fußwaschung). Bloße Füße konnten so aber auch zum Zeichen besonderer Berufung werden. Barfuß erscheinen deshalb häufig Engel, z. B. bei der Verkündigung an Maria (*Verkündigung an Maria*, Mosaik, 5. Jh., Rom, S. Maria Maggiore), Mose vor dem brennenden Dornbusch oder Propheten, hier meist als Anspielung auf ihre häufige Abstammung aus dem einfachen Volk (REMBRANDT, *Jeremia trauert über die Zerstörung Jerusalems*, 1630, Amsterdam, Rijksmuseum) und Apostel (nach Mt. 10,10 und Lk. 10,4). Nackte Füße verweisen aber auch auf Armut, Rechtlosigkeit und niedere soziale Stellung.

Bloße Füße können auch als Hinweis auf besonders heilige Personen verstanden werden, z. B. die hl. Hedwig von Schlesien. Als Zeichen der Demut charakterisieren sie den hl. Christophorus. Mit bloßen Füßen über glühende Kohlen oder Pflugscharen schreiten zu müssen, galt im frühen Mittelalter als Schuld- oder Unschuldserweis durch ein Gottesurteil. So musste z. B. die hl. Kaiserin Kunigunde über glühende Pflugscharen schreiten, wobei sie keine Verbrennungen erlitt, nachdem ihr eifersüchtiger Gemahl Heinrich II. ein Gottesurteil gefordert hatte.

Barfüßigkeit bei Orden gilt als Zeichen der freiwillig gewählten Armut und besonderer Demut (z. B. unbeschuhte

Karmeliter). Fußabdrücke heiliger Personen werden an vielen Orten verehrt. Bildlich wiedergegeben werden sie des Öfteren bei der Himmelfahrt Jesu Christi (JAN JOEST VON KALKAR, *Christi Himmelfahrt*, um 1508, Kalkar, St. Nikolai). Abgeschlagene Füße gehören zu den Attributen des hl. Ernst von Zwiefalten. Ein Bocksfuß, Pferdefuß oder Gänsefuß gilt als Erkennungsmerkmal des Teufels und dämonischer Wesen. Halbe Barfüßigkeit wird in bildlichen Darstellungen als Wiedergabe menschlicher Fragwürdigkeit und des bösen Prinzips, aber auch von Schicksalsschwankungen ausgelegt (REMBRANDT, *Paulus im Gefängnis*, 1627, Stuttgart, Staatsgalerie, durch den Felsen unter dem nackten Fuß hier aber auch Zeichen von Gottvertrauen). ‣Schuh

Fußfall. Die sogenannte Proskynesis, der Fußfall, ist ein Zeichen besonderer Ehrerbietung und ging, ursprünglich aus der Verehrung Gottes durch die Israeliten und der griechischen Götterverehrung stammend, über das persische und alexandrinische Herrscherzeremoniell auch in den liturgisch-sakralen Bereich über. Das Beugen der Knie und das Knien sind ebenfalls Zeichen der Anbetung oder der Unterordnung.

Fußkuss ‣Kuss

Fußstütze/Suppedaneum. Das Fußbrett am Kreuz Christi ist in der byzantinischen Kunst üblich. Im Westen findet es sich in allen Epochen, gehört aber nicht zu den obligatorischen Motiven bei Kruzifixus-Darstellungen. Notwendig war es nur bei den frühmittelalterlichen Kruzifixus-Typen mit vier Nägeln.

Fußtritt ‣Gebärden

Fußwaschung. Als orientalische Sitte der Gastfreundschaft ist die Fußwaschung Symbol der Demut und Liebe, wenn sie ein Höhergestellter ausführt. So wäscht Jesus als Zeichen des Dienens vor der Einsetzung des Abendmahles seinen Jüngern die Füße (Joh. 13,2–17; *Perikopenbuch Heinrichs II.*, um 1007, München, Staatsbibliothek; PETER WTEWAEL, *Jesus wäscht die Füße Petri*, 1623, Arras, Musée des Beaux-Arts). Die katholische Kirche gedenkt dieser Handlung in Verbindung mit Buße am Gründonnerstag.

G

Gänseblümchen/Maßliebchen. Im antiken Mythos ist diese Blume Aphrodite/Venus zugeordnet, aber auch ein allgemeines Frühlingssymbol. Ähnlich wie die Margerite dient sie auch dem Liebesorakel. Später gilt sie als Marienpflanze, die auf das ewige Leben und die Erlösung hinweist; sie kann vereinzelt aber auch Tränen und Blutstropfen bedeuten und so weiblichen Märtyrerinnen zugeordnet sein (Meister Francke, *Kalvarienberg*-Fragment vom *Thomasaltar der Englandfahrer*, 1424, Hamburg, Kunsthalle).

Gänsefingerkraut. Da sich die Blätter bei Regen über der Blüte wie ein schützendes Dach zusammenfalten, galt die Pflanze im Mittelalter generell als Symbol der Mutterliebe und Mariens. Die Wurzel fand als Talisman Verwendung, der Zuneigung erwecken und den Verstand befördern sollte.

Galgen. Er findet sich unter den Attributen des hl. Josef von Leonessa, da er als christlicher Missionar in Konstantinopel vor der Ausweisung vom Sultan drei Tage lang an Haken über einem Feuer aufgehängt wurde (Ludwig Stern, *Der hl. Joseph von Leonessa wird von Engeln vom Galgen genommen*, vor 1777, Rom, Museo Francescano).

Gans. Sie gilt als Sinnbild der Wachsamkeit, Klugheit und Unbestechlichkeit, aber auch der Liebe und – insbesondere der ehelichen – Treue. Die kapitolinischen Gänse sollen durch ihre Wachsamkeit das Kapitol bei der Zerstörung Roms 387 v. Chr. gerettet haben. In der Antike war die Gans jedoch vor allem Liebes- und Fruchtbarkeitsgöttern wie Aphrodite/Venus, Hera/Juno, Eros/Amor und Priapos, aber auch Ares/Mars zugeordnet.

In der Bibel und im frühen Christentum spielt die Gans als Symboltier keine große Rolle. Durch ihre V-förmige Flugformation wurden Gänse später vereinzelt als Zeichen für die Gefolgschaft Christi verstanden. Bekannt ist die Gans in Zusammenhang mit dem hl. Martin. Nach einer Legende aus dem späten 15. Jahrhundert versteckte sich Martin im Gänsestall, um nicht zum Bischof gewählt zu werden, doch die Gänse verrieten ihn durch ihr Geschnatter. So wurde die Gans zu einem seiner eher modernen Attribute. Da der Martinstag am 11. November früher in vielen Gegenden ein wichtiger Markttag und Zins- und Abgabetag war, der Winteranfang bevorstand und die damals noch eingehaltene vierzigtägige Bußzeit der Kirche vor dem Weihnachtsfest am nachfolgenden 12. November begann, aß man als jahreszeitlich typisches Festmahl die Martini-Gans. Die Lucerna-Perikope (Lk. 11,33–36), die vor dem Zweiten Vatikanischen Konzil das Evangelium des Martinsfestes bildete, gilt als Wurzel der an diesem Tag üblichen Lichterprozessionen und Martinsfeuer, die sich erst im Laufe des 19. Jahrhunderts zu Laternenumzügen für Kinder wandelten.

Die hll. Achahildis, Ludger von Utrecht, Rigobert von Reims, Amalberga von Gent, Brigida von Irland, Milburga, Pharahildis von Gent und Werburga von Chester können ebenfalls eine Gans zum Attribut haben.

Die Personifikation des Lasters *gula* ›Völlerei‹ reitet manchmal auf einem Fuchs mit einer Gans im Maul. Die geschwätzige Weisheit kann durch eine Gans gekennzeichnet sein, seltener auch Torheit und Wollust. Bei Lebensalterdarstellungen kann die Gans für das hohe Alter stehen.

Garbe. In der antiken Mythologie kennzeichnet eine Garbe Demeter/Ceres, die Göttin der Fruchtbarkeit und des Sommers. Als Erntesymbol kann eine Garbe Attribut des hl. Donatus von Münstereifel, des Beschützers der Ernte gegen Hagel, und des Bauernheiligen Isidor von Madrid und der Magd Notburga von Rattenberg sein. Bei Darstellungen der Geschichte von Kain und Abel trägt Kain eine Weizengarbe zu seinem Opferaltar (Giovanni Antonio di Francesco Sogliani, *Das Opfer Abels* und *Das Opfer Kains*, beide um 1533, Pisa, Dom, Tribuna). ▸Ähre

Garten. Aus der griechischen Mythologie kommt die Vorstellung vom Garten der Hesperiden, in dem ein Baum mit goldenen Äpfeln steht, die Gaia – Urmutter der griechischen Mythologie – Zeus und Hera als Hochzeitsgeschenk verehrt hatte. Die tiefere Bedeutung scheint auf die Vorstellung vom Lebensbaum zu verweisen (HANS VON MARÉES, *Die Hesperiden*, Triptychon, 1884–85, München, NP).

Während das endzeitliche Paradies meist als Stadt vorgestellt wird, als Himmlisches Jerusalem, wird der paradiesische Uranfang dagegen als blühender Garten, als Garten Eden gesehen. Wichtige Einzelmotive sind dabei Blumen, Bäume, Brunnen, Vögel und ein abschließender Zaun. Diese Vorstellung vom umhegten Garten (*hortus conclusus*) ist sowohl als Verweis auf das Paradies selbst als auch als Bild für die Jungfräulichkeit, basierend auf den symbolischen Deutungen des *Hohen Liedes*, in der Gotik in die Mariensymbolik eingegangen und zu einem wichtigen Element in Marienbildern geworden (Hld. 4,12–5,1; UNBEKANNTER MEISTER, *Paradiesgärtlein*, um 1410, Frankfurt a.M., Städelsches Kunstinstitut; STEPHAN LOCHNER, *Maria im Rosenhag*, um 1450, Köln, WRM; JAN VAN EYCK, *Die Madonna des Kanzlers Rolin*, um 1435, Paris, Louvre; JOHANN EVANGELIST SCHEFFER VON LEONHARDTSHOFF, *Madonna mit Kind*, Anf. 19. Jh., Wien, Österreichische Galerie, Oberes Belvedere). In der Zeit der Internationalen Gotik konnte auch das Jesuskind im Paradiesgarten erscheinen. Auch Kreuzgänge und umhegte Gartenanlagen werden öfter als Erinnerungen an das Paradies gesehen.

Das Bildthema vom Liebesgarten basiert auf literarischen Vorstellungen der höfischen Welt der Gotik und findet seine größte Verbreitung vom 14. bis zum 16. Jahrhundert. Galante Hofgesellschaften bevölkern Gärten, die, vermischt mit der antiken Vorstellung von Arkadien, an das Paradies gemahnen (BRÜDER LIMBURG, *Liebesgarten*, *Stundenbuch Très Riches Heures des Duc de Berry*, 1414, Chantilly, Musée Condé; *Liebesgarten-Konzert*, Wandteppich, um 1504, Paris, Musée des Gobelins).

Gastmahl ‣ Mahl

Gazelle. Die bisweilen auch mit der Antilope gleichgesetzte Gazelle gilt als Symbol von Schnelligkeit, aber auch von Liebe (vor allem in der Antike), Schönheit und Tugendhaftigkeit, außerdem soll sie einen besonders scharfen Blick haben. Aus diesem Grund konnte die Gazelle in christlichem Kontext manchmal zum Bild der geistigen Erkenntnis werden. Sie kann aber auch als häufiges Opfer wilder Tiere Sinnbild für die Vernichtung des Guten und des Wehrlosen sein.

Gebärden. Viele Gesten haben je nach kulturellem Kontext im sakralen und profanen Bereich eine konventionalisierte Bedeutung, die darüber hinaus oft auch innere Zustände ausdrücken kann (z. B. Trauergesten). An erster Stelle sind dabei Handgebärden zu nennen, deren bildliche Wiedergabe vor allem auf bereits in der antiken Rhetorik fixierte und bis in die späte Neuzeit zahlreich tradierte Formen zurückgehen. Als Quellen besonders zu nennen sind dabei das 11. Buch des Traktats zur Rhetorik von Quintilianus, dessen Grundlagen von Leon Battista Alberti im 15. Jahrhundert in die Malereitheorie übernommen wurden, und als umfassendes Nachschlagewerk späterer Zeit die beiden 1644 in London erschienenen Abhandlungen von John Buwler, *Chirologia* und *Chironomia.*

Handgebärden: Segnen: Die Segenshand ist immer die Rechte. Die älteste Form war dabei das Auflegen der Hand, später auch das Erheben der Hände und das Ausstrecken der geöffneten rechten Hand. Letzteres ist aber nicht immer von einer Anrede- oder Hoheits- oder Lehrgebärde zu unterscheiden. Aus der antiken Rhetorik stammt der Segensgestus mit ausgestrecktem Daumen, Zeige- und Mittelfinger und gebeugten beiden letzten Fingern. Da diese Form vor allem auf abendländischen Darstellungen überliefert ist, wird sie als lateinischer Segensgestus bezeichnet. Sie geht auf eine Vorschrift von Papst Innozenz III. (1179–80) zurück. Der griechische Segensgestus, der vor allem in der byzantinischen Kunst tradiert wurde und ab etwa 500 gebräuchlich ist, erscheint mit ausgestreckten Fingern und zusammengelegtem Daumen und

Ringfinger. Auch er stammt aus der antiken Rhetorik. Vereinzelt sind aber auch noch andere Segensgesten gebräuchlich. So können auch der Zeige- und der Mittelfinger ausgestreckt sein und die anderen Finger zusammengelegt oder auch der Zeigefinger und der kleine Finger ausgestreckt sein, dann sind Daumen, Ring- und Mittelfinger nach innen gebeugt und berühren sich (UNBEKANNTER MEISTER, *Maximianskathedra*, um 550, Ravenna, Erzbischöfliches Museum). Außerdem ist auch das Segnen mit geheiligten Gegenständen wie einer Monstranz, Reliquien oder einem Kruzifix bekannt.

Weitere Hand- und Armgebärden: Das Auflegen der Hände, das eine Segensform bei den Juden und auch im frühen Christentum war, wurde von den Christen in den Taufritus, die Firmung und die Absolution übertragen. Zudem ist das Auflegen der Hände auch ein königliches Symbol der Huld; schon im alten Rom war es als Geste der Amtsübertragung und zur Weitergabe der Macht gebräuchlich. Mit der Hand an die Brust zu schlagen ist ein Gestus des Schuldeingeständnisses und der Reue, aber auch der Klage. Mit vor der Brust geöffneten Händen erscheinen die Verstorbenen im Jüngsten Gericht oder auch Noah in seiner Dankbarkeit nach der Sintflut. Das Falten der Hände ist seit dem Mittelalter die gebräuchlichste Gebetshaltung. Erhobene Hände gelten als Orantengestus oder Gebetshaltung, denn zum Himmel erhoben sollen sie das Sich-Öffnen und die Demut eines Bittenden ausdrücken. Auch Mose wird bei der Schlacht gegen die Amalekiter mit erhobenen und von Aaron und Hur gestützten Händen gezeigt (2. Mose 17,11–13). Erhobene Hände sind aber auch ein mindestens seit der Antike üblicher, auch in der abendländischen Kunst tradierter Klagegestus (PETER PAUL RUBENS, *Der Bethlehemitische Kindermord*, um 1635–40, München, AP). Das Heben der rechten Hand gehört dagegen außer zum Segensgestus auch zum Schwurgestus, Herrschergestus, Lehrgestus und ist eine Begrüßungsform (Allocutio; *Reiterstandbild von Kaiser Marc Aurel*, um 173 n. Chr., Rom, Museo Capitolino), die später im Faschismus und Nationalsozialismus übernommen wurde. Die geballte Faust ist eine Drohgebärde. In der kommunistischen Ideologie steht sie für Kampfbereitschaft und dient als Gruß.

Das Darreichen der Hände gilt als Zeichen der Hingabe, der Verzeihung und der Versöhnung, aber auch des Ehebundes. Die *Dextrarum iunctio*, das Ineinanderlegen der rechten Hände, und davon abgeleitet der ehemalige Rechtsbegriff Zur-linken-Hand-getraut-Sein für nicht standesgemäße Ehen im Hochadel, ist eine alte Formel der Eheschließung. Der Handschlag ist eine Höflichkeitsform der Begrüßung, als Rechtssymbol aber Ausdruck von Verpflichtung und Bürgschaft oder Zeichen für einen Kaufabschluss. Ein aufgestützter, an die Wange geführter Arm gilt als Denkerpose (Albrecht Dürer, *Die Melancholie*, 1514, Kupferstich; Auguste Rodin, *Der Denker*, 1880–1900). Nach Ripa (1970, S. 2–4) ist diese Geste auch der Personifikation der *acedia* ›Müßiggang‹ beigegeben. Das Berühren der Lende war als Schwurgeste im alten Israel gebräuchlich (1. Mose 24,2).

Der ausgestreckte Zeigefinger ist ein Zeigegestus, der an den Mund gelegte Zeigefinger ein Schweigegestus. Das Nach-oben-Heben oder Nach-unten-Drehen des Daumens war dagegen vor allem in der Antike eine Entscheidungsgebärde über Leben und Tod. Das Ergreifen des ausgestreckten Zeigefingers der linken Hand mit Zeigefinger und Daumen der rechten Hand ist ein alter Argumentationsgestus (Albrecht Dürer, *Jesus unter den Schriftgelehrten*, 1506, Madrid, Museo Thyssen-Bornemisza; Caravaggio, *Die Inspiration des Evangelisten Matthäus*, 1602, Rom, S. Luigi dei Francesi, Cappella Contarelli; Simon Vouet, *Martha tadelt ihre Schwester Maria*, um 1621, Wien, KHM).

Fußgebärden: Den Fuß auf ein Stück Land zu setzen ist ein altes Zeichen der Besitzergreifung. So ist das lateinische Wort für Besitz, *possessio*, von *pedis sessio* ›Aufsetzen des Fußes‹ abzuleiten. Der Fußtritt oder das Stehen auf dem Körper eines besiegten Feindes als Zeichen der Unterwerfung ist dementsprechend ein ebenso altes, seit der Antike vorkommendes

Triumphalmotiv. Es kennzeichnet den Sieg des Erzengels Michael über den Drachen genauso wie den Sieg der Tugenden über die Laster (DONATELLO, *Judith und Holophernes*, um 1460, Florenz, Piazza della Signoria). Auch Christus kann bei der Auferstehung so auf seinem Sarkophag als Sieger über den Tod erscheinen (PIERO DELLA FRANCESCA, *Auferstehung Christi*, Fresko, 1463–65, Sansepolcro, Pinacoteca Comunale). Der Fußtritt einer vornehmen Frau gegen einen Diener gehört zu den Sinnbildern der Personifikation von *ira* ›Zorn‹. ‣Auge, ‣Beten, ‣Finger, ‣Fica-Geste, ‣Fußfall, ‣Kuss

Gebäude. In symbolischem Verweiszusammenhang kann ein Gebäude vor allem in der frühmittelalterlichen Kunst als Abkürzungsformel für eine Stadt (z. B. Jerusalem oder Bethlehem) stehen, als Modell einer Stiftung fungieren oder als Sinnbild der Kirche. Im letzteren Fall erscheinen meist zwei Gebäude, eines steht für Ecclesia, das andere für die Synagoge.

Gebetsgesten ‣Gebärden

Gebetsschnur. Eine mit Perlen oder Knoten versehene Schnur ist in vielen Religionen, auch im Islam und im Buddhismus, als Gebetshilfe gebräuchlich. Im Christentum sind es der Paternoster, die ältere Form, und der ‣Rosenkranz.

Gefäß. Kelch und Schale sind die am häufigsten dargestellten Gefäßformen, die symbolisch als Bild des Aufnehmens oder Empfangens erscheinen können. Flaschen und Dosen sind dagegen eher als Behältnisse zu verstehen.

In der frühchristlichen Kunst trinken Vögel gerne aus einem Gefäß, das das Wasser des Lebens enthält (UNBEKANNTER MEISTER, Mosaik, um 450, Ravenna, Mausoleum der Galla Placidia). Auf Gräbern dieser Zeit verweisen Gefäße, häufig in Amphorenform, auf den menschlichen Leib als zerbrechliches Gefäß der Seele oder auf die Seele als Gefäß der Erwählung (Apg. 9,15). Aus dem Alten Testament sind als Träger von Gefäßen vor allem Samuel, der Saul und David zum König salbte, der Prophet Elisa mit einem Ölgefäß, da er einer armen Witwe durch die wunderbare Vermehrung von Öl half (2. Kön. 4,1–7), und der Erzengel Raphael (d. i. »Gott heilt«) zu nennen, der häufig mit einem medizinischen Salbgefäß dargestellt wird, da er den erblindeten Tobias heilte.

Als Attribut erscheinen Gefäße in den Händen der 24 Ältesten der Apokalypse, beim hl. Prosdokimos, dem ersten Bischof von Padua, und beim hl. Remigius, der König Chlodwig, den ersten christlichen König der Franken, salbte. Medizinische Salbenbehälter charakterisieren die Arztheiligen Kosmas, Damian und Pantaleon, die hl. Irene, die den hl. Sebastian pflegte, und die hl. Praxedis, die ein Gefäß mit Blut halten kann, da sie gefangene und gemarterte Christen versorgte. Als Parfümbehälter (Myrophoren) mit kostbarem Salböl oder Öl zur Einbalsamierung von Toten sind Gefäße in den Händen von Joseph von Arimathia, Nikodemus, Maria Magdalena, Maria Salome, Maria Kleophas, den drei Marien am Grab, zu deuten.

Das Umgießen von einem Gefäß in ein anderes, das Mischen, ist Kennzeichen der Tugend *temperantia* ›Mäßigung‹.

Gefangener. Hinter Gittern, an Ketten oder am Schraubstock dargestellte Gefangene können eines der Attribute der hll. Dominikus von Calciata, Johannes von Matha, Felix von Valois, Leonhard und Nikolaus sein.

Geier. In der Antike waren Geier, die als Schicksalsverkünder galten, den Göttern Apoll und Ares/Mars geweiht. Tityos, ein Zeussohn und Riese, wird für seinen Versuch, sich an Leto, der Mutter von Apoll und Artemis/Diana, zu vergehen, von diesen mit Pfeilen getötet. In der Unterwelt zerhackt ihm, ähnlich dem Prometheus-Mythos, ein Geierpaar die immer wieder nachwachsende Leber (Homer; Hendrik Goltzius, *Tityos*, 1613, Haarlem, Frans Hals Museum). In der Zehnerreihe der Lebensalter kann der Geier dagegen Attribut der siebzigjährigen Frau sein.

Nach der alten Vorstellung, dass ein Geierweibchen ohne Zutun eines Männchens vom Ostwind befruchtet wird, wurde der Geier in der Zeit der Kirchenväter zum Symbol der Jungfräulichkeit Mariens, das schon bei Origenes, einem christlichen Gelehrten des 3. Jahrhunderts, nachweisbar ist. So kann ein nach Osten fliegender Geier in Marienbildern darauf anspielen. Nach einzelnen *Physiologus*-Fassungen soll der Geier auf einem Gebärstein niederkommen, der dann sinnbildlich zum Stein des Geistes wird. Als Aasfresser war der Geier dagegen ein Symbol des Bösen und der Häresie (TIZIAN, *Die Taufe Jesu*, um 1515, Rom, Pinacoteca Capitolina).

Geige. Als Attribut kann eine Geige vereinzelt König David als Psalmensänger und der hl. Cäcilia beigegeben sein, die die Patronin der Musik und der Musiker ist. Auch der hl. Genesius als Patron der mittelalterlichen Spielleute erscheint mit Geige. Doch auch die Personifikation des Todes kann als Spielmann mit Geige ausgestattet sein (ARNOLD BÖCKLIN, *Selbstbildnis mit fiedelndem Tod*, 1872, Berlin, Staatliche Gemäldesammlungen).

Geißblatt/Jelängerjelieber. Diese Rankenblüte gilt als Symbol für Dauer und Beständigkeit, aber auch für langen Genuss. In einer der Versionen des antiken Mythos von Daphnis und Chloe, die nur so lange als Liebespaar beieinanderbleiben konnten, wie das Geißblatt blühte, ließ auf die Bitte von Daphnis hin Aphrodite/Venus das Geißblatt länger blühen. Als Jelängerjelieber kommt es als Sinnbild für eheliche Liebe, Beständigkeit und Treue seit dem Mittelalter vor und behält diese Bedeutung auch in der Blumensprache des 19. Jahrhunderts (PETER PAUL RUBENS, *Selbstbildnis mit Isabella Brant in der Geißblattlaube*, 1609, München, AP).

Geißel. Im antiken Mythos finden sich Geißeln in den Händen der Erinnyen, der Rachegöttinnen. Sie gehören aber auch zu den Kennzeichen des Kriegsgottes Ares/Mars, und als Strafmittel diente die Geißel im Altertum zur Züchtigung. Als sprachliches Bild für ein scharfes Gericht Gottes ist die Geißel auch im Alten Testament zu finden (Jes. 10,26), auch bei der Vertreibung der Händler aus dem Tempel durch Jesus (Joh. 2,14–17) und als eines der Leiden in der Passion Jesu Christi, der verspottet und geschlagen wurde (‣Arma Christi). In Leben-Jesu-Zyklen und als Meditationsthema vorkommend, war das Thema der Geißelung, besonders auch bei den Franziska-

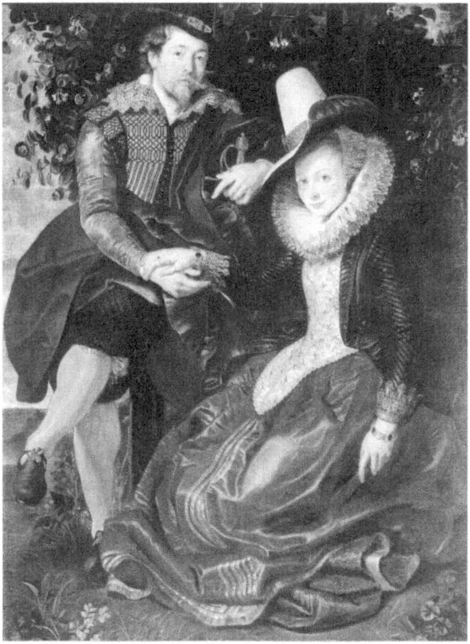

Peter Paul Rubens: Die Geißblattlaube. München, Bayerische Staatsgemäldesammlungen, Alte Pinakothek, 1609. – Das Doppelporträt entstand vermutlich zur Vermählung des Künstlers mit Isabella Brant im Jahre 1609. Es zeigt das Paar vor einer Geißblattlaube. Die Kleidung aus wertvollen Stoffen und Spitzen betont ebenso wie Degen und Hutagraffe des Mannes und Schmuck der Frau den hohen gesellschaftlichen Status des Paares. Darüber hinaus enthält das Bild in einer Abwandlung eines Emblems von Andrea Alciatus eine Aussage zum Verständnis von Ehe und Liebe. Rubens sitzt etwas erhöht auf einem Pfostensitz, Isabella kauert in untergeordneter Position daneben, wie es der traditionellen Auffassung vom Verhältnis Mann – Frau entsprach, besitzt aber im Kompositionsgefüge Gleichwertigkeit. Beide blicken aus dem Bild, sind aber in ihrer Haltung einander zugeneigt. Des Weiteren liegen ihre rechten Hände aufeinander, ein alter Gestus für Trauung (*dextrarum iunctio*) und Verbundenheit. Das **Geißblatt**, das seit dem Mittelalter als Symbol für eheliche Liebe, Beständigkeit und Treue gilt, verwandelt den Ort in einen Liebesgarten.

nern, in der abendländischen Kunst sehr beliebt (Duccio di Buoninsegna, *Maestà*, 1308–11, Siena, Opera del Duomo; Piero della Francesca, *Die Geißelung Christi*, 1469, Urbino, Palazzo Ducale; Albrecht Altdorfer, 1518, Stift St. Florian, Oberösterreich; Peter Paul Rubens, um 1614, Antwerpen, Dominikanerkirche St. Paulus; Rembrandt, 1658, Darmstadt, Hessisches Landesmuseum). Als Mittel zur Selbstkasteiung und zu asketischen Bußübungen war das Geißeln vor allem im Mittelalter bei Geißlerumzügen verbreitet (Gerard Terborch, *Geißlerprozession*, um 1635, Rotterdam, Museum Boymans-van-Beuningen).

Als Attribut gehört eine Geißel zu allen heiligen Büßern wie z. B. Aloysius, Ambrosius, Benedikta, Bonifatius, Elisabeth von Reute, Eulogius von Cordoba, Ferreolus, Firminus, Franz von Paula, Gervasius und Protasius, Hieronymus, Juliana, Margareta von Cortona, Maria Maddalena dei Pazzi, Pantaleon, Prokopius, Valerian und Vinzenz. Außerdem kann eine Geißel als Bild für die Pest und als Attribut der Personifikation der *poenitentia* ›Buße‹, aber auch der Tugend *castitas* ›Keuschheit‹ (Ripa 1970, S. 66) vorkommen. Ebenfalls gehört sie zu den Attributen der agrippinischen Sibylle, die die Geißelung Jesu vorausgesagt haben soll.

Geldbeutel ▸Beutel, ▸Münze

Gelehrtenstube. Bei Darstellungen der Evangelisten, Kirchenväter und Kirchenlehrer und auch bei Thomas von Aquin und Albertus Magnus kommt als Ortsangabe oft eine Gelehrtenstube vor, um die Wiedergegebenen entsprechend zu charakterisieren (Albrecht Dürer, *Der hl. Hieronymus im Gehäuse*, 1514, Kupferstich; Vittore Carpaccio, *Der hl. Augustinus*, 1502–07, Venedig, Scuola di S. Giorgio degli Schiavoni). Generell sind Gelehrtenstuben bei Autorenbildern, Dichterporträts und bei Grabreliefs sehr verbreitet.

Gemse. Das oft mit dem Steinbock gleichgesetzte scharfsichtige Hochgebirgstier gilt als der Weisheit Gottes nahe, denn es hat von den hohen Bergen aus Weitsicht über alles. Die Gemse zeigt so das Streben nach göttlicher Gnade und

Tugend (Physiologus 1981, S. 78/79; JOACHIM PATINIER, *Die Taufe Jesu*, um 1515, Wien, KHM).

Gepard. Diese Raubkatze gilt vereinzelt als Christussymbol. Sie ist aber auch Zeichen herrscherlicher Macht und negativ als Raubtier auch des Bösen.

Geschmeide ▸Schmuck

Geschwür ▸Wunden

Gesetzestafeln. Sie sind das wichtigste Attribut von Mose, der sie am Berg Sinai von Gott empfing (v. a. 2. Mose 24,12; 31,18; 32,15–19; 34,1–4, 28–29; PHILIPPE DE CHAMPAIGNE, *Mose mit den Tafeln der Gesetze*, um 1650, St. Petersburg, Eremitage) und der Synagoge, der Personifikation des Judentums (KONRAD WITZ, *Die Synagoge*, *Basler Heilsspiegelaltar*, um 1435, Basel, Kunstmuseum). Vereinzelt finden sich Gesetzestafeln aber auch als Attribut der Tugend *fides* ›Glaube‹.

Gesicht. Bei Porträtdarstellungen erscheinen Gesichter frontal mit sehr erhabener Wirkung, im Profil mit Betonung der physiognomischen Eigenheiten oder am häufigsten in Zwischenpositionen. Eine Besonderheit bilden Doppel- und Mehrfachgesichter. Seit der römischen Antike ist Janus, der Gott der Tordurchgänge, Aus- und Eingänge und des Anfangs und des Endes, als doppelgesichtig bekannt, dessen zwei Gesichter den Blick nach vorne und nach rückwärts veranschaulichen sollen, häufig beim Monatsbild Januar vorkommend.

Eine im Mittelalter und bis in die frühe Neuzeit vorkommende Darstellungsform für die Hl. Dreifaltigkeit zeigt einen Kopf mit drei Gesichtern (ANDREA DEL SARTO, *Trinität*, 1519, Florenz, S. Salvi). Ein Dreifachgesicht kann aber ebenfalls als Verweis auf die Zeit, die Vergangenheit, die Gegenwart und die Zukunft, zu verstehen sein. Die Kardinaltugend *prudentia* ›Klugheit‹ kann im Hinblick auf ihre Umsicht ebenfalls mit zwei Gesichtern dargestellt sein (nach Ripa 1970, S. 416; GIOTTO, Tugenddarstellungen, um 1305, Padua, Arenakapelle). Nach Ripa können aber auch die Personifikationen von *theologia* ›Theologie‹, *obligatio* ›Verpflichtung‹ und *fraus* ›Betrug‹ mit zwei Gesichtern erscheinen. Zuweilen erscheint auch der Teufel mit dreifachem Gesicht.

Gesten ▸Gebärden

Getreideernte/Getreidemahd. Diese Tätigkeit ist typisch in Jahreszeiten- und Monatsbildern für den Sommer und die Monate Juli und August. ▸Ähre, ▸Kornernte

Getreidegarbe ▸Ähre, ▸Garbe

Gewand ▸Kleidung

Gewehr. Als Kennzeichen von Soldaten und Jägern ist ein Gewehr auch Attribut von Jagdheiligen wie Hubertus von Lüttich.

Gießkanne. Sie gehört zu den Attributen des hl. Fiacrius von Meaux, eines Einsiedlers und Schutzpatrons der Gärtner.

Gimpel ▸Dompfaff

Ginster. Als stachelige Pflanze kommt er als Symbol für die Sünde oder die Passion Christi vor. In letzterem Zusammenhang verweist der Ginster auch auf die Erlösung. Außerdem kann der Ginster sinnbildlich auch auf Demut hindeuten und damit als Marienpflanze Verwendung finden. In Leonardos *Bildnis der Ginevra Benci* (1474/75, Washington, National Gallery) handelt es sich bei der Darstellung des Ginsters um eine Anspielung auf den Vornamen der Dargestellten.

Giraffe. Das exotische Tier ist vereinzelt als Sinnbild herrschaftlicher Macht und königlichen Reichtums in die abendländische Bildwelt eingegangen.

Gitarre. Dieses Musikinstrument dient innerhalb der Darstellung der Sieben freien Künste oft als Repräsentantin der Musik. Vereinzelt ist eine Gitarre auch Attribut der hl. Theresa von Avila.

Glas. Kristall und Glas sind ihrer Transparenz wegen Sinnbilder des Lichtes. So gilt eine durchsichtige Glaskugel in der Hand Gottes als Symbol für die himmlische Lichtwelt. Der Sternenhimmel wird dagegen durch eine blaue Kugel und die Erde durch eine grüne Kugel veranschaulicht. Da Glas jeden Gegenstand durchscheinen lässt, ohne dadurch verletzt zu werden, ist es auch zum Symbol der jungfräulichen Gottesmutterschaft Mariens geworden. So kommen vor allem bei Darstellungen der Verkündigung an Maria häufig gläserne Vasen, meist mit einer Lilie, und Fensterscheiben, durch die ein Lichtstrahl fällt, vor (Robert Campin, *Mérode-Altar*, um 1425/30, New York, Metropolitan Museum). Ein Glasgefäß mit einem Deckel ist das Attribut des hl. Donatus und soll auf jenes Glasgefäß mit den Resten seines Blutes verweisen, das neben seinen Gebeinen gefunden worden war.

Glatze. Kahlköpfig oder mit hoher Stirnglatze dargestellt sein können vor allem die Propheten Elia, Elisa und Jona, der Apostel Paulus und die hll. Benedikt und Bruno. Allgemeines Zeichen des Mönchtums ist die bis zum Zweiten Vatikanum übliche Tonsur, bei der als Zeichen der Übereignung an Gott das Kopfhaar kreisförmig ausgeschert wurde.

Gliedmaßen. Abgetrennte Gliedmaßen finden sich als Attribut bei den hll. Adrian, Emmeram, Ernst, Johannes intercisus und Notburga von Hochhausen.

Globus. Als Erdglobus ist er Attribut des Elements Erde (Ripa 1970, S. 121–122) oder des Erdteils Europa, als Himmelsglobus mit der Projektion der Gestirne Attribut der Personifikation der Astrologie (Ripa 1970, S. 28, 29) und der Urania, der Muse der Astronomie, und des Berufes des Astronomen und Astrologen (Raffael, *Die Astronomie*, um 1508, Vatikan, Stanza della Segnatura; Jan Vermeer van Delft, *Der Astronom*, 1668, Paris, Louvre).

Auch die erythräische Sibylle wird, mit Schwert und Lamm oder mit Ring und Rose, auf einem Globus dargestellt.

Glocke. Glocken dienen dazu, zum Gottesdienst zu rufen, und waren auch schon in verschiedenen Kulten des Altertums gebräuchlich. Im christlichen Abendland sind sie ab dem 9. Jahrhundert nachweisbar. Glocken konnten aber auch apotropäisch, zum Beispiel zum Vertreiben von Gewittern oder zum Vertreiben des Teufels eingesetzt werden. Eine weitere Funktion ist jene als Totenglocke.

Als Attribut erscheinen Glocken oder ein kleines Glöckchen beim Wüstenvater Antonius d. Gr., der eine kleine Glocke an seinem tauförmigen Stab zur Abschreckung von Dämonen trug, bei Vinzenz Ferrer, der Äbtissin Lioba, weil deren Mutter vor ihrer Geburt eine läutende Glocke auf ihrem Schoß erschien, bei Theodul von Sitten, dem ein Teufel eine ihm vom Papst geschenkte Wetterglocke nach Sitten tragen musste, die dann in kleine Teile zerbrochen dem Guss anderer Wetterglocken beigefügt wurde, und bei Heinrich von Ebrantshausen, der damit Almosen erbat, da er sich selbst ein Redeverbot auferlegt hatte.

Die Personifikation der Musik in der Darstellung der Sieben freien Künste schlägt bisweilen mit einem Hammer an Glocken. Auch als Hinweis auf Flüchtigkeit der Zeit und des Tones und als Mahnerin an den Tod können Glocken bildlich eingesetzt sein (Pieter Brueghel d. Ä., *Der Triumph des Todes*, um 1562/63, Madrid, Prado).

Gloriole ‣ Heiligenschein

Gnadenstuhl. Mit diesem von Martin Luther stammenden Begriff wird in der christlichen Ikonographie eine bestimmte Form der Darstellung der Hl. Dreifaltigkeit bezeichnet, die im 12. Jahrhundert aufkam und bis in die Barockzeit weite Verbreitung fand. Gottvater hält dabei das Kreuz mit dem Sohn oder Jesus Christus als Schmerzensmann, zwischen beiden schwebt die Taube (Masaccio, *Die Hl. Dreifaltigkeit*, um 1425, Florenz, S. Maria Novella).

Götterstatue, Götzenbild. Als Verehrung eines Götzenbildes wird bildlich häufig die während des Exodus aus Ägypten geschilderte Szene von der Anbetung des Goldenen Kalbes durch die Israeliten gezeigt (2. Mose 32; Nicolas Poussin, *Der Tanz um das Goldene Kalb*, 1634/35, London, National Gallery).

Gemäß der apokryphen Quelle des Pseudo-Matthäus stürzten bei der Flucht nach Ägypten nach der Ankunft der Hl. Familie in der ägyptischen Stadt Sotine/Hermopolis 365 Götterstatuen von ihren Sockeln, worauf das Stadtoberhaupt dem heidnischen Glauben abschwor (Pseudo-Matthäus 22,2; unbekannter Meister, Mosaik, 5. Jh., Rom, S. Maria Maggiore; Meister von Frankfurt, *Flucht nach Ägypten*, um

1505, Stuttgart, Staatsgalerie; HEINRICH DOUVERMAN, *Mariä-Schmerzen-Altar*, um 1520, Kalkar, St. Nikolai). Gestürzte Götterstatuen gehören aber auch zu den Attributen der hll. Amantius, des ersten Bischofs von Rodez im 5. Jahrhundert, Justa, Rufina von Sevilla, Nikolaus, vor allem auf Ikonen der Ostkirche, Bonifatius und Willibrord und der Apostel Philippus und Bartholomäus (*Legenda Aurea*).

Gold. Das lange Zeit wertvollste aller Edelmetalle gilt auf Grund seiner Farbe als Sinnbild des Himmelslichtes, der Vollkommenheit und der Ewigkeit. Gold ist auch mit der Sonne und dem Feuer verbunden und wurde im Christentum sogar zum Symbol der Liebe. Im antiken Mythos sind die von Herkules geraubten oder von Hippomenes zur Ablenkung Atalantes genutzten goldenen Äpfel der Hesperiden (Hesiod, *Theogonie*; Ovid, *Metamorphosen* 10,560–707; GUIDO RENI, *Hippomenes und Atalante*, um 1618, Madrid, Prado) und der goldene Apfel des Parisurteils (Homer, *Ilias*) immer wieder dargestellt worden.

Unter den Geschenken der Hl. Drei Könige wird das königliche Gold an erster Stelle genannt (Mt. 2,11). Goldklumpen, Goldbarren oder Goldäpfel gehören ferner zu den Attributen des hl. Nikolaus von Myra (*Legenda Aurea*) und des hl. Eligius als Patron der Goldschmiede. Goldstücke mit Geldbeutel erscheinen dagegen bei Papst Sixtus II. und seinem Diakon, dem hl. Laurentius, dem der Papst den Kirchenschatz zur Verteilung an die Armen übergab, und bei der hl. Korona, der Patronin der Schatzgräber und für Geldgeschäfte.

Gold kann natürlich auch allgemein für Geld stehen und negativ als Sinnbild von Raffgier und Geiz vorkommen.

Goldenes Kalb ▸Kalb

Goldfasan ▸Fasan

Goldfink ▸Stieglitz

Goldgrund. Der Goldgrund auf frühchristlich-byzantinischen und mittelalterlichen Bildern ist als Symbol des Himmlischen zu verstehen, vor dem sich die heiligen Gestalten abheben und durch den sie zugleich ausgezeichnet werden.

Goldhaufen. Ein Haufen aus Goldstücken kann der Personifikation der Rhetorik beigegeben sein.

Goldregen. Er ist eine Verwandlungsform des Zeus/Jupiter, in der er zu Danaë kam. In Darstellungen wird der goldene Regen oft als Münzen wiedergegeben (Apollodor; Ovid, *Metamorphosen* 4,610–612; Tizian, *Danaë und der Goldregen*, um 1553/54, Madrid, Prado; Max Slevogt, *Danaë*, 1895, München, Städtische Galerie im Lenbachhaus).

Gorgonenhaupt/Gorgoneion. Das Haupt der Gorgo Medusa. Die drei Gorgonen waren gefährliche geflügelte, dämonische Wesen mit großen Reißzähnen. Nur Medusa, deren Anblick jedoch versteinerte, war sterblich. Ihr ehedem überaus schönes Haar war von Athena/Minerva zur Strafe für ihren daraus entstehenden Hochmut in Schlangen verwandelt worden. Medusa wurde von Perseus mit Hilfe eines Spiegels bezwungen, um ihrem direkten Anblick zu entgehen (Ovid, *Metamorphosen* 4,772–803). Auf dem Rundschild (Aigis) der Göttin Athene befand sich die Darstellung eines Gorgoneions.

Als Sinnbild furchterregender überirdischer Kräfte, aber auch als apotropäisches Zeichen kamen Gorgonenhäupter an antiken Tempeln vor. Im Hellenismus wandelte sich die Auffassung von der fürchterlichen zur tragischen Medusa. Nicht peinigend, sondern selbst gepeinigt wird die Medusa nun zum Bild der Schwermut (unbekannter Meister, *Medusa Rondanini*, um 440 v. Chr., München, Glyptothek; Caravaggio, *Medusenhaupt*, 1595–1600, Florenz, Uffizien).

Grab. Als Ruhestätte der Toten kommen Gräber in sehr unterschiedlichen Formen wie zum Beispiel Hausurnen, Pyramiden, Hügelgräber, Kuppelgräber, Sarkophage, Hochgrab, Erdgrab mit Grabstein oder Grabplatte usw. vor.

Bei der Grablegung und der Auferstehung Jesu Christi wird auch sein Grab mit dargestellt (Donatello, *Altarrelief*, 1443–50, Padua, S. Antonio), das in der nachgebildeten Form des Hl. Grabes im gesamten katholischen Bereich auch Gegenstand der kultischen Verehrung ist.

Ein Grab als Attribut haben die hll. Kastulus und Vitalis

von Ravenna, die bei lebendigem Leibe begraben worden sind (Federico Barocci, *Der hl. Vitalis von Ravenna wird bei lebendigem Leib begraben*, 1580–83, Mailand, Brera). Mit einem aus seinem Grab auferweckten Toten, der ihm als Zeuge für den rechtmäßigen Erwerb eines Kirchengrundstückes vor dem König beistehen soll, wird der hl. Bischof Stanislaus von Krakau dargestellt.

Granatapfel. Wegen seines Samenreichtums war der Granatapfel schon in der Antike Symbol der Zeugungskraft, von Fruchtbarkeit, Leidenschaft und Lebensfülle und Symbol der Hoffnung auf Wiedergeburt. So war er auch eine beliebte Grabbeigabe. Wegen der roten Farbe konnte der Granatapfel aber auch Machtsymbol sein. Im antiken Mythos war der Granatapfel, der aus dem Blut des Dionysos/Bacchus entstanden sein soll, Attribut von Vegetationsgottheiten wie Demeter/Ceres und Persephone/Proserpina, die von Hades/Pluto einen Granatapfel nach ihrer Entführung erhielt (Dante Gabriel Rossetti, *Persephone*, 1873–77, Privatsammlung), aber auch der Liebesgöttin Aphrodite/Venus, von Hera/Juno, der Gemahlin des Göttervaters und von Zeus/Jupiter und Hermes/Merkur.

Im Alten Testament gilt der Granatapfel ebenfalls als Liebeszeichen und Zeichen göttlichen Segens und geistiger Fruchtbarkeit, aber auch als Bild der Gesetzestreue und der Gesamtheit der göttlichen Gebote. Nur ein Granatapfel durfte im alten Israel ins Allerheiligste gebracht werden und die Bundeslade schmücken (1. Kön. 7,18–20). Das purpurne Ephodgewand, zur Amtstracht des Hohenpriesters gehörig, schmückten am Saum Granatäpfel als Zeichen geistiger Fruchtbarkeit (2. Mose 28,33).

Im Christentum wird der Granatapfel als Auferstehungshinweis auf Christus und wegen der roten Farbe auf die Passion bezogen, aber auch wegen der süßen Samen in einem unscheinbaren Äußeren als Symbol der Nächstenliebe eingesetzt (Domenico Ghirlandaio, *Das Letzte Abendmahl*, 1480, Florenz, Ognissanti, Refektorium). Des Weiteren gilt der Granatapfel mit seinen vielen duftenden und wohlschmeckenden Samen und seiner runden Form auch als Sinnbild der Schönheit und der Vollkommenheit und damit der Eigenschaften Gottes. Als Zeichen himmlischer Liebe und göttlichen Segens kann er mit der Vielzahl seiner Samen auch auf die Tugenden Mariens oder anderer Personen verweisen (Filippo Lippi, *Madonna mit Kind und Szenen aus dem Leben der hl. Anna*, um 1452, Florenz, Palazzo Pitti, Galleria Palatina; Matthias Grünewald, *Madonna*, 1516/19, Stuppach, Pfarrkirche). Außerdem wird der Granatapfel wegen der vielen Kerne in seinem Gehäuse auch als Sinnbild der Kirchengemeinschaft auf die Kirche bezogen. Der rote Saft kann dagegen für das Blut der Märtyrer stehen. Ein aufgesprungener Granatapfel mit der Fülle seiner Samenkörner ist darüber hinaus Attribut der sich verschenkenden barmherzigen Liebe, der Mildtätigkeit und der Freigebigkeit (Caritas, Orden der Barmherzigen Brüder). Einen Granatapfelblütenkranz kann die Personifikation der Tugend *spes* ›Hoffnung‹ tragen. Nach Ripa (1970, S. 81) gehört der Granatapfel auch als Sinnbild der Vielfalt in der Einheit zu den Attributen der Personifikation der *concordia* ›Eintracht‹. In diesem Sinn gehört er in Bezug zum Motto auch zu Kaiser Maximilian I. von Österreich (Albrecht Dürer, 1519, Wien, KHM). Als Heiligenattribut ist der Granatapfel Johannes von Gott beigegeben.

In der Profanikonographie gilt der Granatapfel wegen der roten Farbe des Fruchtfleisches und des Saftes ganz allgemein als Sinnbild für Liebe oder Blut. Darüber hinaus ist ein Granatapfel die Wappenpflanze der maurischen Könige von Granada gewesen und von König Heinrich IV. von England (1367–1413). Der Granatapfel gab seinen Namen auch den anfänglich kugelförmigen Granaten.

Greif. Das auch in der Antike sehr verbreitete, ursprünglich orientalische Fabeltier besitzt den Körper eines Löwen und Flügel, Kopf, Schnabel und Augen eines Adlers. Auch im germanischen Kulturkreis gab es bereits die Vorstellung von Greifen mit wohl religiöser Bedeutung. Im antiken Griechenland symbolisierte der Greif Wachsamkeit und Kraft. Er war das Reittier Apolls, aber auch anderer Götter und auch Artemis/Diana zugeordnet. Ein Greif galt zudem als Wächter des hyperboräischen Goldes. Im alten Israel wurde der Greif als Symbol Persiens und des magischen Wissens verstanden.

Später wurde im Mittelalter über den *Physiologus* die Symbolik des Greifs mit der Symbolik von Adler und Löwe verknüpft. Er wurde so zum Sinnbild der Auferstehung, der Himmelfahrt und der beiden Naturen Jesu Christi. Er galt aber auch als Sinnbild für Wachsamkeit, Schutz und ritterliche Tüchtigkeit im Kampf und ebenso von Demut. Vor diesem Hintergrund ist es verständlich, dass er auch zu einem beliebten Wappentier wurde. Im Kampf zwischen Greifen und Basilisken in mittelalterlichen Darstellungen wird der Greif als Sieger der Sonne und dem Licht zugeordnet. Man verstand ihn als Triumph- und Schutzmotiv mit übernatürlichen Kräften.

Der Greif ist eines der Attribute der Tugend *humilitas* ›Demut‹ und von König Alexander dem Großen, dessen Himmelfahrt in einem von zwei Greifen getragenen Korb stattfand (UNBEKANNTER MEISTER, Mosaik, 13. Jh., Venedig, S. Marco). Doch in Bezug zu Alexander wurde der Greif auch zum negativen Bild für *superbia* ›Hochmut‹. Als Heiligenattribut ist ein Greif auch dem hl. Himerius, der ein Abenteuer mit einem Greif bei seiner Wallfahrt ins Heilige Land bestanden haben soll, und dem hl. Cornelius, dem eine Greifenklaue als Horn dient, zugeordnet. Als Reittier kommt ein Greif auch bei der Darstellung der Personifikation der Luft vor.

Griffel. Er dient als Attribut der phrygischen Sibylle, ist aber als Schreib- und Zeichengerät auch Gelehrten zugeordnet (JACOPO DE' BARBARI, *Bildnis des Mathematikers Luca Pacioli mit einem Schüler*, 1495, Neapel, Museo Nazionale di Capodimonte).

Grille. Sie galt in der Spätantike als Glücksbringerin.

Gürtel. In der antiken Mythologie galt der magische Gürtel der Aphrodite/Venus als unwiderstehlich verzaubernd (Homer, *Ilias* XIV; ANNIBALE CARRACCI, *Jupiter und Juno*, Fresko, 1597–1601, Rom, Palazzo Farnese, Galleria Farnese; POMPEO BATONI, *Herkules am Scheideweg*, 1765, St. Petersburg, Eremitage).

Allgemein gilt der Gürtel als Symbol des Schutzes, aber auch der Macht und der Enthaltsamkeit und Keuschheit (GIANLORENZO BERNINI, *Die hl. Bibiana*, 1624/26, Rom, S. Bibiana). Im biblischen Sprachgebrauch steht der Gürtel oft auch für Gerechtigkeit, Kraft, Treue und Wahrheit, aber auch für Bereitschaft und Demut. Engel tragen nach der Angelologie des Pseudo-Dionysius Areopagita einen Gürtel als Zeichen ihrer Sorgfalt, Kraft, Beherrschung und Enthaltsamkeit.

Maria schenkte der Legende nach ihren Gürtel zum einen der hl. Monika und zum anderen dem nicht nur an der Auferstehung Jesu Christi, sondern auch an ihrer Himmelfahrt zweifelnden Apostel Thomas. Dieser Gürtel wird als Reliquie seit 1365 im Dom von Prato verehrt (AGNOLO GADDI, *Gürtelspende an Thomas*, Fresko, 1393, Prato, Pieve). Als Sinnbild der Enthaltsamkeit und Keuschheit ist der Gürtel auch vorgeschriebener Bestandteil in der liturgischen Kleidung und bei Ordensgewändern, so das Cingulum des Priesters bei der Hl. Messe und der Ledergürtel der Mönche, aber auch der Gürtel der Eremiten. Der Gürtel ist deshalb auch zum allgemeinen Attribut von Ordensheiligen und Büßern geworden.

Im profanen Bereich spielte der Gürtel vor allem als Keuschheitsgürtel oder Florentiner Gürtel vom 15. bis zum 17. Jahrhundert, angeblich aber schon seit der Zeit der Kreuzzüge, eine Rolle. Dieser um den Unterleib getragene Metallgürtel mit Schloss musste von Frauen während der Abwesenheit des Ehemannes getragen werden und soll vor allem in Florenz gebräuchlich gewesen sein. Dirnen durften im Mittelalter dagegen keinen Gürtel tragen.

Gürteltier. Vor allem in den Emblemen der Renaissance und des Barock kann das Gürteltier als Tugendsymbol vorkommen.

Gundermann. Im Mittelalter ist diese Blume aus der Gat-

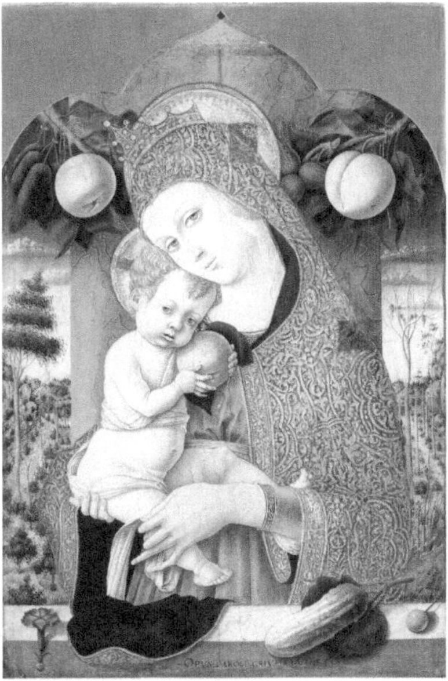

Carlo Crivelli: Lochis Madonna. Bergamo, Accademia Carrara, um 1480. – Maria hält das Kind, das einen Pfirsich in der Hand hat. Pfirsiche und andere Früchte hängen an Zweigen vor der roten Thronrückwand. Sie sind als Paradiesfrüchte vor allem Sinnbild der Erlösung. Die Pflaumen links gelten als Symbol für Treue und Glauben, aber auch als Hinweis auf die Passion. Bei den Haselnüssen rechts wird die grüne Hülle der Nuss mit dem Menschsein Christi verbunden, die Schale mit dem Holz des Kreuzes und der Kern mit seiner Göttlichkeit. In der Landschaft seitlich ist der grünende Baum auf Erlösung und Auferstehung zu beziehen, der fast verdorrte dagegen auf Sünde und Tod. Die Kirsche und die Nelke auf der Steinbrüstung deuten auf Grund ihrer Farbe auf das Blut Christi und die Passion, die Nelke darüber hinaus ihrer Form wegen auch auf die Nägel des Kreuzes. Die **Gurke** ist dagegen als Sinnbild der Sünde zu sehen. Sie spielt auf das Jesaja-Zitat an: »Nur die Tochter Zion [auf Maria zu beziehen] ist übriggeblieben wie eine Hütte im Weinberg, wie ein Wächterhaus im Gurkenfeld, wie eine belagerte Stadt« (Jes. 1,8).

tung der Lippenblütler als Heilpflanze gelegentlich auch Maria zugeordnet.

Gurke. Dieses Gewächs ist den Bereichen von Sünde und Verderben zugeordnet. Wenn eine Gurke in Marienbildern wiedergegeben ist, wird damit meist auf das Jesaja-Zitat angespielt: »Nur die Tochter Zion ist übriggeblieben wie eine Hütte im Weinberg, wie ein Wächterhaus im Gurkenfeld, wie eine belagerte Stadt« – in Luthers Übersetzung ist allerdings von »Kürbisgärten« die Rede – (Jes. 1,8; Carlo Crivelli, *Lochis Madonna*, um 1480, Bergamo, Accademia Carrara; ders., *Madonna mit dem Kind und vier Heiligen*, 1482, Mailand, Brera).

Guter Hirte ‣ Hirte

H

Haar. Das Haar wird oft als Träger der Vitalkraft gesehen. So gab es beispielsweise in der Antike den Brauch des Haaropfers, unter anderem bei der Aufnahme in die griechische Bürgerschaft, bei der Hochzeit oder bei Begräbnissen.

Im Alten Testament blieb Absalom, der Sohn Davids, mit seinem langen Haar in einem Geäst hängen und konnte dadurch getötet werden (2. Sam. 18). Im Mittelalter wurde diese Erzählung zum Symbol für das Judentum, das wie Absalom als an den Haaren des Irrtums aufgehängt galt. Die gleiche Erzählung konnte aber auch in positivem Sinn typologisch auf den gekreuzigten Christus bezogen werden (*Speculum humanae salvationis*). Simson mit den langen Haaren wurde durch die List von Delila geschoren und verlor so seine Kraft und in der Folge auch das Leben (Ri. 16,17; PETER PAUL RUBENS, *Simson und Delila*, 1609, London, National Gallery; ANTHONIS VAN DYCK, *Samson und Delila*, 1618–20, London, Dulwich Picture Gallery; MAX LIEBERMANN, *Simson und Delila*, 1902, Frankfurt a. M., Städel).

Der Prophet Habakuk wird von einem Engel am Haarschopf gepackt und zu Daniel in der Löwengrube getragen, um diesem Nahrung zu bringen (Dan. 14,31–39). Langes ungeschorenes Haar ist Kennzeichen bei Propheten aus der Wüste wie Elia und Büßern und Asketen wie Johannes dem Täufer, Maria Ägyptica und Maria Magdalena. Darüber hinaus ist es Attribut der hl. Agnes, der, als sie während ihres Martyriums nackt in ein Freudenhaus gebracht wird, zum Schutz lange Haare wachsen (JUSEPE DE RIBERA, *Der von ihren Haaren wunderbarerweise bedeckten hl. Agnes bringt ein Engel einen weißen Mantel*, 1641, Dresden, Gemäldegalerie AM). Lange Haare kennzeichnen aber auch allgemein heilige Jungfrauen.

Blonde Haare, die ihrer goldenen Farbe wegen mit dem Licht in Zusammenhang gebracht werden, können bei Maria bei Darstellungen der Geburt Christi direkt auf die Vision der hl. Birgitta von Schweden (um 1350/70) als Quelle zurückgehen, sind aber auch sonst für Maria, vor allem als Immaculata, und Engel verbreitet. Rote Haare wurden dagegen lange Zeit mit dem Teufel und dem Teuflischen in Beziehung gesetzt. Blaue oder grüne Haare kennzeichnen Wasserwesen, im antiken Mythos vor allem die Meeresgötter Okeanos und Poseidon/Neptun.

Langes offenes Haar war im Mittelalter auch Kennzeichen der Laster *luxuria* ›Wollust‹ und *superbia* ›Hochmut‹, auch von käuflichen Frauen und der großen Hure Babylon (Offb. 17,4 ff.) und von Sirenen. Im profanen Bereich konnten Jungfrauen durch lange Haare gekennzeichnet werden. Bei Männern trat langes Haar im Mittelalter auch als Hinweis auf die Zugehörigkeit zum Adel auf.

Haarkleid. Propheten in der Wüste, Eremiten und Büßer standen außerhalb der weltlichen Zivilisation und trugen oft neben langen Haaren auch härene Gewänder, z. B. Elia, Johannes der Täufer, Maria Magdalena und Maria von Ägypten, Onuphrius und Johannes Chrysostomus. Die hl. Agnes ist dagegen als Zeichen ihrer Keuschheit nur von langen Haaren umhüllt.

Haartracht. Ein verziertes Haarband ist bei Darstellungen von Engeln und Erzengeln im frühen Christentum und in der byzantinischen Kunst häufig. Als Diadem gehört es dagegen eher zum höfischen Haarschmuck.

Eine kahl geschorene Frau mit einem Haarbüschel vor dem Gesicht kennzeichnet die Personifikation der *occasio* ›Gelegenheit‹, günstiger Augenblick (Andrea Mantegna / Nachfolger, *Occasio et poenitentia,* um 1500, Mantua, Palazzo Ducale). Schlangenhaare sind dagegen Erkennungsmerkmal für die Gorgo Medusa, für die Erinnyen, die griechischen Rachegöttinnen, sowie die Personifikation der *discordia* ›Zwietracht‹ (Nicolas Poussin, *Die Zeit entzieht die Wahrheit den Angriffen des Neides und der Zwietracht,* 1641, Paris, Louvre).

Die Tonsur der Mönche als Ausdruck der Bußhaltung wird

auch als Nachahmung der Leiden Christi in Bezug auf die Dornenkrone verstanden und war bis zum Zweiten Vatikanischen Konzil Kennzeichen der Mönche.

Muscheln oder Krabben im Haar weisen auf Okeanos, den Gott des Meeres.

Perücken waren für Männer und Frauen in vielen Kulturen gebräuchlich. In der spanischen Hoftracht von etwa 1550 bis 1620 und auch im 18. Jahrhundert trugen Frauen Perücken, um 1610 wurden sie in der französischen Hoftracht für Männer üblich. Perücken waren nur höheren Ständen erlaubt, in verschiedenen Formen gebräuchlich und oft aus Rosshaar. Die sogenannte Allongeperücke ist die Männerperücke der späteren Barockzeit mit fast bis zur Brust fallenden Haaren in geordneten Locken. Sie gehörte zur offiziellen Kleidung der höheren Stände und bestimmter Ämter und war von etwa 1700 an weiß gepudert und bis 1789 in allen Ländern mit französischer Etikette gebräuchlich. Die Zopfperücke wurde vor allem in Deutschland im 18. Jahrhundert verwendet (Mozartzopf).

Habicht. Als Raubvogel galt er im Mittelalter als Symbol des Bösen und des Todes. In der antiken Mythologie ist der Vogel Apoll zugeordnet. ‣Falke

Hacke. Die antike Fruchtbarkeitsgöttin Demeter/Ceres kann eine Hacke als Attribut aufweisen. Auch Adam ist nach der Vertreibung aus dem Paradies öfter als Zeichen der mühsamen Arbeit mit einer Hacke ausgestattet (1. Mose 3,17–19). Sie ist zudem das Attribut der hll. Erhard von Regensburg, Vinzenz von Zaragoza, Gottfried von Bouillon und Isidor von Madrid. Hacke und Karst (Winzerwerkzeug) kennzeichnen den hl. Werner von Oberwesel und eine Hacke im Scheitel als Tötungsinstrument den hl. Petrus Martyr.

Hahn. Im Volksaberglauben ist der Hahn bei vielen Völkern ein wichtiges, mit magischen Kräften ausgestattetes Symboltier. Ein schwarzer Hahn war als Zaubertier Opfertier für unterirdische Mächte. Im alten Ägypten war er Sonnensymbol, da er den Tag und die Sonne ankündigt. Vor diesem Hintergrund wurde er auch Symbol des Feuergottes. Bei den Griechen war er ebenfalls dem Sonnengott Apoll heilig, als Symbol der Wachsamkeit und des Sonnenaufgangs auch der Göttin Athena und als Sinnbild der Kampflust dem Kriegsgott Ares. Das Krähen eines Hahnes galt als glückliches Vorzeichen bei einem Kampf. Außerdem war der Hahn auch den Göttern Hermes/Merkur, Asklepios/Aeskulap, Demeter/Ceres und Persephone als Attribut zugeordnet. Bei den Römern und Germanen galt er als Wächter und Wecker und blieb dies bis heute.

Im Neuen Testament wird der Hahn durch die Verknüpfung mit der Verleugnung Petri auch zum Symbol des reuigen Sünders (Mt. 26,69–75; Mk. 14,66–72; Lk. 22,54–62; Joh. 18,16–27; UNBEKANNTER MEISTER, frühchristlicher Sarkophag, Vatikanische Museen, Rom; Relief, Holztür, um 430, Rom, S. Sabina). Der hl. Petrus mit einem Hahn ist aber auch Schutzpatron der deutschen Uhrmacher. Ein Hahn konnte auch, da er die Morgenröte ankündigt, als Symbol für die Auferstehung und für Christus gelten (DUCCIO, *Maestà*, 1310, Siena, Museo dell' Opera del Duomo).

Der Kampf eines Hahnes mit einer Schildkröte ist im frühen Christentum Symbol für den Kampf des Lichtes mit der Finsternis (Fußbodenmosaik, 4. Jh., Aquileia, Theodorusbasilika). Der ursprünglich apotropäisch auf Dächern und vermutlich auch schon auf den ersten Kirchtürmen gebräuchliche Hahn, der vor Blitz und Hagel schützen sollte und als ein Wächter gegen das Feuer galt (»roter Hahn«), wird ab der romanischen Zeit zum Symbol der Wachsamkeit und Rufer zum Gebet, aber auch Sinnbild für den Sieg des Lichtes über die Finsternis und damit für Christus, da er in Turmhöhe als erster von den Strahlen der Sonne berührt wird.

Einen Hahn zum Attribut haben die hll. Edigna von Puch, Gallus (Name), Odilia von Hohenburg, Petrus (Verleugnung), Veit (Hahn auf einem Buch) und Ursinus von Bourges. In der Grabsymbolik kann ein Hahn als Zeichen der Überwindung des Todesschlafes erscheinen. Als Stundenverkünder auf Räderuhren fungiert der Hahn als Zeitwächter. Wegen der Fürsorglichkeit des Hahnes gegenüber seinen Hennen ist er auch zum Sinnbild der *liberalitas* ›Freigebigkeit‹ und *sapientia divina* ›Göttliche Weisheit‹ geworden (Peter Paul Rubens, *Begegnung von Maria und Anna*, um 1606, Rom, Galleria Borghese).

Wegen seines Fortpflanzungstriebes kann der Hahn aber auch Sinnbild der Fruchtbarkeit sein (Jacopo Tintoretto, *Die Geburt von Johannes d. Täufer*, um 1555, Venedig, S. Zaccaria). Negativ gedeutet ist der Hahn Attribut der Personifikationen der *suspicio* ›Argwohn‹ und der *gelosia* ›Eifersucht‹ (Ripa 1970, S. 181). Der Hahn im Hühnerhof kann Symbol der Männlichkeit und sexueller Ausschweifung sein. In diesem Sinn wird der Hahn in der romanischen Zeit auch negativ der Personifikation der *luxuria* ›Wollust‹ zugeordnet oder auch als Reittier eines ihr zugeordneten Mannes eingesetzt. Auch ein Hahnenkampf gilt negativ als Sinnbild für Zorn, Streitsucht und Gewalt und kommt so in der Gerichtssymbolik häufig vor.

In der Moderne gilt der Hahn als maskulines Symboltier und als Sinnbild des Stolzes. Darüber hinaus ist der Hahn Emblem von Frankreich (Gallien), taucht sowohl bei Kriegerdenkmälern auf als auch in Karikaturen, und er findet sich in den Kapitellen des Spiegelsaals von Versailles.

Hahnenfuß. Als Heilpflanze fand der Hahnenfuß im Mittelalter auch als Marienattribut Verwendung.

Haken. Er ist vor allem Attribut des hl. Vinzenz von Zaragoza, der mit einem Feuerhaken gefoltert wurde und in manchen Gegenden als Schutzpatron der Holzarbeiter verehrt wird (Meister Astl, *Marienaltar*, Anfang 16. Jh., Hallstatt [Oberösterreich], Kirche); der Haken ist auch Attribut der hl. Christina von Bolsena, die während ihres Martyriums ebenfalls mit einem Haken malträtiert wurde.

Halskette. Eine Halskette als Schmuck kennzeichnet vor allem den Wohlstand der Dargestellten, als Ordenskette verweist sie auf die Zugehörigkeit zum entsprechenden Ritterorden. Sie gehört aber auch zu den Attributen der hl. Äbtissin Ehrentrudis von Salzburg.

Hammer. Das Werkzeug, das früher auch als Waffe galt, ist ein Zeichen von Macht, in alten Kulturen ist es deshalb oft den Wettergottheiten beigegeben. Ein Hammer ist aber auch Berufsattribut der Schmiede. In der antiken Mythologie ist der Hammer als Schmiedewerkzeug Hephaistos/Vulkan, dem Gott aller Handwerker, der Schmiede und des Feuers, beigegeben wie auch dem Prometheus.

Im Alten Testament tötet Jael Sisera, den auf der Flucht befindlichen Feldherrn der Kanaaniter, indem sie dem Schlafenden einen Nagel durch den Kopf schlägt. Sie gehört deshalb zu den Heldinnen Israels und wird später auch als Präfiguration Mariens im Kampf gegen den Teufel gesehen und mit Hammer dargestellt (Ri. 4,17–22; Palma il Giovane, *Jael und Sisera*, um 1600, Cherbourg, Musée d'Art Thomas Henry).

Als Passionswerkzeug Christi kommt ein Hammer auch unter den ‣Arma Christi vor.

Als Schmiedehammer ist er Attribut der hll. Adrian, Apelles von Genua, Baldomerus von Lyon und Wilhelm von Norwich, als Goldschmiedehammer ist er Attribut der hll. Bernward von Hildesheim, Dunstan und Eligius von Noyon (auch mit Krone) und als Steinklopfhammer Attribut der hll. Apollonia von Alexandria (Marterinstrument), Marinus von San Marino, der als Steinmetz die Kirche von Rimini miterbaut haben soll, der Quattuor Coronati in Rom (Berufskennzeichen), von Reinald von Dortmund, ein von Steinmetzen mit dem Hammer erschlagener Mönch, und von Theodul von Sitten, bei dem er als Hinweis auf den Bergbau dient. Vereinzelt erscheint ein Hammer als Attribut auch bei Petrus Canisius, dem »ersten deutschen Jesuiten«, und als Schusterwerkzeug bei den hll. Crispin und Crispinianus.

Ein Hammer kann auch Attribut der Personifikationen der Natur, der *poenitentia* ›Reue‹, der *tribulatio* ›Betrübnis‹, der *fortitudo* ›Tapferkeit‹, der *patientia* ›Geduld‹ und der *necessitas* ›Notwendigkeit‹ sein. Ein Hammer mit einem zerschlagenen

Götterbild ist Attribut der Häresie. Als bildliche Umsetzung des Ketzerhammers erscheint ein Hammer zuweilen auch in Barockfresken (Johann Evangelist Holzer, *Der hl. Antonius*, Fresko 1736, Garmisch-Partenkirchen, St. Anton). Die Personifikation der Musik in der Darstellung der Sieben freien Künste kann mit einem Hammer an eine Glocke schlagen.

In der Moderne wurde er mit der Sichel zum kommunistisch-marxistischen Symbol. Bei den Nationalsozialisten war er Zeichen der Arbeit.

Hand. Da im Hebräischen das Wort »jad« gleichzeitig »Hand« und »Macht« bedeutet, entwickelte sich die Hand zum wichtigsten und ältesten sprachlichen und bildlichen Symbol für die Macht Gottes, aber auch für sein Bündnis und sein Eingreifen – zum Beispiel bei der Berufung des Abraham (1. Mose 12,1–3), der Opferung Isaaks (1. Mose 22), der Gesetzesübergabe an Mose (2. Mose 20; 24,11; 24,15 ff.), seltener bei der Taufe Jesu (Mt. 3,16–17; Mk. 1,9–11; Lk. 3,21–22; Joh. 1,29–34) und der Himmelfahrt Jesu (Mk. 16,19; Lk. 24,50–53; unbekannte Meister, Holztür, um 430, Rom, S. Sabina; Mosaik, um 550, Ravenna, S. Vitale; *Reidersche Tafel*, um 400, München, BNM; *Rabbula-Evangeliar*, 586, Florenz, Biblioteca Medicea Laurenziana). Meist ist die Macht Gottes mit einer Hand in der Wolke bildlich wiedergegeben.

Nach kabbalistischer Tradition ist die Linke dabei die Hand der Gerechtigkeit (Königsmacht) und die Rechte jene der Barmherzigkeit (Segenshand). Aber auch sonst haben die rechte und die linke Hand unterschiedliche symbolische Wertigkeit.

Verhüllte Hände sind eine Unterwürfigkeitsgeste nach antiker Sitte. Wenn man sich dem Kaiser oder einem hohen Würdenträger bei Audienzen näherte, um ein Geschenk zu empfangen oder um ihn zu ehren, verhüllte man seine Hände. In frühchristlichen Darstellungen sind die Apostel oder die 24 Ältesten der Apokalypse so dargestellt, wenn sie sich dem Thron Gottes oder Christus nähern und Kränze spenden oder die Kommunion empfangen. Auch Mose kann beim Empfang der Gesetzestafeln manchmal so erscheinen.

Eine abgeschlagene Hand oder Hände als Kennzeichen tragen die hll. Adrian von Nikomedien, Ernst von Zwiefalten, Jakobus der Zerschnittene von Persien, Johannes Damaszenus, bei dem ein Wunder Marias seine amputierte Hand wieder anheilte, Marius, Melar von Bretagne, Potentian von Sens, Sabinus und die sieben Makkabäerbrüder. Abgehauene Hände sind aber auch Attribut der tiburtinischen Sibylle, die die Verspottung Jesu durch gotteslästerliche Hände voraussagte. Der Hebamme Salome aus den Apokryphen und ihrem mittelalterlichen Gegenstück Anastasia dorrte eine Hand ab, da sie an der jungfräulichen Geburt Jesu zweifelten (Protoevangelium des Jakobus; *Legenda Aurea*; UNBEKANNTER MEISTER, Maximilianskathedra, Mitte 6. Jh., Ravenna, Erzbischöfliches Museum). ‣Gebärden

Handfesseln. Sie gehören zu den Attributen der hll. Fides, Leonhard, Vinzenz von Paul, Felix von Valois und Johannes von Matha. Die beiden Letzteren gründeten den Orden der Trinitarier für den Freikauf von Gefangenen.

Handorgel ‣Orgel

Handschuh. Vor allem im Mittelalter galt der Handschuh als Rechts- und Herrschaftssymbol und war so ein Zeichen für Gewalt oder Schutz, aber auch ein Hinweis auf das vom König verliehene Markt- und Münzrecht. Später wurde der Handschuh zum allgemeinen Symbol des hohen Standes, denn das Tragen von Fingerhandschuhen war lange nur Vorrecht des Adels. In diesem Sinn kommt der Handschuh als Standessymbol in vielen Porträtdarstellungen bis in die Barockzeit vor (HANS MIELICH, *Albrecht Herzog von Bayern als Erbprinz*, 1545, München, AP).

Als Heiligenattribut ist der Handschuh den hll. Fronto und Karl dem Großen zugeordnet.

Der Fehdehandschuh des Ritters war der zugeworfene Handschuh als Zeichen für eine angesagte Fehde. Dagegen wurde der Handschuh der verehrten Dame im Mittelalter von Rittern am Helm oder am Hut getragen.

Handspiegel ‣Spiegel

Handwaschung. Sie gilt im entsprechenden Kontext als Zeichen einer rituellen Reinigung. Pilatus wollte so in der Passion Jesu Christi symbolisch seine Nicht-Verantwortlichkeit ausdrücken (Mt. 27,24; NAUMBURGER MEISTER, Passionsreliefs, um 1240, Naumburg, Dom, Lettner).

Harfe ▸ Lyra

Harnisch ▸ Rüstung

Harpune. Als Fanginstrument für Meeresgetier ist sie Kennzeichen des Meeresgottes Poseidon/Neptun.

Harpyie. Dieses Mischwesen mit Flügeln, Vogelleib oder Vogelkrallen und Frauenkopf gehört zu den Unheilsdämonen der antiken Mythologie.

Hase/Kaninchen. In bildlichen Darstellungen wird meist nicht zwischen Hasen und Kaninchen unterschieden, was die Symbolik betrifft. Hasen hatten als sehr fruchtbare Nachttiere eine große Bedeutung im frühen Animismus, in der Spätantike waren sie Symbol für das Weiterleben nach dem Tode. Im antiken Mythos waren Hasen Aphrodite/Venus und Eros/Amor beigeordnet und sind so Symbol der sinnlichen Liebe (PIERO DI COSIMO, *Venus, Mars und Cupido*, um 1505, Berlin, Staatliche Gemäldesammlungen; TIZIAN, *Himmlische und irdische Liebe*, um 1514, Rom, Galleria Borghese).

Im Alten Testament werden sie dagegen für unrein erklärt und dürfen nicht gegessen werden (Leviticus und Deuteronomium), auch später haben sie eine ambivalente Bedeutung.

Da Hasen mit offenen Augen schlafen sollen, wurden sie zum Sinnbild der Wachsamkeit. Deshalb wurden sie im frühen Christentum oft als Bild für die Katechumenen, erwachsenen Täuflinge, gebraucht, später aber auch für die schwachen, vom Teufel gejagten Christen, vereinzelt aber auch als Christussymbol selbst. Ein weißer Hase kann im entsprechenden Kontext auch ein Hinweis auf die Auferstehung sein (GIOVANNI BELLINI, *Die Auferstehung Jesu Christi*, 1475/79, Berlin, Staatliche Gemäldesammlungen). Ein laufender Hase kann negativ als jemand, der seiner Begierde nachläuft, gedeutet werden oder positiv als einer, der Christus nachfolgt,

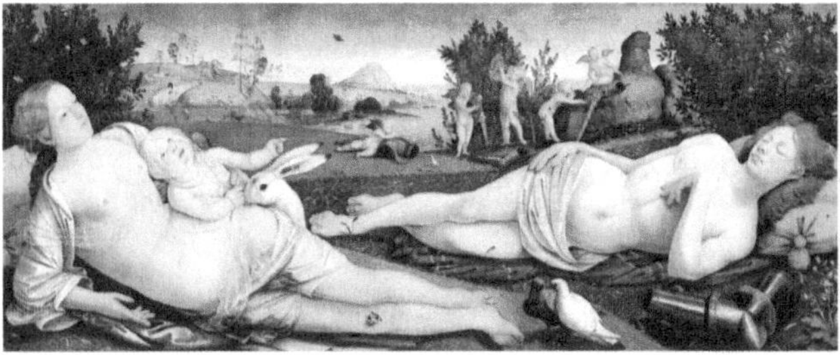

Piero di Cosimo: Venus, Mars und Cupido. Berlin, Staatliche Gemäldesammlungen, um 1505. – Vor einer sanften Landschaft ruht die Liebesgöttin Venus. Perlen im Haar verweisen auf ihre Geburt aus dem Meer, die spärliche Verhüllung zeigt sie als Göttin der Schönheit und Liebe. Amor, der auf die mit den Waffen seines Vaters Mars spielenden Amoretten im Hintergrund zeigt, ist eng an sie geschmiegt. Der weiße **Hase** daneben steht für Fruchtbarkeit und Begierde. Der Schmetterling auf dem Bein der Göttin ist dagegen ein Zeichen für die verwandelnde Kraft der Liebe, denn Venus wacht über den ermattet und wehrlos schlafenden Kriegsgott Mars, der, von der Liebe überwunden, Rüstung und Waffen abgelegt hat. Zwischen den beiden schnäbelt ein Taubenpaar, ein altes Liebessymbol. Die Farben schwarz und weiß verweisen wohl auf den Gegensatz von Liebe und Krieg. Und auch im Hintergrund stürzt sich ein Raubvogel auf eine Taube. Auf dem Kissen von Mars sitzt eine Fliege, ein Sinnbild des Bösen. Hinter den beiden Göttern sprießen Myrtenbüsche. Die immergrüne Venuspflanze steht für ewige Liebe, galt aber auch als Aphrodisiakum.

aber auch als Opfer und Verfolgter verstanden sein. Vor allem wenn der Hase bergauf läuft, lässt er sich eher positiv mit im Glauben Schutz Suchenden und der Christusnachfolge verbinden (*Physiologus*, 1981, S. 103–104; SCHOTTENMEISTER, *Die Flucht nach Ägypten*, nach 1469, Wien, Museum im Schottenstift), aber dies ist oft nicht einmal aus dem Kontext eindeutig zu entschlüsseln.

Ein von einem Adler gejagter Hase gilt dagegen meist als Sinnbild des Unreinen. Vereinzelt kann ein laufender Hase auch Bild für die Schnelligkeit der verrinnenden Zeit sein. Als Symbol der Fruchtbarkeit werden Hasen auch der Personifikation der *luxuria* ›Wollust‹ zugeordnet und finden so vereinzelt Platz in der Wiedergabe des Sündenfalls (ALBRECHT DÜRER, *Adam und Eva*, 1504, Kupferstich). Je nach Kontext können Hasen aber auch positiv für gesegnete Fruchtbarkeit stehen, so zum Beispiel in Bildern aus dem Leben Mariens (VITTORE CARPACCIO, *Mariä Geburt*, 1502/07, Bergamo, Accademia Carrara; HANS BALDUNG GRIEN, *Mariä Heimsuchung*, Flügel des Hochaltars, 1516, Freiburg, Münster). Ein unschuldiger weißer Hase, zu Füßen Mariens oder eines Heiligen, gilt als Sinnbild des Sieges über die Fleischlichkeit.

Drei Hasen mit zusammen nur drei Ohren sind im Mittelalter als Sinnbild der Hl. Dreifaltigkeit eingesetzt worden, entsprechen ihrer Herkunft nach aber eher einem kosmologischen Symbol für Sonne oder Mond.

Als Attribut von Heiligen tauchen Hasen bei Albert von Siena und Martin von Tours auf, die beide Hasen vor der Verfolgung durch Jäger schützten, und bei Oldegar von Barcelona, dem Schutzheiligen der Jäger in Spanien.

Wenn ein bewaffneter Mann vor einem Hasen flieht, handelt es sich um ein Sinnbild der *ignavia* ›Feigheit‹, wenn Hasen einen gefesselten Jäger tragen, sind sie als Allegorie auf die verkehrte Welt zu verstehen. In der profanen Genremalerei sind Jäger mit einem erlegten Hasen ein beliebtes Jagd- oder Jahreszeitenmotiv. In der Moderne ist der Hase als Fruchtbarkeitssymbol zum Osterhasen mutiert.

Haselnuss ▸Nuss
Haspel ▸Winde
Haube ▸Kopfbedeckung

Haupt. In der antiken Mythologie ist das abgeschlagene Haupt der Gorgo Medusa Attribut von Perseus, ein verhülltes Haupt kann den Gott Kronos kennzeichnen.

Im Alten Testament erlangten vor allem das von David abgeschlagene Haupt des Riesen Goliat (1. Sam. 17,40–51; Donatello, *David*, um 1435, Florenz, Museo del Bargello; Caravaggio, *David mit dem Haupt des Goliat*, um 1605, Wien, KHM) und das von Judith abgetrennte Haupt des Feldherrn Holofernes, das sie meist in einem Sack oder Korb wegträgt, Bedeutung (Buch Judith; Paolo Veronese, *Judith mit dem Haupt des Holofernes*, um 1580, Wien, KHM).

Im Neuen Testament präsentiert Salome das auf Wunsch der Herodias, der Gattin des Herodes, abgeschlagene Haupt des Johannes des Täufers in einer Schüssel oder Schale (Mt. 14,3–12; Mk. 6,17–29; Tizian, *Salome*, 1560, Madrid, Prado), das aber auch als »Johannesschüssel« in plastischer Ausführung sehr verbreitet ist (*Johannesschüssel*, 14. Jh., Maastricht, St. Servas, Schatzkammer).

Heilige, die zumindest vereinzelt ihr abgeschlagenes Haupt als Attribut in ihren Händen tragen (›Kephalophoren‹), sind u. a. die hll. Alban von Mainz, Dionysius von Frankreich, Eucharius, Exuperantius, Felix, Fortunatus von Montefalco, Gaudens, Justus von Beauvais, Katharina von Alexandria, Lambert von Lüttich, Livarius von Metz, Lucianus, Minias von Florenz, Merkurius, Nikasius von Reims, Placidus von Disentis, Regula von Zürich, Romanus von Antiochia, Theonestus, Theopompus, Valentin Presbyter und Viktor von Solothurn. Das abgeschlagene Haupt liegt zu Füßen des hl. Firminus von Amiens; die sieben abgeschlagenen Häupter ihrer Söhne hält dagegen die hl. Felicitas in ihrem Schoß. Nur eine Schädeldecke kennzeichnet die hll. Angelus, Petrus Martyr, Quirinus von Malmedy und Thomas Beckett.

Mit dem Kopf eines anderen Heiligen werden bisweilen

folgende Heilige wiedergegeben: Cuthbert mit dem Haupt des hl. Oswald, Gratus von Aosta mit dem von ihm in Palästina aufgefundenen Haupt Johannes' des Täufers und Grata von Bergamo mit dem Haupt des hl. Alexander. Mit einem abgeschlagenen Haupt im Schoß kann auch die Personifikation der Kardinaltugend *iustitia* ›Gerechtigkeit‹ dargestellt sein.

Haus, Hausmodell. Ein Haus kann als Sinnbild für einen umfriedeten Bereich gebraucht sein. Aus diesem Grund weisen Gräber im Altertum und später oft eine Hausform auf. Als Kirchen- oder Klostermodell ist ein Haus Kennzeichen von Stiftern. Ein brennendes Haus ist das Attribut des hl. Florian, des Schutzpatrons der Feuerwehr, und der hl. Agatha von Catania.

Hauswurz (Sempervivum). Wie der lateinische Name sagt, ist diese Pflanze Symbol für ewiges Leben. Sie wurde auch als Schutz vor dem ewigen Tod gedeutet, aber auch als gegen Blitz und Unwetter wirksam verstanden.

Haut. Als warnendes Beispiel erscheint der bestechliche antike Richter Cambyses, dem in Gerechtigkeitsbildern die Haut abgezogen wird (Gerard David, *Die Schindung des Cambyses*, 1498, Brügge, Stedelijk Groeningemuseum).

Weiterhin ist seine bei lebendigem Leib abgezogene Haut das wichtigste Attribut des hl. Bartholomäus (*Legenda Aurea*; Stefan Lochner, *Martyrium des Apostels Bartholomäus*, um 1435/40, Frankfurt a. M., SK; Michelangelo, *Das Jüngste Gericht*, 1536–41, Vatikan, Sixtinische Kapelle – hier ist die abgezogene Haut mit dem Selbstbildnis des Künstlers verbunden).

Heilige Drei Könige. Die Hl. Drei Könige vertreten oft symbolisch die Erdteile Europa, Asien und Afrika, in diesem Fall mit farbigem König (Albrecht Dürer, *Anbetung der Könige*, 1504, Florenz, Uffizien), oder die drei Lebensalter, wobei der jüngste König bartlos und als letzter in der Reihe erscheint (Rogier van der Weyden, *Columba-* oder *Dreikönigsaltar*, gegen 1455, München, AP).

Heiligenschein ‣ Nimbus

Heliotrop ‣ Sonnenwende

Hellebarde. Als Waffe ist eine Hellebarde Kennzeichen von Soldaten. Als Attribut ist sie Heiligen wie dem Evangelisten Matthäus (anstelle des Schwertes), den Aposteln Matthias und Judas Thaddäus, der hl. Wiborada von St. Gallen und König Olaf von Norwegen (als Krieger) beigegeben. Im antiken Mythos gilt sie auch als Waffe der Athena/Minerva.

Helm. In der antiken Mythologie ist der Helm ein wichtiges Attribut der Göttin Athena/Minerva und des Kriegsgottes Ares/Mars. Vereinzelt trägt auch Herakles einen.

Als wichtiger Kopfschutz ist der Helm Teil einer Rüstung und damit Kennzeichen von Rittern und Soldaten. Dementsprechend kommt ein Helm als Attribut auch bei Heiligen dieser Stände vor. Der Helm ist zudem Symbol der Personifikationen der Kardinaltugenden *fortitudo* ›Tapferkeit‹ und auch *prudentia* ›Klugheit‹ (nach Ripa 1970, S. 416). Vereinzelt kann er auch bei der Personifikation der Rhetorik auftreten. ▸Flügelhelm, ▸Flügel

Henne. Als Bruthenne ist sie ein Sinnbild der schützenden Liebe (Giulio Romano, *Hl. Familie*, um 1523, Rom, S. Maria dell'Anima), aber auch Attribut der Personifikation der Tugend *perseverantia* ›Beharrlichkeit‹. Als Attribut der Grammatik in der Darstellung der Sieben freien Künste ist eine Henne als Hinweis auf Geduld zu verstehen. Bei den Lebensaltern kann die Henne auf die fünfzigjährige Frau verweisen.

Hermelin ▸Wiesel

Herz. Dieser Körperteil gilt von alters her als Sitz des Lebens und der Gemütsaffekte, der Liebe und Zuneigung, aber auch des Hasses und der Ablehnung. So dient es auch als Zeichen für die Seele oder den Menschen überhaupt. Unter den antiken Göttern kann Aphrodite/Venus durch ein Herz gekennzeichnet sein.

Seit dem Spätmittelalter gibt es als Folge der Herz-Jesu-Mystik sogenannte Herz-Jesu-Darstellungen, sowohl in der Form eines verwundeten Herzens als auch später als Wiedergabe der Gestalt Jesu mit einem strahlenden Herzen. Letzteres geht auf eine Vision der hl. Margareta Maria Alacoque im Jahre 1673 zurück. Ab dem 15. Jahrhundert fanden bereits Herz-Jesu-Darstellungen als Motiv von Andachtsbildern weite Verbreitung und wurden vor allem im 17. und 19. Jahrhundert sehr beliebt (POMPEO BATTONI, *Herz Jesu*, 1780, Lissabon, Karmelitinnenkirche). Um 1700 waren Herz-Darstellungen als Hinweis auf die Liebe und Passion Christi sogar als Form für Monstranzen gebräuchlich. Ein von sieben Schwertern durchbohrtes oder von Lilien durchdrungenes Herz ist dagegen Maria zugeordnet. Das Herz kann aber auch allgemein für den Menschen stehen. Ein geflügeltes Herz versinnbildlichte in der Herzemblematik des 17. und 18. Jahrhunderts eine beflügelte, zu Gott aufsteigende Seele.

Als Attribut dient ein flammendes Herz oder ein Herz mit Strahlen u.a. den hll. Antonius von Padua, Augustinus von Hippo (von zwei Pfeilen durchbohrt), Birgitta von Schweden (mit Kreuz), Johanna von Chantal, Franz von Sales (mit Dornen umwunden), Franz Xaver, Gerhard von Ungarn (von Schwertern durchbohrt), Gertrud von Helfta (leuchtendes Herz mit dem Bild des Jesuskindes), Heinrich Seuse, Ignatius von Loyola, Kajetan von Thiene (ein geflügeltes Herz), Katharina von Siena (mit Kreuz), Klara von Montefalco (mit Wundmalen), Luitgard, Maria Maddalena dei Pazzi, Medardus, Vinzenz von Paul, Scholastika, Theresa von Avila (von Pfeilen durchbohrt) und Vinzenz Ferrer.

Mit einem brennenden Herzen in der Hand werden auch die Personifikationen der Kardinaltugend *caritas* ›Liebe‹ und der *fides* ›Glaube‹ dargestellt, aber auch *concordia* ›Eintracht‹, *desiderium* ›Sehnsucht‹ (Ripa 1970, S. 102), *oratio* ›Beredsamkeit‹ und *sophia* ›göttliche Weisheit‹ können nach Ripa ein flammendes Herz als Attribut haben. Ein strahlendes Herz in der Hand hat bisweilen auch die Personifikation der *veritas* ›Wahrhaftigkeit‹. Das Verschlingen des eigenen Herzens kennzeichnet dagegen nach Ripa das Sinnbild für *invidia* ›Neid‹.

Hetoimasia ▸Thron

Heuernte. In Monats- und Jahreszeitendarstellungen ist die Heuernte typisch für den Monat Juni oder den Frühsommer

(Brüder Limburg, *Monat Juni, Stundenbuch Très Riches Heures du Duc de Berry*, um 1414, Chantilly, Musée Condé; Pieter Brueghel d. Ä., *Heuernte*, 1565, Prag, Nationalgalerie).

Heugabel, Attribut des Landmanns Isidor von Madrid.

Heuschrecke. In der Antike waren silberne Heuschrecken Votivgaben an den Gott Apoll. Wegen ihrer Gefräßigkeit war die Heuschrecke dagegen im Alten Testament ein Sinnbild der Zerstörung und ihr Auftreten eine der Ägyptischen Plagen (2. Mose 10,12 ff.; Offb. 9,1 ff.). Diese negative Bedeutung als Bild des Bösen behielt die Heuschrecke auch später bei (Lorenzo Lotto, *Büßender hl. Hieronymus*, um 1513/15, Bukarest, Muzeul National de Arta al României). In den *Moralia* Gregors des Großen werden Heuschrecken aber auch zum Sinnbild der bekehrten Heiden, die mit Christus gegen den Satan kämpfen (unbekannter Meister, Figurenkapitell mit *Heuschrecke, die gegen einen Basilisk kämpft*, 13. Jh., Vezelay, Ste. Madeleine). Da sich die Heuschrecke mehrmals häutet, konnte sie des Weiteren auch zum Symbol des Auferstehungsweges der menschlichen Seele, ihrer Sehnsucht nach Auferstehung oder der Auferstehung selbst werden (Giovanni Baronzio, *Madonna mit Christuskind mit Heuschrecke*, 14. Jh., Washington, National Gallery), während sie in barocken Vanitas-Stillleben für Vergänglichkeit und Zerstörung steht.

Heuwagen. In der Bibel kommt Heu im Vergleich mit dem vergänglichen Menschenleben vor, so wurde es zum Symbol der Vergänglichkeit der Welt (Hieronymus Bosch, *Der Heuwagen*, 1500–02, Madrid, Prado). In rein weltlichen Darstellungen des Sommers ist ein Heuwagen ein Erntehinweis.

Hexagramm. Der sechszackige Stern aus zwei ineinandergeschobenen Dreiecken wird auch als Davidsstern oder Salomonssiegel bezeichnet und steht mit dem Judentum in besonderer Verbindung. Im Mittelalter wurden Hexagramme auch apotropäisch eingesetzt.

Hexe. Die mit Nachtvögeln, Kröten, Schlangen und schwarzen Katzen als Begleittieren und oft mit Buckel und Besen dargestellten Hexen gelten als unheilvolle dämonische Frauen.

Himmel. Das Himmelsgewölbe gilt nicht nur als Ort der Wolken, der Gestirne und des Lichts, sondern auch als Sitz himmlischer Mächte, als Thronsaal Gottes. Kuppelbauten und Wölbungsformen in der Architektur sind so oft in symbolischer Form als ein Abbild des Himmels zu verstehen. Bisweilen wird durch eine entsprechende Dekoration mit Sternen auch direkt darauf hingewiesen.

Himmelfahrt. Als Entrückung von der Erde oder leibliche Aufnahme in den Himmel kennen wir Christi Himmelfahrt (Mk. 16,19; Lk. 24,50–53), die Himmelfahrt Mariens (auf apokryphen Quellen basierend), des Propheten Elia (2. Kön. 2,1–13; Giuseppe Angeli, *Die Himmelfahrt des Elia*, um 1749/55, Washington, National Gallery) und im profanen Bereich jene des makedonischen Königs Alexander des Großen. ‣Apotheose

Himmelsglobus ‣Globus

Himmelskugel. Dem antiken Mythos entstammt das Bild von dem die Himmelskugel tragenden Atlas oder Herakles (Hesiod, Apollodor; Balthasar Permoser, *Herkules*, 1711–18, Dresden, Zwinger, Wallpavillon).

Himmelsschlüssel ‣Primel

Hirsch. Bei Naturvölkern wurden Hirsche wegen ihres strahlenartigen Geweihs mit dem Licht in Verbindung gebracht. Sie galten als Sinnbild der unbesiegbaren Sonne, als Schützer und Wegweiser. Kämpfende Hirsche können so für den Kampf zwischen Licht und Finsternis stehen. Hirsche dienten aber auch als Sinnbild für Schnelligkeit, Fruchtbarkeit und Lebenserneuerung (analog zum sich erneuernden Geweih).

In der antiken Mythologie ist der Hirsch der Jagdgöttin Artemis/Diana zugeordnet (Lukas Cranach d. Ä., *Apoll und Diana*, um 1530, Berlin, Staatliche Gemäldesammlungen). Besonders bekannt ist die Erzählung von Diana und dem Jäger Aktäon, der die Göttin im Bad belauscht hatte und von ihr in einen Hirsch verwandelt wurde, den seine eigenen Hunde anfallen (Ovid, *Metamorphosen* 3,138–252; Tizian, *Der Tod des Aktäon*, um 1559, London, National Gallery). In christlichem

Kontext konnte dieser Mythos manchmal auch auf das Leiden Jesu bezogen werden. Zuweilen reitet Artemis/Diana auch auf einem Hirsch (Umkreis MATTHIAS WALLBAUM, *Trinkspiel*, Anf. 17. Jh., München, Schatzkammer der Residenz).

Im frühchristlichen Bereich fallen relativ häufige Illustrationen zu Ps. 42 auf (»Wie der Hirsch über ausgetrockneten Wasserbächen lechzt«), den die Katechumenen in der Osternacht sangen. In diesem Zusammenhang wurde der Hirsch, der schon in der Antike als Seelenführer fungiert hatte, zum Symbol des Täuflings und auch der nach Gott verlangenden Seele. Hirsche am Wasser des Lebens zieren so Boden- und Wandmosaike (UNBEKANNTER MEISTER, Mosaik, um 450, Ravenna, Mausoleum der Galla Placidia). Nach dem *Physiologus* (1981, S. 56–59) und mittelalterlichen Bestiarien schützt der Hirsch vor Schlangen, er schützt sich aber auch selbst durch Trinken von Quellwasser und er überspringt schmutzige Orte schnell. Auch der Christ solle sich so verhalten und wie ein Hirsch zu Christus als der wahren Quelle gehen. So waren Hirsche beliebte Darstellungen in Taufsteinreliefs. Nach denselben alten Quellen können Hirsche Schlangen, die Sinnbilder des Bösen, aus der Erde ziehen und auffressen, ohne selbst Schaden zu nehmen. In diesem Sinne wurde der Hirsch dann auch mit Christus selbst verglichen (vgl. *Physiologus*). Auch zusammen mit eucharistischen Symbolen gelten Hirsche als Sinnbild von Christus oder auch von der Gott suchenden Seele. Ein von einem Löwen verfolgter Hirsch ist dagegen Sinnbild der Seele, die nun von einem Teufel verfolgt wird.

Der Hirsch gehört zu den Kennzeichen der Tugend *perseverantia* ›Beharrlichkeit‹ und der Kardinaltugend *prudentia* ›Klugheit‹ (HANS BALDUNG GRIEN, *Prudenzia*, 1529, München, AP). Nach Ripa (1970, S. 101–102) ist ein Hirsch an der Quelle auch der Personifikation von *desiderium* ›Sehnsucht‹ beigeordnet. Wegen seiner Schnelligkeit dient ein Hirsch manchmal auch als Zugtier für den Wagen der Zeit, vereinzelt ist er aber auch Reittier des Todes.

Als Heiligenattribut taucht ein Hirsch bei Abundius von

Como, Donatian, Ida von Herzfeld, Ida von Toggenburg, Katharina von Schweden, Konrad von Piacenza, Lambert, Meinhold, Notburga von Hochhausen (weißer Hirsch), Oswald und Prokopius von Böhmen auf. Mit einem Kreuz im Geweih verweist ein Hirsch auf die hll. Eustachius, Hubertus von Lüttich und Meinulf von Paderborn. Mit einem blau-roten Kreuz wird er Felix von Valois und Johannes von Matha beigegeben. Edern und Thélau – zwei bretonische Heilige – werden auf einem Hirsch reitend dargestellt.

Als begehrte Jagdbeute gehören Hirsche natürlich auch zum Repertoire zahlreicher profaner Jagdszenen.

Hirschkäfer. Dieses Insekt gilt zum einen als Sinnbild des Teufels und des Bösen und findet sich so als Anspielung darauf auch in barocken Vanitas-Stillleben (GEORG FLEGEL, *Stillleben mit Hirschkäfer*, 1635, Köln, WRM), zum anderen kann der Hirschkäfer in der spätgotischen Kunst nördlich der Alpen aber auch als Christussymbol oder als Sinnbild eines verfolgten Christen vorkommen, Letzteres vor allem wenn er oder noch häufiger ein Hirschkäferweibchen von einem anderen Tier bedrängt wird (JÖRG RATGEB, *Kreuzigung Christi*, 1519, Stuttgart, Staatsgalerie).

Hirschkuh/Hindin. In der antiken Mythologie waren Hirschkühe die Zugtiere des Wagens der Artemis/Diana.

Die Hindin ist das Attribut der hll. Ägidius, der eine gejagte Hirschkuh schützte, von Amatus (Amadour), der von einer Hirschkuh gesäugt worden sein soll, Genovefa von Brabant, die mit ihrem Kind im Wald von einer Hirschkuh ernährt wurde, Goar, den drei Hirschkühe in seiner Einsiedelei ernährten, Iwan, Mammas, ein kappadokischer Heiliger, der mit den Tieren der Wildnis lebte, Notburga von Hochhausen (weiß) und von König Heinrich IV. von England, der die Hirschkuh als königliches Tier zu seinen Füßen hat.

Hirte/Schäfer. Kennzeichen eines Hirten sind der Krummstab, von dem auch der spätere Bischofsstab abzuleiten ist (‣Stab), oder ein schaufelartiger Stab, einfache Kleidung und Herdentiere wie Schafe oder Kühe. Vor allem bei den Nomadenvölkern wurde mit dem Hirtendasein oft auch ein religiöser Symbolcharakter verbunden, der auf Gott oder auch auf den König als Hirten ihres Volkes bezogen war. Im antiken Mythos sind Paris und Daphnis als Hirten gekennzeichnet und Pan gilt als Gott der Herden (ARNOLD BÖCKLIN, *Amaryllis*, 1866, München, Schack-Galerie). Als Widderträger tritt Hermes Kriophorus auf.

Bekannte Hirtenmotive des Alten Testaments sind Abel (1. Mose 4), Jakob mit seiner Herde (1. Mose 30,25 ff.; 31), Mose als Schafhirte vor seiner Berufung am brennenden Dornbusch (2. Mose 3,1; NICOLAS FROMENT, *Der brennende Dornbusch*, 1475/76, Aix-en-Provence, Kathedrale St-Sauveur) und David als Hirtenjunge (1. Sam. 16).

Der Gute Hirte mit einem Kalb oder Lamm auf seiner Schulter war als Bild schon in Mesopotamien und der Antike gebräuchlich und wurde entsprechend den Gleichnissen der Evangelien auf Jesus Christus bezogen (Joh. 10,11 oder 1 ff.; Lk. 15,1; Offb. 2,27; 12,5; 19,15), ein häufiges Motiv der frühchristlichen Kunst. Auch in der Grabkunst war es sehr beliebt und taucht auch noch in späteren Kunstepochen auf (*Der gute Hirte*, Mosaik, um 425, Ravenna, Mausoleum der Galla Placidia; ESTEBAN MURILLO, *Das Jesuskind als Guter Hirte*, um 1660, Madrid, Prado). Weitere Themen des Neuen Testaments sind die Verkündigung an die Hirten (*Perikopenbuch Heinrichs II.*, um 1007, München, Staatsbibliothek; TADDEO GADDI, um 1330, Florenz, S. Croce, Cappella Baroncelli Gaddi) und die Anbetung der Hirten (CORREGGIO, *La notte*, 1527–30, Dresden, Gemäldegalerie AM). Auf apokryphe Schriften geht dagegen die Szene von Joachim bei den Hirten zurück (Protoevangelium des Jakobus; GIOTTO, um 1305, Padua, Arenakapelle). Das von Jesus erzählte Gleichnis vom verlorenen Sohn zeigt diesen als Schweinehirten (Lk. 15,11–32; PETER PAUL RUBENS, *Der verlorene Sohn bei den Schweinen*, um 1618, Antwerpen, Koninklijk Museum voor Schone Kunsten).

Als Hirten gekennzeichnete Heilige sind Drogo, Gamelbertus, Gunthildis, Jodokus, meist mit Haus- und Stalltieren, Leonhard, Patricius und Wendelin.

Durch Hirten/Schäfer ist aber auch Arkadien und generell das bukolische Bildgenre gekennzeichnet. Besonders beliebt sind Schäferszenen im Rokoko. Bei Monatsdarstellungen und Jahreszeitenbildern erscheinen Hirten mit ihren Herden gerne im April und bei der Schafschur im Juni.

Hirtenstab ‣Stab

Hochzeit ‣Vermählung

Höhle. Häufig sind Höhlen mythische Geburtsplätze für Götter und Heroen, Aufenthaltsorte von Weissagern, Einsiedlern usw. und Wohnorte von Drachen und Ungeheuern. Auch dem Bereich des Todes werden sie zugeordnet.

Die Geburtshöhle Jesu ist vor allem in ostkirchlichen Darstellungen statt des im Westen gebräuchlichen Stalls von Bethlehem verbreitet, da tatsächlich Höhlen in Palästina als Stall dienten. Als Erdspalte sind sie aber auch Sinnbild für den Mutterschoß und die Vermählung von Himmel und Erde.

Die Höhle mit Elisabeth und dem Johannesknaben geht auf das apokryphe Protoevangelium des Jakobus zurück. Eine sich plötzlich auftuende Höhle soll beim Bethlehemitischen Kindermord die beiden vor den Häschern des Herodes verborgen haben (Meister des Johannesaltares, *Flucht Elisabeths mit Johannes*, 15. Jh., Rotterdam, Museum Boymans van Beuningen). Auch Johannes auf Patmos wird manchmal mit einer Höhle dargestellt, in der er die geheime Offenbarung empfing und die auch heute noch auf Patmos verehrt wird.

Hölle. Als Gegenbild zum Himmel ist sie der Herrschaftsbereich des Teufels, ein Ort der Gottesferne, Verdammnis und Finsternis (Mt. 18,12; 25,41; Mk. 9,47f.). Vor allem bei Darstellungen des Weltgerichts wird sie in vielen Einzelheiten zum Bildthema, oft mit Höllenrachen (Hiob 41,11) als Gegenbild zum Schoß Abrahams. Zum Teil werden sogar eigene Bereiche für einzelne Sünden gezeigt. Ein Mann, der sich an seinen Geldbeutel klammert, steht so zum Beispiel für den Bereich des Geizes, eine Frau, an deren Geschlechtsmerkmalen Kröten und Schlangen hängen, steht für den Bereich der Wollust (UNBEKANNTE MEISTER, *Jüngstes Gericht*, Tympanon, 1140–45, Autun, St-Lazare; *Jüngstes Gericht*, Tympanon, 1125–35, Conques, Ste-Foy).

Holunder/Holler. Da sich Judas der Legende nach an einem Holunderbaum erhängt haben soll, wurde dieses sonst als Heilpflanze sehr positiv gesehene Gewächs auch mit dem Teufel verknüpft. Gelegentlich konnte im Mittelalter Holunder auch als Sinnbild für Christen (duftende Blüten) und Juden (bittere Blätter) mit gemeinsamer Wurzel gedeutet werden. Holunderblüten waren aber auch ein Sinnbild für Liebe und Treue (UNBEKANNTER MEISTER, *Liebespaar unter einem Holunderbaum*, Textil, um 1480, Zürich, Schweizerisches Landesmuseum).

Holzfäller. Als vor allem mit dem Winter verbundene landwirtschaftliche Tätigkeit kommen Holzfäller vor allem bei Darstellungen dieser Jahreszeit oder der Monate Januar und Februar vor.

Holzsammler. In Jahreszeiten- oder Monatsbildern sind sie ein typisches Motiv für den Winter oder die Monate November oder Dezember (JEAN-FRANÇOIS MILLET, *Der Winter*, um 1851, St. Petersburg, Eremitage).

Holzscheit, Holzstoß. Ein brennendes Holzscheit gehört zu den Attributen der hll. Afra von Augsburg und Emerita von Chur, die durch Feuertod ihr Martyrium erlitten.

Honig. In der antiken Mythologie soll der Honig von Dionysos/Bacchus entdeckt worden sein, vor allem aber ist er Attribut von Eros/Amor. Als Urbild des Süßen gilt Honig manchmal als Götternahrung oder Speise der Frommen.

Honigwabe. Sie kann als Attribut von Johannes dem Täufer dienen, der sich als Asket und Prediger in der Wüste von Heuschrecken und wildem Honig ernährte (Mt. 3,4; Mk. 1,6).

Horn. Hierbei handelt es sich um ein altes Symbol des Hervorragenden und der Macht. Hörner tragende Tiere galten oft als Fruchtbarkeitssymbole. Als Füllhorn ist es Zeichen des Überflusses, der Freigebigkeit, der Gastfreundschaft, des Friedens und der Hoffnung, bei der Darstellung der Erdteile Symbol für Europa oder Afrika. Es fungiert aber auch als Trinkhorn, Jagdhorn und allgemeines Blasinstrument. Das Blasen des Widderhorns (Schofar), gehört zum israelitischen Kult.

In der antiken Mythologie gehört ein Trinkhorn, Blashorn oder Füllhorn zu den Kennzeichen des Weingottes Dionysos/Bacchus. Mit Hörnern am Kopf erscheinen dagegen seine Begleiter, die Satyrn und auch der Hirtengott Pan. Als Blasinstrument kennzeichnet das Horn die Windgötter. Auch Alexander der Große wird gelegentlich mit Hörnern wiedergegeben.

Als Attribut kennzeichnen das Horn oder Hörner im Alten Testament den Propheten Jona und vor allem Mose. Als dieser von der Begegnung mit Jahwe auf dem Berg Sinai zurückkam, war er von Lichtstrahlen umgeben. Durch eine falsche Leseart im lateinischen Bibeltext entstanden daraus jedoch Hörner. Dieser Irrtum wurde erst auf dem Konzil von Trient (1545–63) richtiggestellt. So gibt es vorher viele Bildwiedergaben von Mose mit Hörnern (Claus Sluter, *Mosesbrunnen*, 1395–1405, Dijon, Karthause von Champmol; Michelangelo, *Moses* vom *Juliusgrab*, 1515–16, Rom, S. Pietro in Vincoli), aber auch Strahlenbündel waren vor der Richtigstellung des Bibeltextes schon üblich (Sandro Botticelli, *Mosesszenen*, 1481/82, Vatikan, Sixtinische Kapelle). Einen namentlichen Bezug zum Horn haben die hll. Blasius und Cornelius (Blasius – blasen, cor – Horn). Ein Jagdhorn kennzeichnet die hll. Eustachius, Hubertus von Lüttich, Wendelin, Roland und Oswald als Jäger oder Adelige, ein flammendes Horn als Füllhorn die hl. Klara von Assisi, wohl als Hinweis auf die Tugend *caritas* ›Liebe‹.

Hörner auf dem Kopf sind auch Attribut des Teufels, seltener der Personifikation des Todes. ‣Füllhorn, ‣Bocksbeine/Bockshörner

Hortensie. In der Blumensprache des 19. Jahrhunderts galt sie als Symbol beständiger Liebe und kühler Zurückhaltung.

Hortus conclusus ‣Garten

Hostie. Bei Darstellungen der Eucharistie, bei der Einsetzung der Kommunion beim Letzten Abendmahl (DIERIC BOUTS, *Einsetzung des Abendmahls,* Mittelbild des *Abendmahlsaltares,* 1464–67, Löwen, St. Pieter; JUSTUS VAN GENT, *Die Einsetzung des Abendmahls,* 1473–75, Urbino, Galleria Nazionale delle Marche) und generell bei Kommunionsszenen sind Hostien Bildgegenstand (DOMENICHINO, *Die letzte Kommunion des hl. Hieronymus,* 1614, Vatikan, Pinacoteca Vaticana). Bekannt sind aber auch Szenen, die legendäre Hostienwunder zeigen: So kniet zum Beispiel bei Antonius von Padua ein ausgehungerter Esel voll Verehrung vor einer Hostie nieder, statt sich auf das Heubüschel daneben zu stürzen (DONATELLO, *Antonius-Altar,* Relief, 1446–50, Padua, S. Antonio), oder in der Messe von Bolsena erscheint einem an der Transsubstantiation zweifelnden Priester im 13. Jahrhundert eine Hostie mit Blutstropfen (RAFFAEL, *Die Messe von Bolsena,* 1509–11, Vatikan, Stanza di Eliodoro).

Eine Hostie als Attribut kann, meist in der Form einer Monstranz, den hll. Antonius von Padua, Barbara (über einem Kelch), Elisabeth von Reute (Hostie auf der Patene), Julian Falconieri, Onuphrius und Pasqual Baylon beigegeben sein (ANTON RAPHAEL MENGS, *Der hl. Paschalis Baylon die Eucharistie verehrend,* 1774–75, Aranjuez, S. Pascual Baylon). Drei Hostien über einem Kelch kennzeichnen den hl. Maternus von Köln, der Bischof von Köln, Tongern und Trier war.

Hufeisen. Wohl auf Grund der mondähnlichen Form und des Materials Eisen wird dem Hufeisen bis heute eine unheilabwendende Wirkung zugesprochen. Als Heiligenattribut ist es Eligius von Noyon und Leonhard von Noblac beigeordnet, die Patrone der Hufschmiede und der Pferde sind.

Huflattich. Als Heilpflanze wird dieses Gewächs im Mittelalter Maria zugeordnet.

Huhn ▸Hahn, ▸Henne

Hummel ▸Biene

Hummer. Der in der Symbolik dem Krebs verwandte Hummer wird in barocken Vanitas-Stillleben bisweilen als Hinweis auf die Auferstehung Christi eingesetzt (CARSTIAEN LUYCKX,

Stillleben mit Prunkpokal und Hummer, um 1660, Wien, Museum im Schottenstift).

Humpen. Das Trinkgefäß gehört zu den Attributen des hl. Königs Olaf II. von Norwegen, da sich das darin befindliche Wasser in Bier, Met und Wein verwandelt haben soll, von denen er aus Fastengründen nicht trinken wollte. Erst nach der Aufforderung durch den Bischof trank der Durstige den Wein. Von dieser Legende leitet sich der Brauch ab, »St.-Olafs-Minne« zu trinken.

Hund. Das älteste Haus-, Hof- und Jagdtier war über lange Zeit wichtiger Verteidiger der Herden und Begleiter des Menschen und wurde so zum Sinnbild der Treue und Wachsamkeit. Der Hund konnte aber in der Symbolik auch mit Tod und Unterwelt verbunden oder als Raubtier zum gefährlichen Feind stilisiert werden. So ist der Hund als ambivalenter Bedeutungsträger in die Bildgeschichte eingegangen.

In der Mythologie ist er als Jagdhund den antiken Göttern Artemis/Diana und Ares/Mars zugeordnet, ebenso dem Jäger Aktäon. Als Hirtenhund begleitet er Adonis, Ganymed und Paris. Außerdem galt der Hund darüber hinaus als Seelenführer durch die Nacht des Todes, und Kerberos, ein Hund mit drei Köpfen, bewachte das Totenreich, dem niemand mehr entkommen konnte. Als Höllenhund (‣Cerberus) lebt er in vielen Darstellungen des Jüngsten Gerichts auch später noch weiter. Vereinzelt kann dieses Ungeheuer im Mittelalter auch als Gegenbild zur Hl. Dreifaltigkeit auftauchen (NARDO DI CIONE, *Hölle und Jüngstes Gericht*, 1355/57, S. Maria Novella, Cappella Strozzi; UNBEKANNTER MEISTER, Altarlettner, 14. Jh., Bordeaux, Kathedrale St-André).

Im Alten und noch im Neuen Testament werden Hunde als unrein bezeichnet, da sie aasverzehrende Tiere sind, oder sie fungieren als Bild für die Feinde Gottes (z. B. Ps. 22; Mt. 7,6). Ab dem Mittelalter wird der Hund dagegen als Begleittier des Menschen zum Sinnbild der Treue. Als biblische Grundlage diente dafür auch das Buch Tobit mit der Geschichte von Tobias. In dieser Bedeutung kommen Hunde oft auf Grabmälern des Mittelalters und der frühen Neuzeit sowohl als Zeichen der Gattentreue oder Vasallentreue als auch der unbedingten Glaubensbereitschaft vor (Jacopo della Quercia, *Grabmal der Ilaria del Carretto*, 1406, Lucca, S. Martino; Giovanni Antonio di Francesco Sogliani, *Das Opfer Abels*, um 1533, Pisa, Dom, Tribuna). Als Zeichen für Treue ist der Hund Attribut der theologischen Tugend *fides* ›Glaube‹. So kann vor allem ein weißer Hund oft ganz allgemein Sinnbild für Glauben, Güte, Frömmigkeit und Gesetzestreue sein. In Kinderporträts können Hunde daher neben ihrer Funktion als Spielgefährte und Standessymbol auch auf eine Erziehung zur Tugendhaftigkeit verweisen (Diego Velazquez, *Infant Philipp Prosper*, 1659, Wien, KHM). Nach Ripa ist er außerdem Attribut der Personifikation von *amicitia* ›Freundschaft‹ (Ripa 1970, S. 16). Seit der Zeit der Kirchenväter gelten Hunde, oft bellend dargestellt, aber auch als Sinnbild des Predigers, der von Sünden heilt und den Unglauben und das Böse wachsam vertreibt – wie ein Hund den Einbrecher.

Im Zusammenhang mit Darstellungen der Einhornlegende kann der Jäger, der Erzengel Gabriel, mit vier Hunden erscheinen, die *misericordia* ›Barmherzigkeit‹, *veritas* ›Wahrheit‹, *iustitia* ›Gerechtigkeit‹ und *pax* ›Friede‹ symbolisieren. Ein Hund ist auch das Attribut der hll. Wendelin (Hirte), Eustachius und Hubertus (zwei Jäger), Rochus, dem ein Hund als ausgestoßenem Pestkrankem Brot zum Überleben brachte und dem Heiligen bisweilen die Wunden leckt, die nach dem Volksglauben so besser heilen, des jungen Tobias, von Gottfried von Amiens, Margareta von Cortona (ein Hund führte sie zum Leichnam ihres Geliebten), von Heinrich Seuse, Bernhard von Clairvaux (weißer Hund), Martin von Tour, Lazarus von Bethanien (zwei Hunde, da er wohl in Verwechslung mit dem Armen Lazarus aus dem Gleichnis Jesu zum Patron der Aussätzigen und Bettler geworden war). Petrus Canisius (*canis* ›Hund‹) und der hl. Dominikus und die von ihm gegründete Dominikaner-Ordensgemeinschaft (*Domini canes* ›Wachhunde des Herrn‹, die die Gläubigen hüten und Irrgläubige zur Herde zurücktrei-

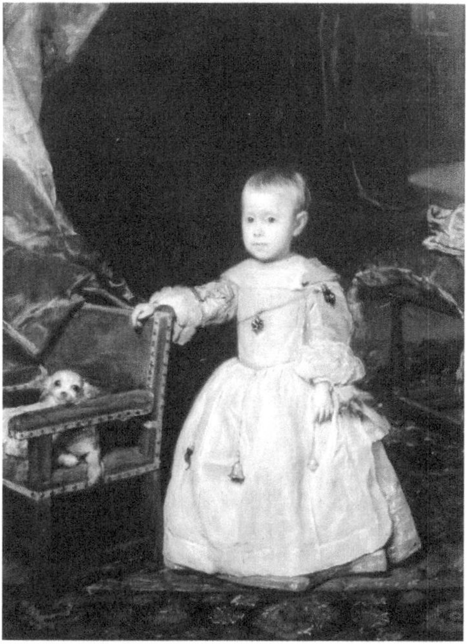

Diego Velazquez: Infant Philipp Prosper. Wien, Kunsthistorisches Museum, 1659. – Der kleine spanische Thronfolger, damals etwa zwei Jahre alt, ist, wie es in den ersten Lebensjahren auch für Jungen üblich war, in einem Kleid und mit Schürze dargestellt. Der prächtige Stoff mit reichen Verzierungen stellt seinen Stand genauso zur Schau wie die für Herrscherporträts übliche Haltung des kleinen Jungen, der seine Hand auf die Lehne des thronähnlichen Kindersessels legt. Das blasse, wohl schon damals kränkelnde Kind, das ein früher Tod erwartete, ist mit einem Glöckchen, einem Riechei mit Duftstoffen gegen Krankheiten, Schmuckstücken und Amuletten gegen den bösen Blick behängt. Teppich, Vorhangdraperie und rot gepolsterte Möbel sind Standardwürdemotive der offiziellen Porträtkunst. Der kleine weiße **Hund** verweist neben seiner Funktion als Spielgefährte und Standessymbol auch auf eine Erziehung des jungen Prinzen zur Tugendhaftigkeit.

ben) werden auf Grund dieses Wortspiels meist ebenfalls von einem Hund begleitet (Andrea da Firenze, *Die Allegorie der Kirche*, 1365, Florenz, S. Maria Novella, Spanische Kapelle; die schwarz-weiß gefleckten Dalmatinerhunde verweisen auf den schwarzweißen Ordenshabit der Dominikaner). Ein Hund mit einer brennenden Fackel im Maul ist ebenfalls Attribut des hl. Dominikus, dessen schwangerer Mutter oder dessen Amme ein um die Welt laufender Hund mit einer brennenden Fackel erschienen sein soll, die als Sinnbild des Glaubens die ganze Welt erleuchten sollte und auf Dominikus bezogen wurde. Als hundeköpfiger Heiliger erscheint vor allem in der Ostkirche der hl. Christophorus, der der Legende nach erst durch seine Taufe eine menschliche Gestalt erhalten haben soll. Hundeköpfige Menschen (Kynokephaloi) entstammen ursprünglich der ägyptischen Mythologie (unbekannter Meister, Tympanon, Portal, 12. Jh., Vezelay, Ste-Madeleine). Aber auch die Personifikation der Dialektik kann mit Hundekopf erscheinen.

Negativ wird ein tollwütiger Hund als Sinnbild für Zorn und Neid verwendet oder auch als Seelen verschlingendes Werkzeug des Teufels. Wegen seiner meist öffentlichen Kopulation gehört der Hund aber auch zu den Symbolen von *luxuria* ›Wollust‹ und kommt so zum Beispiel in Bordellszenen und lockeren Gesellschaften der holländischen Barockmalerei öfter vor (Frans van Mieris, *Soldat und Mädchen*, 1658, Den Haag, Mauritshuis). Ein struppiger Hund kann den Unglauben versinnbildlichen oder das Heidentum. Ein schwarzer Hund ist Begleiter von Hexen und Magiern.

In Darstellungen der fünf Sinne kann ein Hund dem Geruchssinn zugeordnet sein (Simon de Vos, *Musizierende Gesellschaft oder Allegorie der fünf Sinne*, 1646, Wien, Museum im Schottenstift). Als Jagdhund sind Hunde ein wichtiges Standesattribut adeliger Herren und als Schoßhündchen jenes feiner Damen.

Hut ▸Kopfbedeckung

Hyäne, gilt als Sinnbild des Geizes, ist aber auch Attribut des ägyptischen Wüstenvaters Makarios, der ein blindes Hyänenjunges geheilt haben soll.

Hyazinthe. Der antiken Mythologie nach ist die Hyazinthe – die ursprünglich die Schwertlilie bezeichnete – aus dem Blut des an der Stirn verwundeten spartanischen Jünglings Hyakinthos entstanden; Apoll hatte ihn unabsichtlich durch einen Diskuswurf, den der eifersüchtige Windgott Zephyr ablenkte, tödlich verletzt. In Gestalt dieser Blume darf der Jüngling jedoch durch das Wirken Apolls in jedem Frühjahr zur Erde zurückkehren (Ovid, *Metamorphosen* 10,162–219; NICOLAS POUSSIN, *Das Reich der Flora*, um 1640, Dresden, Gemäldegalerie AM). Da diese Blüte auch dem griechischen Hochzeitsgott Hymeneus zugeordnet war, der damit das Brautlager von Zeus und Hera auf dem Idagebirge bestreute, wurde die Hyazinthe später nicht nur zum Sinnbild des Wiedererwachens der Natur, sondern auch als Hochzeitsblume verwendet. In ihrer heute bekannten Form als Hyazinthe fand sie vor allem in der späten Renaissance Eingang in die Braut- und Hochzeitssymbolik, denn erst im 16. Jahrhundert kamen die ersten Hyazinthenzwiebeln aus der Türkei in den Westen und 1576 nach Holland.

Selten erscheint die Hyazinthe auch in christlichem Kontext, vor allem in blauer Farbe, als Christus- oder Mariensymbol oder auch in Bezug auf Propheten (LORENZO DI CREDI, *Anbetung der Hirten*, um 1500, Florenz, Uffizien).

Hydra. Das Fabeltier in Form einer monströsen Wasserschlange ist vor allem aus der Antike bekannt. Vergleichbare Drachenwesen kommen jedoch in vielen alten Mythen und Märchen vor. In der Danielvision (Dan. 7,1 ff.) gilt eine zehnköpfige Hydra als Zeichen des römischen Weltreiches. In der griechischen Mythologie ist vor allem die Lernäische Hydra mit ihren neun Köpfen bekannt, denen zwei nachwuchsen, wenn einer abgeschlagen wurde, und die von Herakles besiegt wurde (ANTONIO DEL POLLAIOLO, *Herkules und die lernäische Hydra*, um 1460, Florenz, Uffizien). Der Kampf mit der Hydra gilt als Sinnbild für die Auseinandersetzung mit schier unüberwindlichen Schwierigkeiten.

I

Ibis. Da der Ibis Schlangen frisst, gilt er als Teufelsvernichter. Deshalb steht er vereinzelt als Christussymbol. Als Verzehrer von toten Fischen ist er dagegen Sinnbild für nur fleischlich orientierte Menschen. In dieser Bedeutung ist er nach dem *Physiologus* (1981, S. 77–78) und mittelalterlichen Bestiarien manchmal der Personifikation der irdischen Liebe, dem Amor carnalis, beigegeben.

Ichthys ‣ Fisch

Idol ‣ Götterstatue/Götzenbild

Igel. In China und Japan gilt der Igel als Symbol des Reichtums. In mittelalterlichen Bestiarien steht er dagegen für Geiz und Fresslust oder mit aufgerichteten Stacheln auch für Zorn (Hieronymus Bosch, *Das Jüngste Gericht*, 1504/08, Wien, Akademie der bildenden Künste, Gemäldegalerie). Nach dem *Physiologus* (1981, S. 31–33) holt sich der Igel die Trauben vom Weinstock und wälzt sich in ihnen, um sie auf seinen Stacheln zu seinen Kindern zu bringen. Dieses Bild wurde meist negativ mit dem Teufel verglichen, der unachtsame Gläubige verführt. Als Schlangenjäger konnte der Igel aber auch als Feind des Bösen und Tugendsymbol verstanden werden. In diesem Sinn ist er auf Darstellungen von Maria mit dem Jesuskind zu finden.

IHS (JHS). Das christologische Trigramm sind die drei Anfangsbuchstaben des griechisch geschriebenen Namens Jesus. Das H (Eta) im Griechischen ist das deutsche E. Für das Trigramm gab es verschiedene Lesarten wie *Jesou Hieros Soter* oder als Kurzform für die im Mittelalter übliche lateinische Schreibweise *Ihesus*. IHS wurde im Mittelalter aber auch aus Unkenntnis mit den Anfangsbuchstaben von *Jesus hominum salvator* (Jesus Erlöser der Menschen), *Jesus homo sanctus* (Jesus der heilige Mensch) oder *In hoc salus* (In ihm ist das Heil) verbunden. Die Umschreibung ins Deutsche lautet »Jesus Heiland Seligmacher« oder »Jesus Heiland der Sünder«.

Das Trigramm löste das frühere ‣Christusmonogramm ab und wurde im 14. Jahrhundert besonders von Bernhardius von Siena verbreitet. Im 16. Jahrhundert übernahm der Jesuitenorden das Zeichen als Devise und deutete es als Abkürzung für *Jesum habemus socium* (Wir haben Jesus zum Gefährten) oder *Jesu humilis societas* (Jesus demütig zugeneigte Gesellschaft). Mit einem Kreuz darüber und drei Nägeln darunter ist es Signet des Jesuitenordens. Das Trigramm war auch das Emblem des Collège Montaigu in Paris, das sowohl Ignatius von Loyola als auch der Reformator Jean Calvin besuchten (Giovanni Battista Baciccia, *Triumph des Namens Jesu*, Fresko, 1679, Rom, Il Gesù).

Das Trigramm auf der Brust ist Attribut der hll. Ansanus von Siena, Bernhardin von Siena, Bonaventura von Bagnoreggio, Heinrich Seuse, Ignatius von Loyola, Johannes von Capestrano und Vinzenz Ferrer. Auf der Fahne erscheint es dagegen bei der hl. Helena und Kaiser Konstantin, bei denen es auf die Inschrift auf der Kreuzfahne von Kaiser Konstantin *In hoc signo (vinces)* verweisen soll. Oft steht dann unter dem Trigramm ein V. Auch dies gehört bereits zu den mittelalterlichen Aus- und Umdeutungen des Trigramms.

Iltis/Frettchen. Diese dem Wiesel ähnliche Marderart ist ihm auch in der Symbolik verwandt. Es gilt entweder als Sinnbild von Sündhaftigkeit und *luxuria* ›Wollust‹ oder als Tugendsymbol und Bild der Gefolgschaft Jesu Christi. ‣Wiesel

Imago Pietatis ‣Schmerzensmann

Immaculata Conceptio. Diese Darstellungsform Mariens veranschaulicht die Lehre von ihrer Unbefleckten Empfängnis, also ihres Freiseins von der Erbschuld. Seit der Gegenreformation wurden Motive des apokalyptischen Weibes in die Immaculata-Ikonographie aufgenommen und bildlich umgesetzt.

Immergrün. Die immergrüne Pflanze ist Symbol des ewigen Lebens und von Treue. Volkstümlich wurde sie aber auch als Abwehrzauber gegen Hexen gebraucht.

Indianerkopfschmuck ‣Kopfbedeckung

Inkarnat. Die menschliche Hautfarbe kann auch einen kennzeichnenden Gehalt haben. Abgesehen von den verschiedenen Rassen kann eine dunklere Hautfarbe auf einen niederen Stand deuten.

INRI. Ab dem Mittelalter ist der Kreuztitulus des gekreuzigten Jesus Christus in dieser Form üblich: *Iesus Nazarenus Rex Iudaeorum* (Jesus von Nazaret, König der Juden). Er verweist auf die Inschrift auf dem Kreuz Jesu, die Pilatus als Angabe von dessen Schuld anbringen ließ (Mt. 27,37; Mk. 15,26; Lk. 23,38; Joh. 19,19–22). Als Attribut kommt der Kreuztitulus bei den hll. Antonius von Padua und Helena vor.

Insekten. Fliegen und Mücken gehören zu den Symboltieren des Teufels. Vor allem in der Barockzeit sind Insekten in der Stilllebenmalerei ein sehr beliebtes Vanitassymbol (Jan Davidsz. De Heem, *Blumenstillleben*, 1665, Madrid, Museo Thyssen-Bornemisza). ‣Biene, ‣Fliege, ‣Käfer, ‣Schmetterling

Interzession. Dieser Ausdruck bezeichnet die vor allem im späten Mittelalter gebräuchliche doppelte Fürbitte von Christus und Maria vor Gottvater für die sündige Menschheit. Oft zeigt dabei Maria zur Verstärkung ihrem Sohn ihre entblößten Brüste und Christus Gottvater seine Wundmale.

Iris ‣Schwertlilie

Isaaks Opferung. Als Präfiguration des Opfertodes von Christus wurde diese alttestamentliche Szene im Mittelalter gerne typologisch der Kreuzigung Jesu Christi zugeordnet (1. Mose 22; Nikolaus von Verdun, *Klosterneuburger Altar*, 1181, Klosterneuburg bei Wien, Stiftsmuseum).

J

Jade. Dieser Schmuckstein wurde besonders in China sehr geschätzt und hatte dort einen Stellenwert wie bei uns das Gold. Mit zunehmenden Kontakten des Westens zu China wurde Jade auch in Europa im 17. und 18. Jahrhundert ein beliebtes Material für Prunkgefäße und Kunstkammerstücke.

Jagd, Jäger. Bereits bei den vorderasiatischen Hochkulturen zählte die Jagd zum wichtigsten Zeitvertreib der Herrschenden. Im Abendland wurde sie als Adelsprivileg, vor allem die Jagd auf Hochwild und die Beizjagd mit dem Falken, oft zum Symbol höfischen Lebens. Andererseits ist die Jagd aber auch dem natürlichen Jahresablauf zuzuordnen. Jagdszenen sind in Monats- und Jahreszeitenbildern typisch für September und Herbst, aber auch für den Winter (PIETER BRUEGHEL, *Heimkehr der Jäger*, 1565, Wien, KHM; PHILIPP HACKERT, *Winter. Jagdrevier von Persano*, 1784, Nürnberg, GNM). Unter den Heiligen erscheinen Eustachius und Hubertus als Jäger.

Vereinzelt wird auch der Tod als Jäger dargestellt (nach Ps. 7,13/14; UNBEKANNTER MEISTER, *Totentanz*, um 1490, Pisogne, Santa Maria in Silvis). Ein Hase oder Bär als Jäger ist Sinnbild der verkehrten Welt (HANS MENT, *Bär als Jäger*, Kleinplastik, um 1570, München, Schatzkammer der Residenz).

Jagdbeute. Die Präsentation von toten Jagdtieren in Stillleben ist oft auch als Hinweis auf die Vergänglichkeit zu verstehen (vanitas).

Jagdhorn, allgemeines Kennzeichen von Jägern und heiligen Jägern. Im antiken Mythos ist es vor allem Attribut der Jagdgöttin Artemis/Diana und des Jägers Aktäon.

Jahreszeiten. Die vier Jahreszeiten werden durch antike Götter, entsprechende bäuerliche Tätigkeiten szenisch oder durch meist weibliche Personifikationen oder Genien dargestellt. Die wichtigsten Attribute und zugeordneten Götter sind

- *Frühling:* Blumen, Lämmer, Zicklein, ein säender Landmann oder der Gott der Lüfte, Hermes/Merkur, Flora, Eros/Amor, Zeus/Jupiter, Hera/Juno, Persephone/Proserpina
- *Sommer:* Getreideähren, Sichel, ein feuerspeiender Drache, ein Löwe, eine sitzende Frau mit entblößter Brust oder der Gott des Lichts und der Sonne, Helios/Apoll, Demeter/Ceres, Pomona
- *Herbst:* Weintrauben, Hase, Füllhorn, ein Winzer beim Rebenschneiden oder der Gott des Weines, Dionysos/Bacchus, Vertumnus
- *Winter:* Wildbret, Salamander, Wildente, Herdfeuer, sich am Feuer wärmende Menschen oder der Gott des Feuers, Hephaistos/Vulkan, Boreas, Hades/Pluto, Kronos/Saturn, Janus

Die Jahreszeiten können darüber hinaus auch mit Lebensaltern gleichgesetzt werden: Kindheit, Jugend, Reife, Alter/Tod. Als Sinnbilder für Auferstehungshoffnung dienen sie, wenn ihre zyklische Wiederkehr besonders betont wird.

Januskopf. Der doppelköpfige Gott der Türen, der Hüter der Schwellen und Übergänge im alten Rom, stand für den Jahreswechsel, den Monat Januar, später wurde er auch zum Zeichen für Zwiespältigkeit und Doppeldeutigkeit.

Jasmin. Als weiß blühende Maiblume wurde der Jasmin zu einem Mariensymbol, das auf deren jungfräuliche Reinheit verweisen soll. Er konnte aber auch als Zeichen der göttlichen Liebe verstanden werden (Lorenzo Lotto, *Madonna mit Kind und den hll. Katharina von Alexandrien und Thomas*, 1528/30, Wien, KHM).

In der Profanikonographie kann Jasmin für Grazie und Liebenswürdigkeit stehen.

Jaspis. Da sich beim Brechen dieses Steins sehr leicht kleine Teile lösen, wurde er zum Sinnbild für Schwangerschaft und Geburt. Zudem gilt er als der erste Grundstein des Himmlischen Jerusalem (Offb. 21,10–23). Nach Hrabanus Maurus steht der Jaspis aber auch für die Kraft des Glaubens. ▸Stein

Jelängerjelieber ▸Geißblatt

Jesuskind ▸Christuskind

Jesuswindeln ▸Windeln

JHS ▸IHS

JHWH / J. H. V. E. (Jahwe), Abkürzung für den israelitischen Gottesnamen. ▸Tetragramm

Joch. In der antiken Mythologie kennzeichnet das Joch die Gemahlin von Zeus/Jupiter, die Göttermutter Hera/Juno.

Ein Rind mit einem Joch ist Kennzeichen der Tugend *patientia* ›Geduld‹. Das Joch kann aber auch Sinnbild einer drückenden Last, der Demütigung und der Unterdrückung und somit nach Ripa (1970, S. 450, 451) Attribut der *servitus* ›Knechtschaft‹ sein. Als Ehejoch ist es Kennzeichen der Personifikation von *matrimonium* ›Ehe‹ (Ripa 1970, S. 305, 306; LORENZO LOTTO, *Marsilio Cassotti und seine Braut Faustina*, 1523, Madrid, Prado). Ein Joch auf den Schultern hat auch der hl. Thomas von Gubbio zum Attribut.

Johannisbeere. Rote Johannisbeeren gelten wegen ihrer Farbe im entsprechenden Kontext als Hinweis auf den Opfertod Jesu Christi (MATTHIAS GRÜNEWALD, *Maria mit dem Kind*, 1516–19, Stuppach, Pfarrkirche).

Jongleur. Jongleure (joculator) waren im Frankreich des Mittelalters eng mit den Spielleuten verbunden. Sie standen in Gegensatz zu den höfischen und gelehrten Dichtern und Sängern, den Troubadours. Gaukler und Tänzer gehörten nur den niedrigen Künsten an, wurden verachtet und oft mit Kirchenbann oder Landesverweis bestraft. In diesem Sinn kommen sie in Figurenkapitellen meist als Negativbeispiele vor.

Josephshosen ▸Windeln

Judenhut ▸Kopfbedeckung

Jungfer im Grünen / St. Katharinenblume (Nigella damascena). Als Sinnbild für das Rad, auf das die hl. Katharina von Alexandria zum Martyrium gebunden wurde, ist diese Blüte deren Attribut geworden. Später konnte die Blume aber auch als Symbol der verschmähten Liebe dienen, da im Volksbrauch diese von einem Mädchen in einem verdeckten Korb einem Mann überreichte Blume als Zeichen der Abweisung galt.

Juwelen ▸Schmuck

K

Käfer. Es kann sich dabei um ein ursprünglich aus dem Altägyptischen stammendes Lebenssymbol handeln, da der ägyptische Skarabäus aus Dung Kapseln dreht, in die er seine Eier legt. Vereinzelt erscheint der Käfer so in Übertragung auch in christlichen Darstellungen als Auferstehungssymbol. Als Insekten kommen Käfer aber auch in barocken Stillleben als Vanitas-Symbol vor.

Käuzchen ▸Eule

Kahn, Symbol der Überfahrt. ▸Schiff

Kain und Abel. In typologischer Zuordnung oder attributiv wurde die Erzählung vom biblischen Brudermord (1. Mose 4,1–16) im Mittelalter sinnbildlich auf das gesamte jüdische Volk bezogen, da Kain den unschuldigen Abel tötete wie die Juden Christus. Nach seinem Brudermord erhielt Kain von Gott ein Schutzzeichen auf die Stirn, damit niemand ihn töte, das sogenannte Kainsmal. Kain wurde später Stammvater eines großen Volkes. Abel galt im Mittelalter auch als Sinnbild jener Heiden, die zum christlichen Glauben fanden.

Kaiserkrone (Fritillaria imperialis). Die im 16. Jahrhundert auch »persische Lilie« genannte Blütenpflanze wurde erst 1576 aus Konstantinopel nach Wien und von dort nach Holland importiert. Nach Jesuitenschriften der Barockzeit stellt die ziemlich kurz blühende Kaiserkrone als Geschöpf Gottes in ihrer Pracht einen Verweis auf die Nichtigkeit menschlicher Macht dar.

Kalb. Als gängiges Schlachttier gehörte das Kalb in alten Kulturen wie das Lamm zu den hauptsächlichen Opfertieren. So kann das Kalb auch mit dem Lamm verglichen werden und in diesem Sinn vereinzelt auch Christussymbol sein.

Bekannter ist das Goldene Kalb, ein Kultbild, das vom Priester und Mosesbruder Aaron aufgerichtet und von den Israeliten angebetet worden war, während Mose sich auf dem Gottesberg aufhielt, um die Gesetzestafeln zu empfangen. Dahinter steht wohl eigentlich ein Stierbild, das auf den Gott Baal zu beziehen ist (2. Mose 32,1–10). Später wurden auch von König Jerobeam I. Stierbilder errichtet (1. Kön. 12,28–33), die die Israeliten als Gott verehren sollten. So wurde das Goldene Kalb Sinnbild für die ständigen religiösen Versuchungen und Abfalltendenzen Israels, aber auch zum Symbol der Vergöttlichung des Materiellen und des Reichtums. Die Kirchenväter setzten das Goldene Kalb mit dem Teufel gleich und so galt dessen Verehrung als Urbild des Götzendienstes; später konnten als symbolischer Hintergrund für den Tanz um das Goldene Kalb die Mahnung vor der negativen Hingabe an Müßiggang und die Eitelkeiten des Irdischen hinzutreten (RAFFAEL und Schule, *Tanz um das Goldene Kalb*, 1516–19, Rom, Vatikan, Loggien; LUKAS VAN LEYDEN, *Die Anbetung des Goldenen Kalbes*, um 1525, Amsterdam, Rijksmuseum; NICOLAS POUSSIN, *Tanz um das Goldene Kalb*, 1634/35, London, National Gallery).

Kalmus. Als Heil- und Salbölpflanze ist der Kalmus im Mittelalter Maria zugeordnet worden.

Kamel. Das zweihöckrige Tier wurde – wie das einhöckrige Dromedar – als verbreitetes Lasttier in Wüsten- und Steppengegenden bei vielen Völkern zum Symbol der Nüchternheit und der Mäßigung. Es konnte aber auch für einen überheblichen Charakter stehen. Im Alten Testament wird das Kamel als unrein angesehen.

Der Kirchenvater Augustinus hielt dagegen das Kamel als Lasttier für ein Bild der Geduld und der Demut und sah so in ihm Vorbild und Modell für Christen. Im Mittelalter wurde es Sinnbild der *discretio* ›Fähigkeit der Unterscheidung‹, da es Lasten, die seine Kräfte übersteigen, verweigere. Da das Kamel zum Aufnehmen der Lasten niederkniet, steht es auch für *oboedientia* ›Gehorsam‹. Vereinzelt erscheint es auch als Reittier der Kardinaltugend *temperantia* ›Mäßigung‹.

Negativ konnte ein Kamel als Kennzeichen der *acedia* ›Trägheit‹ (GIORGIO VASARI, Kuppelfresko, 1571, Florenz, Dom) oder auch der Personifikation von *ira* ›Zorn‹ eingesetzt werden.

Attribut ist das Kamel beim hl. Aphrodisius, der apokryphen Berichten zufolge als Statthalter von Heliopolis bei der Flucht nach Ägypten bekehrt wurde, bei den hll. Kosmas und Damian, bei denen der Legende nach ein Kamel zu sprechen begann, damit sie ein gemeinsames Grab bekämen, bei Hormisdas, der Kameltreiber war, beim Wüstenvater Makarios, dem der Teufel in Gestalt eines Kamels erschien, und beim hl. Menas, zu dessen Füßen zwei Kamele kauern. Außerdem gehören Kamele als Reit- und vor allem Lasttiere zum Standardrepertoire bei Darstellungen der Hl. Drei Könige oder bei der Heimkehr Jakobs (1. Mose 31,17; Luca Giordano, *Der Aufbruch Jakobs nach Kanaan*, um 1694, Madrid, Prado).

In der Profanikonographie ist das Kamel bei der Darstellung der Erdteile Symboltier für Asien, seltener auch für Afrika (Giambattista Tiepolo, *Afrika*, Fresko, 1752/53, Würzburg, Residenz, Treppenhaus), und unter den Weltflüssen kennzeichnet das Kamel den Indus.

Kamelie. Erst seit dem mittleren 18. Jahrhundert ist diese ostasiatische Pflanze, die in Japan als Symbol für Freundschaft und Harmonie dient, in Europa nachweisbar, wo sie zur Modeblume des 19. Jahrhunderts wurde (Georg Ferdinand Waldmüller, *Geburtstagstisch*, 1840, Köln, WRM).

Kamille. Als Heilpflanze war die Kamille im Mittelalter auch als Mariensymbol gebräuchlich.

Kamm. Kämme gehören unter anderem zu den Attributen der hll. Hildegund und Verena, weil sie gegen Kopfweh helfen sollen, außerdem zu jenen von Elisabeth von Thüringen und Radegundis von Wellenburg. Ein Woll- oder Hechelkamm (Kardätsche) war das Marterwerkzeug der hll. Blasius, Hippolytus, Margareta und Prisca, denen die Haut damit aufgerissen wurde. Ein eiserner Kamm gehört zu den Kennzeichen der hll. Genesius und Vinzenz (*Legenda Aurea*).

Kampf. Ringer und Waffenkämpfer wurden bereits im alten Ägypten und in der Antike in sportlichem oder kriegerischem Zusammenhang dargestellt. Im Mittelalter wurde akrobatisches Ringen oft als Veranschaulichung von Gerichtsurteilen mit Hilfe eines Gottesurteils wiedergegeben, wobei dem Gerechten der Kampf gelingt.

Kaninchen ▸Hase

Kanne. Im antiken Mythos ist eine Kanne Flussgöttern als Kennzeichen beigegeben und Ganymed, der Mundschenk an der Göttertafel war. Vereinzelt können auch Zeus/Jupiter und die Hore des Herbstes mit einer Kanne ausgestattet sein.

Sie gehört zu den Attributen des alttestamentlichen Priesters Aaron und des Propheten Habakuk und der hll. Abdias, Elisabeth von Thüringen, Florinus von Remüs, Genovefa, Gunthildis, Martha von Bethanien, Meinrad, Obadja, Radegundis von Wellenburg und Verena.

Kanone. Diese Kriegswaffe ist als Attribut der hl. Barbara zugeordnet, der Schutzpatronin der Artilleristen. Außerdem kann sie als Berufskennzeichen Feldherren und Militäringenieuren beigefügt sein (GIAMBATTISTA TIEPOLO, *Porträt von Balthasar Neumann*, Fresko, 1752–53, Würzburg, Residenz, Treppenhaus).

Kantharos ▸Krug

Kapuze ▸Kopfbedeckung

Kardinalshut ▸Kopfbedeckung

Karpfen. Diese Fischart war in der Antike wegen ihrer Fruchtbarkeit der Göttin Aphrodite/Venus zugeordnet. In Ostasien ist der Karpfen ein verbreitetes Glückssymbol.

Karte ▸Landkarte, ▸Spielkarte

Kastanie. Die Frucht mit ihrer stacheligen äußeren Hülle, der Schale und dem weichen Kern gilt – der Nuss vergleichbar – als Hinweis auf Keuschheit und Jungfräulichkeit oder auch auf die wunderbare Auferstehung Jesu Christi und der Gläubigen (GIOVANNI ANTONIO DI FRANCESCO SOGLIANI, *Das Opfer Abels*, um 1533, Pisa, Dom, Tribuna).

Kathedra ▸Thron

Katze. Im alten Ägypten war die Katze ein verehrtes Haustier. In der antiken Mythologie kann eine Katze Begleittier der Göttin Artemis/Diana sein. In der abendländischen Symbolik ist die Katze dagegen mit sehr ambivalenten Bedeutungen verbunden. Sie kann – vor allem hellfarbig – positiv als Hinweis auf Jesus und als Seelenjägerin verstanden werden. Außerdem kann sie auf Freiheit und Freiheitsliebe verweisen, dementsprechend gilt die Katze nach Ripa (1970, S. 292–293) auch als Attribut der Personifikation der *libertas* ›Freiheit‹.

Die Darstellung einer Katze kann aber auch auf Streit und Feindschaft anspielen. So wird sie zum Sinnbild von Sünde, aber auch von *luxuria* ›Wollust‹. Schwarze Katzen galten als dämonisch und zauberkräftig und waren die Begleiter von Hexen, das Symboltier des Teufels und allgemein ein Unglücksbringer (Lorenzo Lotto, *Verkündigung an Maria*, 1527, Recanati, Pinacoteca Comunale). Weiterhin ist eine Katze Attribut des hl. Cadoc, der den Teufel mit einer Katze um eine Seele geprellt hat.

In der Profanikonographie taucht die Katze auch als Vertreterin von Gefühl oder Gehör in Allegorien der fünf Sinne auf (Jan Miense Molenaer, *Familienbildnis Ruychaver-van der Laen. Die vier Lebensalter und die fünf Sinne*, vor 1630, Amsterdam, Museum van Loon).

Kauz/Käuzchen. Im antiken Mythos war das Käuzchen wie die Eule Attribut der Athena/Minerva und Begleittier des Sängers Orpheus. ▸Eule

Kelch. Diese runde Gefäßform mit Fuß war in der Antike ein allgemein übliches Trinkgefäß. Von dort wurde der Kelch als Gefäß für die Eucharistiefeier übernommen. Erste Abendmahlskelche sind bildlich ab dem 6. Jahrhundert nachweisbar (unbekannte Meister, Mosaik, Mitte 6. Jh., Ravenna, S. Vitale und S. Apollinare in Classe). Ab dem frühen Mittelalter werden diese liturgischen Kelche besonders prächtig ausgestaltet und vor allem im eucharistischen Zusammenhang dargestellt. Es finden sich Bilder von Kelchen bei Abendmahlsdarstellungen und der Kreuzigung Christi (zum Auffangen seines Blutes), aber auch bei der Ölbergszene, wo Jesus den Vater bittet, dass der Kelch der Passion an ihm vorübergehe (Mt. 20,22f.; Mk. 14,35ff.; Lk. 22,41–43; El Greco, *Christus am Ölberg*, 1590/98, London, National Gallery). In diesem

Zusammenhang wird der Kelch auch zum Sinnbild des menschlichen Schicksals, das dieser von oben empfängt. Bei Darstellungen eines Messopfers ist der Kelch als eucharistisches Symbol wichtiger Bestandteil (auch bei der Gregoriusmesse oder der Messe von Bolsena).

Des Weiteren ist ein Kelch auch Symbol für den Priesterkönig Melchisedek im Alten Testament, dessen Opfer im Mittelalter typologisch auf das Abendmahl bezogen wurde. Auch die zwölf Ältesten der Apokalypse halten manchmal Kelche statt Schalen in ihren Händen (Offb. 5,8). Vor allem in der ostkirchlichen Kunst wird öfter auch ein Kelch bei der sogenannten Trink- oder Fluchwasserprobe Marias und Josephs wiedergegeben. Diese Probe mussten nach den apokryphen Texten des Pseudo-Jakobus und Pseudo-Matthäus Maria und Joseph auf sich nehmen, um die jungfräuliche Schwangerschaft Mariens einem Gottesurteil zu unterziehen (s. a. 4. Mose 6,11–28; UNBEKANNTE MEISTER, *Maximianskathedra*, Mitte 6. Jh., Ravenna, Erzbischöfliches Museum; Mosaik, 13. Jh., Venedig, San Marco).

Als Gegengewicht zu den Sünden beim Seelenwägen im Jüngsten Gericht kann vereinzelt ebenfalls ein Kelch erscheinen (UNBEKANNTER MEISTER, Tympanon, 13. Jh., Bourges, Kathedrale).

Ein Kelch gehört zu den wichtigsten Attributen der theologischen Tugend *fides* ›Glaube‹ und der Personifikation der *ecclesia* ›Kirche‹. Ein umgekehrter Kelch ist dagegen Zeichen der Synagoge. Als Attribut kommt ein Kelch u.a. bei den hll. Barbatian von Ravenna, Eligius, Fides, Goar, Honorius, Konrad von Konstanz, Meinrad, Ottilie, Urban und Zosimus, der der hl. Maria Ägyptiaca die Kommunion spendete, vor. Ein Kelch, aus dem sich eine Schlange emporwindet, weil er mit einem Gifttrank gefüllt ist, ist Kennzeichen des Evangelisten Johannes (ALONSO CANO, *Johannes der Evangelist mit Giftbecher*, 1636, Paris, Louvre) und der hll. Benedikt, Eduard und Ludwig Bertrand. Ein Kelch mit einer Hostie kann auf die hll. Barbara, Benignus, Onuphrius oder Thomas von Aquin verweisen, ein Kelch mit dem Jesuskind auf die hll. Alto und Hugo von Lincoln. Ein Kelch mit Rosen gehört zu den Kennzeichen des hl. Hermann Joseph, ein Kelch mit Spinne zu jenen der hll. Konrad und Norbert und ein Kelch mit Traube ist dem hl. Wigbert zugeordnet.

Kelter. Bei der sogenannten Mystischen Kelter, die im Schrifttum und in bildlichen Darstellungen des Mittelalters und der Renaissance vorkommt, scheint der Kreuzbalken durch seine Last Christus wie in einer Kelter das Blut aus seinen Wunden zu pressen (DÜRER-Umfeld, *Christus in der Kelter*, um 1500/10, Ansbach, St. Gumbertus). Die Mystische Kelter gilt meist als Sinnbild für die Passion Christi.

Kentaur. Dieses Mischwesen der antiken Mythologie hat einen menschlichen Oberkörper und einen Pferdeleib. Kentauren werden oft mit Keule, Speer, Schild, Pfeil und Bogen oder Schwert als Waffe dargestellt. Aus der antiken Mythologie sind neben der allgemeinen Bedeutung als Triebwesen (SANDRO BOTTICELLI, *Pallas Athene bändigt den Kentauren*, um 1485, Florenz, Uffizien) vor allem der Kampf der Lapithen gegen die Kentauren bekannt, die deren Frauen rauben wollten (PETER PAUL RUBENS, *Kampf der Lapithen und Kentauren*, 1636/38, Madrid, Prado), der Kentaur Nessos, der sich an Deianeira, der Gemahlin des Herkules, vergreift (GUIDO RENI, um 1620, Paris, Louvre), und der heilkundige und weise Kentaur Cheiron, der viele berühmte Helden erzog (GIUSEPPE MARIA CRESPI GEN. LO SPAGNUOLO, *Der Kentaur Cheiron lehrt den jungen Achill Bogen schießen*, um 1700, Wien, KHM).

Auch im Mittelalter weisen Kentauren auf die rohe Natur, auf Wildheit, animalische Kräfte, Triebsucht und zügellose fleischliche Begierde hin. In diesem Sinn finden sich Kentauren in der romanischen Bauplastik als Sinnbilder des Lasters und des Teufels (Bronzetür, 11. Jh., Augsburg, Dom; Fassadenrelief, 12. Jh., Le Mans, Kathedrale). Auch wurden Kentauren als Gegenbild zum Ritter eingesetzt, der im Gegensatz zu diesem Mischwesen sein Pferd bändigt und durch Selbstbeherrschung ausgezeichnet ist. Wenn ein Kentaur eine Beute trägt, ist er

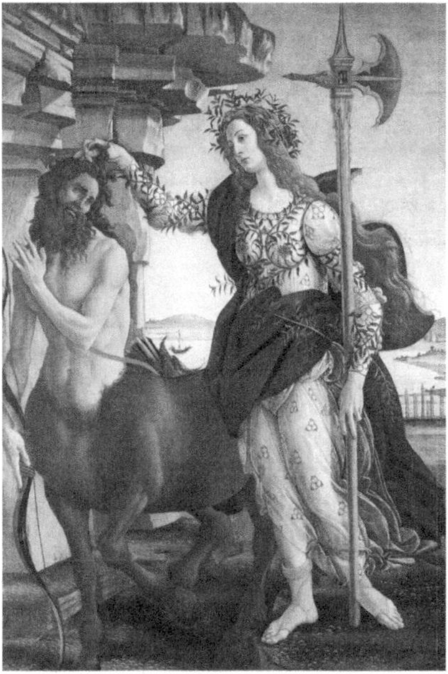

Sandro Botticelli: Pallas Athene bändigt den Kentauren. Florenz, Galleria degli Uffizi, um 1485. – Das zweifigurige Bild zeigt einen **Kentauren** mit bärtigem Gesicht und zotteligem Haar, und eine weibliche Gestalt mit Hellebarde. Der Kentaur hält zwar den für ihn typischen Bogen in der Hand, die Pfeile stecken jedoch im Köcher und der Bogen ist entspannt. So erscheint der Kentaur, der als ungezügeltes Triebwesen und Verkörperung der animalischen Natur des Menschen gilt, ganz zahm. Seine Bändigerin ist eine junge Frau, die ihn an einem Haarbüschel ergreift. Sie wird meist als Pallas Athene gedeutet. Dafür sprechen vor allem die Olivenzweige, mit denen sie geschmückt ist. Die Diamanten an den Ringen auf dem Kleid und an der Hellebarde sind Reinheits- und Tugendsymbole. Athena/Minerva ist die Göttin der Weisheit und Besonnenheit. Sie lehrte die Menschen Zucht und viele Fertigkeiten und so bändigt sie auch ruhig und besonnen den Kentauren als Bild der Triebhaftigkeit durch den Griff in sein Haar.

meist als Sinnbild des Teufels auf Seelenfang zu verstehen. Nach dem *Physiologus* ist ein Kentaur auch ein Sinnbild der zwiespältigen Häretiker, der Ketzer. Kentauren gehören auch zu den Kennzeichen oder Symbolen der Personifikation der *superbia* ›Hochmut‹. Satirisch wurden sie manchmal in der Renaissance zur Verspottung des Klerus eingesetzt.

Positiv interpretiert wird der Kentaur dagegen als Wächter auf dem Weg zum Paradies oder auch als Sinnbild der Doppelnatur des Menschen (tierisch-göttlich).

Kerberos ▸Cerberus

Kerze. Schon bei den Römern und vermutlich auch schon bei den Etruskern wurden im Kult und bei Begräbnissen neben Fackeln und Lampen auch Kerzen verwendet. Bei den Juden waren vor allem Leuchter gebräuchlich. Das alte Lichtsymbol wurde im Christentum zum Symbol des Glaubens. Eine brennende Kerze kann aber auch als Sinnbild des Menschenlebens gelten. Der brennende Docht und das schmelzende Wachs werden manchmal in ihrem Verhältnis zueinander auch mit der Beziehung Geist/Materie verglichen. Bei den Christen sind daher früh Kerzen im Kult, im Beerdigungsritus und bei der Buße in einem symbolischen Sinnzusammenhang, der über den praktischen Nutzen hinausweist, nachweisbar. Das Fest der Darstellung des Herrn am 2. Februar (Mariä Lichtmess) wird deshalb mit einer Kerzenprozession und der Kerzenweihe für das ganze Jahr begangen (Stephan Lochner, *Die Darbringung im Tempel*, 1447, Darmstadt, Hessisches Landesmuseum).

Eine brennende Kerze ist auch Symbol der theologischen Tugend *fides* ›Glaube‹, da er wie das Licht die Finsternis erleuchtet. Als Heiligenattribut finden sich Kerzen bei Agatha von Catania, der Schutzheiligen gegen Brände, Aldegundis, Blasius, bei dem die Kerzen oft in gekreuzter Form erscheinen, wie sie in der katholischen Kirche auch beim Blasiussegen am 3. Februar gebräuchlich sind, bei Joseph, der bei der Geburt Jesu Christi nach der Vision der hl. Birgitta von Schweden eine Kerze als Lichtquelle verwendete (Gerard David, *Geburt*

Jesu, 1480/83, New York, Metropolitan Museum), Genovefa, deren Kerze vom Teufel ausgeblasen, aber von einem Engel wieder entzündet wurde, Meinrad von Einsiedeln, Brendan, Birgitta von Schweden, Katharina von Siena, Lucia (Name: *lux* ›Licht‹), Donatian mit fünf brennenden Kerzen auf einem liegenden Rad, Gudula von Brüssel (ausgeblasene Kerze), Notburga und Paternus. Eine erloschene Kerze ist vor allem in der Barockzeit ein beliebtes Vanitassymbol. Die Kerze gehört auch zu den Kennzeichen der libyschen Sibylle.

Kessel. Meist als Hinweis auf das Martyrium gehört ein Kessel zu den Attributen der hll. Erasmus von Formio, Fausta, Justinus und Cyprian, Vitus und Johannes Evangelist.

Kette. Eine Kette ist sowohl Sinnbild der Verbindung und damit zuweilen auch der Beziehung von Himmel und Erde und der Verbindung des Menschen mit Gott – so wird zum Beispiel das Gebet in diesem Sinn als goldene Kette gesehen – als auch Sinnbild von Fesselung und Gefangenschaft. Am Ende der Zeiten wird so der Satan in Ketten gelegt werden (Offb. 20,1–3). Gesprengte Ketten sind dagegen Zeichen der Befreiung. So kann Petrus bei seiner Befreiung aus dem Gefängnis durch einen Engel mit gesprengten Ketten erscheinen (Apg. 12,6–11; Raffael, *Befreiung Petri*, 1511–14, Vatikan, Stanza di Eliodoro). Eine zerrissene Kette ist auch Attribut der libyschen Sibylle.

Meist als Gefangenenkette dienen Ketten zum Attribut den hll. Anastasia, Balbina, Babylas von Antiochien, Claudius von Besançon, Dionysius, Dismas (der gute Schächer bei der Kreuzigung Christi), Germanus von Paris, Hermogenes, Johannes vom Kreuz, Johannes von Matha (gesprengte Kette), Eusebius von Rom, Leonhard, Mathurin, Onuphrius, Patricius, Quentinus, Birgitta von Schweden, Fides (Foy), Radegundis und Vincentius von Chieti. Als Büßerkette erscheint sie bei den hll. Margareta von Cortona, Pasqual Baylon und Wilhelm. Als Amtskette dagegen beim hl. Thomas Morus, als Magisterkette bei den hll. Thomas von Aquin und Theresa von Avila. ‣Schmuck

Keule. Die früher weit verbreitete Waffe aus Holz oder Metall wurde zum Sinnbild von Gewalt. In der antiken Mythologie ist sie wichtigstes Kennzeichen von Herkules (Antonio del Pollaiolo, *Herkules und die lernäische Hydra*, um 1460, Florenz, Uffizien), aber auch von Melpomene, der Muse der Tragödie. Auch Kentauren sind neben Pfeil und Bogen oft mit einer Keule als Waffe ausgerüstet.

Die Keule dient den Personifikationen der Kardinaltugend *fortitudo* ›Tapferkeit‹ oder Stärke und einer der sieben Hauptsünden, der *stultitia* ›Torheit‹ als Kennzeichen. Bei Letzterer erscheint die Keule in der Hand eines fast nackten Narren.

Als Marterinstrument ist die Keule Attribut der hll. Apollinaris, Benignus, Bonifatius, des guten Schächers Dismas, Ewald, Fidelis von Sigmaringen, Jakobus minor (d. J.), Judas Thaddäus, Meinrad von Einsiedeln, Nikomedes, Placidus (als Stachelkeule), Thomas Beckett und Vitalis.

Kind, Kinder. Kinder gelten allgemein als Sinnbild von Unschuld und Reinheit. In Darstellungen muss allerdings zwischen der Wiedergabe des Jesuskindes, von Kinderengeln, Eroten oder Amoretten und gewöhnlichen Kindern unterschieden werden (‣Christuskind, ‣Engel, ‣Eros).

Im Salomonischen Urteil schlägt König Salomo im Streit zweier Mütter nach dem Tod eines Kleinkindes um das noch lebende Kind die Teilung dieses Kindes vor, um an der Reaktion auf dieses Ansinnen die wahre Mutter erkennen zu können (1. Kön. 3,16–28; Nikolas Poussin, *Das Urteil von König Salomo*, 1646, Paris, Louvre). Der von König Herodes befohlene Mord an den unschuldigen Kindern in Bethlehem, die so zu Protomärtyrern wurden (Mt. 2,16–18), ist neben Darstellungen des Jesuskindes wohl die bekannteste Szene mit Kindern aus dem Neuen Testament (unbekannter Meister, Mosaik, 5. Jh., Rom, S. Maria Maggiore; Giotto, Fresko, um 1305, Padua, Arenakapelle; Guido Reni, 1610, Bologna, Pinacoteca Nazionale; Peter Paul Rubens, um 1638, München, AP). Jesus als Kinderfreund oder die Segnung der Kinder durch Jesus ist ein Thema, das vor allem im 16. und 19. Jahrhundert im protestantischen Umfeld beliebt war (Mt. 19,13–15; Mk. 10,13–16; Lk. 18,15–17; LUCAS CRANACH, *Lasset die Kindlein zu mir kommen*, um 1540, Privatbesitz; HANS MIELICH, *Jesus als Kinderfreund*, 1561, Freising, Diözesanmuseum; FRITZ VON UHDE, *Lasset die Kindlein zu mir kommen*, 1884, Leipzig, Museum der bildenden Künste).

Ein Kind oder mehrere Kinder auf dem Schoß oder beim Stillen sind Kennzeichen der theologischen Tugend *caritas* ›Liebe‹. Auch Heilige haben öfters ein Kind als Attribut. So verweist ein Kind in einer Wiege auf den hl. Ambrosius, dessen Bischofswahl durch den wunderbaren Zuruf eines Säuglings bewirkt wurde (MICHAEL PACHER, *Kirchenväteraltar*, um 1480, München, AP), auf den hl. Edmund von Canterbury, den Schutzpatron der Neugeborenen, oder auf den Evangelisten Matthäus, der sein Evangelium mit dem Stammbaum Jesu begann. Ein Findelkind in den Armen hält der hl. Vinzenz von Paul. Ein Kind im Rachen eines Wolfes verweist auf den hl. Sindbert von Augsburg. Ein Kind, das mit einem Löffel oder einer Muschel Wasser aus dem Meer schöpft, ist Kennzeichen des hl. Augustinus, dem dadurch die Vergeblichkeit seines Versuches, das Geheimnis der Dreifaltigkeit zu durchdringen, bewusst wurde (MICHAEL PACHER, *Kirchenväteraltar*, um 1480, München, AP). Drei Kinder in einem Pökelfass kennzeichnen den hl. Nikolaus, der sie wieder lebendig machte. Ein Kind mit Rosenkörbchen begleitet die hl. Dorothea von Cäsarea.

Sieben Kinder oder sieben Kinderköpfe auf einer Schale verweisen auf die hl. Felicitas oder die hl. Symphorosa, die ihre sieben Söhne durch Enthauptung verloren haben. Ein Kind an der Hand kann die hl. Julitta führen, ein Kind auf dem Arm haben dagegen die hll. Brictius Bischof und Wirnto. Ein Wickelkind auf dem Arm kennzeichnet die hl. Marina, ein Kind neben sich den hl. Micha, zwei Kinder zu Füßen den Apostel Jacobus d. Ä. und neun Kinder Notburga von Bühl.

Im profanen Bereich sind Kinder beim Studium von Büchern Attribut der Grammatik in der Reihe der Sieben freien

Künste. Ein Kind oder Kinder hat auch die Personifikation der *tellus* ›Erde‹ bei sich, als die Brüder Schlaf und Tod finden sie sich auf dem Schoß der *nyx* ›Nacht‹.

Kirchenmodell. Als Hinweis auf ihre die Kirche mitbegründenden Schriften ist ein Kirchenmodell allgemeines Attribut bei den vier großen lateinischen Kirchenvätern Augustinus, Ambrosius, Hieronymus und Gregor und beim Kirchenlehrer Thomas von Aquin.

Als Hinweis auf eine Kirchen- oder Klosterstiftung ist es Heiligenattribut u.a. bei den hll. Adelheid von Vilich, Kaiserin Adelheid, Adelphus, Benno von Meißen, Bruno von Köln, Erentrudis (Stift Nonnberg in Salzburg), Eleutherius von Tournai, Elisabeth von Thüringen, Goar (mit Kirchenmodell von St. Goar mit einem Teufel darauf, da er verleumdet wurde), Gaudens von Novara, Geminianus von Modena, Godehard von Hildesheim, Gumpertus, Hedwig von Schlesien (Kloster Trebnitz), Kaiser Heinrich und Kaiserin Kunigunde (Bamberger Dom), Helena (St. Gereon in Köln), Hemma (Gurk), Heribertus von Köln, Karl d. Gr., Kastor von Koblenz, Klothilde, Korbinian von Freising, Kunibert von Köln, Leopold (Gründer von Stift Klosterneuburg), Ludgerus, Martin, Petronius von Bologna, Philipp Jeningen, Placidus von Dissentis, Sebaldus von Nürnberg, Severin von Köln, Sigibert, Sigismund, Virgil von Salzburg, Willehad, Willibrord und Wolfgang. Drei Kirchenmodelle kennzeichnen den hl. Maternus und fünf den hl. Anno, sieben Türme oder Kapellen die hl. Begga. Als Stützen der wankenden Kirche werden die hll. Dominikus und Franz von Assisi dargestellt, die Gründer der Bettelorden der Dominikaner und Franziskaner.

Ein Kirchenmodell auf dem Haupt ist auch das Kennzeichen der theologischen Tugend *fides* ›Glaube‹.

Kirsche. Im Mittelalter können Kirschen die verbotene Frucht vom Baum der Erkenntnis darstellen, später verweisen sie wegen ihrer roten Farbe vor allem auf die Passion, das Blut Christi und die Erlösung durch den Opfertod (CARLO CRIVELLI, *Lochis Madonna*, um 1480, Bergamo, Accademia Carrara; Tizian, *Die Kirschenmadonna*, 1516, Wien, KHM). Des Weiteren sind Kirschen als Paradiesfrüchte ein Attribut der hl. Dorothea von Cäsarea.

In Mitteleuropa gelten am Barbaratag (4. Dezember) geschnittene Kirschzweige, die bis Weihnachten aufblühen, als Glückssymbol und Hinweis auf eine bevorstehende Hochzeit.

Kithara ‣ Lyra

Klaue ‣ Greif

Klee, Kleeblatt. Als sehr wuchsstarke Pflanze ist der Klee zum Symbol der Lebenskraft und auch der Auferstehung geworden, wegen seiner Dreiblättrigkeit wird er auch der Hl. Dreifaltigkeit und als Heilpflanze im Mittelalter Maria zugeordnet (Hans Memling, *Moreel-Triptychon*, 1484, Brügge, Stedelijk Groeningemuseum). Da man Klee früher häufig auf Gräber pflanzte, wurde er jedoch auch zum Symbol des Abschieds, vor allem zusammen mit violetten Veilchen und Rosen als Zeichen der Liebe. Ein vierblättriges Kleeblatt gilt dagegen bis heute als Glückssymbol. Ein Kleeblatt ist darüber hinaus auch Attribut des hl. Patrick, der mit Hilfe eines Kleeblattes das Geheimnis der Hl. Dreifaltigkeit den Iren erklärt haben soll. Es könnte aber auch irrtümlich vom Kreuzstab mit seinem kleeblattartigen oberen Ende kommen, den Patrick einer Schlange in den Rachen stieß. Klee war auch die wichtigste Zauberpflanze der keltischen Druiden. So ist es nicht verwunderlich, dass dieses Gewächs zum Symbol irisch-keltischen Nationalbewusstseins wurde.

Kleidung. Gewänder bezeichnen in den Bildern meist allgemeine Zugehörigkeiten, nur selten werden sie als individuelles Merkmal eingesetzt. Ihre Bedeutung ist dabei oft mit Material, Farbe und Schnitt verbunden. Über lange Zeiträume waren Kleiderordnungen in feudalen Gesellschaftssystemen üblich, die dem Sichtbarmachen von Standesunterschieden dienten. Nur der Adel durfte kostbarere Stoffe wie z. B. Brokat, teurere Farben und längere Formen, zum Beispiel der Ärmel, verwenden. Zum Teil gab es aber auch Gesetze gegen übertriebenen Luxus wie immer wieder »Spitzenverbote«. Besonders reich und aufwendig war die burgundische Hoftracht des 15. Jahrhunderts (Rogier van der Weyden, *Dreikönigs- oder Columba-Altar,* um 1455, München, AP). Die vorwiegend schwarze und sehr strenge spanische Hoftracht war dagegen von etwa 1550 bis zur Mitte des 17. Jahrhunderts, je nach Gegend sogar bis ins 18. Jahrhundert hinein, europäisches Vorbild. Freilich wurden in Spanien selbst 1623 die großen Halskrausen für Männer wegen des zu hohen Spitzenverbrauchs verboten. Im holländischen Bürgertum hielten sie sich aber noch über fast das ganze 17. Jahrhundert. Zur Zeit Ludwigs XIV. von Frankreich verdrängte ab 1660 allmählich die wesentlich buntere französische Mode mit Kniehosen (Culotte) den spanischen Einfluss, während mit der Französischen Revolution bürgerliche Gewandformen und die englische Mode in allen Kreisen vorherrschend wurden. Frack und Zylinder bestimmten während des 19. Jahrhunderts die Männermode. Auch die Revolutionäre (Sansculotten) bevorzugten Pantalons statt der Kniehosen und die phrygische Mütze und national gesinnte Deutsche die später um 1820 verbotene Altdeutsche Tracht.

Auch für einzelne Berufsgruppen gab es bestimmte Kleidervorschriften. So sind die hll. Gunthildis, Notburga von Rattenberg und Radegundis, die dem Dienstbotenstand angehörten, meist auch in Bildern als Dienstboten gekleidet. Bei den liturgischen Gewändern, dem Messgewand, das das Zurücklassen des Profanen bedeuten soll, wird die Albe symbolisch als Sinnbild der Reinheit, die Stola als Zeichen für das Amt als Joch des Herrn und das Humerale als Schatten des Hl. Geistes gedeutet. Ebenso haben die einzelnen Ordenstrachten ihre symbolischen Bezüge. So erscheinen dementsprechend heilige Priester, Bischöfe und Ordensleute in liturgischen Gewändern oder im Habit oder der entsprechenden Ordenstracht. Diakonskleidung tragen die hll. Caesarius von Terracina, Laurentius, Sisinnius, Stephanus, Suitbert und Vincentius. Fell-, Blätter- und Haargewänder kennzeichnen dagegen neben Adam und Eva nach dem Sündenfall heilige Eremiten und Büßer. Ein Hemd aus Eichenlaub ist Kennzeichen des hl. Vikturnianus, ein Hemd aus Palmblättern – es kann auch geflochten sein – jenes des hl. Paulus von Theben und ein härenes Hemd des hl. Onuphrius.

Sackkleidung und zerrissene Kleider können Armut und Demut, aber auch Trauer veranschaulichen. Propheten in prächtiger Kleidung, aber barfüßig, können darauf hinweisen, dass sie aus dem einfachen Volk stammten und zu königlichen Beratern aufstiegen.

Eine orientalische Gewandung wurde vor allem im Mittelalter, aber auch bei Rembrandt für die Darstellung von Juden oder Personen des Alten Testaments, aber auch von Ungläubigen gebraucht. Die sogenannte phrygische Mütze konnte die Weisen aus dem Morgenland kennzeichnen (*Anbetung der Hl. Drei Könige*, Mosaik, 5. Jh., Rom, S. Maria Maggiore). Bekleidet mit Mantel und dicker Mütze sind die Personifikationen des Winters und des phlegmatischen Temperaments (Ripa 1970, S. 78). Auch bei den Farben gab es teilweise feststehende Bezüge (▸Farben). Vor allem im 15. und 19. Jahrhundert war es sehr verbreitet, heilige Figuren auch nach der damals gängigen Mode zu kleiden. Diese zeitgenössische Gewandung sollte neben eventuell möglichen Bezügen zum Auftraggeber vor allem als Mittel der Vergegenwärtigung religiösen Geschehens dienen.

Auch einzelne die Kleidung betreffende Gebärden haben symbolischen Gehalt. So ist das Ausbreiten der Kleider eine alte orientalische Huldigungssitte, die im Einzug Christi in Jerusalem (Mt. 21) die größte allgemeine Anerkennung Jesu zu seinen Lebzeiten veranschaulicht, während nach der Kreuzigung von den Soldaten um seinen Rock gewürfelt wird (Joh. 19,23; Hans Memling, *Passionsaltar*, 1491, Lübeck, St. Annen-Museum). Das Zerreißen der Kleider ist ein alter Gestus der Trauer, kennzeichnet aber auch bildliche Wiedergaben der Synagoge und der *ira* ›Zorn‹ aus den sieben Hauptsünden. Da die Kleidung oft das äußere Zeichen des Ranges war, ist auch die Mantelteilung des hl. Martin nicht nur als Ausdruck von Mitgefühl und Nächstenliebe zu verstehen, sondern als soziale

Erhöhung des Bettlers, den nun ein Offiziersmantel bedeckt. Der blutbefleckte Rock Josephs von Ägypten (1. Mose 37,31–35) wird dagegen typologisch als Vorausnehmen der Geißelung während der Passion Christi eingesetzt. Auch das Anlegen des Mönchsgewandes ist ein bewusster Akt, der einen Verzicht auf die Welt ausdrückt. ▸Handschuh, ▸Kopfbedeckung, ▸Gürtel, ▸Mantel, ▸Schleier, ▸Schuh, ▸Windeln

Kleinkind ▸Kind

Knabe. Als Attribut einen Knaben zu Füßen hat der hl. Valentin, einen Knaben neben sich der hl. Willibrord, einen Knaben im Kübel der hl. Ulrich von Zell und drei Knaben im Bottich der hl. Nikolaus. Geflügelter Knabe ▸Engel, ▸Eros, ▸Putto

Knabenkraut. Im Mittelalter war diese Orchideenart Maria zugeordnet.

Kniefall ▸Fußfall

Knoblauch. Er galt früher als Mittel gegen den bösen Blick, gegen böse Geister, Dämonen und Vampire, aber auch als Aphrodisiakum.

Knochen. Menschliche Knochen gelten als Todessymbole, dementsprechend auch ein Knochenmann (▸Skelett). Ein großer Knochen wurde auch für das Werkzeug am Mord Kains an Abel gehalten, eine Eselskinnbacke war die Waffe Simsons, der damit tausend Philister erschlagen hat (Ri. 15,14–17; GUIDO RENI, *Samson als Sieger*, um 1618, Bologna, Pinacoteca Nazionale).

Knoten. Knoten werden sinnbildlich als Zeichen von Lösen und Binden eingesetzt und kommen so in der Schicksals- und Liebessymbolik und zum Teil auch bei Hochzeitszeremonien vor. In der Antike war der Liebesknoten Sinnbild für die Verlobung, die noch gelöst werden konnte. Bei den alten Germanen gab es die Vorstellung des göttlichen Bindens von Schicksalsknoten, die so vielleicht noch in der romanischen Flechtbandornamentik nachwirkten, dann aber auf Christus bezogen wurden. Knoten in Gewändern galten lange Zeit als unheilabwehrend.

Die drei Knoten im Gürtel der Mönche verweisen dagegen auf ihre Bindung an die drei Gelübde Armut, Keuschheit und Gehorsam. Das gewaltsame Durchhauen des Gordischen Knotens von Alexander dem Großen gilt dagegen als Zeichen großer Tatkraft.

Knüttel. Der Knüttel (Knüppel, ▸Keule) ist das Attribut der hll. Antonius von Rivoli, Heinrich Apostel Finnlands, Hippolytus, Jakobus d. Ä., Johannes und Paulus, Placidus, Sebastian, Simon Zelotes, Vigilius und Vitus.

Köcher ▸Pfeil und Bogen

Königskerze. Als Heilpflanze galt die Königskerze im Mittelalter als Schutz vor dem Bösen und Bewahrerin vor Furcht (Albrecht Altdorfer, *Susanna im Bade*, 1526, München, AP). Speziell galt sie als Heilmittel gegen das Antoniusfeuer (Matthias Grünewald, *Die Versuchung des hl. Antonius, Isenheimer Altar*, 1512–16, Colmar, Musée d'Unterlinden). Auch als Mariensymbol war sie gebräuchlich. Die Königskerze steht für Licht und Klarheit, weil ihre Blüten hell und leuchtend wie die Sonne sind. Da sie zur Zeit des Johannisfestes (24. Juni) blüht, wurde sie außerdem besonders Johannes dem Täufer zugeordnet und für einen an diesem Tag üblichen Abwehrzauber im Stall eingesetzt.

Kohlmeise ▸Meise

Kolobion/Colobium. So wird das lange, ärmellose Gewand Christi bei der Kreuzigung genannt, das von der antiken Priester- und Senatorentracht abzuleiten ist und im Frühchristentum und frühen Mittelalter bei Kreuzigungsszenen üblich ist (*Rabbula-Codex*, 586, Florenz, Biblioteca Laurenziana).

Komet. Als außergewöhnliche Himmelserscheinung wurden Kometen zum Teil als Vorzeichen für große Ereignisse, vor allem aber negativ für Hunger, Seuchen, Krieg oder Weltuntergang gedeutet. Auch der Stern von Bethlehem, der die Hl. Drei Könige zum göttlichen Kind führte, wird öfter als Komet wiedergegeben (Giotto, *Anbetung der Hl. Drei Könige*, um 1305, Padua, Arenakapelle).

Kompass. Als Orientierungsinstrument ist der Kompass Attribut der Personifikationen der Kardinaltugend *prudentia* ›Klugheit‹ und der theologischen Tugend *spes* ›Hoffnung‹. Zudem kennzeichnet er die euklidische Geometrie, vor allem auch in der Darstellung der Sieben freien Künste. Nach Ripa gehört er auch zu den Attributen der Personifikation der Architektur (Ripa 1970, S. 23), der Astrologie (Ripa 1970, S. 29), der Mathematik (Ripa 1970, S. 307) und ebenfalls der Geometrie (Ripa 1970, S. 183).

Kopf ▸Gesicht, ▸Haupt

Kopfbedeckung. Neben dem Rangabzeichen Krone, dem Krieger- und Ritterattribut ▸Helm und ▸Kränzen und ▸Diademen sind hier vor allem kirchliche Würdezeichen und die verschiedene Berufe oder Volkszugehörige kennzeichnenden Kopfbedeckungen zu nennen.

Die sogenannte phrygische Mütze findet sich zum Teil bei den Propheten Amos und Daniel, den drei Jünglingen im Feuerofen und den drei Weisen (Königen) aus dem Morgenland (*Anbetung der Hl. Drei Könige*, Mosaik, 5. Jh., Rom, S. Maria Maggiore). In der antiken Mythologie kennzeichnet sie vor allem Orpheus und den trojanischen Königssohn und Hirten Paris. Später wurde sie, aus dem Römischen übernommen, wo sie als Freiheitszeichen galt, Symbol der Volksherrschaft in der Französischen Revolution (Eugène Delacroix, *Die Freiheit führt das Volk auf die Barrikaden*, 1830, Paris, Louvre). Einen Hut mit Flügeln tragen der Götterbote Hermes/Merkur und Perseus.

Die Mitra oder Bischofsmütze war ursprünglich bei asiatischen Völkern gebräuchlich. Es ist eine kegelförmige Kopfbedeckung mit seitlichen Einschnitten und rückwärtig herunterhängenden Bändern, die in der christlichen Kirche liturgische Kopfbedeckung und Würdezeichen eines Bischofs ist, aber auch von Päpsten, Kardinälen und Äbten getragen wird. Als Heiligenattribut kennzeichnet sie alle heiliggesprochenen Bischöfe der Westkirche. Auf den Boden gelegt erscheint eine Mitra beim hl. Bruno, der aus Demut auf das Bischofsamt verzichtete, ebenso verhielt es sich bei den hll. Thomas von Aquin und Bernhard von Clairvaux. Drei auf dem Boden liegende Mitren verweisen auf den hl. Bernhardin von Siena, der die Bischofsämter von Ferrara, Siena und Urbino ablehnte. Der hl. Maternus erscheint ebenfalls mit drei Mitren; eine trägt er auf dem Haupt, die anderen auf den Schultern, denn er gründete die Bistümer von Köln, Tongern und Trier.

Die Tiara, die heute nicht mehr gebräuchliche Dreifachkrone des Papstes, war ursprünglich eine kegelförmige persische Kopfbedeckung und später die Königskrone im oströmischen-byzantinischen Reich. Sie wurde vom Papsttum als nicht liturgische, sondern imperiale Insignie übernommen und von den Päpsten als Kopfbedeckung bei Prozessionen getragen. Ab dem 8. Jahrhundert ist die Tiara als weltliches päpstliches Herrschaftszeichen nachweisbar. Ab dem 11. Jahrhundert wurde sie mit einem goldenen Kronreif versehen, seit Papst Bonifaz VIII. mit drei Kronreifen (▸Krone). Eine Tiara ist somit Attribut heiliger Päpste wie Gregor d. Gr. (Carlo Saraceni, *Papst Gregor d. Gr.*, um 1600, Rom, Galleria Nazionale, Palazzo Barberini), Silvester oder auch von Petrus, dem ersten Bischof von Rom. Des Weiteren gehört die Tiara zu den Kennzeichen der theologischen Tugend *fides* ›Glaube‹ und der hl. Sophia, der göttlichen Weisheit. Als fünffache Tiara kommt sie in Darstellungen von Gottvater vor.

Der Kardinalshut ist ein flacher runder Hut in Rot mit breitem Rand und mit seitlich herabhängenden verschlungenen Schnüren, die früher mit je 15 Quasten verziert waren. Als Attribut findet er sich vor allem bei den hll. Bonaventura (am Baum), Franz Borgia, Petrus Damiani, Hieronymus und Vinzenz Ferrer (auf dem Boden liegend als Zeichen der abgelehnten Kardinalswürde).

Ein Pilgerhut, den eine Muschel ziert, ist das Kennzeichen der hll. Jakobus d. Ä., Rochus und Sebaldus und aller Pilger.

Ein Hut, der an einem Sonnenstrahl aufgehängt ist, dient dem hl. Goar als Erkennungsmerkmal.

Ein Barett war Standeszeichen von Rhetorikern, Professoren und Gelehrten; so wird u.a. der hl. Thomas von Aquin mit einem Magisterbarett dargestellt. Auch Maler, die Gelehrtheit als wichtigen Aspekt des Künstlertums sahen, stellten sich in Selbstporträts gerne mit Barett dar (REMBRANDT, *Selbstbildnis*, 1640, London, National Gallery), ebenso alle, die ihr Gebildetsein zum Ausdruck bringen wollten.

Ein Filzhut konnte im 16. Jahrhundert Lutheraner kennzeichnen.

Mit einer dicken Mütze und Mantel bekleidet sind die Personifikationen des Winters oder des phlegmatischen Temperaments. Aber auch eine Pelzkappe kann das Attribut der Jahreszeit des Winters sein.

Vereinzelt findet sich auch Christus mit einer Kappe oder einem Hut und mit Spaten dargestellt, wenn er nach der Auferstehung in der Szene des »Noli me tangere« anfänglich von Maria Magdalena nicht erkannt, sondern für einen Gärtner gehalten wird (Joh. 20,11–18; REMBRANDT, *Noli me tangere*, 1638, London, Buckingham Palace, Royal Collection; CHRISTIAN WINCK, *Noli me tangere*, vor 1770, Verbleib unbekannt).

Die am Mantel oder Kragen als Schutzkleidung befestigte Kapuze, die auch schon in der Antike bekannt war und bis heute außer in Sport- und Wetterkleidung in verschiedenen Mönchstrachten verbreitet ist, hat dem Orden der Kapuziner zum Namen verholfen. Sie gehört also zu verschiedenen Ordenstrachten, erscheint aber auch bei zum Tode Verurteilten. Dämonen und Zauberer werden meist mit einer Kapuze als Zeichen des Verbergens wiedergegeben. Die Haube als weibliche Kopfbedeckung war vor allem Kennzeichen verheirateter Frauen, die ihr Haar nicht mehr öffentlich zeigen durften. Eine gebauschte Haube ist Attribut der hl. Hemma von Gurk.

Der spitze und meist gelbe Judenhut war nach der mittelalterlichen Kleiderordnung Erkennungsmerkmal von Juden, denen 1215 auf dem Lateranskonzil das Tragen dieses Hutes vorgeschrieben worden war. So werden Patriarchen und Propheten des Alten Testaments, aber auch sonst Juden ab dem 13. Jahrhundert mit spitzem Hut wiedergegeben (UNBEkannte Meister, *Durchzug durch das Rote Meer*, Taufbecken, 1220, Hildesheim, Dom; West-Lettner, um 1250/60, Naumburg, Dom; Dieric Bouts, *Sakramentsaltar*, 1646–67, Löwen, St. Pieter).

Der Turban, die aus Stoff gewundene Kopfbedeckung der Muslime, Hindus und Sikhs, die diesen auch als Zeichen von Macht und Würde gilt, wurde vom 15. bis 18. Jahrhundert allgemein für die Wiedergabe von Orientalen und Heiden eingesetzt. Als orientalische Kopfbedeckung diente er oft zur Kennzeichnung alttestamentlicher Personen wie zum Beispiel Aaron, Saul oder Salomo. In Szenen des Neuen Testaments kennzeichnet der Turban vor allem Joseph von Arimathia, Nikodemus und die Samariterin am Brunnen (Joh. 4), aber auch vereinzelt Maria Magdalena und den Evangelisten Markus, der in Alexandria predigte. Unter den Heiligenattributen findet er sich bei der hl. Veronika, weil sie syrischer Abstammung gewesen sein soll. Ein auf dem Boden liegender und mit den Füßen zertretener Turban oder auch ein Turbanträger zu Füßen des Heiligen ist das Kennzeichen der hll. Johannes von Capestrano, der gegen die Türken predigte, und Antonius von Rivoli. Darüber hinaus gehört der Turban zu den Attributen der Sibyllen (Domenichino, *Die cumäische Sibylle*, um 1617, Rom, Galleria Borghese; Guido Reni, *Sibylle*, um 1635, London, Sammlung Denis Mahon). Er kennzeichnet außerdem Asien bei Darstellungen der vier Erdteile; einen Indianerkopfschmuck trägt dagegen der Erdteil Amerika als Merkmal.

Der Zylinder ist vor allem im 19. Jahrhundert, aber auch noch zu Beginn des 20. Jahrhunderts die universale männliche Kopfbedeckung. Das Abnehmen des Hutes gilt bei Männern als ein Zeichen der Ehrerbietung beim Betreten einer Kirche oder beim Grüßen. Nur Adelige durften vor Fürsten ihre Kopfbedeckung aufbehalten.

Koralle. Nach Ovid entstanden die Korallen aus Seepflanzen, die Perseus zum Schutz auf das abgeschlagene Haupt der Gorgo Medusa legte und die dort versteinerten (Ovid, *Metamorphosen* 4,741–753; Sebastien Bourdon, *Die Befreiung der*

Andromeda, um 1640, München, AP; Pierre Mignard, *Perseus und Andromeda*, 1679, Paris, Louvre).

Nach antiken Vorstellungen konnten Korallen Gift und verdorbenes Wasser unwirksam machen, so wurden sie bis in die Neuzeit hinein häufig für Amulette und als Talismane verwendet. Besonders beliebt waren sie für Kinder und kommen so auch bei bildlichen Wiedergaben des Jesuskindes, speziell im italienischen Bereich, vor (Piero della Francesca, *Madonna von Sinigaglia*, um 1470, Urbino, Palazzo Ducale, Galleria Nazionale delle Marche; Matthias Grünewald, *Mitteltafel des Isenheimer Altares*, 1512–16, Colmar, Musée d'Unterlinden; ders., *Madonna*, 1516–19, Stuppach, Pfarrkirche). In der Profanikonographie stehen Korallen deshalb auch symbolisch für die Kindheit. Korallen konnten aber auch als Sinnbild des rechten Glaubens und guter Werke verstanden werden und wegen ihrer Farbe auf Blut und Martyrium verweisen. Korallen gehören auch zu den Attributen des Erdteils Afrika.

Korb. Ein Früchtekorb ist oft das Attribut antiker Fruchtbarkeitsgöttinnen wie z. B. Artemis von Ephesos, von Demeter/Ceres, Pomona und auch von Dionysos/Bacchus. Der geflochtene Korb gilt auch als altes Symbol für den Mutterleib.

Im Alten Testament wird Mose als Säugling in einem Körbchen am Ufer des Nils ausgesetzt und von der Tochter des Pharao gefunden (2. Mose 2,1–10; Sebastian Bourdon, *Die Auffindung des Mosesknaben*, um 1650, Washington, National Gallery). Einen Korb mit Broten trägt der Prophet Habakuk bei seinem wundersamen Flug mit einem Engel zur Stärkung Daniels in der Löwengrube (Dan. 14,31–39; Giovanni Bilivert, *Der Engel bringt den Propheten Habakuk zu Daniel in die Löwengrube*, 1618, Pisa, Dom, Tribuna; Gianlorenzo Bernini, *Daniel in der Löwengrube und der Prophet Habakuk*, 1655–61, Rom, S. Maria del Popolo, Cappella Chigi).

Ein Korb mit Tauben ist die Opfergabe bei der Darbringung Jesu im Tempel (Lk. 2,22–24; Rogier van der Weyden, rechter Flügel vom *Columba-Altar*, um 1455, München, AP;

Vittore Carpaccio, *Darbringung im Tempel*, 1510, Venedig, Accademia). Wenn das Jesuskind einen Korb mit Reiseproviant trägt, handelt es sich meist um eine Darstellung der Heimkehr aus Ägypten (Ulrich Loth, *Rückkehr aus Ägypten*, 1630/50, München, Bayerische Staatsgemäldesammlungen).

Als Heiligenattribut kommt ein Korb mit Broten bei den hll. Nikolaus von Tolentino und Francesca Romana vor, ein Korb mit Blumen und Früchten bei den hll. Dorothea und Opportuna von Sées (Normandie), ein Korb mit Rosen vor allem in der Zeit der Romantik bei Elisabeth von Thüringen. Nach einer Legende aus dem 15. Jahrhundert verwandelte sich, als Elisabeth Verschwendung vorgeworfen wurde, das Brot für die Armen in ihrem Korb in Rosen (Moritz von Schwind, *Das Rosenwunder der hl. Elisabeth*, Fresko, 1854–55, Wartburg). Einen Korb auf dem Rücken trägt der hl. Silvinus.

Kornblume. Schon in der Antike war diese Pflanze als Heilmittel bekannt. Im Mittelalter wurde sie auch zum Mariensymbol. Sie gilt wohl ihrer Farbe wegen als Sinnbild der Treue und Beständigkeit. Unter den antiken Göttern ist die Kornblume der Göttin des Getreides, Demeter/Ceres, zugeordnet. In der Barockzeit galt sie darüber hinaus als Symbolblume für die Erfindungsgabe (*invenzione*). In der zweiten Hälfte des 19. Jahrhunderts erlangte die Kornblume mit ihrem Preußisch-Blau als Lieblingsblume von Kaiser Wilhelm I. besondere Bedeutung als Symbol preußischer Gesinnung.

Kornernte/Getreidemahd. In Jahreszeiten- und Monatsbildern ist sie die typische Tätigkeit für den Sommer und die Monate Juli oder August (Pieter Brueghel d. Ä., *Getreideernte*, 1565, New York, Metropolitan Museum).

Krähe/Rabenkrähe/Nebelkrähe. Als Orakeltier ist die Krähe im antiken Mythos Attribut des Gottes Kronos/Saturn und Begleittier von Apoll und Athena/Minerva und den Musen. In der Symbolik wird die Krähe vom ▸Raben nicht unterschieden und gilt als Kündervogel und Todesbote (Pieter Brueghel d. J., *Bethlehemitischer Kindermord*, nach 1616, Antwerpen, Koninklijk Museum voor Schone Kunsten).

Kranich. Im antiken Mythos ist der Kranich dem Gott Hermes/Merkur heilig. Der auch der Vegetationsgöttin Demeter/Ceres zugeordnete Vogel, der oft auch mit dem Reiher gleichgesetzt wird und sich in Darstellungen von diesem nicht immer unterscheiden lässt, ist als Zugvogel mit seiner Rückkehr im Frühling zum Symbol der Erneuerung geworden. Im Christentum konnte er deshalb und auch als Schlangenvertilger Sinnbild des Auferstandenen sein (Giovanni Bellini, *Der hl. Franziskus in Ekstase*, um 1480, New York, Frick Collection). Wegen seiner Partnertreue gilt der Kranich aber auch als Sinnbild von Liebe, besonders von Gattenliebe.

Als Heiligenattribut ist er dem wegen seiner Tierliebe in vielen Legenden beschriebenen Kolumban von Hy zugeordnet. Weiterhin gehört der Kranich zu den Attributen der Personifikation der Kardinaltugend *iustitia* ›Gerechtigkeit‹. Mit einem Stein zwischen den Krallen ist er bereits in der Antike und seit dem Mittelalter auch als Sinnbild der *vigilantia* ›Wachsamkeit‹ (nach Ripa 1970, S. 502) gebräuchlich. Die bei Äsop enthaltene Fabel, in der der Kranich einem Wolf einen steckengebliebenen Knochen aus dem Rachen zieht und keinen Dank dafür erhält, wird bisweilen als Allegorie des Undanks wiedergegeben (Kapitell am Westportal, 1. Hälfte 12. Jh., Autun, Kathedrale). Balzende Kraniche dienten in der Barockzeit im entsprechenden Kontext dagegen als Sinnbild der *luxuria* ›Wollust‹.

Kranker. Neben Szenen mit Krankenheilungen durch Jesus erscheint ein Kranker als Attribut beim hl. Johannes von Gott, dem Gründer des Ordens der Barmherzigen Brüder und eines Krankenhauses in Granada (Ignaz Günther, *Hl. Johannes von Gott*, München, Provinzialat der Barmherzigen Brüder).

Kranz. Bereits in der Antike waren Kränze festlicher Schmuck bei Opfern und Festen, für Sieger und für ausgezeichnete Bürger. Und auch im Alten Testament galten sie als Zeichen von Ruhm, Ehre und Freude. Laub- oder Blumengewinde sind vor allem als Huldigungs-, Sieges-, Ehren- oder

Brautkranz gebräuchlich (JACQUES-LOUIS DAVID, *Leonidas an den Thermopylen*, 1804–14, Paris, Louvre).

Aus der antiken Mythologie stammt der Lorbeerkranz (‣Lorbeer), Symbol von Apoll, der von der Antike bis zur Neuzeit Zeichen für Sieger und Herrscher und für Dichterruhm, Künstler und Gelehrte war, aber auch als Zeichen der Tugendliebe gesehen wird (Ripa 1970, S. 18, 19). In der griechischen Antike gab es für militärische Triumphe, politische Ämter oder sportliche Erfolge auch den Olivenblätterkranz, der ein Symbol von Zeus/Jupiter war, zeitweilig aber auch durch einen Petersilienkranz ersetzt werden konnte. Nach Ripa (1970, S. 328, 329) ist er dagegen Attribut der Tugend *misericordia* ›Barmherzigkeit‹. Auch Sellerie wurde im alten Griechenland zu Kränzen für sportliche Erfolge gewunden und Myrte für unblutige militärische Triumphe oder politische Amtsehren verwendet, während Myrte im alten Rom und in der Neuzeit als Kranz für jungfräuliche Bräute beliebt war.

Ein Veilchen- oder Rosenkranz war Attribut der Liebesgöttin Aphrodite/Venus – Kränze aus Rosen schmücken auch die Horen, speziell die Frühlings-Hore, und die Musen – und ein Efeu- oder Weinlaubkranz jenes des Dionysos/Bacchus. Von dort ging vor allem der Weinlaubkranz in die Kennzeichnung der Personifikation des Herbstes ein. Aber auch der Sohn des Dionysos und Fruchtbarkeitsgott Priapos ist mit einem Kranz aus Weinlaub geschmückt. Des Weiteren sind Kränze Attribut der Flora, der Personifikationen des Frühlings, der *abundantia* ›Überfluss‹ (nach Ripa 1970, S. 1) und der *adolescentia* ›Jugend‹ (Ripa 1970, S. 4, 5). Ein Früchtekranz wird nach Ripa (1970, S. 121–122) dem Element Erde zugeordnet. Rosen, Veilchen, Hyazinthen und Lotus waren in der Antike aber auch Schmuck für die Teilnehmer eines Gastmahls, während ein Efeukranz oder Kranz aus Gewürzkräutern sie vor Trunkenheit bei Gelagen schützen sollte. Ein Kranz aus Fichtenzweigen kann den Hirtengott Pan schmücken. Ein Kornährenkranz ist Attribut der Erntegöttin Demeter/Ceres, ein Pinienkranz ist Poseidon/Neptun zugeordnet und ein Fenchelkranz dem phrygischen Ackerbaugott Sabazios. Ein Eichenlaubkranz war in der Antike Ruhmeszeichen für Retter aus Todesgefahr – in Deutschland wurden Eichenlaubkränze zu Beginn des 19. Jahrhunderts in der Zeit der Befreiungskriege als Siegeslorbeer verwendet und gingen so in die militärischen Orden ein.

Im Neuen Testament und Christentum werden Kränze als Ehren- und Siegeszeichen auf das errungene Heil bezogen und als Märtyrerkranz zum Siegeszeichen über den irdischen Tod. So wurden sie teilweise auch mit dem Christusmonogramm oder der Hand Gottes verbunden. Oft werden sie als Ehrengabe mit verhüllten Händen dargereicht (UNBEKANNTER MEISTER, Mosaik, um 500, Ravenna, S. Apollinare Nuovo). Die Symbolik des Kranzes ist im frühen Christentum und Mittelalter verwandt mit jener der Krone.

Ein Kranz aus zwölf Sternen ist zum Kennzeichen der Maria Immaculata, der ohne Erbschuld empfangenen zukünftigen Gottesmutter (apokalyptisches Weib; Offb. 12,1) geworden. Als Symbol des Sieges über die Sünde ist auch das Bekränzen von Jungfrauen zu verstehen. Als Attribut von Heiligen kommen Kränze bei Candida, Knud und Luitgard von Tongern, als Haarkranz bei Chrysanthus von Rom, Euphrosina von Köln, Gundelinde von Niedermünster und Marina von Orense und als Kranz von Rosen bei Dorothea von Cäsarea, Heinrich Seuse, Lidwina von Schiedam, Lüfthildis, Rosa von Lima und Rosa von Viterbo vor. Ein Kranz aus Rosen und Lilien ziert bisweilen die hl. Cäcilia von Rom, und ein Kranz aus fünf oder sieben Sternen ist Attribut des hl. Johannes Nepomuk.

Der heute verbreitete Adventskranz als Sinnbild der Hoffnung und Vorbereitung auf das Weihnachtsfest ist vor allem im deutschen Sprachraum gebräuchlich. Zum ersten Male verwendet wurde er, noch ohne grüne Zweige, im Rauhen Haus in Hamburg im Jahre 1839.

Krebs. Da das Tier seinen Panzer wechselt, wurde es zu einem Symbol der Auferstehung, seltener wird der Krebs auch für Christus selbst verwendet. Der Krebs kann aber als unreines Tier des Alten Testaments auch das Böse und die Sünde veranschaulichen und ein Symboltier des Teufels sein. Auf einem Krebs stehend wird dagegen nach Ripa (1970, S. 225) die Personifikation der *inconstantia* ›Unbeständigkeit‹ dargestellt, da das Tier ziellos nach vorne und rückwärts laufe. Außerdem war der Krebs Wappentier des deutschen Kardinals Nikolaus von Kues (1401–64; ANDREA BREGNO, *Grab des Kardinals*, 1465, Rom, S. Pietro in vincoli oder am Nikolaus-Hospital in Bernkastel-Kues, das von Nikolaus von Kues gestiftet worden war). In der Profanikonographie steht der Krebs bisweilen auch für das Gefühl.

Kreis. Er ist das wichtigste geometrische Symbol und gilt als Bild der Vollkommenheit und Unendlichkeit, als Bild des Himmels und der Ewigkeit, aber auch des Göttlichen schlechthin. Vermutlich ist die Kreisform von der Sonnenscheibe abzuleiten. Als ▸Rad ist der Kreis auch zum Symbol der Zeit geworden. Eine zum Kreisring geknotete Schnur war im alten Ägypten Ewigkeitssymbol. Eine kreisförmige, sich in den Schwanz beißende Schlange ist ebenfalls seit altägyptischer Zeit und der Antike Sinnbild der Ewigkeit.

Drei ineinander verschlungene oder einander überschneidende Kreise sind als Sinnbild der Hl. Dreifaltigkeit zu verstehen.

In der Architektursymbolik ist eine Kreisform als Grundriss, wie sie in Baptisterien vorkommt, als Sinnbild für den Lebensbrunnen zu verstehen. In diesem Sinn ist die Kreisform wohl auch in die Architektur von Marienkirchen eingegangen. Als Ewigkeitsform zu verstehen, auf Vorbildern der antiken Grabmalsarchitektur fußend, ist dagegen die für Grab- und Märtyrerkirchen gebräuchliche Kreisform. Zudem wird der Kreis sinnbildlich in Rad- und Rosenfenstern als Sonnen- und Himmelssymbol verwendet. ▸Nimbus, ▸Rad

Kreisel. Als typisches Kinderspielzeug taucht der Kreisel im entsprechenden Kontext auf (JEAN-BAPTISTE CHARDIN, *August-Gabriel Godefroy*, um 1738, Paris, Louvre). Das Peitschen eines Kreisels wird vor allem in der niederländischen Genremalerei des Barock gerne als Hinweis auf die Erziehung von

Kindern oder auf das Verhältnis des Menschen zu Gott eingesetzt, denn so wie der Kreisel sich nur drehe, solange er gepeitscht wird, mache Muße die Menschen lahm und träge.

Kreuz. Es gehört zu den in vielen Kulturen verbreiteten Ursymbolen und steht zentral für das Christentum. Als Ursymbol ist es als Schnittpunkt der verschiedenen Richtungen, auch der vier Himmelsrichtungen, ein Zeichen der Orientierung im Raum, aber auch ein Zeichen der Synthese, des Maßes, der Einheit von Extremen. Als vierspeichiges Radkreuz war es ein altes vorchristliches Licht- und Sonnensymbol, das auch auf den Jahres- und den Lebenslauf bezogen wurde.

Im Christentum wird aus dem Kreuz, das damals eines der grausamsten Hinrichtungsinstrumente war, durch die Auferstehung Jesu Christi ein Sinnbild der Überwindung des Todes, ein Zeichen des Triumphes und des ewigen Lebens.

Ein Kreuz im Kreis wird zum Gottessymbol und der Nimbus mit eingeschriebenem Kreuz zum Kennzeichen Jesu Christi. Ein Kreuz im Sternenkreis oder über Wolken ist in frühchristlichen Darstellungen neben dem leeren Thron ein verbreitetes Zeichen der Parusie, der erwarteten Wiederkehr Christi (UNBEKANNTER MEISTER, Gewölbemosaik, um 425/430, Ravenna, Mausoleum der Galla Placidia).

Kreuzformen: Es gibt eine Vielzahl sehr spezieller Kreuzformen. Grundlegend ist zwischen dem Passionskreuz oder Lateinischen Kreuz, der *crux imissa*, und dem gleichschenkeligen Griechischen Kreuz, der *crux quadrata*, zu unterscheiden. Das T- oder Tau- bzw. Antoniuskreuz, die *crux commissa*, ist ein altes heiliges Zeichen für den Mittelpunkt der Welt. Es war das Zeichen des Lebens auf römischen Soldatenlisten und war vermutlich auch als das lebenspendende Zeichen der Auserwähltheit in der Bibel gedacht (Hes. 9,4; Offb. 7,2 f.). Später wurde diese Form für die Stäbe der Mönche verwendet, und so wurde es Attribut des Wüstenvaters Antonius d. Gr. und Zeichen des Antoniterordens. Das Andreaskreuz, die *crux decussata* mit x-förmigen Balken oder das Schrägbalkenkreuz, ist Zeichen des Martyriums des Apostels Andreas, der auf einem

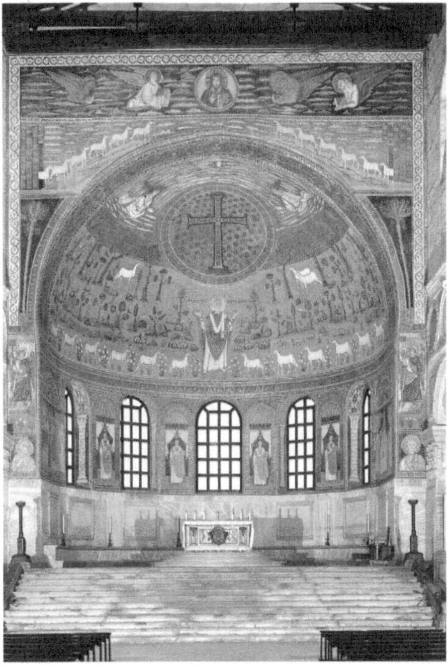

Mosaik in der Apsiskalotte. Ravenna, S. Apollinare in Classe, 549. – Das mit Gemmen besetzte **Kreuz** mit dem Brustbild Christi ist einem den Himmel symbolisierenden Kreis mit 99 Sternen eingeschrieben. Er wird von Alpha und Omega und den Inschriften ICHTHYS in griechischen Buchstaben (Fisch) und SALUS MUNDI (»Heil der Welt«) ergänzt. Darüber schwebt im Goldgrund die Hand Gottes, seitlich die Halbfiguren von Elias und Mose. Etwas unterhalb symbolisieren drei weiße Lämmer die Apostel Petrus, Jakobus und Johannes. Die sinnbildliche Darstellung der Verklärung Jesu auf dem Berg Tabor (Mt. 17,1–9; Mk. 9,2–13; Lk. 9,28–36; 2. Petr. 1,16) wird ergänzt durch den betenden Titelheiligen der Kirche, den hl. Apollinaris, im Ornat eines Erzbischofs, begleitet von je sechs Lämmern, die die Gläubigen, die Herde des Bischofs, repräsentieren.

1
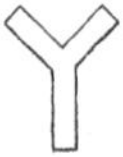
2
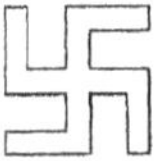
3
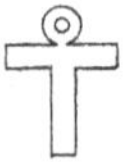
4

5
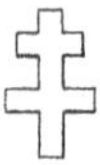
6
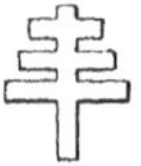
7
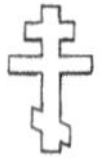
8
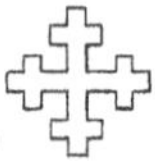
9
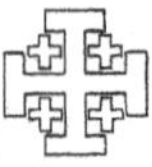
10

11

Kreuz dieser Form den Tod gefunden haben soll. Im weltlichen Bereich ist es als Haus-, Gilden- und Grenzzeichen sehr verbreitet. Das Ankerkreuz (1) hat ankerförmige Balkenenden. Das Gabelkreuz (2) ist Y-förmig und ein altes Symbol des Lebensbaumes. Als Astkreuz (aus unbehauenen Ästen gebildet) wird es auch in Darstellungen für Christus verwendet oder in Kreuzigungsdarstellungen für die Schächer. Es gehört außerdem zu den Attributen des Apostels Philippus. Die Swastika, das Hakenkreuz (3) oder die *crux gammata*, ist ein altes Feuer- und Sonnenzeichen, das wegen seiner kreisförmigen Bewegungen in romanischen Darstellungen als Schutzmittel gegen den Teufel eingesetzt wurde, im 20. Jahrhundert aber zum politischen Symbol des Nationalsozialismus wurde. Das Henkelkreuz (4), die *crux ansata* mit einem Kreis oder Oval über einem T-Kreuz, entspricht der altägyptischen Hieroglyphe für Leben und Lebenswasser und wurde in diesem Sinn auch von den Kopten übernommen. Das Kardinalskreuz (5) ist ein Doppelkreuz mit kleeblattförmigen Balkenenden, das erzbischöfliche oder Patriarchalkreuz (6), auch Lothringer Kreuz genannt, ist ein einfaches Doppelkreuz mit einem kürzeren und einem längeren Querbalken. Das päpstliche Kreuz (7) ist ein Kreuz mit drei ungleich langen Querbalken. Das in der Ostkirche gebräuchliche russische Kreuz (8) ist ein lateinisches Doppelbalkenkreuz (Kreuzbalken und Titulus) mit geradem oder schräg gestelltem Fußbalken. Das sogenannte Wiederkreuz (9) entsteht durch die Vervierfachung eines lateinischen Kreuzes. Das Jerusalemer Kreuz (10) mit seinen vier kleinen Kreuzen in den Winkeln eines Krückenkreuzes wurde als Verweis auf die fünf Wundmale Jesu Christi verstanden und so zum Zeichen des Ordens der Ritter vom Heiligen Grabe.

Im frühen Mittelalter war es das Wappenzeichen des Königreiches Jerusalem. Das Johanniter- oder Malteserkreuz (11) mit acht Spitzen wurde auf die acht Seligkeiten bezogen und zum Zeichen der beiden Ritterorden. Sonderformen sind auch das Baumkreuz mit Blättern und Früchten, die ein Sinnbild der Überwindung des Todes sein sollen, und das Gemmenkreuz zur Erinnerung an das von Kaiser Konstantin in Jerusalem errichtete mit Edelsteinen bedeckte Triumphkreuz.

Das Kreuz ist das wichtigste Attribut für Jesus Christus, die Personifikationen der *ecclesia* ›Kirche‹ und der *fides* ›Glaube‹. Unter den Heiligen findet sich das Kreuz als Kennzeichen vor allem bei Achatius, Andreas (Schrägbalkenkreuz), Antonius d. Gr. (T-Kreuz), Bernward von Hildesheim (Handkreuz), Cyriakus von Jerusalem, des guten Schächers Dismas, Eulalia (Schrägbalkenkreuz), Gereon (Kreuz auf der Fahne und auf dem Rock), Gottfried von Bouillon (Jerusalemer Kreuz), Kaiserin Helena (die das Kreuz Christi in Jerusalem wieder auffand), Heraklius, Johannes von Matha (Brustkreuz), Judas Thaddäus, Katharina von Racconigi, Kaiser Konstantin (der unter dem Kreuzzeichen siegte und das Christentum im Mailänder Edikt von 313 offiziell anerkannte), Kaiserin Kunigunde (Handkreuz), Margareta (besiegte mit Hilfe des Kreuzes einen Drachen, auch Kreuz mit einer Taube oder Handkreuz als Zeichen), Maria Ägyptiaca, Matthias, Minas von Florenz (griechisches Kreuz, war ein armenischer Prinz, der im römischen Heer diente), Monika (Kreuz mit Rosenkranz), Paphnutius (aus einem Palmbaumstumpf gehauenes Kreuz), Paraskeva (Personifikation des Karfreitags), Patrick (ein Kleeblattkreuz mit Christus- und Dreifaltigkeitszeichen), Petrus und Philippus (umgekehrtes lateinisches Kreuz als Zeichen ihres Martyriums, da sie sich mit dem Kopf nach unten kreuzigen ließen, bei Philippus auch Gabelkreuz; Guido Reni, *Kreuzigung Petri*, 1603, Vatikan, Pinacoteca Vaticana), Quiriacus, Regina von Alise (Kreuz mit einer Taube), Rosina und Therese von Lisieux (Kreuz in Rosengirlande), Stephan von Ungarn (Handkreuz) und Wilgefortis (Kümmernis, gekreuzigte Frau mit Bart). Ein Kardinal- oder Patriarchenkreuz ist vor allem den hll. Bonaventura, Claudius, Jakobus d. Ä. (angeblich erster Bischof Spaniens) und Lorenzo Giustiniani (erster Patriarch von Venedig) zugeordnet.

Der Prophet Jeremia hat manchmal ein Kreuz auf einer Scheibe als Kennzeichen. Ein Kreuz ist zudem Hauptattribut der Personifikationen der theologischen Tugenden *fides* ›Glaube‹ und *spes* ›Hoffnung‹ und der Tugend *humilitas* ›Demut‹, aber auch der Personifikationen der *religio* ›Religion‹ und der *poenitentia* ›Buße‹. Ebenso ist es Attribut der hellespontischen Sibylle, die die Kreuzigung Jesu vorausgesagt haben soll.

Als Strukturelement kennzeichnet die Kreuzform auch viele Kirchengrundrisse, das lateinische Kreuz den basilikalen Typus und das griechische Kreuz vor allem Bauten im byzantinischen und syrischen Bereich und in der italienischen Hochrenaissance.

Kreuzfahne ▸Labarum

Kreuznägel. Kreuznägel zählen zu den ▸Arma Christi. Sie finden sich außerdem als Attribut der hll. Helena, Joseph von Arimathia, Ludwig d. Heiligen und Quiriacus.

Kreuzstab ▸Stab

Kreuztitel ▸INRI

Krippe. Dieser Futterbehälter gilt in Weihnachtsdarstellungen als wichtigster Hinweis auf die Geburt Christi in einem Stall (Lk. 2,7). Die Reliquien dieser Krippe werden in S. Maria Maggiore in Rom verehrt. Frühchristliche Darstellungen der Geburt Jesu zeigen meist allein das Kind in der Krippe mit Ochs und Esel daneben. Eine Krippe ist auch eines der Attribute des hl. Hieronymus, der einige Zeit in Bethlehem lebte, und der Sibylle von Samos, die die Geburt Christi vorausgesagt haben soll.

Die erste Weihnachtsfeier mit einer Krippe und Ochs und Esel geht auf den hl. Franz von Assisi zurück; sie datiert der Legende nach auf das Jahr 1223.

Kristall. In der Antike bezeichnete man Bergkristall, dessen Name im Griechischen Gefrorenes bedeutet, als Eis der

Götter, das nie taut. Von der Antike bis in die Zeit der Aufklärung verband man mit diesem Stein allerlei, oft wechselnde magische Wirkungen. Er galt als fiebersenkend und sollte vor Zahnschmerzen, Wassersucht, Epilepsie und Pest schützen. Als kostbares Luxusgut wurde er zu Schmuckstücken und Gefäßen geschnitten, die in keiner Kunstsammlung fehlen durften.

Der Bergkristall gilt als Sinnbild der Reinheit und Klarheit, aber auch wegen seiner Durchsichtigkeit als Symbol des Geistes und der Taufgnade und der Menschwerdung Jesu Christi. In der Geheimen Offenbarung des Neuen Testaments wird beschrieben, dass sich vor dem Thron des Allerhöchsten etwas wie ein Meer von Bergkristall befinde (Offb. 4,6), und auch das Himmlische Jerusalem wird mit einem Kristall verglichen (Offb. 21,11) oder hat Zinnen aus Kristall (Jes. 54,12).

In der Malereigeschichte ist der Kristall aber vor allem als Mariensymbol und Sinnbild der jungfräulichen Geburt bedeutsam, da er nicht aus sich selbst leuchtet, sondern, durch einen Strahl des Lichtes getroffen, zum Leuchten gebracht wird, und nicht selbst brennt, aber ein durch ihn gebrochener Sonnenstrahl ein Feuer entzünden kann. So wurde früher zur Entzündung des Osterfeuers ein Bergkristall benützt.

Negativ kann der Kristall auch Hexen, dem Teufel und der Hölle zugeordnet sein (MEISTER PILGRAM, Kanzel, um 1514, Wien, St. Stephan).

Kröte. Im alten Ägypten war die Kröte das Tier der Göttin Hiqit, der Göttin der Auferstehung, und noch im koptischen Christentum sind deshalb Kröten in dieser Weise weiter verwendet worden, z. B. bei Lampen.

Im Mittelalter wurde die Kröte dagegen zum Attribut des Todes, oder den Personifikationen von *superbia* ›Hochmut‹ (HIERONYMUS BOSCH, *Die Sieben Todsünden*, um 1480, El Escorial) und *luxuria* ›Wollust‹ beigeordnet (UNBEKANNTER MEISTER, *Der Fürst der Welt und die törichten Jungfrauen*, um 1275, Straßburg, Münster). Auch mit dem Laster *avaritia* ›Geiz‹ kann eine Kröte als Reittier verbunden sein (GIORGIO

VASARI, Kuppelfresko, 1571, Florenz, Dom). Als Heiligenattribut kommt die Kröte bei der hl. Ulphia von Amiens vor.

Darüber hinaus sind Kröten Hexen, dem Teufel und der Hölle zugeordnet (MEISTER PILGRAM, Kanzel, um 1514, Wien, St. Stephan). Dagegen bedeuten Votivfiguren in Krötenform, die auf die Gebärmutter verweisen soll, vor allem in bayerischen Wallfahrtsorten Dank für Hilfe beim Gebären.

Krokodil. Im alten Orient war das Krokodil Sinnbild der Gefräßigkeit und Heuchelei. Auch im Alten Testament wird der Leviathan (Hiob 40, 25, 41, 26) in Form eines Krokodils vorgestellt. Generell ist das Krokodil ikonographisch dem Drachen vergleichbar und so Sinnbild der Sündhaftigkeit und des Bösen. So wurde im Mittelalter auch der Höllenrachen manchmal in Form eines Krokodilmaules dargestellt. In der Ostkirche ist das Krokodil vereinzelt Attribut des hl. Theodor, der der Legende nach einen Drachen tötete.

Das Krokodil ist Sinnbild der *hypocrisia* ›Heuchelei‹, da es nach dem Fraß Tränen vergießen soll, und der Laster *adulatria* ›Kriecherei‹, *falsitas* ›Falschheit‹ und *tyrannis* ›Gewaltherrschaft‹, aber auch von *gratitudo* ›Dankbarkeit‹ und *dolor* ›Betrübnis‹.

In der Erdteilikonographie ist es Afrika oder Amerika zugeordnet (GIAMBATTISTA TIEPOLO, *Amerika*, Fresko, 1752/53, Würzburg, Residenz, Treppenhaus).

Krokus. Eine Unterart des Krokus ist der Safran, aus dem die gelbe Farbe gewonnen wurde und der deshalb als Symbol des Lichts galt. Safrangelb war die Farbe für Gewänder von Göttern und Herrschern. Krokuskränze galten weiterhin in der Antike als Schutz gegen Trunkenheit. Wegen der ihm nachgesagten aphrodisiatischen Wirkung wurde er aber auch als Sinnbild der Liebe in der Ehe und später als Pflanze in Darstellungen von Liebesgärten eingesetzt.

Dem Mythos nach soll der Safran aus der Verwandlung des unglücklichen Liebespaares Krokus und Smilax/Milax in die Safran-Krokusblüte und in die Ackerwinde entstanden sein (Ovid, *Metamorphosen* 4,283/284; NICOLAS POUSSIN, *Das Reich der Flora*, um 1640, Dresden, Gemäldegalerie AM).

Der seit dem Altertum bekannte Safrankrokus wurde über das *Hohe Lied* im Mittelalter auch zu einem Mariensymbol. Der Frühlingskrokus wurde dagegen erst 1597 aus dem Orient in Europa eingeführt.

Krone. Kronen sind ein als Kopfschmuck aus meist sehr kostbarem Material den Träger überhöhendes Ruhm- und Ehrenzeichen und eines der ältesten Herrschafts- und Rangzeichen überhaupt. In der antiken Mythologie sind vor allem Hera/Juno, Demeter/Ceres, Niobe und Ariadne Trägerinnen von Kronen. Sie stehen in enger Beziehung zum Kranz und zu dessen Symbolik, vor allem im frühen Christentum und im Mittelalter. Die runde Form gilt dabei als Zeichen der Vollkommenheit. Im Mittelalter war es üblich, Königskronen als echte Herrschaftszeichen aus Gold zu fertigen, während Votivkronen und Ähnliches auch aus Silber sein konnten. Auch in der Bibel sind Kronen wie Kränze Zeichen der königlichen und der hohepriesterlichen Würde und der Vollendung. Die 24 Ältesten der Apokalypse bringen Kronen/Kränze vor den Thron Gottes (Offb. 4,10). Als Siegeszeichen der Unsterblichkeit erscheinen Kronen auf Sarkophagen und für Märtyrer im frühen Christentum.

Der erst im Mittelalter ab dem 12. Jahrhundert bildlich nachweisbaren eigentlichen Krönung Mariens geht allerdings die Krone als Marienattribut, auf Textstellen im *Hohen Lied* (4,8) und der mariologischen Deutung einzelner Psalmenstellen basierend, lange voraus. Typologisch wird der Krönung Mariens die Krönung Esters durch Ahasver (Est. 2,17) und die Erhebung Bathsebas durch ihren Sohn Salomo (1. Kön. 2,19) gegenübergestellt. Maria mit einer Krone mit zwölf Sternen ist dagegen auf die Schilderung des apokalyptischen Weibes in der Geheimen Offenbarung und dessen Gleichsetzung mit Maria zurückzuführen (Offb. 12,1 ▸Immaculata).

Eine dreifache Krone, die Tiara, ist die weltliche Krone des Papstes, die als Symbol des Triregnum, der geistlichen, der weltlichen und auch der bis in den Himmel reichenden Macht gesehen wurde. Bisweilen wurde die Form aber auch auf die

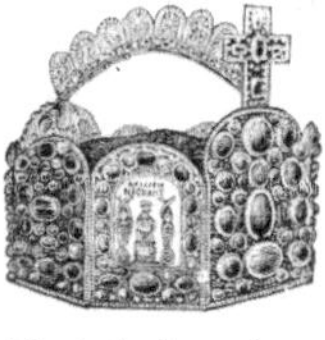
Römisch-deutsche Kaiserkrone

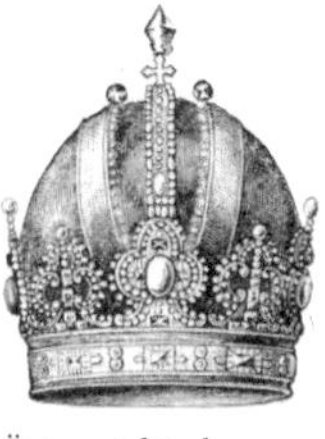
Österreichische Kaiserkrone

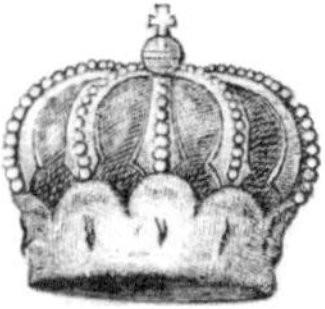
Kurfürstenhut

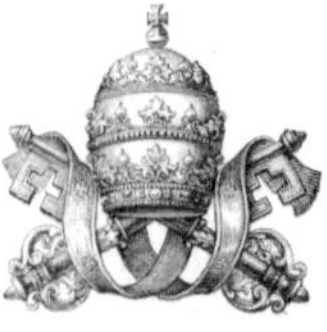
Tiara

Weltherrschaft über die drei alten Erdteile Europa, Asien und Afrika bezogen oder als Zeichen der leidenden, streitenden und triumphierenden Kirche gedeutet. In diesem Sinn wurde die Tiara auch Attribut der Personifikation der *ecclesia* ›Kirche‹ (▸Kopfbedeckung). Heute, nach Aufgabe der Tiara, werden die drei Kronstreifen auf der päpstlichen Mitra dagegen auf das Weiheamt, die Rechtsprechung und das Lehramt bezogen.

Die Tiara als Attribut haben heilige Päpste wie Gregor I. d. Gr. und Silvester, aber auch Petrus, Maria, die hl. Weisheit (hl. Sophia) und der hl. Tugdual, der nach einer bretonischen Legende Papst gewesen sein soll. Eine auf dem Boden liegende Tiara steht für Heilige, die die Papstwürde ablehnten, wie z. B. Majolus von Cluny und Philippus Benitius von Florenz, oder die als Päpste abgedankt haben wie der hl. Coelestinus V. Eine Krone zum Attribut haben heilige Herrscher und Heilige fürstlicher Abstammung wie Kaiser Heinrich II., Kaiserin Kunigunde, König Ludwig von Frankreich, Abbo von Metz, Firminus von Amiens, Erentrudis von Salzburg, Irmengard vom Chiemsee, Wendelin, Ludwig von Toulouse, Aloysius von Gonzaga, Franz Borgia, Elisabeth von Thüringen, Hedwig von Schlesien, Bernhard von Baden, Sebaldus, Rita von Cascia, Johanna von Portugal, Katharina von Alexandria, Elisabeth von Portugal und die Quattuor Coronati (Märtyrer). Eine fünffache Krone gebührt nur Gottvater.

Gekrönte Frauengestalten sind auch die Personifikationen der *divina sapientia* ›göttliche Weisheit‹, der theologischen Tugenden *fides*

›Glaube‹ und *spes* ›Hoffnung‹ und der Kardinaltugend *iustitia* ›Gerechtigkeit‹, der Tugend *perseverantia* ›Beharrlichkeit‹, der *ecclesia* ›Kirche‹ und der Philosophie. Auch eine von einem Engel überreichte Krone kann für die theologische Tugend *spes* ›Hoffnung‹, aber auch für Märtyrer stehen. Eine schief sitzende oder vom Kopf rutschende Krone ist Kennzeichen der Personifikation der Synagoge, da im Judentum die Hohepriester diademartige Goldkronen als Zeichen ihrer Würde trugen.

Die Dornenkrone Christi ist gerade in ihrem Vergleich mit einem weltlichen Herrschaftszeichen Ausdruck der tiefsten Verspottung Jesu, aber auch Attribut des hl. Ludwig von Frankreich, der für diese Reliquie die Sainte Chapelle in Paris errichten ließ.

Die Brautkrone als Zeichen der Jungfräulichkeit ist für manche Gegenden statt des Kranzes als Hochzeitsbrauch üblich. In den Niederlanden gab es den Brauch, beim Hochzeitsfest eine hölzerne Krone, auch mit Glocke und Eichenlaub dekoriert, über der Braut aufzuhängen. Als Sinnbild für die Heiligkeit der Ehe kann sie vereinzelt auch in einem anderen Zusammenhang übernommen sein (PIETER BRUEGHEL D. Ä., *Bauernhochzeit*, um 1567, Wien, KHM; JAN STEEN, *Das Tischgebet*, 1660, England, Privatbesitz).

Krücken. Krüppel verschiedenster Ursache werden häufig mit Krücken dargestellt, so bereits in der antiken Mythologie der hinkende Gott des Feuers, Hephaistos/Vulkan und Kronos/Saturn.

Als Zeichen für Gelähmtsein kommen sie in Darstellungen von Krankenheilungen durch

Deutsche Kaiserkrone

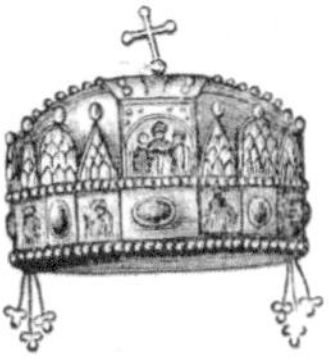

Ungarische Königskrone

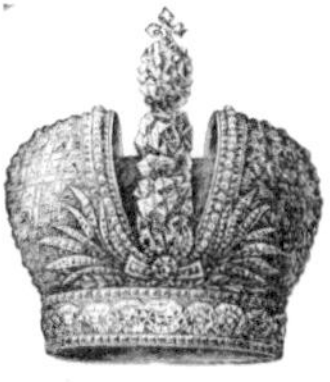

Russische Zarenkrone

Österreichischer Erzherzogshut

Jesus vor. Außerdem sind sie Attribut des hl. Lambert, der der Schutzpatron der Gelähmten, und des hl. Maurus, der der Patron der Rheumatiker, Gichtkranken und Hinkenden ist.

Krug. Als Kantharos gehört der Krug zu den Attributen des Weingottes Dionysos/Bacchus.

Im frühen Christentum werden Krüge in bildlichen Darstellungen oft als Behälter mit dem Wasser des Lebens sinnbildlich eingesetzt. Bei Szenen aus dem Alten Testament kommt ein Krug vor allem bei den Wundern des Elia im Haus der Witwe von Sarepta (1. Kön. 17,8 ff.) und des Elischa im Haus einer verschuldeten Witwe (2. Kön. 4,1 ff.) vor.

Sechs große Steinkrüge gehören zum Weinwunder Jesu bei der Hochzeit von Kana (Joh. 2,1–12; *Maximianskathedra*, Mitte 6. Jh., Ravenna, Erzbischöfliches Museum; Giotto, Fresko, um 1305, Padua, Arenakapelle; Meister Bertram und Werkstatt, *Buxtehuder Altar*, um 1400, Hamburg, Kunsthalle; Paolo Veronese, *Hochzeit von Kana*, 1562/63, Paris, Louvre; Julius Schnorr von Carolsfeld, *Hochzeit von Kana*, 1819, Hamburg, Kunsthalle). Als Heiligenattribut gehört ein Krug zu den Kennzeichen der hll. Elisabeth von Thüringen, Notburga, Verena, Zita, Florian von Lorch und Johannes der Täufer. Ein Krug ist auch Attribut der Personifikation der Medizin und als Mischgefäß der Tugend *temperantia* ›Mäßigung‹.

Als zerbrochener Krug kann er moralisierend auf die verlorene Unschuld verweisen (Jean-Baptiste Greuze, *Der zerbrochene Krug*, 1785, Paris, Louvre).

Kruzifix. Das Bild Christi am Kreuz ist als Handkruzifixus Attribut der hll. Antonius von Padua, Bernhard von Clairvaux, Bonaventura, Bruno, Dominikus, Elisabeth von Reute, Franz Xaver, Hieronymus, Ida, Johannes Gualbertus, Johannes Nepomuk, Karl Borromäus, Klara, Ludwig Bertrand, Maria Magdalena, Willebold, Franz von Assisi, Johannes vom Kreuz, Nikolaus von Tolentino, Petrus Damiani, Adelgundis, Birgitta von Schweden, Katharina von Siena, Luitgard, Petrus Canisius, Stanislaus Kostka, Gertrud von Helfta, Petrus Martyr. Der hl. Johannes von Gott wird gezeigt, wie er einem Sterbenden ein Kreuz vorhält, und ein Kruzifix mit Lilien kennzeichnet Aloysius von Gonzaga.

Kuckuck. Im antiken Mythos erscheint auf dem Zepter der Hera öfter ein Kuckuck, da sich Zeus vor ihrer Vermählung in einen Kuckuck verwandelt hatte.

Wie alle Kleinvögel kann der Kuckuck ein Sinnbild der Seele sein. Als Schmarotzer und unreines Tier des Alten Testaments gilt er aber auch als Symbol des Bösen. Vor allem in der Emblematik ist er dem Laster *luxuria* ›Wollust‹ zugeordnet. Besonders steht er für Untreue und Ehebruch. Der Begriff wurde auch als Umschreibung des Teufels benützt, und im Mittelalter wurden gelegentlich auch Dirnen mit diesem Namen bezeichnet.

Kübel. Ein Wasserkübel ist das wichtigste Attribut des hl. Florian, der damit Feuer löscht. Ein Salzkübel ist Attribut des hl. Nikolaus, der drei Schüler aus einem Pökelfass errettete, und des hl. Rupert, des Patrons der Salzstadt Salzburg.

Künste. Die Sieben freien Künste oder *Artes liberales*, Grammatik, Rhetorik, Dialektik (Trivium) sowie Arithmetik, Geometrie, Musik und Astronomie (Quadrivium), zählten in der Antike zur Ausbildung des freien Mannes, da sie nicht dem Gelderwerb dienten. Später erweitert, wurden die Freien Künste im Mittelalter als Grundlagen der Erkenntnis und als Hilfsmittel für den Menschen auf dem Weg zu seinem Heil verstanden und so auch häufig bildlich wiedergegeben, meist gemeinsam mit den *Artes mechanicae* (Handwerken), z. B. in Kathedralprogrammen (*Marienportal*, Westfassade, Mitte 12. Jh., Chartres, Kathedrale; Andrea Pisano, *Artes liberales*, 1334–40, Florenz, Campanile; Andrea da Firenze, *Triumph des Thomas von Aquin*, 1365, Florenz, S. Maria Novella, Spanische Kapelle; Paul Troger, Treppenhaus, Fresko, 1738, Stift Altenburg, Niederösterreich).

Wichtigste Attribute:

- *Grammatik:* Rolle, Buch, Tafel, zu unterrichtende Kinder, Rute oder Geißel zur Bestrafung der Faulen

- *Rhetorik:* Redegestus, Spruchband, Rolle oder Tafel, Schild, Schwert
- *Dialektik:* sich windende Schlange, Skorpion, Blume, Blütenzweig, Angel
- *Arithmetik:* Geld zählend, Zählschnur, Tafel
- Geometrie: Zirkel, Winkelmaß, Messstab, Tafel mit geometrischen Figuren
- *Musik:* Musikinstrumente
- *Astronomie/-logie:* zu den Sternen schauend, Astrolabium, Messgeräte

Die Sieben mechanischen Künste oder *Artes mechanicae* umfassen die für den Ablauf des irdischen Lebens notwendigen Handwerke und Berufe: *lanificium* (Bekleidungshandwerke), *armatura* (alle Arbeiten in Holz, Stein, Metall, Waffenkunst und Architektur, Bildhauerei und Malerei – vor allem diese Letzteren erkämpfen sich ab der Renaissance, dass sie zu den *artes liberales* gezählt werden), *navigatio* (Seefahrt und Handel), *agricultura* (Landwirtschaft), *venatio* (Jagd), *medicina, theatrica.* Die Siebener-Zahl war hier allerdings lange nicht so verbindlich wie bei den freien Künsten.

Im Mittelalter wurden öfter auch alttestamentliche Szenen als Verbildlichung der *Artes mechanicae* eingesetzt: z. B. Adam oder Kain für Ackerbau, Abel oder Jabal für Viehzucht, Tubalkain für die Schmiedekunst (Andrea Pisano, Reliefs, 1334–40, Florenz, Campanile des Domes).

Kürbis. Als einjährige Pflanze mit großen Blättern und Früchten gilt der Kürbis als Sinnbild für schnelles Wachstum und Verderben, also für die Vergänglichkeit des Lebens (Albrecht Dürer, *Hieronymus im Gehäus,* 1514, Kupferstich), aber wegen der vielen Kerne auch als Symbol der Fruchtbarkeit. Da Pilger oft ausgehöhlte Kürbisse als Flaschen mit sich führten, kann der Kürbis auch auf Pilgerschaft verweisen.

Der alttestamentliche Prophet Jona in der Kürbislaube entstand aus einer Verwechslung, denn im biblischen Text wird von einer Rizinusstaude berichtet (Jona 4,6).

Kugel. Als Modell der Gestalt des Kosmos gilt die Kugel von alters her als Sinnbild der Welt, des Universums und der himmlischen Vollkommenheit. Auf den Schultern des Atlas ist es die Himmelskugel, die getragen wird (GUERCINO, *Atlas*, 1645/46, Florenz, Museo Bardini). Als Herrschaftszeichen kann ein Reichsapfel in Kugelform dem Gott Zeus/Jupiter beigegeben sein. Aus der antiken Mythologie sind zudem die Äpfel der Hesperiden aus dem Heraklesmythos und dem Wettlauf von Hippomenes mit Atalante und der Apfel im Parisurteil bekannt, die oft als Kugel wiedergegeben werden.

In der Hand Gottes wird die Kugel zum Bild für die Schöpfung, wobei verschiedenfarbige Kugeln verschiedene Bereiche veranschaulichen können (z. B. blau – Himmel, grün – Erde). Als Reichsapfel ist die Kugel Herrschaftssymbol und Zeichen irdischer Macht, wobei der Apfel durch seine fast vollkommene Kugelgestalt zum Sinnbild der Welt und damit zum Namensgeber geworden ist. Der Reichsapfel gehört zum Krönungsornat und war auch schon in der Antike als Herrschaftssymbol bekannt. Im Abendland ist er in der Form einer Kugel mit einem Kreuz Sinnbild eines christlichen Herrschers. Er wird vom Herrscher in der Linken gehalten, während die Rechte das Zepter trägt. Eine Kugel mit Kreuz als Reichsapfel in der Hand von Christus, dem Jesuskind oder von Gottvater ist als Verweis auf ihre Herrschaft im Himmel und auf Erden zu verstehen (MICHAEL PACHER, *Marienkrönung*, 1481, St. Wolfgang am Abersee [Oberösterreich]; HUGO VAN DER GOES, *Gnadenstuhl*, 1477/78, Edinburgh, National Gallery of Scotland).

Als Heiligenattribut gehört eine Kugel als Reichsapfel zu den hll. Kaisern Konstantin, Karl d. Gr., Heinrich II., Ludwig und Sigismund. Eine mit Füßen getretene Weltkugel ist dagegen als Zeichen der Verachtung der irdischen Macht Attribut des hl. Bruno. Eine feurige Kugel ist als Veranschaulichung einer Vision Kennzeichen der hll. Benedikt von Nursia, Franz von Sales, Germanus von Auxerre, Robert, Vinzenz von Paul und Thekla. Neun Kugeln auf der Fahne verweisen auf den hl. Quirinus von Neuß und drei goldene Kugeln auf den hl. Nikolaus von Myra. Als Herrschaftszeichen kann eine Kugel auch Attribut von Engeln, vor allem Erzengeln, sein. Als Weltkugel ist die Kugel auch Attribut der theologischen Tugend *spes* ›Hoffnung‹ und der Kardinaltugend *iustitia* ›Gerechtigkeit‹. Ebenso kann Fortuna, die Schicksalsgöttin, auf einer Kugel stehen. In diesem Sinn ist sie als Bild der Welt Zeichen für unbeständige Bewegung. Mit der gleichen Bedeutung kommen Kugeln, in barocken Emblemen und Stillleben meist als Glaskugeln, auch als Vanitas-Symbol vor. ‣Apfel, ‣Orange, ‣Pfirsich, ‣Zitrone

Kuh. In der Antike gehörte die Kuh zu den Attributen der Göttinnen der Liebe und der Fruchtbarkeit, als Milchspenderin war sie aber auch mütterliches Symboltier – kuhäugig zu sein galt als Schönheitsideal. Im antiken Mythos wird Io, eine Geliebte des Zeus/Jupiter, in eine weiße Kuh verwandelt, um sie vor der eifersüchtigen Hera/Juno zu schützen (Ovid, *Metamorphosen* 1,586–688, 713–750).

In der Erzählung von Joseph von Ägypten spielen sieben fette und sieben magere Kühe aus dem Traum des Pharao als Sinnbild für ertragreiche und Hungerjahre eine wichtige Rolle (1. Mose 41; UNBEKANNTER MEISTER, Fresko, 12. Jh., St. Savin). Als Opfertier wird die Kuh bei frühchristlichen Schriftstellern vereinzelt auf Christus bezogen. Attribut ist sie bei den hll. Ephraim, Hermeland, Leonhard, Patrick, Wendelin, Brigitta (Brigida) von Irland und Gunhilde (Gunthildis). Im Martyrium kommt sie bei der hl. Perpetua vor. Vereinzelt ist eine Kuh auch Reittier des Todes.

Kuppel. Als rundes Gewölbe sind Kuppeln in der Architektur immer ein überhöhendes Zeichen und oft als Sinnbild des Himmelsgewölbes zu verstehen.

Kuss, Zeichen der Liebe und damit auch des Treuegelöbnisses, der Zusammengehörigkeit und Freundschaft sowie der Ehrerbietung, Versöhnung (als Sühnekuss im Mittelalter gebräuchlich) und Begrüßung. Der Bruder- und Friedenskuss ist ein wichtiger Gestus im frühen Christentum wie der Osterkuss in der Ostkirche. Im christlichen Kult gilt weiterhin der Kuss des Altares, des Kreuzes, der Bibel und von Reliquien als Ausdruck höchster Verehrung.

Der Handkuss war mittelalterlichen Vasallen dem Herrn gegenüber vorgeschrieben. Das Küssen der Füße oder Knie von Königen, Richtern und des Papstes durch Untergebene war ebenfalls allgemein ein zeremonielles Zeichen der Demut, Unterwerfung und Ehrerbietung sowohl im religiösen Kontext als auch im Herrscherzeremoniell, aus dem diese Geste stammt. Sie ist mit dem Huldigungsgestus der Proskynesis (▸Fußfall) aufs engste verbunden. Auch das Küssen des Gewandsaumes ist eine Geste der Ehrerbietung oder Unterwerfung, die besonders im Nahen Osten üblich war. Im alten Orient warf man die Kusshand als Ausdruck des Betens den Gestirnen zu.

In bildlichen Darstellungen wird die Versöhnung von Jakob und Esau zuweilen durch Umarmung und Kuss veranschaulicht (1. Mose 33,1–11), ebenso die sogenannte Begegnung von Joachim und Anna an der Goldenen Pforte, die nach den Vorstellungen der mittelalterlichen Theologen die unbefleckte Empfängnis Mariens ohne Erbschuld versinnbildlicht (Protoevangelium des Jakobus), und die Begegnung von Maria und Elisabeth, die sogenannte Heimsuchung (Lk. 1,39–56). Der Judaskuss ist dagegen Ausdruck des Verrats dieses Apostels an Jesus (Mt. 26,47–50; Mk. 14,43–46; Lk. 22,47–48; UNBEKANNTE MEISTER, Mosaik, 6. Jh., Ravenna, S. Apollinare Nuovo; Lettner, 13. Jh., Naumburg; GIOTTO, Fresko, um 1305, Padua, Arenakapelle).

Ein sich küssendes Paar kann bei Personifikationen der Jahreszeiten als Verweis auf die Tag- und Nachtgleiche im Frühling oder im Herbst dienen (BARTOLOMEO MANFREDI, *Allegorie der vier Jahreszeiten*, um 1610, Dayton [Ohio], Dayton Art Institute). Als Zeichen der Unkeuschheit kann dagegen ein sich küssendes Paar bei der Darstellung der Personifikation der *luxuria* ›Wollust‹ vorkommen.

Kutte. Das bis zu den Füßen reichende langärmelige, gegürtete und mit einer Kapuze versehene Gewand ist die übliche Kleidung der Mönche.

L

Labarum, Kreuzfahne, Siegesfahne mit Christusmonogramm. Seit Kaiser Konstantin dem Großen und seiner siegreichen Schlacht gegen Maxentius im Jahre 312 war das Labarum kaiserliche Standarte des Heeres, bestehend aus einem hohen Schaft mit Querbalken und einer roten oder purpurfarbenen Fahne mit goldenen Fransen. Am oberen Ende des Schaftes befand sich das Christusmonogramm in einem goldenen Lorbeerkranz. In veränderter Form bleibt das Labarum Herrscherattribut bis ins Mittelalter, besonders im byzantinischen Bereich. Als Ostersymbol taucht es meist auf frühen Sarkophagen auf, kann aber auch Erzengeln beigegeben sein (UNBEKANNTER MEISTER, Apsismosaik, Mitte 6. Jh., Ravenna, S. Apollinare in Classe). Weiterhin kennzeichnet es neben Kaiser Konstantin vereinzelt auch als Attribut die Personifikationen der Tugenden *spes* ›Hoffnung‹ und *fortitudo* ›Tapferkeit‹.

Labyrinth. Der Name wurde vom Palast der Doppeläxte (*labrys*) in Knossos auf Kreta übernommen, der mit seiner verwinkelten Bauweise mit vielen Gängen zum Urbild für alle Irrgärten wurde (vgl. Theseussage). Es gibt kreisförmige und rechtwinkelige Labyrinthdarstellungen.

Im Römischen Imperium galt ein Labyrinth, auf Fußböden wiedergegeben, auf Grund seiner Ausweglosigkeit als Todessymbol. Im Christentum wurde es dagegen zum Sinnbild des Lebens, seiner Prüfungen und Umwege und des Zieles, des Himmlischen Jerusalem. Labyrinthe sind aber auch als Ort einer symbolischen Pilgerreise ins Heilige Land in der Mitte auf Kirchenfußböden vom 5. bis zum 16. Jahrhundert nachweisbar. Als Ersatz für eine Pilgerfahrt nach Jerusalem folgte der Gläubige im Mittelalter kniend und betend den Gängen des Labyrinths auf dem Boden (UNBEKANNTER MEISTER, Bodenlabyrinth, 6. Jh., Ravenna, S. Vitale; Bodenlabyrinthe in den

Kathedralen von Chartres, Reims, Amiens und Bayeux). In der Neuzeit wurde die Labyrinthform in die Gartengestaltung übernommen. Ein Labyrinth kann auch eine Art Schutzsystem mit Initiationsfunktion bedeuten oder ein Verschwiegenheitssymbol sein (BARTOLOMEO VENETO, *Bildnis eines Edelmannes*, um 1510, Cambridge, Fitzwilliam Museum), aber auch ein Sinnbild des inneren Weges zur Erkenntnis.

Lamm. Es war das häufigste Opfertier der vorderasiatischen und antiken Kulte. Heute noch wird im vorderen Orient das zum Opfer auserwählte Lamm besonders gekennzeichnet und getrennt von der übrigen Herde in der Familie aufgezogen. Im Alten Testament galt das Lamm als Sinnbild von Unschuld, Reinheit, Sanftmut, Geduld, Maß und Demut. Eine besondere Bedeutung erhielt das Lamm im Judentum als Schutz gewährendes Passahlamm. Mit seinem Blut wurden in der Nacht vor dem Exodus aus Ägypten die Türpfosten bestrichen, an denen der Todesengel vorüberging (2. Mose 12,3; 29,38 f.; DIERIC BOUTS, *Das Passahfest*, Flügel des *Abendmahlsaltares*, 1464/68, Löwen, St. Pieter; MARC CHAGALL, *Die Israeliten essen das Passahlamm*, 1931, Nizza, Musée Chagall). Als alttestamentliches Opfertier ist das Lamm vor allem Hinweis auf Abel oder Samuel, die als Opfernde dargestellt werden (1. Mose 4,4; 1. Sam. 7,9–10; GIOVANNI ANTONIO SOGLIANI, *Das Opfer Abels*, um 1533, Pisa, Dom, Domtribüne).

Im Neuen Testament ist das Lamm, ein Bild des Alten Testaments aufgreifend (Jes. 53,7), leidendes Opfertier, Gotteslamm und Sinnbild von Jesus Christus (Joh. 1,29, 36; 1. Kor. 5,7; Offb. passim). Als Christussymbol erscheint es dabei mit Kreuznimbus und teilweise auch mit Kreuzlanze oder Fahne (Sarkophage in Ravenna, im Vatikan; S. Isidoro, Leon, Spanien). Das Lamm mit dem Buch mit den sieben Siegeln verweist auf die Visionen der Apokalypse (Offb. 5,1 ff.), ebenso die Anbetung des Lammes durch die palmentragenden Erwählten (Offb. 7,9; JAN VAN EYCK, *Anbetung des mystischen Lammes, Genter Altar*, 1432, Gent, Sint Bavo). Auch das Lamm auf einem Hügel, von dem vier Flüsse entspringen, ist

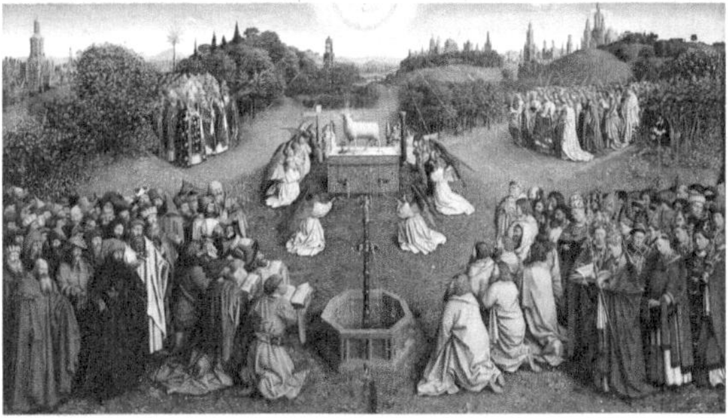

Jan van Eyck: Die Anbetung des mystischen Lammes aus dem Genter Altar. Gent, Kathedrale Sint Bavo, 1425–32. – Auf der Schilderung der Geheimen Offenbarung des Johannes basierend steht in einer paradiesischen Landschaft mit Orangenbäumen, Zypressen und einer Palme vor der Silhouette des Himmlischen Jerusalem das apokalyptische **Lamm** als Sinnbild Christi und seines Erlösungsopfers auf einem Altar. Blut fließt aus der Wunde in der Brust in einen Kelch. Engel tragen die Leidenswerkzeuge, davor schwingen zwei Engel ihre Rauchfässer. Der klares Quellwasser spendende Brunnen im Vordergrund ist der Brunnen des Lebens. Über allem schwebt die Taube des Hl. Geistes. Aus vier Himmelsrichtungen nähern sich die Zeugen des Christusglaubens, um dem Lamm zu huldigen: vorne links die Propheten und Patriarchen des Alten Testaments, aber auch der römische Dichter Vergil mit Lorbeerkranz, vorne rechts die Apostel und Heiligen der Kirche, dahinter vor Rosen und Lilie die heiligen Jungfrauen mit Palmzweigen, unter ihnen Agnes mit einem Lamm, Barbara mit einem Turm und Dorothea mit einem Blumenkorb, und hinten links heilige Bischöfe, Büßer und Bekenner.

ein Bild aus der Apokalypse und symbolisiert das Paradies mit den vier Paradiesflüssen oder den Ursprung der vier Evangelien (Offb. 14,1; UNBEKANNTER MEISTER, Apsismosaik, 526–530, Rom, SS. Cosma e Damiano). Ein auf der Schulter getragenes Lamm oder die Beigabe einer Herde von Lämmern kennzeichnet Christus als guten Hirten oder als Lehrer, wobei die Lämmer Gläubige, Jünger, Apostel oder Märtyrer symbolisieren (UNBEKANNTER MEISTER, Mosaik, um 425, Ravenna, Mausoleum der Galla Placidia). Als Attribut kann ein Lamm auch Kennzeichen der theologischen Tugend *caritas* ›Liebe‹, der Tugenden *patientia* ›Geduld‹, *humilitas* ›Demut‹ und *mansuetudo* ›Sanftmut‹ sein. Als Lamm mit Flammen verweist es auf die Kardinaltugend *temperantia* ›Mäßigung‹. Unter den Heiligen ist es als Gotteslamm Attribut von Johannes dem Täufer, der ein Wegbereiter Jesu Christi war und auf diesen als erwarteten Messias hinwies (GEERTGEN TOT SINT JANS, *Johannes der Täufer in der Landschaft*, spätes 15. Jh., Berlin, Staatliche Gemäldesammlungen). Das Lamm ist u.a. Kennzeichen der hll. Susanna, Agnes (Wortspiel: Agnes – agnus), Amos, Joachim, Patrick, Wendelin (Patron der Schäfer), Clemens von Rom, Franz von Assisi und der hl. Colette von Corbie, die der Legende nach ein Lamm aufzog, das sie mit in die Kirche nahm und das bei der Erhebung der Hostie niederkniete. Die erythräische Sibylle wird ebenfalls mit Schwert und Lamm auf einem Globus dargestellt.

Lampe. In der Antike waren Öllampen ein wichtiges Hausgerät und eine häufige Grabbeigabe. Das Entzünden und Verlöschen einer Lampe wurde auch auf Geburt und Tod, also auf den Ablauf des Lebens, bezogen. Und als Verweis auf das göttliche Licht waren und sind brennende Lampen auf Gräbern in vielen Religionen üblich. Im frühen Christentum wurden Lampen mit dem Kreuzzeichen, dem Christusmonogramm, einem Fisch, Pelikan und anderen Tieren und Pflanzen mit christlicher Symbolik geschmückt, vereinzelt auch mit Szenen aus dem Alten und dem Neuen Testament. Eine Lampe kann auch Sinnbild für geistiges Licht Wachsamkeit sein, wie es im Gleichnis von den klugen und den törichten Jungfrauen vorkommt (Mt. 25,1ff.; Peter von Cornelius, *Die klugen und die törichten Jungfrauen*, 1813/15, Düsseldorf, Kunstmuseum). Sie sind als Hinweis auf das Jüngste Gericht zu verstehen, können aber auch mit Maria oder den Personifikationen der Ecclesia und der Synagoge verbunden werden.

Als Heiligenattribut kennzeichnet eine Lampe u.a. die hll. Anthelmus von Bellay, Brigida von Irland, Cäcilia von Rom, Candida (vom Namen abgeleitet), Katharina von Schweden, Klara (Schutzheilige der Blinden), Lambert (Wortspiel), Lucia von Syrakus (vom Namen abgeleitet), Lucilla von Rom (vom Namen abgeleitet), Nilus, Pudenziana, Vitus und Walburga. Auch Joseph von Nazareth erscheint bei Darstellungen der Geburt Jesu Christi manchmal statt mit einer Kerze mit einer Lampe. Sieben Lampen verweisen in Darstellungen der *Maiestas Domini* auf die Sieben Gaben des Hl. Geistes. Zudem ist eine Lampe Attribut der Tugend der *vigilantia* ›Wachsamkeit‹ (Ripa 1970, S. 502) und der phrygischen Sibylle.

Eine erloschene Öllampe ist dagegen genauso wie die erloschene Kerze im Barock ein verbreitetes Vanitassymbol (Rachel Ruysch, *Vanitasstillleben*, um 1690, La Fère, Musée Jeanne d'Aboville).

Landkarte. Als Sinnbild der Welt kann eine Landkarte im Zusammenhang von Vanitas-Darstellungen oder der Charakterisierung einer eitlen Person als negativ gewertete Weltzugewandtheit gedeutet werden.

Languste. Sie wird wie der Krebs wegen ihres ziellos erscheinenden Ganges vorwärts und rückwärts mit der Personifikation der *inconstantia* ›Unbeständigkeit‹ verbunden.

Lanze/Speer/Spieß. In der antiken Mythologie gehört eine Lanze zu den Kennzeichen des Kriegsgottes Ares/Mars und der Athena/Minerva, aber auch Apoll, Hermes/Merkur, Paris und Perseus können mit Lanze erscheinen.

Bei Darstellungen alttestamentlicher Szenen tauchen vor allem der Lanzenwurf Sauls auf den jungen David auf (1. Sam. 19), der im Mittelalter typologisch für den Verrat des Judas an

Jesus steht, und der Tod Absaloms, des aufrührerischen Sohnes von König David, der mit den Haaren in einem Baum hängen blieb und von Joab mit drei Lanzen getötet wurde (2. Sam. 18,9–18). Auch diese Szene wurde später typologisch mit dem Verrat des Judas verknüpft. Absalom kann aber auch als Präfiguration von Jesus Christus erscheinen. In diesem Fall sind die drei Lanzen in seiner Brust in Kreuzform angeordnet.

Bei Darstellungen der Kreuzigung Jesu Christi ist meist auch der römische Hauptmann Longinus oder ein Soldat mit einer Lanze wiedergegeben, mit der Christus zur Feststellung des Todes die Seite geöffnet wird (Joh. 19,34). So gehört eine Lanze auch zu den Passionswerkzeugen Jesu (▸Arma Christi). Diese Lanze des Longinus wird symbolisch im orthodoxen Ritus verwendet. Als Reliquie, aufgefunden von der hl. Helena, wird sie in Teilen in St. Peter in Rom und unter den Reichskleinodien des Heiligen Römischen Reiches in Wien aufbewahrt.

Eine Lanze ist Attribut der hll. Adalbert, Benignus, Christophorus (als jugendlicher Krieger), Cordula von Köln, Dagobert, Demetrius, Georg, Johannes Chrysogonus, des Apostels Judas Thaddäus, von Knud von Dänemark, Koloman von Stockerau, Lambert, des Apostels Matthias, von Mauritius, Merkurius, Erzengel Michael, Simon Zelotes, Theodor, des Apostels Thomas, von Vitalis und Wenzeslaus. Weibliche Personifikationen mit Lanzen sind meist allgemeine Sinnbilder der Tugenden im Kampf gegen die Laster, im Besonderen ist eine Lanze Attribut der Kardinaltugend *fortitudo* ›Tapferkeit‹. Auch Reiter mit Lanzen im Kampf gegen Tiere können den Kampf gegen die Laster versinnbildlichen.

Die Personifikationen des Todes und der Synagoge können eine zerbrochene Lanze zum Attribut haben (*Synagoge* vom Südquerschiff des Münsters, um 1220, Straßburg, Frauenhausmuseum). Im Mittelalter konnte eine Lanze auch als Zeichen für einen Sonnenstrahl oder als phallisches Lebenssymbol, aber ebenso als Werkzeug göttlicher Gerechtigkeit verstanden werden. Bei den Sieben freien Künsten kennzeichnet eine Lanze dagegen die Rhetorik. Sich gegenseitig bekämpfende Lanzenreiter verweisen jedoch meist auf weltliche Ritterturniere.

Larve ▸ Maske

Laster. Zu den sieben Haupt- oder Todsünden zählen *superbia* ›Hochmut‹, *ira* ›Zorn‹, *invidia* ›Neid‹, *avaritia* ›Geiz‹, *acedia* ›Trägheit‹, *gula* ›Völlerei‹ und *luxuria* ›Wollust‹.

Die am meisten verbreiteten Kennzeichen einzelner Laster:

- *superbia* ›Hochmut‹: reitet auf einem Löwen oder Pferd; mit einem Mann, der von einem Pferd oder einem Turm stürzt; gekrönte Frau mit Fledermausflügeln und Pokal und Zepter; Kentaur; Adler; Pfau
- *ira* ›Zorn‹: reitet auf einem Wildschwein oder Bären; Mann, der sich mit einem Degen durchsticht oder seine Kleider zerreißt; Frau, die ihrem Diener einen Fußtritt gibt; Frau, die auf ihren Mann mit dem Schwert losgeht; Mann und Frau, die sich gegenseitig mit dem Schwert attackieren; Hund; Eule; Igel; Fackel
- *invidia* ›Neid‹: reitet auf einem Hund mit Knochen im Maul oder auf einem Drachen; Schlange; Hund; Skorpion; Fledermaus; im Barock auch Frau mit entblößten Brüsten, die sich selbst mit den Händen würgt (vor allem nach Vicenzo Cartari, 1647)
- *avaritia* ›Geiz‹: reitet auf einer Kröte, einem Dachs, Maulwurf, Affen oder Wolf; mit Geldsack um den Hals oder in den Händen dargestellt
- *acedia* ›Trägheit‹: reitet auf einem Esel; mit schlafendem Mann, dem die Ochsen vom Pflug weglaufen; mit schlafender Frau mit Spinnrocken im Arm; Vogel Strauß mit Kopf im Sand
- *gula* ›Völlerei‹: reitet auf einem Schwein oder Fuchs mit einer Gans im Maul; Bär; Wolf; Schwein; Falke; Rabe; gebratener Hahn; auch trinkend oder sich übergebend dargestellt
- *luxuria* ›Wollust‹: reitet auf einem Schwein oder einem Bock; mit Spiegel und Zepter in der Hand; nackte Frau mit Schlange an der Brust oder an den Geschlechtsteilen; nackte

Frau mit Schlangen und Würmern auf dem Rücken; Sirene, die ihre Fischschwänze in den Händen hält (dieses Bild kann auf einem Amulett aber auch Böses abwehren); Kuss zwischen Mann und Frau; Bock; Schwein; Affe
- *infidelitas, idolatria* ›Unglaube‹: Mann und Frau mit einem Götzenbild; Frau mit verbundenen Augen
- *desperatio* ›Verzweiflung‹: sich erstechender oder erhängender Mensch (Judas)
- *stultitia* ›Torheit‹: halbnackter Narr mit Keule auf einen Stein beißend; Mann in Karnevalskleidung und mit Federkrone
- *ignavia* ›Feigheit‹: bewaffneter Mann, der vor einem Hasen flieht; fliehender Soldat, der seine Waffen wegwirft (auch Simson im Schoß Delilas)
- *iniustitia* ›Ungerechtigkeit‹: Gewichtsfälscher; Krieger mit Lanze und Schwert; Mordszene.
- *contumacia* ›Trotz‹: Mann, der gegen einen Mönch das Schwert zückt
- *inconstantia* ›Unbeständigkeit‹: auf einem Esel reitend; Mönch, der von einem Kloster wegläuft; Frau, die auf einem Rad balanciert; Vogel Strauß; Affe; Krebs
- *discordia* ›Zwietracht‹: zwei raufende oder streitende Menschen
- *calumnia* ›Verleumdung‹: im Barock oft mit Momos, dem Gott des Tadels, mit einem Knüppel
- *fraus* ›Betrug‹: im Barock als Schlange mit Menschenkopf und Skorpionschwänzen

Laterne. Die in der Symbolik aufs engste mit der ▸Lampe und der ▸Kerze verbundene Laterne, die als Lichtspenderin überall in Gebrauch war, wurde und wird im Abendland auch als Totenlaterne neben dem Leichnam oder auf dem Grab aufgestellt.

Des Weiteren erscheint bei Darstellungen der Geburt Jesu Christi Joseph häufig mit Laterne. Die Laterne ist ferner Attribut des Propheten Zephanja (Zeph. 1,12), der hll. Klara (Wortspiel) und Gudula von Brüssel, aber auch von Johannes dem

Täufer. Der Einsiedler aus der Christophorus-Legende wird ebenfalls mit Laterne dargestellt und auch die persische Sibylle.

Laube. Als Rizinuslaube, die durch einen Übersetzungsfehler aus der Bibel aber meist als Kürbislaube dargestellt wird, ist sie Attribut des Propheten Jona (Jona 4,8–11).

Laus. Das Absuchen eines Kinderkopfes nach Läusen war im 17. Jahrhundert ein vor allem in den Niederlanden und in Spanien zu findendes Motiv zur Darstellung von Mutterliebe und Sorgfalt (GERARD TERBORCH, *Mütterliche Fürsorge*, um 1650, Den Haag, Mauritshuis).

Laute. Als Musikinstrument verweist eine Laute in Allegorien auf die Kunst der Musik und damit auch auf die Harmonie. Sie ist aber auch Zeichen für das Gehör in Verbindung mit der Darstellung der fünf Sinne.

Der Gott Apoll, Orpheus, Arion und die Muse Terpsichore können statt einer Lyra auch mit Laute dargestellt sein. Zur Musik im Umkreis der Göttin Aphrodite/Venus gehört die Laute ebenfalls. Außerdem ist das Instrument zuweilen Attribut der hll. Cäcilia von Rom und Maria Magdalena.

Lavendel. Diese Duftpflanze, die in der Kosmetik häufige Verwendung findet, wurde im Mittelalter als Heilpflanze auf Maria bezogen.

Lebensalter. In den Darstellungen speziell zu diesem Thema gibt es 10er-, 7er-, 6er-, 4er- und 3er-Abstufungen mit wechselnden Attributen und Tiersymbolen (ANTHONIS VAN DYCK, *Die vier Lebensalter*, 1625/27, Vicenza, Musei Civici, Palazzo Chiericati).

Als wesentliches Kennzeichen bestimmter Personifikationen kann eine junge Frau für den Frühling stehen, ein junger Mann für die Jugend, ein reifer Mann für den Herbst und ein frierender Greis in wärmendem Mantel, auch mit Pelzmütze, für den Winter.

Eine hässliche alte Frau bildet oft die Personifikationen der Laster *acedia* ›Trägheit‹, *invidia* ›Neid‹ und *heresia* ›Irrglaube‹. Ein Greis mit Flügeln und Sense oder Sanduhr ist dagegen die Personifikation der Zeit (Chronos; GIACOMO ZAMPA, *Allegorie der Zeit*, spätes 18. Jh., Forli, Palazzo Lombardini Monsignani; Nicolas Poussin, *Die Zeit entzieht die Wahrheit den Angriffen von Neid und Zwietracht*, 1641, Paris, Louvre).

Lebensbaum (Thuja). Als immergrüne Pflanze gilt die Thuja als Sinnbild der Unsterblichkeit. In Zusammenhang mit der Paradiessymbolik wird sie oft als Baum des Lebens dargestellt.

Leberblümchen. Wegen seiner Dreiblättrigkeit wird das Leberblümchen manchmal als Dreifaltigkeitssymbol eingesetzt. Im Mittelalter war es als Heilpflanze Maria zugeordnet.

Lederschurz. Der Arbeitsschurz der Schmiede verweist auf den Gott Hephaistos/Vulkan.

Leichnam. Die Darstellung eines sich aus dem Grab erhebenden Leichnams ist ein wichtiges Charakteristikum für die Auferweckung des Lazarus, ein Wunder Jesu (Joh. 11; Giotto, *Die Auferweckung des Lazarus*, um 1305, Padua, Arenakapelle). Aber auch bei der Auferweckung des Jünglings von Naim durch Jesus und bei der Auffindung des wahren Kreuzes Christi durch die hl. Helena ist ein Leichnam zentrales Bildmotiv (*Legenda Aurea*; Piero della Francesca, *Die hl. Helena erkennt das wahre Kreuz Christi*, um 1460/65, Arezzo, S. Francesco). Beim hl. Claudius verweist ein Leichnam auf seine Erweckung von drei ertrunkenen Kindern. Auch dem hl. Fridolin und dem hl. Stanislaus von Krakau werden Totenerweckungen mit entsprechendem Attribut zugeschrieben.

Leidenswerkzeuge ▸ Arma Christi

Leier ▸ Lyra

Leiter. Schon in den alten Kulturen galt das Bild einer Leiter als Sinnbild der Verbindung zwischen Himmel und Erde. Auch im frühen Christentum wurde der Weg zur Vollendung als Weg zum Himmel und als Aufstieg gesehen, in den Visionen der Märtyrerin Perpetua mit dem Bild der Leiter als Stufen auf diesem schwierigen, von Waffen und einem Drachen gesäumten Weg verknüpft. So wird bereits in der Katakombenmalerei das Bild einer Leiter als Symbol für den Aufstieg zum Himmel eingesetzt.

Das bekannteste Bild von der Himmelsleiter als Zeichen der Verbindung zu Gott stammt jedoch aus dem Alten Testament, Jakobs Traum von der Himmelsleiter (1. Mose 28,11 f.; UNBEKANNTER MEISTER, Mosaik, 12. Jh., Monreale, Sizilien, Dom; RAFFAEL und Schüler, Fresko, 1516–19, Vatikan, Loggien; JUSEPE DE RIBERA, 1643, Madrid, Prado).

Benedikt von Nursia und Johannes Klimakos, ein Abt des Sinaiklosters im 8. Jahrhundert, entwickelten die Vorstellung von den Leitersprossen als Tugendstufen, wobei sich die Anzahl der Sprossen meist an heiligen Zahlen orientierte, häufig sieben. Vor allem in der Ostkirche ist die Himmelsleiter auch Marianisches Symbol.

Die Leiter konnte auch Kennzeichen der theologischen Tugend *fides* ›Glaube‹ sein, zwei Leitern können für die Tugend *humilitas* ›Demut‹ stehen. Als Heiligenattribut findet sich eine Leiter bei Bernardo Tolomei von Siena, Dominikus, Jakobus, Olaf von Norwegen, Romuald, die alle entsprechende Visionen hatten, ebenso bei Emmeram von Regensburg, bei dem eine Leiter als Marterinstrument diente.

Im Mittelalter wird die Personifikation der Philosophie manchmal mit dem Bild einer Leiter auf der Brust wiedergegeben.

Leopard. In der Antike war der Leopard wichtiges Attribut des Dionysos/Bacchus und der Artemis/Diana (TIZIAN, *Bacchus und Ariadne*, 1523, London, National Gallery; LUCA GIORDANO, *Triumph von Bacchus und Ariadne*, um 1685, Coventry, Herbert Art Gallery & Museum).

Als wildes Raubtier gilt der Leopard als Sinnbild des Stolzes, der Wildheit und Stärke, auch des Krieges, der Jagd und der Fruchtbarkeit. So kann der Leopard in der Symbolik sowohl Jesus Christus – vor allem in Analogie zum ‣Panther – zugeordnet sein, als auch für das Böse stehen. Des Weiteren ist er ein Sinnbild der Herrschermacht.

Als Heiligenattribut dient ein Leopard den hll. Makarios, Marciana von Cäsarea in Mauretanien, die im Martyrium wilden Tieren vorgeworfen wurde, die sie liebkosten, und Rainer von Pisa (Fellkleidung). Auch bei Johannes dem Täufer kann das Fellgewand eine Leopardenhaut sein. Schwarzer Leopard ▸Panther

Lerche. Da der Vogel senkrecht zum Himmel aufsteigt, sein Nest aber direkt auf der Erde baut, wurde die Lerche manchmal als Bild für die Verbindung von Himmel und Erde eingesetzt. Als Attribut erscheint eine Lerche bei der hl. Colette von Corbie.

Lesepult, Attribut von Evangelisten, Kirchenlehrern und Gelehrten. Bei Darstellungen von Mariä Verkündigung wird das Lesepult als Hinweis auf das Lesen der Heiligen Schrift eingesetzt.

Leuchter. Als Träger von Kerzen und seltener auch von Öllämpchen gilt ein Leuchter als Sinnbild für geistliches Licht, Leben und Heil. Von besonderem symbolischen Gehalt sind der siebenarmige und der mit acht Kerzen versehene Chanukkaleuchter des Judentums (2. Mose 25,31 ff.; Sach. 4,1 ff.). In der Geheimen Offenbarung des Johannes symbolisieren sieben Leuchter die sieben kleinasiatischen Gemeinden (Offb. 1,20). Der Leuchter gehört auch zu den Kennzeichen der theologischen Tugend *fides* ›Glaube‹ und war im Mittelalter Symbol der Synagoge.

Da ab dem 5. Jahrhundert häufig beim Lesen des Evangeliums Kerzen entzündet wurden und ab dem 7. Jahrhundert während der ganzen Messfeier Kerzen brannten, wurden Leuchter auch in christlichen Kirchen gebräuchlich. Ab dem 11. Jahrhundert sind Leuchter auf dem Altar nachweisbar. Besonders prunkvoll wurden die Osterleuchter gestaltet.

Leuchtturm. Leuchttürme sind von alters her zur Sicherheit der Schiffe an gefährlichen Küsten aufgestellt. So wurden sie früh zum Sinnbild von Schutz, Zuflucht und Hafen. Im frühen Christentum erweiterte sich die Bedeutung zum Zeichen des himmlischen Hafens nach der Lebensfahrt. In diesem Sinn wurden Leuchttürme vor allem in der Grabessymbolik verwendet.

Levkoje. Als weißes Veilchen (griech. *leukoion*), das zwar einer anderen Gattung angehört, dem die Levkoje aber ihren Namen verdankt und mit dem sie in der Antike auch oft gleichgesetzt wurde, bedeckte die Levkoje der mythologischen Überlieferungen nach den Boden unter den Füßen der von Zeus zum Schutz vor der eifersüchtigen Hera in eine Kuh verwandelten Geliebten Io.

In Italien war die Levkoje jahrhundertelang wegen ihrer weißen Blüten besonders als Osterblume beliebt.

Libelle. In der Symbolik ist dieses Insekt meist negativ besetzt und kann so manchmal dem positiv gesehenen Schmetterling gegenübergestellt sein. In Stillleben des 16. und 17. Jahrhunderts verweist die Libelle als räuberisches Insekt vor allem auf Tod und Vergänglichkeit. Vereinzelt findet sie sich aber auch als Symbol der Seele.

Licht. Die Lichtsymbolik, in der Gott und das Gute durch Licht veranschaulicht gedacht werden, gehört zur menschlichen Ursymbolik. Das Licht gilt wegen des Wärme und Fruchtbarkeit spendenden Sonnenlichts als Zeichen von Heil und Leben im Gegensatz zur Finsternis. Und so beginnt der Schöpfungsbericht des Alten Testaments mit Gott als dem Schöpfer des Lichts, dem »Fiat lux!« (Es werde Licht!), so wird Christus schon in den Evangelien als wahre Sonne und Licht der Welt bezeichnet (z. B. Mt. 4,16; Mk. 8,22–26; Lk. 1,79; Joh. 8,12; 9,5; 1. Joh. 2,8).

Diese Lichtsymbolik schlägt sich bildlich nieder in Heiligenschein, Lichtaura und Strahlen, die schon das Jesuskind bei seiner Geburt als Licht der Welt umgeben (besonders in Bezug zur Vision der hl. Birgitta von Schweden um 1360/70, der zufolge das Kind bei der Geburt heller als die Sonne strahlte) und über Verklärung und Auferstehung Jesu Christi bis zur Vision der Himmelsglorie reichen, erfasst aber auch die Symbolsprache der Architektur.

Lichtnelke. Im Mittelalter galt die Blüte der Lichtnelke, da sie auch als Heilpflanze Verwendung fand, als Mariensymbol.

Liebespaare. Die Darstellung von Liebespaaren ist kennzeichnend für weltliche Liebesallegorien, findet sich manchmal aber auch als Memento mori kombiniert mit der Wiedergabe der Personifikation des Todes. Im christlichen Bereich kann sich eine Liebespaardarstellung auch auf Maria oder die Kirche als Braut Christi beziehen.

In Monatszyklen sind Darstellungen von Liebespaaren typisch für die Monate April und Mai.

Liktorenbündel/Fasces. Diese mit Lederriemen umwundenen Rutenbündel mit einem Richtbeil waren das ursprünglich aus dem etruskischen Kulturkreis stammende Symbol römischer Amtsgewalt. Später wurden die Liktorenbündel zu einem der Kennzeichen der Kardinaltugend *iustitia* ›Gerechtigkeit‹. Als Attribut sind sie den hll. Agapitus von Praeneste und Martina beigegeben.

In der Empirezeit tauchen Fasces aber auch als allgemeines Schmuckmotiv und Ornament in der Architektur und bei Möbeln in Rückbezug auf römische Bürgertugenden auf. Die italienischen Faschisten nutzten das Motiv für ihre politischen Ziele aus.

Lilie. Diese Blüte gilt als Symbol der Reinheit, Unschuld und Jungfräulichkeit. Sie ist ein altes Königssymbol und wurde bereits im alten Ägypten als Ornamentform gebräuchlich. In der antiken Mythologie kann die Lilie Hera/Juno und Demeter/Ceres zugeordnet sein.

Im Alten Testament wurde die Lilie zum Sinnbild der Erwählung, der Wahl des Geliebten. In Bezug zum *Hohen Lied* (2,1 f.) und zu ihrer allgemeinen Symbolik wurde sie zum vielleicht häufigsten Mariensymbol. So erscheint bei der Verkündigung an Maria der Erzengel Gabriel meist mit einem Lilienstengel. Oft hat die Blüte hierbei keinen Stempel. Das dürfte auf eine Legende von Aphrodite/Venus zurückzuführen sein, die der ihr nicht genehmen Blume einen an den Phallus eines Esels erinnernden Stempel einsetzte.

Auch bei der Heimsuchung, der Himmelfahrt und der Krönung Mariens und bei der Darstellung der Immaculata kommen Lilien vor. Ebenso wird bei Josef von Nazaret in Verbindung mit dem auf apokryphen Legenden basierenden Stab-

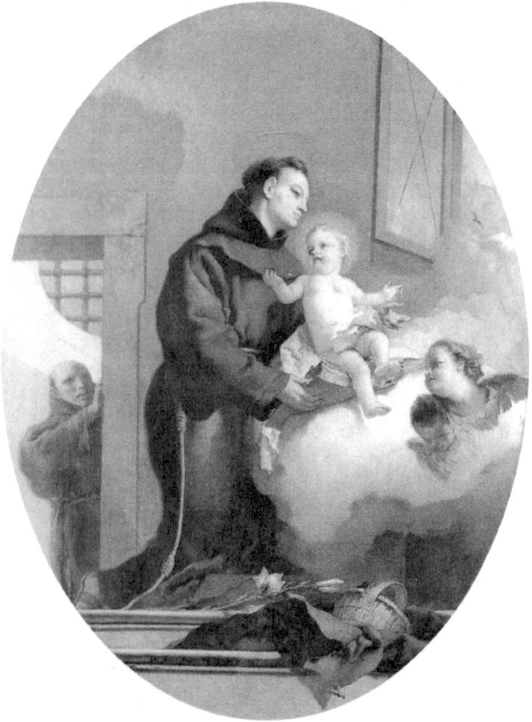

Giambattista Tiepolo: Der hl. Antonius. Madrid, Museo Nacional del Prado, 1767/69. – Vor den Blicken eines Mitbruders vollzieht sich die wunderbare Begegnung des hl. Antonius von Padua mit dem Christuskind, das so zu seinem wichtigsten Attribut wurde. Der jugendliche Antonius ist als Franziskanermönch in die für den Orden übliche braune Kutte mit Kapuze gekleidet. Ein Strick mit drei Knoten als Zeichen für die Ordensgelübde Armut, Keuschheit und Gehorsam dient als Gürtel. Das Buch, auf dem das Jesuskind sitzt, weist Antonius als Leser der Bibel, aber auch als großen Prediger und Theologen aus. Die **Lilien** sind Symbol seiner Reinheit und Keuschheit.

wunder manchmal eine Lilie gezeigt (Giotto, *Vermählung Mariens*, um 1305, Padua, Arenakapelle). Vereinzelt kann eine Lilie aber auch Christus selbst symbolisieren oder auch die Kirche. Bei der Wiedergabe des Weltgerichts ist eine Lilie in Mundhöhe des Weltenrichters Sinnbild seiner geistlichen Macht (Rogier van der Weyden, *Das Jüngste Gericht*, 1448/51, Beaune, Hôtel-Dieu). Wegen der Dreizahl der Blütenblätter findet sich die Lilie vereinzelt auch als Dreifaltigkeitssymbol.

Nach Walahfried Strabo ist die Lilie auch allgemeines Zeichen des Glaubens und Friedens. Als Totenblumen sind weiße Lilien ein Symbol für die Auferstehung der reinen Seelen. Als Attribut kennzeichnet die weiße Lilie auch die Personifikation der Tugend *castitas* ›Keuschheit‹. Eine Feuerlilie kann wegen ihrer Farbe aber auch auf die Passion vorausdeuten oder die Compassio Mariens veranschaulichen (Hugo van der Goes, *Portinari-Altar*, um 1475/76, Florenz, Uffizien). Als Heiligenattribut ist sie Zeichen der Reinheit und Jungfräulichkeit und kommt so u.a. bei den männlichen Heiligen Albertus Siculus, Aloysius von Gonzaga (Lilienstengel mit Kruzifix), Antonius von Padua (Giambattista Tiepolo, *Der hl. Antonius*, 1767/69, Madrid, Prado), Berthold von Kalabrien, Diego von Alcalá, Dominikus, Emerich, Franz Xaver, Joseph von Nazareth, Kajetan, Kaiser Heinrich II., Hermann Joseph, König Ludwig IX. von Frankreich, Nikolaus von Tolentino, Norbert, Filippo Neri, Petrus Martyr, Stanislaus Kostka, Thomas von Aquin, Vinzenz Ferrer und bei den weiblichen Heiligen Agnes von Montepulciano, Angela, Anna, Euphemia, Cäcilia von Rom, Gertrud von Nivelles, Isabella von Frankreich, Katharina von Schweden, Katharina von Siena, Klara von Assisi, Margareta von Ungarn, Maria Maddalena dei Pazzi, Philomena, Radegundis und Rosa von Lima vor.

In der Funktion alter Königssymbole sind Lilien seit 1179 im Wappen der Könige von Frankreich nachweisbar, wobei es sich ursprünglich aber auch um eine Iris gehandelt haben könnte. Vorher gab es die Lilie schon auf gallischen Münzen. Der Legende nach soll König Chlodwig I. (481–511) die Lilie von einem Engel erhalten haben. Von König Ludwig XI. von Frankreich wurde die Lilie als Wappenblume an Pietro de Medici verliehen, der sie als Beizeichen in seinem Wappen führte. Über die Medici ging die Lilie dann in das Wappen von Florenz und der Toskana ein, wobei in diesem im Gegensatz zu den französischen Bourbonen die Lilie mit Staubfäden dargestellt wird.

Linde. Der Baum gilt als ein Symbol für Frieden, Treue und Gerechtigkeit. Der heilige Baum der Germanen und Slawen wurde als blitzabwehrend betrachtet, er ist im gesamten deutschen Sprachraum oft auf dem Dorfplatz zu finden oder auch als Gerichtsort verbürgt. Daher kommt auch die Bezeichnung Schwurbaum, die auch im Liebesbrauch des Einritzens von Namen vor allem in die Rinde von Linden weiterlebte. Eine Linde gehört zu den Attributen der hl. Edigna von Puch.

Lineal. Das Zeichen- und Messwerkzeug ist als Attribut der Personifikation der Architektur und als Berufsbezeichnung der Darstellung von Architekten und Baumeistern beigeordnet.

Löffel. Als Suppenkelle ist der Löffel Attribut der hl. Martha, der Schutzpatronin der Hausangestellten und Hausfrauen. Die hl. Elisabeth von Thüringen teilt Suppenschüsseln mit Löffeln an Hungrige aus.

Der Kirchenvater Augustinus wird öfter mit einem Kind dargestellt, das das Meer mit einem Löffel in eine Sandgrube füllen möchte. Augustinus erkennt in der Aussichtslosigkeit dieses Tuns die Unmöglichkeit für den Menschen, das Geheimnis der Dreifaltigkeit zu ergründen (Michael Pacher, *Kirchenväteraltar*, um 1480, München, AP).

Maria als fürsorgliche Mutter ernährt vor allem in der flämischen Malerei des 16. Jahrhunderts manchmal das Christuskind mit einem Löffel (Gerard David, *Madonna*, um 1515, New York, Aurora Trust; Jan Mostaert-Zuschreibung, *Hl. Familie beim Mahl*, um 1495/1500, Köln, WRM).

Löwe. Der in seiner Bedeutung durchaus ambivalent gesehene Löwe ist ein altes Sinnbild von Stärke und Mut und gilt in vielen Kulturen als König der Tiere. In der antiken Mythologie ist der Löwe vor allem Fruchtbarkeits- und Liebesgöttern wie Kybele, Dionysos/Bacchus und Aphrodite/Venus zugeordnet. Zu den zwölf Arbeiten des Herakles zählt die Bezwingung des nemeischen Löwen (FRANCISCO DE ZURBARAN, *Herkules erwürgt den nemeischen Löwen*, 1634, Madrid, Prado).

Wohl wegen seiner gelblichen Farbe, der strahlenförmigen Mähne und der großen Kraft, und weil er nach alten Vorstellungen niemals die Augen schließen soll, wurde er früh auch als Sonnensymbol gesehen. Dementsprechend wurde er zum Tierkreiszeichen und zur allegorischen Figur der Hochsommerzeit Juli/August.

Ebenso wurde der Löwe bereits in frühen Hochkulturen als abschreckende und schützende Macht an Eingängen dargestellt. So erscheint der Löwe in vorchristlichen Kulturen und im Christentum häufig als Wächter an Toren, Gräbern und am Thron. Er konnte aber auch als Todesdämon gesehen werden.

Im Alten Testament taucht der Löwe als Zeichen von Macht und als Wächter an Thronsitzen wie jenem von König Salomo auf. Er ist Sinnbild für den Stamm Juda. So konnte der Löwe später sehr leicht zum Christussymbol werden, denn Jesus wurde als »Löwe von Juda« bezeichnet, da er dem Stamm Juda angehörte (1. Mose 49, 9–11).

Nach dem *Physiologus* (1981, S. 5–8) soll der Löwe mit offenen Augen schlafen. Deshalb brachte man ihn ebenfalls in Beziehung zu Jesus, der am Kreuz nur einen menschlichen Tod starb, während seine Göttlichkeit wach blieb. Im Mittelalter sah man den Löwen als Sinnbild für die zwei Naturen Jesu Christi auch auf Grund des Kontrasts zwischen dem mächtigen Vorderleib und dem schmalen Hinterleib, der an den Gegensatz zwischen göttlich und menschlich erinnern sollte.

Vor allem spätantike und frühmittelalterliche Autoren und Kirchenväter wie z. B. Origenes und Isidor von Sevilla verbreiteten darüber hinaus die Vorstellung, dass Löwen unförmig und tot geboren würden und erst nach drei Tagen durch Anhauchen vom Vater zum Leben erweckt würden. Ihr richtiges Aussehen würden sie dann durch Belecken erhalten. So wurde der Löwe als Sinnbild neuen Lebens und für die Auferstehung auch auf Grabmälern dargestellt, wobei die alte Sonnensymbolik diese Vorstellungen möglicherweise noch unterstützt hat. Auch ein brüllender Löwe kann auf die Auferstehung der Toten am Jüngsten Tag verweisen.

Negativ wurde der Löwe als gieriges Raubtier und Bild ungezähmter Gewalt aufgefasst und als Sinnbild des Teufels verstanden (z. B. 1. Petr. 5,8). So kann ein Löwe sowohl als Wächter, aber auch als auszusperrender Teufel an mittelalterlichen Kirchenportalen, Kanzelaufgängen und Kapitellen vorkommen. Wenn Christus als Sieger über die Mächte der Finsternis dargestellt wird, triumphiert er über Drachen, Basilisken und auch Löwen. Doch sogar in der negativen Deutung kann der Bezug zur Auferstehung erhalten bleiben, wenn zum Beispiel Simson, der voll Kraft einen Löwen zerreißt, zum typologischen Vorbild für die Auferstehung Jesu Christi wird (Ri. 14,5 f.; Fresko, 1. H. 4. Jh., Rom, Katakombe an der Via Latina). Ebenso wird Daniel in der Löwengrube (Dan. 6) oder David mit dem Löwen (1. Sam. 17,34 ff.) auf Christus und die Auferstehung bezogen.

Als Attribut ist der Löwe den Kardinaltugenden *fortitudo* ›Tapferkeit‹ und *iustitia* ›Gerechtigkeit‹ und den Personifikationen der *magnanimitas* ›Großherzigkeit‹ und *clementia* ›Mildtätigkeit‹ (Ripa 1970, S. 68) zugeordnet. Außerdem ist er Reittier der Kardinaltugend *temperantia* ›Mäßigung‹, aber auch des cholerischen Temperaments (Ripa 1970, S. 75). Eine Löwin mit Jungen gehört zu den Kennzeichen der theologischen Tugend *caritas* ›Liebe‹. Die Personifikation von *perseverantia* ›Beharrlichkeit‹ kann den Kopf eines Löwen halten, dessen Schwanz ihren Schild berührt. Als Heiligenattribut findet sich der Löwe u. a. beim Kirchenvater Hieronymus, der einem Löwen einen Dorn auszog (Albrecht Dürer, *Der hl. Hieronymus im Gehäus*, 1514, Kupferstich; Gianlorenzo

Bernini, *Hl. Hieronymus*, 1661–63, Siena, Dom, Cappella Chigi), beim Evangelisten Markus als geflügelter Löwe, bei den hll. Adrian von Nikomedien, den ein Löwe unversehrt ließ, Agapitus, Chrysanthus, Daniel, Daria, Euphemia, Gerasimus, Prisca von Rom, Simon, Thekla und Vitus. Weiterhin begraben Löwen heilige Asketen in der Wüste wie Antonius d. Gr., den Eremiten Paulus und Maria von Ägypten.

Als Kennzeichen für Afrika taucht der Löwe in der Erdteilikonographie auf. Neben dem Adler ist der Löwe als das wichtigste Symbol herrschaftlicher Macht das verbreitetste Wappentier. So sind Löwen die Wappenschildhalter Großbritanniens, und der Löwe in oft unterschiedlichen Formen ist u. a. das Wappentier von Bayern, Belgien, Böhmen, Niederlande, Norwegen, Saarland, Schweden, Iran, Äthiopien usw. Der geflügelte Löwe, das Symbol des Evangelisten Markus, ist wegen der Markus-Verehrung zum Wappentier Venedigs geworden.

Löwenfell/Löwenhaut. Zu den zwölf Arbeiten, die Herakles für den König Eurystheus vollbringen muss, gehört auch die Bezwingung des Nemeischen Löwen, den Herakles erwürgt, da er ein Fell besitzt, das unverwundbar macht. Herakles verwendet daraufhin das Fell als Panzer und den Löwenkopf als Helm. Dies sind neben der Keule die wichtigsten Kennzeichen des antiken Heros (Antonio del Pollaiolo, *Herkules und die lernäische Hydra*, um 1460, Florenz, Uffizien).

Löwengrube. In eine Grube mit Löwen geworfen, wird der alttestamentliche Prophet Daniel durch einen Engel vor den Löwen bewahrt und am nächsten Morgen vom König befreit (Dan. 6,16–29; David Teniers d. J., *Daniel in der Löwengrube*, 1649, Schwerin, Staatliches Museum; Jacopo Tintoretto, 1577–81, Venedig, Scuola Grande di S. Rocco). Diese Errettung wurde im Mittelalter typologisch auf die Auferstehung Jesu Christi, aber auch auf die Jungfräulichkeit Mariens bezogen. Daniel in der Löwengrube galt auch als Bild für Geduld.

Löwenzahn. Mit seinem sonnenartigen und damit auf das Licht zu beziehenden Strahlenkranz der Blüten und wegen seiner Löwensymbolik galt der Löwenzahn im Mittelalter als

Christussymbol, wegen seiner Milch aber auch als Hinweis auf den Opfertod Christi oder der Märtyrer (MEISTER FRANCKE, *Kalvarienbergfragment* vom *Thomasaltar der Englandfahrer*, 1424, Hamburg, Kunsthalle). Als strahlende Frühlingspflanze ließ er sich auch als Auferstehungssymbol verwenden, als Heilpflanze konnte er als Mariensymbol eingesetzt werden.

Lorbeer. Der mit immergrünen und duftenden Blättern geschmückte Lorbeer (griech.: Daphne, lat.: laurus) war von alters her Götterbaum. Bei den Griechen und Römern war der Lorbeerkranz vor allem Apoll, aber auch Dionysos/Bacchus und Zeus/Jupiter heilig. Dahinter steht die unglückliche Liebesgeschichte von Apoll und Daphne (Ovid, *Metamorphosen* 1,452–567; GIANLORENZO BERNINI, *Apoll und Daphne*, 1622–25, Rom, Galleria Borghese). Durch die ganze abendländische Ikonographie ist der Lorbeerkranz zur Auszeichnung besonderer Leistungen in Wissenschaft und Kunst üblich gewesen; Lorbeerzweige wurden bei Festzügen und Opfern als Zeichen des Gottes Apoll verwendet. Als Zeichen für Jugend, Sieg und Triumph wurde er zu Sieges-, Ruhmes- und Ehrenkränzen gewunden und damit zum Symbol für Unverweslichkeit und die dadurch erlangte Unsterblichkeit sowie für die Reinigung nach blutigen Kämpfen und für Frieden.

Im frühen Christentum wurden Tote auf Lorbeerblätter gebettet als Zeichen für das ewige Leben. Bei der Taufe diente Lorbeer als Hinweis auf das neue Leben in Christus. Als Heiligenattribut kommt ein Lorbeerkranz bei Kaiser Heinrich II., Johanna von Orléans, Ludwig IX. dem Heiligen, Johannes und Paulus von Rom vor. Ein Lorbeerzweig mit drei Kronen verweist auf Petrus Martyr. Wegen der Namensverwandtschaft gehört der Lorbeer vor allem im italienischen Bereich auch zu den Attributen des hl. Laurentius. Ebenfalls einen Lorbeerkranz hat die libysche Sibylle, einen Lorbeerzweig die kimmerische Sibylle zum Kennzeichen.

Auch als Liebeszeichen konnte Lorbeer Verwendung finden. In diesem Sinn findet er sich bisweilen in Darstellungen von Liebesgärten.

Lot. Als Attribut ist das Senk- oder Richtblei den Personifikationen der Architektur und der Geometrie zugeordnet. Es gilt allgemein als Zeichen für Maß und Gerechtigkeit und als Kennzeichen des Propheten Amos in Bezug zu seinen Prophezeiungen (Am. 7,7–9; Statue, Westfassade, 13. Jh., Amiens, Kathedrale).

Luchs. Bei den Germanen dem Gott Loki zugehörig, wurde der Luchs im Christlichen zum Sinnbild des Teuflischen. Wegen seiner scharfen Augen konnte ein Luchs aber auch positiv zum Sinnbild des Gesichtssinnes werden. In der antiken Mythologie ist der Luchs Attribut von Dionysos/Bacchus und von Pan.

Lumpen. Als Kleidung sind sie bildliches Zeichen materieller Armut.

Lyra, Harfe, Kithara, eines der ältesten Saiteninstrumente, das in den verschiedenen Abwandlungen bei vielen Völkern als vornehmstes Instrument und Sinnbild göttlicher Harmonie galt. Eine Kithara hat fünf bis zwölf Saiten und ist auf einen Fuß gestützt im Gegensatz zur Lyra. Die Rahmenharfe kommt vor allem im Mittelalter, bei Rembrandt und in der Zeit des Klassizismus auf Bildern öfter vor.

In der antiken Mythologie ist die Lyra Attribut von Apoll, von Hermes/Merkur, der sie erfunden haben soll, von Hyazinth, dem Sänger Arion, den ein Delfin aus dem Meer rettete (Herodot), und von Orpheus, der von Apoll eine Lyra erhielt, mit deren Tönen er wilde Tiere besänftigte und alle überwältigte (Ovid, *Metamorphosen* 10,1–85; 11,1–84). Diese Lyra wurde nach dem Tod des Sängers von Zeus unter die Gestirne versetzt.

In der Bibel wurde die Harfe zum Gotteslob und Dank eingesetzt. David, der als Psalmist und Sänger eine Harfe zum Attribut hat, befreite Saul durch sein Harfenspiel von bösen Stimmungen (1. Sam. 16,14–23; Rembrandt, *David spielt Harfe vor Saul*, um 1629/30, Den Haag, Mauritshuis). Eine Harfe kann aber auch, vor allem in Hinblick auf die Genealogie Christi, als allgemeiner Hinweis auf das Haus Davids gelten. Die vierundzwanzig Greise der Apokalypse halten vor dem Lamm Harfen in ihren Händen zum Zeichen ihres Gotteslobes (Offb. 5,8). Vereinzelt wird auch die hl. Cäcilia, die Schutzpatronin der Musik, mit Harfe dargestellt. Die Personifikation der Musik bei den Sieben freien Künsten und die Muse der Liebesdichtung, Erato, und die Muse der Lyrik, Terpsichore, erscheinen ebenfalls bisweilen mit Harfe oder Kithara, wie eben auch Apoll als Musenführer (RAFFAEL, *Der Parnass*, 1510/11, Vatikan, Stanza della Segnatura; ANTON RAPHAEL MENGS, *Apoll, Mnemosyne und die neun Musen*, 1761, Rom, Villa Albani-Torlonia, Galerie). Als Bild der Harmonie kann das Instrument auch der Dichtkunst und ihrer Muse Kalliope zugeordnet sein.

M

Madonnenbild. Als Attribut ist die Wiedergabe eines Madonnenbildes vor allem dem Evangelisten Lukas zugeordnet, der die Madonna gemalt haben soll (Pierre Mignard, *Der hl. Lukas malt die Madonna*, 1695, Troyes, Musée des Beaux-Arts).

Männertreu (Eryngium). Diese Distelpflanze gilt als Liebes- und Treuesymbol, kommt aber auch in Zusammenhang mit der Passion Jesu Christi und als Zeichen christlicher Treue und Demut vor (Albrecht Dürer, *Selbstbildnis*, 1493, Paris, Louvre).

Märzenbecher ▸Osterglocke

Magneteisenstein. Im Mittelalter wurden Magnete mit ihren Anziehungskräften ambivalent gedeutet. Sie galten sowohl als Sinnbild der Anziehungskraft Gottes dem Menschen gegenüber als auch in der Vorstellung eines Magnetberges im Meer als Sinnbild der Sünde. An diesem Berg würde das Lebensschiff zerschellen, wenn es sich nicht am Meerstern, einem der wichtigsten Mariensymbole (▸Stern), orientiert.

Mahl. In der antiken Mythologie finden Göttermahle zum Beispiel aus Anlass von Hochzeitsfeierlichkeiten wie jener von Amor und Psyche statt (Raffael und Giulio Romano, *Bankett der Götter*, 1517, Rom, Villa Farnesina, Loggia di Psiche).

Als Mahlszene aus dem Alten Testament sind vor allem »Abraham bewirtet die drei Männer« (1. Mose 18,1–15; unbekannter Meister, *Lünettenmosaik*, gegen Mitte 6. Jh., Ravenna, S. Vitale), die »Israeliten halten das erste Passahmahl« (2. Mose 12; Marc Chagall, *Die Israeliten essen das Passahlamm*, 1931, Nizza, Musée Chagall) und das »Gastmahl des Belsazar« (Dan. 5; Rembrandt, um 1636, London, National Gallery) bekannt.

Im frühen Christentum sind Mahlszenen in der Katakombenmalerei und auf Sarkophagen nicht immer eindeutig zu interpretieren, aber mit Brot und Fisch sind sie meist als sakramentales Erinnerungsmahl zu verstehen. In der späteren christlichen Ikonographie wird vor allem das Letzte Abendmahl mit der Einsetzung der Eucharistie oder der Ankündigung des Verrates durch Judas wiedergegeben, ein mit Vorliebe in Speisesälen von Klöstern dargestelltes Thema (Mt. 26,20–29; Mk. 14,17–25; Lk. 22,14–23; Joh. 13,21–32; LEONARDO DA VINCI, *Das letzte Abendmahl*, 1495–97, Mailand, Refektorium von S. Maria delle Grazie). Große Mahlszenen können aber auch das erste Wunder Jesu bei der Hochzeit von Kana zum Inhalt haben (Joh. 2,1–11; JULIUS SCHNORR VON CAROLSFELD, 1819, Hamburg, Kunsthalle) oder die Gastmähler im Hause von Levi oder Zachäus, bei denen Jesus mit Zöllnern und Sündern speist (Lk. 5; PAOLO VERONESE, *Gastmahl im Hause des Levi*, 1573, Venedig, Accademia), oder Jesus bei der Salbung durch die Ehebrecherin beim Gastmahl im Hause des Pharisäers Simon (Lk. 7,36–50; PAOLO VERONESE, *Das Gastmahl im Hause des Simon*, 1560, Turin, Galleria Sabauda) oder im Hause Simons des Aussätzigen in Bethanien (Mt. 26,6–13; Mk. 14,3–9; UNBEKANNTER MEISTER, Fresko, um 1080, S. Angelo in Formis). Nach Johannes kommt Jesus auch im Haus des Lazarus in Bethanien zu einem Gastmahl, bei dem Martha bedient und ihre Jesus zuhörende Schwester Maria der mangelnden Unterstützung beschuldigt (Joh. 12,1–8; JACOPO TINTORETTO, *Jesus bei Maria und Martha*, um 1580, München, AP). Die unterschiedlichen Erzählungen der Evangelien führten später allerdings dazu, dass Maria Magdalena mit Maria aus Bethanien und der namenlosen Ehebrecherin gleichgesetzt wurde. Dies ging auch in die Ikonographie der Bilder ein.

Vergleichsweise selten ist dagegen das Gleichnis vom himmlischen Hochzeitsmahl dargestellt (Lk. 14,15–25). Eine Mahlszene mit drei Hauptfiguren, bisweilen aber auch durch Nebenfiguren ergänzt, ist das Emmausmahl nach der Auferstehung Jesu Christi (Lk. 24,13–35; CARAVAGGIO, *Emmausmahl*, 1595–1600, London, National Gallery). Ebenfalls aus den Evangelien stammt das Gastmahl des Herodes mit dem Tanz der Salome und der nachfolgenden Enthauptung von Johannes dem Täufer (Mt. 14,1–12; Mk. 6,17–29; PETER PAUL RUBENS, *Festmahl des Herodes*, um 1635, Edinburgh, National Gallery of Scotland).

In der Profanikonographie kann ein Gastmahl je nach Kontext eine Vermählungsszene, verschiedene Feste im Jahreskreis (JACOB JORDAENS, *Der König trinkt*, um 1649, Brüssel, Musées Royaux des Beaux Arts), das in der Barockzeit beliebte Genrethema »Fröhliche Gesellschaft« veranschaulichen oder bei Monatsdarstellungen auf den Januar verweisen, da das Neujahrsfest zu den großen höfischen Festen gehörte (BRÜDER LIMBURG, *Monat Januar, Stundenbuch Les Très Riches Heures du Duc de Berry*, 1416, Chantilly, Musée Condé).

Maiestas Domini. Der die Majestät Gottes verbildlichende mittelalterliche Typus zeigt den Herrn in Gestalt Jesu Christi als Ebenbild Gottes in einer Mandorla, auf der Sphaira (Himmelsbogen) thronend und von den vier Wesen umgeben, die später zu den Symbolen der Evangelisten wurden. Das Motiv geht auf die Visionen Ezechiels (Hes. 1,4–28) und Jesajas (Jes. 6,1–4) zurück. Bis ins 12./13. Jahrhundert war es dem biblischen Gebot entsprechend nicht gestattet, Gottvater selbst darzustellen. Christus durfte dagegen wegen seiner zweiten menschlichen Natur wiedergegeben werden.

Maiglöckchen. Da es sich beim Maiglöckchen um eine Gift- und Heilpflanze handelt, konnte es zum Symbol für eine richtige Entscheidung werden. Vor allem jedoch galt das Maiglöckchen im Mittelalter als Zeichen des Heils und als Sinnbild des Heils der Welt, damit also als Christusattribut und Hinweis auf seine Wiederkehr. Es taucht bei Darstellungen der Geburt Jesu Christi auf und natürlich beim Jüngsten Gericht, wo es auf der Seite der Seligen blüht. Auch in Zusammenhang mit der Geheimen Offenbarung können Maiglöckchen wohl als Hinweis auf die Wiederkehr Jesu Christi wiedergegeben sein (HANS BURGKMAIR, *Johannes der Evangelist auf Patmos*, 1518, München, AP).

Das Maiglöckchen ist aber auch nach dem lateinischen Namen *Lilium convallium*, den es erst von mittelalterlichen Mönchen als Pflanze nördlicher Breiten in Bezug zum *Hohen Lied* erhielt, Maria als Symbolpflanze zugeordnet (Unbekannter Meister, *Paradiesgärtlein*, um 1410, Frankfurt a. M., Städel; Bartholomäus Zeitblom, *Verkündigung an Maria*, Innenflügel des *Eschacher Altares*, 1496, Stuttgart, Staatsgalerie; Albrecht Dürer, *Madonna mit dem Zeisig*, 1506, Berlin, Staatliche Gemäldesammlungen).

Malve/Pappelrose/Stockrose. Seit dem Altertum galten die Blätter der Malve als Zeichen einer Bitte um Vergebung, eine Bedeutung, die in der Blumensprache des 19. Jahrhunderts wieder auftaucht. In der Antike war die Malve auch Nahrungspflanze, später diente sie vor allem als Heilpflanze. In diesem Sinn ist die Malve in der christlichen Kunst als Sinnbild für Heilung, Erlösung und Auferstehung zu finden (Schottenmeister, *Die Flucht nach Ägypten*, nach 1469, Wien, Museum im Schottenstift).

Die Pflanze wird auch Simeonswurz genannt, da einer Legende nach der fast blinde Simeon mit Hilfe der Malve sein Augenlicht wieder zurückgewann und so das Christuskind bei der Darbringung im Tempel sehen konnte. Ausgangspunkt der Legende ist der Evangelienbericht von der Darstellung des Herrn (Lk. 2,22–35).

Malutensilien. Sie dienen als Attribut des Evangelisten Lukas als Madonnenmaler, der Personifikation der Malerei und ganz allgemein als Berufskennzeichen für Maler.

Mandel. In der Antike war die Mandel Symbol für Schwangerschaft und Fruchtbarkeit und deshalb in Hochzeitszeremonien gebräuchlich.

Da sie in ihrer harten Schale einen guten Kern birgt, sah man sie später als Bild eines im Äußerlichen verborgenen Inneren und damit als Symbol innerer Erleuchtung und Erkenntnis. Im Christlichen verweist die Mandel auf die göttliche Natur Jesu Christi, die in der menschlichen verborgen ist. Die Mandel kann aber auch Sinnbild der Jungfräulichkeit Mariens sein.

Mandelbaum. Als früh blühender Baum war der Mandelbaum im Mittelmeergebiet und bei den Israeliten (Jer. 1,11 f.) Sinnbild für neues Leben und Wiedergeburt, aber auch von Wachsamkeit und in diesem Sinn auch Symbol Gottes. Im christlichen Kontext kann ein blühender Mandelbaum als Hinweis auf die Auferstehung Jesu Christi dienen.

Mandorla. Der mandelförmige Lichtschein um eine ganze Figur, vor allem Christus, aber auch Maria oder um Symbole Gottes, ist mit dem antiken Clipeus verwandt, der jedoch nie Strahlen aufweist. Eine Mandorla soll göttliches Licht und die Gegenwart Gottes veranschaulichen. Im Christentum tritt sie ab dem 5. Jahrhundert auf, zum Beispiel in Zusammenhang mit der Transfiguration (Mt. 17,1–9; Mk. 9,2–13; Lk. 9,28–36; *Rabbula Codex*, 586, Florenz, Biblioteca Laurenziana) oder der *Maiestas Domini* (Apsismosaik, Ende 5. Jh., Thessaloniki, Hagios David), dem Weltgericht (Westportal, 1130–45, Autun, St. Lazare) und nachösterlichen Christusszenen (UNBEKANNTER MEISTER, *Aussendung der Apostel*, Tympanon des Westportals, 1125–40, Vezelay, Ste-Madeleine).

Mantel. Dieses allgemein verbreitete Übergewand wurde im Lauf der Geschichte und unterschiedlicher Kulturen in überaus vielfältigen Formen abgewandelt. Generell ist der Mantelumhang Symbol für Schutz – auch als Rechtssymbol – und Zeichen von Würde (‣Schutzmantel).

Joseph von Ägypten wird bei seiner Weigerung, sich von der Frau Potifars verführen zu lassen, seines Mantelumhangs beraubt und damit selbst des Ehebruchs bezichtigt (1. Mose 39,7–20; GUIDO RENI, *Joseph und das Weib des Potifar*, um 1620, Holkham, Viscount Coke Collection).

Einen Mantel zum kennzeichnenden Heiligenattribut haben Angela Merici, die den Orden der Ursulinerinnen/Ursulinen gründete, Birgitta von Schweden, Katharina von Siena und Theresa von Avila. Die hll. Martin von Tours und Franz von Assisi teilten ihren Mantel mit einem Armen, was nicht nur eine Geste der Nächstenliebe bedeutete, sondern auch eine soziale Erhöhung des Armen, denn der Offiziersmantel des hl. Martin und das Prachtgewand des hl. Franz, des Sohnes eines reichen Kaufmanns, waren auch Standeszeichen. Die hll. Amabilis, Brigida von Irland, Florentius von Straßburg, Goar, Gotthard/Godehard und Hildebert sollen der Legende nach ihren Mantel an einem Sonnenstrahl aufgehängt haben. Die hll. Franz von Paula, Hyazinth und Raimund von Pennafort sollen auf ihrem Mantel wie in einem Boot Meerengen oder Flüsse überquert haben. Ein mit Muscheln bedeckter Mantel kennzeichnet dagegen den hl. Willebold. ‣Kleidung

Margerite. In der Symbolik wird diese Blume mit Perlen, Tränen und Blutstropfen in Verbindung gebracht. So konnte die Margerite in christlichem Kontext zu einem Sinnbild des Opfertodes von Christus oder des vergossenen Blutes von Märtyrern werden.

Marienbild ‣Madonnenbild

Mariensymbole. Wichtige Mariensymbole sind der brennende Dornbusch (2. Mose 3,2), der Stab Arons (4. Mose 17,23), das Fell Gideons (Ri. 6,36 ff.), das verschlossene Tor des Heiligtums (Hes. 44,1 ff.), der geschlossene Garten und die geschlossene Quelle (Hld. 4,12), der Turm Davids (Hld. 7,5; 4,4), Sonne, Mond, Stern, der Meerstern, die Pforte des Himmels, Lilie, Zeder, Palme, Zypresse, Rose und Ölbaum, der Brunnen lebendigen Wassers (Hld. 4,15), der Spiegel ohne Flecken, die Stadt Gottes, das Einhorn, der kalte Kristall, der aus dem Feuer geschlagen wird, der Papagei oder Sittich, die Mandelschale mit ihrem weichen Kern, der Regenbogen. Als Quellen hierfür sind vor allem die Marienlitaneien und Schriften mittelalterlicher Autoren zu nennen, die ihrerseits vor allem auf das *Hohe Lied*, die Psalmen und andere ausgewählte Stellen des Alten Testaments zurückgriffen.

Maske/Larve. Ursprünglich diente diese Verkleidung in expressiv gesteigerter Form zum Erschrecken verschiedenster Feinde und Verbergen der eigenen Ohnmacht oder des wahren Ichs, aber auch für magische Handlungen bei Initiationsriten, Jagdzauber und Ahnenkult und zur Darstellung oder Imitation von Göttern, Dämonen oder Geistern. Später waren vor allem Totenmasken, Theatermasken – seit der Spätantike auch als Hinweis auf das Theater des Lebens zu verstehen – und Karnevalsmasken gebräuchlich. Eine tragische Maske ist das wichtigste Attribut der Muse der Tragödie, Melpomene, und eine komische Maske jenes der Muse der Komödie, Thalia (Raffael, *Der Parnass*, 1509–11, Vatikan, Stanza della Segnatura; Eustache Le Sueur, *Die Musen Klio, Euterpe und Thalia*, 1652–55, Paris, Louvre; Anton Raphael Mengs, *Apollo, Mnemosyne und die neun Musen*, 1760/61, Rom, Villa Albani-Torlonia, Galerie).

Als Grotesken und in der Form von Löwen- oder Teufelsmasken sind Masken an Kirchenportalen als Hinweis auf die Pforten des Paradieses oder der Hölle zu deuten oder in apotropäischer Funktion zu sehen. Eine Maske gehört zu den Attributen der Personifikation der *falsitas* ›Falschheit‹. Theatermasken als Heiligenattribut finden sich als Berufsbezeichnung bei den hll. Genesius und Pelagia, die die Schutzpatrone der Schauspieler sind.

Maßliebchen ‣Gänseblümchen

Maßstab. Als Attribut ist ein Maßstab der Rachegöttin Nemesis (Rächerin von Frevel) zugeordnet, ebenso den Personifikationen der Geometrie und der Architektur. Des Weiteren dient er zur Kennzeichnung des Berufes des Architekten.

Mauer, Zeichen des Schutzes, aber auch der Abwehr. Der Einsturz von Mauern als spektakuläres Bildmotiv findet sich unter den Erzählungen des Alten Testaments beim Fall der Mauern von Jericho, dessen Stadtmauern keinen Widerstand gegen den Willen Gottes leisten konnten und beim Schall von Posaunen einstürzten (Jos. 6,1 ff.; Raffael und Pierino del Vaga, *Der Fall der Mauern von Jericho*, 1516–19, Rom, Vatikan, Loggien). Als Thema aus dem Neuen Testament werden die Öffnung der Gefängnismauern für den Apostel Petrus (Apg. 5,19; Raffael, *Befreiung Petri*, 1511–14, Vatikan, Stanza di Eliodoro) oder die Erschütterung der Kerkermauern für den gefangenen Apostel Paulus (Apg. 16,26) als Bildmotiv verwendet.

Mauerkrone. Kronen in Mauerform dienten vor allem antiken Stadtpersonifikationen und den Göttinnen Demeter/Ceres, Kybele und Rea als Attribut.

Maulwurf. Als Reittier der Personifikation von *avaritia* ›Geiz‹ findet sich vereinzelt auch ein Maulwurf.

Maurerkelle. Als Bauwerkzeug ist die Maurerkelle Attribut der Hll. Vier Gekrönten (*Quattuor Coronati*), der Schutzpatrone der Maurer und Freimaurer, und der hll. Marinus von Rimini, Wolfgang von Regensburg und Wunibald, des Erbauers des Klosters Heidenheim.

Maus. Der Schädling für Frucht und Ernte wird symbolisch meist negativ gesehen und so oft dem Teufel zugeordnet. Die Maus ist sein Symboltier, steht für Sündhaftigkeit, Häresie, Zerstörung und das Laster *luxuria* ›Wollust‹. Bildlich ist sie dabei häufig von Ratten nicht zu unterscheiden.

Als Attribut kennzeichnen Mäuse die hll. Nikasius und Gertrud von Nivelles, die beide fruchtbare Felder verwüstende Mäuse vertrieben. Mäuse verweisen auch auf den hl. Barlaam (*Legenda Aurea*) und die hl. Fina. Im Brotkorb gehören Mäuse zum hl. Martin von Porres, der gegen Mäuse- und Rattenplagen angerufen wird.

Im Kloster Andechs (Bayern) werden Mäuse dagegen positiv gewertet, da sie dort alte Urkunden ans Licht zerrten, die zur Wiederauffindung der seit der Hunnenzeit vermissten Reliquien führten.

In der Stilllebenmalerei des 16. bis 17. Jahrhunderts sind die an allem knabbernden Mäuse als Vanitas-Symbol eingesetzt (Georg Flegel, *Stillleben*, um 1610, München, AP).

Mausefalle. Bei Darstellungen des hl. Joseph ist die Wiedergabe einer Mausefalle auf die »Mus diaboli« als Begleittier oder Verkörperung des Teufels zu beziehen, dem nach Augustinus durch die Menschwerdung Jesu Christi eine Falle gestellt wird (Robert Campin, Flügel des *Merode-Altars*, um 1426, New York, Metropolitan Museum).

Medusenhaupt ‣Gorgonenhaupt

Meeresgetier. In unterschiedlichsten Arten dient es vor allem Okeanos/Oceanus, der Personifikation des Meeres, als Attribut. Aber auch andere Meeresgötter wie Poseidon/Neptun oder die aus dem Meer geborene Aphrodite/Venus können von Muscheln, Korallen usw. umgeben sein.

Meerschweinchen. Das kleine Nagetier steht symbolisch für Fruchtbarkeit, das Laster *luxuria* ›Wollust‹ und auch für die Liebe. Selten kann es auf die Auferstehung Jesu Christi verweisen.

In der Profanikonographie kann es in Darstellungen der fünf Sinne das Gehör vertreten.

Meerstern ▸Stern

Meise/Blaumeise/Kohlmeise. Wie alle Singvögel gilt auch die Meise als Sinnbild der Seele und des Glaubensgehorsams (Schottenmeister, *Die Flucht nach Ägypten*, nach 1469, Wien, Museum im Schottenstift; Meister des Rohrdorfer Altars, *Johannes auf Patmos*, um 1480, Stuttgart, Staatsgalerie; Hans Burgkmair d. Ä., *Johannes auf Patmos*, 1502, Augsburg, Staatsgalerie; Jörg Ratgeb, *Kreuzigung Christi*, 1519, Stuttgart, Staatsgalerie).

Vor allem in der Barockzeit kann die Meise in Genreszenen mit galantem Inhalt oder Bordellszenen aber auch für Liederlichkeit stehen.

Meißel. Der hl. Apollonia von Alexandrien und den Quattuor Coronati (Vier Gekrönten), den Schutzpatronen der Maurer und Freimaurer, dient der Meißel als Attribut.

Melone. Wegen ihrer vielen Kerne gilt die Melone als Fruchtbarkeitssymbol.

Messe ▸Eucharistie

Messer. Vielfältig sind die mit dem Messer verbundenen Bedeutungen und Funktionen: Schneidewerkzeug, Waffe, Opferinstrument, Marterinstrument, Beschneidungsmesser, Besteck.

In der antiken Mythologie zieht der Lichtgott Apoll dem phrygischen Silen Marsyas die Haut ab, da dieser es gewagt hatte, den Gott zum musikalischen Wettstreit herauszufordern (u. a. Apollodoros 1,24; Ovid, *Fasti* 6,697 ff.; Guido Reni, *Apoll schindet Marsyas*, um 1633, München, AP).

Allgemein ist ein Messer attributiv in der Hand alttestamentlicher Gestalten als Beschneidungsmesser zu deuten, das auf die Zugehörigkeit zum Alten Bund verweist. In dieser Bedeutung kann es auch der Darstellung der Synagoge beigegeben sein. In der Hand Abrahams wird das Messer zum Instrument der Opferung seines Sohnes Isaak (1. Mose 22,1–19; LORENZO GHIBERTI, *Opferung Isaaks*, 1401, Florenz, Bargello; FILIPPO BRUNELLESCHI, *Opferung Isaaks*, 1401, Florenz, Bargello; REMBRANDT und Schüler, *Opferung Isaaks*, 1636, München, AP).

Unter den Heiligen, denen als Kennzeichen ein Messer beigegeben sein kann, ist an erster Stelle der Apostel Bartholomäus zu nennen, der unter König Astyages von Armenien durch Abziehen der Haut mit einem Messer und durch die anschließende Enthauptung das Martyrium erlitten haben soll (*Legenda Aurea*, S. 624–634; MEISTER DES BARTHOLOMÄUSALTARS, *Bartholomäusaltar*, um 1505, München, AP; MICHELANGELO, *Jüngstes Gericht*, 1536–41, Vatikan, Sixtinische Kapelle). Auch bei der Darstellung der hl. Reparata ist ein Messer das Marterinstrument, mit dem ihr vor der Enthauptung die Brüste abgeschnitten wurden. Ebenso verweist es bei den hll. Albert von Vercelli und Herkulanus von Perugia auf deren Martyrium, bei den hll. Angelus der Karmeliter, Petrus Martyr und Thomas Beckett auf deren gewaltsamen Tod. Bei der Wiedergabe der hll. Crispin und Crispinian ist ein Schustermesser Kennzeichen ihres Berufes. Beim hl. Morandus verweist ein Rebmesser darauf, dass er im Elsass als Patron der Winzer verehrt wird. Ebenso trägt der hl. Werner von Oberwesel ein Winzermesser. Wenn der hl. Hermann Joseph mit einem Messer am Gürtel erscheint, verweist dieses auf seine Aufgabe als Prämonstratensermönch, dem in seinem Kloster die Sorge für den Speisesaal oblag. Ein Rasiermesser als Attribut des hl. Landricus verweist auf dessen Tonsur und damit auf sein Mönchtum. Als Schabmesser kann ein Messer auch Attribut des hl. Bernhard von Clairvaux sein. ▸Dolch

Messstab/Messlatte/Zollstab. Als Attribut kommt ein Messstab vereinzelt beim Apostel und Evangelisten Matthäus vor, bei dem er auf seine Herkunft als Zöllner verweist.

Mimose. Wegen ihrer Farbe gilt die Mimose als Symbol des Lichts und der Heilsgewissheit. Die Abart des Rühr-mich-nicht-an, bei der sich die Blätter bei Berührung zusammenfalten, gilt als Sinnbild von Empfindsamkeit und Schamhaftigkeit. Die Mimose als Baum wurde auch oft mit der ‣Akazie gleichgesetzt.

Minze. Sie ist ein Attribut der hl. Bibiana von Rom, da das Minzkraut von ihrem Grab bis ins 18. Jahrhundert hinein als Heilmittel gegen Fallsucht galt (Gianlorenzo Bernini, *S. Bibiana*, Statue, 1626, Rom, S. Bibiana).

Mischgefäß, Hauptattribut der Kardinaltugend *temperantia* ›Mäßigung‹.

Mischwesen ‣Cerberus, ‣Chimäre, ‣Greif, ‣Harpyie, ‣Kentaur, ‣Satyr, ‣Silen, ‣Sirene, ‣Sphinx, ‣Stier, ‣Triton

Mistel. Bei den Kelten hochgeschätzt, wurde die Mistel als Symbol der Wintersonnenwende in der Moderne ein aus dem anglikanischen Bereich stammendes Sinnbild der Weihnachtszeit (Kussfreiheit), seltener der Winterszeit allgemein und ein Glücksbringer (Sir William Allan, *Weihnachtsbild*, um 1830, Aberdeen, Art Gallery). Besonders im Jugendstil war die Mistel ein beliebtes Dekorationsmotiv in allen Bereichen des Kunstgewerbes.

Mitra ‣Kopfbedeckung

Mörser. Als Arzneimörser ist er Attribut der hll. Ärzte, des Evangelisten Lukas, von Kosmas und Damian, Antiochus von Sebaste und Pantaleon. Mit Pistill (Mörserkeule) kann er auch als Sexualsymbol gebraucht sein.

Mohn, Mohnblüten. In der antiken Mythologie gehört der Mohn mit seinen unzähligen Kapselsamen als Fruchtbarkeits-, aber auch als Todessymbol zu den Attributen von Dionysos/Bacchus, Demeter/Ceres, Aphrodite/Venus, Hades/Pluto, Hermes/Merkur (Fruchtbarkeit führt zu Reichtum) und Hera/Juno. Als Sinnbild des Schlafes und des Todes kommt er in der

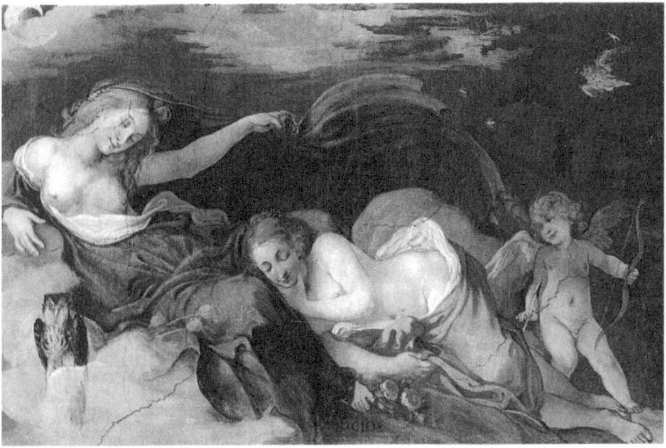

Giovanni Mannozzi: Nacht und Morgen. Florenz, Museo Bardini, 1635. – Die auf einer Wolkenbank ruhende, in einen weiten blauen Mantel mit Sternensaum gehüllte Frauengestalt ist Nyx, die Personifikation der Nacht. Über ihr erscheint die Mondsichel, vor ihr sitzt eine Eule, als lichtscheues Nachttier ihr häufigstes Attribut. Daneben ragen drei Kapseln mit **Mohn** aus den Wolken, ebenfalls Sinnbilder für Schlaf und Nacht. Die Nacht hält ihren Mantel über eine schlafende Frau in rötlichem Umhang. Vor ihr liegt ein Büschel Rosen. Es ist Aurora, die Göttin der Morgenröte. Der Putto mit Pfeil und Bogen ist der Liebesgott Amor. Fledermäuse und eine Eule fliegen noch am Himmel, doch das Licht des Morgens beginnt langsam durchzubrechen.

Grabsymbolik vor. Der Mohn ist Attribut der Nacht, kann aber auch als Sinnbild des trügerischen Scheins und der Vergänglichkeit eingesetzt sein (Giovanni Mannozzi, *Nacht und Morgen*, 1635, Florenz, Museo Bardini).

In Bildern mit Maria und dem Kind oder verbunden mit Ähren stellt Mohn wegen seiner roten Blüten einen Verweis auf die Passion und die Eucharistie dar (Raffael, *Madonna im Grünen*, 1506, Wien, KHM; Gerard David, *Die Taufe Jesu*, 1502–07, Brügge, Stedelijk Groeninge Museum).

Mohr. Historische, in der kunsthistorischen Literatur häufig zu findende Bezeichnung von Menschen mit dunkler Hautfarbe. Wenn die Hl. Drei Könige, die drei Weisen, die Erdteile vertreten sollen, wird einer davon gern als Schwarzer dargestellt. Der »Mohr« steht dann für Afrika. Die Königin von Saba kann auch als Schwarze erscheinen (1. Kön. 10,1 ff.). Der Kämmerer aus dem Morgenland, der Schatzmeister der äthiopischen Königin Kandake, der durch den Apostel Philippus bekehrt und getauft wird, ist ebenfalls öfter als »Mohr« wiedergegeben (Apg. 8,26 ff.).

Heilige, die als »Mohren« dargestellt werden, sind die hll. Justus Africanus, Mauritius (Wortspiel »Maure«; Matthias Grünewald, *Die heiligen Erasmus und Mauritius*, um 1522, München, AP), Vittore il Moro, ein in Mailand zum Märtyrer gewordener afrikanischer Soldat, und der Kölner hl. Gregorius Maurus (Anton Woensam von Worms, Altarflügel, 1520, München, AP). Mit einem bekehrten Schwarzen als Attribut wird der hl. Pedro Claver, der Apostel der südamerikanischen Schwarzen, wiedergegeben.

In der Profanikonographie kommen »Mohren« beim Erdteil Afrika und als exotische Begleitfiguren und Diener vor, oft auch im höfischen Porträt.

Monatsdarstellungen. Die bereits in der Antike gebräuchlichen Zuordnungen von Monaten zu Tätigkeiten und Zeichen hatten auch in späterer Zeit ein reiches Weiterleben. Folgende Charakterisierungen kommen hauptsächlich vor:

– *Januar:* doppelgesichtiger Janus, Beamter auf der *sella curu-*

lis als Zeichen für den Beginn des Amtsjahres, Gastmahl (Neujahrsfest), Pflügen und Säen
- *Februar:* Vogelsteller, oft unter einem Regenbogen, Fische, Pflanzer, Neptun, Greis am Feuer, Beschneiden der Reben
- *März:* Hirte, Krieger, Mars, Hacken und Umgraben, Säen
- *April:* Tänzerinnen, Hirten, Venus, Venusfest, Fest
- *Mai:* blumentragende Frau, Liebespaare, Schafehüten
- *Juni:* Jüngling mit Früchten, mit Beeren, Holzhauen
- *Juli:* Jüngling mit Ährenbüschel, Garben, Sense, Heuernte
- *August:* Jüngling mit Krug, trinkend, mit Melone, Getreideernte
- *September:* Winzer, Obstpflücker, Keltertreter, Bacchus, Sauhatz
- *Oktober:* Jäger einen Hasen jagend, Hornbläser, Falkenbeize
- *November:* Sämann, Isis, Feuermachen
- *Dezember:* Sämann, Jäger, Dreschen, Schlachten

Mond. Da der Mond seine Gestalt wechselt und das Sonnenlicht reflektiert, wurde er zum Sinnbild des Weiblichen, der Abhängigkeit, der Wandlung, des Wachstums und des biologischen Rhythmus. In den meisten Sprachen ist sein Name deshalb auch weiblichen Geschlechts.

Die Darstellung von Sonne und Mond als Gestirn oder in personifizierter Form über einer besonderen Persönlichkeit war in der Antike ein Zeichen der Ehrung und wurde von dort in die Darstellung Jesu Christi, vor allem der Kreuzigung, übernommen (*Codex Egberti, Kreuzigung*, 10. Jh., Trier, Stadtbibliothek). Die Mondsichel war dagegen als Zeichen des Vergehens und der Wiederkehr in der Antike Vegetationsgottheiten wie der jungfräulichen Jagdgöttin Artemis/Diana (François Boucher, *Das Bad der Diana*, 1742, Paris, Louvre) und Lucina zugeordnet. Letztere stand bei Geburten bei, war aber auch die Göttin der Keuschheit. Vor diesem Hintergrund konnte die Mondsichel auch bei den Christen ein Zeichen Mariens werden. Darüber hinaus bezieht sich eine entsprechende Darstellung aber auch auf das Bild der Apokalypse von dem mit der Sonne bekleideten Weib mit dem Mond unter seinen Füßen (Offb. 12,1; Giambattista Tiepolo, *Immaculata Conceptio*, 1767–69, Madrid, Prado).

Die Mondsichel ist Attribut des hl. Willibrord. Ein Halbmond in der Hand ist nach Ripa Kennzeichen der Personifikation der *inconstantia* ›Unbeständigkeit‹ (Ripa 1970, S. 225). Bei Darstellungen der vier Erdteile wird Asien oft mit einem Halbmond wiedergegeben. Seit der Zeit der Kreuzzüge ist der Halbmond, der auch einen Stern umschließen kann, Emblem der islamischen Welt (Albrecht Altdorfer, *Die Alexanderschlacht*, 1529, München, AP).

Monstranz. Das Schaugefäß zur Ausstellung der geweihten Hostie wird vor allem bei Fronleichnamsprozessionen und Segnungen oder zur Aussetzung der großen Hostie auf dem Altar eingesetzt. In der Zeit der Gotik wurde die Monstranz dabei vor allem als Haus des Herrn gedeutet und deshalb in architektonischen Turmformen gestaltet. In der Renaissance kamen dagegen scheibenförmige Monstranzen auf, die sich in der Zeit der Gegenreformation zur Strahlen- oder Sonnenmonstranz wandelten. Als Ausgangspunkt für die veränderte Gestaltung diente Ps. 19 (18) mit Vers 6: »In der Sonne hat Er Sein Zelt gebaut«.

Als Attribut dient eine Monstranz den hll. Alfons von Liguori, Antonius von Padua, Bonaventura, Francesca Romana, Franz Borgia, Hyazinth, Juliana von Mont Cornillion, Klara von Assisi, Norbert, Pasqual Baylon und Thomas von Aquin.

Morgenröte. In der antiken Mythologie ist Eos/Aurora die Verkörperung der Morgenröte (Guido Reni, *Aurora*, 1614, Rom, Casino Rospigliosi; Guercino, *Aurora*, um 1622, Rom, Casino Ludovisi). Sie gilt als Sinnbild der Jugend und der Hoffnung, wird später aber auch mit Maria gleichgesetzt.

MRA. Gebräuchlichste, aber nicht kanonische Form des Monogramms für den Namen Mariens.

Mühle. Im Mittelalter diente die Darstellung der mystischen Mühle, eines Mahlwerks, in das von Engeln oder den Evangelisten Getreidegarben oder auch der Körper Christi geschüttet wird, die dann als Mehl von den Aposteln, den Kirchenvätern und dem Papst aufgefangen werden und in Gestalt von Hostien an die Gläubigen verteilt werden, zur Veranschaulichung der Eucharistie, der Transsubstantiation und des Lebensbrotes (UNBEKANNTE MEISTER, Kapitell, Mitte 12. Jh., Vézelay, Ste-Madeleine; Glasfenster, 1434, Tamsweg [Österreich], St. Leonhard).

Mühlstein. Das Bild von der Versenkung eines Steins als Zeichen des Untergangs wird im Alten Testament mehrfach verwendet und in der Geheimen Offenbarung wieder aufgegriffen, wo ein Engel einen großen Stein ins Meer wirft (Offb. 18,21 ff.). Dieses sprachliche Bild wird in Apokalypse-Illustrationen auch bildlich umgesetzt.

Einen Mühlstein als Heiligenattribut und Hinweis auf das Martyrium haben u.a. die hll. Aurea von Ostia, Christina von Bolsena (NARDO DI CIONE, *Selige im Paradies*, 14. Jh., Florenz, S. Maria Novella, Capp. Strozzi), Christophorus, Florian von Lorch (ALBRECHT ALTDORFER, *Das Martyrium des hl. Florian*, um 1516/18, Florenz, Uffizien), Halvard von Oslo, Papst Calixtus, Klemens, Krispinus und Krispinianus, Quirinus von Siscia, Viktor von Marseille und Vinzenz von Zaragoza, dessen Leichnam nach dem Martyrium mit einem Mühlstein im Meer versenkt wurde.

Müller. Die Wiedergabe eines Müllers kann als Attribut der Personifikation der Rhetorik aus den Sieben freien Künsten dienen.

Münze. Als Verwandlungsform des Zeus/Jupiter können Münzen im antiken Danae-Mythos auftauchen, in dem der Göttervater seine Geliebte in der Form eines Goldregens besucht (Apollodor; Ovid, *Metamorphosen* 4,610–612; TIZIAN, um 1553/54, Madrid, Prado; MAX SLEVOGT, 1895, München, Städtische Galerie im Lenbachhaus).

In christlichem Bildkontext erscheinen Münzen vor allem bei der Frage der Tempelsteuer, einer in Petrus-Zyklen häufig vorkommenden Szene (Mt. 17,24 ff.; MASACCIO, Fresko, 1427, Florenz, S. Maria del Carmine, Brancacci-Kapelle), beim Zinsgroschen, dem erst ab dem 16. Jahrhundert dargestellten

Disput Jesu mit einem Pharisäer (Mt. 22,15; Mk. 12; Lk. 20,21 ff.; Tizian, *Der Zinsgroschen*, um 1515, Dresden, Gemäldegalerie AM), dem Gleichnis von der verlorenen Drachme (Lk. 15,8–10; Domenico Feti, Anfang 17. Jh., Dresden, Gemäldegalerie AM) und vereinzelt dem Scherflein der armen Witwe (Mk. 12,41–44; Lk. 21,1–4; Mosaik, Anfang 6. Jh., Ravenna, S. Apollinare nuovo). Auch bei der Berufung des Matthäus, eines Zöllners, spielen Münzen als Hinweis auf die Tätigkeitsbezeichnung eine Rolle (Mt. 9,9; Mk. 2,13–14; Lk. 5,27–28; Caravaggio, *Berufung des Matthäus*, 1599–1600, Rom, S. Luigi dei Francesi, Cappella Contarelli). Judas gibt die 30 Silberlinge, die er für den Verrat an Jesus erhalten hat, zurück (Mt. 27,3–9; Rembrandt, *Judas bringt die 30 Silberlinge zurück*, 1629, England, Privatbesitz).

Münzen gehören auch zu den Attributen von Tugenden und Lastern. Die Personifikation von *avaritia* ›Geiz‹ kann mit einer Schatztruhe voll Münzen erscheinen, während die Personifikationen von *misericordia* ›Mitleid‹, *magnanimitas* ›Großherzigkeit‹ (Ambrogio Lorenzetti, *Die Gute Regierung*, Fresko, 1338–39, Siena, Palazzo Publico) und nach Ripa auch *liberalitas* ›Freigebigkeit‹ als Geldgeber erscheinen. Ein offener Geldsack und Münzen finden sich manchmal auch zu Füßen der Kardinaltugend *prudentia* ›Klugheit‹.

Geld an Bedürftige zu spenden gilt allgemein als Beispiel für ein gutes Werk und gehört im Besonderen zu den Kennzeichen der hll. Laurentius, Thomas von Villanova und Edmund. Auch der hl. Eligius von Noyon kann als Goldschmied und Münzmeister mit Geldstücken dargestellt sein.

In der Profanikonographie verweisen Münzen auf Geschäftshandlungen, Sammler und Händler, so erscheinen sie auch in Bildnissen. Häufig tauchen Münzen aber auch in erotischem Zusammenhang als Liebespreis auf (Jan Vermeer, *Bei der Kupplerin*, 1656, Dresden, Gemäldegalerie AM; Gerard Terborch, *Le Galant Militaire*, um 1650/60, Paris, Louvre).

Mütze ‣ Kopfbedeckung

Mund. Aus dem Mund kommende Dämonen sind ein

Sinnbild für böse Worte, während goldene Fäden aus dem Mund von Betenden deren Verbindung zum Himmel zeigen. Ein verbundener Mund gilt als Zeichen des Schweigens und ist nach Ripa auch der Personifikation der Melancholie beizugeben (Ripa 1970, S. 303).

Ein Hauch oder Strahl aus dem Munde Gottes wird manchmal bei der Beseelung Adams dargestellt (1. Mose 2,7; *Erschaffung Adams*, Mosaik, 2. Hälfte 12. Jh., Palermo, Cappella Palatina). Ein Schwert oder ein Schwert mit einer Lilie, die aus dem Mund hervorgehen, zeigen Christus als Weltenrichter.

Auf Familienepitaphien des 16. und 17. Jahrhunderts werden mitunter bereits verstorbene frühere Ehefrauen des Stifters durch kniende Frauen mit einem durch ein Tuch verbundenen Mund gekennzeichnet.

Muschel. In der antiken Mythologie sind Muscheln Meerwesen beigegeben, besonders hervorzuheben ist jedoch die Geburt der Aphrodite/Venus aus einer Muschel im Meer, die als Sinnbild der Fruchtbarkeit und des Elements des Wassers die Göttin charakterisiert (Sandro Botticelli, *Geburt der Venus*, um 1490, Florenz, Uffizien). Eine Muschel als Blasinstrument benützen dagegen der Hirtengott Pan und die Personifikationen der Winde.

Muscheln galten aber auch als Sinnbild des Grabes, aus dem der Mensch auferstehen wird, und wurden so als symbolische Grabbeigabe im frühen Christentum verwendet. Die beiden Schalen wurden aber auch als Bild für das Alte und das Neue Testament genommen.

In die Marienysmbolik gelangte die Muschel im Mittelalter als Sinnbild immerwährender Jungfräulichkeit, da sie nach den Vorstellungen jener Zeit nur durch den auf sie fallenden Tau befruchtet wird. Aber auch in der Renaissance war die Muschel als Sinnbild für die göttliche Empfängnis überaus beliebt (Piero della Francesca, Pala di Brera, um 1470, Mailand, Brera). Eine Muschel mit Perle war darüber hinaus in der Barockzeit auch allgemeines Sinnbild für den Empfang göttlicher Gnaden. Vielleicht waren deshalb Muscheln als

Weihwasserbehälter und in Bildern mit der Taufe Jesu als Taufschalen sehr beliebt (JUSEPE DE RIBERA, *Taufe Jesu*, um 1650/53, Nancy, Musée des Beaux-Arts).

Als Pilgermuschel (Abzeichen von Pilgern) an Hut, Mantel und Tasche ist sie Attribut heiliger Pilger wie Alexius, Jakobus d. Ä., Rochus und Sebaldus, aber auch des Erzengels Raphael, der Tobias begleitete (Buch Tobit), und der Personifikation von *exilium* ›Verbannung‹ (Ripa 1970, S. 133, 134). Als Gefäß zur Taufspende findet sich eine Muschel öfter bei der Taufe Jesu und als Attribut bei den hll. Silvester und Johannes dem Täufer. Ein mit Muscheln bedeckter Mantel gehört zum hl. Willebold.

Durch ihre Form ist die Muschel, vor allem die Auster, auch Sinnbild des weiblichen Geschlechtsorganes und verbindet so Darstellungen zum Beispiel eines Austernfrühstücks mit erotischen Anspielungen. Außerdem waren Austern auch als Aphrodisiakum bekannt und beliebt (FRANS VON MIERIS, *Die Austernmahlzeit*, 1661, Den Haag, Mauritshuis). Darüber hinaus gilt die Auster auch allgemein als Sinnbild der *luxuria* ›Wollust‹. Miesmuscheln galten dagegen als bescheidenes Armenessen und können so den sozialen Stand kennzeichnen (CASPAR NETSCHER, *Die Spitzenklöpplerin*, 1662, London, Wallace Collection).

Musen. Die neun Töchter des Zeus und der Mnemosyne sind die Begleiterinnen des Gottes Apoll und Göttinnen und Symbole der Künste und der künstlerischen Inspiration: Klio (Geschichte, Heldenlied), Melpomene (Tragödie), Terpsichore (Tanz, Chorlieder), Thalia (Komödie), Euterpe (Flötenspiel), Erato (Liebeslied, Tanz), Urania (Lehrdichtung, Astronomie), Polyhymnia (hymnische Dichtung) und Kalliope (heroische Dichtung).

Musikinstrumente. Zu unterscheiden sind vor allem Saiteninstrumente, Blasinstrumente, Schlaginstrument und die Orgel beziehungsweise das Portativ. Ihre wichtigsten Aufgaben sind Lobpreis und Heilwirkung.

Im antiken Mythos treten Apoll als Gott der hohen Kunst

mit Lyra und Pan oder der Silen Marsyas als Triebwesen mit der Flöte auf, und Orpheus bezähmt mit dem Spiel auf seiner Lyra sogar die wilden Tiere.

Im frühen Mittelalter waren in den Kirchen nur die folgenden Instrumente erlaubt: Harfe, Orgel, Zinke, Glockenspiel. Nicht gestattet waren dagegen Fiedel, Horn, Trommel und Rassel, die nur der weltlichen Unterhaltung galten.

Als bildliche Darstellungen im christlichen Bereich sind besonders die Engelskonzerte zu nennen, die den himmlischen Lobpreis Gottes durch Musik veranschaulichen (HANS MEMLING, *Musizierende Engel*, Triptychon von Najera, um 1490, Antwerpen, Koninklijk Museum voor Schone Kunsten). Außer im Gotteslob können Engel mit ihrer Musik auch Maria, vor allem bei Krönungsbildern, huldigen.

Das Jüngste Gericht wird durch Posaune blasende Engel angekündigt (Offb. passim). Irdischer Lobgesang erschallt dagegen bei der Geburt Jesu Christi, wo sowohl Engel als auch Hirten musizieren können.

Auf dem Alten Testament basiert die Wiedergabe von Jubal, der als Erfinder der Pfeifen, Flöten, Zithern und Geigen gilt und so in Zyklen der Sieben freien Künste die Musik vertreten kann (1. Mose 4,21; GIOTTO und ANDREA PISANO, Relief vom Campanile, um 1337, Florenz, Museo dell'Opera del Duomo). Eine weitere alttestamentliche Szene stellen die Posaunen von Jericho dar, wobei es eigentlich Schofarhörner waren, die die Stadtmauern von Jericho zum Einsturz brachten (Jos. 6; LORENZO GHIBERTI, *Paradiestür*, 1425–50, Florenz, Baptisterium S. Giovanni). David tritt als Psalmensänger und Dichter auf und hierbei vor allem, wie er vor König Saul spielt (1. Sam. 16,14–23; Holztür, 12. Jh. mit Ergänzungen des 18. Jh., Mailand, S. Ambrogio; REMBRANDT, 1655/60, Den Haag, Mauritshuis).

Musikinstrumente zum Attribut hat die hl. Cäcilia als Patronin der Musik, meist eine Orgel oder ein Portativ (RAFFAEL, *Die hll. Cäcilia, Paulus, Johannes d. Ev., Augustinus und Maria Magdalena*, um 1514, Bologna, Pinacoteca Nazionale).

In der Profanikonographie veranschaulichen Musikinstrumente bei Darstellungen der fünf Sinne das Gehör (LUBIN BAUGIN, *Stillleben oder die fünf Sinne*, um 1630, Paris, Louvre), sie können aber auch allegorisch oder als Attribut von Personifikationen auf Harmonie oder das sanguinische Temperament verweisen (Ripa 1970, S. 77). Besonders werden sie mit der Liebesthematik verknüpft und gehören so zu Liebesgärten und galanten Szenen, weiterhin zu allgemeinen Tanz- und Festszenen, aber auch zu Vanitas-Stillleben (oft Instrumente mit gesprungenen Saiten) und Musikerporträts. ▸Flöte, ▸Lyra, ▸Orgel

Myrrhe. In der antiken Mythologie stammt Myrrhenharz aus den Tränen von Myrrha, die nach einem blutschänderischen Verhältnis mit ihrem eigenen Vater in einen Baum verwandelt wird (Ovid, *Metamorphosen* 10,298–502). Dieses aus immergrünen Bäumen stammende Harz, das als Salböl und in der Kosmetik Verwendung fand, galt wegen seines Duftes und seiner Heilkraft als Zeichen für Unsterblichkeit. Weil es aber auch bitter ist und bei der Salbung der Toten zum Einsatz kam, wurde es ebenso mit Tod, Leiden und Buße in Verbindung gebracht. Myrrhe war eines der Geschenke der Hl. Drei Könige und wurde so als Bestandteil des heiligen Salböls der Israeliten symbolisch auf die Sendung Jesu als Messias und auf seine Passion bezogen (Mt. 2,11).

Myrte. Entstanden ist die Myrte dem antiken Mythos nach aus der von der Göttin Athena im Wettkampf getöteten Nymphe Myrsine. Aus Trauer beim Anblick der Getöteten habe die Göttin aus dem Leib der Nymphe die Myrte entsprießen lassen, und ihre Tränen hätten deren Blätter immergrün gemacht. Die spätere Zuordnung der Pflanze zu Aphrodite/Venus bezieht sich auch auf Aphrodite von Paphos, die ihre Schönheit hinter einem Myrtenstrauch verborgen haben soll. So wurde die immergrüne und weiß blühende Myrte zum Gewächs der Liebesgöttin (PIERO DI COSIMO, *Venus, Mars und Amor*, um 1505, Berlin, Staatliche Gemäldesammlungen), und Liebes-, Ehe-, Schönheits- und Unsterblichkeitssymbol.

Jungfräulich Verstorbenen wurden Myrtenzweige als Zeichen ewiger Liebe mit ins Grab gegeben. Unglücklich Liebende sollten den alten Vorstellungen entsprechend nach dem Tod in einem Hain aus Myrten lustwandeln. Als Brautschmuck war der Myrtenkranz schon in der römischen Antike, oft mit Rosen kombiniert, und im alten Israel ab dem babylonischen Exil üblich. Im christlichen Abendland wurde dieser Brauch erst abgelehnt, doch ab dem 16. Jahrhundert waren auch hier Myrten als Liebessymbol gebräuchlich und vor allem ab dem 19. Jahrhundert, als Zeichen der Jungfräulichkeit, in Brautkränzen beliebt (Paolo Veronese, *L'Unione felice*, um 1570, London, National Gallery).

Im alten Griechenland waren Myrten zudem das Abzeichen des athenischen Magistrats, das auf ihren Willen zur friedlichen Zusammenarbeit in allen Anliegen verweisen sollte. Myrtenkränze wurden auch als Siegessymbol für unblutige Siege verwendet. Erato, die Muse der Liebesdichtung und des Tanzes, kann ebenfalls einen Myrtenkranz als Attribut haben.

Mystische Kelter ▸ Kelter

N

Nachtfalter. Die vom Licht angezogenen und an seiner Hitze verbrennenden Schmetterlinge gelten als Sinnbild der opferbereiten Liebe der Seele zum göttlichen Licht.

Nachtigall. Der für seinen süßen, aber auch klagenden Gesang geschätzte Vogel gilt als Sinnbild der Himmelssehnsucht (SIMONE MARTINI, *Der selige Augustinus Novellus*, um 1324/28, Siena, Pinacoteca Nazionale) und des Lobpreises von Gott und der Gottesmutter Maria. So erscheint die Nachtigall oft auf Madonnenbildern der Spätgotik. Des Weiteren kann sie bei Darstellungen der Sieben freien Künste auf die Musik verweisen.

Nacktheit. In Bildern wird der nackte menschliche, mit Vorliebe weibliche Körper als Sinnbild der Verführung (z. B. Aphrodite/Venus), aber auch der Unschuld (z. B. Adam und Eva vor dem Sündenfall), der Unverhülltheit (z. B. die Personifikation der *veritas* ›Wahrheit‹) gebraucht. Er wird aber auch als Zeichen der Erniedrigung (Entblößung) und Sünde (*luxuria*) eingesetzt.

Nagel. Als Passionswerkzeug gehört der Nagel vor allem zu den Arma Christi, wobei in der Darstellung meist drei Nägel bevorzugt werden. Dies entspricht den seit der Gotik üblichen drei Nägeln, mit denen Christus ans Kreuz geschlagen erscheint, während in der Romanik vier üblich waren.

Mit den Nägeln des Kreuzes als Attribut werden Joseph von Arimathia und Nikodemus von Jerusalem als bei der Kreuzabnahme Jesu Beteiligte dargestellt, ebenso Kaiserin Helena, die das Kreuz und die Nägel auf Golgota wiedergefunden haben soll. Als Märtyrer-Attribut kommen Nägel z. B. bei den hll. Ingratia (in der Stirn), Cyrus (Cyriacus, Quiriacus), Pantaleon und Severus (im Schädel) vor. Mit einem Nagel in der Schläfe wird vereinzelt auch der Hauptmann Sisera aus dem Alten Testament dargestellt, der eigentlich mit einem Zeltpflock getötet wurde (Ri. 4,17 ff.; PALMA IL GIOVANE, *Jael und Sisera*, um 1600, Cherbourg, Musée d'Art Thomas Henry). Nägel sind auch das Attribut von Eligius von Noyon, dem Schutzpatron der Gold- und Hufschmiede und aller metallverarbeitenden Berufe, dem hl. König Dagobert II., der mit einem Nagel und einer Lanzenspitze ermordet worden sein soll, Fausta von Kyzikos, Ferreolus (*ferrum* ›Eisen‹), Jael (sie tötete damit Sisera), Ludwig IX. dem Heiligen (als Reliquie vom Kreuz Christi), Placidus und Cyriacus von Jerusalem mit den Nägeln des Kreuzes Jesu Christi, das Cyriacus der hl. Helena zeigte.

Narr/Tor. In Bildern sind Narren an ihrer grotesken Kleidung mit Narrenzepter und an ihrer mit Schellen besetzten Narrenkappe zu erkennen. Hofnarren durften straflos die Wahrheit sagen, solange sie scherzhaft eingekleidet war. Als Tor gekennzeichnet erscheinen Figuren meist kahlköpfig, mit Keule und mit einem runden Brot. Groteske Narrenkleidung war im Mittelalter zum Teil aber auch ein Kennzeichen für Geisteskranke.

Narzisse. Diese Blume gilt nach dem antiken Mythos von Narcissus, der, die Liebe der Nymphe Echo verschmähend, in sein Spiegelbild verliebt war und daran zugrunde ging, als Sinnbild der Selbstliebe, des Todes und der Unterwelt (Ovid, *Metamorphosen* 3,339–510; NICOLAS POUSSIN, *Das Reich der Flora*, um 1630/40, Dresden, Gemäldegalerie AM; JOHN WILLIAM WATERHOUSE, *Echo und Narzissus*, 1903, Liverpool, Walker Art Gallery). Man verwendete deshalb in der Antike Narzissen häufig für Totenkränze und Gräber.

Im christlichen Abendland wurde die Narzisse als Frühlingsblume zum Auferstehungssinnbild und Verweis auf das ewige Leben. Wegen ihrer Ähnlichkeit mit der Lilie ordnete man sie im Mittelalter auch Maria zu.

Neuzeitlich konnte der Mythos von Narziss seit Leon Battista Albertis Buch über die Malerei jedoch auch mit der Entstehung der Malerei verknüpft werden (CARAVAGGIO, *Narziss*, nach 1600, Rom, Galleria Nazionale, Palazzo Barberini).

Nase. Missgestaltete Nasen gehören zu den optischen Kennzeichen von Teufeln und Hexen. Die Geste des Sich-bei-dereigenen-Nase-Nehmens galt nach altem Rechtsbrauch als Eingeständnis einer Verleumdung.

Nautilus/Perlboot. Die schneckenförmige, aber symmetrisch aufgebaute Schale des Nautilus, eines Verwandten des Tintenfisches im Indischen Ozean und südlichen Pazifik, gehörte seit dem 16. Jahrhundert zu den in Europa besonders beliebten exotischen Kostbarkeiten und damit zu den Materialien für Prunkgefäße. In Bezug auf die Symbolik der Muschel gilt auch das Perlboot als Sinnbild der jungfräulichen Empfängnis. In der Emblematik des Barock steht der Nautilus dagegen öfter für Standhaftigkeit.

Neidfeige ▸ Fica-Geste

Nelke. Nach der antiken Sage entsprießt nach dem Selbstmord des griechischen Helden Ajax der von seinem Blut geröteten Erde eine Purpurblume, die zwar als Hyazinthe oder auch als Schwertlilie gedeutet wird, in bildlichen Wiedergaben aber auch als Nelke erscheinen kann (Ovid, *Metamorphosen* 13,1–398; Nicolas Poussin, *Das Reich der Flora*, um 1630/40, Dresden, Gemäldegalerie AM).

Im 15. Jahrhundert ging der Name Nelke von der Gewürznelke auf die Gartennelke über. Wegen der Ähnlichkeit der Blütenform der Gartennelke und jener der Früchte der Gewürznelke mit einem Nagel wurde die Pflanze auch Nägelein oder Nagerl genannt und damit und wegen ihrer oft roten Farbe zum Symbol für die Passion Christi. So kommt als vorweggenommener Hinweis auf die Passion bei Darstellungen Mariens mit dem Kind oft eine Nelke vor, meist in der Form der karminroten Kartäuser- oder Steinnelke. Da die Nelke aber auch als die Fruchtbarkeit fördernd galt, konnte sie auch zur Mutterschaft in Beziehung gesetzt werden. So ist sie, vielleicht auch noch wegen ihres Duftes, in die Mariensymbolik eingegangen (Leonardo da Vinci, *Madonna mit der Nelke*, um 1473, München, AP; Albrecht Dürer, *Die Madonna mit der Nelke*, 1516, München, AP). Auf die Christussymbolik verweisen auch der griechische Name *dianthos* ›Blume Gottes‹ und die englische Bezeichnung carnation.

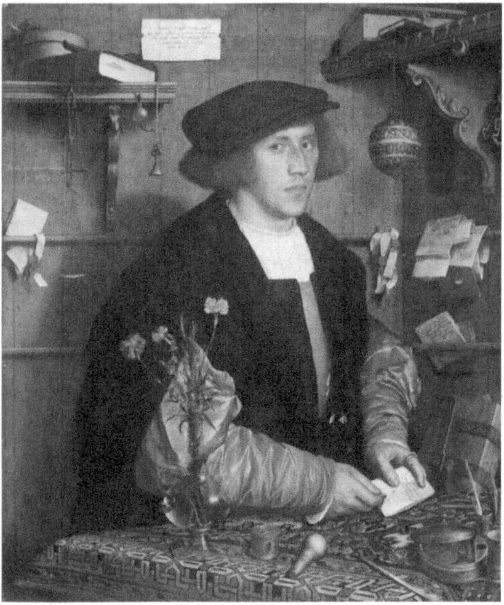

Hans Holbein der Jüngere: Bildnis des Kaufmanns Georg Gisze. Berlin, Staatliche Gemäldesammlungen, 1532. – Der in einer in griechischen Buchstaben geschriebenen Inschrift vorgestellte Danziger Kaufmann Gisze war als Handelsherr am Stahlhof, der Niederlassung der Hanse in London, tätig. Aufwendig gekleidet und mit Dolch und Schlüsselbund am Gürtel sitzt er in seinem Kontor. Er hält einen Brief seines Bruders in der Hand. Rechnungsbücher, Schere, Schlüssel, Schreibzeug, Schriftstücke und Briefe, Petschaft und Siegelringe, ein kugelförmiger Behälter für Bindfaden und eine Goldwaage weisen auf seinen Beruf. Der orientalische Teppich, eine Dosenuhr und eine venezianische Glasvase unterstreichen seine Wohlhabenheit. Doch die Waage, die Uhr und die Inschrift »Nulla sine merore voluptas« (»Keine Freude ohne Leid«) geben auch über seine humanistischen Tugendvorstellungen Aufschluss: Maß halten und der Vergänglichkeit alles Irdischen eingedenk sein. Der Blumenstrauß aus **Nelken**, Rosmarin, Basilikum und Goldlack zeigt die hinter dem Auftrag stehende Absicht. Das Bild war wohl zur Brautwerbung oder zum Verlöbnis des jungen Handelsherrn bestellt worden.

Von den Gewürznelken abzuleiten ist die Verwendung der Nelkenblüte als Liebessymbol und Verlöbnisblume, denn das Gewürz stand im Ruf, eine aphrodisische Wirkung zu haben. So taucht die Gartennelke auf vielen Verlöbnis- und Brautbildern der Spätgotik und der Renaissance als Liebespfand, Symbol des Eheversprechens und Fruchtbarkeitssymbol auf (MICHAEL WOLGEMUT, *Bildnis eines jungen Mannes*, 1486, Detroit, Institute of Arts; HANS HOLBEIN D. J., *Bildnis des Kaufmanns Georg Gisze*, 1532, Berlin, Staatliche Gemäldesammlungen). Vereinzelt kann eine Nelke auch als Sinnbild für *vanitas* ›Eitelkeit‹ und *superbia* ›Hochmut‹ erscheinen.

Die Nelke kam mit den Kreuzrittern nach Frankreich und wurde dort über lange Zeit von den Adeligen bis zu den Royalisten während der Französischen Revolution als Abzeichen getragen. Im 20. Jh. wurde die rote Nelke als Blume des 1. Mai Symbolblume der Sozialisten. In Südfrankreich gilt die Nelke als Friedhofs- und Begräbnispflanze auch als Todessymbol.

Nelkenwurz. Dieses Rosengewächs mit gelben Blüten und Nelkenduft ist als Heilpflanze Maria zugeordnet, wurde aber auch zeichenhaft für das »Heil der Welt« auf Christus bezogen.

Nereide. Hierbei handelt es sich um Meeresnymphen im Gefolge von Poseidon/Neptun und Amphitrite.

Nest. Als Sinnbild der Geborgenheit wurden in Bildern des Mittelalters Vögel im Nest als Zeichen für den Frieden im Paradies eingesetzt.

Netz, Sinnbild des Fangens und Sammelns, aber auch des Verknüpftseins. In der antiken Mythologie ist das Netz des Hephaistos/Vulkan zu nennen, das er über seine untreue Gemahlin Aphrodite/Venus und deren Liebhaber Ares/Mars warf, womit er das sprichwörtliche Homerische Gelächter der übrigen Götter hervorrief (Homer, *Odyssee* VIII; CONSTANTINO CEDINI, *Venus und Mars im Netz*, Ende 18. Jh., Padua, Palazzo Emo Capodilista).

Im Alten Testament konnte auch die Vorstellung von Enge und Angst mit einem Netz verbunden sein (Ps. 116,3). Die

Apostel des Neuen Testaments waren Fischer und wurden zu Menschenfischern. So wurde das Fischernetz Sinnbild für das Sammeln der Menschen für das Reich Gottes. Ein Netz mit Fischen kann deshalb auch auf die Kirche verweisen. Als Attribut ist das Netz besonders dem Fischer und Apostel Andreas und der hl. Blandina von Lyon zugeordnet. Ein Fangnetz mit einem Sperling gehört dagegen zu den Kennzeichen der Tugend *humilitas* ›Demut‹.

Nilpferd. Im alten Ägypten war das Nilpferd eine seit der Urgeschichte nachweisbare Volksgottheit, die als Schutzgottheit und Sinnbild für Fruchtbarkeit und Wasser und damit auch der Reichsmacht galt. Im Alten Testament konnte ein Nilpferd Sinnbild der Kraft und Stärke von Gott (Hiob 40,15), aber auch Bild des Ungeheuers Behemoth sein. Nilpferde erscheinen oft in Darstellungen der Schöpfungsgeschichte.

Nimbus/Heiligenschein. Als leuchtende Scheibe, Reif oder Lichtstrahlen erscheint der Nimbus um das Haupt heiliger Personen, ist aber außerchristlichen Ursprungs. Schon im Hellenismus wurde bisweilen den olympischen Göttern als Abglanz der Sonne ein Nimbus beigefügt. In Vorderasien war er ein Herrschaftssymbol und gelangte von dort in die Ikonographie römischer Kaiserbildnisse.

Ab dem Ende des 2. Jahrhunderts wird der Nimbus in römischen Katakombenfresken auf Christusdarstellungen übertragen. Nachfolgend erhalten auch Engel die Evangelistenattribute und etwa ab dem 5. Jahrhundert auch Maria, die Apostel, Propheten, Patriarchen und andere Personen des Alten Testaments und Heilige einen Nimbus. Ab dem 5. Jahrhundert wird für Christus und das Lamm Gottes der Heiligenschein mit einem eingeschriebenen Kreuz üblich. In der byzantinischen Kunst werden darüber hinaus öfter die griechischen Buchstaben für »Jahwe« oder das Christusmonogramm in den Nimbus eingefügt. Im westlichen Mittelalter kommt bei Christusdarstellungen statt des Nimbus auch eine Mandorla vor (v. a. bei ‣Maiestas Domini-Darstellungen).

Ein dreieckiger Nimbus ist vereinzelt für Gottvater gebräuchlich (Jacopo della Quercia, *Die Erschaffung Evas*, Relief, 1428–33, Bologna, S. Petronio, Portalanlage). Ein Nimbus mit zwölf Sternen kennzeichnet in Beziehung zum Apokalyptischen Weib Maria immaculata (Offb. 12; Giambattista Tiepolo, *Immaculata Conceptio*, 1767–69, Madrid, Prado). Ein rechteckiger oder quadratischer Nimbus, wie er seit dem 3. Jahrhundert in der Katakombenmalerei nachweisbar ist, drückt meist aus, dass die dargestellte, als heiligmäßig eingestufte Person noch lebt. Diese Form von Heiligenschein ist darüber hinaus nicht nur auf Angehörige des Klerus beschränkt. Sie kommt aus der Tradition der Porträtmalerei auf rechteckige Leinenstücke und wird vor allem im 8. Jahrhundert recht oft gebraucht (Mosaik, 7. Jh., Saloniki, Demetriuskirche). Ein vieleckiger Nimbus tritt im 14. Jahrhundert bei Personifikationen von Tugenden auf (Maestro delle Vele, *Allegorie des Gehorsams*, Assisi, S. Francesco, Vierung der Unterkirche).

Notenblätter, Notenbuch. Sie sind als Verweis auf Musik, Harmonie oder das Gehör zu verstehen und werden als Attribut der Muse Melpomene und als Berufsbezeichnung von Musikern eingesetzt (Lubin Baugin, *Stillleben oder die fünf Sinne*, um 1630, Paris, Louvre).

Nuss. Da die Nuss in sich drei Formen vereinigt – die grüne Hülle, die Schale und den Kern –, wurde sie seit Augustinus als Sinnbild für das Fleisch, die Knochen und die Seele des Menschen genommen. Als Christussymbol verweist sie auf die Erlösung. Im Einzelnen deutet die grüne Hülle auf sein Menschsein und die Passion, die Schale auf das Holz des Kreuzes und der Kern auf seine Göttlichkeit (Carlo Crivelli, *Lochis Madonna*, um 1480, Bergamo, Accademia Carrara). Ein Haselnussstrauch gilt auch als Schutz vor Schlangen.

Nymphen, Naturgöttinnen im Gefolge des Dionysos/Bacchus und der Artemis/Diana.

O

Obelisk. Diese sich nach oben verjüngenden viereckigen Steinpfeiler mit pyramidenartiger Spitze galten im alten Ägypten als Sinnbild des Sonnengottes und der Verbindung von Erde und Himmel. Obelisken wurden nur in Zusammenhang mit Tempeln und Grabbauten errichtet.

In der abendländischen Bildkunst fanden Obelisken vor allem Eingang als Kennzeichen antikischer Örtlichkeiten oder als Sinnbild der Sonne, aber auch als Siegeszeichen Christi über die heidnischen Götter. Vor allem die im 16. Jahrhundert in Rom wieder aufgerichteten ägyptischen Obelisken, die seinerzeit von Kaiser Augustus und anderen nach Rom gebracht worden waren, sind in diesem Bedeutungszusammenhang zu sehen. Als Attribut findet sich ein Obelisk beim hl. Felix Presbyter Romanus.

Im profanen Bereich sind Obelisken ein wichtiges Fürstensymbol und als Zeichen herrscherlichen Ruhmes zu sehen, so z. B. der Obelisk vom Vierströmebrunnen Gianlorenzo Berninis auf der Piazza Navona in Rom, den Papst Innozenz X. zum Ruhme seiner Familie 1648–51 errichten ließ.

Obsternte. In Jahreszeiten- und Monatsallegorien ist dies eine typische Tätigkeit für die Monate August und September, also vor allem dem Sommer zugeordnet.

Ochse. Als zahmer kastrierter Stier dient der Ochse als dessen Gegenbild und gilt somit als Sinnbild für Ruhe, Güte und Friedlichkeit, aber auch für Stärke und Arbeit. Als altes Opfertier ist er ein allgemeines Bild des Opfers (vgl. z. B. Hes. 1) und der Dienstbarkeit.

An der Krippe erscheint der Ochse bei der Geburt Jesu zusammen mit einem Esel. Diese werden in den Berichten der Evangelien nicht erwähnt, sondern gelangten spätestens seit Origenes (3. Jh.) im Rückgriff auf das Alte Testament in die Weihnachtsdarstellung: »… der Herr redet: Ich habe Kinder auferzogen und erhöht, und sie sind von mir abgefallen. Ein Ochse kennt seinen Herrn und ein Esel die Krippe seines Herrn; aber Israel kennt's nicht, und mein Volk vernimmt's nicht.« (Jes. 1,2f.). Der zweite Spruch stammt von Habakuk, überliefert in der hebräischen Urversion und in der Septuaginta: »Inmitten der beiden Tiere wirst du erkannt« oder »Inmitten der beiden Tiere lässt du dein Werk lebendig werden.« (Hab. 2,3) Der Kirchenvater Hieronymus übersetzte diese Stelle freilich mit »In der Mitte der Jahre …«. Diese Variante bildete dann die Grundlage aller weiteren Bibelübersetzungen. Doch die ursprüngliche Version ging zusammen mit dem Jesaiaspruch in die erst später entstandene, vielleicht auch auf einer älteren Quelle basierende apokryphe Schrift des sogenannten Pseudo-Matthäus ein. Dieser Text blieb über das ganze Mittelalter hinweg bekannt, da er zu den Grundlagen der Legenda Aurea des Jacobus de Voragine gehörte. Auch symbolisierte der Ochse als reines Tier seit der Patristik und Isidor von Sevilla das Volk der Juden und der Esel als unreines Tier die Heiden. Der Ochse war als altes Opfertier positiv besetzt, der Esel als Lasttier negativ. Auf romanischen Kapitellen kann der Ochse aber auch als Symbol der Nacht erscheinen.

Als Attribut kennzeichnet ein Ochse die hll. Frideswinde von Oxford, Gentius, der mit einem Ochsen und einem Wolf pflügte, Guido von Anderlecht, Heribald von Quimper, Cornelius (Wortspiel – Schutzpatron des Hornviehs, vor allem in der Bretagne), Leonhard (Viehpatron), Sebaldus, Silvester und Wendelin.

Vereinzelt erscheint ein Ochse auch als Reittier des Todes oder als Attribut der Tugend *patientia* ›Geduld‹, aber auch des Lasters *acedia* ›Trägheit‹.

Odermennig. Das Rosengewächs mit gelben Blütentrauben wurde im Mittelalter als Heilpflanze Maria zugeordnet.

Öl, Ölgefäß. Im Altertum wurde Salböl allgemein zur Wundbehandlung, für Kosmetik und zum Einbalsamieren der Toten verwendet. Als Brennstoff für Öllampen wurde Öl darüber hinaus zum Lichtsymbol (‣Lampe).

Im Alten Testament besitzt die Salbung mit Öl auch symbolisch-sakramentalen Charakter. Sie stellt Menschen, aber auch Dinge unter die besondere Kraft Gottes. Das griechische Wort Christus und seine hebräische Urform Messias (Maschiach) bedeuten der Gesalbte. Auch in anderen Kulten war die Salbung ein verbreitetes religiöses Zeichen, wurde aber ebenso wie auch im Alten Testament zur Salbung von Königen eingesetzt.

Im Christentum wird nach wie vor ein mit Balsam vermengtes und aromatisiertes Öl mit der Bezeichnung Chrisam bei Taufe, Firmung, Priesterweihe, Bischofsweihe, Krankensalbung und der letzten Ölung (hier als *viaticum* bezeichnet) verwendet. Wenn das Jesuskind in Darstellungen mit einem Ölgefäß erscheint, ist dies als Verweis auf die Passion zu deuten. Ebenfalls ein Salbgefäß hält Maria Magdalena in Händen, da sie über lange Zeit mit der Sünderin gleichgesetzt wurde, die Jesus die Füße salbte und mit ihren Haaren trocknete (Mt. 26,6–13; Mk. 14,3–9; Lk. 7, 36–50; Jan van Scorel, *Hl. Maria Magdalena*, um 1529, Amsterdam, Rijksmuseum), aber auch als eine der Frauen, die am Ostermorgen zum Grab Christi gingen, um den Leichnam zu salben (Mk. 16,1). Den Gebrauch von Öl zur Wundbehandlung gibt das Gleichnis vom barmherzigen Samariter (Lk. 10,29–37; Francesco Bassano, *Der barmherzige Samariter*, um 1575, Wien, KHM) wieder. Eine Ölflasche als Attribut kennzeichnet die hl. Walburga, da sich auf der Steinplatte, auf der sich in Eichstätt ihre Reliquien befinden, angeblich Tropfen bilden, die als heilkräftig gelten und unter der Bezeichnung Walburgisöl in kleine Fläschchen gefüllt werden.

Ölbaum/Olivenbaum. In der Antike war der Olivenbaum Athene/Minerva zugeordnet und galt als Friedenssymbol. Da Ölbäume sehr alt werden können und Öl für Lampen liefern, wurden sie zum Sinnbild für Erkenntnis. Vereinzelt wurden sie auch als Baum der Erkenntnis im Paradies bildlich eingesetzt. Als Erkennungszeichen kann der hl. Pantaleon von Nikomedien an einen Ölbaum gebunden erscheinen, da er dort das Martyrium erlitt.

Öllampe ‣ Lampe

Ölzweig/Olivenzweig, altes Symbol des Friedens und des Sieges. In der Antike wurde ein Ölzweig Siegern bei Wettspielen überreicht und zum Schmuck von Triumphatoren und Soldaten verwendet. Im alten Rom wurde er so Zeichen der Friedensgöttin Pax. Um Frieden bittende Gesandte hatten als Erkennungszeichen oft Ölzweige, die mit Wollbinden umwickelt waren.

Das bekannte Friedenssymbol der Taube mit einem Olivenzweig im Schnabel geht jedoch auf das Alte Testament zurück (1. Mose 8,11). Nach der Sintflut kehrte die zweite von Noah ausgeschickte Taube als Zeichen des Endes der Sintflut mit einem grünen Ölzweig zu Noah zurück. Sie wurde so zum Sinnbild des Friedens und der Errettung, aber seit der Katakombenmalerei auch zum Symbol der Errettung der Seele vor dem Tod. Ein Zweig oder Kranz von Oliven gehört deshalb zu den Attributen der Personifikation der *pax* ›Friede‹ (Ambrogio Lorenzetti, *Pax, Allegorie der Guten Regierung*, 1337–40, Siena, Palazzo Pubblico).

Ein Olivenzweig in der Hand des Verkündigungsengels, wie es bei Darstellungen in der sienesischen Malerei vorkommt, soll neben der Friedenssymbolik vielleicht auch darauf hinweisen, dass die Sienesen keine Lilie abbilden wollten, da diese auch das Wappenzeichen des verfeindeten Florenz war (Simone Martini, *Verkündigungstriptychon*, Mitteltafel, 1333, Florenz, Uffizien; Francesco di Giorgio Martini, 1470, Siena, Pinacoteca Nazionale).

Auch beim Einzug Jesu Christi in Jerusalem wurden bisweilen Olivenzweige zur Huldigung gemalt (Mt. 21,1–11; Mk. 11,1–11; Lk. 19,28–40; Joh. 11,17–44; Duccio di Buoninsegna, *Maestà*, 1308–11, Siena, Museo del Opera del Duomo; Pietro Lorenzetti, *Christi Einzug in Jerusalem*, 1335–36, Assisi, S. Francesco, Unterkirche).

Ein Ölzweig ist Attribut der Personifikationen der Tugenden *concordia* ›Eintracht‹ (Paolo Veronese, *Unione felice*, um 1570, London, National Gallery), *clementia* ›Mildtätigkeit‹ und der Personifikation von *fama* ›Ruhm‹ (Ripa 1970, S. 143).

Als Heiligenattribut findet sich der Ölzweig beim Apostel Barnabas, beim hl. Bernardo Tolomei, der das Kloster Monte Oliveto und den Orden der Olivetaner gründete, bei Irene von Rom, Kajetan von Thiene, Oliva von Salerno (Name), Petrus Nolascus, Viktor von Ägypten und Walburga, bei der er auf das als heilkräftig geltende Walburgisöl verweist. Drei Ölzweige kennzeichnen den hl. Bruno.

Ofen. Als wärmender Mittelpunkt mit dem Herdfeuer wird ein Ofen positiv gesehen, als Schmelzofen jedoch negativ als Sinnbild von Prüfung, Läuterung im Jüngsten Gericht oder in Elend und Gefangenschaft. Diese unterschiedlichen symbolischen Bezüge sind schon seit dem Alten Testament gebräuchlich (z. B.: Jes. 48,10; Hes. 22,22; Dan. 3,19; 22). Die Drei Jünglinge im Feuerofen aus der Danielsgeschichte wurden dabei jedoch zum Bild für die Errettung aus dem Tod und für Auferstehung (Dan. 3,19; 22).

Als Attribut kann ein Ofen den hll. Rufinus und Pelagia, Eulalia von Mérida, Euphemia von Chalzedon und Vitus beigegeben sein. Des Weiteren kann er Kennzeichen der theologischen Tugend *caritas* ›Liebe‹ sein.

Ohr, Symbol des Hörens. In der antiken Mythologie sind neben Wildniswesen wie den Satyrn mit ihren geschlitzten Ohren die Eselsohren von König Midas bekannt (Ovid, *Metamorphosen* 11,146–193). Plinius vermutete im Ohr den Sitz des Gedächtnisses. Gesten wie das Anfassen eines Ohrläppchens vom Gesprächspartner konnten in der Antike den Wunsch nach besonderer Aufmerksamkeit ausdrücken, während das Ziehen am Ohr von Zeugen bei Rechtshandlungen als Appell an die Erinnerung zu verstehen ist.

Das Abschlagen des Ohrs von Malchus, dem Diener des Hohepriesters, durch Petrus ist eine bei der Gefangennahme Jesu beliebte Nebenszene (Joh. 18,10–11; Giotto, *Der Judaskuss*, um 1305, Padua, Arenakapelle). Ein abgeschlagenes Ohr ist auch das Attribut der hl. Oranna.

Olivenbaum ▸Ölbaum

Olivenzweig ▸Ölzweig

Opfer. Die am meisten verbreiteten Opfertiere im Altertum waren Lämmer, Tauben, Kälber und Ochsen, die wichtigsten Opfergaben Getreidegarben, Früchte, Brot und Wein (1. Mose 4). Alttestamentliche Opferszenen wie die Opferung Isaaks (1. Mose 22,1 ff.) oder das Opfer des Priesters Melchisedeks (1. Mose 14,18–20) wurden früh in Beziehungen zur Passion Christi und zur Eucharistie gesetzt und erscheinen so häufig in typologischem Zusammenhang (Nikolaus von Verdun, *Klosterneuburger Altar*, 1181, Klosterneuburg bei Wien, Stiftsmuseum).

Orange/Apfelsine. In der antiken Mythologie ist die Orange, deren lateinische Bezeichnung *mala medica* (heilsamer Apfel) ist, wegen ihrer zahlreichen Kerne Symbol von Fruchtbarkeit und Unsterblichkeit und damit des Goldenen Zeitalters. Sie gilt auch als Venusfrucht und Hochzeitssymbol, da sie meist mit den Äpfeln der Hesperiden gleichgesetzt wird, die ewige Jugend, Liebe und Fruchtbarkeit verleihen und das Hochzeitsgeschenk der Gaia für Hera und Zeus waren. In diesem Sinne finden sie sich später in Liebesgartendarstellungen. Des Weiteren kommen die Äpfel der Hesperiden im Heraklesmythos vor (Sandro Botticelli, *Primavera*, um 1485, Florenz, Galleria degli Uffizi, um 1485).

Als Fruchtbarkeits- und Unsterblichkeitssymbol konnte die Orange im christlichen Kontext auch auf die Erlösung verweisen (Joos van Cleve, *Hl. Familie*, um 1520, St. Petersburg, Eremitage). Als Sinnbild für Reinheit und Makellosigkeit wurde sie zum Mariensymbol. Die Orange wird oft als Baum und Frucht des Paradieses dargestellt, da sie Blüten und Früchte zur selben Zeit zwischen grünen Blättern hervorbringt. Auf der alten Bedeutung als Fruchtbarkeitssymbol fußend, aber zugleich auch als Warnung vor dem Sündenfall dürften Orangen in Zusammenhang mit Ehe- oder Verlöbnisbildern zu interpretieren sein (Jan van Eyck, *Giovanni Arnolfini und Giovanna Cenami*, 1434, London, National Gallery).

In der Barockzeit gehörte eine Orangerie zu den wichtigen Bestandteilen einer Schlossanlage nördlich der Alpen, da die

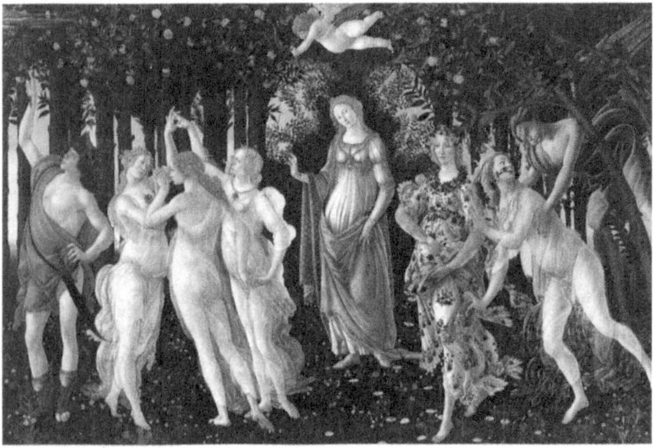

Sandro Botticelli: Primavera. Florenz, Galleria degli Uffizi, um 1485. – In einem Hain mit Orangen- und Lorbeerbäumen führt Merkur, der Gott der Kaufleute, ausgerüstet mit Heroldstab, Flügelhelm, Flügelschuhen und Schwert, einen Figurenreigen an mit den tanzenden drei Grazien, der Liebesgöttin Venus, hier freilich mehr auf Humanitas als auf die sinnliche Liebe zu beziehen, und darüber Amor mit Pfeil und Bogen. Anschließend folgen Primavera, die Personifikation des Frühlings und Flora/Chloris, sie noch als einfache Nymphe mit dünnem Schleiergewand. Sie wird von Zephyr, dem Gott des sanften Westwindes, in den Frühling verwandelt. Als Primavera ist sie mit Blumen übersät und schwanger und veranschaulicht so Wachstum und Fülle dieser Jahreszeit. Die **Orangen** stehen als Paradiesfrüchte für ewige Jugend, Liebe und Fruchtbarkeit und gehören zu den Attributen der Venus. Der Lorbeer, ebenfalls eine Pflanze in Liebesgärten, dürfte zusätzlich auf den Vornamen des Auftraggebers Lorenzo de' Medici anspielen. Flora und die Frühlingsblumen auf der Wiese verweisen über die Jahreszeit hinaus auf die Stadt Florenz, »die Blühende«.

im Winter blühende und fruchttragende Pflanze dem Fürsten symbolisch Macht über die Natur und die Jahreszeiten verlieh.

Orangenblüte. Da die Orange im Winter blüht, galt sie als Sinnbild ewigen Lebens. Wegen der weißen Farbe wurde sie mit Tugend, Keuschheit und Unschuld gleichgesetzt. Im Mittelmeergebiet war sie ein beliebter Brautschmuck.

Orden. Angehörige von Mönchsorden sind an ihrer Ordenstracht zu erkennen. Geistliche Ritterorden waren zum Beispiel die Johanniter, die Malteser, die Templer oder der Deutsche Orden. Die Zugehörigkeit zu einem weltlichen Ritterorden oder späteren Verdienstorden ist an der Ordenskette, dem Ordenszeichen, dem Ordensband und dem Ordensstern erkennbar.

Zu den bekanntesten dieser Orden gehören jener vom Goldenen Vlies, der 1429 von Herzog Philipp dem Guten von Burgund gestiftet wurde und später zum Habsburger Orden wurde, der seit der Mitte des 14. Jahrhunderts bestehende englische Hosenbandorden, der 1362 gegründete italienische Annunziataorden, der französische Orden des Saint Esprit, gestiftet von König Ludwig IX. dem Heiligen im 13. Jahrhundert, und der päpstliche Orden vom Goldenen Sporn aus dem 16. Jahrhundert. Durch die jeweiligen Ordenszeichen lassen sich sowohl heiliggesprochene Aristokraten als auch profane Bildnisse leichter identifizieren.

Ordenstracht. Die Kennzeichen einzelner Mönchsorden sind zur ikonographischen Unterscheidung vieler Heiliger von Bedeutung. Zu den wichtigsten zählen das schwarze Habit der Benediktiner, die schwarze Tracht mit Skapulier, Schulterkragen und Ledergürtel der Augustiner, das weiße Habit mit schwarzem Skapulier der Zisterzienser, die braune Kutte mit Kapuze und weißem Strick der Franziskaner, das weiße Habit mit Skapulier und der schwarze Mantel mit Schulterkragen bei den Dominikanern, die braune Kutte mit Skapulier und Kapuze der Kapuziner und der schwarze Talar mit Zingulum und Rosenkranz und mit flachem schwarzem Hut der Jesuiten. Deutschordensritter sind durch ein großes schwarzes Kreuz auf weißem Grund gekennzeichnet.

- *Augustiner:* Nikolaus von Tolentino, Augustinus u. a.
- *Benediktiner:* Benedikt, Scholastika u. a.
- *Dominikaner:* Dominikus, Katharina von Siena, Thomas von Aquin, Albertus Magnus, Ludwig Bertrand, Petrus Martyr, Vinzenz Ferrer u. a.
- *Franziskaner:* Franz von Assisi, Antonius von Padua, Bernhardin von Siena, Bonaventura u. a.
- *Jesuit:* Ignatius von Loyola, Franz Xaver, Aloysius von Gonzaga u. a.
- *Karmeliter:* Theresa von Avila, Johannes vom Kreuz u. a.
- *Zisterzienser:* Bernhard von Clairvaux, Gertrud von Helfta u. a.

Orgel/Portativ/Handorgel. Dieses Instrument ist, meist als Portativ oder Handorgel, das häufigste Attribut der hl. Cäcilia, der Schutzpatronin der Musik (Raffael, *Die hll. Cäcilia, Paulus, Johannes d. Ev., Augustinus und Maria Magdalena*, um 1514, Bologna, Pinacoteca Nazionale). Eine Orgel kann aber auch die Musik unter den Sieben freien Künsten veranschaulichen.

Osterglocke/Märzenbecher. Als österliche Frühlingsblume kann die Osterglocke in Bildern als Hinweis auf die Auferstehung Jesu Christi eingesetzt sein, sie findet sich aber auch Maria zugeordnet (Kölner Meister, *Kalvarienberg aus St. Andreas*, Anf. 15. Jh., Köln, WRM; unbekannter Meister, *Frankfurter Paradiesgärtlein*, um 1410, Frankfurt a. M., Städel).

P

Päonie ‣ Pfingstrose

Palette und Pinsel. Sie sind als Attribute der Kunst (*ars*) gebräuchlich, insbesondere der Malerei, des Berufs des Malers und einzelner Maler. Unter diesen ist auch der Evangelist Lukas zu nennen, der die Madonna gemalt haben soll (ANNIBALE CARRACCI, *Madonna di San Luca*, 1592, Paris, Louvre).

In der Erdteilikonographie finden sich Pinsel und Palette unter den Kennzeichen für Europa.

Palme. Den Arabern gilt die Palme als »Königin der Oase«. Diese bis zu 25 Meter hoch und 200–300 Jahre alt werdenden Bäume halten jedem Sturm stand. So wurde die Palme zu einem Symbol des Lebens. In der antiken Mythologie wird vor allem die Siegesgöttin Nike/Victoria mit Palmzweig dargestellt. Dieser kann aber auch als Attribut des Gottes Zeus/Jupiter dienen. Im Griechischen ist die Palme außerdem namensgleich mit dem Lichtvogel Phönix. Wohl aus diesen Gründen stellte man sich den Baum des Lebens im Paradies öfter in Gestalt einer Palme vor. Im entsprechenden bildlichen Kontext kann also eine Palme auf das Paradies verweisen (Apsismosaik, 526–530, Rom, SS. Cosma e Damiano). Außerdem gelten Palmzweige schon seit der Antike als Symbol für Frieden, Freude und Sieg. In diesem Sinne huldigten die Menschen Jesus bei seinem Einzug in Jerusalem mit Palmzweigen (Joh. 12,12–19; MARTIN SCHAFFNER, *Wettenhausener Altar*, 1515, Augsburg, Staatsgalerie; EDUARD VON GEBHARDT, *Christi Einzug in Jerusalem*, 1863, Wuppertal, Von der Heydt Museum).

Da die Blätter der Palme immergrün sind, werden sie auch als Sinnbilder für Auferstehung und ewiges Leben angesehen. Palmzweige sind so als Siegeszeichen über den Tod vor allem bei Märtyrern zu finden (GIAN LORENZO BERNINI, *Hl. Bibiana*, 1624–26, Rom, S. Bibiana), aber auch allen Erlösten beigegeben (nach Offb. 7,9) und in der frühchristlichen Grabsymbolik und in Darstellungen heiliger Märtyrer häufig anzutreffen. Vereinzelt trägt auch der Verkündigungsengel einen Palmzweig (Ambrogio Lorenzetti, *Mariä Verkündigung*, 1344, Siena, Pinacoteca Nazionale).

Außerdem gehört die Palme zu den Mariensymbolen und ist Attribut der hll. Angelus von Jerusalem, Corona (zwei Palmbäume) und Christophorus (als Stab). Ein sich über die Hl. Familie neigender und seine Datteln spendender Palmbaum mit einer Quelle gibt eine Episode auf der Flucht nach Ägypten nach dem apokryphen Matthäusevangelium wieder. Verbreitung fand diese Erzählung vor allem durch die *Legenda Aurea* des Jacobus de Voragine (Hans Baldung Grien, Altarflügel, 1516, Freiburg, Münster; Correggio, *Madonna della Scodella*, um 1529/30, Parma, Galleria Nazionale). Eine Palme kennzeichnet auch die Kardinaltugend *iustitia* ›Gerechtigkeit‹ und die Tugend *castitas* ›Keuschheit‹. Seltener wird jene Legende dargestellt, nach der der Erzengel Michael der Gottesmutter Maria als Zeichen ihres nahen Todes einen Palmzweig aus dem Paradies bringt, den sie an Johannes weitergibt (Ugolino di Prete Ilario, *Marienleben*, 1370–84, Orvieto, Dom).

Pansflöte ▸ Flöte

Panther / schwarzer Leopard. In der antiken Mythologie treten Panther im Gefolge des Vegetationsgottes Dionysos/Bacchus (Tizian, *Bacchus und Ariadne*, 1520/22, London, National Gallery), aber auch der Göttinnen Aphrodite/Venus und Kybele und der Zauberin Kirke auf. Vereinzelt kann ein Panther auch das Reittier des Dionysos sein. Durch diese Verbindung wurde der Panther zu einem Symboltier der Sinnlichkeit. Ein Pantherfell dagegen kennzeichnet sowohl den mythischen Sänger Orpheus als auch Jason aus der Argonautensage und Antenor aus Troia.

Obwohl der Panther im frühen Christentum als Symboltier sehr selten vorkam, wird er in der Romanik zur Verkörperung des Lebens und des Lebendigen. Er kann auch direkt als Christussymbol auftreten, denn nach dem *Physiologus* schläft der Panther nach seiner Sättigung drei Tage in seiner Höhle. Am dritten Tag erwacht er, stößt einen triumphierenden Schrei aus und verbreitet mit seiner Stimme Wohlgeruch (Physiologus 1981, S. 34–36). Diese Vorstellung wurde mit Christi Tod und Auferstehung verbunden. Außerdem galt der Panther als Feind der Schlangen und Drachen.

Pantoffeln, gelten als weibliches Attribut. Mit einem Kreuz bestickte Pantoffeln gehören dagegen zur Kleidung des Papstes.

Panzer ▸ Rüstung

Papagei, Sittich. Da der Papagei, symbolisch auch mit dem Sittich gleichgesetzt, »Ave« sagen könne, was dem Gruß des Verkündigungsengels an Maria entspricht und darüber hinaus eine Umkehrung des Namens Eva darstellt, die durch die Erbsünde das Gegenbild zur Gottesmutter Maria ist, wurde der exotische Vogel zum Mariensymbol (Jan van Eyck, *Die Madonna des Kanonikus Georg van der Paele*, 1434/36, Brügge, Groeninge Museum; Hans Baldung Grien, *Madonna mit den Papageien*, 1533, Nürnberg, GNM).

Nach den Vorstellungen von Konrad von Würzburg (13. Jh.) in seinem *Marienlob* ist der Papagei auch ein Sinnbild für die Jungfräulichkeit Mariens, da sein grünes Federkleid nicht wie das übrige Grün der Pflanzen im Regen nass würde, sondern trocken bleibe. Der Papagei gehört zu den Kennzeichen der Tugend *patientia* ›Geduld‹ und der Personifikation der *eloquentia* ›Redegewandtheit‹. Er gilt auch als Sinnbild der Gelehrigkeit, aber auch der nachplappernden Torheit. In Darstellungen der fünf Sinne kann der Papagei für das Gehör, den Geschmack oder das Gefühl stehen (Hermann van Aldewereld, *Allegorie der fünf Sinne*, 1651, Schwerin, Staatliches Museum).

Aus dem Mariensymbol Papagei wurde auch ein weltliches Sinnbild der Liebe. Da Papageien eine Vorliebe für Wein nachgesagt wurde, gingen sie aber auch in die Symbolik der fleischlichen Liebe, des Lasters *luxuria* ›Wollust‹ und allgemein der Sünde ein (Giovanni Antonio di Francesco Sogliani, *Das Opfer Abels*, um 1533, Pisa, Dom, Tribuna; Pie-

TER DE HOOCH, *Ein Paar mit einem Papagei*, um 1675/77, Köln, WRM).

In Porträtdarstellungen kann der Papagei als kostbares exotisches Tier aber auch einfach als Statussymbol auftreten. Früher wurden darüber hinaus Papageienschnäbel als Amulette gegen Dämonen und Fieber benützt.

Pappel. Im antiken Mythos ist die Pappel der Göttin Demeter/Ceres zugeordnet. Die im Wind zitternden Blätter der Pappel gelten als Sinnbild für Schmerz und Klage und werden deshalb auch mit der Passion Jesu Christi verbunden.

Pappelrose ▸ Malve

Paradies / Garten Eden. In diesem gartenartigen biblischen Zentrum der Welt in der Vorzeit herrschte Friede. Der Schöpfer war selbst gegenwärtig. Das Paradies ist mit Palmen und Granatapfelbäumen bepflanzt und vier Flüsse entspringen ihm: Pischon, Gichon, Tigris und Euphrat.

Das durch den Sündenfall von Adam und Eva verlorene Paradies (1. Mose 3) ist wie das Himmlische Jerusalem aus der Johannes-Apokalypse (Offb. 21) zum Sehnsuchtsmotiv und Ziel der gläubigen Menschen im Jenseits geworden. So kann in Weltgerichtsdarstellungen der Ort der Seligen als Paradies erscheinen. Im Spätmittelalter waren vor allem Darstellungen des Paradiesgärtleins, eines Rosenhags und Gartens Mariens – auf das Motiv des *hortus conclusus* aus dem *Hohen Lied* (4,12) zurückgehend – beliebt.

Im profanen Bereich entspricht dies in der Renaissance der Wiederbelebung der antiken Vorstellung vom Elysium als dem Ort der Seligen im *locus amoenus* und im Liebesgarten.

Paradiesflüsse ▸ Fluss

Paradiesvogel. Der sagenhafte, sich ständig in der Luft aufhaltende und sich nur vom Tau des Himmels ernährende Vogel wurde oft mit dem Vogel Phönix gleichgesetzt. Im Barock galt er vor allem als Symbol von Leichtigkeit, Gottesnähe und Weltferne, aber auch als allgemeines Sinnbild der Seele. Als exotische Rarität wurde der Paradiesvogel aber auch zum Sinnbild von Reichtum und des Lasters *superbia* ›Hochmut‹ (DAVIS

Vinckboons, *Musizierende Gesellschaft im Freien*, 1610, Wien, Akademie der bildenden Künste, Gemäldegalerie).

Als Attribut dient ein Paradiesvogel dem hl. Wigbert von Fritzlar, da er dessen Leichnam dreimal umflogen haben soll.

Der historische Hintergrund zur Vorstellung vom Paradiesvogel könnte von den aus Südostasien stammenden und ab dem 16. Jahrhundert in Europa importierten Vogelbälgen mit Federn, aber ohne Beine stammen, die durch Räuchern ihre Form behielten, den Sylphen oder Luftgeistern. ‣Phönix

Passionsblume. Die von den spanischen Eroberern Südamerikas entdeckte Pflanze galt diesen als positiver Fingerzeig Gottes, der ihre Eroberungszüge sanktioniere. Im 17. Jahrhundert interpretierte dagegen der Jesuitenpater Giovanni Battista Ferrari zum ersten Male die Blüten der Passionsblume als Erinnerungszeichen an die Passion Christi – die Naben als Nägel, den Stempel als Geißelsäule, die Randfäden als die fünf Wundmale usw. So wurde die Blüte zum Sinnbild für Passion und Glauben. An der Wende zum Klassizismus erhielt die Blüte noch eine weitere Bedeutung, indem man sie nun mit dem Paradies und der Sehnsucht danach verband (Jan Frans van Dael, *Das Grab der Julie d'Angennes*, 1803/04, Malmaison, Châteaux de Malmaison et Bois-Préau).

Passionssymbole Jesu Christi ‣Arma Christi

Paternoster ‣Gebetsschnur

Patriarchen. Die zehn Urväter von Adam bis Noah und die zehn Stammväter des Alten Testaments von Noah bis Abraham werden als Patriarchen bezeichnet. Am geläufigsten findet der Begriff jedoch Anwendung für die eigentlichen Stammväter Israels, Abraham, Isaak und Jakob und dessen zwölf Söhne Ruben, Simeon, Levi, Juda, Dan, Naftali, Gad, Ascher, Issachar, Sebulon, Josef und Benjamin.

Peitsche, Sinnbild der Macht und richterlichen Gewalt. So ist die Peitsche als Züchtigungsmittel und auch zum Antreiben von Tieren gebräuchlich. In der antiken Mythologie kann eine Peitsche den Göttern Zeus/Jupiter (golden), Ares/Mars, Poseidon/Neptun (golden), Dionysos/Bacchus und Pan beigegeben sein. Außerdem wird der kleine Amor damit bestraft (Bartolommeo Manfredi, *Die Züchtigung Amors*, 1605/10, Chicago, The Art Institute). Mit einer Peitsche reitet auch Phyllis auf dem antiken Philosophen Aristoteles und zeigt ihn damit als Minnesklaven. Zur Warnung waren derartige Darstellungen vor allem in Rathausprogrammen und in der Fürstenerziehung gebräuchlich (Meister von Ottobeuren, *Der gerittene Aristoteles*, Relief, um 1500, München, BNM).

Pelikan. Da der Pelikan seine Brut aus einem Kehlsack füttert, glaubte man im Mittelalter, dass der Vogel seine Jungen dadurch belebe und füttere, dass er sich die Brust aufreiße und die Jungen mit seinem eigenen Blut ernähre, bis er selber stirbt. So wurde der Pelikan zum Symbol der sich selbst aufopfernden Liebe, der Mutterliebe, der Vaterliebe und der *caritas* ›Nächstenliebe‹ allgemein (Francesco de Mura, *Allegorie der Caritas*, um 1744, Chicago, The Art Institute). Der Pelikan gehört deshalb zu den am meisten verbreiteten und wichtigsten Symbolen für den Opfertod Jesu Christi, seine Passion und Christus selbst (Fra Angelico, *Kreuzigung Jesu Christi*, Fresko, um 1440, Florenz, Museo di San Marco, Kapitelsaal).

Nach den etwas anderen Vorstellungen des *Physiologus* tötet der Pelikan seine unfolgsamen Jungen und erweckt sie durch sein Herzblut nach drei Tagen wieder zum Leben, muss aber selbst dabei sterben (Physiologus 1981, S. 11–13).

Pentagramm/Drudenfuß. Es handelt sich dabei um ein mystisch-magisches Zeichen in der Form einer fünfzackigen sternförmigen Figur. Der Drudenfuß wurde schon früh als Abwehrzauber gegen Hexen und Druden, das sind nächtliche Plagegeister, verwendet. Auch dem Drudenstein, einem im Wasser rund geschliffenen Stein mit einem Loch, wurde eine ähnliche Bedeutung zugesprochen.

In der Antike war das Pentagramm dagegen bei den Pythagoräern als Zeichen für Heil und Gesundheit gebräuchlich. Später wurde es ein beliebtes Abzeichen geheimer Gesellschaften. In der christlichen Ikonographie taucht es manchmal in Bezug zu den fünf Wundmalen Christi auf.

Perlboot ‣Nautilus

Perle. In der antiken Mythologie ist die Perle vor allem als Zeichen und Schmuck der aus dem Meerschaum geborenen Göttin Aphrodite/Venus bekannt (FRANÇOIS BOUCHER, *Toilette der Venus*, 1751, New York, Metropolitan Museum).

Von alters her ist die schimmernde Perle auch als kostbarer Schmuck geschätzt und Symbol von Schönheit und Vollkommenheit, ein Zeichen von Kostbarkeit, Reinheit und Tugend. So wurde die Perle zum Symbol Jesu Christi. Da die Perle bei den Gnostikern und Kirchenvätern als Sinnbild verborgener Erkenntnis gesehen wurde, verwendete man sie auch als Symbol für Erleuchtung und geistliche Wiedergeburt. Als Bild für das zu erringende höchste Gut des Himmelreiches erscheint die Perle auch in den Gleichnissen Jesu (Mt. 13,45–46; DOMENICO FETI, *Das Gleichnis von der köstlichen Perle*, um 1620, Wien, KHM). Bezogen auf Christus als Perle und den Mutterleib Mariens als Muschel konnte eine Perlmuschel auch Symbol der Jungfräulichkeit Mariens sein. Dahinter steht vor allem die im *Physiologus* tradierte Vorstellung, dass die Muschel die Perle durch einen Tautropfen vom Himmel oder einen Blitz empfange, obwohl sie im Wasser lebt. Perlen in der Zwölfzahl können auf die Tore des Himmlischen Jerusalem verweisen (Offb. 21,21).

Perlhuhn. Das symbolisch und bildlich oft mit dem ‣Rebhuhn gleichgesetzte Perlhuhn gilt als Sinnbild der jungfräulichen Empfängnis Mariens, der Erkenntnis von Jesus Christus und der göttlichen Inspiration, aber auch von Fruchtbarkeit (VINCENZO CATENA, *Der hl. Hieronymus*, Frankfurt a. M., Städel).

Perücke ‣Haartracht

Pestbeule. Die vor allem nach der großen Pest von 1348 entstandenen sogenannten Pestkruzifixe zeigen den mit Wunden und Pestbeulen übersäten Gekreuzigten (MEINRAD GUGGENBICHLER, Anf. 18. Jh., Köln, Schnütgen-Museum).

Eine Pestbeule am Oberschenkel zum Attribut hat der hl. Rochus, der Fürbitter gegen Pest und Seuchen (QUENTIN

Massys, *Der hl. Rochus mit Engel und Hund*, Ende 15. Jh., München, AP).

Pfahl. Symbolisch gilt ein Pfahl als Zeichen der Verbindung von Himmel und Erde. In der Vorstellung eines Weltpfeilers ist diese Beziehung als Menhir auch in Stein umgesetzt worden.

Mit einem Pfahl oder Zeltpflock tötete Jael den schlafenden Sisera, indem sie ihm den Pflock durch den Kopf schlug (Ri. 4,17–22).

Pfau. Wegen seiner radförmigen Schwanzfedern galt der große Hühnervogel ursprünglich als Sonnensymbol. In der antiken Mythologie ist der Pfau das wichtigste Attribut der Göttermutter Hera/Juno, die ihm auch die Augen des von Hermes/Merkur getöteten hundertäugigen Argus verleiht (Ovid, *Metamorphosen* 1,722/723; Peter Paul Rubens, *Juno schmückt den Pfau mit den Augen des Argus*, vor 1611, Köln, WRM).

Im antiken Rom wurde der Pfau als Vogel der Apotheose den Kaiserinnen zugeordnet. Der Pfau wurde aber auch als Frühlingssymbol gesehen, da er nach Plinius dem Älteren alljährlich im Herbst seine Federn verliere und im Frühjahr erneuere. Aus dieser Vorstellung ging der Pfau im frühchristlichen Kontext als Symbol für die Auferstehung des Leibes hervor. Außerdem galt nach den Schriften des Kirchenvaters Augustinus das Fleisch des Pfaus als unverweslich. Die im frühen Christentum häufige Darstellung von Pfauen ist somit als Auferstehungshinweis und Bezug auf das Paradies zu verstehen. So sind Pfaue auch dem Lebensbrunnen zugeordnet. Seit der Spätgotik und der Renaissance und nach Filippo Picinellis *Mundo Symbolico* ist der Pfau auch ein Mariensymbol (»Juno caelestis«). Da das Blut des Pfaus außerdem Dämonen vertreiben soll, wurde er manchmal bei der Geburt Jesu Christi dargestellt und auch als vermeintlicher Schlangentöter auf Christus bezogen.

Der Vogel ist Attribut des hl. Liborius, da ihm der Legende nach ein Pfau den Weg nach Paderborn wies. Pfauenfedern gehören zu den Kennzeichen der hll. Agnes von Rom, Barbara, Dorothea von Caesarea und Kolumba von Sens. Nach dem *Physiologus* und vor allem nach mittelalterlichen Tierbüchern ist der Pfau aber auch Symbol der Laster *superbia* ›Hochmut‹, *vanitas* ›Eitelkeit‹ und *luxuria* ›Wollust‹ (Physiologus 1981, S. 96–97). Mit dieser Bedeutung erscheint er auch in der Emblematik des 17. und 18. Jahrhunderts und wird allgemein häufig weiblichen Personen beigefügt. Nach antiken Traditionen galt er aber auch als Sinnbild der Gattenliebe (Peter Paul Rubens / Jan Brueghel d. Ä., *Adam und Eva*, um 1615, Den Haag, Mauritshuis). Auch die Wiedergabe einer Pfauenpastete verweist in den Bereich von *luxuria* ›Wollust‹, *gula* ›Gefräßigkeit‹ oder *superbia* ›Hochmut‹ (Rembrandt, Rembrandt und Saskia in der Szene vom *Verlorenen Sohn im Bordell*, um 1636, Dresden, Gemäldegalerie AM).

Der Pfau gehört zu den Kennzeichen der Personifikation der Luft unter den vier Elementen (Giorgio Anselmi, *Die Luft*, um 1760, Mantua, Palazzo Ducale). Wegen seiner Pfauenaugen gehört der Vogel auch zu den Symbolen von *visus* ›Gesichtssinn‹ in Darstellungen der fünf Sinne oder Allegorien des Sehens allgemein.

Pfefferminze. Als Heilpflanze wurde diese Minzenart im Mittelalter Maria zugeordnet.

Pfeife. Wegen des schnell schwindenden Rauchs war die Pfeife in der Barockkunst ein gängiges Vanitassymbol. Das Rauchen von Tabak galt außerdem im 17. und 18. Jahrhundert im Gegensatz zum Schnupfen von Tabak als vulgär und somit als Kennzeichen der unteren Volksschichten.

Pfeil und Bogen, Köcher. Pfeil und Bogen wurden von alters her als Kriegs- und Jagdwaffe eingesetzt. Sie werden vom Köcher als Behältnis für die Pfeile ergänzt. Der Pfeil allein ist auch als Richtungsweiser bedeutsam.

Pfeile wurden vom Sonnenstrahl abgeleitet und gelten als Zeichen der Schnelligkeit, Leichtigkeit und Zielstrebigkeit. Sie konnten aber auch als phallisches Fruchtbarkeitssymbol gesehen werden. Der Bogen steht dagegen für gespannte Kraft und Lebensantrieb.

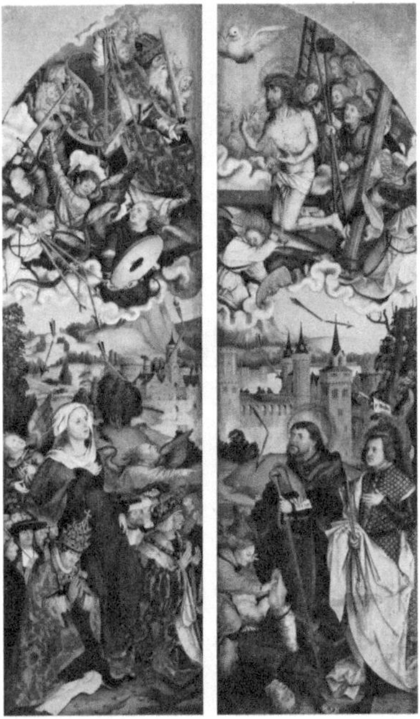

Martin Schaffner: Zwei Flügel eines Pestaltares. Nürnberg, Germanisches Nationalmuseum, um 1513/15. – Gottvater mit erhobenem Schwert und drei **Pfeilen**, Sinnbildern für Pest, Hunger und Krieg, ist von Engeln mit Schwert, Pfeil und Bogen, Lanze und Mühlstein, Bildern aus der Apokalypse, umgeben. Auf der Erde vereint Maria unter ihrem Schutzmantel kirchliche und weltliche Würdenträger. Sie weist auf ihre entblößte Brust, die einst ihren Sohn nährte. Auf dem rechten Flügel zeigt Christus als Schmerzensmann Gottvater seine Wundmale, über ihm die Taube des Hl. Geistes, dahinter Engel mit seinen Leidenswerkzeugen (Arma Christi). Unten legt ein Engel dem Pestheiligen Rochus den Finger in die Wunde, davor Pest-Tote. Rechts hält der hl. Sebastian die Pfeile seines Martyriums in der Hand. Durch die Fürbitten der Heiligen, der Gottesmutter und des Gottessohnes (Interzession) werden die zur Strafe gesandten Pfeile Gottes geknickt und abgelenkt.

In der antiken Mythologie sind Pfeil und Bogen wichtige Kennzeichen von Ares/Mars, Herakles, Apoll und Artemis/Diana und den Jägern Adonis und Aktäon. Die Pfeile Apolls werden auch als Sinnbilder der Sonnenstrahlen gesehen und als Zeichen der Erkenntnis. Ein pfeilschießender Kentaur gilt dagegen als Hinweis auf Sinnlichkeit und Wollust. Der Liebesgott Eros/Amor ist ebenfalls mit Pfeil und Bogen ausgerüstet, wobei ein Pfeil mit Bleispitze gegen Annäherungsversuche immunisiert, ein Pfeil mit Goldspitze dagegen verliebt macht, wie es die Erzählung von Apoll und Daphne veranschaulicht (Ovid, *Metamorphosen* 1,452–567; Gianlorenzo Bernini, 1622–25, Rom, Galleria Borghese). Die himmlische Liebe leert dagegen die Pfeile aus dem Köcher des gefesselten und mit Augenbinde versehenen *Amor profano* (Guido Reni, *Amor sacro und Amor profano*, um 1622, Genua, Galleria Nazionale di Palazzo Spinola).

In manchen Darstellungen vor allem des Mittelalters vertreibt Gottvater als Bogenschütze Adam und Eva aus dem Paradies oder er versendet in Pestzeiten Pfeile mit Seuchen zur Bestrafung der sündigen Menschheit, für deren Vorstellungen auch schon alttestamentliche Stellen herangezogen werden konnten (z. B. Hiob 6,4; 16,12–13; Martin Schaffner, *Zwei Flügel eines Pestaltares*, um 1513, Nürnberg, GNM). Auch der Tod tritt bisweilen als Bogenschütze auf (Offb. 6,8; Wandgemälde, 1417, Palermo, Palazzo Sclafani).

Meist als Marterinstrument oder Mordwaffe sind Pfeile Attribute der hll. Ägidius, Christina von Bolsena (Martyrium, *Legenda Aurea*), Edmund von Ostanglien, Eugenia, Karl Borromäus (als Pestpfeil ist er Hinweis auf die Pest), Kordula von Köln, Kosmas und Damian, Lambert von Maastricht, Otto, Nikolaus von Tolentino (Pestpfeile), Philomena von Rom, Sebastian (Guido Reni, um 1615, Genua, Palazzo Rosso), Ursula und Willibald und des Apostels Thomas. Ein Pfeil, der das Herz durchbohrt, kennzeichnet die hll. Theresa von Avila und Augustinus.

In der romanischen Kunst waren Bogenschützen öfter aber

auch ein Abbild von Sinnlichkeit und Wollust, vor allem wenn der Bogenschütze einen Bock oder Hahn zur Seite hat. Auch in der Genremalerei können Pfeil und Bogen, zum Beispiel in der Hand eines Kindes, auf Amor und die Liebe verweisen (Jan Steen, *Der Arztbesuch*, um 1661/62, London, Wellington Museum, Apsley House).

In der Profanikonographie können als Sinnbild der Stärke Pfeilbündel, die nicht wie ein einzelner Pfeil zerbrochen werden können, eingesetzt werden. Ein zerstreutes Bündel Pfeile ist dagegen ein Symbol von *discordia* ›Zwietracht‹. Ein Herz mit Pfeil gilt als Zeichen eines Liebesbundes. Gelegentlich ist ein Pfeil auch Sinnbild der Pest. In der Erdteilikonographie sind Pfeil und Bogen Attribute von Amerika.

Pferd. Das Pferd ist in seiner Bedeutung ambivalent. Es ist seit dem Altertum als Sinnbild des Sieges und der Macht ein Herrschaftszeichen, aber auch ein Symbol für die nach dem Tod aufsteigende Seele (Platon, *Phaidros* 25,34). Im antiken Mythos ist das Pferd Geschöpf des Poseidon/Neptun und dessen Verwandlungsform. Als Seepferd ist es ausdrücklich ihm zugeordnet. Weiterhin ziehen Rosse den Sonnenwagen und das Gespann des Hades/Pluto. Manchmal ist auch Aphrodite/Venus, die aus dem Meer geboren wird, von Pferden umgeben.

Nach dem Bericht der Apokalypse reitet Christus als Sieger über die teuflischen Mächte auf einem weißen Pferd (Offb. 6,2; 19,11). Die Personifikation der Kirche feiert ihren Triumph ebenfalls reitend (unbekannter Meister, *Ecclesia triumphans*, um 1300, Worms, Dom, Südportal). Ein Reiter auf einem frühchristlichen Grabmal konnte, sowohl in Bezug auf den Text der Apokalypse als auch auf die auf Platon zurückgehende Vorstellung von der aufsteigenden Seele, die schon in antiken Grabmonumenten auf diese Weise zum Ausdruck kam, den Sieg über den Tod veranschaulichen und damit ein Auferstehungssymbol sein.

Beritten erscheinen auch heilige Ritter, Soldaten und Jäger wie Chrysogonus, Demetrius von Saloniki (rotes Pferd), Eustachius, Georg (Schimmel), Guido von Anderlecht, Hubertus, Hippolytus (Martyrium, Schutzpatron der Pferde), Jakobus d. Ä., Kaiser Konstantin, Longinus und Martin (EL GRECO, *Hl. Martin*, 1597/99, Washington, National Gallery; EGID QUIRIN ASAM, *Hl. Georg*, 1720/30, Weltenburg an der Donau, Klosterkirche, Hochaltar), Merkurius, Sekundus, Theodor und Wendelin. Auch die Hl. Drei Könige kommen manchmal auf Pferden reitend daher oder haben sie zumindest in ihrem Gefolge (LEOPOLD KUPPELWIESER, *Die Hl. Drei Könige*, 1825, Wien, Österreichische Galerie, Oberes Belvedere).

Der hl. Leonhard von Noblac wird in seiner Funktion als Nothelfer für Pferde ebenfalls häufig mit dem Reittier dargestellt, während der hl. Eligius als Patron der Hufschmiede ein Pferd beschlägt oder auch nur an einem Pferdebein hantiert, das er einem störrischen Tier abgenommen hatte, um es ihm anschließend neu beschlagen wieder einzusetzen (NANNI DI BANCO, 1410, Florenz, Or San Michele).

Magnanimitas, die Tugend der Großherzigkeit, erscheint vor allem in der Barockzeit oft beritten. Ein Absteigen vom Pferd kann ein Hinweis auf Demut sein. Der Sturz vom Pferd kann die Abkehr von einem schlechten Leben bedeuten, z. B. in der Bekehrung von Saulus zum Apostel Paulus (Apg. 9,1 ff.; CARAVAGGIO, *Bekehrung Pauli*, 1601, Rom, S. Maria del Popolo, Cappella Cerasi). Bei Darstellungen der Kreuzigung Jesu Christi weisen dagegen Pferde und Reiter mit von Christus abgewendetem Kopf auf den Unglauben hin. Ein Rappe ist Sinnbild und Reittier des Bösen, des Teufels, des Antichristen, des Todes und von Lastern wie *luxuria* ›Wollust‹ und *superbia* ›Hochmut‹.

Auf einem Pferd reitet auch der Herrscher in den Krieg, und der Ritter auf seinem Ross gilt als Urbild des Adeligen. Diesen oblag als Wehrstand die Verteidigung des Landes. Herrscher und Feldherren wurden von der Antike bis ins 19. Jahrhundert deshalb gerne hoch zu Ross dargestellt.

Durch die sogenannte Konstantinische, eigentlich Pippinische Schenkung von 754 wurde Rom und dem Papst der Vorrang über alle Kirchen und dem Papst außerdem die weltliche Herrschaft über Rom und die abendländischen Provinzen zugesprochen. So ist im Mittelalter der Ritt des Papstes auf einem Schimmel unmittelbar Ausdruck dieses Anspruchs (UNBEKANNTER MEISTER, *Sylvester-Zyklus*, 1246, Rom, SS. Quattro Coronati). Umgekehrt bedeutet der Ritt des Kaisers auf einem Schimmel dessen Anspruch, ein christlicher Herrscher zu sein.

In der profanen Ikonographie bezeichnet ein Pferd aber nicht nur Herrscher, Krieger und Adelige, sondern auch die Personifikation des Erdteils Europa. Dadurch sollte vor allem die kriegerische Überlegenheit dieses Erdteils den anderen gegenüber ausgedrückt werden (GIAN LORENZO BERNINI, *Europa*, ab 1647, Vierströmebrunnen, Rom, Piazza Navona). Wenn Europa ein Schimmel beigegeben ist, verweist er auf die christliche Tradition dieses Erdteils.

Nach Cesare Ripa wird auch die Personifikation der Jugend mit einem Pferd dargestellt (Ripa, 1970, S. 184), wie überhaupt das Pferd Jugend, Kraft und Männlichkeit und männliche Sexualität symbolisieren kann (PETER PAUL RUBENS / JAN BRUEGHEL D. Ä., *Adam und Eva*, um 1615, Den Haag, Mauritshuis).

Pferd mit Flügeln. Das geflügelte und mit Wunderkräften ausgestattete mythische Pferd Pegasus entsprang dem Rumpf der Gorgo Medusa, als sie von Perseus enthauptet wurde. Es wurde zum Reittier des Bellerophon im Kampf gegen die Chimäre (Ovid, *Metamorphosen* 5,250–268; Homer und Hesiod; PETER PAUL RUBENS, *Bellerophon auf dem Ross Pegasus tötet die Chimäre*, 1635, Bayonne, Musée Bonnat; PETER PAUL RUBENS, *Perseus und Andromeda*, 1620/21, St. Petersburg, Eremitage).

Pegasus mit Apoll und den neun Musen auf dem Parnass oder Helicon ist dagegen ein Sinnbild inspirierter Dichtung und unsterblichen Ruhmes. Vor allem seit der Renaissance ist Pegasus so zum Musen- oder Dichterross geworden (BARTOLOMEO ALTOMONTE, *Der Parnass*, 1732, Stift St. Florian [Oberösterreich], Tafelzimmer; FERDINAND DIETZ, *Der Parnass*, Brunnenskulptur, 1765/66, Veitshöchheim, Park).

Da Pegasus bereits in der Antike mit der Lichtsymbolik verbunden wurde, ging er auch in den christlichen Kontext ein und ist vor allem als Reittier des Bellerophon in seinem Kampf gegen die Chimäre ein Symbol des Guten. Geflügelte Pferde können auch als Begleiter des Poseidon/Neptun erscheinen oder als Zugtiere bei Apotheosen und Himmelfahrten.

Pferdegespann/Quadriga. Bei Apotheosen und Himmelfahrten kommen Pferdegespanne zum Einsatz, manchmal auch geflügelt, des Weiteren dienen sie als Totengespann, Herrschergespann und Kampf- oder Triumphwagengespann. Ein Vierergespann wird Quadriga genannt.

Als Zugtier des Sonnenwagens mit geflügelten Füßen wurde das Pferd auch zum Sonnensymbol und ist unmittelbar mit dem Sonnengott Helios oder dem mit ihm gleichgesetzten Phoebus-Apoll verbunden. Dessen Sohn Phaeton stürzt dagegen vom Wagen, als er ihn zu lenken versucht (Ovid, *Metamorphosen* 1,750–779 und 2,1–400). Auch Hades/Pluto ist als Herrscher der Unterwelt gerne mit einem Pferdegespann ausgestattet (Christoph Schwarz, *Der Raub der Proserpina*, um 1570, Cambridge Mass., Fitzwilliam Museum).

Pferdefuß, Kennzeichen des Teufels und von mythologischen Mischwesen wie Satyrn.

Pfingstrose/Päonie/Gichtrose. Als »Rose ohne Dornen«, Heilpflanze und im Marienmonat Mai blühend war die Päonie ein beliebtes Mariensymbol (unbekannter Meister, *Frankfurter Paradiesgärtlein*, um 1410, Frankfurt a. M., Städel; Martin Schongauer, *Maria im Rosenhag*, 1473, Colmar, Martinskirche). Vereinzelt kann die Pfingstrose aber auch Christussymbol sein und wegen ihrer roten Blüten Sinnbild der brennenden Liebe zu Gott.

Die Samen und Wurzeln der Pfingstrose wurden früher als Amulett gegen die Schmerzen beim Zahnen verwendet, die Blüten galten als wirksam gegen Asthma, Epilepsie und Gicht, aber auch zur Abwehr von Seestürmen.

Pfirsich / Persischer Apfel. Im antiken Mythos wurden die Äpfel der Hesperiden öfter als Pfirsiche gedacht und wiedergegeben. In christlichem Kontext gilt der Pfirsich als Paradiesfrucht und ist somit auch zum Sinnbild für die Erlösung geworden. Er konnte aber auch in Hinblick auf seine drei Teile – Frucht, Kern, Samen – als Hinweis auf die Trinität eingesetzt werden. Als typische Sommerfrucht kommt er ebenfalls in Jahreszeitendarstellungen vor.

Pflaume. Eine hellfarbige Pflaume gilt als Hinweis auf Treue, während die dunkelfarbigen mit der Passion und dem Opfertod Jesu Christi in Zusammenhang gebracht werden können (Carlo Crivelli, *Lochis Madonna*, um 1480, Bergamo, Accademia Carrara).

Pflügender. Als jahreszeitlich typische landwirtschaftliche Tätigkeit kommen Pflügende vor allem in Frühlingsdarstellungen und bei Monatsbildern des März, aber auch des Oktober vor.

Pflug. Die Entwicklung des Pflugs folgte dem ganz zu Beginn des Feldbaues verwendeten Pflanzstock. Der Pflug gilt so als Sinnbild für Ackerbau und bäuerliche Tätigkeiten im Frühling und zum Teil auch im Herbst (Monatsbilder und Jahreszeiten), aber auch als Fruchtbarkeitssymbol. In der antiken Mythologie gilt der Pflug als Erfindung der Göttin Athena/Minerva. Er gehört zu den Attributen der Göttinnen Demeter/Ceres und Kybele.

Adam wird nach der Vertreibung aus dem Paradies meist pflügend dargestellt, ebenso sein Sohn Kain (1. Mose 3,17–19; 4,2; Lorenzo Ghiberti, *Paradiestür*, 1425–50, Florenz, Baptisterium S. Giovanni). Ein von zwei Engeln gezogener Pflug ist das Attribut des hl. Isidor von Madrid, des Landmanns, der für seinen Herrn ein steinhartes Feld pflügen sollte und dem Engel mit schneeweißen Rindern zu Hilfe kamen. Auch andere Heilige haben einen Pflug zum Kennzeichen, da sie wie der hl. Gentius einen Ochsen und einen Wolf vor den Pflug spannten oder wie der hl. Kontigern einen Wolf und einen Hirsch; oder wie der hl. Echianus mit Hirschen und der hl. Jakobus von Tarentaise mit Bären pflügten.

Pflugschar. Eine Pflugschar dient der hl. Kaiserin Kunigunde als Attribut, da sie der Legende nach in einem Gottesurteil barfuß über glühende Pflugscharen schreiten musste, um sich vor ihrem Gemahl Kaiser Heinrich II. vom Verdacht des Ehebruchs zu befreien (Tilman Riemenschneider, Relief auf dem *Grabmal für Heinrich und Kunigunde*, 1499–1513, Bamberg, Dom). Ebenso wurde die hl. Kaiserin Richardis unschuldig des Ehebruchs bezichtigt. Auch sie musste sich dem gleichen Gottesurteil unterziehen und hat deshalb ebenfalls eine Pflugschar unter ihren Attributen.

Pforte ‣Tor

Pfriem/Ahle. Pfriemen zum Löchervorstechen in Leder oder anderen Materialien sind mit Draht und/oder Nägeln als typische Schusterwerkzeuge Attribute der hll. Crispin und Crispinian, die den Schusterberuf ausübten.

Weiters sind sie als Attribut bei den hll. Benignus von Dijon, Erasmus von Formio, Pantaleon und Placidus zu finden.

Phiole. Der Behälter für Medizin gehört zu den Kennzeichen des Arzt- oder Apothekerberufes.

Phönix. Der oft mit dem Paradiesvogel gleichgesetzte mythische Vogel Phönix gilt als Symbol der Ewigkeit und der Erneuerung, aber auch als Sonnensymbol. Er wurde deshalb in der Antike auch mit Strahlennimbus und zusammen mit dem Lebensbaum dargestellt.

Nach dem *Physiologus* ist er mit langen Hinterkopffedern ausgestattet, er wird ohne Zeugung geboren, ist unverwundbar, nimmt keine Nahrung zu sich außer Tau und fliegt, auch antiken Vorstellungen gemäß, wenn er fünfhundert Jahre alt ist, über den Libanon, wo er Myrrhe sammelt, zum ägyptischen Sonnenheiligtum Heliopolis. Dort verbrennt er sich selbst auf einem Opferaltar in einem Nest aus den Myrrhezweigen, steht nach drei Tagen aus der Asche wieder auf und gewinnt neues Leben (Physiologus 1981, S. 18–20). So ist der Vogel Phönix auch zu einem frühchristlichen Sinnbild der Auferstehung und des ewigen Lebens geworden.

Bei den Kirchenvätern wird der Phönix zu einem allgemeinen Sinnbild der Unsterblichkeit der Seele und zum Christussymbol (*Phönix auf einer Palme*, Apsismosaik, 526–530, Rom, SS. Cosma e Damiano). Der Phönix gehört auch zu den Kennzeichen der theologischen Tugend *spes* ›Hoffnung‹ und der Kardinaltugend *iustitia* ›Gerechtigkeit‹, weiterhin der Tugenden *perseverantia* ›Beharrlichkeit‹, *castitas* ›Keuschheit‹ und *constantia* ›Beständigkeit‹.

Pietà, Wiedergabe der trauernden Maria mit ihrem toten Sohn Jesus Christus auf dem Schoß (MICHELANGELO, *Pietà*, 1502, Rom, St. Peter).

Pilger. Von Peregrinus, der Fremde, abzuleiten, sind Pilger Wallfahrer zu den heiligen Stätten des Glaubens. Seit Kaiser Konstantin dem Großen und besonders im Mittelalter waren Wallfahrten und Pilgerwesen sehr verbreitet, ebenso die Büßer auf einer Bußfahrt. Die wichtigsten alten Pilgerstätten waren Palästina, Rom und Santiago de Compostela. Das Pilgern ist aber auch verbunden mit der Deutung des menschlichen Lebens als Pilgerschaft zum eigentlichen jenseitigen Ziel.

Die Pilgerzeichen entstanden aus Zeichen der Devotion, die aber auch der Propaganda dienten. So war die Jakobsmuschel ursprünglich nur Abzeichen für Pilger nach Santiago de Compostela, wurde aber später Kennzeichen aller Pilger. Das Pilgerkleid ist schlicht und besteht aus braunem oder grauem Stoff. Es wird ergänzt von einem Pilgerhut mit breitem Rand und teilweise aufgeschlagener Krempe mit dem Pilgerzeichen, meist der Jakobs-Muschel. Zudem gehört zur Ausrüstung eines Pilgers ein Umhang, der auch als Decke dient, ein langer Pilgerstab, der meist oben mit einem Knopf abschließt, unten spitz ist und an der Seite mit einer Kugel versehen ist, eine oft doppelbauchige Pilgerflasche, die ursprünglich ein ausgehöhlter Kürbis war, und die Pilgertasche. Des Öfteren werden Pilger auch noch von einem Pilgerhündchen begleitet.

Eine Darstellung im Pilgergewand findet sich bei folgenden Heiligen: Erzengel Raphael, Alexius, Archus, Bovo, Drogo, Heinrich von Ebrantshausen, Herennius und Quartanus, Koloman von Stockerau, Jakobus d. Ä., Jodokus, Julian der Gastfreundliche, Richard, Rochus, Sebaldus von Nürnberg, Birgitta von Schweden, Savina von Troyes, Severin von Noricum und Willebold.

In der spanischen Malerei werden bisweilen auch Christus und Maria als Pilger dargestellt. Ein Pilger als Attribut neben sich kennzeichnet die hll. Theobald von Thann, Kolumban von Luxeuil und Gertrud von Nivelles.

Pinie, Pinienzapfen. Das alte Fruchtbarkeitssymbol gilt auch als Sinnbild für Auferstehung und Unsterblichkeit. In der Antike war die Pinie vor allem Poseidon/Neptun und Dionysos/Bacchus zugeordnet.

Die Bekrönung von Brunnen mit Pinienzapfen ist orientalischen Ursprungs und wurde vom Christentum als Verweis auf die Frucht des Lebensbaumes aufgegriffen (z. B. an Pinienbrunnen im Vatikan oder in Aachen). Sie konnte aber auch auf Maria bezogen werden.

Pinsel ‣ Palette

Pistole. Die im 16. Jahrhundert entstandene Faustfeuerwaffe ist mit einem Kreuz auf dem Schaft oder überhaupt in Kreuzform das Attribut des hl. Ludwig Bertrand, eines vor allem in Südamerika tätigen Dominikanermissionars des 16. Jahrhunderts. Die auf ihn gerichtete Pistole eines spanischen Edelmannes verwandelte sich der Legende nach auf wunderbare Weise in ein Kruzifix.

Pilze. Ab der Renaissance finden sich vereinzelt unter den Eremiten und Hexen zugeordneten bildlichen Attributen auch Pilze.

Planeten ‣ Stern

Pokal. Dieses Prunktrinkgefäß kommt als Attribut der hll. Eligius von Noyon, Martin von Tours, Olaf und Oswald vor. Aber auch Salbgefäße werden bisweilen in Pokalform dargestellt.

Pomander. Als Behälter für Duftstoffe wurden Pomander an Gürteln, Schmuckketten und an Rosenkränzen usw. auch als Statussymbol getragen (Martin Schongauer, *Junge Frau*, um 1470, Kreuzlingen, Sammlung H. Kisters).

Posaune. Sie war ein altes Signalinstrument im Krieg und bei Gefahren, aber auch bei der Thronbesteigung eines neuen Herrschers oder zum Beginn eines neuen Jahres. In der antiken Mythologie und der Profanikonographie sind vor allem die Siegesgöttin Nike/Victoria und Klio, die Muse der Geschichtsschreibung und die Personifikation von *fama* ›Ruhm‹ mit Posaune wiedergegeben.

Im Alten Testament sind die Posaunen von Jericho zu nennen, bei deren Ton die Stadtmauern einstürzten (Jos. 6,1 ff.; LORENZO GHIBERTI, *Paradiestür*, 1425–50, Florenz, Baptisterium S. Giovanni). Ursprünglich handelte es sich dabei allerdings um Schofar-Hörner, einem bei den Israeliten gebrauchten Kultinstrument aus Widderhorn.

Im Neuen Testament werden Posaunen bei der Totenauferweckung am Ende der Zeit (1. Kor. 15,52), beim Endgericht (Offb. 8,2; 11,15) und bei der Sammlung der Auserwählten (Mt. 24,31) erwähnt. So kommen Posaunen vor allem auf Darstellungen des Jüngsten Gerichts, aber auch bei Engelskonzerten vor. Als Hinweis auf seine Bußpredigten hat der hl. Vinzenz Ferrer bisweilen eine Posaune zum Attribut.

Presse. Sie gehört zu den Kennzeichen der Kardinaltugend *fortitudo* ›Tapferkeit‹, als Traubenpresse ist sie Attribut des hl. Wenzel.

Priesterkleidung. Zu der seit dem 9. Jahrhundert bis heute noch üblichen Form der liturgischen Priesterkleidung gehören Amikt (auch Humerale, weißes Schultertuch unter der Albe), Albe (weißes Untergewand), Manipel (Tuch oder Zierstreifen), Stola (im Unterschied zum Diakon über beide Schultern getragen), Kasel (Messgewand) und Rauchmantel.

Primel/Himmelsschlüssel/Schlüsselblume/Aurikel. Als lichtspendende und leuchtendgelbe Blume wird die Primel als aus der Wurzel Maria mit dem Schlüssel zum Himmel emporwachsend gedeutet. Deshalb, ihrer Farbe wegen und als Frühlingsblume ist sie auch ein Symbol der Auferstehung, vor allem aber ist sie Maria und als Himmelsschlüssel dem Apostel Petrus zugeordnet (UNBEKANNTER MEISTER, *Frankfurter Paradiesgärtlein*, um 1410, Frankfurt a. M., Städel).

Propheten. Der vom griechischen Wort für Sprecher abgeleitete Begriff bezeichnet Menschen, die als besondere Verkünder und Deuter von Gottesbotschaften auftraten. Zu den Propheten Israels im Alten Testament gehören die vier großen Propheten Jesaja, Jeremia, Hesekiel und Daniel und die zwölf kleinen Propheten Hosea, Joel, Amos, Obadja, Jona, Micha, Nahum, Habakuk, Zephanja, Haggai, Sacharja und Malechi. Das Christentum bezog die prophetischen Schriften des Alten Testaments mit ihren Weissagungen auf Jesu Christus. Auf der Basis dieses typologischen Denkens von Concordi veteris et novi Testamenti wurden so vor allem in bildlichen Darstellungen des Mittelalters den vier großen Propheten die vier Evangelisten und den zwölf kleinen Propheten die zwölf Apostel gegenübergestellt. Typische Kennzeichen von Propheten sind lange Gewandung, Schriftrollen oder Bücher. Eine sehr prächtige Kleidung kann dabei auf die Funktion vieler Propheten als Berater von Königen deuten, bloße Füße sollen dagegen die oft einfache Herkunft veranschaulichen. Im Spätmittelalter tragen Prophetengestalten häufig auch spitze Hüte als Kennzeichnung ihres Judentums.

Proportion ▸Zahlensymbolik

Proskynesis ▸Fußfall

Prozession. Diese kultischen Festzüge oder Umzüge fanden und finden zum Teil auch heute noch am Darstellungsfest, am Palmsonntag, zu Fronleichnam und den Bitttagen, aber auch als Bußprozessionen (Flagellanten; FRANCISCO DE GOYA, *Los disciplinantes*, 1793, Madrid, Academia S. Fernando), als Gedächtnisprozessionen und als Translationsprozessionen (Überführung von Märtyrerleibern/Reliquien aus Friedhöfen in Stadtkirchen) statt und gingen dementsprechend auch in die Bilddarstellungen ein.

Pulverhorn. Es gehört zu den Attributen von Soldaten. In der antiken Mythologie ist es dem Kriegsgott Ares/Mars zugeordnet.

Putto, Amor, Amoretten, Eroten, nackte, meist geflügelte männliche Kleinkinder. Putten sind formal und in der Profanikonographie auch inhaltlich aus der Antike übernommen und werden meist spielend oder mit sinnbildlichen Tätigkeiten befasst dargestellt. Seit der Gotik gibt es die Darstellung von Kinderengeln, doch erst mit der Renaissance tritt der nackte Putto auf (DONATELLO, *Sängertribüne*, 1433–39, Florenz, Museo dell'Opera del Duomo; PETER PAUL RUBENS, *Der kleine Jesus mit Johannes und zwei Engeln*, 1615–20, Wien, KHM).

Pyramide. Da in den patristischen Quellen die ägyptischen Pyramiden, Grabarchitektur für Pharaonen, öfter für Kornspeicher gehalten wurden, tauchen sie früh in diesem Sinn in Darstellungen der Geschichte von Joseph in Ägypten auf (1. Mose 41), werden dann aber auch zur allgemeinen Kennzeichnung des Landes übernommen, so bei Szenen aus dem Leben Mose oder der Flucht der Hl. Familie nach Ägypten. Seltener findet sich eine Pyramide auch unter den Marienemblemen.

Eine Pyramide kann als Attribut der Personifikation der Mathematik, der *gloria* ›Ruhm‹ und allgemein der *virtus* ›Tugend‹ fungieren, in diesem Sinn auch in Mariendarstellungen. Häufig ist eine Pyramide Kennzeichen von Afrika in der Erdteilikonographie (COSMAS DAMIAN ASAM, Deckenfresko, 1738, Straubing, Ursulinenkirche).

Als symbolische Architekturform wurde die Pyramide aber auch in die Sepulkralarchitektur und -kunst übernommen (z. B. RAFFAEL, *Cappella Chigi*, 1513–15, Rom, S. Maria del Popolo; ANTONIO CANOVA, *Grabmal der Erzherzogin Maria Christine*, 1805, Wien, Augustinerkirche). Besonders in der Epoche des Klassizismus war die Pyramide beliebtes Sinnbild der Unsterblichkeit, der Ewigkeit und der Standhaftigkeit.

Q

Quacksalber. In der Genremalerei des 17. Jahrhunderts werden besonders in den Niederlanden Barbiere und Quacksalber gerne als Sinnbild für Täuschung und Betrug eingesetzt.

Quadrat. Es ist eines der wichtigsten geometrischen Symbole, das das Ordnungsprinzip verkörpert. Ein Quadrat wirkt statisch und bildet so das Gegenstück zum Kreis. So konnte es zum Sinnbild von Erde und Mensch werden im Gegensatz zum Himmelssymbol Kreis. Als Viereck ist es Symbol der vier Himmelsrichtungen. Es wird aber auch mit den vier Winden in Zusammenhang gebracht.

Durch seine vierfache Ausrichtung und dennoch Ausgewogenheit fand das Quadrat auch als Grundriss von Tempeln, Altären und Städten, Letzteres besonders bei den Römern, vielfache Anwendung. Auch das Himmlische Jerusalem der Geheimen Offenbarung hat einen quadratischen Grundriss (Offb. 21). Im mittelalterlichen Kirchenbau war das Quadrat darüber hinaus eine wichtige Proportionseinheit.

Ein quadratischer Heiligenschein weist darauf hin, dass der Dargestellte zur Zeit der Wiedergabe eine noch lebende Person ist (Mosaik, 7. Jh., Saloniki, Demetriuskirche).

Quadriga ‣ Pferdegespann

Quelle. In der antiken Mythologie wurden Quellen im Gegensatz zu Flüssen mit ihren männlichen Flussgöttern meist durch weibliche Gottheiten oder Nymphen versinnbildlicht.

Wasser ist das Urelement des Lebens. So entstanden auch viele Wallfahrtsstätten um Quellen. Im Alten Testament erzählt schon der Schöpfungsbericht von der Paradiesquelle, der die vier Paradiesströme entspringen (1. Mose 2,10). Später werden die Israeliten bei ihrem Auszug aus Ägypten durch das Quellwunder des Mose vor dem Verdursten in der Wüste gerettet (2. Mose 17,1–7). Doch meist erscheint das Bild der

Quelle im übertragenen Sinn als Sinnbild des ewigen, nie versiegenden Lebens und der Wiedergeburt.

Im Hebräischen bedeutet dasselbe Wort Quelle und Auge und wird so im symbolischen Sinn zu Segen, Heil und Reinigung. Gott ist der Quell lebendigen Wassers, die Quelle des Lebens und der Unsterblichkeit (z. B. Ps. 36,10). Christus gilt als Quelle des ewigen Lebens und das zukünftige Himmlische Jerusalem beherbergt ebenfalls den Urquell, das Wasser ewigen Lebens (Offb. 22,1).

Sieben Quellströme können auf die Sieben Gaben des Hl. Geistes verweisen (JAN und HUBERT VAN EYCK, *Genter Altar*, 1432, Gent, Sint Bavo). Auch Maria gilt als nie versiegende Quelle (JAN VAN EYCK, *Madonna am Springbrunnen*, 1439, Antwerpen, Koninklijk Museum voor Schone Kunsten). Eine Quelle zum Attribut können die hll. Bonifatius und Willibrord haben, drei Quellen der Apostel Paulus.

Aber auch in der Profanikonographie gibt es die Symbolik der Lebensquelle (GIOVANNI SEGANTINI, *Die Liebe an der Lebensquelle*, 1896, Mailand, Galleria d'Arte Moderna).

Quitte. In der Antike war diese Frucht als Sinnbild für Glück und Fruchtbarkeit der Liebesgöttin Aphrodite/Venus zugeordnet. Später ist sie noch in manchen Hochzeitsriten nachweisbar.

R

Rabe. Wegen ihres ähnlichen Aussehens werden Rabe und Krähe in bildlichen Darstellungen und in der Symbolik häufig gleichgesetzt. Der Rabe gilt in vielen Kulturen auf Grund seiner Farbe und seines krächzenden Rufes als Unheilverkünder und Todesbote, aber auch als schlau, gelehrig und geschwätzig. In der Antike war der Rabe Apoll zugeordnet. In Märchen gehört er zu den Begleitern von Hexen und des Teufels.

Positiv wird der Rabe in einzelnen *Physiologus*-Fassungen gesehen, da er nach deren Vorstellungen als Jungtier von Gott durch Tau ernährt wird wie der Mensch durch die Sakramente. Ein Rabe kann auch ein Bote Gottes sein. So bringt ein Rabe dem Propheten Elia in der Wüste Brot und Fleisch (1. Kön. 17,6; PETER PAUL RUBENS, *Elia wird von Raben ernährt*, um 1625, Paris, Musée National du Louvre), den Eremiten Antonius und Paulus Brot vom Himmel (MATTHIAS GRÜNEWALD, *Isenheimer Altar*, 1512–16, Colmar, Musée d'Unterlinden; DIEGO VELAZQUEZ, *Antonius und Paulus*, um 1650, Madrid, Prado).

Negativ erscheint der Rabe dagegen in Zusammenhang mit der Arche Noah. Er darf als erster die Arche als Bote verlassen, kehrt aber als Aasfresser nicht mehr zurück. So wurde er zum Sinnbild für das Unreine oder für den Sünder, der sich den Vergnügungen dieser Welt hingibt. Als Unheilverkünder und Todessymbol kommt der Rabe vereinzelt auch in Marienbildern (GIOVANNI BELLINI, *Madonna del Prato*, 1500/05, London, National Gallery) oder Golgota-Szenen (PIETER BRUEGHEL, *Kreuztragung Jesu Christi*, 1564, Wien, KHM) oder auch in Bildern mit der Versuchung des hl. Antonius vor.

Ein Rabe gehört zu den Attributen der hll. Apollinaris, Benedikt, den ein Rabe vor dem Verspeisen von vergiftetem Brot bewahrt, Bonifatius, Oswald von Northumbrien, der einen sprechenden Raben als Boten hatte, der mit einem Ring im

Schnabel als Brautwerber auftrat, Ida von Toggenburg, bei ihm mit einem Ring im Schnabel, und Vitus. Zwei Raben bei Darstellungen des hl. Meinrad verweisen auf die Auffindung seiner Leiche durch seine beiden gezähmten Raben, ein Rabenschwarm schützte den Leichnam des hl. Vinzenz Diaconus von Zaragoza vor Raubtieren und Raubvögeln (NICOLAU CHANTERENE, *Statue des hl. Vinzenz*, 1517, Belém, Hieronymuskloster, Kirche).

Der Rabe gehört zu den Kennzeichen von Lasterpersonifikationen wie *gula* ›Völlerei‹ und *avaritia* ›Geiz‹ (JAN STEEN, *Ein Dorffest*, 1673, London, Buckingham Palace, Königliche Sammlungen). Er ist Sinnbild der Personifikation der *tristitia* ›Traurigkeit‹, da die sprichwörtlichen Rabeneltern ihre nackten Jungen nicht als eigene erkennen sollen, bevor ihnen schwarze Federn wachsen. Als Bild der Abtrünnigen und Ungläubigen im Christentum wurde der Rabe auch zum Symbol des Judentums im mittelalterlichen Antisemitismus. Als Wappentier dient ein Rabe dem ungarischen Geschlecht der Hunyadi (Matthias Corvinus).

Rad. Diese Kreisform mit Speichen gilt als Sinnbild für Erneuerung, Wiedergeburt und des Zyklischen. Das Rad ist aber auch das am meisten verbreitete Sonnensymbol. Daraus entstand zum Beispiel der Brauch der Feuerräder zur Sonnenwende. In seiner Wirkung ist das Rad gegenüber dem Kreis dynamisiert.

Nach den Visionen des Ezechiel (Hes. 1,4 ff.) und des Daniel (Dan. 7,9 ff.) ist der Thronsitz Gottes von Feuerflammen in Rädern oder von Cherubim auf Flügelrädern mit Feuer umgeben. Die Vorstellung vom dynamischen Rad ist dabei wohl auf die Allgegenwärtigkeit Gottes zu beziehen. Das Rad vor den Toren des Paradieses steht für den nach dem Sündenfall den Einlass verwehrenden Cherub mit seinen Flügelrädern.

Ein Radkreuz ist in christlichem Kontext meist als Zeichen für die Herrschaft Christi im Erdkreis zu verstehen. Auch bei den Fensterrosen der gotischen Kathedralen, die *rota* ›Rad‹ genannt wurden, steht oft Christus im Zentrum. Als Attribut dient das Rad dem hl. Willegis von Mainz, der aus dem Handwerkerstand kam. Ein zerbrochenes Zackenrad weist auf die hl. Katharina von Alexandria (CARAVAGGIO, *Hl. Katharina*, gegen 1600, Madrid, Museo Thyssen-Bornemisza). Augusta von Treviso, Euphemia von Chalzedon, Donatian von Reims (Rad mit fünf Kerzen), Georg und Bernhard von Clairvaux (Rad mit Teufel) haben es ebenfalls unter ihren Kennzeichen.

Die Personifikation der *inconstantia* ›Unbeständigkeit‹ verliert ihr Gleichgewicht auf einem Rad (GIOTTO, *Lasterdarstellungen*, um 1305, Padua, Arenakapelle). Das Lebensrad und das Glücksrad sind durch ihre Bewegung und den immerwährenden Wechsel seit dem Mittelalter Sinnbild des rollenden Schicksals, der Fortuna (Fassadenrelief, 12. Jh., Verona, S. Zeno).

Rainfarn. Dieser Korbblütler ist als Heilpflanze im Mittelalter zum Marienattribut geworden.

Ranunkel. Diese Pflanze galt in der Renaissance als Todessymbol.

Ratte. Die negativ gewertete Ratte, die oft mit Mäusen gleichgesetzt wird, gilt als mit dem Teufel und mit Hexen verbunden. Als Attribut dient sie der gelähmten hl. Fina von S. Gimignano, der eine Ratte ein Ohr abgenagt haben soll. Die hl. Gertrud von Nivelles wird gegen Rattenplagen angerufen. Außerdem gehört die Ratte zu den Attributen des hl. Ulrich von Augsburg.

Rauchen. Bei Darstellungen der fünf Sinne ist das Rauchen dem Geschmack oder dem Geruchssinn zugeordnet. Das Rauchen von Tabak galt im Gegensatz zum Schnupfen als vulgär und für untere Schichten charakteristisch.

Rauchfass. Rauchfässer sind ein häufiges Attribut von Engeln beim himmlischen Gottesdienst, vor allem aber beim Jüngsten Gericht. Der aufsteigende Rauch des in liturgischen Zeremonien gebräuchlichen Rauchfasses gilt, wohl auch in Erinnerung an die alten Brandopfer, als Zeichen für Gebet und Verehrung, aber auch als Sinnbild für die guten Werke zum

Beispiel bei Begräbniszeremonien. Davon abgeleitet, tauchen Rauchfässer in Bildern manchmal auch bei den drei Frauen am Grab und beim Marientod auf (*Perikopenbuch Heinrichs II.*, Ostermorgen, um 1010, München, Staatsbibliothek). Deshalb gehören Rauchfässer auch zu den Kennzeichen von Maria Salome, Maria Kleophas und Maria Magdalena, aber auch von den Priestern Aaron und Zacharias. Allgemein sind sie Attribut von Diakonen und charakterisieren liturgische Zeremonien.

Im Mittelalter waren Rauchfässer häufig als Sinnbild des Himmlischen Jerusalem gestaltet (nach Theophilus, *Schedula diversarium artium*).

In der Profanikonographie gehört ein Rauchfass zu den Attributen des Erdteils Asien.

Raute. Als Heilpflanze wurde die Raute im Mittelalter zum Mariensymbol. Auch geometrische Figur.

Rebe ‣ Weinrebe

Rebhuhn. Als Beutetier großer Greifvögel gehört das Rebhuhn zu den Sinnbildern der verfolgten Seele, wegen seiner braunen Färbung kann es aber auch für Bescheidenheit stehen.

Nach Aristoteles sollen sich Rebhühner gegenseitig die Eier stehlen. So wurden sie zum Attribut des Teufels, der unmündige Seelen fängt. Diese aber erkennen mit zunehmender Reife Christus und wenden sich dann diesem zu, so wie die Jungen der Rebhühner ihrer wahren Mutter. Da die Rebhuhnjungen die Stimme ihrer Mutter sofort erkennen, galt das Rebhuhn auch als Symbol der göttlichen Inspiration, der Erkenntnis Jesu Christi und seiner Nachfolge (ANTONELLO DA MESSINA, *Der hl. Hieronymus im Gehäus*, 1475/76, London, National Gallery). Da antiken Vorstellungen gemäß die Weibchen nur durch Anhauchen des Männchens befruchtet würden, galt das Rebhuhn außerdem als Symbol der jungfräulichen Empfängnis Mariens (TIZIAN, *Verkündigung an Maria*, um 1530/40, Venedig, Scuola Grande di San Rocco).

Ebenfalls aus der Antike stammt die Verbindung des Rebhuhns mit dem Laster *luxuria* ›Wollust‹. Nach Aristoteles sollen Rebhuhnmännchen die Gelege zerstören und auf diese Weise weiteren Geschlechtsverkehr erzwingen. Nach Ripa gehört das Rebhuhn zur ungezügelten Wollust und nach *Horapoll* zur gleichgeschlechtlichen Liebe aus überheftiger Begierde. Auch Rebhuhnpasteten verweisen ebenso wie Pfauenpasteten auf diese Bedeutungsschicht.

Wegen des großen Geleges war das Rebhuhn im 18. Jahrhundert bisweilen aber auch ein positives Fruchtbarkeitssymbol. Als Heiligenattribut findet sich der Vogel bei Nikolaus von Tolentino gebraten in einer Schüssel.

Rechen. In der antiken Mythologie ist der Rechen der Göttin Kybele zugeordnet. Als Marterinstrument wurde das bäuerliche Werkzeug zum Attribut des hl. Blasius, als Heurechen jenes der hl. Notburga, weil sie eine Bauernmagd war.

Rechenkugeln und Rechenstab. Als Zählinstrumente gehören sie zu den wichtigsten Attributen der Arithmetik.

Rechts und Links. In den meisten Kulturen existiert ein Wertunterschied zwischen rechts und links. Rechts gilt als positiv und links als negativ. Vor allem unter semitisch-griechischem Einfluss entstand die Vorstellung von der rechten Seite als der guten und der Glücksseite; dementsprechend kann die Anordnung auch in Bildern Wertvorstellungen spiegeln.

So ist der Platz zur Rechten von Gottvater oder, ganz besonders wichtig beim Jüngsten Gericht, zur Rechten von Christus den Guten überlassen, und der Platz zur Rechten des Hausherrn gilt als Ehrenplatz. Auf der rechten Seite finden sich Osten, Tag, Sonne und Leben, auf der linken Seite Westen, Nacht, Mond und Tod. Bei der Kreuzigung Jesu Christi ist der Schächer zu seiner Rechten jener, der Erbarmen finden wird, und der Schächer zur Linken der heillose Spötter.

Im abendländischen Kulturkreis ist die Leserichtung von links nach rechts von entscheidender Bedeutung auch für das Verständnis vieler Bilder, denn wir empfinden beispielsweise eine Schräge von links unten nach rechts oben als steigend, eine Schräge von links oben nach rechts unten aber als fallend oder eine Bewegung von links nach rechts als wegschreitend und von rechts nach links als entgegenkommend usw.

Regenbogen. Schon bei den alten Germanen galt der Regenbogen als Verbindungsbrücke von den Göttern zur Erde. In der Antike war Iris, die Göttin des Regenbogens, eine Botin. Im Alten Testament erfährt der Regenbogen als Zeichen des Bundes zwischen Gott und Noah und den Tieren nach der Sintflut und damit als Zeichen des Friedens eine weitere Bedeutungssteigerung (1. Mose 9,11 ff.).

Die Darstellung von Christus oder Gottvater auf einem Regenbogen ist ebenfalls aus Rückbezügen auf Textstellen des Alten und des Neuen Testamentes abzuleiten (Hes. 1,28; Offb. 4,3). So ist der Regenbogen in Endgericht- und in *Maiestas domini*-Darstellungen sowohl als Zeichen der göttlichen Herrlichkeit als auch der Bundestreue Gottes oder als Unterpfand eines neuen Bundes für den neuen Himmel und die neue Erde zu verstehen.

Nach dem im 12. Jahrhundert lebenden Gottfried von Viterbo gilt für die Symbolik der Regenbogenfarben Folgendes: Blau – Sintflut, Rot – künftiger Weltbrand, Grün – neue Erde. Die drei Hauptfarben können aber auch auf die Dreifaltigkeit verweisen, während die sieben Farben des Regenbogens (Violett, Indigo, Blau, Grün, Gelb, Orange, Rot) auch auf die Sieben Gaben des Hl. Geistes oder auf die sieben Sakramente bezogen werden konnten.

Der Regenbogen fand auch als Sinnbild Mariens Verwendung, da er als Zeichen der Verbindung von Himmel und Erde durch die Gottesmutterschaft Mariens gedeutet wurde, so wie auch schon in der Antike die Regenbogengöttin Iris als jungfräulich galt (Matthias Grünewald, *Stuppacher Madonna*, um 1517/19, Stuppach, Pfarrkirche).

Reh/Rehbock. Seit den Kirchenvätern taucht das Reh vereinzelt als Christussymbol auf, wegen der einzelgängerischen Lebensweise des Rehbocks aber auch als Sinnbild für Askese (Lucas Cranach d. Ä., *Kardinal Albrecht von Brandenburg als Hieronymus im Gehäus*, 1526, Sarasota, Florida, John and Mable

Ringling Museum of Art). Des Weiteren kann das Reh der Liebe zugeordnet sein und dem Gehör unter den fünf Sinnen.

Reichsapfel ▸ Kugel

Reigen ▸ Tanz

Reiher. In der Antike war der Vogel dem Meeresgott Poseidon/Neptun zugeordnet. Der in Darstellungen oft nicht von einem Kranich zu unterscheidende Reiher soll nach Plinius bei Schmerz Tränen vergießen können. Diese Vorstellung wurde im Mittelalter auf Christus am Ölberg bezogen, während das graue Gefieder des Vogels als Symbol der Buße verstanden werden konnte. Aber auch als Schlangenfresser und damit Vertilger von Bösem fand der Reiher Eingang in die Symbolik von Jesus Christus (Andrea Mantegna, *Jesus am Ölberg*, 1459, London, National Gallery).

Ein Reiher mit einem weißen Stein im Schnabel gilt als Sinnbild der Schweigsamkeit, ebenso ein Reiher, der einem Kritiker die Nase zuhält, um ihn zum Schweigen zu bringen (Martin Hirsch, Altarschranken, um 1700, Kloster Waldsassen). Nach dem *Physiologus* ist der Reiher ein Beispiel der Genügsamkeit (Physiologus 1981, S. 89–90) und nach mittelalterlichen Tierbüchern und barocken Emblembüchern Sinnbild für Gläubige, die weltabgewandt nur den Weg zum Himmel suchen (Hans Burgkmair d. Ä., *Johannes auf Patmos*, 1502, Augsburg, Staatsgalerie).

Als Symbol von Verschwendung und des Lasters *luxuria* ›Wollust‹ erscheint der Reiher, der nicht zu den Speisevögeln gehörte, in Jagd- und Vorratskammerbildern vom 15. bis zum 18. Jahrhundert.

Reisigbündel. Das Sammeln von Reisig oder Holz gehört zu den Tätigkeiten der winterlichen Jahreszeit und wird dementsprechend in Jahreszeiten- oder Monatsdarstellungen eingesetzt. Darüber hinaus ist ein Reisigbündel, das auf den Scheiterhaufen ihres Martyriums verweist, Attribut der hl. Afra von Augsburg.

Reißbrett, Kennzeichen von Baumeistern und Zeichen des Meistergrades bei Freimaurern.

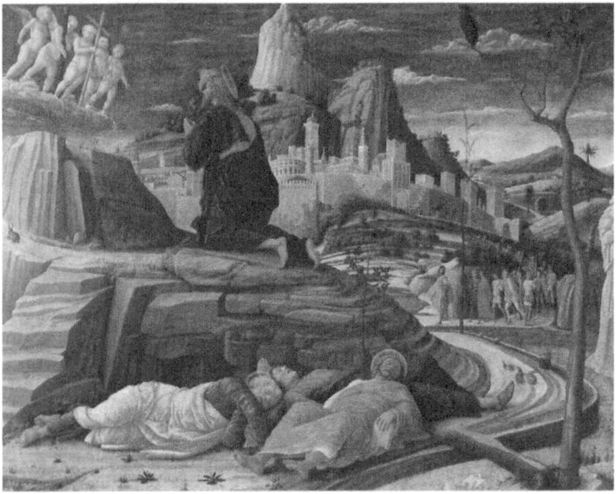

Andrea Mantegna: Christus am Ölberg. London, National Gallery, um 1460. – In einer kargen Landschaft vor der Kulisse der Stadt Jerusalem mit Motiven aus dem antiken Rom kniet Christus betend auf einem Felsen. Über ihm im Himmel präsentieren Engel bereits die Leidenswerkzeuge mit dem Kreuz in der Mitte. Unterhalb des Felsens sind die zum Wachen aufgeforderten Jünger Petrus, Jakobus d. Ä. und Johannes vor einem Feigenbaum eingeschlafen. Im Hintergrund ist Judas, der Verräter, mit den Schergen bereits auf dem Weg. Links von Christus laufen zwei Hasen zum schützenden Felsen hoch. Nach dem *Physiologus* sind sie als Sinnbild des im Glauben Schutz Suchenden zu deuten. Hasen laufen aber auch auf dem Weg, der aus der Stadt Jerusalem zum Ölberg führt. Hier sind sie eher auf die Sünde des sich hinter ihnen nahenden Verrates zu beziehen. Über den Bach Kidron führt ein gefällter Baumstamm als Brücke. Der fast verdorrte Baum daneben ist als Hinweis auf den bevorstehenden Tod zu sehen, denn in seinem Geäst sitzt ein schwarzer Adler, der sich auf die beiden weißen **Reiher**, Christussymbole, unten im Bach stürzen wird. Die Palme im Hintergrund weist auf das Paradies voraus.

Reiter. Reiter gelten als Machtträger und fallen damit in den Bereich der Herrschaftssymbolik, dementsprechend gab es von der Antike bis ins 19. Jahrhundert eine Vielzahl von Reiterdenkmälern.

Die Reiter der Apokalypse gelten auf dem weißen Pferd als Sinnbild für Christus und das Wort Gottes, auf dem feuerroten Pferd als Bild des Krieges, auf dem schwarzen Pferd mit einer Waage in der Hand als Verkörperung des Hungers und auf dem grünlichfahlen Pferd als Sinnbild für den Tod (Offb. 6,1–8; 19,11 ff.; ALBRECHT DÜRER, *Die vier apokalyptischen Reiter*, Holzschnitt, vor 1498, Wien, Albertina).

Reliquiar. Ein Reliquienbehälter ist als Attribut der hll. Bernhard von Clairvaux (Reliquienschrein), Johannes Nepomuk (Zungenreliquiar), Karl Borromäus (mit Kreuznagel), Thekla von Ikonium (Armreliquiar) und Papst Urban V. zu finden.

Rettich. Im Mittelalter war der scharfe Rettich als Sinnbild für Hader und Streit gebräuchlich.

Riese. Als wilde unzivilisierte Menschen der Urzeit oder Verkörperungen einer übermächtigen Natur kommen Riesen in vielen Mythen und Märchen vor.

In der antiken Mythologie sind es die Titanen wie Kronos/Saturn, Okeanos und die Kyklopen (Hesiod) und Tityos. Zu den bekanntesten Szenen zählen der Sturz der Titanen (ANSELM FEUERBACH, Deckengemälde, 1879, Wien, Akademie der bildenden Künste), der Titan Kronos/Saturn, der seine Kinder verschlingt (FRANCISCO DE GOYA, *Saturn verschlingt einen seiner Söhne*, um 1820, Madrid, Prado), und der Sieg des listigen Odysseus über den einäugigen Kyklopen Polyphem (Homer, *Odyssee*). Im Alten Testament ist es vor allem der Riese Goliath, der vom Hirtenjungen David bezwungen wird (1. Sam. 17,40–51; GUIDO RENI, *David besiegt Goliath*, um 1607, Sammlung Rau). Unter den Märchenfiguren ist vor allem Rübezahl bekannt (MORITZ VON SCHWIND, *Rübezahl*, 1851/59, München, Schack-Galerie).

Rind, von alters her ein Opfer-, Haus- und Lasttier. Als Träger von Taufbecken oder Brunnen sind Rinder, meist zwölf an der Zahl, auf die Beschreibung des Ehernen Meeres im Eingangshof des Salomonischen Tempels zu beziehen (1. Kön. 7,23–26; RAINER VON HUY, Taufbecken, Bronze, 1107–18, Lüttich, St. Barthélemy; NIKOLAUS VON VERDUN, *Klosterneuburger Altar*, 1181, Klosterneuburg bei Wien, Stiftsmuseum). Als Lasttier mit einem Joch gehört das Rind zu den Attributen der Tugend *patientia* ›Geduld‹, aber auch von *humilitas* ›Demut‹. Bei Monatsdarstellungen ist das Rind öfter dem April zugeordnet. ‣Kalb, ‣Kuh, ‣Ochse, ‣Stier

Ring. Da ein Ring ohne Anfang und Ende ist, konnte er zum Ewigkeitssymbol werden. Vor allem aber gilt er als Zeichen eines Bundes, einer Verbindung und der Treue. Des Weiteren ist er ein wichtiges Amts-, Herrschafts- und Würdezeichen.

Noch im alten Rom galt das öffentliche Tragen eines Ringes als besonderes Privileg. Es handelte sich dabei um eine Ehrung durch den Staat. Anfänglich waren diese Ringe neben den goldenen für die Jupiterpriester aus Eisen, später wurden sie für Senatoren und Ritter gleichermaßen aus Gold gefertigt und nur für Angehörige eines niederen Standes aus Eisen. Ebenfalls aus dem alten Rom stammt der Brauch, der Braut zur Verlobung einen Ring zu überreichen. So wurde der Ring als Ausdruck des Versprechens zum Symbol der Verlobung. Aus diesem Verlobungsring entwickelten sich seit dem 10. Jahrhundert als Zeichen der Beglaubigung auch der Ehering und der Siegelring und damit der Ringwechsel zum Rechtssymbol für die Eheschließung. Unverzierte Goldringe als Ehering wurden aber erst ab dem 16. Jahrhundert gebräuchlich. Dementsprechend erscheinen Ringe in betonter Stellung in Verlöbnisbildern und ehelichen Doppelporträts (LORENZO LOTTO, *Marsilio Cassotti und seine Braut Faustina*, 1523, Madrid, MP; LUCAS VAN LEYDEN, *Die Verlobten*, um 1527, Straßburg, Musée des Beaux-Arts).

Ein Ring ist auch Attribut der Personifikationen von *matrimonium* ›Ehe‹ (Ripa 1970, S. 305, 306) und *fidelitas* ›Treue‹

(Ripa 1970, S. 152, 153). Ein zerbrochener Ring gilt dagegen als Sinnbild eines gebrochenen Gelöbnisses, aber auch von Unheil.

Der Ringwechsel mit dem Christuskind ist Zeichen der mystischen Vermählung der hll. Katharina von Alexandria, Katharina von Siena und Agnes mit Jesus Christus (Lorenzo Lotto, *Mystische Vermählung der hl. Katharina von Alexandria*, um 1505–08, München, AP). Katholische Ordensfrauen tragen bis heute einen Ring in diesem Sinn. Auf apokryphen Quellen basiert die Wiedergabe der Verlobung der Jungfrau Maria mit Joseph (Protoevangelium des Jacobus; Raffael, *Lo Sposalizio*, 1504, Mailand, Brera).

Bei den frühen Christen waren Ringe mit Symbolen wie Fisch, Anker oder Taube als Zeichen ihres Bekenntnisses üblich. Vielleicht daraus oder aus dem römischen Ring des Pontifex Maximus (Jupiterpriester) entwickelte sich der Bischofsring, der wie der Ring für Äbte und Äbtissinnen Zeichen der symbolischen Vermählung der Kirche mit Christus ist. Der Papst trägt dagegen den Fischerring, einen persönlichen Ring mit dem Bild des Petrus mit dem Fischernetz (Lk. 5,4 ff.). Er wird dem Papst nach der Wahl überreicht und nach seinem Tode zerbrochen.

Drei ineinander verschlungene Ringe waren früher ein beliebtes Dreifaltigkeitssymbol. Ein Ring gehört zu den Kennzeichen der theologischen Tugend *fides* ›Glaube‹. Als Attribut findet sich ein Ring bei den hll. Agnes, Katharina von Alexandria, Katharina von Siena, Oswald (mit einem Vogel mit Ring im Schnabel), Arnulf von Metz und Mungo von Glasgow (beide mit einem Fisch mit Ring im Maul), Robert von Molesme, Eduard dem Bekenner, Hemma von Gurk, Ludwig IX. dem Heiligen, Damasus I. (Diamantring), Berthold von Kalabrien (mit zwölf Sternen und drei Blumen) und dem Apostel Petrus. Die erythräische Sibylle kann durch einen Ring und eine Rose auf einem Globus gekennzeichnet sein.

Der Ring unter den Krönungsinsignien der Könige soll deren Vermählung mit ihrem Land veranschaulichen. Ringe mit

Edelsteinen hatten früher oft auch Amulettcharakter, so sollte zum Beispiel ein Ring mit einem Karneol gegen Blutungen schützen und ein Ring mit einem Amethyst vor Trunkenheit bewahren.

Die fünf ineinander verschlungenen Olympischen Ringe – seit 1920 gebräuchlich – sind ein Sinnbild der durch die olympische Idee geeinten fünf Kontinente.

Ringelblume. Als Heilpflanze ist die Ringelblume im Mittelalter zum Marienattribut geworden. Wegen ihres sonnenartigen Blütenkranzes gilt sie aber auch als Symbol der Erlösung.

Ritter. Allgemein waren Ritter Angehörige des Kriegerstandes, der einer Adelsstufe entspricht. Es kann sich bei einem Ritter aber auch um ein Mitglied eines adeligen Ritterordens handeln. Schon im römischen Kaiserreich waren die Ritter ein privilegierter Stand. Im Mittelalter waren sie erst Berufskrieger, die jedoch ab dem Ende des 12. Jahrhunderts zu einem erblichen Stand mit einem bestimmten Tugendkodex erhoben wurden (hochgemut, freigeboren, freigebig, ehrenhaft, tapfer). Als Ritter wiedergegeben werden deshalb manche heilige Adelige. Drei gefesselte Ritter gehören zu den Attributen des hl. Nikolaus von Myra.

Ritterrüstung ‣Rüstung

Rittersporn. Diese blau blühende Blume ist nach dem Sporn an ihrer Blüte benannt und so zum Symbol von Ritterlichkeit und Treue geworden, aber auch als Mariensymbol gebräuchlich (»hehre Frau«; Jan und Hubert van Eyck, *Genter Altar*, 1432, Gent, Sint Bavo). Als Heilpflanze bei Augenleiden ist der Rittersporn der hl. Ottilie zugeordnet.

Robinie ‣Akazie

Rohrstab. Ein Rohrstab findet sich unter den ‣Arma Christi und diente als Zepter bei der Verspottung Jesu Christi. Er gehört zu den Attributen der samischen und der tiburtinischen Sibylle.

Rolle. Eine Schriftrolle kennzeichnet in frühchristlichen Mosaiken Christus als Gesetzeslehrer (unbekannter Meis-

TER, Apsismosaik, 526–30, Rom, SS. Cosma e Damiano) und gehört allgemein zu den Attributen der Rhetorik, von Rednern und Philosophen und auch der Astrologie.

Rose. In der antiken Mythologie sind Rosen der Liebesgöttin Aphrodite/Venus geweiht, sie dienen aber auch Dionysos/Bacchus zur Bekränzung. Bei Festgelagen sollen Rosenkränze zum Kühlen getragen worden sein. Die Rose gehört zu den Attributen der Morgenröte. Nach islamischer Überlieferung soll die im Orient besonders beliebte Rose aus einem Schweißtropfen Mohammeds entstanden sein, der bei seiner Himmelfahrt von seiner Augenbraue tropfte. Sie gilt zudem als Königin der Blumen und Sinnbild von Schönheit, Anmut und Liebe. Vor allem die rote Rose ist mit diesen Bedeutungen verbunden und oft mit Paradiesvorstellungen verknüpft. Eine weiße Rose kann dagegen auch Todessymbol sein, wie sie im römischen Totenkult gebräuchlich war, aber auch in der christlichen Sepulkralkunst vorkommt. Für die symbolische Zuordnung ist also auch die Farbe wichtig.

Im christlichen Kontext werden rote Rosen auch als Hinweis auf das Blut Christi oder seine Wunden verstanden – dies vor allem wegen der Fünfzahl der Blütenblätter der wilden Rose (FILIPPINO LIPPI, *Madonna mit Kind und Johannesknaben*, um 1480, London, National Gallery) – oder auch als Zeichen des vergossenen Blutes der Märtyrer eingesetzt. Rosetten um das Christusmonogramm lassen sich dagegen als Zeichen der Hoffnung auf das ewige Leben deuten.

Auch die Vorstellung von Schamhaftigkeit und Sittsamkeit ist mit der Rose verknüpft. So waren Rosen im Mittelalter ein Attribut von Jungfrauen. Die Rose steht als Königin der Blumen auch der Himmelskönigin zu. Als Sinnbild der weltlichen und geistigen Schönheit und Minne wurde die Rose zum Marienattribut und zum Tugendsymbol. Rote Rosen können dabei auf die Schmerzen Mariens verweisen, weiße auf ihre Freuden (MARTIN SCHONGAUER, *Maria im Rosenhag*, 1473, Colmar, St. Martin).

Als Heiligenattribut finden sich Rosen bei den hll. Angelus

(Rosen im Mund), Cäcilia von Rom, Casilda von Burgos, Diego von Alcalá (in Rosen verwandelte Brote), Dorothea (meist in einem Korb), Elisabeth von Thüringen (als in Rosen verwandeltes Brot im geschürzten Gewand oder in einem Korb), Elisabeth von Portugal, Hemma von Gurk, Hermann Joseph (drei Rosen im Kelch), Lidwina von Schiedam, Rita von Cascia, Rosa von Viterbo, Rosalia von Palermo, Therese von Lisieux und Vincentius von Zaragoza. Ein Kranz aus Rosen ziert vor allem die hll. Cäcilia, Flavia und Rosa von Lima und die libysche Sibylle, während die erythräische Sibylle ein Ring mit Rose und die samische Sibylle eine Rose und Dornen kennzeichnen. Ein Rosenstrauch kann auch der Kardinaltugend *fortitudo* ›Tapferkeit‹ beigegeben sein.

Bei Beichtstühlen gilt ein Strahlenkranz mit einer fünfblättrigen Rose als Zeichen der Verschwiegenheit (sub rosa), hierin dem Sinnbild in der Antike und im frühen Christentum folgend. Als allgemeines Liebessymbol kommt die Rose natürlich auch in Bildern von Liebespaaren vor (Hausbuchmeister, *Das Gothaer Liebespaar,* um 1480, Gotha, Schlossmuseum). In Jahreszeitenbildern wird die Rose vor allem dem Monat Mai zugeordnet.

Rosenkranz. Diese Gebetsschnur ist in der katholischen Kirche seit dem 12. Jahrhundert nachweisbar und eng mit der Marienverehrung verbunden. Der Rosenkranz bezieht sich dabei auf die Gebetssätze des Rosenkranzes. Der Legende nach wurde der Rosenkranz von der Gottesmutter dem hl. Dominikus überreicht. Der kleine Rosenkranz besteht aus dreiunddreißig kleinen Perlen, die für die Lebensjahre Jesu Christi stehen, und fünf größeren Perlen für die fünf Wunden der Kreuzigung. Der mittlere Rosenkranz hat dreiundsechzig kleine Perlen, die die angenommenen Lebensjahre Mariens veranschaulichen sollen, und sieben größere, die sich auf die Sieben Freuden oder die Sieben Schmerzen Mariens beziehen. Der große Rosenkranz wird aus hundertfünfzig kleinen Perlen nach der Zahl der Psalmen und fünfzehn großen Perlen gebildet. Die kleinen Perlen stehen dabei jeweils für das zu betende

Ave Maria, die großen für das Vaterunser. Einen Rosenkranz zum Attribut haben der selige Alanus a Rupe (de la Roche), der die Rosenkranzfrömmigkeit 1470 mit der Gründung einer Rosenkranzbruderschaft im Abendland ins Leben rief, Dominikus und Dominikanerheilige, viele heilige Eremiten und als besonders fromm geltende Heilige wie die hll. Alfons von Liguori, Aloysius von Gonzaga, Beatus von Beatenberg, Bonaventura, Filippo Neri, Isidor von Madrid, Jodokus, Ladislaus, Rochus und Wendelin und Katharina von Siena, Luitgard und Rosa von Lima. ‣Kranz

Rosmarin. Die immergrüne Pflanze ist ein altes Liebes-, Treue- und Fruchtbarkeitssymbol und war deshalb auch besonders für Brautkränze beliebt. Als Totenpflanze weist sie auf die Unsterblichkeit hin. Besonders zugeordnet ist Rosmarin Maria und der hl. Agnes, in der Antike der Liebesgöttin Aphrodite/Venus (Hans Holbein d. J., *Bildnis des Kaufmanns Georg Gisze*, 1532, Berlin, Staatliche Gemäldesammlungen).

Rost. Ein Bratrost ist das wichtigste Attribut des hl. Laurentius, der auf einem Feuerrost sein Martyrium erlitt. Weiterhin gehört er zu den Kennzeichen der hll. Blandina von Lyon, Christina von Bolsena, Fides von Agen, Gorgonius und Vinzenz von Zaragoza (*Legenda Aurea*).

Rotkehlchen. Als kleiner Singvogel findet sich das Rotkehlchen unter den Sinnbildern der Seele. Wegen seiner Rotfärbung gilt es wie der Stieglitz als Hinweis auf die Passion Christi, aber auch auf die sinnliche Liebe (Annibale Carracci, *Rinaldo und Armida*, 1601/02, Neapel, Galleria Nazionale di Capodimonte).

Ruder. In der antiken Mythologie sind Ruder Attribut der Personifikation des Meeres, des Gottes Okeanos. Als Heiligenattribut finden sich Ruder bei Adalbert von Prag, Christophorus, Erasmus und Julianus Hospitator.

Rühr-mich-nicht-an ‣Mimose

Rüstung. Komplett oder zumindest als Harnisch ist die Rüstung das kennzeichnende Attribut von Heerführern, Kriegern, Königen und Angehörigen des Ritterstandes. Beinschienen als Teil einer Rüstung kennzeichnen in der antiken Götterwelt vor allem Ares/Mars, Poseidon/Neptun und Herakles.

Unter den Personen des Alten Testaments werden vor allem Heerführer wie Josua, sogenannte Richter, die die höchsten Anführer des Volkes waren, und Könige mit Rüstung dargestellt. Der Erzengel Michael wird im Kampf mit Luzifer meist in Rüstung oder zumindest gepanzert wiedergegeben (Guido Reni, *Der hl. Michael*, 1635, Rom, S. Maria della Concezione). Als Attribut von Heiligen findet sich eine Rüstung bei den hll. Abbo von Metz, Arnulf von Metz, Arnulf von Soissons, Bernhard von Baden, Demetrius, Emerich, Erik, Exuperantius, Florentinus von Amboise, Georg (Drachenkampf), Gereon, Hippolytus, Hubertus von Lüttich, Ignatius von Loyola (zu Füßen), Jakobus maior (mit einem Kreuz auf der Brust, als Maurentöter), Kandidus, Kassius, Lambert von Maastricht, Martin, der ursprünglich ein römischer Offizier war, bei Mauritius, dem Anführer der Thebanischen Legion (Matthias Grünewald, *Die hll. Erasmus und Mauritius*, vor 1525, München, AP), Norbert, Pankratius und Wilhelm und Johanna von Orléans. Eine Ritterrüstung gehört auch zu den Attributen der Kardinaltugend *fortitudo* ›Tapferkeit‹ und der Personifikation von *fortezza* ›Stärke‹ (Ripa 1970, S. 166–168).

Eine alte christliche Deutung der Rüstungsteile verbindet das Schwert mit dem Kreuz, die Lanze mit der Wahrheit, den Helm mit Demut, den Harnisch mit dem Schutz gegen die Laster, die Sporen mit Ehre, den Schild mit Pflicht und den Handschuh mit der Sorge, nichts Schlechtes zu berühren.

Ruine. Als zerstörtes oder verfallenes Bauwerk ist die Ruine ein Zeichen von Vergangenem (Antike, Arkadien) und Vergänglichkeit (vanitas).

Neben der Darstellung von Ruinen als Stimmungsträgern, aber auch Zerstörungsbildern wie dem Untergang von Sodom und Gomorra (1. Mose 19) wird vor allem der Stall von Bethlehem bei der Geburt Jesu Christi häufig als symbolischer Hinweis auf das Ende des Alten Bundes in ruinösem Zustand wiedergegeben. Antike Ruinen können aber auch den Triumph des Christentums über das Heidentum veranschaulichen, so oft in Martyriumsbildern (ANDREA MANTEGNA, *Der hl. Sebastian*, um 1480, Paris, Louvre).

Künstlich gebaute Ruinen sind seit dem 16. Jahrhundert bezeugt, wurden aber vor allem im 18. Jahrhundert ebenso wie in der Landschaftsmalerei als Stimmungsträger wichtiger Bestandteil der Ausstattung von Gärten und Parkanlagen (JOSEPH EFFNER, *Magdalenenklause*, 1725, München, Park von Schloss Nymphenburg).

Rute, Rutenbündel. Das alte Züchtigungsmittel gehörte zu den Instrumenten des römischen Strafvollzugs und wurde auch bei der Geißelung Jesu Christi eingesetzt. Da die agrippinische Sibylle die Geißelung Jesu vorausgesagt haben soll, gehört ein Rutenbündel zu ihren Kennzeichen.

Anstelle des üblicheren Stabes, mit dem er Wasser aus dem Felsen schlug, zählt eine Rute auch zu den Attributen des Mose. Alttestamentliche Gestalten wie der Prophet Jeremia oder Aaron können gleichfalls eine Rute statt des Stabes tragen.

Vereinzelt erscheint auch die Gottesmutter Maria mit einer Rute oder einem Rutenbündel, wenn sie nach den apokryphen Berichten des Pseudo-Matthäus und des Thomas-Evangeliums das Jesuskind auf dem Schulweg begleitet (UNBEKANNTER MEISTER, Schlussstein, um 1360, Nürnberg, Frauenkirche).

Ebenso ist eine Rute Attribut der hll. Benedikt von Nursia, Bibiana, die gegeißelt wurde, Ernst von Zwiefalten, Ferreolus und Ferrutius von Besançon, Firminus, Koloman von Stockerau, Mathurin, Nikolaus von Palea, Pantaleon von Nikomedien, Prisca von Rom, Roland und Rupert von Salzburg. Eine blühende oder grünende Rute erinnert an das Stabwunder beim Verlöbnis Mariens mit dem hl. Joseph (Protoevangelium des Jacobus).

Darüber hinaus ist eine Rute als Züchtigungsmittel Kennzeichen der Grammatik in der Darstellung der Sieben freien Künste, Attribut der Kardinaltugend *iustitia* ›Gerechtigkeit‹ und Kennzeichen der Tugend *vigilantia* ›Wachsamkeit‹.

S

Sacra Conversazione, italienische Bezeichnung für die Darstellung der Gottesmutter Maria mit dem Kind und Heiligen vor allem in der Renaissance.

Säbel. Als Marterinstrument ist ein Säbel Attribut der hll. Amarandus von Albi, Angelus von Jerusalem, Petrus Martyr (im Kopf) und der fünf franziskanischen Märtyrer von Marokko (im Kopf).

Säge, Sägeblatt. Beim hl. Joseph von Nazareth weist eine Säge als Zimmermannswerkzeug auf dessen Beruf hin, beim hl. Alto von Bayern, einem angelsächsischen Wandermissionar, der der Gründer von Altomünster wurde, auf dessen Rodungsarbeit. Als Marterinstrument ist die Säge Attribut des Apostels Simon Zelotes (Carlo Dolci, *Der hl. Simon*, um 1650, Florenz, Palazzo Pitti, Galleria Palatina) und der hll. Cyrikus von Tarsus, Euphemia von Amysium, Fausta von Kyzikos, Julitta und Quirinus von Neuß.

Sämann, Säen. Ein Sämann kann sinnbildlich auf das Christusgleichnis vom Sämann oder vom Weizenkorn, das sterben muss, um Frucht zu bringen, verweisen (Mt. 13,3–9; Mk. 4,1–20; Lk. 8,4–15; Domenico Fetti, um 1620, Prag, Nationalgalerie; Vincent van Gogh, *Der Sämann*, 1888, Amsterdam, Van Gogh Museum).

Vereinzelt gehört ein Sämann aber auch zu den Attributen der Grammatik unter den Sieben freien Künsten. Des Weiteren ist das Säen typisch für die Jahreszeitendarstellungen des Frühlings und der Monate März und April, aber auch für den Herbst und die Monate Oktober und November.

Säugling ▸Kind, ▸Wickelkind

Säule. Als stützendes Architekturglied ist die Säule im Gegensatz zum Rundpfeiler in ihrer Proportionierung zum Menschen in Bezug gesetzt. Sie gilt aber auch als Zeichen der Verbindung von Himmel und Erde. Schon in der Antike standen

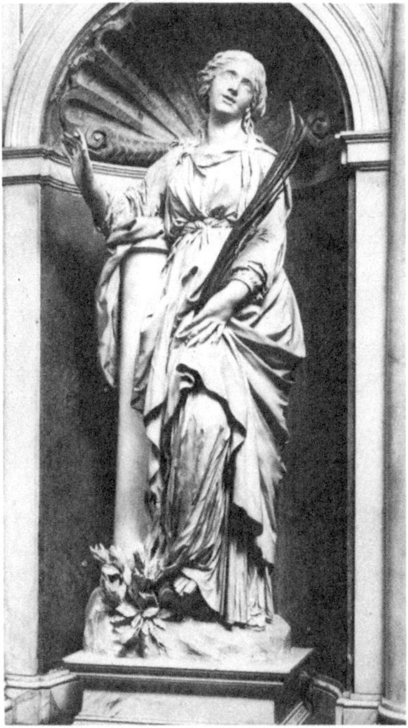

Gianlorenzo Bernini: Die hl. Bibiana. Rom, S. Bibiana, 1624/26. – Die hl. Märtyrerin steht auf eine **Säule** gestützt, mit einem langen gegürteten Gewand bekleidet, einem Palmzweig in ihren Händen und einer Minze zu ihren Füßen in ihrer Nische. Ihr nach oben gerichteter Blick zeigt sie bereits in der seligen Anschauung Gottes. Die Säule, an die sie zur Geißelung gebunden war, erinnert an ihr Martyrium, zeigt aber auch als Sinnbild der *securitas* ›Sicherheit‹ die sieghafte Gewissheit der Heiligen. Der Palmzweig ist als Sinnbild für Auferstehung und ewiges Leben und als Siegeszeichen über den Tod ein allgemeines Märtyrerattribut. Der Gürtel weist auf die Jungfräulichkeit von Bibiana. Das Minzkraut zu ihren Füßen, das an ihrem Grab wuchs, gilt als Kraut der Bibiana, das als Heilkraut gegen die Fallsucht verwendet wurde. Auch das Pulver der Martersäule, die als Reliquie in S. Bibiana aufbewahrt wird, galt als heilkräftig.

Götterbilder häufig auf Säulen, siegreichen Feldherren wurden Triumphsäulen (z. B. die Marc-Aurel-Säule oder Trajans-Säule in Rom) errichtet.

Die Funktion der Säule als Ehrenmal oder Hoheitszeichen hielt sich bis zum Ende der Neuzeit. So gibt es zahlreiche Dreifaltigkeitssäulen, Mariensäulen und als Votiv gelobte Pestsäulen und Säulen als Hoheitszeichen von Städten (z. B. Venedig).

Im Alten Testament sind eine Feuersäule oder eine Wolkensäule Bilder für Gott (2. Mose 13,21 f.). Der alttestamentliche Held Simson, dessen letzte Tat gegen die feindlichen Philister darin bestand, dass er zwei Säulen eines Hauses, das voll von Philistern war, zum Einsturz brachte und damit die Philister und sich selbst in den Tod riss, hat unter seinen Kennzeichen deshalb auch eine Säule (Ri. 16,25–31). Lots Frau erstarrte beim Untergang Sodoms zu einer Salzsäule, da sie verbotenerweise zurückblickte (1. Mose 19,25).

Zwei Säulen schmückten auch den Eingang des Salomonischen Tempels und trugen die Bezeichnung Jachin (Er lässt fest stehen) und Booz/Boas (In ihm ist Kraft; 1. Kön. 7,15–22). So werden später bei architektonischen und vor allem symbolischen Anspielungen auf den Tempel Salomos auch diese Säulen als Zitat eingesetzt. Sie können ein Bauwerk neben anderen Allusionen auch zu einem neuen salomonischen Tempel erklären, auf Jerusalem verweisen oder auch auf die Juden- und Heidenkirche oder das Alte und das Neue Testament anspielen (Johann Bernhard Fischer von Erlach, Karlskirche, 1716 – nach 1723, Wien).

Die Säule der Geißelung Jesu Christi, die freilich in den Evangelientexten nicht direkt erwähnt ist, wird als Reliquie in der Cappella S. Zeno in S. Prassede in Rom verehrt und kommt dementsprechend auf vielen Bildern zur Geißelung Jesu vor (Mt. 27,26; Joh. 19,1; Piero della Francesca, *Geißelung Christi*, um 1463, Urbino, Galleria Nazionale delle Marche; Guercino, *Geißelung Christi*, 1657, Rom, Galleria Nazionale d'Arte Antica; Diego Velazquez, *Christus an der*

Geißelsäule, um 1630, London, National Gallery; Gnadenbild, um 1730, Wallfahrtskirche Wies). Stürzende Säulen mit Götterbildern erscheinen dagegen – auf apokryphen Legenden basierend – bei der Flucht nach Ägypten (Pseudo-Matthäus). Sieben Säulen, auf denen die Weisheit ihr Haus gebaut hat, symbolisieren die Sieben Gaben des Hl. Geistes (Spr. 9,1; JOHANN BERNHARD FISCHER VON ERLACH, Hochaltar, um 1707, Salzburg, Kollegienkirche). Auch die Apostel gingen als Grundsteine des Himmlischen Jerusalem in die Symbolik von Säulen ein, im Besonderen die Apostel Jakobus, Petrus und Johannes, von denen bereits Paulus schreibt, dass sie als Säulen gelten (Gal. 2,9). In diesem Sinn können die Säulen an den Eingangsportalen oder Chören von Kirchen zu deuten sein. Meist spielt dabei auch die Anzahl eine wichtige Rolle.

Als Marterinstrument mit Hinweis auf eine Geißelung gehört eine Säule zu den Attributen der hl. Bibiana (GIANLORENZO BERNINI, *Die hl. Bibiana*, 1624–26, Rom, S. Bibiana), an eine Säule gebunden erscheinen die hll. Afra von Augsburg, Thekla von Ikonium und Sebastian während ihres tatsächlichen oder durch ein Wunder verhinderten Martyriums. Ganz allgemein werden dagegen heidnische Göttersäulen in Darstellungen frühchristlicher Martyrien als Situationsschilderung einbezogen. Als Säulenheilige oder Säulensteher werden Simeon Stylites d. Ä. und d. J. wiedergegeben, die als Einsiedler zeitweilig auf säulenförmigen Plattformen lebten. Weiterhin findet sich eine Säule unter den Attributen der Kardinaltugend *fortitudo* ›Tapferkeit‹ als Zeichen der Stärke und tragenden Kraft und ebenso bei den Tugenden *constantia* ›Beständigkeit‹, *fides* ›Treue‹ im Sinn von Vertrauen und *audacia* ›Kühnheit‹ und der Personifikation der *securitas* ›Sicherheit‹.

Bereits in der Antike wurden den architektonischen Säulenordnungen dorisch/ionisch/korinthisch bestimmte Bedeutungen unterlegt. Überliefert von Vitruv wurde diese Symbolik ab dem 16. Jahrhundert wieder aufgegriffen. So gibt es folgende Zuordnungen: dorisch – männlich, fest (Jupiter, Mars, Herkules; Christus, die Apostel Petrus und Paulus, der hl. Georg …), ionisch – weiblich oder die mittlere Ordnung (Apoll, Bacchus, Diana; Heilige) und korinthisch – jungfräulich, aber auch die reichste und schönste Ordnung (Venus, Flora, Proserpina; Maria und heilige Jungfrauen, als reichste Ordnung aber auch generell im Kirchenbau bevorzugt). Als Attribut ist die Säule Herakles zugeordnet.

Safran ▸Krokus

Salamander. Nach antiken Vorstellungen konnte der Salamander im Feuer leben, ohne zu verbrennen. Außerdem schrieb man ihm die Fähigkeit zu, er könne sogar Feuer löschen. Seine Feuerfestigkeit machte ihn im Christentum zu einem Auferstehungssymbol, und da er auch üble Feuer löschen und heilsame entfachen könne, zum Christussymbol.

Im Mittelalter war der Salamander auch als Sinnbild für den Gerechten verbreitet, der inmitten von Peinigern seinen Glauben nicht verliert, noch mehr aber als Sinnbild für die Seele im Fegefeuer. So wurde die Wiedergabe eines Salamanders oft mit den drei Jünglingen im Feuerofen in Verbindung gebracht (Dan. 3,19–30), der Salamander wurde zum Attribut des Schadrach, eines der drei Jünglinge.

Der Salamander ist Attribut der *iustitia* ›Gerechtigkeit‹ (*Weltgerichtsportal*, 13. Jh., Paris, Notre-Dame) und, da er nach antiker Tradition ein geschlechtsloses Tier sei, Symbol der *castitas* ›Keuschheit‹.

In der Profanikonographie gilt der Salamander vor allem als Symboltier des Elements Feuer. Von der Verbindung des Salamanders mit *iustitia* ›Gerechtigkeit‹ ist wohl die Devise von König Franz I. von Frankreich (1515–47) »Ich lebe darin und lösche es aus« mit einem Salamander im Feuer als Bild abzuleiten. Auch als Wappentier benutzte Franz I. einen Salamander.

Salbei. Als Heilpflanze in den Klostergärten und über den Namen selbst das Heil symbolisierend, wurde der Salbei im Mittelalter auch zum Mariensymbol. Besonders zugeordnet ist er aber Johannes dem Täufer, der auf Jesus Christus, das Heil der Welt, hinwies (Albrecht Altdorfer, *Die beiden Johan-*

nes, um 1511, Regensburg, Museum der Stadt Regensburg, Leihgabe).

Salbgefäß, dient als allgemeines Kennzeichen der drei Marien am Grab Christi am Auferstehungsmorgen (Mk. 16,1), insbesondere jedoch von der hl. Maria Magdalena, ebenso von der hl. Afra von Augsburg (JAN VAN SCOREL, *Hl. Maria Magdalena*, um 1529, Amsterdam, Rijksmuseum).

Salzfass, Attribut des hl. Rupert, des Schutzheiligen der Salzstadt Salzburg (HANS VALCKENAUER, *Hl. Rupert*, Marmorrelief, 1498, Salzburg, Feste Hohensalzburg; UNBEKANNTER MEISTER, spätgotische Holzplastik, um 1500, Bischofshofen, Pfarrkirche).

Sandale. Hierbei handelt es sich vor allem um eine antike Fußbekleidung, im Besonderen gilt die Sandale als Kennzeichen von Aposteln und als weibliches Attribut; goldene Flügelsandalen trägt der Götterbote Hermes/Merkur.

Sanduhr/Stundenglas. Sie gilt als Sinnbild der verrinnenden Zeit, der Vergänglichkeit und des Todes (ALBRECHT DÜRER, *Ritter, Tod und Teufel*, Kupferstich, 1513/14). Als Attribut ist eine Sanduhr vor allem heiligen Büßern wie Hieronymus, Maria Magdalena und Philippus Benitius zugeordnet. In der antiken Mythologie werden Chronos/Tempus als Gott der Zeit und in früher Verwechslung mit diesem auch Kronos/Saturn mit Sanduhr dargestellt, da sie auch mit der Personifikation des Todes verbunden wurden.

Auch ist sie unter den Kennzeichen der Personifikation der Kardinaltugend *temperantia* ›Mäßigung‹ zu nennen. In diesem Zusammenhang ist auch die älteste bekannte Darstellung einer Sanduhr bei AMBROGIO LORENZETTI zu finden (*Die gute Regierung*, 1338, Siena, Palazzo Pubblico, Sala della Pace).

In der Profanikonographie ist das Stundenglas vor allem Vanitas-Symbol und Attribut des Todes.

Sarkophag/Sarg. Bis in die frühe Kaiserzeit war in Rom die Einäscherung von Toten vorherrschend, in der späten Kaiserzeit und im Christentum wurde dagegen die Erdbestattung üblich. Damit kamen in wohlhabenden Kreisen entsprechend prächtige Sarkophage auf, die als Grabstätten mit bildlichen Darstellungen auf Tod und Vergänglichkeit verweisen.

In Bildern der Geburt Jesu ist ein Sarkophag anstelle einer Krippe als Hinweis auf den zukünftigen Opfertod zu verstehen (DOMENICHO GHIRLANDAIO, *Anbetung der Hirten*, 1485, Florenz, S. Trinità, Cappella Sassetti). Bei der bildlichen Wiedergabe der Auferstehung Jesu Christi dient bisweilen auch ein antiker Sarkophag als Grab Christi. Jesus Christus steigt aus diesem heraus oder steht oder sitzt noch wunderbarer auf dem verschlossenen Deckel (HANS MULTSCHER, *Wurzacher Altar*, 1437, Berlin, Staatliche Gemäldesammlungen). Ein Sarg kann Attribut der Kardinaltugend *prudentia* ›Klugheit‹ sein. Als Vanitas-Motiv und Memento mori taucht ein antiker Sarkophag bisweilen in der Barockzeit auf (NICOLAS POUSSIN, *Et in Arcadia ego I*, 1629/30, Chatsworth, Devonshire Collection; DERS., *Et in Arcadia ego II*, um 1640, Paris, Louvre).

Satan ▸Teufel

Satyr. Diese Naturwesen mit Pferdeohren, Schwanz und Hufen, die oft schwer von Silenen zu unterscheiden sind, gehören zum Gefolge des Weingottes Dionysos/Bacchus und gelten als Wesen der Triebhaftigkeit.

Schachbrett. In Spielszenen, aber auch in Bildern mit der Wiedergabe der fünf Sinne kommen Schachbretter in Bezug zum Tastsinn vor (LUBIN BAUGIN, *Stillleben mit Schachbrett oder die fünf Sinne*, um 1630, Paris, Louvre; SEBASTIAN STOSSKOPF, *Der Sommer oder die Allegorie der fünf Sinne*, 1633, Straßburg, Musée de l'Œuvre de Notre-Dame).

Vor allem ein umgekipptes Schachbrett kann, als Hinweis auf das Glücksspiel verstanden, ein Sinnbild für das menschliche Schicksal sein. Auch als Vanitassymbol – Spielen galt als Laster – sind Schachbretter zu finden. Bei schachspielenden Fürsten ist es dagegen als Sinnbild staatspolitischer Klugheit oder des Krieges zu deuten. Außerdem wurde das Schachspiel vom Mittelalter bis in die Barockzeit öfter als typisches Spiel der Liebenden szenisch verwendet (ADRIAEN VAN DER WERFF, *Paar beim Schachspiel*, um 1680, Dresden, Gemäldegalerie AM).

Schachtel. Als Behälter für Medikamente ist eine Schachtel bisweilen Attribut von heilenden Heiligen wie dem Evangelisten Lukas, der Arzt gewesen sein soll, und von den hll. Abbakyros, Johannes von Alexandrien, Kosmas und Damian und Pantaleon und Hermolaos.

Schädel/Totenkopf. Ein Totenschädel ist das wichtigste Sinnbild für die Vergänglichkeit alles Irdischen (Guercino, *Et in Arcadia ego*, 1618, Rom, Galleria Nazionale, Palazzo Barberini).

Der in Bildern häufig zu findende Schädel unter dem Kreuz Christi, oft auch mit Knochen kombiniert, gehört Adam, der der Legende nach an dieser Stelle auf Golgota begraben war. Damit wird auf Christus als zweiten oder neuen Adam verwiesen, der im Gegensatz zum ersten Adam, der die Sünde und den Tod in die Welt brachte, den Tod überwand und die Menschen erlöste.

Als Attribut findet sich ein Totenschädel häufig bei büßenden oder meditierenden Heiligen und Asketen wie Aloysius von Gonzaga, Bruno, Elisabeth von Reute, Franz von Assisi (Giovanni Bellini, *Der hl. Franziskus*, 1480/85, New York, Frick Collection), Franz Borgia, Franz von Paula, Franz Xaver, Gebhard, Gregor der Große, Hieronymus (Albrecht Dürer, 1521, Lissabon, Museo de Arte Antigua), Justina von Nokomedien, Kajetan von Thiene, Karl Borromäus, Katharina von Siena, Margareta von Cortona, Maria Magdalena, Petrus Damiani und Romuald. Außerdem ist ein Totenschädel unter den Attributen der Kardinaltugend *temperantia* ›Mäßigung‹ zu finden. Sowohl in der christlichen als auch in der Profanikonographie ist der Totenschädel ein Vanitassymbol zur Erinnerung an das Ende, aber auch zur Ermahnung zu Umkehr und Buße (Rogier van der Weyden, *Triptychon Braque*, nach 1450, Paris, Louvre; Rachel Ruysch, *Vanitas-Stillleben*, um 1690, La Fère, Musée Jeanne d'Aboville). Darüber hinaus kennzeichnet er die Personifikation der Melancholie (Domenico Fetti, *Die Melancholie*, um 1620, Paris, Louvre).

Schäfer ▸ Hirte

Schaf, Sinnbild der Arglosigkeit, Hilflosigkeit und Unschuld. Das Gleichnis Jesu von der Scheidung der Schafe und der Böcke als früheste bildliche Form der Weltgerichtsdarstellung zeigt die hellen Schafe, die für die Guten stehen, getrennt von den dunklen Schafen (Mt. 25,31–33; Mosaik, Anf. 6. Jh., Ravenna, S. Apollinare nuovo).

Schafe sind aber auch die Weidetiere im Gleichnis vom Guten Hirten (Lk. 15,3–7; Joh. 10,1–6). In diesem Sinn können sie auch die Apostel symbolisieren (Apsismosaik, 526–530, Rom, SS. Cosma e Damiano). Auch kommen Schafe als Herdentiere der Hirten bei der Geburt Jesu vor. Schafe bilden auch die Herde des Joachim, des Vaters der hl. Maria (*Legenda Aurea*).

Die Schafschur ist eine typische bäuerliche Tätigkeit für die Monate Juni oder Juli in Monatsdarstellungen oder für den Frühsommer in Jahreszeitenzyklen (Brüder von Limburg, *Der Monat Juli, Stundenbuch Les Très Riches Heures du Duc de Berry*, 1413–16, Chantilly, Musée Condé). ‣Lamm

Schakal. Als Aasfresser wird der selten dargestellte Schakal als böses Omen gedeutet.

Schale, flaches Behältnis. Schalen voll Räucherwerk dienen der Verehrung Gottes, Schalen des Zornes künden sein Gericht an (Offb. 5,8 und 15,7; 16,1). Eine Schale kann bei der Taufe Jesu für das Jordanwasser Verwendung finden. Als Gralsschale enthält sie das Blut Christi.

Das Gefäß gilt aber auch als Sinnbild überströmender Fülle. So ist auch unter die Kennzeichen der theologischen Tugend *caritas* ›Liebe‹ eine Schale zu zählen. Zudem gehört sie als Attribut zu Joseph von Arimathia, mit darauf liegenden Augen zu Lucia und Ottilie (Francisco de Zurbaran, *Die hl. Lucia*, 1625/30, Washington, National Gallery), mit einem Brathuhn zu Ulrich und zum Richter bei Jakobus d. Ä., mit Brot zu Elisabeth von Thüringen, mit Rebhühnern zu Nikolaus von Tolentino und mit Schlangen zu Ludwig Bertrand und dem Apostel Philippus. ‣Kelch, ‣Schüssel

Schatzkästchen. Als Attribut ist ein Schatzbehälter den hll.

Corona, Laurentius und Papst Sixtus II. und Pelagia beigegeben.

Schaufel ‣Spaten

Schaukel. Das alte Kinderspielzeug diente auch Erwachsenen zu ihrem Vergnügen und taucht in Bildern vor allem in Zusammenhang mit dem galanten Genre des 18. Jahrhunderts auf (NICOLAS LANCRET, um 1735, Cincinnati, Art Museum; JEAN-HONORÉ FRAGONARD, 1767, London, Wallace Collection).

Scheiterhaufen. Als Attribut ist ein Scheiterhaufen meist Heiligen, die den Feuertod erlitten, wie Afra von Augsburg, Augusta, Columba, Fruktuosus, Irene von Thessaloniki, Martina, Polykarp, Thekla, Theodor und Thyro, zugeordnet.

Schellentrommel ‣Tympanon

Schemel. In der Antike gehörte ein Schemel als Fußstütze zu den Würdezeichen bei einem Thron von Göttern, Herrschern oder Beamten. In diesem Sinn ging er später auch in christliche Darstellungen ein, wobei er oft prunkvoll geschmückt sein konnte und vor allem in der Ostkirche ein wichtiges Element der Repräsentation war. Zeitweilig wurde der Schemel jedoch in Christusdarstellungen in seiner Funktion auch durch ein Bogensegment (Regenbogen) ersetzt. Dies findet sich vor allem in *Maiestas Domini*-Darstellungen.

In anderem Zusammenhang konnten manchmal auch besiegte Feinde in der Funktion eines Schemels dargestellt werden.

Schere. In der antiken Mythologie ist sie das wichtige Kennzeichen der Moire/Parze Atropos, die damit den Lebensfaden durchtrennt, ist aber auch unter den Attributen der Hera/Juno zu finden.

Sie gehört in Darstellungen, meist zum Abschneiden von Haaren oder Brüsten gebraucht, zu den Attributen der hll. Agatha von Catania, Homobonus, Martina und des alttestamentlichen Simson (MATTHIAS STOMER, *Simson und Delila*, um 1630, Rom, Galleria Nazionale d'Arte Antica, Palazzo Barberini).

Schiff/Arche/Boot. Als Sinnbild für Reise und Übergang, für die Lebensreise, aber auch für die Todesfahrt, wurde das Schiff symbolisch zum Lebensschiff und zum Bild des menschlichen Lebens. Aus dem Bereich der antiken Mythologie sind vor allem Charon als Fährmann auf dem Schiff in das Reich des Todes zu nennen, die Irrfahrt des Odysseus (Homer, *Odyssee*) und die Argonautensage (Pindar).

Als kastenförmiger Bau wird ein Schiff nach dem lateinischen *arca* ›Kasten‹ als Arche bezeichnet. Solch ein kastenförmiges Schiff verweist auf die Arche, in der Noah, seine Familie und die Tiere vor der Sintflut bewahrt wurden (2. Mose 6,14 ff.). Diese Arche Noah wurde später als Sinnbild der Rettung auf die gesamte Kirche bezogen. So sind seit der patristischen Zeit die Arche und das Schiff das wohl am weitesten verbreitete Bild der Kirche (z. B. bei Tertullian, Hieronymus, Maximus von Turin, Johannes Chrysostomus). Das Ziel ist dabei der Hafen des Heils. Öfter erscheint im Bild der Kirche als Schiff auch Petrus als Steuermann oder auch der Papst, vor allem in der Zeit der Reformation und der Türkenkriege. Kanzeln in Schiffsform finden sich als Bild der Kirche vor allem in der Barockzeit in einer Reihe von Kirchen und zeigen deren Aufgabe der Verkündigung des Wortes Gottes (IGNAZ HILLENBRAND, *Schiffskanzel*, 1724–25, Kloster Irsee [Allgäu]).

Bereits in den Schriften der Apostel wird die Arche zur Taufe in Bezug gesetzt (1. Petr. 3,20 f.). In der typologischen Auslegung des Mittelalters diente die Arche Noah aber nicht nur als Verweis auf die Taufe Jesu, sondern auch auf die Vertreibung der Händler aus dem Tempel und auf die Kreuzigung. Auch in der Grabsymbolik ist die Arche ein häufig verwendetes Motiv – wie Noah in der Arche wird die Seele des Verstorbenen durch die beschützende Liebe Gottes vor dem ewigen Tod gerettet (*Domitilla-Katakombe*, Ende 1. Jh., Rom; Kapitell, 12. Jh., Autun, Kathedrale St. Lazare). Auch ein Schiff mit Kreuz ist in der Grabsymbolik gebräuchlich.

Im Neuen Testament ist vor allem der Seesturm mit dem vom Untergang bedrohten Boot der Apostel und der wunderbaren Stillung des Sturms durch Jesus Christus zu nennen, ein Thema, das bis weit ins 19. Jahrhundert hinein zahlreiche Wiedergaben fand (Mt. 8,23–27; Mk. 4,35–41; Lk. 8,22–25; Rembrandt, *Christus stillt den Sturm*, 1633, Boston, Isabella Gardner Museum; Eugène Delacroix, *Der Sturm auf dem See Genezaret*, 1854, Baltimore, The Walters Art Gallery). Auch diese Erzählung aus dem Leben Jesu wurde in der Auslegung meist auf die Kirche bezogen. Der Schiffbruch gilt als Bild für den Abfall vom Glauben.

Wenn ein Engel ein Boot mit der Hl. Familie steuert, ist dies ein Bild der Überfahrt über den Nil bei der Flucht nach Ägypten, auf neuzeitlichen Legenden beruhend.

Das Schiff ist auch zum Attribut der Tugendpersonifikation von *confisio* ›Vertrauen‹ geworden. Die theologische Tugend *spes* ›Hoffnung‹ wird ebenfalls manchmal mit Segel oder Schiff, auch auf dem Kopf getragen, dargestellt. *Fortuna* ›Schicksal‹ ist es dagegen, die die Segel im Wind hin und her treibt. Ferner ist ein Schiff Attribut der hll. Adelaide, Athanasius des Großen, der seinen Verfolgern in einem Boot auf dem Nil entkam, Brandanus (Seefahrer), Berthulf, Gertrud von Nivelles, Helerius von Jersey, Johannes Nepomuk, Julian des Gastfreundlichen (Hospitator), Kastor, Kordula von Köln, Modestus, Nikolaus von Myra (Schutzpatron der Schiffer; Legenda Aurea), Petrus, Petrus Gonzales, Ursula, Vinzenz von Zaragoza und Vitus.

Ein vom Teufel erzwungenermaßen gesteuertes Boot gehört zu den Kennzeichen der hll. Florentius (Floris) von Saumur und Nektarius. Ein Schiff ohne Mast führt die hll. Bertin und Lazarus mit seinen Schwestern Maria und Martha auf dem Weg nach Marseille übers Meer.

Schiffswinde. Bei Patronen der Seefahrt wurden ursprüngliche Schiffswinden mit aufgewickeltem Tau als Attribut oft zum Hinweis auf ein Martyrium mit aufgewickelten Därmen umgedeutet, z. B. beim hl. Erasmus (Matthias Grünewald, *Die hll. Erasmus und Mauritius*, vor 1525, München, AP).

Schild. Der zur Rüstung gehörige Schild ist eine Schutzwaffe aus Holz, Metall, Leder oder Flechtwerk. In der antiken Mythologie ist der Schild vor allem Kennzeichen des Kriegsgottes Ares/Mars. Als Aigis mit dem Gorgonenhaupt in der Mitte ist er Schutzwaffe des Zeus und wurde von ihm der Göttin Athena verliehen. Auch der Zeussohn Perseus ist mit einem Schild als Attribut ausgezeichnet.

Als Kennzeichen findet er sich bei der theologischen Tugend *fides* ›Glaube‹ als Zeichen der Glaubensfestigkeit, vor allem aber bei der Kardinaltugend *fortitudo* ›Tapferkeit‹ und den Tugenden allgemein im Kampf gegen die Laster. In seltenen Fällen kann ein Schild auch die Personifikation der Rhetorik kennzeichnen. Er ist Attribut der Soldatenheiligen, z. B. Adrian, Florian, Georg, Longinus, Theodor, aber auch von Königen wie Ludwig IX. dem Heiligen von Frankreich und Leopold von Österreich (mit Adler) und Wenzel (mit Adler). Einen Schild mit Kreuz tragen die hll. Gereon, Mauritius, Ursus und Viktor von Agaunum, meist mit drei Kreuzen Demetrius, mit einem Doppelschlüssel Nikolaus von der Flühe, mit neun Kugeln Quirinus von Neuß, mit Lilien der schon erwähnte König Ludwig der Heilige von Frankreich und Maurus Abt und mit Lilien und Hörnern der hl. Wilhelm.

Schildkröte. In der Antike war die Schildkröte wegen ihrer zahlreichen Nachkommenschaft ein Fruchtbarkeitssymbol und in diesem Sinn Aphrodite/Venus zugeordnet. Wegen ihrer langen Lebensdauer galt sie aber auch als Sinnbild von Gesundheit, Vitalität und Unsterblichkeit.

Bei den Kirchenvätern wurde sie später dagegen als erdverhaftet charakterisiert, da die Schildkröte im Schlamm lebe wie der Sünder im Fleisch. So wurde die Schildkröte zum Sinnbild des Bösen und der *luxuria* ›Wollust‹. In Darstellungen des Kampfes mit einem Hahn als Bild für den Kampf zwischen Licht (Wachheit des Glaubens) und Finsternis (dunkler Unglaube) übernimmt sie den negativen Part (Mosaik, 4. Jh., Aquileia, Theodorusbasilika; Michiel Coxie, *Der Sündenfall*, um 1550, Wien, KHM).

Als Symbol des Lasters *acedia* ›Trägheit‹ und allgemein der

Sündenlast war die Schildkröte vor allem ab der Renaissance verbreitet (JOHANN ANWANDER, Fresko, 1762, Dillingen, Universität, Goldener Saal). Da die Schildkröte seit der Antike wegen ihres Panzers aber auch als Sinnbild der Keuschheit, der Tugendhaftigkeit und der züchtigen weiblichen Häuslichkeit (Plutarch) gesehen wurde, kann sie auch in Zusammenhang mit Mariendarstellungen vorkommen. In der Barockemblematik wurde die Schildkröte dagegen in verschiedenen Fürstenmottos im Sinn von gemäßigter Eile und kluger Bedachtsamkeit eingesetzt, seltener auch als Beispiel für Geduld.

Nach Ripa ist sie auch Kennzeichen der Personifikation des phlegmatischen Temperaments (Ripa 1970, S. 78), in Darstellungen der fünf Sinne kann sie das Gefühl vertreten.

Schilfrohr. Im antiken Mythos ist Flussgöttern, Nymphen und dem Gott Pan oft Schilfrohr beigegeben. Personifikationen von Flüssen mit Schilf können aber auch in christlichem Kontext auftauchen, wie z. B. beim Flussgott Jordan bei der Taufe Jesu (*Taufe Jesu*, Mosaik, um 500, Ravenna, Baptisterium der Arianer). Ebenso wird die samische Sibylle durch ein Schilfrohr kenntlich gemacht.

Als Pfeil, Schreibfeder, Rohrflöte und Messstab verwendet, gilt das Schilfrohr als Sinnbild des Wankelmutes, aber auch einer freudvollen Zukunft und der Barmherzigkeit Gottes, da Gott ein geknicktes Rohr nicht zerbricht (Jes. 35,6 ff. und 42,3). Auch die Personifikation der Tugend *humilitas* ›Demut‹ kann ein Schilfrohr zum Attribut haben.

Jesus wurde bei seiner Verspottung als König der Juden ein Rohrstab als Zepter in die Hand gegeben (Mt. 27,29 f.). Daher gehört das Schilfrohr auch zu den Arma Christi.

Das Flechten von Rohr war früher eine typische Winterarbeit. So können in Winterbildern Schilfrohr oder auch geflochtene Rohrprodukte zur Charakterisierung des Winters dienen (GIUSEPPE ARCIMBOLDO, *Der Winter*, 1563, Wien, KHM). Auch in der antiken Mythologie gehört ein Schilfkranz zu den Attributen der Winter-Hore.

Schläfenlocken/Pejes. Vom 11. bis zum 20. Jahrhundert

waren Schläfenlocken ebenso wie der Bart Erkennungsmerkmal von männlichen Juden, vor allem von Gesetzeslehrern, im Abendland (WILLIAM HOLMAN HUNT, *Der zwölfjährige Jesus im Tempel*, 1854/60, Birmingham, City Museum and Art Gallery).

Schlafender. Schlafende können symbolisch in Verbindung mit Träumen und Visionen, aber auch mit mangelnder Wachheit oder mit Tod erscheinen.

Aus dem Alten Testament ist vor allem die Szene mit dem Traum Jakobs bekannt, in dem er die Vision einer Himmelsleiter hat (1. Mose 28,10–22; JUSEPE DE RIBERA, *Der Traum Jakobs*, 1639, Madrid, Prado), aus dem Neuen Testament sind es der schlafende Joseph und die Hl. Drei Könige, denen ein Engel im Traum erscheint, um sie zur Flucht nach Ägypten aufzufordern (Mt. 2,12–14; UNBEKANNTER MEISTER, *Der Traum der Hl. Drei Könige*, Kapitell, Autun, Musée Rolin), die schlafenden Jünger am Ölberg (Mt. 26,36–46; Mk. 14,32–42; Lk. 22,39–46; GIOVANNI BELLINI, *Christus am Ölberg*, um 1465/70, London, National Gallery) und das Gleichnis von den klugen und törichten Jungfrauen (Mt. 25,1–13; PETER VON CORNELIUS, *Die klugen und die törichten Jungfrauen*, 1813/15, Düsseldorf, Kunstmuseum).

Als Siebenschläfer bezeichnet werden die sieben jungen Christen aus Ephesus, die sich einer Legende zufolge vor der Christenverfolgung des Decius in einer Höhle versteckten, dort einschliefen und erst nach zweihundert Jahren in einer christlich gewordenen Zeit erwachten. Als Schlafende wird auch die Todsünde *acedia* ›Trägheit‹ dargestellt. Diese Bedeutung reicht häufig noch bis zu den schlafenden Mägden der holländischen Genremalerei (NICOLAES MAES, *Das schlafende Küchenmädchen*, 1655, London, National Gallery).

Schlange. Sie ist ein in fast allen Kulturen verbreitetes altes Symboltier, dessen Bedeutung sehr ambivalent ist. Da Schlangen in Höhlen wohnen, haben sie Verbindung zum Unterirdischen. Da sie sowohl auf der Erde als auch im Wasser leben, ihre Jungen aber wie die Vögel der Luft aus Eiern schlüpfen, werden die Schlangen als allen Bereichen zugehörig gesehen. Außerdem häuten sich Schlangen im Frühling. So wurden sie zum Symbol des sich selbst erneuernden Lebens. Ihr bannender Blick auf ihre Opfer machte sie dagegen zum Sinnbild des durchdringenden Wissens und der Allgegenwärtigkeit.

Schlangen gelten ihrer vielfältigen Eigenschaften wegen auch als Ungeheuer. Sie sind das Sinnbild des Bösen und das Tier des Todes. Monster und Drachen werden oft in schlangenförmiger Gestalt wiedergegeben. Eine Schlange im Kampf mit anderen Tieren symbolisiert fast immer das Böse. Dagegen ist eine Schlange, die sich selbst in den Schwanz beißt, zum Symbol der Ewigkeit, der ewigen Wiederkehr, der sich erneuernden Zeit und des Kreislaufes der Zeit (des Jahres) geworden. Seit den alten Ägyptern ist sie so als Weltschlange bekannt und wurde in diesem Sinn vor allem in der Renaissance, aber auch später gerne verwendet (Giulio Romano, *Allegorie der Unsterblichkeit*, um 1520, Madrid, Prado; Nicolas Poussin, *Die Zeit entzieht die Wahrheit den Angriffen von Neid und Zwietracht*, 1641, Paris, Louvre).

Im antiken Mythos kennzeichnen Schlangenhaare und auch Schlangen in den Händen die Erinnyen, die Rachegöttinnen, und die Gorgo Medusa (Ovid, *Metamorphosen* 4,772–803; Caravaggio, *Medusenhaupt*, 1595–1600, Florenz, Uffizien). Chronos/Tempus und in früher Vermengung mit diesem auch Kronos/Saturn als Gott der Zeit wird öfter durch eine Schlange, die sich in den Schwanz beißt, dem Ewigkeitssymbol, gekennzeichnet. Ebenso gehört die Schlange zu den Attributen der Personifikation der *tellus* ›Erde‹, der Götter Demeter/Ceres, Hades/Pluto, Apoll und Athena/Minerva. Herakles wird in Erinnerung an eine Episode aus seiner Kindheit ebenfalls mit Schlangen dargestellt.

Unter den historischen antiken Gestalten ist vor allem Kleopatra zu nennen. Sie wird meist mit einer Giftschlange in ihrer Hand gekennzeichnet, die ihr in die Brust beißt. Auf diese Weise beging die ägyptische Königin Selbstmord, um der Schmach zu entrinnen, von Kaiser Augustus im Triumphzug

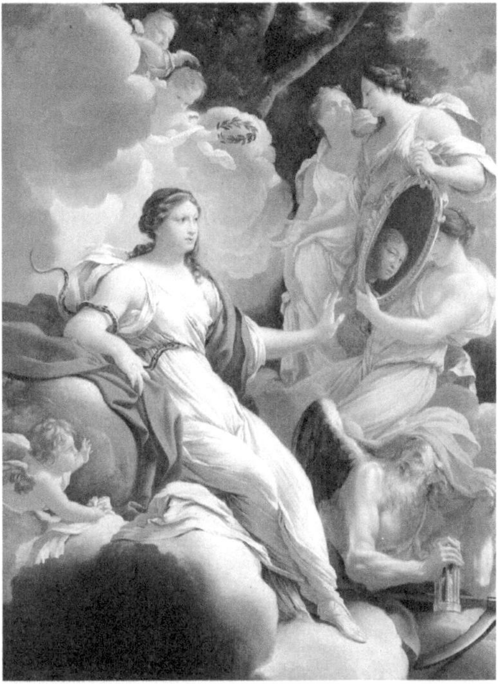

Simon Vouet: Allegorie der Prudentia. Montpellier, Musée Fabre, um 1645 (Ausschnitt). – Die Personifikation der Kardinaltugend *Prudentia* ›Klugheit‹, eine junge Frau in weißem Gewand mit blauem Mantelumhang, sitzt auf einer Wolkenbank. Eine **Schlange**, eines ihrer zentralen Attribute, windet sich um ihren rechten Arm. Drei weibliche Genien halten vor Prudentia einen Spiegel als Zeichen der Selbsterkenntnis, ebenfalls ein klassisches Kennzeichen der Klugheit. Die leicht abwehrende Handbewegung Prudentias könnte mit dem Spiegel aber auch die Bedeutung von Eitelkeit verknüpfen. Ein Putto bringt einen Lorbeerkranz, ein Zeichen von Tugend. Unten rechts erscheint Chronos, der Gott der Zeit mit Flügeln, Stundenglas und Sense. Er spielt vermutlich auf das Warten-Können als Eigenschaft der Klugheit an.

durch Rom geführt zu werden (Guido Reni, *Kleopatra*, um 1640, Rom, Galleria Capitolina).

Im Alten Testament tritt die Schlange als teuflische Verführerin beim Sündenfall von Adam und Eva auf. Manchmal erscheint sie dabei noch aufrecht stehend und mit Frauenkopf, auch in Form einer Echse. Dies soll die Situation vor dem Fluch Gottes zeigen, durch den die Schlange nach dem Sündenfall des Urelternpaares zum Kriechen verdammt wird (1. Mose 3; Hugo van der Goes, *Adam und Eva*, vor 1470, Wien, KHM). Der Blick auf die Eherne Schlange des Moses rettete dagegen die Israeliten in der Wüste bei ihrem Aufbegehren gegen Gott vor den zur Strafe gesandten tödlichen Schlangenbissen. Später wurde diese Eherne Schlange als Heilszeichen auch zum Symbol Jesu Christi (4. Mose 21,9; Orazio Riminaldi, *Anbetung der ehernen Schlange*, 1625, Pisa, Dom, Tribuna). Auch der Stab Aarons hatte sich in eine Schlange verwandelt (2. Mose 7,8–12).

Wenn das Christuskind mit einer Schlange erscheint, ist es als Triumphator über die Erbsünde zu deuten (Bernard Luini, *Christuskind*, gegen 1520, Chantilly, Musée Condé). Windet sich bei Kreuzigungsdarstellungen eine Schlange um den Kreuzesfuß, ist dies auf den Sündenfall und die Erlösungstat Christi zu beziehen, eine vor allem im Mittelalter gebräuchliche Symbolik. Ganz allgemein ist der frühmittelalterliche Christus als Triumphator über das Böse meist neben Drachen und anderen Ungeheuern auch mit einer Schlange dargestellt, noch in der protestantischen Ikonographie des 16. Jahrhunderts war der die Schlange zertretende Christus beliebt. Im Gegensatz dazu betonte die katholische Auslegung, dass es Maria ist, die mit Hilfe Christi die Schlange zertritt (Caravaggio, *Madonna dei Palfrenieri*, 1605, Rom, Galleria Borghese). Allgemein im Barock beliebt ist auch Maria mit dem Kind auf der von einer Schlange umwundenen Weltkugel, wobei Christus die Schlange mit seinem Kreuzstab niedersticht. Die bildliche Wiedergabe der Immaculata Conceptio, der Maria Immaculata, zeigt sie ebenfalls häufig mit ihrem Fuß auf einer

Schlange (Giambattista Tiepolo, *Immaculata Conceptio*, 1767–69, Madrid, Prado). Auch Luzifer wird in der apokalyptischen Vision der Geheimen Offenbarung schlangenähnlich vorgestellt (Offb. 12, 9).

In positiver Bedeutung ist die Schlange Attribut der Kardinaltugend *prudentia* ›Klugheit‹ (Simon Vouet, *Allegorie der Prudentia*, um 1645, Montpellier, Musée Fabre), bisweilen auch der Tugend *castitas* ›Keuschheit‹. Weit häufiger kennzeichnen Schlangen aber Laster und Todsünden. So sind Schlangen, die die Brüste und Geschlechtsteile von nackten Frauen anfressen, Sinnbild von *luxuria* ›Wollust‹. Schlangen gehören nach Ripa auch zu den Personifikationen von *haeresia* ›Irrglauben‹ (Ripa 1970, S. 216–217), *suspicio* ›Argwohn‹, *discordia* ›Zwietracht‹ (Nicolas Poussin, *Die Zeit entzieht die Wahrheit den Angriffen des Neides und der Zwietracht*, 1641, Paris, Louvre) und *invidia* ›Neid‹. Ebenso können in Hinblick auf die Fruchtbarkeit *largitas* ›Freigebigkeit‹, allgemein die Sünde, *fornicatio* ›Hurerei‹ und der Tod von Schlangen begleitet sein. Die Schlange ist Attribut der Dialektik, der Personifikation der Zeit und der persischen Sibylle.

Als Heiligenattribut finden wir Schlangen bei den hll. Anatolia, Amabilis von Rom, Amandus von Maastricht, Arsatius von Mailand (Bischofsstab mit Eherner Schlange), Christina von Bolsena (*Legenda Aurea*), Georg (Drachen in Gestalt einer Schlange), Germanus dem Schotten, Hieronymus, Hilarius von Poitiers, Honoratus, Ludwig Bertrand (mehrere Schlangen in einer Schale), Magnus, Notburga von Hochhausen (meist mit einem Heilkraut), Paternus von Avranches, Patrick, Apostel Philippus (mehrere Schlangen in einer Schale), Phokas, Pirmin von Reichenau, Romanus von Rouen, Simeon Stylites (meist mit einer sich um eine Säule windenden Schlange), Papst Silvester I. (mit einer geflügelten Schlange als Bild eines Drachen), Sisymus und Thekla von Ikonium. Einen Kelch mit einer Schlange haben die hll. Benedikt, Eduard und Johannes der Evangelist (Alonso Cano, *Johannes der Evangelist mit Giftbecher*, 1636, Paris, Louvre) zum Attribut.

In der Profanikonographie ging die Schlange in die Vanitas-Symbolik ein, die sich aus der Verbindung mit dem Tod (Sündenfall) entwickelte.

Schleier. Dieses eine Frau auszeichnende Kleidungsstück gilt als Sinnbild der Verhüllung. Das Lüften des Schleiers ist dementsprechend ein Bild der Enthüllung. Schon die Vestalinnen im alten Rom trugen als besonderes Kleidungsstück einen weißen Schleier mit Purpurverbrämung, der ihre Gottesbrautschaft veranschaulichen sollte. In der antiken Mythologie entschleiert Chronos/Terminus, der Gott der Zeit, *veritas*, die Wahrheit. Auch Aurora, die Göttin der Morgenröte, wird mit einem luftigen Schleier bekleidet dargestellt.

Im Christentum war ein Schleier als Zeichen von Tugendhaftigkeit im Mittelalter vor allem für Jungfrauen üblich – in diesem Sinne ist er ein wichtiges Attribut der Jungfrau Maria –, diente aber auch lange Zeit Frauen zur Kopfbedeckung während des Gottesdienstes und ist bis heute Kleidungsstück der Nonnen. Auch der Brautschleier sollte ursprünglich dem Schutz vor lüsternen Dämonen dienen, während der Trauerschleier ein Zeichen der Zurückgezogenheit war, aber auch Schutz vor den Totengeistern gewähren sollte. Heilige mit einem Schleier als Kennzeichen sind neben allen heiligen Nonnen Agatha, Aldegundis, Ludmilla, Plantilla und Veronika. Den hll. Godeleva und Ludmilla ist der Schleier dagegen beigeordnet, weil sie mit einem Schleier erdrosselt wurden.

Bekannt ist auch noch das Schleierwunder bei der Gründung von Klosterneuburg bei Wien. Leopold der Heilige von Österreich fand bei der Suche nach einem geeigneten Platz für eine Klostergründung den plötzlich verwehten Schleier seiner Gattin Agnes unversehrt an einem Holunderstrauch hängen und gründete so dort das Kloster Klosterneuburg (RUELAND FRUEAUF D. J., *Auffindung des Schleiers*, Leopold-Altar, 1505, Klosterneuburg bei Wien, Stiftsmuseum).

Die Synagoge, die Personifikation des Judentums, kann ebenfalls mit Schleier wiedergegeben sein. Einen Schleier über dem Gesicht tragen nach Ripa die Personifikationen von *casti-*

tas ›Keuschheit‹ (Ripa 1970, S. 67) und *religio* ›Religion‹ (Ripa 1970, S. 430). Auch die persische Sibylle ist durch einen weißen Schleier ausgezeichnet.

Schleuder. Eine Steinschleuder ist das wichtigste Attribut von David als Hirtenjunge und in seiner Heldenrolle als Bezwinger des Riesen Goliath (1. Sam. 17,40–51; Gianlorenzo Bernini, *David*, 1623–24, Rom, Galleria Borghese).

Schlitten. Vor allem als Verweis auf die Jahreszeit Winter ist der Schlitten seit dem 16. Jahrhundert als Gerät für Transport oder Wintervergnügen in Bildern zu finden (François Boucher, *Der Winter*, 1757, New York, Frick Collection).

Schlittschuhe ▸Eisläufer

Schloss ▸Vorhängeschloss

Schlüssel, Schlüsselbund. Als Gerät zum Öffnen und Schließen wurde der Schlüssel zu einem Zeichen von Macht. So galt und gilt zum Teil noch heute eine Schlüsselübergabe als symbolische Rechtshandlung, die entsprechende Vollmachten verleiht.

In mythologischen Darstellungen gehört ein Schlüssel zu den Attributen der Hestia/Vesta, der Kybele, der Demeter/Ceres, des Hades/Pluto und des Kronos/Saturn. Als saturnisches Temperament kennzeichnet auch Albrecht Dürer seine *Melencolia I* (Kupferstich, 1514) mit Schlüsselbund.

In der Schlüsselübergabe an Petrus, die sinnbildlich für die Himmelsschlüssel stehen, übertrug Jesus Christus seinem Apostel die Vollmacht zu binden und zu lösen (Mt. 16,19; *Perikopenbuch Heinrichs II.*, um 1010, München, Staatsbibliothek; Pietro Perugino, 1482, Vatikan, Sixtinische Kapelle; Raffael, *Teppichkarton*, 1515/16, London, Victoria & Albert Museum; Guido Reni, 1622, Paris, Louvre). Bis heute weisen die Schlüssel im Papstwappen auf diese Übertragung hin.

Schlüssel kennzeichnen manchmal aber auch die theologische Tugend *fides* ›Glaube‹ und die Personifikationen der *ecclesia* ›Kirche‹ und der Tugend *fidelitas* ›Treue‹ (Ripa 1970, S. 152–153). Als Heiligenattribut finden sich Schlüssel an erster Stelle natürlich zur Kennzeichnung des Apostels Petrus (meist zwei gekreuzte Schlüssel), ferner bei den hll. Adelrich von Einsiedeln, Benno von Meißen, König Ferdinand wegen dessen Einnahme der maurischen Stadt Cordoba, Gamelbertus, Genovefa, Hermann Joseph von Steinfeld, Hippolytus, jener Kerkermeister, der vom hl. Laurentius bekehrt wurde, Hubertus von Lüttich, Maurilies von Angers, Petronilla von Rom als Tochter des Apostels Petrus, Apostel Philippus (Schlüssel mit Schlange), Servatius von Tongern, der aus der Hand des Petrus einen silbernen Schlüssel empfing, und aller heiligen Päpste wie Benedikt XI. und XII., Innozenz V. und Coelestin V. Mit einem Schlüsselbund werden die hll. Martha, Notburga von Rattenberg, Zita von Lucca, Petronilla von Rom und Verena als Schutzpatroninnen der Hausfrauen und Dienstboten wiedergegeben.

Zwei gekreuzte Schlüssel sind auch noch das Pilgerzeichen der Rompilger. Die Schlüsselübergabe einer belagerten Stadt galt bis in nachmittelalterliche Zeiten als Ausdruck ihrer Kapitulation (Diego Velazquez, *Die Übergabe der Stadt Breda / Las Lanzas*, 1635, Madrid, Prado; Auguste Rodin, *Die Bürger von Calais*, 1884–95, Calais).

Schlüsselblume ‣ Primel

Schmerzen Mariä. Die Sieben Schmerzen Mariä gehen auf die Weissagung des Simeon bei der Darstellung Jesu im Tempel (Lk. 2,34–35, 48) und die Anwesenheit Mariens bei der Kreuzigung Jesu zurück (Joh. 19,25). Die kanonische Siebenzahl entwickelte sich erst im Laufe der Zeit. Vor allem seit dem Mittelalter ist die Verehrung Mariens als schmerzreiche Mutter in Gebeten, in geistlichen Schauspielen, durch Bruderschaften und die Einführung eigener Andachtstage und -feste nachweisbar, zum Teil auch verbunden mit den Sieben Freuden Mariä.

Als die Sieben Schmerzen, die freilich kaum so kombiniert in Bildern dargestellt wurden, gelten im Allgemeinen: die Weissagung des Simeon, die Flucht nach Ägypten, die Suche nach dem verlorenen zwölfjährigen Jesus, die Kreuztragung Jesu, der Kreuzestod Jesu, die Beweinung des toten Jesu und die Grablegung Jesu. Die Sieben Schmerzen Mariä werden in der Regel als sieben Schwerter in ihrer Brust dargestellt.

Schmerzensmann / Imago Pietatis. Dieser Typus eines Andachtsbildes des leidenden Christus tritt als ikonographisches Kennzeichen bei der Gregoriusmesse auf, in der bei der Feier der Eucharistie Christus als Schmerzensmann Papst Gregor erschien (Bernt Notke, *Die Gregorsmesse*, Anf. 16. Jh., ehemals Lübeck, St. Marien).

Schmetterling. In der Antike galt der Schmetterling als Sinnbild der Verwandlung und der unsterblichen Seele, die den Körper nach dem Tod verlässt. Man leitete diese Bedeutung daraus ab, dass sich der Schmetterling aus einer »leblosen« Puppe entwickelt. Deshalb ist in der antiken Mythologie die Personifikation der Seele, Psyche, mit Schmetterlingsflügeln versehen (Christian Ferdinand Hartmann, *Psyche*, 1797, Stuttgart, Staatsgalerie), während der Gott des Schlafes, Hypnos, die Schmetterlingsflügel meist auf dem Kopf trägt als Zeichen für die von irdischen Banden befreite Seele. Auch Eros/Amor erscheint oft mit Schmetterlingsflügeln.

Auch in den Schriften der Kirchenväter wurde der Schmetterling mit der Auferstehungs- und Unsterblichkeitssymbolik verknüpft. In diesem Sinn sind wohl auch noch später Schmetterlinge in Bildern mit Maria und dem Jesuskind zu deuten. Und die antike Liebesgeschichte von Amor und Psyche (Apuleius) wurde im Christentum als Beziehung von Christus zur Seele umgedeutet. So kann auch bei der Beseelung Adams die ihm von Gottvater eingehauchte Seele mit Schmetterlingsflügeln erscheinen (Mosaik, *Genesiskuppel*, um 1220, Venedig, S. Marco, Vorhalle).

Vom 17. bis zum 19. Jahrhundert wurde der Schmetterling als Bild der Seele auch – vor allem auf protestantischen Grabsteinen in Deutschland – als Auferstehungshinweis eingesetzt. Im romantischen Märchenbereich tragen Elfen Schmetterlingsflügel. In der Profanikonographie gilt der Schmetterling als Sinnbild des schönen Flüchtigen, der Vergänglichkeit und eitlen Nichtigkeit und gehört somit zur Vanitas-Symbolik.

Schmied, Schmiedewerkzeug. Tubalkain, einer der Nachfahren Kains (1. Mose 4,19–22), gilt als Ahnherr der Schmiede und erscheint so in Zyklen mit Handwerken, den sogenannten mechanischen Künsten (ANDREA PISANO, Relief vom Campanile, 1337–43, Florenz, Museo dell'Opera del Duomo). Im antiken Mythos ist vor allem die Schmiedewerkstatt von Hephaistos/Vulkan, dem Gott des Feuers und der Waffenschmiede, zu nennen (DIEGO VELAZQUEZ, *Apoll in der Schmiede des Vulkan*, 1630, Madrid, Prado).

Eine Schmiedewerkstatt kann – wohl durch ihre Beziehung zum Feuer – auch als winterlicher Tätigkeitsraum bei Jahreszeiten und Monatsdarstellungen vorkommen.

Schmuck/Geschmeide. Im antiken Mythos ist Schmuck ein wichtiges Attribut zur Steigerung der Schönheit und Attraktivität für die Liebesgöttin Aphrodite/Venus (ANNIBALE CARRACCI, *Toilette der Venus*, um 1594/95, Washington, National Gallery, Kress Foundation).

Geschmeide gilt allgemein als Hinweis auf Reichtum oder auf die Eitelkeit der Welt. In letzterem Sinn ist es ein wichtiges Vanitas-Symbol und Zeichen für die Vergänglichkeit des Irdischen. Schmuck gehört zu den Attributen des Lasters *superbia* ›Hochmut‹. Auch die hl. Maria Magdalena ist vor ihrer Bekehrung meist durch reichen Schmuck gekennzeichnet.

Schnecke. In der antiken Mythologie sind Schneckengehäuse als Hinweis auf die Geburt aus dem Meer unter den Attributen der Liebesgöttin Aphrodite/Venus zu finden, dienen aber auch Windgöttern als Blasinstrument.

In der Bibel gilt die Schnecke als unreines Tier, später wird sie in der sinnbildlichen Deutung ambivalent gesehen. In der christlichen Symbolik ist die Schnecke aber häufig ein Hinweis auf die Auferstehung, da sie im Frühjahr den Deckel ihres Gehäuses durchbricht. In diesem Sinn sind wohl die zwölf als Trägerfiguren eingesetzten Schnecken am Sebaldusgrab von Peter Vischer d.J. (1507–19, Nürnberg, St. Sebald) zu deuten. In die Mariensymbolik fand die Schnecke Eingang als der Muschel ähnlich, die Zeichen der Jungfräulichkeit ist, aber auch aus dem auf Aristoteles zurückgehenden Volksglauben, die Nacktschnecke entstünde ohne Zeugung aus Lehm (HANS HOLBEIN D. Ä., *Der Lebensbrunnen*, 1519, Lissabon, Museu Nacional de Arte Antiga).

Meist negativ als Sinnbild der Laster *acedia* ›Trägheit‹ und *ignavia* ›Feigheit‹ sind Szenen zu deuten, in denen ein Krieger mit einer Schnecke kämpft oder vor ihr flieht (UNBEKANNTER MEISTER, Relief an der Fassade, 14. Jh., Lyon, Kathedrale).

Als Bild kluger Vorsicht oder Zeichen der Zufriedenheit und inneren Einkehr erscheint die bedächtig ihr Haus mit sich tragende Schnecke dagegen öfter in der Emblematik des 16. und 17. Jahrhunderts, auch zur Illustration des Wahlspruchs »festina lente« (Eile mit Weile). Die Schnecke kann als Zeichen der Genügsamkeit gelten, da sie all ihre Habe mit sich trägt. Vereinzelt taucht die Schnecke auch als Sinnbild für Geburt und Wiedergeburt auf, da ihr spiraliges Gehäuse Ähnlichkeit mit dem gewundenen Uterus vieler Tiere hat.

Schnee. Als Sinnbild der jungfräulichen Reinheit gehört Schnee zu den Mariensymbolen. Von besonderer Bedeutung ist dabei das Fest Mariä Schnee, das an die Gründung von S. Maria Maggiore in Rom im Jahre 352 durch Papst Liberius erinnert. Dort, wo die Kirche erbaut werden sollte, lag mitten im Sommer ein Schneefeld (MATTHIAS GRÜNEWALD, *Die Gründung von S. Maria Maggiore*, 1519, Freiburg i. Br., Augustinermuseum).

Schneeglöckchen. Als Sinnbild des Frühlings und der Hoffnung ist das Schneeglöckchen zum Mariensymbol geworden, aber auch Zeichen der Hoffnung allgemein.

Schnepfe. Da die Schnepfe als Schlangenvertilgerin gilt, kann sie vereinzelt als Christussymbol eingesetzt erscheinen. Wegen der Schnepfenstrich genannten Zugbewegung dieses Vogels, den man mit Jagd und Fangen in Verbindung brachte, wurde die Schnepfe aber vor allem ein Sinnbild von *luxuria* ›Wollust‹ und der erotischen Aufforderung. Tote Schnepfen in Jagd- und Marktszenen spielen so oft auf die Jagd nach Liebe und deren Gefahren an (JOACHIM BEUCKELAER, *Ländlicher Markt*, 1566, Neapel, Museo Nazionale di Capodimonte).

Schnitter. Die Personifikation des Todes kann als Schnitter mit Sichel oder Sense auftreten, da Sterbende schon in der Bibel mit Garben und Getreide verglichen werden (Hiob 5,26; Offb. 14,14). In der Profanikonographie gehören Schnitter zur Jahreszeit des Sommers und treten dementsprechend in Sommer- oder den zugehörigen Monatsbildern auf.

Schnur ‣Faden

Schöllkraut/Schwalbenkraut. Da man glaubte, dass das Schöllkraut den grauen Star heile, wurde es zum Sinnbild eines Heilmittels gegen geistige Blindheit. In diesem Sinn ging es im Mittelalter in die Christussymbolik ein. Nach dem Volksglauben sowohl der Antike als auch des Mittelalters soll außerdem die Schwalbe ihre Jungen mit dem Saft des Schöllkrauts sehend machen. In diesem Sinn ist Schöllkraut auch allgemein der Lichtsymbolik zugeordnet.

Schrägbalkenkreuz, Kennzeichen des Apostels Andreas. ‣Kreuz

Schreibgerät. Schreibfeder (angespitzte Gänsefeder) oder angespitzter Rohrstab, Federmesser, Griffel, Tafel und/oder Tintenhorn sind Erkennungszeichen von Schreibern (Briefschreiber, Gerichtsschreiber, Chronisten, Visionäre) und Gelehrten, darunter die Evangelisten und Kirchenväter. Das Empfangen einer Feder kann dabei als Zeichen der Inspiration gedeutet werden. Auch das größere Jesuskind kann als Hinweis auf seine Erziehung und seinen Schulbesuch nach den apokryphen Berichten des Pseudo-Matthäus und des Thomas-Evangeliums mit Schreibtafel erscheinen (UNBEKANNTER MEISTER, Schlussstein, um 1360, Nürnberg, Frauenkirche).

Schreibgeräte wie Feder und Tintenfass gehören so zu den Attributen von Heiligen wie Albertus Magnus, Ambrosius von Mailand, Anselm von Canterbury, Augustinus von Hippo, Benedikt, Birgitta von Schweden, Caesar Baronius, Clarus von Florenz, Papst Gregor I. d. Gr., Hieronymus, Hilarius von Poitiers, Hildegard, Johannes der Evangelist, Karl von Sezze, Kassian, Laurentius von Brindisi, Lukas, Markus, Matthäus (Caravaggio, *Die Inspiration des Evangelisten Matthäus*, 1602, Rom, S. Luigi dei Francesi, Cappella Contarelli), Petrus von Alcántara, Petrus Canisius und Thomas von Aquin. Auch Klio, die Muse der Geschichtsschreibung, hat ein Schreibgerät als Attribut. ‣Tafel

Schreibstube/Scriptorium. Die Umgebung von Gelehrten und Kirchenvätern wird zur Kennzeichnung ihrer Tätigkeit gerne als Schreibstube wiedergegeben (Antonello da Messina, *Der hl. Hieronymus*, um 1456, London, National Gallery; Michael Pacher, *Kirchenväteraltar*, um 1480, München, AP; Vittore Carpaccio, *Vision des hl. Augustinus*, 1502–08, Venedig, Scuola di S. Giorgio degli Schiavoni; Albrecht Dürer, *Hieronymus im Gehäus*, 1514, Kupferstich).

Schreibtafel ‣Tafel

Schriftband, Schriftrolle. Im mythologischen Bereich können die Moiren/Parzen, die Schicksalsgöttinnen, und Apoll oder die Musen, vor allem Polyhymnia und Klio, eine Schriftrolle zum Attribut haben. Außerdem sind Schriftrollen seit der Antike Kennzeichen von Gelehrten und Schreibern und Attribut von Propheten, Evangelisten, Verfassern neutestamentlicher Briefe und anderer geworden. Manchmal erscheinen auch Engel, vor allem der Erzengel Gabriel bei der Verkündigung an Maria mit einem Schriftband, vereinzelt auch Christus mit einer Rolle als Gesetzeslehrer. Des Öfteren sind diese Schriftbänder und -rollen auch mit entsprechenden Texten als Erläuterung zum Dargestellten versehen.

Schriftstück ‣Brief

Schürhaken, Attribut der hl. Agatha von Catania, da sie verbrannt wurde.

Schürze, Attribut der hl. Martha von Bethanien, der Patronin der Hausfrauen und Dienstmägde.

Schüssel. Eine Schüssel mit einem abgeschlagenen Haupt verweist gewöhnlich auf Johannes den Täufer. Meist wird sie von Salome, der Tochter der Herodias, getragen (Mt. 14,3–11; Tizian, *Salome*, 1560, Madrid, Prado; Peter Paul Rubens,

Das Gastmahl des Herodes, um 1635, Edinburgh, National Gallery of Scotland), kann aber auch als plastische Ausführung vorkommen (*Johannesschüssel*, 14. Jh., Maastricht, St. Servas, Schatzkammer). Selten wird auch das Haupt des mit dem Schwert enthaupteten Apostels Paulus so präsentiert.

Der römische Statthalter Pilatus wäscht sich über einer Schüssel die Hände und zeigt damit seine Unschuld am Tod Jesu (Mt. 27,24; Naumburger Meister, *Passionsreliefs*, um 1240, Naumburg, Dom, Lettner). So gehört eine Schüssel mit Wasserkanne auch zur Darstellung der ▸Arma Christi.

Als Heiligenattribut kann eine Schüssel auf die Armenspeisung verweisen, so bei der hl. Elisabeth von Thüringen (oft mit Löffel) und Oswald von Northumbrien. Gerhard von Monza trägt eine Schüssel mit Kirschen (Winterwunder), Kunigunde eine Schüssel mit Münzen, aus der sie wunderbarerweise die Bauarbeiter von St. Stephan in Wien entlohnt. Eine Schüssel mit einem gebratenen Huhn gehört zu den Attributen der hl. Martha von Bethanien, der Patronin der Hausfrauen. Zwei Brüste auf einer Schüssel verweisen dagegen auf das Martyrium der hl. Agatha und zwei Augen auf einer Schüssel auf jenes der hl. Lucia. Bei der hl. Ottilie verweist ein Auge oder ein Augenpaar auf einer Schüssel auf ihre eigene Errettung von Blindheit und ihre Hilfe bei Augenleiden. ▸Schale

Schuh. In der Antike war das Tragen von Schuhen ein Vorrecht des freien Mannes. Sklaven mussten barfuß laufen. Das Ausziehen der Schuhe konnte also ein Akt der Ehrfurcht und Unterwerfung sein. In diesem Sinn verweisen die auf den Boden gestellten Schuhe bei der Szene von Mose vor dem brennenden Dornbusch auf die Heiligkeit des Bodens und die von Mose eingeforderte Ehrfurchtsbezeugung vor Gott (2. Mose 3,5). Das Ausziehen eines Schuhs und dessen Übergabe als Rechtssymbol des alten Israel konnte aber auch den Verzicht auf einen Anspruch oder die Bestätigung eines Tausches bedeuten (Rut 4,7–8).

In Genre- und Porträtszenen können ausgezogene Schuhe

auf Häuslichkeit und Abwendung von den Verführungen der Welt, aber genauso auch auf Nachlässigkeit und Unordentlichkeit hinweisen (Pieter Janssens Elinga, *Die lesende Frau*, Mitte 17. Jh., München, AP). Auffällig ins Bild gesetzte Schuhe bei der Geburt Jesu Christi können als Hinweis auf die Vision der hl. Birgitta von Schweden gesehen werden (um 1360/70). Diese sah in ihrer Schau des Weihnachtsgeschehens, wie Maria vor der Geburt Jesu ihre Schuhe auszog (Andreas Giltinger, *Geburt Christi*, 1522, Konstanz, Rosgarten-Museum). Als Attribut verweisen Holzschuhe/Trippen auf die hll. Servatius von Tongern und Vigilius von Trient, in den Händen getragene Schuhe auf die hll. Hedwig von Schlesien und die Patrone der Schuhmacher Crispin und Crispinian.

Auch die Länge von Schnabelschuhen in der Zeit der Gotik kann als ikonographischer Hinweis dienen, denn die erlaubte Länge der Spitzen war vom Stand abhängig.

Schutzmantel. Die Geste des Mantelschutzes stammt aus dem weltlichen Rechtsbereich. So wurde z. B. die Adoption oder Legitimation von Kindern vollzogen, indem man sie unter den Mantel nahm. Hochgestellte Personen, vor allem Frauen, konnten Verfolgte mit ihrem Mantel schützen und für diese um Gnade bitten. Ab dem 12. Jahrhundert ist diese Geste in Legenden auch für Maria nachweisbar. Sie waren vor allem im Zisterzienser- und Dominikanerorden verbreitet, dann aber durch die Vorstellung von Maria als Mutter aller (*Mater omnium*, mit Jesuskind dargestellt) und Schützerin vor dem Zorn des himmlischen Richters (ohne Jesuskind wiedergegeben) Allgemeingut geworden. Entsprechende Bilder und Skulpturen waren im 14. und 15. Jahrhundert weit verbreitet (Piero della Francesca, *Politico della Misericordia*, 1445–48, Sansepolcro, Pinacoteca; Friedrich Schramm, *Schutzmantelmadonna*, um 1480, Berlin, Staatliche Gemäldesammlungen). Dabei konnten auch nur Ordensangehörige oder Mitglieder einer bestimmten Familie im Schutz Mariens wiedergegeben werden (Domenico Ghirlandaio, *Stifterbild der Familie Vespucci*, um 1473, Florenz, Ognissanti; Hans Holbein, *Mutter-*

gottes des Basler Bürgermeisters Jakob Meyer, 1528/29, Darmstadt, Hessisches Landesmuseum).

Auch Heilige können mit einem schützenden Mantel ausgestattet sein. So birgt vor allem die hl. Ursula von Köln die sie begleitenden Jungfrauen in ihrem Mantelschutz. Ebenso kommt dieses Motiv bei der hl. Antonina von Köln vor, die eine Gefährtin der hl. Ursula war und meist drei Jungfrauen unter ihrem Mantel schützt. Auch die Personifikation der *sapientia* ›Weisheit‹ wird mit den sieben Tugenden oder jene der Philosophie mit den Sieben freien Künsten unter ihrem Schutzmantel dargestellt. Vereinzelt kommt dies auch bei den Personifikationen von *ecclesia* ›Kirche‹ oder *iustitia* ›Gerechtigkeit‹ vor, noch seltener ist Gottvater selbst mit einem Schutzmantel dargestellt.

Schwalbe. Als wiederkehrender Zugvogel gilt die Schwalbe als Frühlingsbotin. Im antiken Mythos ist die Schwalbe der Liebesgöttin Aphrodite/Venus zugeordnet. Seit der Antike war sie auch Lichtsymbol, da man glaubte, sie mache ihre Jungen durch Schöllkraut (»Schwalbenkraut«) sehend. So wurde die Schwalbe im Mittelalter zum Christussymbol und zum Hinweis auf dessen Inkarnation und Auferstehung (Fra Beato Angelico, *Verkündigung an Maria*, um 1430, Madrid, Prado). Die Darstellung einer Schwalbe konnte auf das Jüngste Gericht verweisen, da dort die Verstorbenen wieder sehend werden sollen.

In der Barockemblematik dient dagegen bisweilen der Vogel, der hoch am Himmel fliegt, dazu, den Menschen aufzufordern, wie die Schwalbe der Welt zu entfliehen.

Schwamm. Er gehört zu den Attributen der hll. Praxedis und Pudenziana, da sie mit einem Schwamm das Blut gefangener und gemarterter Christen aufwischten.

Schwan. Aus dem antiken Mythos ist vor allem die Erzählung von Leda bekannt, der sich Zeus in Gestalt eines Schwans nähert, die dann zwei Eier mit Helena und den Dioskuren Kastor und Polydeukes/Pollux gebiert (Apollodor; Correggio, *Leda mit dem Schwan*, um 1531/32, Berlin, Staatliche Gemäldesammlungen). Des Weiteren ist der Schwan Apoll zugeordnet, und auch Aphrodite/Venus und Artemis/Diana können von Schwänen begleitet werden.

Im germanischen und slawischen Kulturkreis wurde der Schwan wegen der weißen Farbe oft als Symbol des Lichts gesehen, in der Antike galt er als Symbol der Reinheit.

Im Mittelalter ging der Schwan als altes Reinheitssymbol in die Mariensymbolik und auch in die Christussymbolik ein. Letzteres belegt ein Zitat aus der »Goldenen Schmiede«, einem Lobgesang des Dichters Konrad von Würzburg (13. Jh.) auf Maria: »Man sagt uns allen, dass der Schwan / singet, wenn er sterben soll. / Dem tut dein Sohn gleichen wohl.« In mittelalterlichen Tierbüchern wird der Schwan aber auch negativ als Sinnbild von Heuchlern gesehen, da er im Gegensatz zu seiner weißen Farbe außen innen schwarzes Fleisch habe.

Der Schwan ist Attribut der hll. Cuthbert, Hugo von Grenoble, Hugo von Lincoln und Lutger und Wappentier des Kartäuserordens und der Zisterzienser von Salem, beliebt ist er aber auch als weltliches Wappentier.

Schwangerschaft. Zu Beginn des 14. Jahrhunderts entstand in Italien der Bildtypus der Madonna del Parto, der Maria der guten Hoffnung, der Maria schwanger zeigt (Piero della Francesca, *Madonna del Parto*, wohl um 1460, Monterchi, Cappella del Cimitero). Auch in der Schilderung von Mariä Heimsuchung wird die Schwangerschaft Mariens in ihrer Begegnung mit der ebenfalls schwangeren Elisabeth gezeigt (Lk. 1,39–56; Jacopo Pontormo, *Mariä Heimsuchung*, 1528/29, Carmignano, S. Michele).

Schwanz. Der Schwanz als Sexualsymbol kommt zum Teil schon in der Romanik vor, z. B. kann ein Löwe mit erhobenem Schwanz entsprechend zu deuten sein.

Schwein. Vor allem der Eber gilt als Bild des Starken, Heldenhaften und Kampfbereiten und war so auch als Wappentier sehr beliebt. Als fruchtbares Haustier war das Schwein in der Antike überwiegend positiv bewertet und beliebtes Opfertier für Fruchtbarkeitsgottheiten. Von Juden und Moslems wird es dagegen als unrein abgelehnt.

Auch in den Evangelien erscheint das Schwein negativ. Es ist das Tier des Teufels. Die bösen Geister fahren bei ihrer Austreibung bei der Heilung des Besessenen von Gerasa in eine Schweineherde, die sich ins Meer stürzt (Mt. 8,28–34; Mk. 5,1 ff.; Lk. 8,26 ff.; Mosaik, Anfang 6. Jh., Ravenna, S. Apollinare nuovo; Lucas van Valckenborg, *Die Heilung des Besessenen von Gerasa*, 1597, Madrid, Prado). Auch der verlorene Sohn aus dem Gleichnis Jesu ist am Tiefpunkt seines Lebens Hirte für Schweine (Lk. 15,11–32; Albrecht Dürer, *Der verlorene Sohn*, um 1498, Kupferstich).

Auch im Mittelalter bleibt das Schwein Sinnbild für den Teufel, den Sünder und die Unreinlichkeit, Gefräßigkeit, Unmäßigkeit, Selbstsucht und Unwissenheit. Es ist den Lasterpersonifikationen *crapula* ›Schlemmerei‹ und *luxuria* ›Wollust‹ zugeordnet und dient *gula* ›Völlerei‹ und *ira* ›Zorn‹ als Reittier. In dieser Zeit ist das Schwein als Sinnbild des Judentums verbreitet (Judensau), sodass die Personifikation der Synagoge auf einem Schwein reitend dargestellt werden konnte. Ebenso findet das Schwein als Zugtier des Teufels Verwendung. Das Wildschwein ist generell Sinnbild des Dämonischen. Die Jagd auf Schweine konnte den Kampf gegen das Böse veranschaulichen.

Dagegen kann die Tugend *castitas* ›Keuschheit‹ als Zeichen der Kontrolle und Überlegenheit auf einem Schwein schlafend dargestellt werden. Das Schwein ist Attribut einiger Heiliger. Der hl. Antonius d. Gr., der Wüstenvater, gilt als Patron der Schweine, deren Speck als Heilmittel gegen das Antoniusfeuer (Blatterrose, epidemische Vergiftung durch Mutterkorn) galt (Pisanello, *Madonna mit den hll. Georg und Antonius*, um 1450, London, National Gallery). Schweine mit einer Glocke um den Hals hatten als Schweine des hl. Antonius oder Tönnisschweine das Recht auf freie Weide und vernichteten so den Abfall in den Dörfern.

Ein Schweinskopf ist Attribut des hl. Blasius von Sebaste, dem eine arme Witwe einen Schweinskopf ins Gefängnis brachte. Paul Aurelian und Wendelin, ein Schutzpatron des Viehs, können ebenfalls ein Schwein zum Attribut haben.

Die früher übliche Eichelmast der Schweine war eine typische Tätigkeit für die Monate Oktober und November und wird daher für diese Monate oder den Herbst in Jahreszeiten- und Monatsbildern wiedergegeben (Brüder von Limburg, *November, Stundenbuch Très Riches Heures du Duc de Berry*, 1412–16, Chantilly, Musée Condé). Auch das Schlachten oder Absengen von Schweinen war typisch für die herbstlichen oder winterlichen Monate Oktober, November und Dezember. Ebenso war die Eberjagd in Monatsdarstellungen beliebt. ‣Eber, ‣Wildschwein

Schweißtuch / Sudarium / vera icon. Nach apokryphen Berichten und anderen Legendenversionen (apokryphe *Acta Pilati*, *Legenda Aurea*, *Bible en françois* von Roger d' Argenteuil um 1300) hinterließ der Schweiß Christi entweder während der Kreuztragung auf dem Weg nach Golgota oder zu einem unbestimmten anderen Zeitpunkt im Tuch der hl. Veronika ein Abbild, das als Reliquie in Rom verehrt wurde und dem die 6. Kreuzwegstation gewidmet ist. Das Schweißtuch erscheint dabei mit einem streng frontal dargestellten Christuskopf. Meist ist er bärtig, er kann mit oder ohne Dornenkrone gezeigt sein und je nach Quelle Spuren der Passion aufweisen oder auch nicht (Meister der hl. Veronika, *Die hl. Veronika*, um 1420, München, AP; El Greco-Werkstatt, *Die hl. Veronika mit dem Schweißtuch Christi*, um 1605, München, AP). Das Schweißtuch der Veronika, das von Veronika selbst oder von Engeln präsentiert werden kann oder auch allein im Bild erscheint, zählt auch zu den ‣Arma Christi und ist für die hl. Veronika das kennzeichnende Attribut.

Schwert. Im Altertum und im Mittelalter war das Schwert die wichtigste Nahkampfwaffe. In der Antike waren die Schwerter eher kurz, im Verlauf des Mittelalters wurden sie jedoch immer länger. Als altes Machtsymbol und Sonnensymbol wurde das Schwert zum Herrschaftszeichen und Hoheitssymbol und auch zum weltlichen Machtsymbol von Fürstbischöfen und Fürstäbten. Es ist Symbol der Gerichtsbarkeit und Berufssymbol von Rittern und Soldaten, ebenso ein Zeichen für Kampf und Krieg.

In der antiken Mythologie ist ein Schwert Attribut von Nemesis, der Rächerin von Frevel, des Kriegsgottes Ares/Mars und von Perseus. Unter den antiken Tugendheldinnen ist Lucretia mit dem Schwert gekennzeichnet, mit dem sie sich nach ihrer Entehrung das Leben nahm (Albrecht Dürer, *Der Selbstmord der Lucretia*, 1518, München, AP).

Im Alten Testament steht nach der Vertreibung von Adam und Eva aus dem Garten Eden ein Cherub mit flammendem Schwert als Wächter vor den Toren des Paradieses (1. Mose 3,24; Franz von Stuck, *Der Paradieswächter*, 1889, München, Villa Stuck). Mit dem blanken Schwert werden aber David und Judith dargestellt, die mit ihrer Tötung von Goliath (1. Sam. 17,40–51) beziehungsweise Holophernes (Buch Judith) zu den großen Befreiungshelden des Volkes Israel zählen (Donatello, *Judith und Holophernes*, um 1460, Florenz, Piazza della Signoria; Caravaggio, *David*, 1605/10, Rom, Galleria Borghese).

Bei Darstellungen des Jüngsten Gerichts kann aus dem Mund Jesu Christi, des Weltenrichters, ein Schwert als Zeichen des Gerichts und der Trennung von Gut und Böse kommen (Offb. 1,16; 19,15). Ein Lilienstengel zu seiner Rechten weist dann auf die gerechten Auferstehenden. Ein flammendes Schwert führt auch der Erzengel Michael in seinem Kampf gegen Luzifer. Ein einzelnes oder sieben Schwerter in der Brust Mariens verweisen auf ihren Schmerz bzw. die Sieben Schmerzen, die im Typus der Mater Dolorosa zusammengefasst werden (Lk. 2,35; Dürer-Schule, *Die mystische Kelter*, um 1500/10, Ansbach, St. Gumbertus).

Das Schwert gehört auch zu den Kennzeichen der Kardinaltugenden *fortitudo* ›Tapferkeit‹ und *iustitia* ›Gerechtigkeit‹, der Tugend *constantia* ›Beständigkeit‹ und auch des cholerischen Temperaments (Ripa 1970, S. 75). Ein Schwert in der Scheide ist dagegen Kennzeichen der Kardinaltugend *temperantia* ›Mäßigung‹ und gelegentlich auch Attribut der Personifikation des Todes. Unter den Lastern wird die Personifikation *ira* ›Zorn‹ nach Ripa ebenfalls mit einem Schwert gekennzeichnet (Ripa 1970, S. 243–244). Als Heiligenattribut dient ein Schwert u. a.

Adalbert von Prag, Adrian (enthauptet), Barbara, Bavo von Gent (Märtyrer), Bonifatius (ein Buch von einem Schwert durchstoßen), Cäcilia von Rom, Crispin und Crispinian, Cyprian von Karthago (Märtyrer), Ernst von Zwiefalten (auf dem Boden liegend), Euphemia von Chalzedon, Friedrich von Utrecht (in der Brust), Katharina von Alexandria (Martyrium), Jakobus d. Ä., Jeanne d'Arc (Befreierin Frankreichs), Julianus Hospitator (als Waffe seines Elternmordes), Justina von Padua (in der Brust), Lambert von Maastricht, Leodegar von Autun, Lucia von Syrakus (durch den Hals oder durch die Hand), Martin (als Offizier), Matthäus (im Rücken steckend), Nereus (enthauptet), Pankratius (Märtyrer), Petrus Martyr (im Kopf steckend), Apostel Paulus (enthauptet), Rosina und Thomas Beckett (ermordet). Drei Schwerter zu Füßen des hl. Albert von Lüttich sind ein Hinweis auf seine Ermordung.

Die erythräische Sibylle wird mit Schwert und Lamm auf einem Globus stehend wiedergegeben, die samische Sibylle tritt dagegen ein Schwert mit Füßen. Das Schwert als Herrschaftszeichen ist vor allem bei heiliggesprochenen Kaisern und Königen wie z. B. Heinrich II., Karl dem Großen oder Stephan von Ungarn zu finden. In der Rechtssymbolik werden Schwerter nach ihrer Verwendung wie folgt unterschieden: Herrscherschwert (Hoheitssymbol, Zeremonialschwert, das auch zum Ritterschlag diente), Gerichtsschwert, Richtschwert des Henkers, Marktschwert, das auch den Wildbann beinhaltet, Freiungsschwert (als Zeichen der Immunität Friedenssymbol) und Eheschwert.

Das Schwertschwingen war eine wichtige Handlung in der Zeremonie der Ritterweihe und der Kaiserkrönung. Für das Verständnis von Herrschaft war die Zweischwerterlehre des Mittelalters besonders bedeutsam – von Christi Mund gehen zwei Schwerter als Zeichen für die weltliche und die geistliche Macht aus, die sich dann auch im Machtkampf gegenüberstehen (*imperium* und *sacerdotium*).

Schwertlilie/Iris. Beide Pflanzen sind in ihrer Symbolik meist gleich eingesetzt worden. Sie sind bildlich austauschbar,

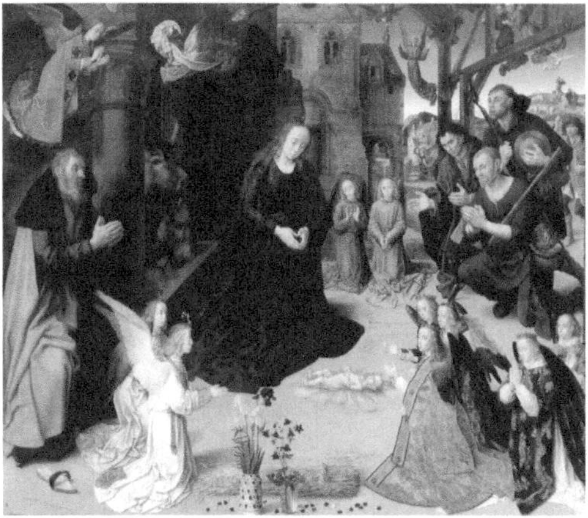

Hugo van der Goes: Portinari-Altar. Florenz, Galleria degli Uffizi, um 1475. – Die Darstellung der Geburt Jesu zeigt das göttliche Kind in demütiger Erniedrigung auf dem Boden liegend, umgeben von Maria und Joseph, den anbetenden Hirten und zahlreichen Engeln. Ochs und Esel dahinter schauen den Worten Jesajas entsprechend (Jes. 1,3) zum Kind, beziehungsweise zum Futter. Der Stall aus damals modernen gotischen Formen und einer ruinösen Holzkonstruktion verweist auf den zerfallenden Alten und den Neuen Bund Gottes. Die einzelne Säule bezieht sich auf die *Meditationes* von Johannes von Caulibus, nach denen Maria an eine Säule gestützt gebar. Sie weist aber ebenso auf die Geißelsäule und somit die Passion Jesu Christi voraus. Im Stillleben vorne sind das Ährenbündel auf die Eucharistie, aber auch den Namen Bethlehem (hebr., ›Haus des Brotes‹) und die roten Nelken und die Feuerlilie der Farbe wegen auf die Passion zu beziehen. Die Akelei mit sieben Blüten veranschaulicht als Mariensymbol deren beim Darstellungsfest vorausgesagte Schmerzen. Das venezianische Glas ist dagegen Sinnbild der jungfräulichen Mutterschaft. Auch die **Schwertlilien** in weißer Farbe bezeugen Reinheit und Jungfräulichkeit Mariens, vielleicht auch die doppelte Herrschaft Christi über Himmel und Erde. In Violett sind sie eine weitere Ankündigung der Passion und der Schmerzen der Mutter. Die auf dem Boden verstreuten Veilchen sind Symbole der Demut Mariens und des Jesuskindes. Die Buchstaben P.N.S.C. bedeuten »Puer Nascitur Salvator Christi«.

ebenso gibt es Vertauschungen von Iris und Lilie. Nach dem antiken Mythos ist die Iris aus dem Blut von Ajax entstanden, als er sich aus Verzweiflung in sein Schwert stürzte (Ovid, *Metamorphosen* 13,1–398). Diese Blüte galt deshalb in der Antike als Sinnbild jener Schmerzen, die eine verschmähte Liebe auslöst.

Die weiße oder blaue Schwertlilie ist als Königslilie ein Attribut des Gottessohnes.

Als Heilpflanze in den Klostergärten wurde die Schwertlilie im Mittelalter Mariensymbol. Häufig ist sie dabei auch als Verweis auf die von Simeon beim Darstellungsfest angekündigten Sieben Schmerzen Mariens zu beziehen (Lk. 2,33–35). Sie deutet damit auch auf die Passion Jesu Christi voraus (Hans Multscher, *Marientod, Wurzacher Altar*, 1437, Berlin, Staatliche Gemäldesammlungen; Hugo van der Goes, *Portinari-Altar*, 1475/76, Florenz, Uffizien).

Der hl. Thomas von Aquin kann eine Iris, mit der die Lilie oft gleichgesetzt wurde, zum Attribut haben. Die Iris oder Königslilie, die aber meist nur als Lilie bezeichnet und sehr stilisiert dargestellt wird, soll eigentlich auch die Wappenblume Frankreichs, von Florenz und der Toskana sein. ▸Lilie

Segel ▸Schiff

Segensgestus ▸Gebärden

Seifenblase. Schon seit der Antike dient die Seifenblase als Sinnbild für Vanitas, die Nichtigkeit und Eitelkeit alles Irdischen, und die Vergänglichkeit des menschlichen Lebens. Besonders häufig taucht sie in der niederländischen Malerei vom 16. bis zum 18. Jahrhundert als Vanitassymbol auf (Caspar Netscher, *Zwei Knaben beim Seifenblasen*, 1670, London, National Gallery).

Seiltänzer ▸Akrobat

Seilwinde ▸Winde

Senkblei ▸Lot

Sense. Das landwirtschaftliche Gerät gilt als Vergänglichkeits- und Todessymbol, da ab dem 15. Jahrhundert ein Skelett mit Sense (Sensenmann) eine der verbreitetsten Darstellungsformen der Personifikation des Todes war. Des Weiteren ist eine Sense Attribut des hl. Albert von Ogna, der bei Erntearbeiten einen Stein, der ihm böswillig als Hindernis hingelegt worden war, mit der Sense durchschnitten haben soll, und der hll. Günther von Niederaltaich, Isidor von Madrid, Notburga von Rattenberg, Rumbold von Mecheln und Sithwell von Exeter.

In der antiken Mythologie ist seit der Renaissance Chronos/Tempus und in früher Vermengung mit diesem Kronos/Saturn als Gott der Zeit mit einer Sense ausgestattet.

Seraph. Dem hl. Franz von Assisi; erscheint Christus in der Gestalt eines Seraphs mit dessen vier oder sechs Flügelpaaren, um dem Heiligen die Stigmata zu verleihen (GIOTTO, *Die Stigmatisierung des hl. Franziskus*, um 1300, Paris, Louvre). ‣Engel

Sibylle. Von den meist zehn, aber auch sieben oder zwölf göttlich inspirierten Seherinnen des Altertums, die zukünftige Ereignisse vorhersagten, wurden in patristischer Zeit viele Ankündigungen auch auf das Erscheinen Jesu Christi bezogen. So wurden die Sibyllen den Propheten des Alten Bundes beigeordnet. Auf diese Weise lebten sie auch in christlichen Bildern fort. Die Attribute wechseln dabei, aber im Allgemeinen werden die Sibyllen neben Spruchbändern wie folgt charakterisiert:

- *Agrippinische Sibylle:* jugendlich, als Mohrin, mit Purpurgewand, mit Fackel oder Geißelrute in der Hand (sah die Geißelung Jesu Christi voraus)
- *Cimmerische Sibylle:* jugendlich, langhaarig, mit Blumenkranz, mit Buch, Lorbeerkranz oder Kreuz in der Hand (sah die stillende Maria voraus)
- *Cumäische Sibylle:* goldenes Gewand, Bücher, Schriftblätter, Krippe (sah die Geburt Christi voraus)
- *Delphische Sibylle:* jugendlich, schwarz gewandet, mit Füllhorn oder Dornenkrone (sah die Dornenkrönung voraus)
- *Erythräische Sibylle:* mit Schwert, Lamm oder Rose in der Hand und einer Kugel unter dem Fuß, in schäbigem Gewand (alle drei sahen die Verkündigung an Maria und die Ankunft des Erlösers voraus)

- *Europäische Sibylle:* jugendlich, in fürstlichem Gewand, mit Schwert (sah die Flucht nach Ägypten voraus)
- *Hellespontische Sibylle:* in Purpurgewand, mit Rosenzweig oder Kreuz (sah die Kreuzigung voraus)
- *Libysche Sibylle:* jugendlich, blau gekleidet, mit Fackel, Lorbeerkranz, zerrissener Kette und Rosenkranz
- *Persische Sibylle:* als alte Frau mit Laterne und Schlange zu ihren Füßen
- *Phrygische Sibylle:* jugendlich, rot gekleidet, mit Griffel, Lampe oder Fahne (sah die Auferstehung voraus)
- *Samische Sibylle:* Priesterin, mit Schwert unter den Füßen, Rosen und Dornen, Rohrstab oder Krippe in der Hand (sah das Kind in der Krippe voraus)
- *Tiburtinische Sibylle:* mit Tiger- oder Ziegenfell bekleidet, mit Rohrstock in der Hand (sah die Geburt und die Verspottung Jesu Christi voraus, zeigte Kaiser Augustus eine Vision zur Geburtsstunde Jesu Christi)

Sichel. Als landwirtschaftliches Werkzeug ist die Sichel ein Erntesymbol. Als Ernte des Lebens ist damit aber auch die Vorstellung von Tod und Endgericht verbunden.

In der antiken Mythologie ist die Sichel Attribut von Kronos, der damit Uranos entmannte. Da die Vorstellungen von Kronos/Saturn und Chronos/Tempus, dem Gott der Zeit, schon früh miteinander vermischt wurden, wird die Sichel auch zum Attribut von Chronos. Es soll dabei auf die grausame Unausweichlichkeit der Zeit anspielen. Ebenso gehört die Sichel zu den Kennzeichen der Göttin des Ackerbaus, Demeter/Ceres, und der Sommer-Hore (ANTOINE WATTEAU, *Ceres oder der Sommer*, 1715/16, Washington, National Gallery).

Die Sichel ist als Attribut dem Propheten Sacharja und den hll. Eusebius, dem bei seinem Martyrium der Kopf mit einer Sichel abgetrennt wurde, Isidor von Madrid und Notburga von Rattenberg, die auf dem Feld ihre Sichel an einem Sonnenstrahl aufhängte, zugeordnet. Eine Sichel findet sich aber auch unter den Kennzeichen der theologischen Tugend *spes* ›Hoffnung‹. Mondsichel ▸Mond

Sieb. In der antiken Mythologie kann das Sieb dem Weingott Dionysos/Bacchus als Attribut beigegeben sein.

Ein Sieb findet sich unter den Kennzeichen der theologischen Tugend *fides* ›Glaube‹ als Sinnbild für die Scheidung von Wahr und Falsch und der Kardinaltugend *prudentia* ›Klugheit‹. Das Sieb ist Attribut des hl. Benedikt von Nursia (Mehlsieb) und der hl. Amalberga.

Siebenarmiger Leuchter. Das Kultgerät aus dem Tempel in Jerusalem ist ein weit verbreitetes Symbol des Judentums.

Siegel. Ein Siegel diente der Beglaubigung von Urkunden und Schriftstücken und dokumentierte somit Zuversicht. In diesem Sinn gehört es zu den Attributen des hl. Johannes Nepomuk, der das Martyrium in der Moldau erlitt, da er das Beichtgeheimnis der Königin wahrte und somit das in ihn gesetzte Vertrauen nicht brach.

In der Geheimen Offenbarung des Johannes erscheint das Buch mit den sieben Siegeln, die nur das Lamm Gottes lösen kann (Offb. 5,1 ff.).

Das sogenannte Salomons-Siegel ist ein aus der Antike übernommenes Amulett mit dem dämonenbesiegenden Reiter Solomon und der Inschrift »Solomon«, »Sphragis Theou« oder »Sphragis Solomonis«. Es wird aber auch auf den Siegelring König Salomos zurückgeführt, dem man ebenfalls magische Kraft zuschrieb.

Silen, Naturwesen mit Pferdehufen, Pferdeschwanz und Spitzohren im Gefolge des Weingottes Dionysos/Bacchus.

Sinne. Die Fünf Sinne sind ein besonders im 16. und 17. Jahrhundert und vor allem in den Niederlanden verbreitetes Bildthema, das die sinnliche Wahrnehmung über verschiedene Tätigkeiten, Gegenstände und Symbole thematisiert – Gesicht (Sehen), Gehör, Geschmack, Geruch, Gefühl. Zugeordnet sind ihnen seit dem 16. Jahrhundert vor allem

- *Sehen:* Adler, Luchs, Spiegel, Bild
- *Hören:* Hirsch, Bär, Musikinstrumente, Notenblätter
- *Riechen:* Hund, Geier, stark duftende Blumen oder Früchte
- *Schmecken:* Affe, Speisen

- *Fühlen:* Schildkröte, Spinne, Kartenspiel, Brettspiel, Münzen, Geldbeutel

Sirene. Diese dämonischen Frauen mit Vogelleib und die Sinne verwirrendem Gesang galten in der Antike vor allem als Seelengeleiterinnen. Im Mittelalter wurden sie in Anklang an die *Odyssee* des Homer zum Sinnbild weltlicher Verlockungen. Nun wurden sie auch öfter fischleibig dargestellt. Vogel- und Fisch-Sirenen sind vor allem in der Kapitell-Skulptur verbreitet. Außerdem gilt die Sirene als Kennzeichen des Lasters *luxuria* ›Wollust‹.

Sittich ▸ Papagei

Skelett. Im Allgemeinen gilt ein Skelett als Personifikation des Todes und wird dementsprechend oft mit Sense und/oder Sanduhr dargestellt. Ein Skelett auf einem Pferd mit Pfeil und Bogen oder auf einem Wagen zeigt den Triumph des Todes, dem alles Weltliche unterliegt (Pieter Brueghel d. Ä., *Der Triumph des Todes*, gegen 1562, Madrid, Prado). Tanzende Skelette mit Menschen unterschiedlichen Alters und verschiedener Stände und Berufe sind in sogenannten Totentanz-Folgen als Memento mori vereint (Hans Holbein d. J., *Totentanz*, Holzschnittfolge, publ. Lyon 1538).

Ein Skelett als Attribut haben die hll. Fridolin und Ida von Toggenburg.

Skorpion. Als Tier mit einem tödlichen Giftstachel wurde der Skorpion zum Sinnbild von teuflischen Mächten und Todesgefahr. Im Mittelalter war er das Symboltier für Teufel, Tod, Neid, Falschheit und auch für Häretiker.

Nach einer Weissagung des Ezechiel (Hes. 2,6) wurde der Skorpion auch zum Symboltier des dem Erlöser feindlichen jüdischen Volkes. Deshalb taucht der Skorpion seit dem späten Mittelalter auch auf der Fahne der Personifikation des Judentums, der Synagoge, oder überhaupt auf Fahnen von Juden auf (z. B. bei der Kreuzigung Christi).

Als Heiligenattribut kommt er beim hl. Franziskus von Fabriano und dem büßenden Hieronymus vor.

Der Skorpion ist Attribut der Dialektik oder Logik in Darstellungen der Sieben freien Künste. Als Tierkreiszeichen und

Sternbild fand der Skorpion auch in Monatsdarstellungen Eingang, in der Erdteilikonographie steht er für Afrika.

Sonne. Bei allen Völkern ist die Sonne ein wichtiges Ursymbol. Sie gilt als die Verkörperung des Lichts, der Wärme, der Auferstehung und der Gerechtigkeit. Als älteste Sonnensymbole sind der Kreis, der Kreis mit eingeschriebenem Achsenkreuz, der später zum Sonnenrad wurde, und der Kreis mit Strahlen zu nennen.

Die antiken Sonnengottheiten waren Helios/Sol und der früh mit ihm verschmolzene Phoebus Apoll, die den Sonnenwagen sicher über den Himmel lenkten (Giambattista Tiepolo, 1740, Mailand, Palazzo Clerici). Phaeton, der Sohn des Sonnengottes, stürzte jedoch bei seinem Versuch, den Sonnenwagen zu lenken, in den Untergang (Ovid, *Metamorphosen* 1,750–779 und 2,1–400; Sebastiano Ricci, *Der Sturz des Phaeton*, 1703/04, Belluno, Museo Civico).

Als Lebensspenderin wurde die Sonne zum Sinnbild von Unsterblichkeit und Auferstehung. Zum Symbol der Gerechtigkeit wurde sie, da die Sonne Licht bringt und Dinge erkennbar macht und darüber hinaus für alle gleich scheint. Auch im Alten Testament taucht sie bereits als Symbol der Gerechtigkeit auf, als verheißene Sonne der Gerechtigkeit (Mal. 3,20). In diesem Sinn ging die Sonne in die Christussymbolik ein, denn die Maleachi-Stelle wurde auf Jesus Christus bezogen. Außerdem ist die Sonnenscheibe über antike Vorformen zum Nimbus geworden.

Mit einer Strahlensonne auf der Brust als Attribut erscheinen die Heiligen Bernhardin von Siena, Nikolaus von Tolentino, Thomas von Aquin und Vinzenz Ferrer. Eine Sonnenscheibe in der Hand hält die Tugend *veritas* ›Wahrheit‹ (Ripa 1970, S. 499–501).

In Bezug zur Sonne stehen aber auch die Fensterrosen an romanischen und vor allem gotischen Kirchen und die sonnenförmigen Strahlen- oder Sonnenmonstranzen des Barock, die in ihrer Gestaltung auf den Vers 5 von Ps. 19 zurückgehen: »In der Sonne hat Er Sein Zelt gebaut«.

Sonnenblume. Die in Amerika beheimatete Pflanze, die erst mit den spanischen Eroberern nach Europa kam, fand mit ihrer sonnenartigen Strahlenform und ihrem Heliotropismus Eingang in die Herrschersymbolik und galt als sinnbildhaftes Zeichen von Verehrung, Ergebenheit und Loyalität gegenüber dem Herrscher, seltener von der Treue der Liebenden.

In der holländischen Emblematik des 17. Jahrhunderts war sie dagegen vor allem Sinnbild für den Christen, der sich um seines Heiles willen Gott zuwendet und sein Gebet zu ihm richtet, wie sich die Sonnenblume der Sonne zuwendet, um zu leben.

Sonnenschirm. Der dem Baldachin vergleichbare Sonnenschirm war im Altertum Sinnbild für Macht und Würde. So wird der Sonnenschirm vor allem von Dienern über den Herrscher gehalten.

In der Erdteilikonographie kennzeichnet ein Sonnenschirm meist Afrika (Giambattista Tiepolo, *Afrika*, Fresko, 1752/53, Würzburg, Residenz, Treppenhaus).

Sonnenuhr. Sie war von alters her der gebräuchlichste Zeitmesser und diente bis zur telegraphischen Zeitansage Ende des 19. Jahrhunderts als – freilich örtlich variierende – Grundlage für die Justierung der Räderuhren. Als Zeitsymbol kommen Sonnenuhren in Vanitas-Darstellungen und als Hinweise auf den Lauf der Zeit vor.

Sonnenwende (Heliotrop, Borretschgewächs). Dem antiken Mythos nach ist diese Pflanzengattung mit ihrem Heliotropismus die Verwandlungsform der Nymphe Klytia, der Geliebten des Gottes Apoll, die er wegen ihrer Eifersucht verließ und anschließend aus Mitleid in jene Blume verwandelte (Ovid, *Metamorphosen* 4,206, 234–270; Nicolas Poussin, *Das Reich der Flora*, um 1630/40, Dresden, Gemäldegalerie AM).

Spaten, Schaufel. Als Gerät zur Feld- und Gartenarbeit ist der Spaten, abgesehen von dem Berufskennzeichen für Gärtner, eines der Merkmale Adams nach der Vertreibung aus dem Paradies.

Ein Spaten kann aber auch Jesus Christus als Auferstandenem beigegeben sein. Sein Kreuzstab kann in Spatenform enden, da Christus nach der Auferstehung Maria Magdalena als Gärtner erschien (Joh. 20,15; UNBEKANNTER MEISTER, *Auferstehung*, Tafel der Rückseite des *Klosterneuburger Altares*, um 1330, Klosterneuburg bei Wien, Stiftsmuseum; MEISTER DER GOLDENEN TAFEL, *Noli me tangere*, 1. Drittel 15. Jh., Köln, WRM; REMBRANDT, *Noli me tangere*, 1638, London, Buckingham Palace, Royal Collection). Ein Spaten gehört auch zu den Kennzeichen der theologischen Tugend *spes* ›Hoffnung‹. Er ist Attribut der Schutzpatrone der Gärtner, der hll. Fiacrius, Isidor von Madrid, Phokas, Kastulus, Vitalis und Werner. Auch der alttestamentliche Prophet Elia und der alte Tobias aus dem Buch Tobit, der die Toten begrub, haben bisweilen einen Spaten als Attribut.

Specht. In der antiken Mythologie ist der Specht dem Kriegsgott Ares/Mars zugeordnet. Die Zauberin Circe verwandelte den ausonischen König und Saturnsohn Picus, den Gatten der Nymphe Canens, in einen Specht, da er die Liebe der Zauberin abwies (Ovid, Metamorphosen 14, 308–415).

Wegen seines unermüdlichen Klopfens gilt der Specht als Sinnbild des beständigen Betens, aber auch als Feind des Teufels, da er Würmer vertilgt. In diesem Sinn kann ein Specht auch als Christussymbol vorkommen (HANS BURGKMAIR D. Ä., *Johannes auf Patmos*, 1502, Augsburg, Staatsgalerie).

Speer ▸ Lanze

Sphinx, Mischwesen mit einem menschlichen Kopf und dem Leib eines Löwen. Die Sphinx kann männlich oder weiblich sein und erscheint manchmal auch geflügelt. Im ägyptischen Altertum war sie vermutlich Symbol des Königs, bei den alten Griechen galt sie als weibliche, oft grausame Todesdämonin.

Eine Sphinx mit Menschenkopf, Löwentatzen, Stiernacken und Adlerflügeln kann die vier Elemente symbolisieren. Im 19. und 20. Jahrhundert wurde die Sphinx gerne als Symbol für die rätselhafte Frau oder die femme fatale eingesetzt (GUS-

TAVE MOREAU, *Ödipus und die Sphinx*, 1864, New York, Metropolitan Museum).

Spiegel. Er gilt als Symbol der Erkenntnis, der Klarheit und der Wahrheit, aber auch der Eitelkeit und der Vergänglichkeit alles Irdischen.

Unter den Göttern der Antike wird Aphrodite/Venus bisweilen auch durch einen Handspiegel gekennzeichnet, aber auch die Göttinnen Hera/Juno, Kybele und Demeter/Ceres können einen Spiegel unter ihren Attributen haben.

Als Spiegel ohne Makel aus der Lauretanischen Litanei wurde er zum Marianischen Symbol. Als Zeichen der Selbsterkenntnis dient er der Kardinaltugend *prudentia* ›Klugheit‹ und der Tugend *veritas* ›Wahrheit‹ zum Kennzeichen (GIOTTO, *Prudentia*, um 1305, Padua, Arenakapelle; SIMON VOUET, *Allegorie der Prudentia*, um 1645, Montpellier, Musée Fabre). Als Zauberspiegel ist er bei den Sibyllen ein Zeichen der Weissagung. Dagegen ist er den Lastern *superbia* ›Hochmut‹ und *luxuria* ›Wollust‹ als Sinnbild der Eitelkeit zugeordnet. Im gleichen negativen Sinn taucht der Spiegel in Darstellungen von Sirenen auf. Als Vanitassymbol verweist der Spiegel mit der Flüchtigkeit seines Spiegelbildes auf die Vergänglichkeit der Schönheit und alles Irdischen (LUCAS FURTENAGEL, *Doppelbildnis des Hans Burgkmair und seiner Frau*, 1528, Wien, KHM). In diesem Sinn kann deshalb auch ein Spiegel in Bildern von Maria Magdalena auf ihren Lebenswandel vor ihrer Bekehrung anspielen (GEORGES DE LA TOUR, *Büßende Maria Magdalena*, um 1640, Washington, National Gallery). Als Attribut der seligen Euphemia von Pforzheim weist der Spiegel auf ihre Verachtung von Macht, Reichtum und Schönheit, da er zu ihren Füßen liegt.

In der Profanikonographie dient der Spiegel als wichtiges Attribut des Gesichtssinnes bei der Wiedergabe der fünf Sinne (LUBIN BAUGIN, *Stillleben oder die fünf Sinne*, um 1630, Paris, Louvre).

Im 15. und 16. Jahrhundert sind Spiegel- und Spiegelungsmotive in Gemälden aber auch als Erweiterungsmöglichkeit

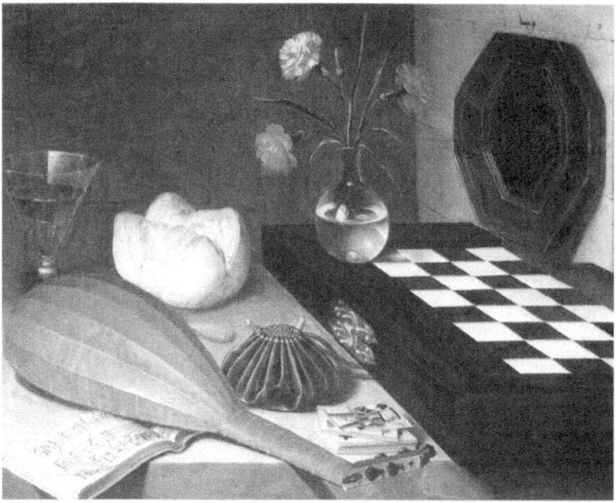

Lubin Baugin: Stillleben oder die fünf Sinne. Paris, Musée National du Louvre, um 1630. – Über die formalen Reize des Arrangements hinaus können das auf dem Tisch liegende Musikinstrument, das Notenbuch und das Perlenohrgehänge als Hinweis auf den Gehörsinn interpretiert werden. Das Glas mit Rotwein und das Brot stehen für den Geschmacksinn, der Geldbeutel, der Stoß Spielkarten und das zusammengeklappte Schachbrett verweisen auf den Tastsinn, die Nelken in der Glasvase auf den Geruchssinn und der an der Wand hängende **Spiegel** auf den Gesichtssinn. Eine andere Interpretation sieht im Instrument, den Noten, den Spielkarten, dem Schachbrett, dem Schmuck und dem Geldbeutel dagegen Hinweise auf weltliche Vergnügungssucht und Begierden, im Spiegel ein Symbol der Vergänglichkeit alles Irdischen und in Brot und Wein und den für die Trinität und die göttliche Liebe stehenden drei Nelken einen Verweis auf Glauben und Tugend.

für den Illusionsraum vor dem Hintergrund des Paragone, des Streits um die Rangfolge von Malerei und Bildhauerei, zu sehen. So kann zum Beispiel die Wiedergabe einer Rückenansicht einer von vorne gezeigten Figur mit Hilfe eines Spiegels auf die Fähigkeit verweisen, mehrere Ansichten zugleich sichtbar machen zu können. Im Paragone wurde argumentiert, dass die dreidimensionale Skulptur im Gegensatz zur nur zweidimensionalen Malerei alle Ansichten zeigen könne (Jacopo Tintoretto, *Vulkan überrascht Venus und Mars*, um 1555, München, AP).

Spielkarte. Kartenspielen, das als verwerfliches Glücksspiel oder sogar Betrügerei galt, zumindest aber als tadelnswerter Müßiggang, war ein beliebtes Sujet in der barocken Genremalerei. Auch als Vanitassymbol gingen Spielkarten in Zusammenhang mit Glücksspielen in die Bilder ein (Lubin Baugin, *Stillleben oder die fünf Sinne*, um 1630, Paris, Louvre; Georges de la Tour, *Der Falschspieler*, um 1620, Paris, Louvre).

Spielmann. Die im Mittelalter als sozial sehr niedrig und rechtlos eingestuften fahrenden Musiker galten als Diener des Teufels. Ihre hauptsächlichen Instrumente waren Pfeife und Trommel, aber auch der Dudelsack. Spielleute tauchen in Bildern deshalb auch öfter in Zusammenhang mit Totentanz-Darstellungen auf, aber auch als Personifikation des Todes selbst (*Würzburger Totentanz*, um 1350; *Lübecker Totentanz*, 1463; Arnold Böcklin, *Selbstbildnis mit fidelndem Tod*, 1872, Berlin, Staatliche Gemäldesammlungen).

Spielzeug, Spiele. Sie gehören vor allem zu den Kennzeichen von Kindern (Pieter Bruegel d. Ä., *Kinderspiele*, 1560, Wien, KHM). Brett-, Würfel- und Kartenspiele finden sich dagegen öfter in der Erwachsenenwelt als Unterhaltung, aber auch als Hinweis auf amoralischen Müßiggang, verwerfliches Glücksspiel oder Betrug. ▸Schachbrett, ▸Spielkarte, ▸Würfel

Spieß ▸Lanze

Spindel, Spinnrad, Spinnrocken. In der antiken Mythologie sind neben Athena/Minerva und der sie in der Webkunst herausfordernden Arachne (Ovid, *Metamorphosen* 6,1–145; Diego Velázquez, *Las Hilanderas / Die Teppichwirkerinnen*, um 1657, Madrid, Prado), Artemis/Diana und vor allem Herkules bei Omphale zu nennen, der als deren Sklave so verweichlichte, dass er Frauenkleider anzog und zur Spindel griff (Hans Cranach, *Herkules bei Omphale*, 1537, Madrid, Sammlung Thyssen-Bornemisza; François Boucher, *Herkules und Omphale*, um 1730, Moskau, Staatliches Puschkin-Museum). Die Spindel ist Attribut der Moiren/Parzen, der Schicksalsgöttinnen, wobei vor allem Klotho den Lebensfaden spinnt.

Nach einer apokryphen Legende befand sich Maria bei der Verkündigung beim Spinnen für ein Purpurtuch, das für den Tempelvorhang in Jerusalem bestimmt war. Diese Erzählung wurde in der Ostkirche eine verbreitete Grundlage für Verkündigungsszenen (Protoevangelium des Jakobus; Elfenbeinrelief, Mitte 6. Jh., *Maximianskathedra*, Ravenna, Erzbischöfliches Museum; Bonanus, *Porta di S. Ranieri*, um 1180, Pisa, Dom S. Maria Assunta). Des Öfteren ist damit aber auch ein Verweis auf die »neue Eva« gegeben, da Eva nach der Vertreibung aus dem Paradies der Tradition nach spinnen, d. h. arbeiten musste.

Spindel oder Spinnrocken können aber auch allgemein Attribut weiblicher Heiliger und speziell von heiligen Hirtinnen sein wie zum Beispiel Genovefa, Gertrud von Nivelles, Jeanne d'Arc, Lüfthildis, Margareta, Solange und Theresa von Avila.

In der Profanikonographie kann das Spinnen das Sinnbild eines aktiven Lebens sein oder auf weibliche Tätigkeit ganz allgemein verweisen (Gerard Dou, *Alte Frau am Spinnrad bei Essen*, um 1632/37, Privatsammlung).

Spinne. Als Sinnbild des bösen Triebes gilt die Spinne als Gegenbild zur Biene, wegen des leicht reißenden Netzes ist sie aber auch Symbol des Hinfälligen, Vergänglichen. In der antiken Mythologie ist vor allem die Herausforderung Athenas/Minervas durch Arachne im Weben zu nennen, die mit der Verwandlung Arachnes in eine Spinne endete (Ovid, *Meta-*

morphosen 6,1–145; PAOLO VERONESE, *Arachne als Dialektik*, 1575/77, Venedig, Palazzo Ducale).

Eine Spinne über dem Kelch oder auf der Patene ist das Attribut der hll. Norbert und Konrad von Konstanz, weil diesen eine giftige Spinne in den Kommunionkelch fiel, die ihnen aber nicht schaden konnte.

Spinnennetz. Nach Ripa gehört ein Spinnennetz zu den Attributen der *gelosia* ›Eifersucht‹ (Ripa 1970, S. 181).

Spinnrad, Spinnrocken ▸Spindel

Spirale. Dieses grafische Symbol gilt als Zeichen des Werdenden und der ewigen Wiederkehr, der Wiederholung und des Zyklischen. Eine Doppelspirale kann auch Sinnbild von Leben und Tod sein.

Spitalmodell. Es dient als Attribut der hl. Gertrud von Nivelles, die ein Spital stiftete.

Spruchband ▸Schriftband

Stab/Stock. Ein Stab gehört zu den alten Symbolen der Macht und spielte und spielt als Amtsinsignie eine wichtige Rolle (Abtsstab, Bischofsstab, Richterstab, Marschallstab, Zepter). Ein Stab kann aber auch Zeichen der Magie und von Wundern (Zauberstab, Wünschelrute) sein, des Weiteren eine Gehhilfe, eine Verteidigungswaffe, ein Züchtigungsmittel und ein Zeigestab. Dementsprechend unterschiedlich kann die Erscheinungsform und der Sinngehalt von Stäben sein.

In der antiken Götterwelt ist der Hirtenstab Kennzeichen des Gottes Pan (ANNIBALE CARRACCI, *Pan lockt Diana mit dem Vlies*, Fresko, 1597–1601, Rom, Palazzo Farnese, Galleria Farnese), aber auch der Lichtgott Apoll und die Hirten Ganymed, Paris und Adonis können einen Hirtenstab zum Attribut haben. Einen Stock als Gehhilfe benützt dagegen der als alte Frau verkleidete römische Gott Vertumnus, um sich Pomona zu nähern (Ovid, *Metamorphosen* 14,622–697, 765–771; FRANCESCO MELZI, *Vertumnus und Pomona*, 1520er Jahre, Berlin, Staatliche Gemäldesammlungen). Ein Stab, um den sich zwei Schlangen ringeln, ist als Äskulapstab Symbol des Gottes der Heilkunst und der ärztlichen Kunst überhaupt. Der Caduceus, der geflügelte, von zwei Schlangen umwundene Stab, kennzeichnet den Gott Hermes/Merkur. ‣Aaronstab, ‣Äskulapstab, ‣Caduceus

Im christlichen Bereich kennzeichnet ein Kreuzstab Erzengel, den hl. Johannes den Täufer als Wegbereiter Jesu und die Apostel Petrus und Philippus, die hll. Bonifatius, Makarios, Menas von Ägypten, Philippus Benitius und Wilfrid von York und alle heiligen Päpste. Außerdem war ein Stab in dieser Form der Herrscherstab des heiliggesprochenen Kaisers Konstantin. Ein T-förmiger Stab (Stabkreuz) ist das Attribut des hl. Wüstenvaters Antonius d. Gr., des Eremiten Paulus, aber auch des Apostels Philippus und der hll. Romuald und Wilhelm von Maleval. Ein Stab mit Doppelkreuz ist Kennzeichen der hll. Päpste Gregor und Silvester. Einen Botenstab trägt bisweilen der Erzengel Gabriel bei der Verkündigung an Maria, aber auch andere Engel sind durch dieses Attribut in ihrer Funktion als Boten Gottes gekennzeichnet. Auch ein goldener Stab kann diese Aufgabe bei Engeln übernehmen. Ein Hirtenstab ist Christus als Gutem Hirten beigegeben. Er kennzeichnet auch den Viehhirten Abel, den Propheten Amos und Joachim, den Vater Marias, der in der Zeit des Rückzugs bei seinen Hirten lebte, ferner die hll. Alanus, Genovefa, Johannes den Täufer, Leonhard von Noblac, Solange und Wendelin. Der aus dem Krummstab der Hirten entwickelte Bischofs- und Abtsstab (Krummstab) ist das Attribut heiliger Bischöfe und Äbte, wobei eine nach außen gewendete Drehung auf einen Bischof, eine nach innen gewendete Drehung auf einen Abt verweisen kann. Einen Bischofsstab tragen unter anderem die hll. Ambrosius, Gebhard, Leander, Ludwig von Toulouse, Rupert von Salzburg, Severin von Noricum, Theodul von Sitten, Wolfgang von Regensburg und Virgil, einen Abts- oder Äbtissinnenstab unter anderem die hll. Benedikt, Bernhard, Birgitta von Schweden, Maurus und Scholastika. Am Stab des hl. Abtes Ronan aus der Bretagne ist oft der daran hängengebliebene Teufel mit dargestellt. Einen Wanderstab finden wir beim Erzengel Raphael als Begleiter des Tobias (Buch Tobias), beim hl. Joseph bei der Flucht nach Ägypten (Mt.

2,14–15; Vittore Carpaccio, *Flucht nach Ägypten*, um 1500, Washington, National Gallery), beim hl. Christophorus, bei dem der Stab manchmal Blätter treiben kann oder auch als Baumstamm oder Palme gebildet ist (unbekannter Meister, *Kefermarkter Altar*, Mittelschrein, 1480/90, Kefermarkt, Pfarrkirche), weiterhin bei den hll. Merchedach, Philipp Jeningen (Wanderprediger), Morandus von Altkirch und bei vielen anderen umherziehenden und predigenden heiligen Mönchen. Eine Unterart stellt der Pilgerstab dar, an dem oft eine Kalebasse (Kürbisflasche) angehängt oder auch eine Pilgermuschel befestigt ist. Er ist Attribut entsprechender Heiliger wie vor allem Jakobus d. Ä., aber auch Alexius, Amor, Birgitta von Schweden, Christophorus, Jodokus, Koloman von Stockerau, Rochus, Sebaldus von Nürnberg und Severin von Noricum. Ebenso gehört der Bettelstab in diese Reihe, der weltliche Bettler genauso kennzeichnen kann wie Heilige, zum Beispiel Alexius. Ein Stab mit Halbmond ist seltenes Kennzeichen des hl. Wilhelm von Maleval (Hans Baldung, gen. Grien, Altarflügel, um 1520, Frankfurt a. M., Städel).

Wunderstäbe können als Zeichen für ein Wunder in der Hand Jesu Christi, des Apostels Petrus und Heiliger wie Martialis, Maternus oder Patrick erscheinen. Auch Mose teilte mit seinem Stab das Rote Meer und schlug mit ihm durch ein Wunder Gottes für die dürstenden Israeliten Wasser aus einem Felsen (2. Mose 14,16; 17). Auf wunderbare Weise zum Blühen kamen die Stäbe von Aaron (4. Mose 17,16–26) und Joseph bei der Werbung um Maria (apokryph). Der Stab Aarons verwandelte sich außerdem vor dem Pharao in eine Schlange (2. Mose 7,8–13). Als Eherne Schlange wird der Stab mit einer Schlange bezeichnet, den Mose aus Erz zur Errettung seines Volkes vor Schlangenbissen errichtete (4. Mose 21,6–9; Orazio Riminaldi, *Mose errichtet die Eherne Schlange*, 1625, Pisa, Dom, Tribuna). Er wurde später zum Symbol der Errettung durch das Aufblicken zu Gott (Weish. 16,5–12). Ein Stab mit Schlange ist auch Attribut der Tugend *prudentia* ›Klugheit‹ (Ripa 1970, S. 416).

Als Zepter ist der Stab ein Rechtssymbol, eine Insignie (Reichsinsignien). Lang-Zepter gab es auch schon in der Spätantike. Im Mittelalter werden sie neben ihrer Zuordnung zu Herrschern auch zu einem beliebten Attribut von Engeln, vor allem der Erzengel. Ein Zeigestab gehört zu den Kennzeichen der Geometrie unter den Sieben freien Künsten, er ist aber auch Attribut der Urania, der Muse der Astronomie. Der Krummstab der Hirten ist dagegen Attribut von Thalia, der Muse der Komödie. Ein brennender Holzstab charakterisiert manchmal die Personifikation von *invidia* ›Neid‹ (NICOLAS POUSSIN, *Die Zeit entzieht die Wahrheit den Angriffen von Neid und Zwietracht*, 1641, Paris, Louvre). Ein Pilgerstab dient der Personifikation des *exilium* ›Verbannung‹ zum Attribut.

Stachelschwein, Wappentier von König Franz I. von Frankreich (1515–47).

Stadt, Stadtmodell. Mauerkränze, Stadttore und Turmgruppen werden in der mittelalterlichen Kunst als abkürzendes Zeichen für Städte v. a. des biblischen Geschehens (Jerusalem, Bethlehem, Nazareth, aber auch Sodom, Babylon, Jericho, Damaskus), aber auch für antike Städte eingesetzt.

Eine besondere Stellung nimmt dabei das Himmlische Jerusalem ein, das himmlische Paradies der Endzeit, die Idealstadt als Himmelsbild (Offb. 21,10–23). Nach den Beschreibungen der Apokalypse des Johannes ist die Stadt quadratisch und geostet auf zwölf Grundsteinen aus Jaspis, Saphir, Chalzedon, Smaragd, Sardonix, Sardis, Chrysolith, Beryll, Topas, Chrysopras, Hyazinth und Amethyst errichtet. Auf diesen stehen die Namen der Apostel. Weiterhin hat die Stadt zwölf Tore aus Perlen, über denen zwölf Engel mit den Namen der Stämme Israels angebracht sind.

In der mittelalterlichen Kunst sind bei der Gegenüberstellung zweier Stadtbilder oft Jerusalem und Bethlehem gemeint, wobei Jerusalem als Judenkirche und Bethlehem als Heidenkirche zu deuten sein können. Leuchter, Tabernakel und Reliquienschreine konnten im Mittelalter in Bezug zum Himmlischen Jerusalem ebenfalls oft stadtartig gebildet sein. Eine umfriedete Stadt kann im Mittelalter aber auch als Sinnbild der Jungfrau Maria gelten.

Zahlreiche Heilige haben ein Stadtmodell zum Attribut. Es sind dies die Schutzheiligen der jeweiligen Städte – z. B. die hll. Antilia von Montepulciano, Blasius von Sebaste für Ragusa, Bernhardin von Siena, Emidius von Ascoli, Fina von San Gimignano, Geminianus von Modena, Petronius von Bologna, Papst Petrus Coelestin V. von Ascoli Piceno und Liberalis von Treviso. Antike Stadtgöttinnen tragen meist Mauerkronen als Kopfzierde.

Staffelei. Als Gerät von Malern ist eine Staffelei Attribut des Evangelisten Lukas als Madonnenmaler und Berufskennzeichen für alle Maler und die Personifikation von *pictura* ›Malerei‹.

Stechginster ‣Ginster

Stechpalme (Ilex). Als wintergrüne Pflanze ist die Stechpalme Sinnbild für Unsterblichkeit und ewiges Leben.

Stechzirkel ‣Zirkel

Stein. Schon in der Steinzeit wurden Steine wegen ihrer Festigkeit und Unveränderlichkeit als Kultmale, Zeichen der Götter und als Grabmale errichtet, ursprünglich vielleicht auch zum Schutz der Toten vor feindlichen Mächten. Der monumentale Steinbau und die monumentale Steinskulptur als die Zeit überdauernde Manifestationen stellen einen wichtigen Schritt in der Entwicklung der Menschheit dar. So kann mit Steinen eine architektonische Symbolik verbunden sein. Christus wird im biblischen Text als Eckstein bezeichnet (Mt. 21,42) und in dieser Sinnbildlichkeit oft in Grundsteinen und Gewölbeschlusssteinen, aber auch in Taufsteinen und Kanzeln veranschaulicht.

Für die unterschiedlichen Gesteinsarten, vor allem natürlich die seltenen und kostbaren Edelsteine – wobei früher nicht zwischen Edel- und Halbedelsteinen unterschieden wurde –, entwickelten sich früh besondere symbolische Bedeutungen, die auch in Steinbüchern niedergelegt wurden. Diese Bedeutungen unterlagen jedoch im Laufe der Zeit erheblichen

Veränderungen. Es gibt also keine durch die Jahrhunderte konstanten Zuständigkeiten oder symbolischen Beziehungen. Herrscherkronen, aber auch der Brustschild des Hohenpriesters im Alten Testament, die Bausteine des Himmlischen Jerusalems im Neuen Testament und andere Abbilder bedeutungsgeladener Schlösser und Städte wurden gerne in symbolischem Sinn mit Edelsteinen verziert.

Edelsteinsymbolik:

- ‣*Achat*
- ‣*Amethyst*
- *Bergkristall* ‣Kristall
- *Beryll:* einer der zwölf Edelsteine am Brustschild des jüdischen Hohenpriesters
- *Chrysolith:* einer der zwölf Edelsteine am Brustschild des jüdischen Hohenpriesters
- ‣*Diamant*
- *Hyazinth:* einer der zwölf Edelsteine am Brustschild des jüdischen Hohenpriesters
- *Jaspis:* einer der zwölf Edelsteine am Brustschild des jüdischen Hohenpriesters, als Attribut dem hl. Thomas von Aquin zugeordnet
- *Karneol:* einer der zwölf Edelsteine am Brustschild des jüdischen Hohenpriesters
- *Lapislazuli:* einer der zwölf Edelsteine am Brustschild des jüdischen Hohenpriesters, im Altertum auch als Zeichen des gestirnten Himmels gedeutet, da er kleine im Grundton Blau eingeschlossene glänzende Einschlüsse aufweist, im Orient galt er auch als Mittel gegen den bösen Blick
- *Nephrit:* einer der zwölf Edelsteine am Brustschild des jüdischen Hohenpriesters
- *Porphyr:* gilt als königlicher Stein
- *Rubin* oder *Karfunkelstein:* gilt als Zeichen königlicher Würde, aber auch von Liebe und Vitalität; wegen seiner Farbe dem Symbolgehalt von Rot nahestehend, gehört zu den zwölf Edelsteinen am Brustschild des jüdischen Hohenpriesters; des Weiteren wurde dem Rubin nachgesagt,

gasförmige Gifte zu vertreiben, ein Mittel gegen Melancholie und böse Träume zu sein und vor Schiffbruch zu schützen
- *Saphir:* wegen seiner Farbe mit dem Himmel und der Luft in Verbindung gebracht, ferner mit Keuschheit und Wahrheitsliebe verbunden, nach altem Steinglauben Hilfsmittel gegen Spinnen- und Schlangenbisse; im Mittelalter allerdings oft mit Lapislazuli gleichgesetzt
- *Smaragd:* antiken Vorstellungen gemäß soll er Sklaven und Gefangenen zur Freiheit verhelfen und Stürme verjagen, steht für Glauben und Hoffnung, gehört zu den Steinen des Himmlischen Jerusalem; wegen seiner grünen Farbe der Fruchtbarkeit und im alten Rom der Göttin Venus zugeordnet
- *Tarsis/Tarschisch:* einer der zwölf Edelsteine am Brustschild des jüdischen Hohenpriesters
- *Türkis:* einer der zwölf Edelsteine am Brustschild des jüdischen Hohenpriesters, nach den türkischen Händlern benannt, in der frühen Neuzeit und im Barock als Zeichen der Versöhnung eingesetzt

Im antiken Mythos der Sintflut sät Deukalion Steine, aus denen wieder Menschen wachsen (Ovid, *Metamorphosen* 1,253–312; Domenico Beccafumi, *Deukalion und Pyrrha*, 1520, Florenz, Museo Horne), und bemüht sich Sisyphos, einen immer aufs neue wieder vom Berg rollenden Stein auf einen Gipfel zu wälzen (Homer; Tizian, *Sisyphos*, 1549/50, Madrid, Prado).

Steine als Attribut haben neben den gesteinigten Heiligen (▸Steinigung) die hll. Christophorus und Florian, die mit einem Stein ertränkt wurden, und Christina von Bolsena (*Legenda Aurea*). Bei einer Wallfahrt nach Rom trug der hl. Silvinus zur Buße Steine in einem Tragekorb auf dem Rücken. Steine vor einem Häuschen verweisen bei der hl. Pharahildis auf eine Begebenheit, in der zur Bestrafung einer mitleidlosen und lügnerischen Frau durch Pharahildis Brot in Steine verwandelt worden war. Einen Stein als Kopfunterlage hat der hl.

Bavo von Gent und einen Edelstein als Brustschmuck der hl. Thomas von Aquin. Ein Buch mit drei kleinen Steinen darauf kennzeichnet den hl. Bischof Liborius, den Patron gegen Steinleiden.

Mit einem Stein als Zeichen der Reue an die Brust schlagend und sich selbst kasteiend werden der büßende Hieronymus (LUCAS VAN LEYDEN, *Der büßende hl. Hieronymus*, um 1515/16, Berlin, Staatliche Gemäldesammlungen) und Margareta von Cortona dargestellt. Als Hinweis auf die Welt finden sich Steine als Attribute auch bei den Personifikationen der *fortuna* ›Schicksal‹, *paupertas* ›Armut‹, *servitus* ›Knechtschaft‹, *eloquentia* ›Redegewandtheit‹ und *dignitas* ›Würde‹. Steine gelten aber auch negativ als Symbole der Herzenshärte.

Steinbock. Diese im Hochgebirge lebende Ziegenart mit großen Hörnern war als Sinnbild für Kraft, Mut und Wachsamkeit und als ranghöchstes Tier der Alpen ein beliebtes Wappentier. Die Steinbockjagd gehörte zur sogenannten hohen Jagd, die Privileg des Landesfürsten war. Dem getrockneten Blut des Steinbocks, seinem abgeschabten Horn, Gefäßen aus Steinbockhorn, seinen Innereien und auch seiner Losung wurden magische Schutz- und Heilwirkungen zugesprochen.

Als Sternbild des südlichen Himmels wurde der Steinbock zum zehnten Zeichen im Tierkreis und damit zum Monatszeichen der Wintersonnenwende. Vor diesem Hintergrund gilt der Steinbock auch als Symbol der Erneuerung des Lichts. Seltener wird er negativ mit dem Bock und dessen symbolischen Bedeutungen gleichgesetzt.

Steinbrech. Die oft auf Steinen, aber auch in Ritzen und Spalten wachsende Pflanze soll nach mittelalterlichen Vorstellungen Felsen sprengen können. In diesem Sinn wurde sie Symbol des auferstandenen Christus.

Steinigung. Die Steinigung war die jüdische Todesstrafe für ein besonders gotteslästerliches Vergehen. Im Alten Testament wurde Naboth aus Besitzgier durch Steinigung ermordet (1. Kön. 21,1 ff.).

Steine als Attribut haben so als Hinweis auf ihre Steinigung der Prophet Jeremia und der erste Märtyrer, der hl. Stephanus (Apg. 7,54–59; Giorgio Vasari, 1571, Pisa, Chiesa dei Cavalieri), des Weiteren die Apostel Philippus (am Kreuzbalken gesteinigt), Barnabas und Matthias und die hll. Antonius von Rivoli, Bernardus Martyr, Eskil von Schweden (manchmal Steine im Mantelzipfel tragend) und Emerentiana von Rom.

Steinmetz. Die Darstellung eines Steinmetzen kann außer als Berufsschilderung auch als Attribut der Geometrie dienen.

Stelzfuß. Dieses Gebrechen gilt als Kennzeichen von Krüppeln und des antiken Gottes Kronos/Saturn.

Stern. Sterne sind Zeichen des Lichtes und des Himmels. Der Stern von Bethlehem mit einem meist achtstrahligen Kometenschweif weist den drei Magiern den Weg zum Jesuskind (Mt. 2,1–10; Leopold Kuppelwieser, *Die Hl. Drei Könige*, 1825, Wien, Österreichische Galerie, Oberes Belvedere). Der Abendstern, der den Einbruch der Nacht ankündigt und die Position des Planeten Venus am Abend ist, gilt auch als Verweis auf den Teufel, während der Morgenstern, die Position des Planeten Venus am Morgen, auf Christus oder Maria bezogen wurde. In der antiken Mythologie kann der Morgen- oder Abendstern bei Venus auch als Attribut erscheinen. Sieben Sterne sind in Bildern – da die Sieben ein Symbol der Ganzheit ist – wohl als Hinweis auf das gesamte Himmelsgewölbe zu deuten.

Der Meerstern, der richtungsweisend bei Stürmen ist, ist eines der bekanntesten Mariensymbole. Eine Sternenkrone aus 12 Sternen um das Haupt kennzeichnet das apokalyptische Weib und damit wieder Maria Immaculata, die ohne Erbsünde empfangen wurde (Giambattista Tiepolo, *Immaculata Conceptio*, Madrid, Museo Nacional del Prado, 1767/69). Sterne sind das Attribut der hll. Bruno (auf der Brust), Dominikus (ein roter Stern auf der Stirn oder über dem Nimbus), Johannes von Capestrano (über dem Kopf), Nikolaus von Tolentino (auf der Brust, auf dem Mantel oder um den Nimbus), Thomas von Aquin (auf der Brust) und Vinzenz Ferrer

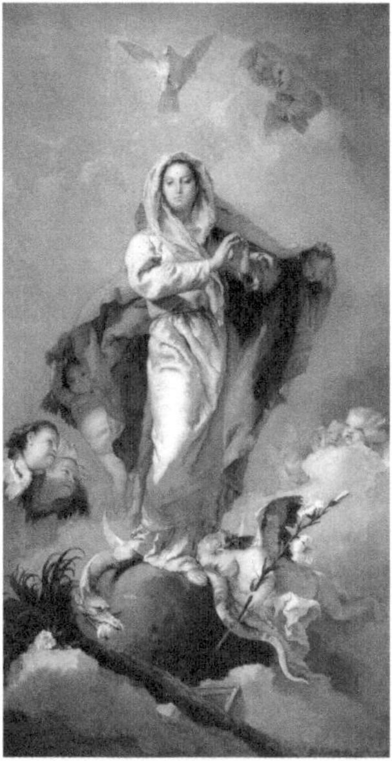

Giambattista Tiepolo: Immaculata Conceptio. Madrid, Museo Nacional del Prado, 1767/69. – Die Lehrmeinung der katholischen Kirche, dass Maria ohne Erbsünde geboren wurde (Unbefleckte Empfängnis Mariens), wurde bildlich in unterschiedlicher Weise umgesetzt, zum Beispiel in der Begegnung an der Goldenen Pforte. Ende des 15. Jahrhunderts entstand jedoch ein eigener Bildtypus, die Maria Immaculata. Hier erscheint Maria, gekleidet in Weiß und Blau und mit offenem Haar, betend und über der Erde oder Weltkugel schwebend. Sie ist von Tugendsymbolen und Huldigungsmotiven wie Lilie, Spiegel, Rose, Palme, Obelisk und von verehrenden Putten umgeben. Des Weiteren wurde die Darstellung mit Zügen des Apokalyptischen Weibes und der Siegerin über den Drachen verknüpft: ein Kranz aus zwölf **Sternen** um das Haupt, strahlend wie die Sonne, unter den Füßen die Mondsichel und eine Schlange oder seltener ein Drache. Auf die Antithese Maria – Eva kann mit dem Apfel des Sündenfalls im Maul der Schlange angespielt werden. Tiepolo ergänzte seine Darstellung noch mit der Taube des Hl. Geistes über Maria.

(auf der Brust). Ein achtstrahliger Stern, meist in der Hand gehalten, kennzeichnet den hl. Suitbert, ein Sternenkranz um das Haupt Johannes Nepomuk (fünf Sterne in Bezug zu den fünf Buchstaben von *tacui* ›ich habe geschwiegen‹ oder sieben Sterne) und Hugo von Grenoble (sieben Sterne). Santiago de Compostela (*campus stellae*) erhielt seinen Namen dagegen nach dem Stern, der dem hl. Jakobus d. Ä. bei seiner Pilgerreise nach Spanien folgte. Eine Sternenkrone ist nach Ripa (1970, S. 28, 29) auch Attribut der Personifikation der Astrologie.

Der sechszackige Stern, das Hexagramm, wird auch als Davidsschild oder Davidstern bezeichnet und ist das Glaubenssymbol des Judentums und Emblem des Staates Israel. Der fünfzackige Stern gilt als Drudenfuß (‣Pentagramm).

Steuerruder, Attribut der Schicksalsgöttin Fortuna.

Stiefmütterchen. Das Stiefmütterchen ist eine Heilpflanze, die zum Dreifaltigkeitssymbol wurde, da es oft dreifarbig und mit einem Auge in der Mitte vorkommt. Wegen seiner fünf Blütenblätter und in violetter Färbung wurde es auch zum Sinnbild für die fünf Wunden Christi und die Passion.

Als Heiligenattribut kommt es wegen seiner Mehrfarbigkeit beim hl. Valentin vor, der seine Gaben unterschiedslos an Arm und Reich verschenkte. In der Blumensprache des 19. Jahrhunderts galt es als Sinnbild der Treue.

Stieglitz/Distelfink/Goldfink. Der Stieglitz war früher ein verbreiteter Käfigvogel und damit auch ein beliebtes Kinderspielzeug. Im Mittelalter war er der am häufigsten dargestellte Vogel. Er galt als kündendes Tier und als Heiler und Fruchtbarkeitssymbol (Hans Burgkmair d. Ä., *Johannes auf Patmos*, 1502, Augsburg, Staatsgalerie; Giovanni Antonio di Francesco Sogliani, *Das Opfer Abels*, um 1533, Pisa, Dom, Tribuna).

So soll der Stieglitz Seuchen angekündigt, aber auch Schutz vor Krankheiten gewährt haben. Deshalb kam der Stieglitz auch auf Amuletten gegen die Pest vor. Außerdem verband man mit seinem Bild den Wunsch nach Fruchtbarkeit (Raf-

FAEL, *Madonna del Cardellino*, um 1506, Florenz, Uffizien; das Bild war ursprünglich ein Hochzeitsgeschenk!). Da man meinte, der Stieglitz lebe nur von Disteln, aber singe dennoch schön, wurde er zum Sinnbild des Christuskindes und wie viele Vögel (Seelenvogel) einer durch Leid geläuterten Seele. Als Künder kann er im christlichen Bereich aber auch auf die Geburt Jesu Christi, die Passion, seinen Opfertod oder die Auferstehung hindeuten. Der rote Schopf des Vogels wurde ebenfalls zur Passion Jesu Christi in Bezug gesetzt.

Stier. Im antiken Mythos ist der Stier dem Kriegsgott Ares/Mars zugeordnet. Beim Raub der Europa hat sich jedoch der Göttervater Zeus/Jupiter in einen Stier verwandelt (Ovid, *Metamorphosen* 2,833–875; PAOLO VERONESE, *Raub der Europa*, um 1570/80, Venedig, Dogenpalast). In der Barockkunst wurde dieses Motiv auch als Allegorie der Herrschaft eingesetzt (GIAMBATTISTA TIEPOLO, *Europa*, Fresko, 1752/53, Würzburg, Residenz, Treppenhaus). Nach dem »Ovide moralisé« konnte die Verwandlung Jupiters in einen Stier bis ins späte Mittelalter hinein dagegen auch als Zeichen für die Menschwerdung Jesu Christi verglichen werden, der, so wie Zeus die Königstochter Europa entführt, die menschliche Seele in den Himmel trägt (ANTONIO FILARETE, Bronzetür, 1445, Rom, St. Peter).

Auf einem altkretischen Mythos beruhend erscheint Minotaurus, der Sohn der Königin Pasiphae, der Gattin des Königs Minos, und eines Stieres als Stiermensch (ANTONIO CANOVA, *Theseus bezwingt den Minotaurus*, 1805, Possagno, Gipsoteca Canoviana). Der Stier ist ein altes Fruchtbarkeitssymbol und Opfertier, aber auch ein Götterbild zum Beispiel für den Gott Baal. Der Tanz um das Goldene Kalb durch die Israeliten spiegelt wohl den Abfall des Volkes von seinem Gott und seine Zuwendung zu diesem kanaanäischen, in Stiergestalt verehrten Fruchtbarkeitsgott Baal wider (2. Mose 32; NICOLAS POUSSIN, *Der Tanz um das Goldene Kalb*, 1635/40, London, National Gallery). Auch im vorderasiatischen Mithraskult spielt ein Stier, der – zusammengebrochen – von Mithras getötet wird, eine Rolle.

Ein Stier oder ein geflügelter Stier ist nach der Vision des Propheten Ezechiel zum Symbol des Evangelisten Lukas geworden (Hes. 1,4–12). Als Marterwerkzeug ist er Attribut der hll. Saturnin/Sernin von Toulouse und Blandina von Lyon, die von einem Stier zu Tode geschleift wurden. In einem glühenden Stier aus Erz mussten die hll. Eustachius, Hippolytus und Pelagia ihr Martyrium erleiden.

Isidor von Madrid pflügte mit einem Stier, Synesius teilte einen wilden Stier durch ein Wunder in zwei Hälften und Wendelin war Viehhirte. Papst Silvester erweckte dagegen einen durch Magie getöteten wilden Stier von den Toten. Die Tugend *perseverantia* ›Beharrlichkeit‹ kann den Kopf eines Stiers halten, dessen Schwanz ihren Schild berührt.

Stigmata ‣ Wundmale

Stillende Frau. Im antiken Mythos sind es die Fruchtbarkeitsgöttin Demeter/Ceres und Gaia/Tellus, die Göttin der Erde, die stillend dargestellt sein können.

Als Stillende kann Maria mit dem Jesuskind erscheinen, ebenso die Personifikation der theologischen Tugend *caritas* ›Liebe‹ (Guido Reni, *Caritas*, Anf. 17. Jh., Florenz, Palazzo Pitti, Galleria Palatina).

Die antike Erzählung von Cimon, der, zum Hungertod im Gefängnis verurteilt, von seiner Tochter Pero gesäugt wird, galt vor allem in der Renaissance und im Barock unter der Bezeichnung Caritas Romana als heidnisches Gegenstück zur chistlichen Caritas (Valerius Maximus; Caravaggio, *Die sieben Werke der Barmherzigkeit*, 1606/07, Neapel, Pio Monte della Misericordia).

Stock ‣ Stab

Stockrose ‣ Malve

Stoffdraperie ‣ Vorhang

Storch. Da der Storch als Schlangenfresser gilt, sah man in ihm ein Tier, das sich gegen den Teufel stellt. In diesem Sinn wurde er zum Christussymbol und ging auch in die Mariensymbolik ein. Als wiederkehrender Zugvogel war er ein Sinnbild der Auferstehung und des gerechten Wandels (Jörg Rat-

GEB, *Kreuzigung Christi*, 1519, Stuttgart, Staatsgalerie). Der Storch gehört aber auch zu den Attributen der Personifikationen von *religio* ›Religion‹ und *gratitudo* ›Dankbarkeit‹. Er galt als Sinnbild der Kindesliebe, da er nach mittelalterlichen Vorstellungen seinen alten Vater ernähre. Als Zugvogel wurde er dagegen zum Kinderbringer. Durch sein ruhiges Stehen auf einem Bein machte man ihn auch zum Sinnbild der Kontemplation. Ein Storch mit einer Schlange im Schnabel ist das Attribut des hl. Bischofs Agricolus von Avignon.

In der profanen Barockemblematik findet sich der Storch als zurückkehrender Zugvogel ganz vereinzelt auch als Frühlingssymbol.

Storchschnabel. Nach Hildegard von Bingen wirkt diese Heilpflanze vor allem gegen Traurigkeit.

Strahlenkranz ▸Nimbus

Strauß, Straußenei. Nach einzelnen *Physiologus*-Versionen und mittelalterlichen Tierbüchern soll der Strauß seine Eier im Sand entweder von der Sonne ausbrüten lassen oder durch sein eigenes unverwandtes Anschauen. Das Ausschlüpfen der Jungen ohne Zutun der Eltern galt deshalb als Sinnbild der jungfräulichen Mutterschaft Mariens. Der Strauß konnte aber auch Christussymbol sein, da dieser durch Gottvater auferweckt wurde, so wie die Eier durch die Sonne zum Leben erwachen. Aus diesem Grund wurden auch Straußeneier, die wegen ihrer Seltenheit und Zerbrechlichkeit früher sehr geschätzt waren, in der Kirche aufgehängt, was in der Ostkirche und in koptischen Kirchen zum Teil heute noch der Brauch ist. Im Westen blieb es in einzelnen Gegenden zwischen Karfreitag und dem Ostermorgen üblich. Der unverwandte Blick des Vogels auf seine Eier sollte sich in der meditativen Funktion von Straußeneiern fortsetzen (PIERO DELLA FRANCESCA, *Sacra Conversazione*, 1472/74, Mailand, Brera).

Es gibt aber auch eine negative Bedeutung des Vogels Strauß. Da er seine Eier sich selbst überlässt, verglich man ihn mit dem Sünder, der seine Pflichten gegenüber Gott vernachlässigt. Als Vogel, der angeblich seinen Kopf in den Sand steckt, wurde er zum Sinnbild der Blindheit. In dieser letzten Bedeutung taucht er bei der Personifikation der Synagoge wie auch bei dem Laster *acedia* ›Trägheit‹ auf.

Da die Gerechtigkeit nicht auf das Ansehen einer Person achten soll, kommt der »blinde« Strauß aber auch bei der Kardinaltugend *iustitia* ›Gerechtigkeit‹ vor (*Horapollo* II, S. 118). Im Mittelalter und im Barock wurde der Vogel Strauß wegen seiner Flugunfähigkeit auch als Sinnbild des Heuchlers gebraucht. Diese Vorstellung geht bis auf Aristoteles zurück. Nach Ripa gehört der Strauß auch zu den Kennzeichen der Personifikationen von *gula* ›Völlerei‹ und *voracitas* ›Gefräßigkeit‹. Bei Darstellungen der vier Erdteile ist der Vogel Strauß Afrika zugeordnet.

Straußenfeder. Sie gehört zu den Attributen der hll. Cäcilia von Rom und Barbara.

Strick. Er gilt als Sinnbild für Verstrickung und Knechtschaft und als Attribut des Teufels, da dieser die Verdammten an einem Strick oder auch an einer Kette hinter sich herziehe. Auch Jesus Christus wird während seiner Gefangenschaft öfters mit einem Strick um den Hals dargestellt.

Der Strick ist weiterhin Attribut der Hure Rahab, die in Jericho die Kundschafter Josuas an einem Seil über die Stadtmauer hinunterließ und so rettete (Jos. 2,1 ff.) und weiterhin des hl. Desiderius von Vienne, der mit einem Strick erwürgt wurde, des Apostels Andreas, der hll. Afra von Augsburg, Firminus, Hippolytus des Soldaten, Karl Borromäus (um den Hals), Koloman von Stockerau (grünend oder um den Hals), Ludmilla und Rupert von Salzburg.

Studierstube ▸ Gelehrtenstube

Sturm. In der barocken Allegorik gilt die Darstellung eines Sturms als Sinnbild für Schicksalsschläge.

Stundenglas ▸ Sanduhr

Suppedaneum ▸ Fußstütze

T

Tafel. Die beiden Tafeln mit den Zehn Geboten, die auf dem Gottesberg empfangenen Gesetzestafeln, sind das wichtigste Attribut von Mose (2. Mose 24,12; 31,18; 32,15–19; 34,1–4,28–29). Auch die Synagoge, die Personifikation des Judentums, wird üblicherweise durch die Gesetzestafeln gekennzeichnet (KONRAD WITZ, *Die Synagoge, Basler Heilsspiegelaltar,* um 1435, Basel, Kunstmuseum). Als Heiligenattribut finden sich Tafeln, meist mit einer Inschrift, unter anderem bei den hll. Agatha von Catania, Cyrillus von Konstantinopel und bei Zacharias, der nach seiner Verstummung den Namen seines Sohnes Johannes auf eine Tafel schrieb (Lk. 1,59–64). Weiterhin gehört eine Tafel als Schreibgerät zu den Kennzeichen der Rhetorik und Geometrie unter den Sieben freien Künsten und zur Berufsbezeichnung von Gelehrten (JACOPO DE' BARBARI, *Bildnis des Mathematikers Luca Pacioli mit einem Schüler,* 1495, Neapel, Museo Nazionale di Capodimonte). Aber auch der Jesusknabe kann bei seinem in den Apokryphen berichteten Schulbesuch (Thomas-Evangelium, Pseudo-Matthäus) mit einer Schreibtafel erscheinen. ▸Schreibgerät

Tageszeiten. Die vier Tageszeiten werden unterschieden als Tag und Nacht und Morgen und Abend. Meist werden sie mit den entsprechenden Gestirnen Sonne, Mond, Morgen- und Abendstern versinnbildlicht. Als Personifikationen kommen sie vor allem in Zusammenhang mit Darstellungen des Jahres, der Jahreszeiten und der Monate vor, die entsprechenden Götter sind der antiken Mythologie entlehnt. Aurora, der Morgen oder die Morgenröte, erscheint als leicht bekleideter Jüngling oder junge Frau, Meridies, der Tag, wird gern als Mann oder Frau in bestem Alter und festlich gekleidet dargestellt, Vespera, der Abend, ist eine verhüllte Frau und die Nacht, Pruina, ein alter Mann oder eine alte Frau, meist dunkel bekleidet, auch mit Flügeln und Fackel ausgestattet

(MICHELANGELO, *Medici-Gräber*, 1524–33, Florenz, S. Lorenzo, Neue Sakristei).

Tamburin. Die Handpauke gilt als Attribut der Prophetin Mirjam, der Schwester des Mose, die aus Freude über die Errettung aus dem Roten Meer einen Reigen anführte (2. Mose 15,20–21). Aber auch die durch ein Gelübde des Vaters dem Opfertod verfallene Tochter des Jephta/Jiphtach kann mit einem Tamburin dargestellt sein, da sie ihrem Vater tanzend entgegenkam (Ri. 11,29–40; PETER CANDID, *Die Tochter des Jephta*, um 1600, München, AP).

Tanz/Reigen. Vor allem in Darstellungen von Musik und Festen kommen Tänze vor, aber auch als Engelsreigen in himmlischen Gefilden und zum Gotteslob auf Erden (DONATELLO, *Sängerkanzel*, 1433–39, Florenz, Opera del Duomo).

Einige Tanzszenen aus dem Alten Testament wie der Tanz um das Goldene Kalb (2. Mose 32,1–6; NICOLAS POUSSIN, *Der Tanz um das Goldene Kalb*, um 1635, London, National Gallery), Davids Tanz vor der Bundeslade (2. Sam. 6,1–5; JAN DE BRAY, *David tanzt vor der Bundeslade*, 1670, Evansville, Museum of Arts and Science), der Tanz der Frauen nach dem Sieg Davids über Goliath (1. Sam. 18,6–7; JAN STEEN, *Der Triumph Davids*, 1640, Kopenhagen, Statens Museum for Kunst) und der Tanz der Salome im Neuen Testament (Mt. 14,6; FILIPPO LIPPI, *Tanz der Salome*, 1452–64, Prato, Dom) haben ebenfalls reichen Niederschlag in Bildern gefunden.

Als *memento mori* fungieren dagegen die seit dem Mittelalter verbreiteten und als Totentanz bezeichneten Darstellungen von Paaren aus Personifikationen des Todes und Personen bestimmter Stände, Lebensalter, Berufe usw. in Tanzhaltung oder im Reigen (HANS HOLBEIN D. J., *Totentanz*, 1522–26, Holzschnittfolge). Der antiken Mythologie entstammen dagegen der Musenreigen (AMBROGIO LORENZETTI, *Die Gute Regierung in der Stadt*, 1338–39, Siena, Palazzo Pubblico) und der Reigen der drei Grazien.

Tasche. Als Brotbeutel ist eine Tasche Attribut des Erzengels Raphael, der den jungen Tobias begleitet (Buch Tobias). Als

Pilgertasche ist sie Attribut der vor allem als Pilger wiedergegebenen hll. Alexius, Jakobus d. Ä., Rochus, Sebaldus und der hl. Cyra, die die besondere Schutzheilige der Reisenden und Pilger ist.

Taschenuhr ▸Uhr

Tau. Tautropfen werden in der Symbolik mit Regen, aber auch mit Perlen verbunden. Die alttestamentliche Erzählung vom Fell/Vlies des Gideon, das als Zeichen der Berufung Gideons zum Heerführer auf wunderbare Weise vom Tau benetzt wird, während alles Übrige trocken bleibt und umgekehrt, war ein vor allem im Mittelalter beliebtes Motiv, das typologisch auf die Jungfräulichkeit Mariens bezogen wurde (Ri. 6,36–40).

Taube, Sinnbild der Unschuld, Reinheit, Liebe und Treue. Bereits seit der Spätantike ist die Taube auch ein Sinnbild für Sanftmut, da sie nach den damaligen Vorstellungen keine Galle habe. Das negative Gegenbild stellt der Rabe dar.

Bei Juden war die Taube das Opfertier der Ärmeren, so bei Maria und Joseph von Nazareth bei der Darbringung Jesu im Tempel (Lk. 2,24; Rogier van der Weyden, *Columba-Altar*, um 1455, München, AP; Stephan Lochner, *Darbringung im Tempel*, 1447, Darmstadt, Hessisches Landesmuseum) und bei Joachim als Tempelpriester. Eine Taube mit einem Ölzweig im Schnabel verkündete in der Erzählung von der Sintflut im Alten Testament Noah das Ende der Flut und den göttlichen Frieden (1. Mose 8, 10, 12). Sie ist so zum bis heute verbreiteten allgemeinen Friedenssymbol geworden (Pablo Picasso, *Friedenstaube*, 1949, Paris, Musée d'art moderne).

Im Neuen Testament ist eine Taube vor allem Symbol für den Hl. Geist. Diese Vorstellung dürfte zum einen darauf zurückzuführen sein, dass im Schöpfungsbericht der Geist Gottes als über den Wassern schwebend beschrieben wird, sprachlich also Assoziationen zu Vögeln hervorgerufen werden, die auch manchmal bildlichen Niederschlag finden (1. Mose 1,2; Mosaik, *Genesiskuppel*, um 1220, Venedig, S. Marco, Vorhalle) und andererseits bei der Taufe Jesu ausdrücklich das Bild der Taube für den Hl. Geist gebraucht wird (Mt. 3,16; Mk. 1,10;

Lk. 3,21; Joh. 1,32). Dahinter steht die in den alten vorderasiatischen Kulturen verbreitete Vorstellung, dass sich auf einem zukünftigen Herrscher oder Führer als für alle erkennbares Zeichen und Beweis der Auserwähltheit ein Vogel niederlasse. So wurde die Taube zur bildlichen Form des Hl. Geistes und taucht in diesem Sinn auch in Bildern der Verkündigung an Maria, von der Taufe Jesu und von Pfingsten auf (GUIDO RENI, *Taufe Jesu*, 1623, Wien, KHM; UNBEKANNTER MEISTER, *Verkündigung an Maria*, Triumphbogenmosaik, 5. Jh., Rom, S. Maria Maggiore; NIKOLAUS VON VERDUN, *Pfingsten, Klosterneuburger Altar*, 1181, Klosterneuburg bei Wien, Stiftsmuseum; TIZIAN, *Pfingsten*, 1560, Venedig, S. Maria della Salute). Vor diesem Hintergrund wird auch verständlich, dass als Hinweis auf den Hl. Geist bisweilen auch bei Darstellungen von Täuflingen Tauben über diesen erscheinen können (Mosaik, Anf. 6. Jh., Albenga, Baptisterium).

In Dreifaltigkeitsdarstellungen wird der Hl. Geist üblicherweise ebenfalls als Taube wiedergegeben. Auch die sieben Gaben des Hl. Geistes werden öfter in der Gestalt von sieben Tauben verbildlicht (Sieben Gaben: Weisheit, Verstand/Vernunft, guter Rat, Stärke, Wissen, Frömmigkeit, Gottesfurcht; UNBEKANNTER MEISTER, Glasfenster, 13. Jh., Chartres, Kathedrale). Auch mittelalterliche Behälter der Eucharistie sind öfter in Taubengestalt geformt und verweisen so ebenfalls auf den Hl. Geist (UNBEKANNTER MEISTER, *Hostientaube*, Anfang 13. Jh., Salzburg, Dommuseum).

Die Taube stellt als Seelenvogel aber auch ein selbständiges Symbol dar. Sie gilt als Bild der erlösten Seele eines Verstorbenen im Himmel oder allgemein der Gläubigen. In diesem Sinn erscheint sie im frühen Christentum häufig in der Sepulkralkunst. Tauben, die sich an einem Gefäß mit dem Wasser des Lebens erfrischen, gelten daher als Hinweis auf das Paradies (Mosaik, um 540–547, Ravenna, S. Vitale, Chor). Auch eine Taube mit einem Lorbeerzweig dürfte als Hinweis auf die Seelen der Gläubigen zu deuten sein. Eine Taube mit einer Märtyrerkrone verweist auf die Seelen von Märtyrern. So wird im Martyriumsbericht des hl. Polykarp von einer Taube erzählt, die dessen Leib beim Tod verließ. Ähnlich lautete der Bericht über den Tod der hl. Scholastika, und bei der hl. Justa verlässt eine Taube ihren Mund (Kapitell, 12. Jh., Brescia, Duomo vecchio).

Die Taube gehört zu den Kennzeichen der theologischen Tugend *spes* ›Hoffnung‹, der Kardinaltugend *temperantia* ›Mäßigung‹ und der Tugenden *humilitas* ›Demut‹, *concordia* ›Eintracht‹, *pax* ›Friede‹, *innocentia* ›Unschuld‹ (Ripa 1970, S. 235). Als nistende Taube ist sie Attribut der Tugend *castitas* ›Keuschheit‹. Nach Andrea Alciatus ist eine Taube auch Sinnbild der Ängstlichkeit (1621, S. 188).

Bei den Heiligen kommt die Taube als Attribut, oft auch als Zeichen der Inspiration oder Auserwähltheit durch den Hl. Geist vor, unter anderen bei Eulalia, Fabian, auf den sich als Zeichen seiner Auserwähltheit zum Bischofsamt eine Taube niederließ, Findanus von Rainau, dem sich die Reliquien des hl. Blasius in Gestalt einer Taube zeigten, Kunibert, Regina, Remigius von Reims, dem eine Taube den Chrisam für die Taufe des Frankenkönigs Chlodwig vom Himmel brachte, und Reparata. Über dem Kopf schwebt sie als Attribut bei den hll. Dunstan, Hilarius von Arles, Severus von Ravenna und Theresa von Avila. In dieser Form ist sie vor allem Zeichen der göttlichen Inspiration und begleitet so generell, öfter auch auf der Schulter sitzend, die Evangelisten und gelehrte Heilige wie Basilius d. Gr., Bernhardin von Siena, Gregor d. Gr. (Carlo Saraceni, *Papst Gregor d. Gr.*, um 1600, Rom, Galleria Nazionale, Palazzo Barberini), Hildegard von Bingen, Karl Borromäus, Katharina von Alexandria, Kunibert von Köln, Kyrill von Alexandria, Petrus von Alcantara, Theresa von Avila, Thomas von Aquin und Vinzenz Ferrer. Generell erscheint die Taube des Hl. Geistes bei den Kirchenvätern (Michael Pacher, *Kirchenväteraltar*, um 1480, München, AP). Mit einem Nonnenschleier im Schnabel gehört eine Taube zur hl. Adelgundis, auf einem Buch erscheint sie beim hl. Anianus von Irland und auf einem Kirchenmodell beim hl. Severus. Beim hl. Columban ist die Taube als Attribut dagegen vom Namen abzuleiten.

In der Profanikonographie kann eine Taube als Brieftaube Botin sein. Sie kann aber auch bereits antike Verknüpfungen tradieren. Damals war die Taube als Turteltaube Aphrodite/Venus zugeordnet (ANNIBALE CARRACCI, *Venus und Adonis*, 1588–89, Madrid, Prado; PIERO DI COSIMO, *Venus, Mars und Cupido*, um 1505, Berlin, Gemäldesammlungen; POMPEO BATONI, *Die Hochzeit von Amor und Psyche*, 1756, Berlin, Staatliche Gemäldesammlungen), aber auch Sinnbild von Eros/Amor. Auch noch im *Physiologus* ist die Turteltaube, die nach dem Tod ihres Gatten einsam und allein auf einem dürren Baum weiterlebe, Sinnbild der Gattentreue (Physiologus 1981, S. 52–54). So gilt auch noch bis heute ein weißes Taubenpaar als Liebessymbol.

Taubnessel. Als Heilpflanze ist die Taubnessel im Mittelalter zum Marienattribut geworden.

Taufbecken. Ein Taufbecken als Attribut findet sich vor allem bei den hll. Otto von Bamberg, der als Missionar in Pommern tätig war, Remigius, der den fränkischen König Chlodwig taufte, Papst Silvester, der Kaiser Konstantin taufte, und Vinzenz Ferrer, der zu Christen gewordene Juden taufte.

Taw. Der letzte Buchstabe des hebräischen Alphabets gilt als Sinnbild der Vollendung und des Endes.

Tempel, Salomonischer Tempel. Die Darstellung eines antiken Tempels charakterisiert meist altgriechische oder römische Begebenheiten und kann in christlichem Kontext auf Heidnisches anspielen. Des Weiteren findet sich ein Tempel auch unter den Attributen des Erdteils Europa. Als ideales Vorbild für Kirchenbauten diente dagegen der Salomonische Tempel (1. Kön. 5,15–8; 9). Er wurde um 950 v. Chr. durch König Salomo als erster steinerner Tempel in der Form eines flach gedeckten Baues in Jerusalem errichtet. 586 v. Chr. wurde er unter Nebukadnezar zerstört, jedoch unter Serubbabel erneuert. Der prächtige Nachfolgebau unter Herodes (20 v. Chr. – 9 n. Chr.), der zweite Tempel, wurde im Jahre 70 n. Chr. von den Römern unter Titus als Heerführer endgültig zerstört. In den Jahren 687–691 entstand an seiner Stelle der bis heute bestehende Kuppelbau des islamischen Felsendoms.

Die Vision des Ezechiel (Hes. 40–42) und die Beschreibungen aus dem ersten Buch der Könige liefern eine Vorstellung des ursprünglichen Salomonischen Tempels, der als idealer Prototyp einer christlichen Kirche galt. Auf seine Maße, Materialien, Bauformen, Einrichtungsgegenstände und Raumfolgen wurde des Öfteren in späteren Kirchenbauten zur Legitimation und als Ausdruck des eigenen Anspruchs angespielt (z. B. JOHANN BERNHARD FISCHER VON ERLACH, Karlskirche, 1716 – nach 1723, Wien). Im Mittelalter konnten sich die Übernahmen bildlich auch auf den Felsendom beziehen, den man damals noch für den Templum Salomonis selbst hielt.

Temperamente. Seit der griechischen Antike ist die Einteilung der Menschen in vier psychische Grundtypen auf der Basis der Lehre von den Körpersäften verbreitet: Sanguiniker (Blut, warm und feucht), Phlegmatiker (Schleim, kalt und feucht), Choleriker (Galle, warm und trocken) und Melancholiker (schwarze Galle, kalt und trocken). Diese vier Temperamente wurden häufig mit anderen Vierer-Reihen, Göttern, Lebensaltern, bestimmten Tieren und Attributen verknüpft; so verband man den Sanguiniker mit Frühling, Luft, Affe und Falken, den Choleriker mit Sommer, Feuer, Löwe, Adler und Schwert, den Melancholiker mit Herbst, Erde, Bär, Schwan und Wanderstock und den Phlegmatiker mit Winter, Wasser, Lamm, Esel und Geldbeutel.

Besonders beliebt war die bildliche Darstellung der Melancholie, die seit Aristoteles als Temperament der Denker, Dichter und Visionäre gilt und dementsprechend ab der Renaissance auch dem Künstler zugeordnet wurde. Die entsprechende Gottheit war Saturn. Gerne wird die Melancholie als Frau mit einer schartigen Sense, die auch von einer Schlange umwunden sein kann, mit Totenkopf oder Stundenglas und in Denkerpose dargestellt (ALBRECHT DÜRER, *Melencolia I*, 1514, Kupferstich). Albrecht Dürer übertrug die Vorstellungen von den Temperamenten auch auf seine Darstellung der *Vier Apostel* (1526, München, AP).

Tetragramm. Das Namenszeichen Gottes – JHWH/JHVE (Jahwe), die Abkürzung für den israelitischen Gottesnamen, ursprünglich in hebräischen Buchstaben, später aber auch in latinisierter, griechischer oder neusprachlicher Form – wird seit der Renaissance und der Reformation auch in der abendländischen Bildproduktion sowohl als Anrufungsformel als auch als Ersatz für ein anthropomorphes Gottesbild eingesetzt. Meist ist es von einem Strahlenkranz und von Wolken umrahmt (JOHANN EVANGELIST HOLZER, *Die neun Chöre der Engel*, 1736, Privatsammlung).

Tetramorph/Viergestalt. Schon in der babylonischen Symbolik gab es die Verknüpfung von Stier, Löwe, Adler und Mensch, wie überhaupt die Vorstellung von aus verschiedenen Tieren und auch dem Menschen zusammengesetzten Wesen im ganzen Altertum verbreitet ist.

Im Rückgriff auf die Vision des Ezechiel (Hes. 1,4 ff.) werden in der Geheimen Offenbarung des Johannes die vier dem Thron des Allerhöchsten nächsten Wesen als Löwe, Stierkalb, Mensch und Adler mit jeweils sechs Flügeln und überall mit Augen bedeckt geschildert (Offb. 4,7–9), die später durch die Kirchenväter mit den vier Evangelisten in Verbindung gebracht wurden. So entstanden aus dem Tetramorph die Evangelistensymbole, die in ihrer Gesamtheit auch als Christussymbol dienen. Entsprechende Darstellungen sind ab dem 4. Jahrhundert nachweisbar. Die Zuordnung der Evangelistensymbole wurde wie folgt abgeleitet: Dem Evangelisten Matthäus ist das Wesen mit Menschenantlitz beigegeben, weil sein Evangelium mit dem menschlichen Stammbaum Christi beginnt; der Evangelist Markus erscheint mit dem Löwen, da sein Evangelium mit Johannes dem Täufer, also mit der »Stimme in der Wüste«, beginnt. Der Löwe gilt auch als Auferstehungssymbol. Der Stier als Opfertier ist dem Evangelisten Lukas zugeordnet, da er mit dem Opfer des Zacharias beginnt und auch Christus als Opfertier zu verstehen ist. Der Evangelist Johannes wird mit dem Adler verbunden, da er sein Evangelium mit dem »wahren Licht« beginnt und der Adler als einziges Tier direkt in das Licht der Sonne zu blicken vermag. Außerdem ist der Adler auch Sinnbild der Himmelfahrt (UNBEKANNTE MEISTER, Mosaik, um 384–399, Rom, S. Pudenziana; Mosaik, um 425, Ravenna, Mausoleum der Galla Placidia, um 425–430; *Königsportal*, 1145–55, Chartres, Kathedrale Notre-Dame, Westfassade).

In der syrischen und koptischen Kunst wird der Tetramorph oft mit der Himmelfahrt Christi verknüpft, in der Romanik ist er vor allem mit der Maiestas Domini verbunden. Auch die Personifikation der *ecclesia* ›Kirche‹ konnte einen Tetramorph als Reittier haben (*Ecclesia*, Anf. 14. Jh., Worms, Dom, Südportal).

Teufel. In den vorexilischen Schriften des Alten Testaments war Satan die Bezeichnung für einen »Hinderer« im Auftrag Gottes. Erst im nachexilischen Judentum und wohl unter persischem Einfluss wurde der Satan zunehmend negativ gesehen und es verbreitete sich die in der Genesis schon angedeutete und im Neuen Testament weitergeführte Vorstellung von gefallenen Engeln mit Luzifer, einem ehemaligen Erzengel (Lichtträger). Satan oder der Teufel galt nun als ihr Anführer, der sich gegen Gott empörte und in die Unterwelt gestürzt wurde (1. Mose 6,1–4; äthiopisches Henochbuch 6f.; Mt. 25,41; Lk. 10,18; Joh. 8,44; 2. Petr. 2,4; 2. Kor. 12,7; Offb. 12,7ff.; ALBRECHT DÜRER, *Engelsturz, Apokalypse*, 1498, Holzschnitt; PETER PAUL RUBENS, *Engelsturz*, 1619–22, München, AP; CHRISTOPH SCHWARZ, *Engelsturz*, 1591, München, Jesuitenkirche St. Michael).

Das Aussehen des Teufels kann dämonisch tiergestaltig sein und so einer Schlange, einem Drachen, Löwen, Bären, Bock oder einer Fledermaus oder auch einem Mischwesen ähneln, oder menschengestaltig mit Behaarung, langen Ohren, Hörnern und Bocksfüßen oder Pferdehufen. Auch mit Flügeln oder Fledermausflügeln ist der Teufel als Erinnerung an seine Herkunft aus der Schar der Engel häufig ausgestattet. Im frühen Christentum gibt es aber auch die auf das antike Dämonenbild zurückgehende negative Vorstellung von blauen oder bösen Engeln (*Scheidung der Schafe und Böcke*, Mosaik, Anf. 6. Jh., Ravenna, S. Apollinare nuovo).

Als Symbole des Teufels können Drache, Schlange, Basilisk, Kentaur, Sirene, Sphinx oder Affe, Bär, Bock, Eichhörnchen, Esel, Fledermaus, Fuchs, Hund, Kröte, Krokodil, Leopard, Löwe, Walfisch und Wildschwein auftreten.

Als Schutzmittel gegen den Teufel galten das Pentagramm (Drudenfuß), das Oktogramm und das Hakenkreuz (*crux gammata*).

Wichtige neutestamentliche Szenen mit dem Auftreten des Teufels sind die Versuchungen Jesu Christi (Mt. 4,1 ff.; Lk. 4,1 ff.), in denen der Teufel als Fürst dieser Welt Jesus in seine Dienste holen möchte (UNBEKANNTER MEISTER, *Arnulfziborium*, um 880, München, Schatzkammer der Residenz; LORENZO GHIBERTI, Bronzetür, 1401–25, Florenz, Baptisterium S. Giovanni) und die Heilungen von Besessenen (Mk. 5,1–20; Lk. 8,26–39; Mt. 8,28–34; Elfenbein-Diptychon aus Murano, 6. Jh., Ravenna, Museo Nazionale). Bei dem im frühen Mittelalter und in der Ostkiche verbreiteten Thema von Christus in Limbo (Vorhölle, Anastasis) erscheint vereinzelt auch Hades, der antike Gott der Unterwelt, in Teufelsgestalt im Bild (Mt. 12,40; Apg. 2,24; Mosaik, 2. Hälfte 12. Jh., Torcello, Kathedrale S. Maria Assunta).

Die häufigsten Höllendarstellungen mit dem Teufel gehören jedoch zu den Bildern des Jüngsten Gerichts (UNBEKANNTER MEISTER, *Weltgericht*, Tympanon des mittleren Westportals Autun, Kathedrale St. Lazare, um 1140–45; PETER PAUL RUBENS, *Das Große Jüngste Gericht*, 1614–16, München, AP).

Auch in Zusammenhang mit Heiligen kann der Teufel szenisch oder als Attribut auftreten, so zum Beispiel bei den Versuchungen des Wüstenvaters Antonius d. Gr. (MATTHIAS GRÜNEWALD, *Isenheimer Altar*, 1512–16, Colmar, Musée d'Unterlinden; HIERONYMUS BOSCH, *Versuchung des hl. Antonius*, 1505/07, Madrid, Prado). Ein erscheinender oder entweichender Teufel kennzeichnet die hll. Adalbertus, Cyprian und Justina, Cyriacus, Eucharius, Goar, Margareta, Maurus Abt, Norbert, Prokopius, Willebold und Wolfgang, ein gefesselter Teufel die hll. Albertus Siculus, Angela von Foligno, Dymphna von Gheel und Juliana. Theophilus hatte dagegen seine Seele dem Teufel verkauft, konnte sie aber durch Buße und mit der Hilfe Mariens wiedergewinnen. Ein Teufel, der ein Licht löscht, gehört zu den Attributen der hll. Genovefa und Gudula, ein Teufel mit einer Glocke zu Theodul von Sitten.

Thron/Thronsitz. Der erhöhte Sitz mit Rückenlehne und Armlehnen gilt als Zeichen von Autorität und gehört zu den Herrschaftssymbolen. Das Recht, jemanden sitzend zu empfangen, war und ist ein Zeichen von Hoheit, wie überhaupt bereits die ersten im ägyptischen Altertum aufgekommenen Sitze nur höhergestellten Personen zustanden.

Das Bild vom Thron Gottes oder Christus auf dem Thron hat seine Wurzeln ebenfalls in der kaiserlichen Thronsymbolik der Antike. In Darstellungen mit einer Mandorla und den vier aus den Visionen des Ezechiel und der Apokalypse stammenden Wesen um den Thron des Höchsten ist das Herrschaftszeichen des Kaiserthrons symbolisch zum Himmelsthron geworden (Hes. 1,4 ff.; Offb. 4,7–9). Wenn Christus auf einem Thron gezeigt wird, wird er meist lehrend oder als majestätischer Weltenherrscher – in frühen Bildern sogar schon bei der Anbetung der Magier (Mosaik, 5. Jh., Rom, S. Maria Maggiore, Triumphbogen) – oder als Weltenrichter wiedergegeben.

Ein besonders wichtiges Symbol ist der »leere Thron«, Hetoimasia/Etimasie, meist mit Polster, Tuch, Gemmenkreuz, Buchrolle, Buch, Kranz, Krone, Lamm, Taube und/oder Purpurmantel und bisweilen auch mit den Leidenswerkzeugen besetzt. Er gilt als Zeichen der unsichtbaren Anwesenheit und als Huldigungsstätte für Christus als Herrn des Himmels und als Sinnbild für die erwartete Wiederkunft des Gottessohnes als Weltenherrscher und Richter im Endgericht. Besonders in frühchristlichen Darstellungen war der leere Thron ein verbreitetes Zeichen der Parusie, der erwarteten Wiederkehr Christi und des Endgerichts, und blieb es in der Ostkirche auch weiterhin, während er im Westen meist durch das Bild des Jüngsten Gerichts verdrängt wurde (Mosaik, 5. Jh., Ravenna, Baptisterium der Orthodoxen; JOHANN BAPTIST ZIMMERMANN, Deckenfresko, 1753/54, Wieskirche).

Auch Maria kann auf einem Thron erscheinen, seit sie 431 auf dem Konzil von Ephesos als Gottesgebärerin bezeichnet und damit zur Ehre des Thrones erhoben wurde. Dabei kann der Thron Mariens auch eine Anspielung auf den Thron Salomos darstellen (1. Kön. 10,18). Nach dessen Schilderung im Alten Testament wurde der Thron Mariens im Mittelalter bevorzugt gestaltet, um Maria als Verkörperung der Weisheit zu zeigen.

Als Kathedra wird der Thron eines Bischofs bezeichnet. Im Griechischen war es der Ausdruck für jeden Sitz, bei den Römern wurde damit ein Sessel mit gewölbter Lehne bezeichnet und bei höhergestellten Personen nannte man den Sitz Kathedra. Im Christentum erhielt diese Form des Sitzes als Symbol des bischöflichen Amtes und Zeichen des geistlichen Lehramtes eine liturgische Funktion (z. B. *Maximianskathedra*, 545–553, Ravenna, Erzbischöfliches Museum). Eine Kathedrale ist dementsprechend eine Bischofskirche mit Kathedra. Der Thron Petri, des ersten Bischofs von Rom, wurde zur Kathedra des Papstes, die bis heute als Zeichen der Lehrautorität dient (*ex cathedra*).

Thuje ‣ Lebensbaum

Thyrsosstab/Thyrusstab. In der griechischen Antike galt der dekorative Stab aus Pinienzweigen mit Zapfen, Weinlaub und Efeu als Zeichen der Fruchtbarkeit, Auferstehung und Unsterblichkeit vor allem in Dionysosmysterien und bei Festen von Muttergottheiten. Er wurde so zum Attribut des Dionysos/Bacchus. In der Romanik kann er als Zeichen des Heidentums verwendet sein, nur selten steht er positiv für allgemeine Lebenskraft.

Tiara ‣ Kopfbedeckung und Krone

Tiere. In der Bibel wird in der Schöpfungsgeschichte von der Erschaffung der Tiere berichtet. In der Erzählung von Noah werden die einzelnen Tierarten vor der Sintflut durch die Aufnahme in dessen Arche gerettet (1. Mose 1,20ff. und 6,5ff.). Dementsprechend gibt es Darstellungen zahlreicher Tiere, die Gott segnet, die das Paradies um Adam und Eva bevölkern und die zeigen, wie die Tiere in die Arche Noah ziehen oder sie nach dem Ende der Sintflut wieder verlassen (JAN BRUEGHEL D. Ä. / PETER PAUL RUBENS, *Der Sündenfall*, um 1615, Den Haag, Mauritshuis; JAN BRUEGHEL D. Ä., *Der Zug der Tiere in die Arche Noah*, um 1610, Budapest, Szépmüvészeti Muzeum).

Auch die Vision des Jesaja von einer zukünftigen Zeit des Friedens, in der sich wilde und einander feindliche Tiere vertragen, wird vor allem im frühen Christentum, aber auch in der Neuzeit häufiger in Bildern wiedergegeben (Jes. 11,1–9; EDWARD HICKS, *Tierfriede*, 19. Jh., Yale University Art Gallery). Wilde Tiere, die sich vertragen, sind Attribut der hll. Blasius, Mammet von Cäsarea und Sergej. Auch die Antike kannte den Tierfrieden in der Vorstellung vom Goldenen Zeitalter (Hesiod, Vergil) und im Orpheusmythos (Ovid, *Metamorphosen* 10 und 11). ‣einzelne Tierarten

Tierkreis/Zodiakus. In der romanischen und gotischen Kunst wurde der Kreis der Sternzeichen häufig dargestellt, meist mit den typischen Arbeiten der zwölf Monate als Sinnbild des Jahresablaufs und der Zeit, aber auch als Zeichen der Verbindung von Himmel und Erde, der Verknüpfung von Mikro- und Makrokosmos. Vereinzelt konnte der Tierkreis aber auch auf die zwölf Apostel bezogen sein (UNBEKANNTER MEISTER, *Servatiusreliquiar*, 12. Jh., Quedlinburg, Schatz der Stiftskirche).

Tiger. Dieses Raubtier gilt als Sinnbild von Wildheit und Kraft. In der antiken Mythologie gehört der Tiger auch zu den Attributen des Wein- und Fruchtbarkeitsgottes Dionysos/Bacchus. In der Darstellung der vier Erdteile ist der Tiger unter den Kennzeichen der Asia zu finden (PETER PAUL RUBENS, *Die vier Erdteile*, 1612/14, Wien, KHM).

In mittelalterlichen Tierbüchern war der Tiger aber auch ein Beispiel für große Mutterliebe. Deshalb sollten Jäger oder

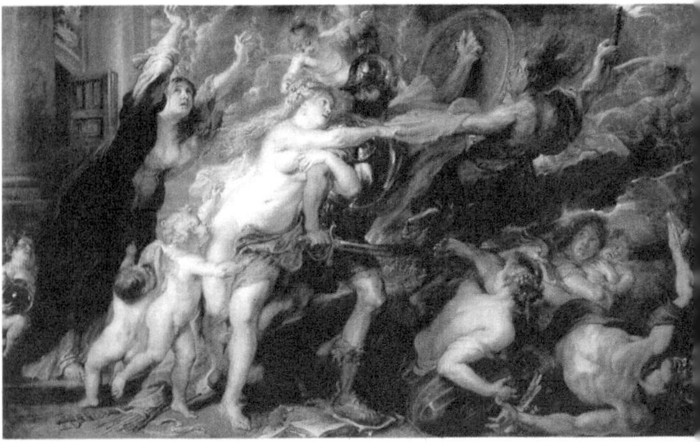

Peter Paul Rubens: Die Folgen des Krieges. Florenz, Palazzo Pitti, Galleria Palatina, 1638. – Zu dem während des Dreißigjährigen Krieges entstandenen Werk gibt es einen erklärenden Brief des Künstlers. Ihm zufolge sind links die nach römischem Brauch in Kriegszeiten geöffneten **Tore** des Janustempels zu sehen. Der Kriegsgott Mars ist daraus mit Schild und blutbeflecktem Schwert hervorgestürzt. Venus, umgeben von Amoretten, versucht ihn vergeblich zurückzuhalten. Alekto, eine der drei Erinnyen, hält eine brennende Fackel hoch und zieht Mars vorwärts. Sie wird von Pest und Hungersnot begleitet. Auf dem Boden liegen bereits die Personifikationen der Harmonie mit einer Laute, der Fruchtbarkeit und Caritas in Gestalt einer Mutter mit Kind und der Wissenschaften und Künste in Gestalt eines auf dem Rücken liegenden Baumeisters. Außerdem tritt Mars auf ein Buch und eine Zeichnung mit den drei Grazien. Auf dem Boden liegen auch ein Heroldsstab und ein Pfeilbündel, ein Sinnbild der Eintracht, das sich jedoch gelöst hat. Europa, mit einer Mauerkrone und dunkler Kleidung, wirft voll Verzweiflung ihre Arme empor. Hinter ihr hält ein Putto einen Globus mit einer Kerze als Zeichen der christlichen Welt.

verfolgte Menschen einen Spiegel zur Tigerin werfen, die dann glaube, darin ein zu säugendes Junges zu erblicken, und sich so überwältigen lasse.

Tintenfass. Als Attribut von Schreibern und Gelehrten ist das Tintenfass vor allem den Evangelisten und Kirchenlehrern wie zum Beispiel dem hl. Hieronymus bei der Niederschrift der Vulgata, aber auch der Muse der Geschichtsschreibung, Klio, zugeordnet. ‣Schreibgerät

Tisch. Ein mit Zahlen bedeckter Tisch gehört zu den Attributen der Arithmetik.

Toga. Die römische Männerkleidung ist in Darstellungen vor allem antiker Philosophen sowie Evangelisten und Propheten zu finden.

Tomate/Paradeiser (Paradiesapfel). Die apfelähnliche Frucht gilt als Liebessymbol.

Tonsur ‣Haartracht

Topf. Mit einem Topf in den Händen kann der Prophet Habakuk erscheinen, der von einem Engel zu Daniel in die Löwengrube gebracht wurde, um diesen mit Nahrung zu versorgen (Dan. 14,31–39). Außerdem hat der hl. Goar als Speiser von Armen einen Topf zum Attribut.

Tor/Tür/Pforte. Als Ort des Übergangs zwischen zwei Bereichen, des Zugangs und des Ausgangs kommt dem Tor eine sehr weitgreifende Symbolik zu. Vor allem als Schwelle zwischen dem profanen und dem sakralen Bereich sind Tore meist besonders gestaltet und oft mit Wächterfiguren versehen. So erscheinen zum Beispiel in der Romanik Löwen als Türwächter, aber auch der Erzengel Michael als Kämpfer gegen das Böse ist als Türwächter beliebt. Wenn Christus selbst an Portalen erscheint, wird damit seine Bedeutung als Tor zum Leben gezeigt: »Ich bin die Tür; so jemand durch mich eingeht, der wird selig werden und wird ein und aus gehen und Weide finden.« (Joh. 10,9).

Die verschlossene Pforte gilt dagegen als Sinnbild der Reinheit und der jungfräulichen Mutterschaft Mariens. Es gibt aber auch die Vorstellung von Maria als Pforte des Himmels, die nur ihr Sohn durchschreiten kann. Auch auf die Pforte des Himmels wird öfter durch umfasssende ikonographische Programme angespielt, so zum Beispiel in Endgerichtsdarstellungen oder im Kampf zwischen Tugenden und Lastern. Petrus wird ebenfalls als Hüter der Himmelspforte gesehen, da ihm ja in der Schlüsselübergabe durch Jesus Christus die Macht zu binden oder zu lösen verliehen worden war (Mt. 16,19).

Alttestamentliche und apokryphe Erzählungen, in denen Tore eine wichtige Rolle spielen, finden sich in Zusammenhang mit Simson und Joachim und Anna. Simson trägt auf seinen Schultern die Flügel der Stadttore von Gaza (Ri. 16). Typologisch wurde diese Szene im Mittelalter der Kreuztragung Jesu Christi oder auch der Auferstehung als Überwindung der Pforten der Hölle gegenübergestellt (NIKOLAUS VON VERDUN, *Klosterneuburger Altar*, 1181, Klosterneuburg bei Wien, Stiftsmuseum). Die Begegnung von Joachim und Anna an der Goldenen Pforte des Tempels von Jerusalem mit meist inniger Umarmung diente dagegen als Sinnbild der Empfängnis Mariens ohne Erbschuld (MEISTER DES MARIENLEBENS, *Begegnung an der Goldenen Pforte*, um 1460/65, München, AP).

Die Pforten des Salomonischen Tempels mit zwei großen freistehenden Bronzesäulen fanden als Zitat eher Eingang in die Architektur als in die bildende Kunst (JOHANN BERNHARD FISCHER VON ERLACH, *Karlskirche*, 1716 – nach 1723, Wien). Im alten Rom waren die Tore des doppeltorigen Janustempels auf dem Forum Romanum von besonderer Bedeutung. Sie waren nur in Friedenszeiten geschlossen (PETER PAUL RUBENS, *Die Folgen des Krieges*, 1638, Florenz, Palazzo Pitti, Galleria Palatina). Der doppelgesichtige Janus war der Gott der Torbogen und Durchgänge und wurde später zum Gott aller Anfänge. Weiterhin können verschlossene Tore auch als Hinweis auf ein Geheimnis eingesetzt sein. ▸Narr

Totenerweckung. Als Kennzeichen können die hll. Fridolin, Notburga und Stanislaus einen Toten, den sie wiedererweckt haben, mit sich führen.

Totengerippe ▸Skelett

Totengräber. Ein Totengräber kann über seine eigentliche Funktion hinaus bisweilen auch den Tod selbst personifizieren.

Totenkopf ▸Schädel

Totentanz ▸Tanz

Transfiguration. Unter dieser Bezeichnung ist die Darstellung der Verklärung Jesu auf dem Berge Tabor zu verstehen (Mt. 17,1–9; Mk. 9,2–13; Lk. 9,28–36; 2. Petr. 1,16).

Traube ▸Weinrebe/Weintraube

Traubenpresse. Sie gehört zu den Attributen des hl. Wenzeslaus/Wenzel, des böhmischen Nationalheiligen. ▸Kelter

Trauerweide. In der Romantik war der Baum seiner hängenden Zweige wegen ein beliebtes Trauer- und Todessymbol (Carlos Schwabe, *Der Tod des Totengräbers*, Aquarell und Guache, 1895/1900, Paris, Louvre, Cabinet des Dessins).

Treppe. Die Bedeutung der Treppe ist ähnlich jener der Leiter. Sie gilt als Sinnbild für Entwicklung, Zunahme an Weisheit, Wissen und vor allem als Verbindung zum Himmel.

Als Attribut ist sie dem hl. Alexius beigegeben, da er der Legende nach als Bettler unerkannt unter der Treppe seines Vaterhauses in Rom gelebt haben soll.

Der Begriff Scala Dei (Treppe Gottes) dient manchmal zur Bezeichnung für Zisterzienser- oder Kartäuserklöster. Die Scala Santa in Rom gegenüber vom Lateran wird als jene Treppe verehrt, über die Jesus im Hause des Pilatus hinaufgestiegen sein soll und die von der hl. Helena nach Rom gebracht worden sein soll.

Triangel. Das Instrument gehört zu den Attributen der Muse der Chorlyrik und des Tanzes, der Terpsichore.

Trinken, Trinkglas. Bei Darstellungen der fünf Sinne gelten Trinken und Trinkgläser als Zeichen für den Geschmackssinn.

Trinkhorn. In Anlehnung an ein Füllhorn kann ein Trinkhorn Attribut der delphischen oder der cimmerischen Sibylle sein, ansonsten verweist es als Ausrüstungsstück für die Jagd auf diese.

Im antiken Mythos finden sich Trinkhörner unter den

Kennzeichen des Gottes Dionysos/Bacchus und des Hephaistos/Vulkan.

Triton. Dieses wilde und triebhafte Meereswesen in der Form eines Mischwesens mit menschlichem Oberkörper und ursprünglich fischartigem Unterkörper, in bildlichen Darstellungen aber auch mit Schlangen- oder Pferdeleib vorkommend, ist der Sohn des Meeresgottes Poseidon/Neptun und seiner Gemahlin Amphitrite. Der Triton ist das im Meer lebende Gegenstück zum Satyr.

Trommel. Als kennzeichnendes Attribut kann eine Trommel beim Kriegsgott Ares/Mars und bei Soldatenzügen zu finden sein.

Trompete/Tuba/Fanfare. Das Blechblasinstrument ist das wichtigste Attribut von *fama*, des Ruhmes, und von Klio, der Muse der Geschichtsschreibung (Jan Vermeer, *Der Ruhm der Malkunst*, 1662/65, Wien, KHM; Eustache Le Sueur, *Die Musen Klio, Euterpe und Thalia*, 1652–55, Paris, Louvre).

Tür ▸Tor

Tuch ▸Schleier

Tugenden. Eine Leiter von der Erde zum Himmel und der Tugendbaum gelten als allgemeine Tugendsymbole, die häufigsten allgemeinen Attribute sind Krone oder Nimbus und seltener Ritterkleidung.

Zu unterscheiden sind die Gruppen der drei theologischen oder christlichen Tugenden, der vier seit der Antike gebräuchlichen Grund- oder Kardinaltugenden und der übrigen, die durch eine Vielzahl von Attributen gekennzeichnet sein können. Die gebräuchlichsten im Folgenden:

Drei theologische Tugenden:

- *fides* ›Glaube‹: Kreuz, Kelch, brennendes Herz, brennende Kerze, Gesetzestafeln, Manna (Brot), Leuchter, Flamme, Krone, Tiara, Kirchenmodell auf dem Haupt, Sieb (Scheidung von wahr und falsch), Buch/Buchrolle (Bibel), Schild (Glaubensfestigkeit), Dreieck oder Dreifuß (Dreifaltigkeitslehre), Ring, Schlüssel, Hund (Treue), Blumen in den Händen
- *spes* ›Hoffnung‹: Blick nach oben, zur Hand Gottes oder auf

eine herabgereichte Krone, Taube, Phönix, Biene oder Bienenkorb, Zweig, Kreuzfahne, Schiff oder Segel, Spaten und Sichel, Vogelkäfig (Hoffnung auf Befreiung), Pilgerstab, Anker, Kreuz der Auferstehung, von einem Engel überreichte Krone, Füllhorn, Kugel, Kompass

– *caritas* ›Liebe‹: Kinder, auch stillend, Lamm, flammendes Herz, Brote, Schale, Füllhorn, Geldbeutel, Pelikan, Löwe mit Jungen, Baum mit Vögeln, Ofen, strahlendes Christusmonogramm

Vier Kardinaltugenden:

– *fortitudo* ›Tapferkeit‹: Ritter, Herkules mit Keule und Löwenfell, Schwert, Speer, Schild, Zepter, Siegesfahne, Löwe, Presse, Amboss, Säule, Rosenstrauch
– *iustitia* ›Gerechtigkeit‹: Waage, Schwert, Augenbinde, Liktorenbündel, Adler, Winkelmaß, Krone, Gesetzbuch, abgeschlagenes Haupt im Schoß, Weltkugel, Palme, Phönix, Vogel Strauß, Kranich (oft mit Stein in den Krallen als Sinnbild der Wachsamkeit)
– *prudentia* ›Klugheit‹ oder *sapientia* ›Weisheit‹: Schlange, Spiegel, Buch, Zirkel, Sieb, Fackel, Kopf mit mehreren Gesichtern, Sarg, offener Sack, aus dem Münzen fallen
– *temperantia* ›Mäßigung‹: reitet auf Löwen, Kamel oder Elefanten, mischt Wein mit Wasser, Zügel im Munde, Sanduhr, Mischgefäß, Totenkopf, Brille, Windmühle, Zirkel, Schwert in der Scheide, Taube, Elefant, Lamm im Feuer, Fisch, Weinranke, umwickeltes Schwert

Weitere Tugenden in Auswahl:

– *benignitas* oder *bonitas* ›Güte‹: goldfarbenes Gewand, Pelikan mit Jungen, Rautenkranz
– *castitas* ›Keuschheit‹: Palme, Phönix, Lilie, nistende Taube, Elefant, Einhorn, auf einem Schwein schlafend
– *concordia* ›Eintracht‹ und *pax* ›Friede‹: Ölzweig, Taube, betende Gestalt vor dem Kreuz Christi
– *humilitas* ›Demut‹: Taube, Kreuz, Lamm, Jägernetz mit Sperling, zwei Leitern, Greif, Frau in demütiger Gebärde, einfaches Gewand, Zeder, Krone unter dem Fuß

– *mansuetudo* ›Sanftmut‹: Lamm
– *oboedientia* ›Gehorsam‹: Kamel
– *patientia* ›Geduld‹: Rind mit Joch, Lamm, Papagei, Hiob, Daniel in der Löwengrube, drei Jünglinge im Feuerofen
– *perseverantia* ›Beharrlichkeit‹: Krone, Hirsch, Phönix, brütende Henne, Löwe oder Stier mit Kopf in ihrer Hand und Schwanz auf ihrem Schild (UNBEKANNTER MEISTER, Relief, um 1210, Paris, Notre Dame, mittlere Westvorhalle)
– *pietas* ›Frömmigkeit‹: Zypresse

Tulpe. Die vor allem zu einem Vanitas- und Todessymbol gewordene Tulpe war ursprünglich als Frühlingsblume auch mit der Auferstehung verbunden. Erst 1554 vom Sultanshof nach Wien gekommen, gelangte die Blüte 1593 nach Holland und rief dort, teuer gehandelt, als Statussymbol und Zeichen großen Wohlstands riesige Tulpenspekulationen hervor. Nach dem Zusammenbruch der Märkte, da die Regierung die Preise festgesetzt hatte, um dem Spekulantentum Einhalt zu gebieten, mutierte die Blüte zu einem der beliebtesten Vanitas-Symbole (RACHEL RUYSCH, *Vanitas-Stillleben*, um 1690, La Fère, Musée Jeanne d'Aboville).

Tunika. Die Tunika, ein hemdartiges römisches Kleidungsstück, und das bischöfliche Pallium waren vor allem in frühchristlicher Zeit auch als Bekleidung von Erzengeln und Engeln gebräuchlich.

Turban ▸Kopfbedeckung

Turm. Der Turm gilt als Sinnbild des Schutzes und der Wachsamkeit (Festungsturm, Bergfried), steht aber auch für Größe und Macht. Des Weiteren kann er als Sinnbild des Aufstiegs und des Zeigens zum Himmel vorkommen. Als Leuchtturm ist er Richtungsweiser und damit sinnbildlich auch Zeichen des ewigen Lebens, auf das das ▸Lebensschiff zusteuert.

Vor allem in der Mariensymbolik fand die Turmmetapher weite Verbreitung. Maria als »Turm Davids« und als »elfenbeinerner Turm« entstammen den Texten des *Hohen Lieds* und der Litaneien (z. B. Hld. 4,4) und stellen darüber hinaus auch ein Sinnbild der Kirche dar. Tatsächliche Kirchtürme sind im Abendland jedoch erst seit der Karolingerzeit üblich.

Der Babylonische Turm des Alten Testaments ist in seiner Form wohl von der babylonischen Zikkurat abzuleiten. Er dient als Sinnbild menschlicher Überheblichkeit und sprachlicher Verständigungsprobleme (1. Mose 11,1–9; PIETER BRUEGHEL D. Ä., *Der Turmbau zu Babel*, 1563, Wien, KHM).

Ein mit Zinnen bekrönter Turm oder ein Turm ohne Fenster findet sich in Bildern als Zeichen der Keuschheit und Jungfräulichkeit. Er ist so das wichtigste Attribut der in einem Turm eingesperrten hl. Barbara, wobei ihr Turm meist mit drei Fenstern als Hinweis auf die Trinität ausgestattet ist. Ein Turm mit einem Fenster ist das Attribut der hll. Bernhard von Aosta, Leocadia von Toledo und Vinzenz von Zaragoza.

Die Form eines Turmes fand auch Eingang in liturgische oder kultische Geräte. So waren im Mittelalter in der Zeit der Gotik nach der Einführung des Fronleichnamsfestes die Monstranzen oft architektonisch turmförmig gestaltet, da man sie vor allem als Haus des Herrn deutete. Auch Turmreliquiare waren sehr verbreitet.

Im jüdischen Kult waren turmförmige Besomimbüchsen sehr beliebt, vielleicht als Hinweis auf die Stadt Jerusalem.

Tympanon/Schellentrommel. Dieses Instrument in Dreiecksform gehört zu den Attributen der Göttinnen Demeter/ Ceres, Kybele und Hestia/Vesta.

U

Uhr. Nach der Sonnenuhr, der Sand- und den Wasseruhren als Zeitmessgeräte entstand im Mittelalter um 1300 die erste Form der mechanischen Uhr, die Räderuhr. Die Turmuhr der Kathedrale von Salisbury von 1386 gilt als die älteste erhaltene Räderuhr. Später folgten im 16. Jahrhundert die Taschenuhr mit Feder und im 17. Jahrhundert die Pendeluhr und die Federuhr mit Unruhe.

Im Mittelalter war eine Uhr als Messinstrument das wichtigste Attribut der Kardinaltugend *temperantia* ›Mäßigung‹ (MICHEL COLOMBE, *Grabmal von François II. von Bretagne und Marguerite de Foix*, 1502–07, Nantes, Kathedrale). In Bildnissen von Würdenträgern kann eine Uhr als Zeichen für ein sittlich geregeltes Leben dienen.

In der Barockzeit waren vor allem Sanduhren und Taschenuhren als Hinweis auf das Verrinnen der Zeit ein beliebtes Vanitassymbol. ‣Sanduhr, ‣Sonnenuhr

Uhu ‣Eule

Umarmung. Je nach Kontext kann eine Umarmung Ausdruck von Zuneigung sein, aber auch für Zweikampf und Ringen stehen.

Uringlas. Da die Urinbeschau früher ein wichtiges Diagnosemittel war, ist ein Uringlas ein verbreitetes Berufskennzeichen von Ärzten, aber auch von Quacksalbern. Als Attribut ist es heiligen Ärzten wie zum Beispiel Kosmas und Damian und Pantaleon zugeordnet und im antiken Mythos bei Darstellungen von Apoll als Arzt zu finden. Am häufigsten taucht es jedoch in der niederländischen Genremalerei des Barock auf (JAN STEEN, *Der Arztbesuch*, um 1661/62, London, Wellington Museum, Apsley House).

Urne. Als Gefäß zur Aufnahme der Asche von Toten bei Brandbestattungen ist die Urne ein verbreitetes Todessymbol. Als Wasserurne ist sie dagegen Kennzeichen von Flussgöttern in der Antike. Die Darstellung eines Flusses durch einen Gott mit Urne ist aber auch noch im frühen Christentum vor allem für den Jordan bei der Taufe Jesu gebräuchlich geblieben (UNBEKANNTER MEISTER, *Taufe Jesu*, Mosaik, um 500, Ravenna, Baptisterium der Arianer).

Uroboros ▸Schlange

V

Vase ▸Gefäß

Veilchen. In der griechischen Antike wurden Thyrsosstäbe und auch die Gäste selbst bei Festen mit Veilchen bekränzt, da die Zecher dadurch vor Trunkenheit bewahrt werden sollten. In der antiken Mythologie ist das Veilchen auch der Liebesgöttin Venus zugeordnet. Im alten Rom war das Veilchen dagegen ein Sinnbild für die Wiederauferstehung und diente so als Schmuck für Gräber.

Im Mittelalter wurde der violettfarbene Frühlingsbote zum Zeichen der Tugendhaftigkeit, Demut und Bescheidenheit und in diesem Sinn auch zum Mariensymbol (Stephan Lochner, *Maria mit dem Veilchen*, vor 1443, Köln, Erzbischöfliches Diözesanmuseum). Wegen der violetten Farbe kann das Veilchen aber auch Symbol für das Leiden Christi sein und wegen seines großen Ausbreitungsdranges findet es sich manchmal auch als Sinnbild für Zielstrebigkeit.

In der Napoleonischen Zeit trugen Napoleons Anhänger in Frankreich ebenfalls als Erkennungszeichen Veilchen.

Vergissmeinnicht. Die Symbolik dieser Heilpflanze ist von ihrem Namen abgeleitet. Das Vergissmeinnicht gilt also als Sinnbild von Treue und Beständigkeit und des Erinnerns (Meister des Augustineraltares, *Hll. Dorothea und Margarete*, vor 1487, Nürnberg, GNM).

Vermählung. Vermählungsszenen in christlichem Kontext verweisen sinnbildlich auf die aus der Brautmystik entstandene, auf der Auslegung des *Hohen Liedes* basierende Vorstellung von der Verbindung von Christus als Bräutigam mit der Kirche oder mit Maria als seiner Braut. Die Gottesmutter ist dabei ebenfalls als Bild der Kirche zu verstehen. Auch einzelne Heilige wie Katharina von Alexandria, Agnes und Katharina von Siena verbanden sich in einer symbolischen Vermählung mit Christus (Lorenzo Lotto, *Die mystische Vermählung der* *hl. Katharina*, um 1505/08, München, AP). Der hl. Franz von Assisi vermählte sich dagegen in symbolischer Form mit der Personifikation der Armut (MAESTRO DELLE VELE (GIOTTO?), um 1323–25, Assisi, S. Francesco, Unterkirche). ‣Brautring Christi

Viola. Dieses Saiteninstrument findet sich als Attribut bei Arnold von Arnoldsweiler, einem heiliggesprochenen Sänger und Harfenspieler am Hof Kaiser Karls des Großen.

Vlies ‣Fell

Vogel. Die meist flugfähigen Tiere gelten als Mittler zwischen Himmel und Erde und sind verbreitete Sinnbilder der Seele, auch der geretteten Seele der Glaubenden und der Erlösung vom Irdischen. Wenn zum Beispiel das Christuskind mit einem Vogel spielt oder einen in der Hand hält, handelt es sich neben einzelnen Vogelarten zugesprochenen Passionshinweisen vor allem um Anspielungen auf die menschliche Seele.

Einen Vogel als Attribut haben die hll. Oda von Sint-Oedenrode, König Ludwig IX. der Heilige (als Jagdvogel Hinweis auf seinen aristokratischen Stand) und Abt Wigbert von Fritzlar (auf der Schulter). Mehrere Vögel können auf Kajetan von Thiene verweisen oder auf Aldebrand von Fossombrone, der ein gebratenes Rebhuhn zum Leben erweckte. Zwei Vögel auf der Hand hält Seraphin von Montegranaro. Auf einem Teller liegende, gebratene Rebhühner, die ebenfalls wieder lebendig wurden, kennzeichnen dagegen Nikolaus von Tolentino. Der hl. Franz von Assisi predigte den Vögeln (GIOTTO, Fresko, um 1300/04, Assisi, S. Francesco, Oberkirche). Ein Vogel gehört zudem zu den Attributen der Dialektik unter den Sieben freien Künsten.

In der Profanikonographie weisen Vögel im Nest auf den Frühling und besonders den Monat April hin, während der Vogelfang in Monatsdarstellungen als typische Tätigkeit für den Mai gilt. In der Barockzeit gehört ein Vogel auch zu den Kennzeichen der *luxuria* ›Wollust‹ und in entsprechenden Szenen mit Mann und Frau ist die Übergabe eines erlegten Vogels an eine Frau meist als Anspielung auf einen sexuellen

Antrag zu verstehen (GABRIEL METSU, *Das Geschenk des Jägers*, um 1658/60, Amsterdam, Rijksmuseum). ▸unter den einzelnen Vogelarten

Vogelfänger, Vogelhändler. Vor allem in der barocken Genrekunst können Vogelhändler oder Vogelfänger als Bild für Kuppelei und sexuelle Anspielungen zu deuten sein.

Vogelkäfig. Als Zeichen für die Hoffnung auf Befreiung gehört ein Vogelkäfig zu den Attributen der theologischen Tugend *spes* ›Hoffnung‹.

Vorhängeschloss, Zeichen des Abgeschlossenseins. Ein Schloss am Mund kennzeichnet den hl. Raimund Nonnatus.

Vorhang. In Porträts der Renaissance und des Barock sind oft mächtige Vorhangdraperien als ein das Ansehen steigerndes Würdemotiv eingesetzt.

W

Waage. In vielen Kulturen ist die Waage Symbol der Gerechtigkeit und des Maßes. Im antiken Mythos ist die Waage der Rachegöttin Nemesis und den Moiren/Parzen, den Schicksalsgöttinnen, zugeordnet. Der Botengott Hermes/Merkur kann vereinzelt auch als Seelenwäger erscheinen und Zeus/Jupiter die Schicksalswaage in der Hand halten.

Als Waage des Gerichts wird sie im Jüngsten Gericht zur Seelenwaage, die die guten oder schlechten Taten wägt. Diese für das Christentum charakteristische Vorstellung ist auch schon im alten Ägypten nachweisbar. Die Waage wurde somit auch eines der wichtigsten Attribute des Erzengels Michael, der nach den Vorstellungen der Kirchenväter beim Jüngsten Gericht als Seelenwäger auftritt (UNBEKANNTE MEISTER, *Jüngstes Gericht*, Mosaik, 2. Hälfte 12. Jh., Torcello, Kathedrale S. Maria Assunta; *Jüngstes Gericht*, Fassade, um 1190, Arles, St. Trophime; HANS MEMLING, *Jüngstes Gericht*, 1466–73, Danzig, Muzeum Narodowe). Vereinzelt kann auch das Christuskind mit Waage dargestellt sein. Dies ist dann ebenfalls als Hinweis auf das zukünftige Gericht zu deuten. Eine Waage auf drei Steinen gilt dagegen als Dreifaltigkeitssymbol.

Des Weiteren ist eine Waage Attribut des Propheten Ezechiel, der damit Haare und Bart abwog (Hes. 5,1), des Apostels Matthäus, der der Schutzheilige der Geldwechsler ist, der hll. Klara von Montefalco, Maurus, Mechthild von Hackeborn, Pippin von Landen und Yves. Eine Waage mit drei Äpfeln und einem Spruchband kennzeichnet den hl. Antoninus Pierozzi. Auch die Kardinaltugend *iustitia* ›Gerechtigkeit‹ hat eine Waage als wichtigstes Kennzeichen. Die Wiedergabe einer Waage kann aber auch auf die Tag- und Nachtgleiche im Frühling und im Herbst verweisen. In diesem Sinn ist sie den entsprechenden Jahreszeitenpersonifikationen zugeordnet.

Wachtel. Die Wachtel kann als Substitut für das Rebhuhn

als Sinnbild der jungfräulichen Empfängnis Mariens und der Erkenntnis Jesu Christi verstanden werden, meist steht sie jedoch für den Irrglauben, den Teufel und das Laster *luxuria* ›Wollust‹ (Lazzaro di Jacopo Bastiani, *Verkündigung an Maria*, um 1500, Klosterneuburg bei Wien, Stiftsmuseum; Jörg Ratgeb, *Kreuzigung Christi*, 1519, Stuttgart, Staatsgalerie; Giovanni Benedetto Castiglione, gen. Il Grechetto, *Circe*, Mitte 17. Jh., Florenz, Uffizien).

Waffen. Die Angriffs- und Verteidigungsgeräte charakterisieren den Kriegerstand. Sie sind Attribute der Kardinaltugend *fortitudo* ›Tapferkeit‹ und des antiken Kriegsgottes Ares/Mars.

Waffen Christi ▸Arma Christi

Wagen. Nach der Erfindung des Rades im vierten Jahrtausend vor Christus kam auch der Wagen als Last- und Streitwagen auf. Im antiken Mythos wird die aus wilden feurigen Rossen bestehende Quadriga des Sonnenwagens vom Sonnengott Helios-Apoll gelenkt. Der vermessene Wunsch seines Sohnes Phaeton, ebenfalls den Wagen zu lenken, führte zum Sturz mit dem Sonnenwagen (Ovid, *Metamorphosen* 1,750–779 und 2,1–400; Sebastiano Ricci, *Der Sturz des Phaeton*, 1703/04, Belluno, Museo Civico). Aus den Vorstellungen vom feurigen Sonnenwagen und dem Kampf- und Triumphwagen von Herrschern wurde das Bild der Wagenfahrt schon in der Antike auf Apotheosen (z. B. die Himmelfahrt Alexanders d. Gr.) übertragen und zu einem verbreiteten Bild für Triumph- und Himmelfahrt, die weltlichen Herrschern und Feldherren wie Göttern zugeordnet sind. Vor allem die Planetengötter können darin erscheinen. So wird der Wagen von Zeus/Jupiter meist von Adlern geführt, jener der Aphrodite/Venus dagegen von Tauben oder Schwänen gezogen.

Aber auch die Personifikationen von Zeit und Tod erscheinen auf Triumphwagen und in Triumphzügen. Seltener wird das Motiv auch in den christlichen Kontext eingebaut und können *ecclesia*, die Personifikation der Kirche, oder sogar Christus auf einem Triumphwagen erscheinen. In einer Erzählung im Alten Testament sieht der Prophet Elischa die Himmelfahrt des Propheten Elia in einem feurigen Wagen (2. Kön. 2,1–14; GIUSEPPE ANGELI, *Himmelfahrt des Elia*, um 1749/55, Washington, National Gallery). Einen Wagen zum Attribut können der hl. Bernhard von Clairvaux, der den Teufel zwang, das gebrochene Rad eines mit Getreide gefüllten Wagens zu reparieren, und der hl. Bavo von Gent haben. Und in einer Vision erscheint auch der hl. Franziskus von Assisi in einem feurigen Wagen (GIOTTO, *Die Vision vom Feuerwagen*, um 1300/04, Assisi, S. Francesco, Oberkirche).

Wagenlenker. Schon in der Antike galt der Wagenlenker als Sinnbild für die Beherrschung der Leidenschaften und der Triebe.

Wal. Der Prophet Jona, der sich dem Auftrag Gottes widersetzte, die Einwohner der Stadt Ninive zu warnen, floh in einem Schiff und ließ sich wegen eines seinetwegen ausgebrochenen Sturms von den Matrosen ins Meer werfen. Er wurde von einem großen Fisch, der in Bildern meist als Wal wiedergegeben wird, verschluckt, nach drei Tagen wieder an Land gespien und so gerettet (Buch Jona; JAN BRUEGHEL D. Ä., *Jona und der Walfisch*, um 1596, München, AP). Diese Erzählung wurde später typologisch auf das Sterben und die Auferstehung Jesu Christi bezogen und dementsprechend diesen im Bild gegenübergestellt.

Wald. Vor allem im mittelalterlichen Verständnis war der Wald ein dunkler und gefährlicher Ort. Dementsprechend galt er als der Wildnatur zugehörig und diente nur Asketen als Aufenthaltsort. Als heiliger Wald ist er dagegen Ort von Göttern und Geistern.

Walkerstange. Die Walkerstange dient dem Apostel Jakobus minor zum Attribut, da er der Legende nach bei seinem Martyrium von der Mauer des Tempels gestürzt und von einem Walker erschlagen wurde (UNBEKANNTER MEISTER, Gewändefigur, 1205–15, Chartres, südliche Querhausfassade, Tympanon des Mittelportals).

Walnuss ▸ Nuss

Wanderstab ▸ Stab

Wanne. Eine Wanne gehört zu den Attributen des hl. Werner, des Patrons der Winzer.

Wappen. Als Attribut erscheinen Wappen vor allem bei Stadtheiligen und Landespatronen. In Bildnissen und Stifterdarstellungen sind sie Zeichen einer bestimmten Familienzugehörigkeit. Als Wappen Christi werden manchmal die ▸Arma Christi bezeichnet.

Wasser. Als unabdingbare Lebensgrundlage wird Wasser symbolisch als Quelle des Lebens, aber auch als Macht der Vernichtung eingesetzt. Vom Urmeer der Genesis, dem lebenspendenden Quell des Paradieses und dem Quellwunder des Mose, das die Israeliten vor dem Verdursten rettet, bis zur Reinigung durch die christliche Taufe reichen die positiven Aspekte, während die Sintflut die verderbenbringende Macht des Wassers zeigt.

Als Heiligenattribut kennzeichnet Wasser Johannes Nepomuk, der in der Moldau ertränkt wurde, und ein Kübel mit Wasser Florian von Lorch, den Schutzpatron der Feuerwehr, der bei seinem Martyrium mit einem Mühlstein um den Hals in die Enns geworfen wurde. Das Mischen von Wasser und Wein gehört zu den Kennzeichen der Personifikation der Kardinaltugend *temperantia* ›Mäßigung‹.

Der Jungbrunnen als Teich oder Brunnenanlage mit seinem die Jugendlichkeit erneuernden Wasser geht auf die antiken Vorstellungen vom Goldenen Zeitalter zurück (Hesiod; Ovid, *Metamorphosen* 1,89–112; LUCAS CRANACH D. Ä., *Das Goldene Zeitalter*, um 1530, München, AP). ▸Brunnen, ▸Quelle

Wasserurne ▸Urne

Weben, Weberschiffchen. Das Weberschiffchen gehört zu den Attributen der in eine Spinne verwandelten Arachne, die die Göttin Athena zu einem Wettstreit in der Webkunst herausgefordert hatte (Ovid, *Metamorphosen* 6,1–145). Webend wird im antiken Mythos aber auch Penelope, die Gattin des Odysseus, wiedergegeben (Homer, *Odyssee*; JOHN WILLIAM WATERHOUSE, *Penelope und ihre Freier*, 1906, Aberdeen, Aberdeen Art Gallery).

Wedel ▸Fächer

Weg. Ein Weg kann als Sinnbild für Wanderschaft und den Lebensweg stehen. Im antiken Erzählgut spielt vor allem die von Xenophon und Prodikos und später von Cicero erzählte Parabel über Herakles/Herkules auf diese Symbolik an (ANNIBALE CARRACCI, *Herkules am Scheideweg*, um 1596, Neapel, Galleria Nazionale di Capodimonte; POMPEO BATONI, *Herkules am Scheideweg*, 1765, St. Petersburg, Eremitage).

Wegerich. Er wird als »Wegpflanze« des Erlösers gedeutet, ist aber auch Maria und der Hl. Familie zugeordnet (MEISTER FRANCKE, *Kalvarienbergfragment* vom *Thomasaltar der Englandfahrer*, 1424, Hamburg, Kunsthalle).

Wegwarte. Die blau blühende Wegwarte wird mit Treue und Glaubenstreue verbunden, wegen ihrer radförmigen Blüten aber auch mit der Sonne und der Lichtsymbolik. Sie galt als Heilpflanze und diente dem Abwehrzauber gegen Stiche, Feuer und Fesselung. Des Weiteren sollte sie auch eine Geburt beschleunigen helfen. So kommt sie als Heil- und Gebärmittel des Öfteren in Märtyrerdarstellungen und Marienbildern vor (MEISTER DES AUGUSTINERALTARES, *Martyrium des hl. Sebastian*, um 1480/90, Nürnberg, GNM; HANS BURGKMAIR, *Johannes der Evangelist auf Patmos*, 1518, München, AP).

Weide. Dieser Baum galt als Sinnbild der Keuschheit, da man glaubte, die Weide werfe ihre Samen vor der Reife ab. Außerdem ist die Weide Sinnbild frischen Grüns und eine Heilpflanze. Nördlich der Alpen dienen Weidenzweige bis heute der Huldigung Jesu zu seinem Einzug in Jerusalem (MEISTER DES SCHOTTENALTARES, *Der Einzug Christi in Jerusalem*, Schottenaltar, nach 1469, Wien, Museum im Schottenstift). Diese am Palmsonntag geweihten Weidenkätzchen werden in katholischen Gegenden gegen die Wirkungen des Bösen und als Schutz vor Unwetter in Häusern, in Gärten und auf Feldern aufbewahrt.

Die Trauerweide wird dagegen wegen ihrer hängenden Zweige mit der ▸Totenklage verbunden.

Weihnachtsbaum ▸Christbaum

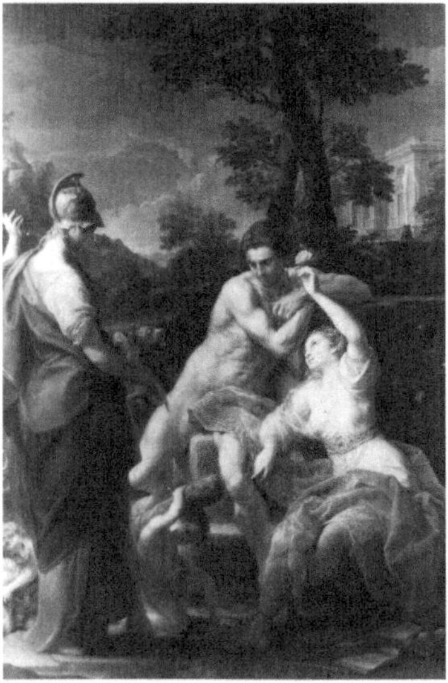

Pompeo Girolamo Batoni: Herkules am Scheideweg. St. Petersburg, Staatliche Eremitage, 1765. – Nach der vor allem von Xenophon und Cicero überlieferten Begebenheit sitzt Herkules in stark gedrehter Haltung zwischen den Vertreterinnen von Virtus und Voluptas. Sein Körper weist in zwei Richtungen. Für eine von ihnen muss er sich entscheiden. Putten spielen mit Keule und Löwenfell, den wichtigsten Attributen des antiken Helden. Links vor Herkules erscheint Athena/Minerva, die Göttin der Weisheit, angetan mit Helm, geschlossenem Kleid und blauem Mantelumhang. Sie steht für ein Leben in Tugend und weist ihm einen steinigen **Weg** zum Ruhmestempel hoch oben auf einem Felsen. Rechts von Herkules lagert Aphrodite/Venus, die Göttin der Liebe und Sinnenfreude. Offenherzig gekleidet, mit einem prächtigen Mantelumhang in Rot und dem Venusgürtel um ihre Taille, versucht sie den Helden mit einer duftenden Rose zu verführen. Attribute der Künste liegen zu ihren Füßen. Der von ihr begangene Lebensweg ist bequem. Ein prächtiger Palast steht an seinem Ende. Doch Kerberus, der Höllenhund, links von Herkules, erinnert an das Ende jeden Lebens, und Herkules, der Held, wird sich für den Weg der Tugend entscheiden.

Weihrauch. Das schon im 5. und 4. Jahrtausend vor Christus als Opfergabe für orientalische Götter bekannte und bis heute in vielen Religionen verwendete Harz von immergrünen Bäumen der Art Boswellia, meist gemischt mit anderen Harzen, gilt als Zeichen für Unsterblichkeit. Im Christentum seit dem 4. Jahrhundert gebräuchlich, gilt der aufsteigende Rauch vor allem als Sinnbild für die aufsteigenden Gebete.

Weihrauchfass. Als Duft- und Rauchspender sowohl im kultischen als auch im profanen Bereich wurde das Weihrauchfass anfänglich im Christentum nur im Begräbnisritual, später aber auch in der Liturgie der hl. Messe verwendet.

Ein Weihrauchfass ist ein häufiges Attribut von Engeln, von alttestamentlichen Priestern wie Melchisedek, Aaron, Samuel und Zacharias und der hll. Arnulf und Martha, der drei Marien auf dem Weg zum Grab Christi – Maria Kleophas, Maria Salome und Maria Magdalena –, und der hll. Laurentius, Stephanus und Vinzenz, die Diakone waren, ebenso der hl. Büßerin Pelagia.

Wein. Bei den Griechen galt der Wein als Blut des Dionysos, aber auch als Lebenselixier. Wegen der roten Farbe ist der Wein ein Symbol für Blut, im Kelch gereicht ein Symbol der Eucharistie.

Weinbau, Weinlese. Schon in der Antike war der Weinbau ein beliebtes Bildsujet. Ab dem Mittelalter waren das Setzen von Stöcken oder Beschneiden der Reben, die typische Arbeiten für den Frühling sind, in Bildern den Monaten Februar oder März zugeordnet, während die Weinlese charakteristisch für den Herbst und die Monate September oder Oktober in Monats- und Jahreszeitendarstellungen ist. Im christlichen Bereich kann die Weinernte auch in Bezug zum Endgericht gesetzt sein.

Weinlaub, Attribut des antiken Weingottes Dionysos/Bacchus und seines Gefolges. ▸Kranz

Weinrebe, Weintraube. Die Weintraube ist ein antikes Fruchtbarkeitssymbol – in der antiken Mythologie sind die Rebe und die Traube wie überhaupt der Wein Dionysos/

Bacchus und seinem Gefolge zugeordnet – und im Christentum Symbol der Eucharistie. Die Kundschafter Josua und Kaleb brachten aus dem den Israeliten von Gott verheißenen Land Kanaan als Zeichen der Fruchtbarkeit eine riesige Traube mit (4. Mose 13,18 ff.; Nicolas Poussin, *Der Herbst oder die Kundschafter aus Kanaan*, 1660–64, Paris, Musée National du Louvre). Noah begann nach dem Auszug aus der Arche als symbolischem Neubeginn des Lebens Weinreben zu pflanzen (1. Mose 9,20). Auch auf frühchristlichen Sarkophagen sind die häufig dargestellten Weintrauben auf die Verheißung des Jenseits und des ewigen Lebens zu beziehen.

Maria oder das Jesuskind mit einer Weinrebe oder einer Traube verweisen auf Maria als Weinrebe und Christus als Weintraube, die an dieser Rebe wächst. Es gibt auch die Verbindung von Maria mit einer Weinrebe mit einem Kruzifixus. Als Attribut finden sich Trauben oder Reben bei den hll. Bonifatius, Gratus von Aosta, Murandus (Morandus) von Altkirch, Omer, Theodul von Sitten, Urban, Wenzeslaus (Wenzel), Vinzenz und Wigbert.

In der Profanikonographie gehören Weinrebe und Traube zu den Attributen der Jahreszeitenpersonifikation des Herbstes.

Weinstock, Sinnbild von Segen und Symbol der Fülle und des Lebens. Auch der Baum des Lebens im Paradies wurde öfter als Weinstock dargestellt. Im Alten Testament war der Weinstock Sinnbild des Volkes Israel und galt als Baum des Messias. Im Christentum wird der Weinstock so zum Bild für Jesus Christus. Er ist der Weinstock und dessen Reben sind seine Jünger (Joh. 15,1–8). In diesem Zusammenhang ist die Darstellung einer Weinernte auch in Bezug zum Endgericht zu sehen. Vereinzelt ist ein Weinstock mit Ranke Kennzeichen der Kardinaltugend *temperantia* ›Mäßigung‹.

Weißdorn. Der legendären Überlieferung nach soll die Dornenkrone Jesu Christi aus dem Holz des Weißdorns gewunden worden sein. Im Mittelalter galt der Weißdorn auch als Symbol der Vorsicht und der Hoffnung.

Weizen. Das Weizenkorn galt im Mittelalter als Christussymbol in Bezug auf Tod und Auferstehung, aber auch als Mariensymbol. ‣Ähre

Wellensittich ‣Papagei

Weltkugel ‣Kugel

Weltwunder. Als die sieben Weltwunder der Antike gelten die Pyramiden von Gise, die Mauern von Babylon (in den ältesten Siebener-Reihen erwähnt), die hängenden Gärten der Semiramis, die Zeus-Statue des Phidias in Olympia, das Mausoleum von Halikarnassos, das Artemision von Ephesus, der Koloss von Rhodos und der Leuchtturm von Pharos (in spätere Siebener-Reihen aufgenommen).

Wermut. Als Heilpflanze mit sehr bitterem Geschmack ist der Wermut zum Sinnbild des Schmerzes geworden.

Wicke. Im Mittelalter ist die Wicke als Heilpflanze auch als Mariensymbol gesehen worden.

Wickelkind. Der uralte Brauch, Neugeborene mit einer Windel und einem langen Band zu wickeln, schlug sich auch in der bildlichen Wiedergabe des neugeborenen Jesuskindes bis in die Neuzeit hinein nieder (UNBEKANNTE MEISTER, *Geburt Christi*, Relief am *Adelphia-Sarkophag*, um 340/345, Syrakus, Museo Archeologico; Relieffragment vom Lettner, um 1240, Chartres, Schatzkammer der Kathedrale).

Als Attribut dient ein Wickelkind dem hl. Brictius, dem als Bischof die Zeugung eines Kindes vorgeworfen wurde, das durch ein Wunder aber die Unschuld des Heiligen bewies.

Widder, Symbol für Kraft, Fruchtbarkeit, Zielstrebigkeit und Auferstehung. Dem Wiedererwachen der Natur im Frühling ist der Widder als Tierkreiszeichen bereits seit dem babylonischen Altertum zugeordnet. In allen alten Kulturen war der Widder ein bevorzugtes Opfertier. In der antiken Mythologie ist der Widder Attribut der Götter Hermes/Merkur und Ares/Mars.

Die Opferung Isaaks durch Abraham im Alten Testament, bei der ein in einem Gestrüpp verfangener Widder an Sohnes statt geopfert wird (1. Mose 22,1–14), wird im Mittelalter, bereits basierend auf Texten des Kirchenvaters Augustinus, typologisch auf Christus bezogen. In Einzeldarstellungen kann sich dieser Bezug auch in der Wiedergabe eines Widders mit Siegesfahne oder Christusmonogramm als Sinnbild für Christus victor niederschlagen. Vor allem in der Grabsymbolik kann ein Widder so als Sinnbild für die Auferstehung erscheinen.

Der Widder als Attribut ist Abraham, Daniel und Gideon aus dem Alten Testament und auch Johannes dem Täufer zugeordnet. Als Opfertier erscheint der Widder auch als Attribut der Synagoge. Vereinzelt findet er sich auch unter den Kennzeichen des Lasters *luxuria* ›Wollust‹. Bei Monatsdarstellungen steht ein Jüngling mit Widder für den Monat März.

Wiedehopf. Wegen seines hornartigen Schopfes und seines unangenehmen Geruchs wurde der Vogel im Mittelalter zum Symbol des Teufels oder auch der Ungläubigen. Außerdem unterstellte man ihm, da er Larven aus dem Dung pickt, dass er ein Feind der positiv gesehenen Bienen sei und sich am Schmutz der Sünde ergötze. Da die Vogeljungen sehr an ihrer Mutter hängen, gilt der Wiedehopf aber auch als Sinnbild kindlicher Liebe zu den Eltern und von Dankbarkeit (Physiologus 1981, S. 20/21; UNBEKANNTER MEISTER, *Frankfurter Paradiesgärtlein*, um 1400, Frankfurt a. M., Städel).

Wiege. In Bildern von häuslichen Geburtsszenen, also nicht bei der Geburt Jesu Christi im Stall, gehören zum Teil auch Wiegen zum Mobiliar (JUAN DE BORGONA, *Geburt Mariens*, um 1510, Toledo, Kathedrale, Winterkapitelsaal).

Weil dem Kirchenvater Ambrosius der Legende nach ein Bienenschwarm als Säugling in der Wiege Honig in den Mund legte und ihn so zu einem redegewandten Prediger machte und ein Kleinkind durch seinen Zuruf zur Bischofswahl beigetragen hat, gehört eine Wiege zu den Attributen dieses Heiligen (MICHAEL PACHER, *Kirchenväteraltar*, um 1480, München, AP).

Auch die samische Sibylle wird mit Wiege dargestellt, da sie die Krippe der Geburt Jesu Christi vorausgesagt haben soll.

Wiesel/Hermelin, Hermelinpelz. Das im Altertum wie ein Haustier gefütterte Wiesel wird in mittelalterlichen Bestiarien und in *Physiologus*-Handschriften, zum Teil bereits auf altgriechischen Vorstellungen basierend, als Feind der Schlangen und Ratten geschildert. Es sei ferner ein Tier, das tote Junge wieder zum Leben erwecken könne. Des Weiteren empfange das Wiesel durch das Ohr und es gebäre durch den Mund. Außerdem würde es lieber sterben als sich beschmutzen, zudem trüge es seine Jungen ständig an andere Orte (Physiologus 1981, S. 41–42).

Als Schlangentöter wurde das Wiesel zum Symbol für Christus, der den Teufel überwindet. Als weißes Wiesel oder Hermelin, dem einer verschneiten Landschaft angepassten Wiesel zur Winterszeit, wurde es zum Tugendsymbol, es galt als Bild der Reinheit, Keuschheit und Unbestechlichkeit. In diesem Sinn kann ein Hermelinpelz als Sinnbild der Jungfräulichkeit in Mariendarstellungen oder Heiligenbildern vorkommen (Pietro Lorenzetti, *Thronende Maria mit Kind und Engeln*, um 1340, Cortona, Museo Diocesano).

Unter dem Motto »Lieber sterben als sich beschmutzen« wurde das Wiesel oder Hermelin aber auch zum Wappen- und Emblemtier verschiedener adeliger Familien, darunter auch der Mailänder Sforza oder der Herzöge der Bretagne (Leonardo, *Cecilia Gallerani*, um 1482, Krakau, Museum Czartoryski. Die Dargestellte war die Geliebte von Herzog Ludovico il Moro Sforza in Mailand. Eine weitere Anspielung ist im griechischen Wort für Wiesel – *gale* – auf den Namen der Dargestellten zu sehen. Zoologisch ist allerdings ein Frettchen wiedergegeben, da Leonardo das Wiesel nicht bekannt war). Hermelinpelze waren, auch im Süden, wo das Wiesel nicht vorkommt, eine begehrte Kostbarkeit und wurden zum hocharistokratischen und königlichen Standessymbol.

Einen Hermelinmantel als Attribut tragen auch die hll. Abbo von Metz und Gerold. In negativer Bedeutung ist das Wiesel als Attribut der *lascivia* ›Lüsternheit‹ zugeordnet (nach Ripa und Alciatus). Dem liegt die im Schrifttum ebenfalls nachweisbare Vorstellung zugrunde, dass das Tier durch den Mund empfange und durch das Ohr gebäre.

Wildesel ‣Esel

Wildschwein, Symbol der Stärke und Fruchtbarkeit. In der antiken Mythologie findet sich das Wildschwein in der *Odyssee* des Homer, in der die Zauberin Circe die Gefährten des Odysseus in Wildschweine verwandelt (Bartholomäus Spranger, *Odysseus und Circe*, um 1580/85, Wien, KHM). Außerdem ist es Jägern wie Adonis und Meleager, der Jagdgöttin Artemis/Diana und Herkules zugeordnet. Bei den Germanen war das Wildschwein sehr geschätzt und fand so auch Eingang in Ortsnamen und als Wappentier.

In Darstellungen der Erschaffung der Tiere aus der Schöpfungsgeschichte taucht es häufig auf, vereinzelt sogar als Christussymbol. Öfter ist es aber Symbol des Dämonischen, des Teufels und der Laster *superbia* ›Hochmut‹, *gula* ›Gefräßigkeit‹ und *luxuria* ›Wollust‹, auch in der Form einer Wildschweinpastete. Das Wildschwein ist Attribut der hll. Castor von Apt, Columban und des Eremiten Ämilian, bei dem Wildschweine Schutz vor den Jägern fanden.

Die Wildschweinjagd gehört zu den typisch winterlichen Tätigkeiten in Jahreszeitendarstellungen oder Monatsfolgen. ‣Eber, ‣Schwein

Wind. Schon die Antike unterschied nach den Himmelsrichtungen vier Winde, die seit Homer Euros (Südostwind), Notos (Südwestwind), Zephyros (Nordwestwind) und Boreas (Nordwind) genannt wurden. Diese antiken Windgötter werden meist in Jünglingsgestalt und geflügelt dargestellt. Sie blasen häufig auf einem Horn oder einer Muschel (Sandro Botticelli, *Geburt der Venus*, um 1485, Florenz, Uffizien).

Vereinzelt konnten Winde auch in Wind- und Sturmszenen auf biblischer Grundlage personifiziert dargestellt werden (Sturm auf dem See, Apokalypse-Illustrationen), vor allem finden sie sich jedoch in mythologischen Szenen.

Winde/Seilwinde/Haspel. Sie gehört zu den Attributen des hl. Erasmus als Marterinstrument mit Gedärmen, ebenso bei der hl. Reparata. ▸Ackerwinde

Windeln/Jesuswindeln/Josephshosen. Sowohl nach alten Gepflogenheiten und dem biblischen Bericht als auch nach der Vision der hl. Birgitta von Schweden (um 1360/70) lag das Jesuskind mit Windeln in der Krippe im Stall von Bethlehem. Birgitta schildert, wie sie in ihrer Schau sah, dass Maria bei der Geburt Jesu Leinen- und Wollstücke dabei hatte, in die sie ihr Kind wickelte. So tauchen die von Maria mitgebrachten Windeln auch in manchen Bildern auf (Gerard David, *Geburt Christi mit Heiligen*, um 1510/15, New York, Metropolitan Museum).

Spezieller sind dagegen die sogenannten Josephshosen. Das sind die Beinkleider Josephs, die in der Krippe liegen, über das Kind gebreitet sind oder erst von Joseph ausgezogen oder zu Windeln zerschnitten werden. Auch aus Leder können sie sein. Diese Josephshosen kommen nicht in der Birgittenvision vor, sondern gehen auf die geistliche Literatur des Mittelalters und vor allem auf damals übliche volkstümliche Weihnachtsspiele und -lieder zurück (unbekannter Meister, Altar aus Schloss Tirol, *Geburt Christi*, 1370/72, Innsbruck, Ferdinandeum; Hans Multscher, *Wurzacher Altar*, 1437, Berlin, Staatliche Gemäldesammlungen; Hans Multscher und Werkstatt, *Geburt Christi, Sterzinger Altar*, 1456–59, Sterzing, Multscher Museum; Rogier van der Weyden, *Anbetung der Könige, Columba-Altar*, um 1455, München, AP). Als Reliquien werden die Windeln Jesu im Domschatz von Aachen verwahrt.

Windmühle, Attribut der Kardinaltugend *temperantia* ›Mäßigung‹.

Winkelmaß. Als Instrument zum geometrischen Zeichnen, für rechte Winkel, Quadrate usw. gehört es zu den Berufskennzeichen von Baumeistern. Das Winkelmaß findet sich aber auch als Attribut bei der Personifikation der Kardinaltugend *iustitia* ›Gerechtigkeit‹ und der Personifikation der Architektur. Als Schutzpatron der Baumeister und Architekten weist der Apostel Thomas ein Winkelmaß unter seinen Kennzeichen auf, das auch dem Apostel Judas Thaddäus beigegeben sein kann.

Winzer. In Monatsdarstellungen und Jahreszeitenbildern kommen Winzer als Vertreter entsprechender landwirtschaftlicher Tätigkeiten vor.

Wolf. In der Symbolik ist der Wolf vorwiegend negativ besetzt. In der antiken Mythologie ist er das Tier des Kriegsgottes Ares/Mars. Er ist aber auch der Morgensonne (Apoll) zugeordnet. Die Wölfin, die die von ihrer Mutter, der Vestalin Rea Silvia, ausgesetzten Zwillinge Romulus und Remus säugte, ist zum Wahrzeichen von Rom geworden (Kapitolinische Wölfin; Giuseppe Cesari, *Die Auffindung von Romulus und Remus*, 1596, Rom, Museo Capitolino). Im antiken Rom hießen übrigens auch Prostituierte »lupae« und die Freudenhäuser »lupanariae«. Eine ähnliche Sage wie in Rom ist auch die Grundlage des Stadtsymbols von Siena.

Im *Physiologus* wird der Wolf als listig und bösartig beschrieben (Physiologus 1981, S. 108–109). So gilt der Wolf als Symbol des Teufels, der sich auf die Gläubigen wie der Wolf auf die Lämmer stürzt, die dann vom guten Hirten verteidigt werden (Joh. 10,1–16; Pieter Breughel d. J., *Der Gute Hirte*, 1616, Brüssel, Musées Royaux des Beaux-Arts). Nur in Ausnahmefällen kann ein Wolf als Schlangenbezwinger auch auf Christus verweisen.

Der Wolf gehört vor allem zu den Attributen der Laster *gula* ›Völlerei‹ und *avaritia* ›Geiz‹, dessen Reittier er auch sein kann, und *rapacitas* ›Raubgier‹. Als Heiligenattribut erinnert der Wolf beim hl. Franz von Assisi an den Vertrag, den jener mit dem Wolf von Gubbio geschlossen hatte. Der hl. Wilhelm von Vercelli soll einst einen Wolf gesattelt haben, und der hl. Herväus benutzte einen Wolf als Blindenhund. Der hl. Philibert von Jumièges zähmte einen wilden Wolf und der hl. Simpert von Augsburg rettete ein Kind aus dem Rachen eines Wolfes und erreichte, dass dieser es seiner Mutter zurückbrachte (Leonhard Magt, Statuette, 1518, Innsbruck, Hofkirche). Bei den hll. Lupus und Wolfgang steht der Wolf als Attribut bildhaft für den Namen. Die hl. Radegundis starb auf dem Weg zur Krankenpflege an den Bissen hungriger Wölfe. Ebenfalls einen Wolf unter ihren Attributen können auch die Heiligen Amicus, Antonius Eremita, Bernhard von Tironio, Blasius von Sebaste, Klara, Marcus Eremita, Remaclus, Simpertus, Vedastus und Vitus haben.

In der Waffenkunst hat die Darstellung eines Wolfs apotropäische Bedeutung.

Wolke. Im antiken Mythos ist vor allem die Erzählung von Jupiter und Io mit einer Wolke verbunden, in die sich der Göttervater verwandelte, um Io zu verführen (Ovid, *Metamorphosen* 1,568–688; CORREGGIO, *Jupiter und Io*, um 1530, Wien, KHM).

Im Alten Testament kann sich Gott im Bild einer Wolkensäule offenbaren (2. Mose 13,21). Wolken nahmen auch Jesus Christus bei seiner Himmelfahrt auf (Apg. 1,9), auf Wolken wird er als zukünftiger Weltenherrscher wiederkommen (Lk. 21,27).

Würfel. Römische Soldaten würfeln bei der Kreuzigung Christi um seinen Leibrock (Mt. 26,35; Mk. 15,24; Lk. 23,34; Joh. 19,23–24; HANS MEMLING, *Die Kreuzigung Jesu Christi*, 1491, Lübeck, St. Annen-Museum).

Eine architektonische Würfelform kann im sakralen Bereich eine Anspielung auf das Himmlische Jerusalem sein (Offb. 21,16–17).

Sonst sind Würfelspiele der profanen Genremalerei und als Glücksspiel dem Bereich des Lasterhaften zugehörig (ADRIAEN BROUWER, *Würfelnde Soldaten in einer Schenke*, 30er Jahre 17. Jh., München, AP).

Wunde. Die fünf ‣Wundmale Christi wiesen später in der Nachfolge Jesu Christi unter anderen auch die hll. Franz von Assisi, Birgitta von Schweden und Katharina von Siena als Stigmata auf. Ein mit Wunden übersäter Kruzifixus als Zeichen größten Leidens ist typisch für die Spätgotik und die sogenannten Pestkreuze des Barock.

Im Gleichnis vom armen Lazarus und dem reichen Prasser

lecken Hunde die Wunden des Lazarus (Lk. 16,19–31; Jacopo Bassano, 1554, Cleveland, Cleveland Museum of Art). Ein entblößtes Bein voller Geschwüre kennzeichnet den hl. Einsiedler Fiacrius von Meaux, den Schutzheiligen gegen Hautkrankheiten, eine Wunde auf der Stirn die hl. Rita von Cascia, die sie im Gebet von der Dornenkrone Christi empfangen hatte. Eine Pestbeule auf dem Oberschenkel ist das Attribut des hl. Rochus von Montpellier. Als Hinweis auf das Martyrium tragen die hll. Dionysius von Paris und Cäcilia von Rom eine Wunde am Hals und der hl. Meinrad von Einsiedeln auf der Stirn. Im Kopf erscheint sie bei Petrus Martyr.

Wundmale. Fünf Wunden haben die Kreuzigung und der Lanzenstich an den Händen und Füßen und in der rechten Seite am Körper des auferstandenen Jesus Christus hinterlassen. Sie erscheinen beim Gekreuzigten und beim Auferstandenen, bei dem sie das wichtigste Kennzeichen sind. Als Stigmatisation wird die Übertragung dieser Wundmale auf den Körper von Heiligen bezeichnet, am bekanntesten wohl beim hl. Franz von Assisi (1224; Giotto, *Stigmatisation des hl. Franziskus*, um 1300, Paris, Louvre). Auch verschiedene andere Heilige wie Elisabeth von Reute, Ida von Löwen, Katharina von Siena, Katharina von Racconigi, Margareta von Ungarn und Maria Maddalena dei Pazzi tragen die Wundmale Jesu Christi.

Wurm. Im Mittelalter wurde ein Wurm oft mit der Schlange verglichen und so zum Teufelssymbol. Er kann aber auch auf die Vergänglichkeit hinweisen, da die Toten den Würmern zur Nahrung dienen. So kann ein von Würmern zerfressener Körper die Personifikation des Todes selbst oder der Frau Welt kennzeichnen.

Wurzel. Als Wurzel Jesse wird der von Isai, dem Vater Davids (griech. Jesse), ausgehende Stammbaum Jesu Christi bezeichnet, in dessen Zweigen die Ahnen Jesu dargestellt sind. Jesse wird dabei meist auf dem Boden ruhend wiedergegeben (unbekannter Meister, *Wurzel Jesse*, Glasfenster, Chartres, Kathedrale, um 1150; Taddeo Gaddi, *Das Abendmahl mit der Wurzel Jesse*, 1330–40, Florenz, S. Croce, Refektorium).

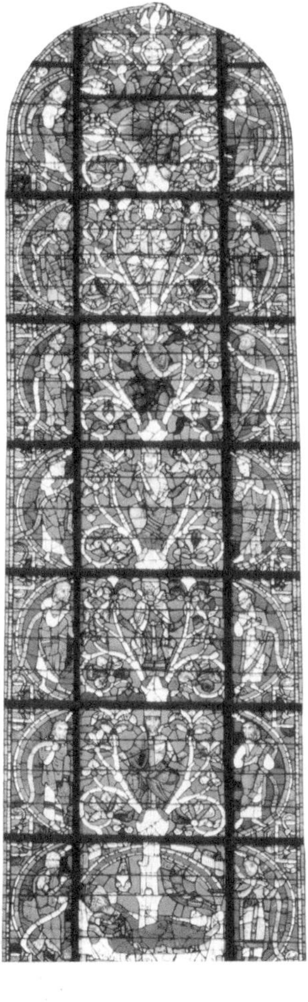

Wurzel Jesse. Glasfenster, Chartres, Kathedrale, um 1150. – Der genealogische Stammbaum Jesu reicht bis zu König David und dessen Vater Isai (Jesse) zurück. Bildlich wurde er seit dem frühen Mittelalter als rankender Baum, der aus dem meist liegenden Jesse – als einer **Wurzel** – emporwächst, dargestellt und über unterschiedliche Stufen bis zu Maria geführt. Oft werden Patriarchen, die Eltern Marias usw. ergänzend hinzugefügt, bisweilen gibt es auch die Rückführung bis zu Adam und Eva. Im Glasfenster von Chartres sind über die Ranken des Baumes Jesse, vier Vorfahren Christi, Maria und der von sieben Tauben umgebene Christus in der Mittelbahn mit je sieben Propheten in den Seitenstreifen verbunden.

Y/Z

Ysop. Schon im alten Judentum und dann auch bei den Christen wurde Ysop, auch Josephskraut genannt, als Wedel für Besprengungen verwendet. Ein in Essig getränkter Büschel Ysop wurde Jesus bei der Kreuzigung gereicht (Joh. 19,29). Da der Ysop auf steinigem Boden wächst, verband man ihn symbolisch mit Demut, Bußfertigkeit und Entsühnung. So fand er Eingang in die Christussymbolik. Als Demutssymbol und außerdem als Heilmittel wurde er aber auch zum Marienattribut.

Zählbrett. Es findet sich als Attribut beim Evangelisten Matthäus, der von Beruf Zöllner war. Auch Kaufleute werden öfter mit Zählbrett dargestellt.

Zahlensymbolik. Zahlen, die sowohl konkrete Werte darstellen als auch eine der Abstraktionsleistungen des Menschen veranschaulichen, wurden lange Zeit und in vielen Kulturen als Schlüssel zu den Gesetzen der Ordnung des Kosmos verstanden. Man sah in ihnen die Grundstruktur der göttlichen Weltordnung, die Grundlage aller Dinge und des Absoluten. Vor allem in vielen abendländischen Spekulationen bis zur Aufklärung nahmen Zahlen eine wichtige Stellung ein, wurde Welterfahrung sozusagen mathematisch ausgedrückt und die Zahlen als Grundlage aller Dinge gesehen. Dabei deutete man die geraden Zahlen oft als gut und männlich und die ungeraden Zahlen als negativ und weiblich. In manchen Kulturen wurden Zahlen durch Buchstaben ausgedrückt. Auch dies führte zu vielen symbolischen Verknüpfungen.

Ebenso wurde in der ästhetischen Gestaltung das rechte Verhältnis (Proportion) über Maßreihen und Zahlenverhältnisse bestimmt, wie zum Beispiel den geometrischen oder musikalischen Proportionen. Von der Renaissance bis ins frühe 18. Jahrhundert verstand man dabei die Proportionen als vorgegebene Verhältnisgrößen, die unabhängig von der subjektiven Wahrnehmung bestünden. Dies änderte sich erst im 18. Jahrhundert, als man die individuelle Empfindung und den Geschmack als Grundlage einer guten Proportionierung ansah. Le Corbusiers Proportionssystem, der Modulor, führte in der Mitte des 20. Jahrhunderts zu einer weiteren Zäsur, indem nun nicht mehr bestimmte Verhältnisse, sondern ein konkretes Normmaß unabhängig von der individuellen Aufgabe oder Anschauung als industriekompatibel und dem modernen Normmenschen angemessen eingeführt wurde.

Einige wichtige Symbolzahlen:

Eins: Diese Zahl gilt als Sinnbild der Einheit, der Ganzheit und des Uranfangs und verweist auf Gott. Sie ist aber auch die Zahl der Individualität.

Zwei: Als Sinnbild der Dualität, der Verdoppelung, des Gegensatzes und der Trennung ist die Zwei sowohl die Zahl des Gleichgewichts als auch des Konflikts. Wir unterscheiden Schöpfer und Geschöpf, Licht und Finsternis, Gut und Böse, oben und unten, Mann und Frau, Leib und Seele, Leben und Tod, Tag und Nacht, Himmel und Erde, Land und Wasser, rechts und links, aktiv und passiv, Altes und Neues Testament usw. Viele Paarbildungen wie Adam und Eva, Kain und Abel, Mose und Aaron oder Kastor und Pollux, Romulus und Remus usw. spiegeln die Ambivalenz der Zahl Zwei ebenfalls.

Drei: Diese Zahl gilt als Symbol des Umfassenden, als Zahl der Vollkommenheit. Sie verweist auf Mann und Frau und Kind. Sie ist aber auch die Zahl des Himmels und Symbol Gottes. So wird der christliche Gott als dreifaltiger gedacht, dessen geometrisches Symbol das gleichseitige Dreieck ist. Der Besuch der drei Männer bei Abraham im Alten Testament (1. Mose 18,1 ff.; Mosaik, Mitte 6. Jh., Ravenna, S. Vitale) gilt als Vorwegnahme dieser Vorstellung. Drei Tage dauerte es, bis Christus von den Toten auferstand, ebenso wie der Prophet Jona drei Tage im Bauch des Walfisches verbracht hatte, bevor er heil wieder an Land gelangte (Buch Jona). Typologisch wurde dies im Mittelalter natürlich zur Auferstehung Jesu Christi in Bezug gesetzt. Die Drei bestimmt auch die Anzahl der theologischen Tugenden (*fides*, *spes* und *caritas*). Die Horen, die ursprünglich für die drei Jahreszeiten des Südens standen und im Gefolge von Hera/Juno auftreten, die Chariten/Grazien, die Moiren/Parzen, die Schicksalsgöttinnen, und die Gorgonen treten im antiken Mythos ebenfalls in der Dreizahl auf.

Vier: Diese Zahl symbolisiert seit der altorientalischen Kosmologie, wo sie neben den vier Weltrichtungen die vier Tierkreisgötter kennzeichnete, das irdische Universum und den Körper. Sie gilt so als »Weltzahl«. In Bildern können geometrische Figuren wie Quadrate, Rhomben, rechtwinklig viergeteilte Kreise oder vier Kreuzarme auf sie weisen. In Viererzahl treten auf die Paradiesflüsse, die vier Wesen Ezechiels und der Apokalypse, die Evangelisten (Matthäus, Markus, Lukas, Johannes), die großen Kirchenlehrer der westlichen Kirche (Augustinus, Hieronymus, Gregor und Ambrosius) und der östlichen Kirche (zunächst Johannes Chrysostomos, Basilius von Caesarea, Gregor von Nazianz und später noch Athanasius von Alexandria), die großen Propheten (Jesaja, Jeremia, Ezechiel, Daniel) und die Kardinaltugenden (*iustitia*, *fortitudo*, *prudentia*, *temperantia*). Unterschieden werden die vier Jahreszeiten, Tageszeiten, Temperamente, Elemente, Himmelsrichtungen, Hauptwinde, Weltgegenden, Weltreiche, Weltalter, Lebensalter (Kindheit, Jugend, Reife, Alter) und vier Erdteile (in der Neuzeit bis zur Entdeckung Australiens).

Fünf: Als Vereinigung von Zwei und Drei gilt die Zahl Fünf als Sinnbild der Synthese. Sie wird als auf den Menschen bezogen gedeutet. Fünf Finger und fünf Zehen, fünf Sinne, aber auch das magische Pentagramm oder die fünf Wunden Jesu Christi, die fünf Brote der Brotvermehrung (Mt. 14,17; Mk. 6,38; Lk. 9,13; Joh. 6,9), die fünf klugen Jungfrauen und die fünf törichten Jungfrauen des Gleichnisses (Mt. 25,1–13) spiegeln diesen Bezug.

Sechs: Aus der Summe der drei ersten Zahlen entsteht die Zahl Sechs. Sie kennzeichnet das Sechstagewerk der Weltschöpfung, aber auch die ursprünglichen Sechs Werke der

Barmherzigkeit (Mt. 25,35–37; dem Hungernden zu essen und dem Dürstenden zu trinken geben, den Fremden beherbergen, den Nackten bekleiden, den Kranken und den Gefangenen besuchen; in der Zeit der Kirchenväter von Lactanz durch ein siebtes Werk – Tote begraben – ergänzt; ESTEBAN MURILLO, *Zyklus mit den sechs Werken der Barmherzigkeit*, 1671–74, ursprünglich für Sevilla, Hospital de la Caridad, heute London, National Gallery, Ottawa, National Gallery of Canada, St. Petersburg, Eremitage, Sevilla, Hospital de la Caridad und Washington, National Gallery). Als sechszackiger Stern, als Hexagramm oder Davidstern, ging die Zahl Sechs in das Glaubenssymbol des Judentums ein. Die Zahl 666, also dreimal die Sechs, erscheint dagegen als Zahl des Ungeheuers in der Apokalypse (Offb. 13,18).

Sieben: Die Zahl Sieben ist in der Religionsgeschichte eine der wichtigsten Zahlen und kommt auch in der Bibel häufig vor. Sie gilt als Zahl der Vollständigkeit und wird als drei plus vier gedacht, als Verbindung von Gott (3, Trinität) und der *Welt* (4). Beim Bau mittelalterlicher Kirchen konnte sie als Proportionsfigur dienen, nach der Grundriss und Höhenentwicklung übereinstimmend gestaltet wurden (z. B. Kathedrale von Reims, St. Stephan in Wien). Die Schöpfungsgeschichte umfasst den Zeitraum der sieben Wochentage. Im Salomonischen Tempel stand der Siebenarmige Leuchter, bis heute ein wichtiges Kultgerät der Juden. In der Josephsgeschichte träumte der Pharao von sieben fetten und sieben mageren Kühen und sieben vollen und sieben leeren Ähren, dementsprechend kamen sieben fruchtbare und sieben Hungerjahre (1. Mose 41). Beim Fall der Mauern von Jericho zogen sieben Priester mit sieben Hörnern sieben Tage lang um die Stadtmauer (Josua 6). Im Neuen Testament ergehen Botschaften an die sieben Gemeinden der Apokalypse und erscheinen sieben Schalen des Zorns, das Lamm mit sieben Hörnern und Augen (Offb. 5,6) und das Buch mit sieben Siegeln (Offb. 5,1). In der Siebenzahl sind die Gaben des Hl. Geistes, die Sakramente, die Säulen der Weisheit, die Attribute der divina sapientia (JOHANN BERN-

HARD FISCHER VON ERLACH, Hochaltar, 1707, Salzburg, Kollegienkirche), später auch die Werke der Barmherzigkeit (CARAVAGGIO, *Die Sieben Werke der Barmherzigkeit*, 1606/07, Neapel, Pio Monte della Misericordia), die Haupttugenden und die Laster oder Hauptsünden. Sieben Freuden und sieben Schmerzen begleiten Maria in ihrem Leben (HANS MEMLING, *Die Sieben Freuden Mariä*, 1480, München, AP). Auf antike Vorstellungen gehen die sieben Schalen des Gewölbes der Welt (nach Aristoteles), die sieben Planeten, die Sieben Lebensalter, die sieben Weisen, die sieben Weltwunder und die Sieben freien Künste zurück, die sich weit bis in die Neuzeit hielten (NIKOLAUS VON VERDUN (?), *Tivulzio-Kandelaber*, Ende 12. Jh., Mailand, Dom; NICOLA PISANO, Kanzel, 1265–67, Siena, Dom; GIOVANNI PISANO, Kanzel, 1302–12, Pisa, Dom; GIOTTO und LUCCA DELLA ROBBIA, Reliefs vom Campanile, 1336/37 und 1437–39, Florenz, Museo dell'Opera del Duomo). Im Mythos der Antike wird von den sieben Söhnen des Helios, den sieben Söhnen und Töchtern der Niobe, den sieben Hesperiden (auch drei) und den sieben Toren Thebens erzählt.

Acht: Schon im altorientalischen und antiken Kulturkreis galt die Achtzahl, die auf die acht Himmelsrichtungen verweist, als Abbild des Kosmos. Außerdem erreichte nach den Vorstellungen von Aristoteles und Pythagoras eine Zahl ihre höchste Vollkommenheit in der dritten Potenz. Die Acht ist die erste echte Kubikzahl (2 × 2 × 2). Auf die Acht als Symbol der Vollkommenheit könnte auch die Tatsache verweisen, dass in vielen Sprachen das Wort für Nacht in einer verneinenden Form des Wortes für die Zahl acht besteht (acht – Nacht, eight – night; otto – notte …). Im Neuen Testament wird die Achtzahl in den acht Seligpreisungen mit der ewigen Seligkeit verknüpft (Mt. 5,3–10). Außerdem erschien Christus am achten Tag nach der Auferstehung den Jüngern (Joh. 20,26), und auch seine Beschneidung hatte dem jüdischen Brauch entsprechend am achten Tage nach der Geburt stattgefunden (Lk. 2,21). Nach den Vorstellungen der Kirchenväter war am Ende der Zeiten der achte Tag nach Vollendung der Siebentagewoche alles Irdischen der Tag des Gerichts und des Beginns des ewigen Lebens, oder der achte Schöpfungstag begann mit der Auferstehung Jesu Christi. So konnte die Acht sowohl zum Sinnbild der Vollendung und der Ganzheit mit einem universalen Anspruch werden als auch für Tod und Auferstehung stehen. Der Name Jesus (Jehoschua) hat den Zahlenwert 888 nach den hebräischen Buchstaben, da im Hebräischen Zahlen durch Buchstaben ausgedrückt werden. Acht Nischen, acht Stützen oder ein achteckiger Grundriss vertreten als Zeichen der Vollkommenheit zum Beispiel in Kirchen, die Maria als Verkörperung der Kirche geweiht sind, in Königskirchen, in Thronsälen, bei Kronen, bei idealen Stadtentwürfen, aber auch in Herrschermausoleen, die den Toten verklären, usw. den universalen Anspruch (z. B. Aachen, Pfalzkapelle Kaiser Karls des Großen, um 800). Bei achteckigen Baptisterien und Taufbecken verweist die Achtzahl dagegen auf Tod und Auferstehung des Täuflings (z. B. Rom, S. Giovanni in Laterano, Baptisterium S. Giovanni in Fonte, 4. und 5. Jh.). Die gregorianische Musik basiert auf acht Tönen.

Neun: Aus der Potenzierung der Drei entsteht die Neun. Im mittelalterlichen Weltbild wurden neun kosmische Sphären unterschieden und die Hierarchie der Engel in neun Chöre geteilt. Aus der antiken Überlieferung kommt die Neunzahl der Musen.

Zehn: Sie ist die Grundzahl des Dezimalsystems und gilt als Summe der ersten vier Zahlen ebenfalls als Zahl der Vollendung und Ganzheit. Wir haben zehn Finger und Zehen, der Himmel in manchen Vorstellungen zehn Sphären, und die Ägypter wurden von zehn Plagen heimgesucht, bevor sie die Israeliten ziehen ließen (2. Mose 7,8 ff.). Jesus spricht im Gleichnis von den zehn Jungfrauen, die mit ihren Öllampen auf den Bräutigam warten (Mt. 25,1–13), und er heilt zehn Aussätzige (Lk. 17,11–19). Am bedeutendsten ist die Zehn jedoch in ihrer Verbindung mit den Zehn Geboten (2. Mose 20,1–21).

Elf: Als zehn plus eins gilt die Elf als negative Zahl der Überschreitung. Sie wird so eher der Sünde zugeordnet.

Zwölf: Als Grundzahl des alten Duodezimal- und Sexagesimalsystems ist sie Zeichen der Vollendung. Drei mal vier verknüpft den Trinitätsglauben mit den vier Himmelsrichtungen. Der Tag und die Nacht haben je zwölf Stunden, das Jahr zwölf Monate und Tierkreiszeichen. Im Alten Testament gibt es die zwölf Söhne Jakobs und die daraus hervorgegangenen zwölf Stämme Israels, zwölf Patriarchen, zwölf kleine Propheten; zwölf Edelsteine schmücken den Brustschild des Hohenpriesters und mit zwölf Steinen errichtete Elias seinen Altar (1. Kön. 18,31). Zwölf ist die Zahl der Apostel, der Bevollmächtigten Jesu, zwölf Sterne trägt das apokalyptische Weib in seiner Krone (Offb. 12,1), zwölf Tore hat das Himmlische Jerusalem (Offb. 21,21) und 12 × 12 × 1000 (144000) ist die Zahl der Auserwählten nach der Offenbarung des Johannes (Offb. 7,5–8). Die Zwölfzahl bestimmt bisweilen auch die antiken Seherinnen, die Sibyllen, die Arbeiten des Herkules und die Ritter an der Tafel von König Artus.

Dreizehn: Diese Zahl gilt als zwölf plus eins oft als Unglückszahl, seltener aber auch als heilige Zahl.

Vierzehn: Das ist die Anzahl der heiligen Nothelfer.

Siebzehn: Da die römische Schreibweise der Zahl XVII auch zu VIXI (*vixi* ›ich habe gelebt‹) verändert werden kann, wurde die 17 in Italien und anderen romanischen Ländern zur Unglückszahl.

Einundzwanzig: Als dreimal sieben gilt die Einundzwanzig in der Bibel als heilige Zahl der göttlichen Weisheit.

Vierundzwanzig: Diese Zahl besteht aus 2 × 12 und bezeichnet die Stunden des Tages und der Nacht. Vierundzwanzig an der Zahl sind die Ältesten in der Apokalypse.

Dreiunddreißig: Diese Zahl erhielt als Anzahl der Lebensjahre von Jesus Christus Bedeutung.

Vierzig: Diese Zahl gilt in der Bibel als Zahl der Erprobung, der Vorbereitung und der Buße. 40 Tage währte die Sintflut, Ninive tat 40 Tage lang Buße, 40 Tage verbrachte Mose auf dem Berg Sinai, 40 Jahre dauerte die Wanderung des Volkes Israel durch die Wüste und 40 Tage hielt sich Jesus in der

Wüste auf. Vierzig Tage dauert auch die Fastenzeit vor Ostern, und vierzig Tage liegen zwischen der Auferstehung und der Himmelfahrt Jesu Christi.

Fünfzig: 50 Tage nach dem Paschafest wurde im alten Israel das Erntefest gefeiert. Jedes 50. Jahr im alten Israel galt als Jubeljahr. Die Christenheit feiert 50 Tage nach Ostern das Gründungsfest der christlichen Kirche, Pfingsten. Im antiken Mythos hatte der Meeresgott Nereus 50 Töchter, die Nereiden.

Neunundneunzig: Diese Zahl gilt als die vollkommene Neun. Nach den Zahlwerten, die man den griechischen Buchstaben zuordnet, ist die 99 das Zeichen für das Wort »Amen«.

Hundert: Es gilt als Zahl einer abgeschlossenen Vielheit, gelegentlich auch als Symbolzahl himmlischer Seligkeiten.

Zahn. Zähne gelten als Sinnbild für Kraft und Vitalität, aber auch für Aggression (Raubtiergebiss). Ein Zahn an einer Zange ist das Attribut der hl. Apollonia, der beim Martyrium die Zähne ausgerissen wurden. Sie ist zur Schutzheiligen der Zahnärzte und aller an Zahnschmerzen Leidenden geworden.

Zahnarzt, Zahnbehandlung. In der niederländischen Genremalerei kommen Zahnbehandlungen gerne in Zusammenhang mit der Darstellung der fünf Sinne vor und verweisen dabei auf das Gefühl.

Zange. Als bei der Kreuzigung zum Einsatz gekommenes Werkzeug gehört die Zange auch zu den ‣Arma Christi. Sie ist Attribut der hl. Agatha, der im Martyrium die Brüste abgequetscht wurden, der hll. Apollonia und Charitina, denen die Zähne ausgerissen wurden (Guido Reni, *Martyrium der hl. Apollonia*, um 1614, New York, Richard Feigen Collection), des hl. Livinus von Gent, dem die Zunge ausgerissen wurde, der hll. Crispin und Crispinian, denen die Zange als Schusterwerkzeug diente, der hll. Baldomerus, Christina, Kosmas und Damian, Koloman von Stockerau, Martina von Rom und der hll. Dunstan und Eligius, die damit den Teufel quälten. Joseph von Arimathia und Nikodemus werden bei der Kreuzabnahme ebenfalls oft mit Zange dargestellt.

Zaunkönig. Nach der Fabel von Äsop bezwang der kleine

Zaunkönig den großen Adler bei der Königswahl durch die Tiere. Jenes Tier sollte der König werden, das am höchsten fliegen könne. Der Zaunkönig versteckte sich unbemerkt im Gefieder des Adlers, ließ sich von diesem hochtragen und flog dann noch ein kleines Stück höher als der Adler. So besiegte der kleine den großen Vogel. Später wurde deshalb der Zaunkönig Christus als König zugeordnet. Nach Konrad von Megenberg (14. Jh.) gilt er aber auch als Sinnbild der Demut (Jörg Ratgeb, *Kreuzigung Christi*, 1519, Stuttgart, Staatsgalerie).

Zeder. Wegen ihres hohen Wuchses und ihres sehr haltbaren Holzes gilt die Zeder als Sinnbild der Größe, der Kraft, der Ausdauer und der Dauerhaftigkeit. Sie ähnelt darin der Palme, mit der sie oft auch gemeinsam erscheint. Als immergrüner Nadelbaum ist sie auch Sinnbild der Unsterblichkeit. In abendländischen Darstellungen ist sie des Öfteren als wenig bekanntes Gewächs in der Form des Wacholders wiedergegeben. Da das Holz der Zeder als nicht vom Zerfall bedroht und als nicht faulend galt, wurde es für den Bau des Salomonischen Tempels verwendet.

In mittelalterlichen Hymnen wurde, vom *Hohen Lied* ausgehend, die Zeder auch auf Maria bezogen. Außerdem kann sie der Tugend *humilitas* ›Demut‹ zugeordnet sein, aber auch negativ ein Symbol der *superbia* ›Hoffart‹ sein.

Zeisig. Dieser Vogel gilt in der mittelalterlichen Malerei meist als Hinweis auf die Passion Jesu Christi oder den in Sünde verfallenen Menschen (Albrecht Dürer, *Madonna mit dem Zeisig*, 1506, Berlin, Staatliche Gemäldesammlungen).

Zeitalter. Die Einteilung der Weltgeschichte in verschiedene Zeiträume ist in den meisten Kulturen üblich. In der Antike unterschied man vor allem das Goldene Zeitalter, das sorglos und ohne Arbeit und Gesetz war und in dem die Menschen lange lebten (z. B. Ovid, *Metamorphosen* 1,89–150; Jean-Auguste-Dominique Ingres, *Das Goldene Zeitalter*, 1862, Cambridge [Mass.], Fogg Art Museum). Im Silbernen Zeitalter wurden die gottlosen Menschen von Zeus vernichtet, im

Bronzenen Zeitalter töteten sich die Menschen gegenseitig, nach dem Tod gab es kein Weiterleben mehr. Im Heroischen Zeitalter herrschten die Kriege um Troja und Theben, aber es kam auch eine neue Tugendhaftigkeit auf, während das Eiserne Zeitalter den völligen Niedergang brachte.

Zelt. Als Behausung von Hirten, Nomaden, Soldaten und Wanderern kennzeichnen Zelte auch diese Menschengruppen. Sie kommen neben ihrer Schutzfunktion symbolisch als Bild irdischer Vergänglichkeit und menschlicher Hinfälligkeit vor.

Zentaur ‣ Kentaur

Zepter. Das Zepter ist ein Zeichen der Macht, ein Herrschaftszeichen für Könige und Kaiser, aber auch ein Götterattribut und Attribut von Erzengeln. Ein Zepter aus Schilfrohr wurde Jesus Christus zu seiner Verspottung in die Hand gegeben (Mt. 26,29), auch in *Ecce homo*-Darstellungen hält er es meist (Joh. 19,5).

Ein Zepter dient der Kardinaltugend *fortitudo* ›Tapferkeit‹ als Attribut und mit einem Dreifaltigkeitssymbol (Dreieck oder Auge Gottes) ist es das Kennzeichen der *providentia divina* ›göttliche Vorsehung‹ (Pietro da Cortona, Deckenfresko, 1633–39, Rom, Palazzo Barberini, Salone).

Als Herrschaftszeichen ist ein Zepter auch Attribut heiliger Herrscher und Fürsten und entsprechender Frauen wie Bavo von Gent, Chlodoald, Karl der Große, Kasimir, Eduard, Stephan von Ungarn, Heinrich II., Ludwig der Heilige, Olaf und Sigismund und Edigna von Puch. Ein Zepter mit Lilien kennzeichnet die hl. Balbina. Als Narrenzepter gehört es dagegen zu den Attributen der Muse Thalia.

Zettel ‣ Brief

Ziborium/Hostienbehälter, Attribut der hl. Klara.

Ziege. In der antiken Mythologie ist die Ziege Amaltheia zu nennen, die den kleinen Zeus/Jupiter säugte (Gianlorenzo Bernini, um 1610, Rom, Galleria Borghese). Mit Ziegen und Böcken spielende Putten sind dagegen als Anspielung auf Wollust zu deuten.

Die Ziege gilt als Sinnbild der Genügsamkeit, steht aber auch für Nahrungsspende. Manchmal wird die Ziege, da sie auf hohe Berge klettert, auch mit Christus verglichen, die Berge dementsprechend mit den Aposteln und Propheten. ‣Bock, ‣Bocksbeine

Ziegenfell/Aigis. Es gehört zu den Kleidungsstücken der Göttin Pallas Athene/Minerva.

Zimmermannswerkzeug. Als Berufskennzeichen dient es vor allem dem hl. Joseph von Nazareth als Attribut.

Zirbelnuss (Kiefernzapfen). Sie gehört zum Stadtwappen von Augsburg.

Zirkel. Das Zeichen- und Messgerät ist Berufskennzeichen der Architekten und Baumeister, kommt aber auch bei Bildhauern und Zimmerleuten vor. Als Symbol für Geometrie und die kosmische Ordnung ist der Zirkel dagegen dem Weltenschöpfer beigegeben. Vor allem im Mittelalter kann Gottvater als Baumeister der Welt und als architectus mundi mit Zirkel wiedergegeben werden (Unbekannter Meister, *Gottvater als Architekt*, Miniatur aus einer Bible moralisée aus der Champagne, Mitte 13. Jh., Wien, Nationalbibliothek).

Der Zirkel ist Attribut der Personifikationen der Astronomie, Mathematik, Arithmetik, Geometrie, Architektur und Erdkunde. Auch unter den Kennzeichen der Kardinaltugend *temperantia* ›Mäßigung‹ hat er als Messgerät Eingang gefunden. Auch die Messkunst und die Personifikationen der Idee (nach Bellori), der Theorie (nach Ripa), der Philosophie, des Gesetzes und der Melancholie und der Gott Saturn und die Muse Urania können mit einem Zirkel ausgezeichnet sein.

Die Kombination von Zirkel und Winkelmaß kann als Sinnbild für Kreis und Quadrat auf die Verbindung von Himmel und Erde und Geist und Materie bezogen sein und so die Vollkommenheit veranschaulichen.

Zither/Psalter. Jubal, einer der Nachkommen Kains, gilt im Alten Testament als Stammvater aller Flöten- und Zitherspieler und kommt so als Vertreter der Musik in Darstellungen der Sieben freien Künste vor (1. Mose 4,19–21).

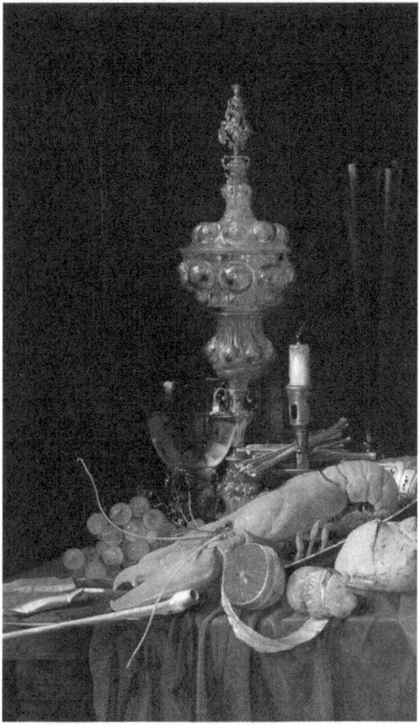

Carstiaen Luyckx: Stillleben mit Prunkpokal und Hummer. Wien, Museum im Schottenstift, um 1660. – Über einem Holztisch mit darüber geworfener brauner Tischdecke sind um einen goldenen Deckelpokal im Zentrum ein mit Wein gefüllter Römer, davor eine Traube, ein Hummer in einer chinesischen Schale und ein Brot angeordnet. Brot und Wein sind als eucharistische Symbole zu deuten, während der Hummer in Analogie zum Krebs wohl als Verweis auf die Auferstehung Christi zu verstehen ist. Die venezianische Sektflöte voll flüchtiger Lichtreflexe, die verlöschende Kerze, die Tonpfeife auf einem Zinnteller und die aufgeschnittene und geschälte **Zitrone** mit ihrer sich ringelnden Schale sind dagegen wie der goldene Pokal Hinweise auf die Vergänglichkeit und Flüchtigkeit von Schönheit und allem Irdischen.

Zitrone. Im antiken Mythos können die Äpfel der Hesperiden auch in der Form von Zitronen wiedergegeben sein. Da sie im Winter blüht und gleichzeitig Früchte, Blüten und grüne Blätter trägt, wurde die Zitrone zum Symbol für Lebenskraft und ewiges Leben und zum Lebenssymbol schlechthin. Der Zitronenbaum gehört auch zu den Bäumen im Paradies und wurde im Judentum öfter mit dem Baum der Erkenntnis in Verbindung gebracht.

Als Mittel gegen Verzauberung, Gift und Pest spielte die Zitrone auch im Brauchtum eine wichtige Rolle und im späten Mittelalter wurde sie als Symbol der Reinheit sogar Maria zugeordnet. Eine halb geschälte Zitrone ist in barocken Stillleben dagegen ein Vanitas-Symbol (Carstiaen Luyckx, *Stillleben mit Prunkpokal und Hummer*, um 1660, Wien, Museum im Schottenstift).

In der Porträtmalerei kann eine Zitrone in der Hand eines Dargestellten darauf verweisen, dass er verwitwet oder bereits selbst verstorben ist. Aber auch als Hinweis auf Wohlhabenheit fand die teure und schwer zu bekommende Zitrone Eingang in Bildnisse (Hans Mielich, *Andreas Ligsalz*, 1540, München, AP).

Zügel. Angelegte Zügel sind Kennzeichen der Kardinaltugend *temperantia* ›Mäßigung‹.

Zunge. Als Sprechwerkzeug ist die Zunge auch zum Sinnbild für Sprache geworden. Feurige Zungen verweisen so beim Pfingstfest auf den Hl. Geist und das Wunder der Xenoglossie, der Kenntnis fremder Sprachen, ohne sie erlernt zu haben. Denn die Apostel wurden anschließend von Menschen der unterschiedlichsten Sprachen verstanden (Apg. 2,5–13).

Eine abgeschnittene Zunge als Zeichen des Martyriums ist das Attribut der hll. Johannes Nepomuk, der das Beichtgeheimnis der böhmischen Königin nicht preisgab, Leodegar, Livinius von Gent, Placidus, Romanus von Antiochia, Paulina und Emmeram von Regensburg, der auch nachdem ihm die Zunge abgeschnitten worden war, noch gepredigt haben soll.

Zweig. Vor allem in der orientalischen Tradition galten grüne Zweige als Ehrerweisung für einen Sieger. Sie sollten ihm Unsterblichkeit bringen.

Bei Jesu Einzug in Jerusalem dienten Zweige der weltlichen Huldigung für Jesus Christus, an die noch heute der Palmsonntag erinnert (Mt. 21; GIOTTO, *Einzug Christi in Jerusalem*, um 1305, Padua, Arenakapelle).

Einen Zweig in der Hand kann auch die Personifikation der Dialektik halten. ▸Ölzweig

Zwerg/Zwergin. Als Urzeitwesen und Naturwesen wurden Zwerge oft als Wissende um geheime Kräfte und Schätze gesehen, so sind sie beliebte Schatzhüter im Märchen. Vor allem in der Renaissance und im Barock wurden Kleinwüchsige dagegen im Gefolge von Fürsten als Hofnarren gehalten (DIEGO VELÁZQUEZ, *Prinz Baltasar Carlos mit dem Hofzwerg Francisco Lescano*, 1631, Boston, Museum of Fine Arts; DERS., *Der Hofzwerg El Primo*, 1644, Madrid, Prado).

Zwetsche ▸Pflaume

Zwiebel. Da die Zwiebel als Nahrungsmittel niederer Schichten angesehen wurde, setzte man sie in der Genremalerei auch zur sozialen Kennzeichnung ein. In entsprechendem Kontext kommt die Zwiebel aber auch positiv als Heilmittel vor. Des Weiteren verwendete man sie als Abwehrzauber gegen böse Geister und Dämonen und als Aphrodisiakum.

Zwillinge. Die bekanntesten Zwillingspaare des Alten Testaments sind Esau und Jakob (1. Mose 25,19 ff.), jene der griechischen Antike Kastor und Pollux, die Dioskuren, sowie Idas und Lynkeus, im alten Rom sind es Romulus und Remus.

Zyklame. Wegen ihrer rotvioletten Farbe konnte die Blüte als Sinnbild für die Schmerzen Mariä eingesetzt werden.

Zypresse. Als langlebiger, immergrüner Baum wurde die Zypresse zum Lebensbaumsymbol und als Zeichen der Unsterblichkeit interpretiert. Aber bereits in der Antike galt die Zypresse auch als Todessymbol, da aus einem abgehauenen Stumpf nichts mehr nachwächst. Weiterhin sagte man ihr nach, dass sie Schaden abwehre. Deshalb war sie ein verbreiteter Bewuchs für Umzäunungen. So wurde die Zypresse sowohl als Verweis auf die Unsterblichkeit als auch als Schutzpflanze und Todessymbol eine beliebte Grab- und Friedhofspflanze. Bis heute gilt sie, daraus folgend, als Totenbaum und Todeszeichen.

Im antiken Mythos ist die Zypresse Attribut von Kronos/ Saturn, Asklepios/Aeskulap und Apoll und von Persephone, Aphrodite/Venus, Hera/Juno, Artemis/Diana und Athene/Minerva. Entstanden sein soll sie aus der Verwandlung des Cyparissus (Ovid, *Metamorphosen* 10,86–147).

Im christlichen Kontext wurde sie dagegen lange Zeit vor allem in Paradiesbildern oder als Paradieshinweis eingesetzt. Sie galt als Symbol Gottes und der Weisheit. Auch der Tugend *pietas* ›Frömmigkeit‹ konnte sie als Attribut zugeordnet sein (Domenico Veneziano, *Martyrium der hl. Lucia*, um 1445, Berlin, Staatliche Gemäldesammlungen).

Nach Picinellis *Mundus Symbolicus* konnte die Zypresse in der Barockzeit sowohl Sinnbild für Gerechtigkeit, Selbstbeherrschung und Abwehr von Übeltätern und Schmeichlern als auch für unfruchtbare Schönheit und Tod sein. Als Sinnbild der Trauer und des Todes blieb sie auch im 19. Jahrhundert gebräuchlich (Arnold Böcklin, *Die Toteninsel I*, 1880, Basel, Kunstmuseum; Vincent van Gogh, *Weizenfeld mit Zypresse*, 1889, London, National Gallery).

Register

Im Register sind die Namen der Heiligen, biblischen und mythologischen Gestalten und Personifikationen mit Verweisen auf ihre wichtigsten Attribute und Kennzeichen erfasst. In Hinblick auf die Benutzbarkeit sind die Einträge zu Jesus, Passion, Auferstehung, Maria, Jungfräulichkeit, Unsterblichkeit, Tod, Teufel, Sünde, das Böse und das Gute wegen ihrer zu großen Fülle nicht berücksichtigt worden. Eigene Artikel gibt es jedoch zu Arma Christi, Dreifaltigkeitssymbolen, Mariensymbolen und Teufel. Ebenfalls unter eigenen Stichworten sind zu finden Erdteile, Farben, Jahreszeiten, Lebensalter, Sibyllen, Sieben freie Künste (s. Künste) und Künste, Temperamente und Zahlen. Tugenden und Laster werden über ihre Eintragung unter dem Stichwort hinaus auch im Register berücksichtigt. Die antiken Götternamen sind unter ihrer römischen Bezeichnung aufgeführt, Personifikationen in der Regel unter dem deutschen Begriff. Ausnahmen bilden hier Caritas, Ecclesia, Fortuna und Vanitas.

Aaron 17, 402, 447
Abbakyros 359
Abbo 43, 242, 350, 451
Abdias 209
Abraham 282, 315, 450
Abundius 188
abundantia → Überfluss
acedia → Trägheit
Achatius 64, 84, 85, 237
Adalbert 22, 255, 349, 386, 424
Adam und Eva 18, 24, 58, 126, 128, 173, 295, 326, 359, 369, 394
Adelaide 68, 363
Adelgundis 105, 244, 419
Adelheid 218
Adelheid von Vilich 218
Adelphus 88, 218
Adelrich 373
adolescentia → Jugend
Adonis 23, 91, 321, 452
Adrian 31, 52, 161, 176, 178, 269, 364, 386
adulatria → Kriecherei
Ägidius 66, 189, 321
Ämilian 452
Aeskulap 25, 174, 400, 472
Äskulapstab 400
Afra 131, 135, 136, 192, 341, 355, 357, 361, 414
Agapitus 263, 269
Agatha 71, 116, 183, 214, 361, 371, 378, 379, 415, 465
Agilolf 119
Agnes 65, 77, 131, 171, 253, 265, 318, 345, 349, 438
Agricolus 413
Ajax 297, 388
Aktäon 187, 195, 203, 321
Alanus a Rupe 349, 401
Alban von Mainz 182
Albert 68, 181, 282, 386, 389
Albertus Magnus 310, 377
Albertus Siculus 265, 425
Aldebrand 439
Aldegundis 214, 371
Alexander 31
Alexius 54, 55, 66, 291, 402, 417, 431
Alfons 287, 349
Aloysius 158, 242, 245, 265, 310, 349, 359
Alto 212, 352
Amabilis 131, 278
Amalberga 391
Amandus 370
Amantius 163
Amarandus 352
Amatus 189

Ambrosius 57, 58, 105, 158, 217, 218, 377, 401, 450
amicitia → Freundschaft
Amicus 51
Amor 43, 56, 62, 81, 116, 139, 179, 192, 315, 321, 374, 402, 420
Amos 253, 331
Anastasia 71, 131, 136, 215
Anastásius 52
Anatolia 370
Andreas 37, 131, 134, 234, 237, 300, 377, 414
Andreas Avellinus 30
Angela 81, 265, 425
Angela Merici 277
Angelus 83, 182, 282, 312, 347, 352
Anianus 419
Anna 73, 265
Anno 218
Ansanus 201
Anselm 377
Anthelmus 254
Antilia 404
Antiochus 283
Antonin von Florenz 55
Antonina 381
Antoninus Pierozzi 441
Antonius d. Gr. 44, 68, 88, 131, 136, 161, 234, 237, 383, 401
Antonius von Padua 73, 77, 112, 135, 136, 185, 194, 202, 244, 265, 287, 310
Antonius von Rivoli 223, 227, 408
Apelles 31, 176
Aphrodisius 208
Aphrodite → Venus
Apoll 72, 94, 116, 174, 231, 258, 270, 271, 272, 321, 325, 393, 442, 472
Apollinaris 24, 216, 335
Apollonia 64, 136, 176, 281, 465
Apostel 31, 37, 55 f., 60, 67, 73, 102, 111, 121, 124, 127, 134 f., 146, 161, 163, 168, 177, 183 f., 217, 223, 234–236, 249, 252 f., 255, 277, 279, 282 f., 285, 287, 300, 306, 321, 323, 330 f., 334, 345, 352, 355, 357, 360, 362, 370, 372 f., 377, 379, 386, 401–403, 408, 414, 421, 427, 441, 443, 454, 464, 468, 470
Aquilinus 83
Arachne 399, 444
Architektur 50
Ares → Mars
Arglist 25
Argwohn 175, 370
Ariadne 241
Arion 81, 258, 271
Aristeus 131
Armut 407
Arnulf von Metz 134, 345, 350, 447
Arnulf von Soissons 350
Arsatius 370
Artemis → Diana
Ascher 315
Asklepios → Aeskulap
Astrologie 22, 40, 141, 161, 410
astus → Arglist
Athanasius 363
Athena → Minerva
Atlas 187
Atropos 361
Aubertus 112
audacia → Kühnheit
Augusta 337, 361
Augustinus 22, 105, 185, 217, 218, 266, 310, 321, 377
Aurea 288
Aurora 62, 116, 139, 371
avaritia → Geiz
Aventin 47
Avia 69

Babylas 215
Bacchus 50, 63, 92, 126, 145, 193, 231, 244, 260, 267, 271, 312, 315, 426, 427, 432, 447, 448
Balbina 215, 467
Baldomerus 176, 465
Barbara 71, 130, 194, 209, 211, 318, 386, 414, 435
Barbatian 211
Barlaam 88, 280

Barmherzigkeit 231
Barnabas 306, 408
Bartholomäus 37, 49, 81, 163, 183, 282
Basilius 419
Bathseba 45, 65
Baudilius 52
Bavo 50, 55, 119, 386, 407, 443, 467
Beatus 88, 349
Begga 218
Beharrlichkeit 184, 188, 243, 268, 328, 412, 434
Bellerophon 324
Benedikt 50, 211, 247, 310, 335, 351, 370, 377, 391, 401
Benedikta 52, 158
benignitas → Güte
Benignus 211, 216, 255, 327
Benjamin 315
Benno 135, 218, 373
Beredsamkeit 185
Bernardo Tolomei 260, 306
Bernardus 408
Bernhard 57, 58, 73, 81, 196, 225, 244, 282, 310, 337, 343, 401, 443
Bernhard von Aosta 81, 435
Bernhard von Baden 242, 350
Bernhardin 78, 201, 225, 310, 393, 404, 419
Bernward 31, 176, 237
Berthold 134, 265, 345
Berthulf 363
Bertin 126, 363
Beständigkeit 328, 355, 385
Betrübnis 176, 240
Betrug 25, 137, 145, 159, 257
Bibiana 83, 283, 351, 355
Bileam 110
Birgitta 73, 78, 185, 215, 244, 277, 377, 401, 402
Blandina 300, 349, 412
Blasius 60, 193, 208, 214, 339, 383, 404, 427
Bona 62
Bonaventura 105, 201, 225, 238, 244, 287, 310, 349
Bonifatius 51, 71, 73, 83, 93, 158, 163, 216, 335, 386, 401, 448
bonitas → Güte
Botvid 52
Brandanus 363
Brendan 134, 215
Brictius 24, 217, 449
Brigida 24, 248, 254, 278
Briocus 55
Brocardus 63
Bruno 105, 218, 224, 244, 247, 306, 359, 408
Buße 158, 238

Cadoc 210
Cäcilia 120, 156, 232, 254, 258, 265, 272, 292, 310, 348, 386, 414, 456
Caesar Baronius 377
calumnia → Verleumdung
Calixtus 71
Cambyses 183
Candida 232, 254
caritas 55, 68, 72, 135, 185, 217, 253, 268, 306, 316, 360, 412, 433
Casilda 71, 348
castitas → Keuschheit
Castor 452
Ceres 18, 24, 116, 145, 149, 165, 174, 231, 241, 280, 314, 326, 372, 390, 412, 435
Charitina 465
Charon 362
Chlodoald 467
Christina 71, 136, 175, 288, 321, 349, 370, 406, 465
Christophorus 50, 198, 255, 288, 312, 349, 402, 406
Chronos → Tempus
Chrysanthus 116, 232, 269
Chrysogonus 322
Cimon 72, 412
Clarus 377
Claudius 215, 238, 259
Clemens 71, 88, 253
clementia → Mildtätigkeit
Coelestinus V. 242

Colette 253, 261
Columba 361
Columban 419, 452
concordia → Eintracht
confisio → Vertrauen
constantia → Beständigkeit
contumacia → Trotz
Cordula 255
Cornelius 167, 193, 303
Corona 312, 361
crapula → Schlemmerei
Crispin und Crispinianus 27, 176, 282, 288, 327, 380, 386, 465
Crispinus 54, 288
Cuthbert 22, 382
Cyparissus 472
Cyprian 386, 424
Cyra 417
Cyriacus 88, 237, 295f., 424
Cyrikus 352
Cyrillus 415
Cyrus 295

Dagobert 255, 296
Damasus I. 345
Damian 38, 75, 155, 208, 283, 321, 359, 465
Dan 315
Danae 288
Daniel 269, 335, 450
Dankbarkeit 240, 413
Daphne 270
Daphnis 138, 190
Daria 269
David 271, 372, 385
Demeter → Ceres
Demetrius 255, 322, 350, 364
Demut 167, 238, 253, 260, 300, 344, 365, 419, 433, 466
desiderium → Sehnsucht
Desiderius 414
Deukalion 406
Dialektik 46
Diana 45, 116, 187, 188, 189, 195, 203, 260, 286, 321, 382, 452, 472
Diego 55, 77, 265, 348
dignitas → Würde
Dionysius 182, 215, 456
Dionysos → Bacchus
discordia → Zwietracht
discretio → Fähigkeit der Unterscheidung
Dismas 215, 216, 237
divina sapientia → göttliche Weisheit
dolor → Betrübnis
Dominikus 73, 116, 136, 196, 198, 218, 244, 260, 265, 310, 349, 408
Dominikus von Calciata 155
Donatian 189, 215, 337
Donatus 24, 61, 149, 161
Dorothea 37, 63, 108, 217, 219, 229, 232, 319, 348
Dummheit 113
Dunstan 31, 176, 419, 465
Dymphna 425

ecclesia 43, 74, 119, 211, 237, 243, 372, 381, 423 → Kirche
Echianus 326
Edigna 50, 174, 266, 467
Edmund 217, 289, 321
Eduard 50, 83, 119, 211, 345, 370, 467
Ehe 205, 344
Eifersucht 175, 400
Eintracht 166, 185, 305, 419, 433
Eitelkeit → *vanitas*
Eleutherius 88, 218
Elia 172, 243
Eligius 31, 163, 176, 194, 211, 289, 296, 323, 329, 465
Elisa 47
Elisabeth von Thüringen 44, 55, 68, 134, 208, 209, 218, 229, 242, 244, 266, 348, 359, 360, 379
Elisabeth von Portugal 68, 242, 348
Elisabeth von Reute 85, 106, 158, 194, 244, 456
eloquentia → Redegewandtheit
Emerentiana 408
Emerich 265, 350

Emerita 192
Emidius 404
Emmeram 161, 260, 470
Englmar 52
Eos → Aurora
Ephraim 248
Erasmus 95, 215, 327, 349, 363, 453
Erato 272, 294
Erentrudis 218, 242
Erhard 51, 173
Erik 350
Erinnyen 116, 156, 172
Ernst 95, 147, 161, 178, 351, 386
Eros → Amor
Eskil 408
Eucharius 88, 182, 424
Eugenia 68, 321
Eulalia 237, 306, 419
Eulogius 158
Euphemia 265, 269, 306, 337, 352, 386, 396
Euphrosina 232
Eusebius 215, 390
Eustachius 119, 189, 193, 196, 322, 412
Euterpe 138
Eutherius 119
Eutropia 116
Eva → Adam und Eva
Ewald 216
exilium → Verbannung
Exuperantius 182, 350

Fabian 419
Fähigkeit der Unterscheidung 207
Falschheit 240, 279
Faulheit → Trägheit
falsitas → Falschheit
fama → Ruhm
Faunus 138
Fausta 215, 296, 352
Feigheit 181, 257, 376
Felicissimus 63
Felicitas 182, 217
felicitas → Glück
Felix 63, 182
Felix Presbyter 302
Felix von Cantalice 54, 77
Felix von Nicosia 54
Felix von Valois 155, 178, 189
Ferdinand 373
Ferreolus 158, 296, 351
Ferrutius 351
Fiacrius 61, 160, 395, 456
Fidelis 216
fidelitas → Treue
Fides 178, 215, 349
fides → Glaube, → Treue
Filippo Benizzi 242
Filippo Neri 265, 349
Fina 62, 280, 337, 404
Findanus 419
Firminus 158, 182, 242, 351, 414
Flavia 348
Flora 231
Florens 47
Florentinus 350
Florentius 111, 278, 363
Florian 65, 95, 119, 131, 183, 244, 288, 364, 406, 444
Florinus 209
fortezza → Stärke
fortitudo → Stärke, → Tapferkeit
fortuna 43, 141, 145, 248, 337, 363, 407, 410
Fortuna → *fortuna*
Fortunatus 182
Francesca Romana 106, 229, 287
Franz Borgia 225, 242, 287, 359
Franz von Assisi 44, 106, 218, 244, 253, 277, 310, 359, 389, 439, 454
Franz von Paula 106, 158, 278, 359
Franz von Sales 185, 247
Franz Xaver 136, 185, 244, 265, 310, 359
Franziskus von Assisi 277, 456
Franziskus von Fabriano 392
fraus → Betrug
Freigebigkeit 22, 145, 175, 289, 370
Freiheit 210
Freundschaft 196
Frideswinde 61, 303

Fridolin 259, 392, 430
Friede 305, 419
Friedrich 62, 386
Frömmigkeit 141, 145, 434, 472
Fronto 178
Fruktuosus 131, 361

Gabriel 132, 378, 401
Gad 315
Gaia → Tellus
Gallus 47, 174
Galmier 31
Gamelbertus 373
Ganymed 20, 209
Gaudens 182, 218
Gaudericus 24
Gebhard 359, 401
Geduld 176, 205, 253, 303, 313, 344, 434
Gefräßigkeit 22, 319, 414, 452
Gehorsam 133, 207, 434
Geiz 25, 55, 80, 135, 145, 239, 256, 280, 289, 336, 454
gelosia → Eifersucht
Geminianus 218, 404
Genesius 208, 279
Genovefa 106, 189, 209, 215, 373, 399, 401, 425
Gentius 303, 326
Geometrie 22
Georg 88, 119, 255, 322, 337, 350, 364, 370
Gerasimus 269
Gerechtigkeit 22, 43, 74, 108, 230, 243, 248, 263, 268, 312, 328, 351, 356, 381, 385, 414, 433, 441, 453
Gereon 28, 119, 237, 350, 364
Gerhard 185, 379
Germanus 111, 215, 247, 370
Gerold 47, 451
Gertrud 50, 265, 280, 329, 337, 363, 399, 400
Gertrud von Helfta 185, 244, 310
Gervasius 158
Geslenus 22
Gewaltherrschaft 240
Gideon 128, 450
Glaube 89, 135, 159, 185, 196, 211, 214, 218, 225, 237, 238, 243, 260, 261, 345, 364, 372, 391, 432
Glück 145
Goar 189, 211, 218, 225, 278, 424, 429
Godehard 218
Godeleva 371
göttliche Vorsehung 42, 145, 467
göttliche Weisheit 175, 185, 225, 242
Gorgonius 349
Gottesfurcht 98
Gottfried 85, 173, 196, 237
Gotthard/Godehard 278
gratitudo → Dankbarkeit
Gratus 448
Grazien 416
Gregor 30, 106, 218, 225, 242, 359, 377, 401, 419
Gregor von Tours 134
Gregorius Maurus 119, 285
Großherzigkeit 268, 289
Gudula 60, 106, 215, 257, 425
Günther 389
Güte 433
Guido 303, 322
gula → Gefräßigkeit, → Völlerei
Gumpertus 218
Gundelinde 232
Gunhilde 248
Gunthildis 126, 209

Habakuk 228, 331, 429
Habsucht → Geiz
Hades → Pluto
haeresia → Irrglaube
Häresie 177
Haggai 331
Halvard 288
Hedwig 68, 218, 242, 380
Heinrich Apostel Finnlands 223
Heinrich II. 218, 242, 247, 265, 270, 467
Heinrich IV. von England 189
Heinrich Seuse 185, 196, 201, 232
Heinrich von Ebrantshausen 162

Helena 201, 202, 218, 237, 238, 295
Helene von Forêt 39
Helerius 363
Helios 325
Hemma 55, 218, 226, 345, 348
Hephaistos → Vulkan
Hera → Juno
Herakles → Herkules
Heraklius 237
heresia → Irrglaube
Heribald 303
Heribertus 218
Herkulanus 282
Herkules 91, 187, 199, 216, 267, 269, 321, 350, 367, 399, 445, 452
Hermann Joseph 212, 265, 282, 348, 373
Hermeland 248
Hermenegild 52
Hermes → Merkur
Hermogenes 215
Hermolaos 359
Herväus 143, 454
Hestia → Vesta
Hesekiel 331
Heuchelei 240
Hieron 119
Hieronymus 66, 106, 158, 218, 225, 244, 268, 357, 359, 370, 377, 392, 407, 429
Hilarion 88, 111
Hilarius 370, 377, 419
Hildebert 278
Hildegard 66, 136, 377, 419
Hildegund 208
Himerius 167
Hiob 44
Hippolytus 208, 223, 323, 350, 373, 412, 414
Hochmut 22, 126, 172, 214, 239, 256, 299, 315, 319, 323, 375, 396, 452
Hoffart 466
Hoffnung 35, 57, 58, 119, 145, 224, 238, 243, 248, 250, 328, 363, 390, 395, 419, 432, 440
Homobonus 55, 361
Honoratus 370
Honorius 68, 134, 211
Hormisdas 208
Hosea 331
Hubertus 119, 160, 189, 193, 196, 322, 350, 373
Hugo von Grenoble 382, 410
Hugo von Lincoln 212, 382
humilitas → Demut
Hurerei 370
Hyakinthos → Hyazinth
Hyazinth 83, 199, 278, 287
hypocrisia → Heuchelei

Ida 244
Ida von Herzfeld 189
Ida von Löwen 77, 456
Ida von Toggenburg 189, 336, 392
idolatria → Unglaube
Ignatius 79, 88, 136, 185, 201, 310, 350
ignavia → Feigheit
Ikaros 139
inconstantia → Unbeständigkeit
infidelitas → Unglaube
Ingratia 295
iniustitia → Ungerechtigkeit
innocentia → Unschuld
intellectus → Verstand
invidia → Neid
Io 248, 455
ira → Zorn
Irene 75, 136, 155, 306
Irene von Portugal 83
Irene von Thessaloniki 361
Iris 139, 340
Irmengard 242
Irrglaube 135, 370
Isaak 315, 449
Isabella 265
Isidor 24, 90, 106, 149, 173, 186, 326, 349, 389, 390, 395, 412
Issachar 315
iustitia → Gerechtigkeit
Iwan 189

Jabal 18
Jael 296, 318
Jakob 260, 315
Jakobus der Ältere 37, 217, 223, 225, 238, 260, 291, 323, 350, 386, 402, 417
Jakobus der Jüngere 37, 216, 443
Jakobus maior → Jakobus der Ältere
Jakobus minor → Jakobus der Jüngere
Jakobus der Zerschnittene 178
Jakobus von der Mark 79
Jakobus von Tarentaise 326
Januarius 32, 63, 136
Janus 84, 159, 430
Jason 127, 312
Jeanne d'Arc 119, 131, 270, 350, 386, 399
Jeremia 331
Jesaja 331
Joachim 253
Jodokus 349, 402
Joel 145, 331
Johann der Almosengeber 55
Johanna von Chantal 185
Johanna von Orléans → Jeanne d'Arc
Johanna von Portugal 242
Johannes Chrysogonus 255
Johannes Chrysostomus 57, 58, 172
Johannes Damaszenus 178
Johannes der Evangelist 20, 114, 126, 211, 215, 223, 270, 370, 377, 422
Johannes der Täufer 17, 37, 57, 94, 128, 132, 172, 223, 245, 253, 257, 291, 378, 401, 450
Johannes Gualbertus 244
Johannes intercisus 161
Johannes Nepomuk 35, 69, 106, 134, 232, 244, 343, 363, 391, 410, 444, 470
Johannes vom Kreuz 77, 215, 244, 310
Johannes von Alexandrien 359
Johannes von Capestrano 79, 119, 201, 227, 408
Johannes von Gott 55, 77, 85, 166, 230, 244
Johannes von Matha 155, 178, 189, 215, 237
Jona 133, 258, 331, 443
Josef 315
Josef von Leonessa 148
Joseph von Arimathia 86, 155, 227, 238, 295, 360, 465
Joseph von Nazareth 51, 61, 64, 77, 214, 254, 265, 280, 351, 352, 468
Joseph von Ägypten 222
Jubal 138, 292, 468
Juda 315
Judas Ischariot 37, 55, 95, 249, 289
Judas Thaddäus 37, 52, 184, 216, 237, 255, 454
Judith 55, 182, 385
Jugend 231
Julian 194, 363
Juliana 81, 158, 287, 425
Julianus 119
Julianus Hospitator 119, 349, 386
Julitta 217, 352
Juno 41, 165, 205, 241, 244, 318, 361, 472
Jupiter 20, 61, 84, 164, 165, 245, 247, 288, 315, 411, 442, 455, 467
Justa 163
Justina 83, 359, 386, 424
Justinus 215
Justus 182
Justus Africanus 285

Kain 18, 24, 149, 206, 326
Kajetan 24, 77, 145, 185, 265, 306, 359, 439
Kalixtus → Calixtus
Kalliope 272
Kallisto 46
Kallistratos 81
Kandidus 350
Karl 377
Karl Borromäus 244, 321, 343, 359, 414, 419
Karl der Große 178, 218, 247, 467
Kasimir 467
Kassian 377

Kassius 350
Kastor 363
Kastor von Koblenz 218
Kastulus 395
Kastulus und Vitalis 164
Katharina von Alexandria 61, 65, 73, 106, 182, 205, 337, 242, 345, 386, 419, 438
Katharina von Racconigi 237, 456
Katharina von Schweden 189, 254, 265
Katharina von Siena 65, 85, 185, 215, 244, 265, 277, 310, 345, 349, 359, 438, 456
Keuschheit 96, 98, 158, 265, 312, 328, 356, 370, 372, 383, 419, 433
Kilian 83
Kirche → *ecclesia*
Kirke 312
Klara 185, 193, 244, 254, 257, 265, 287, 441
Klemens 35, 288
Klemens I. → Clemens
Kleopatra 367
Klio 72, 330, 378, 429, 432
Klothilde 218
Klotho 399
Klugheit 55, 74, 116, 159, 184, 188, 224, 289, 358, 370, 391, 396, 402, 433
Klytia 394
Knechtschaft 205, 407
Knud 232, 255
Koloman 255, 351, 402, 414, 465
Kolumba 47, 319
Kolumban 47, 230, 329
Konrad 136, 189, 211, 212, 400
Konstantin 119, 201, 237, 247, 323
Kontigern 326
Korbinian 47, 218
Kordula 321, 363
Kornelius → Cornelius
Korona 163
Kosmas 38, 75, 155, 208, 283, 321, 359
Kosmas und Damian 136, 436, 465
Kriecherei 240
Kronos → Saturn
Kühnheit 355
Kunibert 218, 419
Kunigunde 146, 218, 237, 242, 326, 379
Kybele 267, 312, 326, 372
Kyrill 419

Ladislaus 349
Lambert 47, 52, 83, 182, 189, 244, 254, 255, 321, 350, 386
Landricus 282
largitas → Freigebigkeit
lascivia → Lüsterneheit
Latona 143
Laurentius 55, 73, 131, 163, 270, 289, 349, 361, 377, 447
Lazarus 196, 363
Leander 401
Leda 93, 381
Leocadia 435
Leodegar 64, 386, 470
Leonhard 155, 178, 194, 215, 248, 303, 323, 401
Leopold 119, 218, 364
Leto → Latona
Levi 315
Liberalis 404
liberalitas → Freigebigkeit
libertas → Freiheit
Liborius 318, 407
Licerius 64
Lidwina 232, 348
Liebe → *caritas*
Lioba 162
Livarius 182
Livinius von Gent 470
Livinus 465
Longinus 255, 323, 364
Lorenzo Giustiniani 238
Lucia 42, 61, 83, 215, 254, 360, 379, 386
Lucianus 182
Lucifer 116
Lucilla 254
Lucina 286

Lucretia 385
Ludgerus 218
Ludmilla 371, 414
Ludwig 86, 238, 247
Ludwig Bertrand 211, 244, 310, 329, 360, 370
Ludwig IX. der Heilige 242, 243, 265, 270, 296, 345, 364, 467, 439
Ludwig von Toulouse 126, 242, 401
Lüfthildis 232, 399
Lüsternheit 451
Luitgard 185, 232, 244, 349
Lukas 38, 114, 273, 276, 283, 311, 359, 377, 404, 412, 422
Lukian 81
Lupus 88, 455
Lutger 382
luxuria → Wollust

Macht 74
Macra 71
Mäßigung 22, 67, 98, 116, 135, 155, 207, 244, 253, 268, 283, 357, 359, 385, 419, 433, 436, 444, 448, 453, 468, 470
magnanimitas → Großherzigkeit
Magnus 47, 88, 370
Majolus 242
Makarios 54, 137, 198, 208, 260, 401
Makluvius 134
Malechi 331
Mamertus 95
Mammas 89, 189
Mammet 427
Mangold 88
mansuetudo → Sanftmut
Marcellinus 83
Marciana 61, 260
Margareta 88, 116, 208, 237, 399, 424
Margareta von Cortona 158, 196, 215, 359, 407
Margareta von Ungarn 265, 456
Maria Ägyptiaca 237
Maria Kleophas 155, 447
Maria Maddalena dei Pazzi 85, 185, 265, 456, 158
Maria Magdalena 63, 75, 106, 120, 128, 155, 172, 244, 258, 304, 357, 359, 375, 447
Maria Salome 75, 155, 447
Maria von Ägypten 172
Marina 217
Marina von Orense 232
Marinus 176, 280
Marius 178
Markus 114, 269, 377, 422
Mars 51, 90, 117, 156, 174, 184, 195, 254, 315, 321, 331, 350, 364, 385, 432, 442, 449, 454
Marsyas 138, 281
Martha 53, 88, 209, 266, 373, 378, 379, 447
Martin 44, 55, 149, 181, 196, 218, 221, 277, 323, 329, 350, 386
Martin von Porres 69, 280
Martina 263, 361, 465
Martinian 81
Maternus 194, 218, 225
Mathilde 55
Mathurin 215, 351
matrimonium → Ehe
Matthäus 37, 52, 56, 106, 114, 184, 217, 283, 289, 377, 386, 422, 441, 458
Matthias 37, 52, 184, 237, 255, 408
Maurilies 373
Mauritius 119, 255, 285, 350, 364
Maurus 244, 364, 401, 424, 441
Maximin 47
Mechthild 441
Medardus 22, 185
Medusa 172
Meinhold 189
Meinrad 209, 211, 215, 216, 336, 456
Meinulf 189
Melar 178
Melchisedek 67, 68, 211, 447
Meleager 91, 452
Meleagros → Meleager
Melpomene 216, 279, 301
Menas 208, 401
Merchedach 402

Merkur 55, 66, 76, 139, 141, 165, 174, 224, 401, 449
Merkurius 182, 255, 323
Micha 217, 331
Michael 86, 119, 153, 255, 350, 385, 441
Midas 110, 306
Milax 18, 240
Mildtätigkeit 55, 268, 305
Minas 237
Minerva 72, 113, 164, 174, 184, 210, 254, 304, 364, 468, 472
Minias 182
Mirjam 416
misericordia → Barmherzigkeit, → Mitleid
Mitleid 289
Modestus 363
Moiren → Parzen
Monika 168, 237
Morandus 282, 402
Mose 84, 159, 193, 206, 228, 402, 415
Mungo 345
Murandus 448
Myrsine 293

Nacht 113, 116, 137, 218, 285
Nächstenliebe → *caritas*
Naftali 315
Nahum 331
Narcissus 296
Narzissus 88, 137
necessitas → Notwendigkeit
Neid 43, 55, 83, 95, 116, 137, 185, 256, 370, 403
Nektarius 363
Nemesis 36, 139, 279, 385, 441
Neptun 23, 33, 81, 89, 179, 231, 281, 315, 322, 325, 341, 350
Nereus 386
Nikasius 182, 280
Nike → Victoria
Nikodemus 75, 155, 227, 295
Nikolaus 35, 37, 56, 65, 69, 155, 163, 217, 222, 245, 247, 346, 363
Nikolaus von der Flühe 364
Nikolaus von Palea 351
Nikolaus von Tolentino 68, 229, 244, 265, 310, 321, 339, 360, 393, 408, 439
Nikomedes 216
Nilus 254
Niobe 241
Noah 362, 417
nobilitas → Adel
Norbert 212, 265, 287, 350, 400, 424
Notburga 24, 39, 149, 161, 215, 244, 339, 370, 373, 389, 390, 430
Notburga von Bühl 217
Notburga von Hochhausen 189
Notwendigkeit 176

Obadja 209, 331
obligatio → Verpflichtung
oboedientia → Gehorsam
Oceanus 173, 280, 343, 349
Oda 439
Okeanos → Oceanus
Olaf 83, 88, 184, 195, 260, 329, 467
Oldegar 181
Oliva 306
Omer 448
Onuphrius 60, 106, 172, 194, 211, 215
Opportuna 229
Oranna 306
oratio → Beredsamkeit
Orpheus 258, 271, 312
Oswald 24, 66, 189, 193, 329, 335, 345, 379
Otmar 126
Ottilie 42, 211, 346, 360, 379
Otto 321, 420

Pan 63, 64, 127, 137, 190, 193, 231, 271, 290, 315, 365, 400
Pankratius 350, 386
Pantaleon 75, 136, 155, 158, 283, 295, 327, 351, 359, 436
Paphnutius 237

Paraskeva 237
Paris 138, 190
Parzen 117, 378, 441
Pasqual Baylon 194, 215, 287
Paternus 215, 370
patientia → Geduld
Patricius 215
Patrick 219, 237, 248, 253, 370
Patroklus 119
Paul Aurelian 383
Paulina 470
Paulus 31, 38, 60, 223, 270, 323, 386, 401
Paulus Eremita 58, 60
paupertas → Armut
Pax 305
pax → Friede
Pedro Claver 285
Pegasus 139,324
Pelagia 279, 306, 361, 412, 447
Penelope 444
Pero 72, 412
Perpetua 248
Persephone 174, 472 → Proserpina
Perseus 86, 141, 164, 182, 224, 384
perseverantia → Beharrlichkeit
Petronilla 53, 373
Petronius 218, 404
Petrus 38, 134, 174, 225, 237, 242, 345, 363, 372, 401, 419
Petrus Canisius 61, 176, 196, 244, 378
Petrus Coelestin V. 404
Petrus Damiani 88, 106, 225, 244, 359
Petrus Gonzales 35, 116, 363
Petrus Igneus 131
Petrus Martyr 83, 173, 182, 244, 265, 270, 282, 310, 352, 386, 456
Petrus Nolascus 306
Petrus von Alcántara 378
Phaeton 325, 393, 442
Pharahildis 406
Philibert 454
Philipp Jeningen 218, 402
Philippus 38, 163, 236, 237, 360, 370, 373, 401, 408
Philippus Benitius 242, 357, 401
Philomena 35, 265, 321
Phokas 370, 395
pietas → Frömmigkeit
Pippin 441
Pirmin 143, 370
Placidus 35, 182, 216, 218, 223, 296, 327, 470
Plantilla 371
Pluto 142, 145, 325, 372
poenitentia → Buße, → Reue
Polyhymnia 18, 72, 76, 378
Polykarp 131, 361, 419
Polyphem 41, 138, 343
Pomona 145
Poseidon → Neptun
Potentian 178
potestas → Macht
Praxedis 155, 381
Primus 66
Prisca 22, 208, 269, 351
Prokopius 83, 158, 189, 425
Prometheus 20
Prosdokimos 154
Proserpina 165
Protasius 158
providentia → göttliche Vorsehung
prudentia → Klugheit
Psyche 374
Pudenziana 254, 381

Quattuor Coronati 176, 242, 280, 281
Quentinus 215
Quiriacus 237, 238
Quirin von Tegernsee 71
Quirinus 119, 247, 352, 364
Quirinus von Malmedy 182
Quirinus von Siscia 288

Radegundis 75, 95, 208, 209, 215, 265, 455
Raimund 278, 440
Rainer 260

Raingarde 53
rapacitas → Raubgier
Raphael 154, 291, 416
Raubgier 454
Rea 280
Redegewandtheit 313, 407
Regina 237, 419
Regula 182
Regulus 143
Reinald 176
religio → Gottesfurcht, → Religion
Religion 238, 372, 413
Remedius 47
Remigius 126, 154, 419, 420
Reparata 282, 419, 453
Reue 176
Richardis 47, 327
Rita 57, 84, 242, 348, 456
Robert 108, 247, 345
Rochus 55, 106, 196, 225, 291, 317, 349, 402, 417, 456
Roland 193, 351
Romanus 182, 370, 470
Romuald 260, 359, 401
Ronan 401
Rosa 35, 65, 77, 85, 232, 265, 348, 349
Rosa von Viterbo 232, 348
Rosalia 348
Rosina 237, 386
Ruben 315
Rufina 163
Rufinus 306
Ruhm 141, 305, 330, 332, 432
Rumbold 389
Rupert 52, 245, 351, 357, 401, 414

Sabina 66
Sabinus 178
Sacharja 331
Salome 182, 378, 416
Salome von Niederalteich 55
Salomo 216
Samuel 447
Sanftmut 253, 434
sapientia → Weisheit
sapientia divina → göttliche Weisheit
Saturn 139, 229, 243, 343, 357, 367, 372, 389, 390, 408, 468, 472
Saturnin 412
Schicksal → *Fortuna*
Schlaf 116, 141, 218, 283
Schlemmerei 383
Scholastika 185, 310, 401
Sebaldus 218, 225, 242, 291, 303, 402, 417
Sebastian 64, 223, 321, 355
Sebulon 315
securitas → Sicherheit
Sehnsucht 141, 185, 188
Sekundus 323
Semiramis 65
Seraphin 439
Sergej 47, 427
Servatius 88, 373, 380
servitus → Knechtschaft
Severin 218, 401, 402
Severus 295, 419
Sicherheit 355
Siegfried 65
Sigibert 218
Sigismund 71, 218, 247, 467
Silvester 88, 225, 242, 291, 303, 370, 401, 412, 420
Silvinus 229, 406
Simeon 315
Simeon Stylites 355, 370
Simon von Trient 63
Simon Zelotes 38, 52, 223, 255, 269, 352
Simpert 454
Simson 171, 354, 361
Sindbert 217
Sisymus 370
Sisyphos 128, 406
Sithwell 389
Sixtus II. 56, 163, 361
Smilax → Milax
Solange 399, 401
Sophia 66, 225, 242
sophia → göttliche Weisheit
spes → Hoffnung

Stärke 350
Stanislaus 22, 106, 430
Stanislaus Kostka 77, 244, 265
Stanislaus von Krakau 165, 259
Stephan von Ungarn 237, 467
Stephanus 73, 408, 447
stultitia → Torheit
Suitbert 410
superbia → Hochmut, → Hoffart
Susanna 45, 253
suspicio → Argwohn
Symphorosa 217
Synagoge 17, 43, 55, 112, 119, 159, 211, 221, 242, 255, 261, 383, 392, 415, 450
Syrinx 137
Syrus 68

Tapferkeit 31, 119, 176, 184, 216, 250, 255, 268, 330, 348, 350, 355, 364, 385, 433, 442, 467
Tellus 412
temperantia → Mäßigung
Tempus 139, 357, 367, 389, 390
Terpsichore 258, 272, 431
Thaddäus → Judas Thaddäus
Thalia 92, 279, 403, 467
Thekla 47, 131, 136, 247, 269, 343, 355, 361, 370
Theobald 120, 329
Theodor 88, 116, 240, 255, 323, 361, 364
Theodotus 116
Theodul 162, 176, 401, 425, 448
theologia → Theologie
Theologie 159
Theonestus 182
Theophilus 66, 425
Theopompus 182
Theresa 40, 106, 185, 215, 277, 310, 321, 399, 419
Therese von Lisieux 237, 348
Thiemo 95
Thomas 38, 255, 321, 415, 454
Thomas Beckett 31, 52, 182, 216, 282, 386
Thomas Morus 215
Thomas von Aquin 73, 211, 215, 218, 225, 226, 265, 287, 310, 378, 393, 407, 408, 419
Thomas von Gubbio 205
Thomas von Villanova 55, 56, 289
Thyro 361
Tityos 155, 343
Tobias 133, 195
Torheit 112, 135, 216, 257
Trägheit 25, 112, 135, 207, 256, 303, 364, 366, 376, 414
Traurigkeit 336
Treue 196, 344, 355, 372
tribulatio → Betrübnis
tristitia → Traurigkeit
Trotz 257
Trudbert 52
Tubalkain 31, 375
Tugdual 137, 242
Tugend 331
tyrannis → Gewaltherrschaft

Überfluss 25, 145, 231
Ulphia (Wulfia) 143, 240
Ulrich 134, 222, 337, 360
Unbeständigkeit 233, 254, 257, 287, 337
Ungerechtigkeit 257
Unglaube 257
Unschuld 419
Unzucht → Wollust
Urania 161, 403
Urban 211, 448
Urban V. 343
Ursinus 47, 174
Ursula 64, 321, 363, 381
Ursus 119, 364
Utto 52

Valentin 222
Valentin Presbyter 182, 410
Valerian 158
vanitas 25, 33, 62, 137, 144, 202, 206, 215, 248, 254, 262, 280, 293,

299, 319, 357, 359, 371, 375, 388, 394, 396, 398, 434, 436, 470
Vedastus 47
Veit 174
Venantius 119
Venus 32, 36, 45, 63, 81, 107, 109, 165, 167, 179, 231, 267, 281, 290, 293, 295, 312, 317, 334, 347, 349, 364, 375, 382, 396, 408, 420, 438, 442, 472
Verbannung 120, 291, 403
Verena 134, 208, 209, 244, 373
Vergänglichkeit → *vanitas*
veritas → Wahrhaftigkeit, → Wahrheit
Verleumdung 257
Veronika 227, 371, 384
Verpflichtung 159
Verstand 22
Vertrauen 363
Vertumnus 400
Vesta 130, 372, 435
Victoria 35, 139, 311, 330
vigilantia → Wachsamkeit
Vigilius 223, 380
Viktor 31, 182, 288, 306, 364
Vincentius 215, 348
Vinzenz 63, 73, 158, 175, 208, 349, 363, 435, 447, 448
Vinzenz Ferrer 65, 79, 136, 161, 185, 201, 225, 265, 310, 393, 408, 419, 420
Vinzenz von Paul 178, 185, 217, 247
Vinzenz von Zaragoza 173
Virgil 218, 401
virtus → Tugend
Vitalis 216, 255, 395
Vittore il Moro 285
Vitus 22, 68, 215, 223, 254, 269, 306, 336, 363
Völlerei 47, 145, 256, 336, 383, 414, 454
voracitas → Gefräßigkeit
Vorsehung → göttliche Vorsehung
Vulkan 31, 50, 51, 60, 84, 116, 130, 176, 243, 259, 299, 375, 432

Wachsamkeit 42, 230, 254, 351
Wahrhaftigkeit 185
Wahrheit 74, 295, 371, 393, 396
Walburga 24, 63, 254, 304, 306
Weisheit 42, 74, 381
Wendelin 193, 196, 242, 248, 253, 303, 323, 349, 383, 401, 412
Wenzeslaus/Wenzel 83, 119, 255, 330, 364, 431, 448
Werner 173, 282, 395, 444
Wiborada 184
Wigbert 212, 315, 439, 448
Wilfrid 401
Wilgefortis 48, 237
Wilhelm 116, 176, 215, 350, 364, 401, 402
Wilhelm von Vercelli 454
Willebold 244, 278, 291, 425
Willegis 337
Willehad 218
Willibald 321
Willibrord 71, 126, 127, 163, 218, 222, 287
Wirnto 217
Wolfgang 51, 218, 280, 401, 425, 455
Wollust 25, 49, 64, 112, 126, 135, 145, 172, 175, 181, 198, 201, 210, 230, 239, 245, 249, 256, 280, 281, 291, 313, 319, 323, 338, 341, 364, 370, 376, 383, 392, 396, 439, 442, 450, 452
Würde 407
Wunibald 280

Yves 441

Zacharias 66, 415, 447
Zeno 33, 134
Zephanja 331
Zeus → Jupiter
Zita 244, 373
Zorn 116, 154, 207, 221, 256, 383, 385
Zosimus 211
Zwietracht 37, 172, 257, 322, 370